KB134896

제4판

자바 네트워크 프로그래밍

Java Network Programming

Java Network Programming, Fourth Edition

by Elliotte Rusty Harold

제4판
자바 네트워크 프로그래밍

4판 1쇄 발행 2014년 10월 22일   **3쇄 발행** 2017년 14월 25일

지은이 엘리엇 러스티 해럴드
옮긴이 강성용
펴낸이 장성두
펴낸곳 주식회사 제이펍

출판신고 2009년 11월 10일 제406-2009-000087호
주소 경기 파주시 회동길 159 3층 B호
전화 070-8201-9010 / 팩스 02-6280-0405
홈페이지 www.jpub.kr / 이메일 jeipub@gmail.com

편집부 황혜나, 이 슬, 이주원 / **소통·기획팀** 현지환 / **회계팀** 김유미
용지 신승지류유통 / **인쇄** 해외정판사 / **제본** 광우제책사

ISBN 979-11-85890-07-4 (93000)
값 34,000원

제이펍은 독자 여러분의 아이디어와 원고 투고를 기다리고 있습니다. 책으로 펴내고자 하는 아이디어나 원고가 있으신 분께서는
책의 간단한 개요와 차례, 구성가 저(역)자 약력 등을 메일로 보내주세요.   jeipub@gmail.com

제4판

자바 네트워크 프로그래밍

Java Network Programming

앨리엇 러스티 해럴드 지음 / 강성용 옮김

O'REILLY® Jpub 제이펍

차례

옮긴이 머리말

지금은 역사 속으로 사라진 썬마이크로시스템즈의 오크(Oak) 프로젝트를 통해 자바가 세상에 나온 지 20년이 되었습니다. 자바의 긴 역사에 비해 자바 네트워크 프로그래밍은 여전히 어려운 부분으로 남아 있습니다. 저자는 이 책을 통해 네트워크에 대한 기본 개념부터 최신 NIO까지 자바 네트워크 프로그래밍에 필요한 모든 것을 담고 있습니다.

이 책은 자바를 이용한 네트워크 프로그래밍에 대해 다루기 때문에 자바의 기본 문법은 언급하지 않습니다. 자바의 기본 문법에 대한 지식이 없는 독자라면 사전에 기본적인 자바 문법을 알아 둘 필요가 있습니다. 그러나 자바 이외에 C/C++나 파이썬 같은 다른 언어를 다뤄 본 독자라면 자바의 기본 문법을 알지 못하더라도 이 책을 읽고 이해하는 데 크게 어려움이 없습니다.

이 책에서 저자는 자바에 한정된 지식이 아닌, 개발 언어나 환경을 넘어 네트워크 프로그래밍을 하는 데 필수적으로 알아야 할 깊고 다양한 네트워크 기반 개념들을 다루고 있습니다. 네트워크에 대한 이러한 저자의 통찰력은 가치가 높을 뿐더러 쉽게 접할 수 없는 내용이므로 자바 개발자가 아닌 다른 언어 개발자에게도 매우 유익할 것입니다.

네트워크 프로그래밍 기술은 시대의 요구에 따라 변화되어 왔고 빠르게 발전해 왔습니다. 저자는 이 책을 통해 최신 기술뿐만 아니라 현재에 이르기까지의 네트워크 프로그래밍 기술 변천 과정도 보여주고 있습니다. 독자 여러분이 여전히 과거의 네트워크 프로그래밍 기술에 머물러 있는 경험 많은 개발자라면 이 책을 통해 최신 네트워크 프로그래밍 기술로 옮겨갈 수 있을 것이고, 여러분이 최신 네트워크 프로그래밍 기술만 접한 초급 개발자라면 이 책을 통해 과거에서 현재에 이르기까지의 전 과정을 이해할 수 있게 될 것입니다. 이 책에 포함된 모든 주제는 네트워크 개발자라면 놓쳐서는 안 될 핵심적인 내용입니다. 몇몇 주제가 초급 개발자에게는 다소 어려울 수 있으나 관련 서적이나 인터넷 문서를 활용하여 꼭 이해하고 넘어가시길 바랍니다. 이 책을 통해 배운 지식은 훌륭한 개발자로 성장하는 데 소중한 밑거름이 될 것입니다.

이 책이 나오기까지 많은 이들의 노력이 있었습니다. 장성두 실장님을 비롯하여 제이펍 가족 모두에게 먼저 고마움의 말씀을 전합니다. 유난히 힘들었던 한 해를 무사히 살아서 잘 버텨 준, 깊은 채무관계자인 인중이 형에게 고마움을 전합니다. 그리고 수많은 고민을 커피와 함께 들어 준 이춘근 차장님께 고마움을 전합니다. 그리고 지면에 싣기엔 조금 창피한 이름을 하고 있는 우리 그램퍼스 팀원들인 케이, 모카, 써니, 티거, 배쓰에게도 고마움을 전합니다. 마치 아들과 결혼한 것처럼 지내는 아내 주란이와 바쁜 아빠를 늘 그리워하는 아들 연우에게도 고마움을 전합니다. 마지막으로, 올 한해 저와 함께 커피를 마신 많은 분께 고마움을 전합니다.

강성용

이 책에 대하여

자바(Java)는 지난 20년 동안 경이로운 성장을 이뤘다. 그동안 급격히 상승한 자바의 명성과 인터넷의 화려한 성장을 감안할 때, 자바 네트워크 프로그래밍의 많은 부분이 여전히 비밀스럽게 남아 있는 것은 다소 의외다. 이 책에서 볼 수 있는 것처럼 사실 자바로 네트워크 프로그램을 작성하는 것은 매우 쉽다. 이전에 유닉스(Unix), 윈도우(Windows) 또는 매킨토시(Macintosh) 환경에서 네트워크 프로그래밍 경험이 있는 독자라면 같은 프로그램을 자바로 작성하는 것이 얼마나 쉬운 일인지 놀라게 될 것이다. 자바 코어(Java core) 응용 프로그램 인터페이스(API, Application Programming Interface)는 많은 네트워크 기능의 매우 잘 설계된 인터페이스를 포함하고 있으며, C/C++에서 작성 가능한 거의 모든 응용 계층(application layer) 네트워크 소프트웨어를 자바에서 더 쉽게 작성할 수 있다. 제4판에서는 일반적인 네트워크 프로그램을 더 쉽고 빠르게 작성하기 위한 자바 네트워크 클래스 라이브러리(Java Network Class Library)의 사용법을 설명하는 데 많은 노력을 했다. 자바 네트워크 클래스 라이브러리로는 다음과 같은 일을 할 수 있다.

- HTTP를 사용한 웹 탐색
- 멀티스레드(multithread) 서버 만들기
- 기밀성(confidentiality), 인증(authentication) 그리고 메시지 무결성(integrity) 보장을 위한 통신 암호화
- 네트워크 서비스를 위한 GUI 클라이언트 설계
- 서버 프로그램으로 데이터 전송
- DNS를 사용한 호스트 검색
- 익명 FTP를 사용한 파일 다운로드

- 저수준 네트워크 통신을 위한 소켓(socket) 연결
- 네트워크 안의 모든 호스트에 대한 멀티캐스트(multicast)

자바는 (비록 현재는 유일한 것은 아니지만) 위와 같은 다양한 작업의 처리를 위한 강력한 크로스 플랫폼(cross platform) 네트워크 라이브러리를 제공하는 최초의 언어이다. 이 책은 자바 네트워크 클래스 라이브러리의 세련미와 능력에 대해 설명하고 있으며, 여러분이 다양한 네트워크 프로그래밍을 위한 기반으로서 자바를 사용할 수 있게 하는 것이 이 책의 목표이다. 그렇게 하기 위해 이 책은 네트워크 프로그램 작성에 필요한 자바 기술의 상세한 설명 뿐만 아니라 일반적인 네트워크 기반 지식에 대해서도 설명한다. 여러분은 게임, 협업, 소프트웨어 업데이트, 파일 전송과 같은 인터넷을 통해 데이터를 공유하는 자바 프로그램의 작성 방법을 배우게 될 것이다. 또한, 여러분은 HTTP, SMTP, TCP/IP 그리고 인터넷과 웹을 지탱하는 다양한 프로토콜의 이면을 보게 될 것이다. 여러분이 이 책을 다 읽고 나면 인터넷을 활용한 더 나은 소프트웨어를 만들 수 있는 지식과 기술을 얻게 될 것이다.

제4판에 대하여

1996년, 이 책의 첫 번째 판의 서문에서 동적이고 분산처리 가능한 네트워크 애플리케이션(application)을 자바로 만들 수 있게 될 것이라고 썼다. 개정판을 쓰면서 가장 즐거웠던 것 중 하나는 그때 말했던 애플리케이션이 실제로 만들어진 것을 보는 일이었다. 프로그래머는 자바로 데이터베이스 서버에 쿼리(query)를 하고, 웹 페이지를 모니터링하고, 망원경을 제어하고, 여러 명이 동시에 참여하는 게임을 만들 수 있는데, 이 모든 것이 자바가 제공하는 기본 네트워크 API로 가능하다. 일반적인 자바와 특히 네트워크 프로그램에서의 자바는 실제 자신의 능력보다 과대 포장된 단계를 넘어 현실 세계에서 실제 동작하는 애플리케이션을 만드는 단계에 이르렀다.

이 책은 너무 먼 길을 걸어왔다. 이번 제4판에서는 HTTP와 REST를 좀 더 집중적으로 다루고 있다. HTTP는 많은 네트워크 프로토콜 중의 하나에서 가장 많이 사용하는 프로토콜이 되었다. 여러분도 알게 되겠지만, HTTP는 네트워크 스택(stack)에서 자신만의 계층을 형성하여 다른 프로토콜을 만들기 위한 기반 프로토콜로 종종 사용된다.

자바 버전이 6에서 7, 8로 변하는 동안 java.net과 지원 패키지에는 크고 작은 변화와 업데이트가 있었으며, 이러한 내용을 제4판에서 포함하고 있다. 이 판에서 새롭게 언급되는 클래스에는 CookieManager, CookiePolicy, CookieStore, HttpCookie, SwingWorker, Executor, ExecutorService, AsynchronousSocketChannel, AsynchronousServerSocketChannel 등이 있다. 자바 버전 6, 7, 8에서 기존 클래스에 추가된 많은 메소드(method) 역시 관련된 장에서 다루고 있다. 또한 끊임없이 변화하는 개발 방법을 반영하기 위해 책의 많은 부분을 새로 썼다. 필자는 이번 제4판이 여러분이 자바로 네트워크 프로그래밍하는 데 있어 이전 판보다 더 오래 곁에 두고 참고할 만한 책이 되길 바란다.

책의 구성

제1장 "기본 네트워크 개념"에서는 네트워크와 인터넷이 동작하는 방법에 대해 프로그래머가 알아야 할 것을 자세히 설명한다. 이 장에서는 또한 TCP/IP와 UDP/IP 같은 인터넷의 기반이 되는 프로토콜에 대해서 다룬다.

다음 두 장은 거의 모든 네트워크 프로그램에서 중요하게 다뤄지지만, 종종 오해와 오용이 발생하는 I/O와 스레드를 다룬다. 제2장 "스트림"에서는 자바의 클래식 I/O에 대해서 알아본다. 새로운 I/O API가 소개되었지만 클래식 I/O 모델이 금방 사라지지는 않을 것이며, 많은 클라이언트 애플리케이션에서 입출력을 처리하는 데 이 방법을 선호하고 있다. 일반적인 자바의 입출력 방법은 자바의 네트워크 입출력 방법을 이해하는 데 꼭 필요하다. 제3장 "스레드"에서는 멀티스레딩과 동기화에 대해서 다루며, 비동기 I/O와 네트워크 서버에서 어떻게 사용되는지에 중점을 둔다.

숙련된 자바 프로그래머라면 이 두 장을 건너뛰어도 좋다. 그러나 제4장 "인터넷 주소"는 모두 꼭 읽어 보길 바란다. 이 장에서는 자바 프로그램이 InetAddress 클래스를 통해 DNS 서버와 통신하는 방법을 보여 준다. InetAddress 클래스는 모든 네트워크 프로그램에서 기본적으로 사용되는 클래스다. 이 장을 끝내고 나면 순서에 상관없이 여러분이 관심 있거나 필요한 장을 찾아서 읽으면 된다.

제5장 "URL과 URI"에서는 다양한 종류의 네트워크 서버에서 정보나 파일을 내려받는 데 사용하는 매우 유용한 추상적 개념인 자바 URL 클래스에 대해서 다룬다. URL 클래스는 서버가 사용하는 프로토콜을 자세히 알지 못하더라도 서버에 있는 파일이나 문서에 연결해서 내려받을 수 있도록 한다. 이 클래스는 HTTP 서버와 통신하거나 로컬 하드 디스크에서 파일을 읽어오거나 FTP 서버에 연결할 때 동일한 코드로 이 모든 일을 처리할 수 있게 한다. 그리고 새로운 URI 클래스도 다룬다. URI는 URL보다 좀 더 표준적인 방법으로 리소스(resource)를 식별하지만, 리소스를 가져오지는 못한다.

제6장 "HTTP"에서는 HTTP 프로토콜에 대해서 깊이 탐구한다. REST, HTTP 헤더 그리고 쿠키에 대한 내용을 함께 다룬다. 제7장 "URLConnection 클래스"에서는 URLConnection과 HttpURLConnection 클래스를 사용하여 웹 서버로부터 데이터를 다운로드하는 방법과 업로드하는 방법 그리고 연결을 설정하는 방법을 다룬다.

제8장부터 제10장까지는 네트워크 접근을 위한 자바의 저수준 소켓 클래스를 다룬다. 제8장 "클라이언트 소켓"에서는 자바 소켓 API와 Socket 클래스에 대해서 다룬다. whois, dict 그리고 HTTP를 포함한 TCP 서버와 상호작용하는 네트워크 클라이언트를 작성하는 방법을 보여 준다. 제9장 "서버 소켓"에서는 ServerSocket 클래스를 사용하여 서버를 작성하는 방법을 보여 준다. 마지막으로 제10장 "보안 소켓"에서는 SSL(Secure Socket Layer)과 JSSE(Java Secure Socket Extention)을 사용하여 클라이언트-서버 통신을 보호하는 방법을 보여 준다.

제11장 "논블럭 I/O"에서는 네트워크 서버를 위해 특별히 설계된 새로운 I/O API를 소개한다. 이 메소드를 사용하면 프로그램이 소켓에 대해 읽거나 쓰려고 하기 전에 해당 연결이 준비되어 있는지 알 수 있다. 또한, 단일 스레드(single-thread)를 사용하여 다수의 동시 연결을 처리하는 데도 사용할 수 있다. 이 새 I/O API는 많은 동시 연결을 처리하지 않는 작은 서버나 클라이언트에게는 별로 도움이 되지 않는다. 그러나 이 API들은 가능한 한 많은 데이터를 빠르게 전송하고자 하는 대용량 서버 같은 환경에서 성능을 대폭 향상시킨다.

제12장 "UDP"에서는 UDP(User Datagram Protocol)와 그와 관련된 DatagramPacket 및 DatagramSocket 클래스에 대해서 소개한다. 이 두 클래스는 빠르고 비신뢰성 통신을 제공한다. 마지막으로 제13장 "IP 멀티캐스트"에서는 동시에 많은 호스트와 통신하기 위해 UDP를 사용하는 방법을 보여 준다.

이 책의 대상 독자

이 책은 독자 여러분들이 자바 언어 그리고 자바 프로그래밍 환경과 친숙하며 일반적인 객체 지향 프로그래밍에 익숙하다는 가정하에 만들었다. 이 책에서는 자바 언어의 기본적인 문법은 다루지 않는다. 여러분은 자바의 문법을 잘 알고 있어야 하며 간단한 자바 애플리케이션을 작성해 본 경험이 필요하다. 그리고 기본적인 Swing 프로그래밍에 익숙하다면 일부 예제를 이해하는 데 도움이 될 것이다.

네트워크 프로그래밍을 깊이 이해하는 데 도움이 되는 주제가 있는 경우 — 예를 들어, 스레드와 스트림 — 해당 주제에 대해서도 일부 다룰 것이다. 그러나 이 책은 여러분이 이전에 네트워크 프로그래밍 경험이 있다고 가정하지 않는다. 따라서 이 책은 네트워킹 개념과 네트워크 애플리케이션 개발에 대해 완벽하게 다루고 있다. 또한, 여러분이 TCP, UDP, SMTP와 같은 여러 네트워킹 용어를 이미 알고 있다고 가정하지 않으므로 이 책을 통해 필요한 것들을 배우게 될 것이다.

자바 버전

자바의 네트워크 클래스는 자바 1.0 이후 핵심 API의 다른 부분보다 매우 느리게 변화하고 있다. AWT 또는 I/O 클래스와 비교하면 변화가 거의 없고 몇 가지 기능만 추가됐을 뿐이다. 물론, 모든 네트워크 프로그램들이 I/O 클래스를 이용하여 기능을 확장하고 있고, 일부는 무거운 그래픽 사용자 인터페이스(GUI, Graphical User Interface)를 만들고 있다. 이 책은 여러분이 적어도 자바 5.0 이상을 사용하고 있다고 가정하고 썼다. 보통, 필자의 경우 자바 5에서 소개된 제네릭(generic)과 향상된 루프(loop) 기능을 사용한다.

네트워크 프로그래밍이 목적이라면 자바 5와 자바 6은 큰 차이가 없다. 대부분의 예제들이 이 두 버전에서 똑같이 실행된다. 자바 6, 자바 7 또는 자바 8에서 새롭게 소개된 메소드나 클래스는 다음과 같이 코드에서 주석으로 표시한다.

```
public void setFixedLengthStreamingMode(long contentLength) // Java 7
```

자바 7은 좀 더 유연해졌으며, 필자는 이 책에서 자바 7에서 소개된 유용하거나 편리한 기능, 예를 들어 책의 지면을 절약하는 데 유용한 try-with-resources와 multicatch 구문을 충분히 활용하며, 이러한 구문을 사용할 때는 미리 알려 줄 것이다.

전반적으로 자바의 네트워킹 API는 자바 1.0 이후 상대적으로 안정되었다. 1.0 이후 극히 일부의 네트워킹 API가 더 이상 사용되지 않으며, 아주 사소한 기능들이 일부 추가되었다. 자바 8이 나온 이후에도 이 책을 읽는 데 불편하지 않을 것이다. 그러나 I/O 관련 일부 API의 경우는 자바 1.0 이후 세 번의 메이저 리비전(major revision) 동안 큰 변화가 있었다.

예제에 대하여

이 책에서 설명하는 대부분의 메소드와 클래스는 간단하면서도 완전히 동작하는 예제와 함께 설명한다. 필자의 경험으로 봤을 때, 완벽히 동작하는 프로그램은 메소드의 정확한 사용법을 보여 주는 데 꼭 필요하다. 이러한 프로그램이 없다면 어려운 전문 용어에서 헤매거나 명확히 설명하지 않고 대충 얼버무리고 넘어가기 쉽다. 자바 API 문서는 메소드에 대해 극도로 간결하게 설명하기 때문에 사용하는 데 어려움이 많다. 이 책에서 필자는 부족한 것보다는 약간은 지나칠 정도로 설명을 많이 하려고 노력하였다. 요점을 분명히 이해하고 있다면 얼마든지 건너뛰어도 좋다. 이 책에 있는 모든 예제를 타이핑하고 실행할 필요는 없지만, 특정 메소드가 잘 이해되지 않을 경우 예제를 실행해 보는 것이 도움이 될 것이다.

각 장에는 해당 장에서 설명한 클래스와 메소드를 좀 더 현실적인 상황에 맞게 설명하는 다소 복잡한 예제들이 하나 이상 들어 있다. 이 예제들은 종종 책에서 설명하지 않은 기능들이 사용되기도 한다. 사실 많은 프로그램에서 네트워크와 관련된 부분은 전체 소스 코드(source code)의 일부에 지나지 않으며 이해하기 어렵지 않다. 그러나 네트워크 기능을 제공하지 않는 언어를 사용한다면 작성이 쉽지 않을 것이다. 자바 코드에서 네트워크 관련 부분이 어렵지 않고 단순해진 것은 네트워킹 기능이 자바의 핵심적인 기능이 되었음을 나타낸다. 이 책에 나타난 모든 예제 프로그램은 온라인에서 이용할 수 있으며, 종종 데이터가 수정되거나 추가된다. 이 책의 예제는 http://www.cafeaulait.org/books/jnp4/에서 다운로드할 수 있다.

필자는 모든 예제를 리눅스(Linux)와 다양한 버전의 윈도우 그리고 맥(Mac) OS X에서 테스트하였다. 여기서 제공되는 대부분의 예제는 자바 5 이후의 버전을 지원하는 다양한 플랫폼과 다양한 컴파일러(compiler), 가상 머신(VM, Virtual Machine)에서 동작한다. 자바 5 또는 6에서 일부 예제가 컴파일되지 않는 경우는 대부분 try-with-resources와 multicatch가 원인이다. 이러한 예제들은 이전 자바 버전을 지원할 경우 다소 코드가 길어지긴 하지만 어렵지 않게 다시 작성할 수 있다.

필자는 책의 지면을 절약하기 위한 다음과 같은 내용에 대해 독자 여러분의 양해를 바란다. 첫째, 미리 데이터의 유효성을 검사하지 않는다. 대부분의 메소드는 전달받은 데이터에 문제가 없다고 가정하고, 널(null) 체크나 일반적인 좋은 코드를 작성하기 위한 규칙들을 사용하지 않는다. 그뿐만 아니라 자바는 블록에 대해서 4칸의 들여쓰기를, 연결된 라인에 대해서는 8칸의 들여쓰기를 사용하지만, 이 책에서는 블록이 2칸, 연결된 라인에 대해서는 4칸으로 줄여 사용한다. 이러한 부분으로 인해 독자 여러분이 책을 읽는 데 불편함이 없기를 바란다.

이 책의 표기 규칙

 팁, 제안, 일반적인 메모를 나타낸다.

 주의 또는 경고를 나타낸다.

중요한 코드 일부와 전체 프로그램은 일반적으로 다음과 같은 별도의 단락으로 표시된다.

```
Socket s = new Socket("java.oreilly.com", 80);
if (!s.getTcpNoDelay()) s.setTcpNoDelay(true);
```

완전한 프로그램 형태가 아닌 코드 조각 형태로 표현할 경우, 코드의 실행을 위해 적절한 임포트가 필요함을 유추할 수 있어야 한다. 예를 들어, 바로 앞의 코드의 경우 java.net.Socket이 임포트되어야 함을 추측할 수 있다.

몇몇 예제의 경우 사용자 입력과 프로그램 출력이 뒤섞여 있다. 이러한 경우에 사용자 입력은 제9장의 아래 예제와 같이 굵은 글씨로 표시된다.

```
% telnet rama.poly.edu 7
Trying 128.238.10.212...
Connected to rama.poly.edu.
Escape character is '^]'.
This is a test
This is a test
This is another test
This is another test
9876543210
9876543210
^]
telnet> close
Connection closed.
```

마지막으로, 이 책에 사용된 대부분의 예제들은 재사용하기에는 너무 단순하지만 일부 예제들은 실제 환경에서도 충분히 사용이 가능하다. 독자 여러분들은 예제 코드들을 자유롭게 가져다 쓸 수 있으며 특별히 저자에게 동의를 구할 필요는 없다. 예제들은 따로 저작권이 없으므로 자유롭게 가져다 쓰도록 하자(그렇다고 예제를 설명하는 텍스트와 주석도 함께 포함되는 것은 아니다).

예제 코드 사용하기

이 책은 여러분이 작업을 완료하는 데 도움을 주기 위해 만들어졌다. 일반적으로 여러분은 이 책에서 사용된 코드를 여러분의 프로그램이나 문서에 사용할 수 있다. 코드의 중요한 부분을 복제하는 경우가 아닌 한 사용 권한을 문의할 필요가 없다. 예를 들어, 이 책에 사용된 코드 일부를 사용하여 프로그램을 작성하는 것은 아무런 법적 문제가 되지 않는다. 그러나 출판사로부터 배포된 예제를 CD-ROM에 담아 판매하거나 배포하는 행위는 법적 권리가 필요하다. 다시 말하면, 이 책의 내용을 인용하거나 예제 코드를 인용하는 것은 법적 문제가 없으나, 예제 코드의 중요한 부분을 여러분의 제품 설명서에 첨부할 경우는 법적 권리가 필요하다.

감사의 인사

이 책이 출간되기까지 많은 이들의 도움이 있었다. 이 책의 편집자인 마이크 루키데스(Mike Loukides)는 실질적으로 책을 개선하는 데 도움이 되는 많은 의견을 주었다. 피터 파네스(Peter Parnes) 박사는 제13장 "IP 멀티캐스트"를 쓰는 데 굉장히 많은 도움을 주었으며, 모든 기술 편집자들은 실수를 발견하고 누락된 부분을 찾는 데 매우 귀중한 도움을 주었다. 사이먼 St. 로랑(Simon St. Laurent)은 이 책에 담을 주제들을 결정하는 데 많은 조언을 해주었다. 스콧 오크스(Scott Oaks)는 제3장 "스레드"에 대한 전문적인 지식을 제공해 주었으며, 이를 다시 한 번 살펴보고 발견하기 어려운 미묘한 버그(bug)는 없는지 확인해 주었다. 론 히친스(Ron Hitchens)는 새로운 I/O API의 난해한 부분을 이해하는 데 많은 도움을 주었다. 마르크 로이(Marc Loy)와 짐 엘리엇(Jim Elliott)은 이 책에 실린 최신 기술을 검토해 주었다. 티머시 F. 로할리(Timothy F. Rohaly)는 필자가 예제 코드에서 사용한 모든 소켓을 닫았는지, 모든 가능한 예외를 처리했는지, 안전하고 깔끔하고 일반적인 코드를 작성했는지를 확인해 주었다. 존 주코우스키(John Zukowski)는 누락된 많은 에러를 발견하는 데 도움을 주었다. 그리고 매의 눈을 가진 애브너 겔브(Avner Gelb)는 필자를 비롯한 편집자와 이전 판을 읽은 수많은 독자들이 발견하지 못한 오류를 발견하는 놀라운 능력을 보여 주었다. 알렉스 스탱글(Alex Stangl)과 라이언 컵락(Ryan Cuprak)은 4판을 통해 새롭게 발견된 오류와 이전부터 계속 남아 있던 오류들을 찾는 데 도움을 주었다.

책의 발행인에게 감사를 전하는 것이 흔하진 않지만, 팀 오라일리(Tim O'Reilly)에 대해서 말하고자 한다. 발행인은 필자나 편집자 그리고 출판사 직원들의 성향을 결정짓는다. 나는 팀이 정말로 작가들이 글쓰기에 좋은 훌륭한 출판사를 설립했다는 사실에 충분히 감사를 받을 만하다고 생각한다. 이 책이 나오는 데 없어서는 안 될 중요한 한 사람을 꼽는다면 바로 그가 될 것이다. 서점 판매대에 있는 다른 많은 책들보다 오라일리의 책에 더 손이 가고 훨씬 낫다는 생각이 든다면 아마도 그것은 팀 덕분일 것이다.

필자의 대리인인 데이비드 로겔버그(David Rogelberg)는 사무실에서 일하지 않고도 이렇게 책을 쓰면서 사는 것이 가능할 것이라는 확신을 내게 주었다. 지난 몇 년 동안 ibiblio.org에 있는 모든 동료들은 여러 가지 방식으로 독자와 대화할 수 있도록 나를 도와 주었다. 그리고 좀 더 나은 개정판을 쓸 수 있도록 이전 판에 대한 격려와 비판을 보내 준 많은 독자들이 있다. 이들 모두에게 고맙다고 말하고 싶다. 마지막으로, 나의 아내 베스(beth)에게 고맙다

는 말을 전하고 싶다. 그녀의 사랑과 지지가 없었더라면 이 책은 결코 세상에 나올 수 없었
을 것이다.

엘리엇 러스티 해럴드

(elharo@ibiblio.org)

베타리더 후기

구혜정(LG전자)

이 책은 자바 API의 단순 설명이 아닌 원리를 꿰뚫는 개념 설명과 관련 일화 그리고 예제 코드의 API에 대한 저자의 깊이 있는 견해까지 담고 있습니다. 책을 읽는 내내 마치 영화 〈매트릭스〉의 '오라클'과 대화를 하는 듯한 흥미로운 느낌을 받았습니다. 현업에서 익숙했던 코드들에 대한 의미도 다시 새겨 보고 놓쳤던 부분들도 깨닫는 유익하고 즐거운 시간이었습니다.

김인범(SK C&C)

자바 네트워크 프로그래밍은 시기와 관계없이 항상 인기 있는 주제로 선정되곤 합니다. 그만큼 중요하며, 그만큼 많은 분이 그 궁금증을 제대로 해소하지 못하고 있다는 반증이기도 합니다. 이 책은 자바 네트워크 프로그래밍에 대한 명확한 이해와 더불어 적절한 예시도 제시하고 있습니다. 또한, 자바의 기본서로 생각해 볼 여지도 있을 정도로 내용 전개가 기본에 충실하여 실력과 관계없이 참고할 만한 책인 것 같습니다.

도해린(연세대학교)

우리는 매일 메신저부터 시작하여 업무, 게임, 이제는 가전제품 하나하나에까지 다양한 형태로 네트워크와 접하고 있습니다. 이러한 시스템을 구축하기 위한 언어와 도구들이 많이 있지만, 자바는 그 보편성과 다양한 기능으로 많은 개발자가 이용하고 있습니다. 이 책은 점점 커지는 네트워크 프로그래밍 시장에서 자바를 활용하고 다양한 서비스를 구현하기 위한 길라잡이가 될 것입니다.

송종근(위시컴퍼니)

네트워크 프로그래밍은 이제 프로그래머의 기본 소양이라고 해도 과하지 않을 만큼 모든 프로그램과 직간접적으로 엮여 있습니다. 네트워크 프로그래밍을 쉽게 접하기 위해서 웹 언어나 파이썬, 루비 같은 손쉬운 스크립트 언어를 사용하기도 하지만, 자바를 이용해서 개발해야만 하는 개발자에게는 이 책이 필수 서적이 되리라 생각합니다.

최지웅

자바 개발을 하면서 NIO에 대한 신비감이 항상 있었습니다. 이 책은 그 궁금증을 풀어 준 첫 번째 책이네요. 더군다나 개인적으로는 지금까지 베타 리딩한 책 중 번역 품질이 가장 나았던 것 같습니다. 그리고 항상 궁금했던 NIO뿐만 아니라 기본적인 자바 프로그래밍들에 대해 자세히 살펴볼 수 있었던 좋은 기회였던 것 같습니다.

최해성(티켓몬스터)

기초 자바 문법을 뗀 다음 단계의 도서로 바람직한 것 같습니다. 네 번째 에디션이 출판되었다는 것은 그만큼 책이 잘 구성되었다는 것을 의미한다고 생각합니다. 초심자 대상의 책처럼 친절하진 않지만, 그만큼 네트워크를 다루는 부분을 심도 있게 설명해 놓아서 레퍼런스 도서로 좋을 것 같습니다.

제이펍은 책에 대한 애정과 기술에 대한 열정이 뜨거운 베타리더들로 하여금
출간되는 모든 서적에 사전 검증을 시행하고 있습니다.

1

기본 네트워크 개념

네트워크 프로그래밍은 더 이상 소수 전문가의 분야가 아닌 모든 개발자들이 알아야 할 핵심 기술이다. 오늘날 네트워크를 지원하는 프로그램이 그렇지 않은 프로그램보다 더 많다. 게다가 이메일, 웹 브라우저, 원격 로그인 같은 기존의 애플리케이션들은 이미 일정 수준의 네트워킹 기능을 포함하고 있다. 예를 들어, 다음과 같은 것들이 있다.

- 텍스트 편집기 BBEdit은 FTP(File Transfer Protocol) 서버로부터 직접 파일을 열거나 저장할 수 있다.
- Eclipse와 IntelliJ IDEA와 같은 통합 개발 환경(IDE, Integrated Development Environment)은 GitHub와 Sourceforge 같은 소스코드 저장소와 통신할 수 있다.
- 마이크로소프트의 Word 같은 워드프로세서는 URL로 파일을 열 수 있다.
- Norton AntiVirus 같은 백신 프로그램은 컴퓨터 시작 시 백신 제작사의 서버에 접속하여 최신 바이러스 진단용 엔진을 내려받는다.
- Winamp와 iTunes 같은 음악 재생 프로그램은 CDDB(Compact Disc Database)로 접속하여 재생 중인 트랙의 정보를 다운로드한다.
- Halo 같은 다중 사용자 온라인 1인칭 슈팅 게임(MMOFPS, Massively Multiplayer Online First Person Shooter)의 게이머들은 실시간으로 서로를 공격할 수 있다.
- IBM SurePOS ACE를 실행 중인 슈퍼마켓의 금전등록기는 상점의 서버와 실시간으로 통신한다. 그리고 상점 서버는 밤마다 하루 매출을 체인점의 중앙 컴퓨터로 업로드한다.

- 마이크로소프트의 Outlook 같은 일정 관리 애플리케이션은 회사 내 동료들의 일정을 동기화시킨다.

자바는 처음부터 네트워크 애플리케이션을 위해 설계된 최초의 프로그래밍 언어다. 자바는 원래 인터넷이 아닌 독점 케이블 TV 네트워크를 목표로 개발됐다. 그러나 자바는 항상 네트워크의 중요성을 가장 먼저 생각했다. 실제로 처음 개발된 두 개의 자바 애플리케이션 중 하나는 웹 브라우저다. 인터넷이 지속적으로 성장함에 따라, 자바는 새로운 네트워크 애플리케이션을 만들기 위한 가장 적합한 언어가 되었다.

자바의 가장 큰 매력 중 하나는 네트워크 프로그램 작성을 쉽게 만든다는 것이다. 사실, 거의 모든 다른 언어에 비해 자바로 네트워크 프로그램을 작성하는 것이 훨씬 쉽다. 이 책은 여러분에게 인터넷을 활용한 아주 많은 프로그램을 보여 줄 것이다. 이 프로그램들은 간단한 예제 코드로 구성되거나 완전한 기능을 가진 애플리케이션도 포함되어 있다. 완전한 기능을 가진 애플리케이션에서 한 가지 주목해야 할 점은 네트워크 처리에 매우 적은 양의 코드가 사용되었다는 것이다. 심지어 웹 서버와 클라이언트처럼 네트워크 집약적인 프로그램에서조차 거의 모든 코드가 데이터 처리나 사용자 인터페이스에 집중되어 있다. 자바 프로그램에서 네트워크를 처리하는 부분은 짧고 간결하게 구현된다. 요약하면, 자바 애플리케이션으로 인터넷을 통해 데이터를 주고받는 일은 매우 쉽다.

이 장에서는 자바 네트워크 프로그램을 작성하기 전에 필요한 (언어에 상관없이 유용한) 네트워킹 개념의 기초 지식을 다룬다. 일반적인 내용에서부터 시작하여 점차 구체적인 내용을 다루며, 네트워크에 관해 일반적으로 여러분이 알아야 할 IP(Internet Protocol)와 TCP/IP(Transmission Control Protocol/Internet Protocol) 네트워크, 특히 인터넷에 관해 설명한다. 이 장에서는 네트워크를 연결하는 방법이나 라우터를 설정하는 방법은 다루지 않는다. 그러나 인터넷을 통해 통신하는 애플리케이션을 작성하는 데 필요한 것들을 설명한다. 이 장에서 다루는 주제들은 일반적인 네트워크에 관한 내용이다. 즉, TCP/IP 계층 모델이나 IP, TCP 및 사용자 데이터그램 프로토콜(UDP, User Datagram Protocol), 방화벽과 프록시 서버(proxy server), 인터넷, 인터넷 표준화 프로세스 등이다. 여러분이 이미 네트워크 전문가라면 이 장을 건너뛰고 실제 자바 코드를 다루는 다음 장으로 이동해도 좋다.

네트워크

네트워크(network)는 실시간으로 서로 데이터를 주고받을 수 있는 컴퓨터 및 다른 장치들의 집합이다. 네트워크는 종종 선(wire)으로 연결되어 있으며, 데이터 비트(bit)는 전기 신호로 변환되어 선을 타고 이동한다. 그러나 무선 네트워크는 전파를 사용하여 데이터를 전송한다. 그리고 대부분의 장거리 전송은 유리 필라멘트를 통해 빛의 파장을 보내는 광섬유 케이블을 이용한다. 데이터 전송을 위해 어떤 특정 물리적인 매체를 사용한다고 해서 걱정할 필요는 없다. 이론적으로는 석탄을 때서 움직이고 연기를 피워 신호를 주고받는 컴퓨터에 의해서도 데이터는 전송될 수 있다. 물론 이러한 네트워크의 응답 시간(그리고 환경에 미치는 영향)은 다소 좋지 않을 것이다.

네트워크 안의 각각의 장비를 **노드**(node)라고 부른다. 일반적으로 노드는 컴퓨터를 말하지만 프린터, 라우터, 브리지, 게이트웨이, 터미널 그리고 코카콜라 자판기도 노드에 포함된다. 여러분이 코카콜라 자판기와 통신하기 위해 자바를 사용해야 할 수도 있지만, 대개 다른 컴퓨터와 통신하게 될 것이다. 노드 중에서 일반적인 PC를 **호스트**(host)라고 부른다. 필자는 이 책에서 네트워크상의 어떤 장치를 언급할 때 노드를 사용할 것이고, 노드 중에서도 일반적인 PC를 언급할 때는 호스트를 사용할 것이다.

모든 네트워크 노드는 네트워크 안에서 서로를 고유하게 식별하는 바이트(byte) 순서인 **주소**(address)를 가지고 있다. 이 연속된 바이트를 숫자처럼 생각할 수도 있지만, 일반적으로 주소에 포함된 바이트의 수나 바이트의 순서(빅엔디안 또는 리틀엔디안)는 자바가 제공하는 어떤 기본 숫자 타입과도 일치하지 않는다. 주소에 더 많은 바이트 수가 부여될수록 더 많은 주소를 이용할 수 있고 더 많은 장치가 동시에 네트워크에 연결될 수 있다.

주소는 네트워크 종류에 따라 다르게 할당된다. 이더넷 주소는 실제 이더넷 장비에 연결된다. 이더넷 장비의 제조사는 그들의 장비와 다른 제조사 장비의 주소 사이의 충돌을 피하기 위해 미리 할당된 제조사 코드를 사용한다. 각 제조사는 동일한 주소의 이더넷 장비가 생산되지 않게 할 책임이 있다. 인터넷 주소는 일반적으로 주소 할당의 책임이 있는 기관에 의해 컴퓨터에 할당된다. 그러나 기관은 그들의 컴퓨터에 사용하도록 허가된 주소들을 인터넷 서비스 제공자(ISP, Internet Service Provider)로부터 할당받는다. 그리고 ISP는 네 개의 지역 인터넷 등록 기관[우리나라의 도메인 등록 기관은 한국인터넷진흥원(KISA, Korea Internet Security Agency), 북미 지역 등록 기관 이름은 미국인터넷번호등록협회(ARIN, American Registry for

Internet Numbers)] 중 하나로부터 주소를 할당받으며, 지역 인터넷 등록 기관은 다시 국제도 메인관리기구(ICANN, Internet Corporation for Assigned Names and Numbers)로부터 주소를 할당 받는다.

또한 몇몇 다른 종류의 네트워크에서 노드는 사람이 쉽게 식별할 수 있는 'www.elharo. com' 또는 'Beth Harold's Computer' 같은 텍스트 이름을 가지기도 한다. 주소에 이름을 설 정하는 시점에 이 이름은 일반적으로 정확히 하나의 주소를 가리킨다. 그러나 이름이 주소 에 고정되는 것은 아니다. 주소는 그대로 유지하면서 이름을 변경할 수도 있고, 마찬가지로 이름은 그대로 유지하면서 주소를 변경할 수도 있다. 하나의 주소는 여러 개의 이름을 가 질 수 있고, 하나의 이름은 몇 개의 다른 주소를 가리킬 수 있다.

모든 현대의 컴퓨터 네트워크는 **패킷 교환(packet-switched)** 방식을 사용한다. 네트워크를 여 행 중인 데이터는 **패킷**이라 불리는 덩어리로 나뉘고, 각 패킷은 개별적으로 처리된다. 각 각의 패킷에는 송신자와 수신자의 정보가 포함되어 있다. 데이터를 개별적으로 주소가 지 정된 패킷으로 나누는 방식의 가장 큰 장점은 단일 회선을 통해 지속적으로 많은 패킷 을 교환할 수 있다는 점으로, 이 방식으로 훨씬 싼 값에 네트워크를 구축할 수 있다. 그리 고 간섭 없이 같은 선을 공유할 수 있다. [그에 반해, 전통적인 전화망 방식인 회선 교환(circuit- switched) 방식의 경우 기본적으로 전화를 건 사람으로부터 수신자에 이르는 경로가 설정된다. 때때로 모든 회선이 사용 중일 때, 예를 들어 긴급한 상황이나 휴일과 같이 통화량이 많은 경우 전화기를 들 고 있는 모든 사람들이 발신음을 들을 수 있는 것은 아니다. 전화기를 들고 대기하다가 사용 중인 회선 이 해제될 때 그제야 발신음을 들을 수 있게 된다. 전화 서비스가 불량한 몇몇 국가에서는 발신음을 듣 기 위해 30분씩 기다려야 하는 상황이 드물지 않게 발생한다.] 패킷 방식의 또 다른 장점인 체크섬 (checksum) 값을 이용하면 전송 중에 발생한 데이터의 손상 여부를 발견할 수 있다.

우리는 네트워크를 설명하는 데 있어 여전히 중요한 것 하나를 놓치고 있다. 데이터를 주고 받기 위해 필요한 몇몇 컴퓨터의 개념에 대해 이야기할 필요가 있다. **프로토콜(protocol)**은 컴 퓨터의 통신 방법을 정의한 정밀한 규칙의 집합이며, 주소의 형식, 데이터를 패킷으로 나 누는 방법 등을 정의하고 있다. 네트워크 통신의 다양한 측면을 정의하는 많은 프로토콜 이 있다. 예를 들어, 하이퍼텍스트 전송 규약(HTTP, Hypertext Transfer Protocol)은 웹 서버와 웹 브라우저 간의 통신 방법을 정의한다. 그리고 네트워크 프로토콜의 또 다른 측면에서, IEEE 802.3 표준은 특정 유형의 회선(wire)에서 비트를 전기 신호로 인코딩하는 방법에 대 한 프로토콜을 정의한다. 이러한 프로토콜의 공개는 서로 다른 업체의 장비와 소프트웨어들 간의 통신을 가능하게 한다. 모든 클라이언트는 플랫폼에 상관없이 같은 HTTP 프로토콜로 대화하기 때문에 웹 서버는 클라이언트가 유닉스(Unix) 워크스테이션인지 안드로이드(Android) 폰인지 또는 아이패드(iPad)인지 전혀 신경 쓰지 않아도 된다.

네트워크 계층

네트워크를 통한 전송은 데이터의 논리적인 특성뿐만 아니라 네트워크의 물리적 특성까지 고려하여 주의 깊게 다뤄야 하는 매우 복잡한 작업이다. 네트워크로 데이터를 전송하는 소프트웨어는 패킷의 충돌을 피하는 방법, 디지털 데이터를 아날로그 신호로 변환하는 방법, 에러를 발견하고 정정하는 방법, 패킷의 전송 경로를 설정하는 방법 등을 알고 있어야 한다. 이러한 과정은 여러 운영체제와 이종 네트워크 회선의 지원에 대한 요구가 추가될 때 더욱 복잡해진다.

애플리케이션 개발자나 소프트웨어 사용자들에게 이러한 복잡한 과정을 노출시키지 않기 위해, 네트워크 통신의 여러 가지 기능을 몇 개의 계층(layer)으로 분리하였다. 각 계층들은 물리적 하드웨어(회선과 전기 신호)와 전송되는 정보 사이의 다양한 추상화 단계를 나타낸다. 이론적으로 각 계층은 인접한 위아래 계층하고만 대화한다. 네트워크를 몇 개의 계층으로 분리함으로써 계층 간 인터페이스가 변경되지 않는 한 하나의 계층 안에 있는 소프트웨어를 다른 계층에 미치는 영향 없이 수정하거나 대체할 수 있다.

그림 1-1은 여러분이 사용하는 네트워크에 존재하는 프로토콜 스택(stack)을 보여 준다. 이 그림에서 중간 계층 프로토콜들은 오늘날 인터넷의 많은 부분과 일치하지만 상단과 하단은 그렇지 않을 수 있다. 하단의 경우 환경에 따라 일부 호스트는 이더넷(Ethernet)을 사용하고, 일부는 와이파이(Wifi)나 PPP(Point to Point Protocol)를 사용한다. 그리고 일부는 나열되지 않은 다른 프로토콜을 사용하기도 한다. 마찬가지로, 상단 프로토콜의 경우 호스트가 실행 중인 프로그램에 따라 달라진다. 핵심은 스택의 상단은 하단에 어떤 프로토콜이 있는지 신경 쓰지 않으며 반대의 경우도 마찬가지라는 것이다. 이 계층 모델은 네트워크 하드웨어 및 네트워크 커넥션 토폴로지(topology)의 물리적인 부분으로부터 이 책의 주제인 애플리케이션 프로토콜을 분리한다.

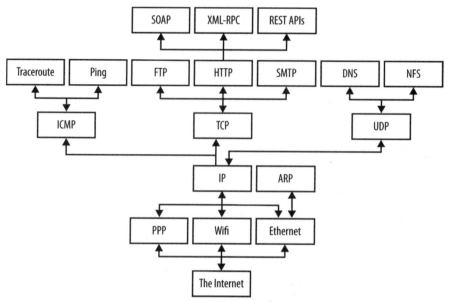

그림 1-1 네트워크의 서로 다른 계층에 있는 프로토콜

특정 네트워크의 요구에 따라 구성된 몇몇 다른 계층 모델들이 존재한다. 이 책에서는 그림 1-2와 같이 인터넷에 적합한 표준 TCP/IP 4계층 모델을 사용한다. 이 모델에서 파이어폭스(Firefox)와 워크래프트(Warcraft) 같은 애플리케이션들은 애플리케이션 계층(application layer)에서 실행되고 전송 계층(transport layer)하고만 대화를 한다. 전송 계층은 위아래로 존재하는 애플리케이션 계층과 인터넷 계층하고 대화를 한다. 다음으로 인터넷 계층은 호스트-투-네트워크(host to network) 계층과 전송 계층하고 대화를 하며 애플리케이션 계층과 직접 대화하지 않는다. 호스트-투-네트워크 계층은 회선, 광케이블 같은 매체를 통해 원격 시스템의 호스트-투-네트워크 계층으로 데이터를 이동시킨다. 그리고 이동된 데이터는 원격 시스템의 애플리케이션 계층으로 전달된다.

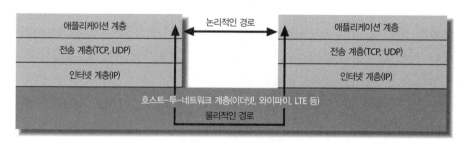

그림 1-2 네트워크 계층

예를 들어, 웹 브라우저가 페이지에 접속하기 위해 웹 서버에 요청을 보내면, 웹 브라우저는 실제로 로컬 클라이언트 장비의 전송 계층과 대화를 한다. 그리고 전송 계층은 전달받은 요청을 TCP 세그먼트(segment) 단위로 쪼개고 순서 번호(sequence number)와 체크섬 값을 추가하여 로컬 인터넷 계층으로 전달한다. 인터넷 계층은 세그먼트를 로컬 네트워크에 필요한 크기에 맞게 IP 데이터그램(datagram)으로 쪼갠 후 회선으로 전송하기 위해 호스트-투-네트워크 계층으로 전달한다. 호스트-투-네트워크 계층은 디지털 데이터를 특정 물리 매체에 적절한 아날로그 신호로 인코딩하여 목적지 원격 시스템의 호스트-투-네트워크 계층에서 읽을 수 있는 회선으로 요청을 보낸다.

원격 시스템의 호스트-투-네트워크 계층은 아날로그 신호를 디지털 데이터로 디코딩하고, 그 결과인 IP 데이터그램을 서버의 인터넷 계층으로 전달한다. 인터넷 계층은 IP 데이터그램의 손상 여부를 확인하기 위해 몇 가지 간단한 검사를 수행하고, 데이터그램이 조각나 있는 경우 재조립하여 서버의 전송 계층으로 전달한다. 서버의 전송 계층은 모든 데이터가 도착했는지 확인하기 위한 검사를 수행하고, 손실되거나 손상된 데이터에 대해 재전송을 요청한다. (실제 재전송 요청은 서버의 인터넷 계층을 통해, 그리고 서버의 호스트-투-네트워크 계층을 통해 내려가 클라이언트 시스템으로 전달된다. 그리고 클라이언트의 전송 계층으로 전달되어 손실된 데이터의 재전송이 이뤄진다. 이 계층은 모두 투명하게 처리되며 애플리케이션 계층에서는 신경쓰지 않아도 된다.) 서버의 전송 계층은 인접하고 연속적인 데이터그램을 수신하면, 데이터그램을 재조립하여 서버의 애플리케이션 계층에서 실행 중인 웹 서버에서 읽을 스트림(stream)에 쓴다. 서버는 요청을 처리하고 인터넷을 통해 다시 응답을 보내기 위해 서버 시스템의 계층으로 데이터를 써 클라이언트로 보낸다.

여러분들도 이미 짐작하듯이 실제 과정은 여기에서 설명하는 것보다 훨씬 더 복잡하다. 호스트-투-네트워크 계층은 그중에서도 가장 복잡하며 많은 것들이 의도적으로 감춰져 있다. 예를 들어, 인터넷을 통해 전송되는 데이터는 최종 목적지에 도달하기 전에 여러 라우터와 해당 라우터의 계층을 통과하게 된다. 그리고 해당 데이터는 공중의 전파에서 구리선의 전기적인 신호나 광케이블의 빛의 파동으로, 또는 반대로의 변환이 발생한다. 그러나 여러분이 작성하게 될 자바 코드의 90%는 애플리케이션 계층에서 동작하고 전송 계층하고만 대화하게 된다. 나머지 10%의 코드는 전송 계층에서 애플리케이션 계층 또는 인터넷 계층과 대화하는 데 사용된다. 호스트-투-네트워크 계층의 복잡함은 여러분에게 직접 노출되지 않으며, 이것이 바로 계층 모델(layer model)의 핵심이다.

네트워크 관련 서적을 읽다 보면 필자가 언급한 TCP/IP 4계층 모델과는 다른 '개방형 시스템 간 상호 접속(OSI, Open Systems Interconnection)' 참조 모델이라 불리는 7계층 모델을 마주하게 된다. OSI 모델은 자바 네트워크 프로그램에서 다루기에는 불필요하게 세분화되어 있다. OSI 모델과 이 책에서 사용한 TCP/IP 모델 사이의 가장 큰 차이점은 OSI 모델이 호스트-투-네트워크 계층을 데이터 링크 계층(data link layer)과 물리 계층(physical layer)으로 나누며, 애플리케이션 계층과 전송 계층 사이에 표현 계층(presentation layer)과 세션 계층(session layer)을 두고 있다는 점이다. 비록 OSI 모델이 복잡하긴 하지만 TCP/IP 모델에 비해 좀 더 일반적이며, 비TCP/IP 네트워크 환경에 적합한 구성이다. 어쨌든 자바 네트워크 클래스는 TCP/IP 네트워크에서 애플리케이션 계층과 전송 계층에서만 동작한다. 이 책의 내용을 다루기 위해 필요 이상으로 복잡한 OSI 모델의 사용은 별로 도움이 되지 않는다.

애플리케이션 계층에서 보기에 마치 다른 시스템의 애플리케이션 계층과 직접 대화하는 것처럼 느껴진다. 네트워크는 두 애플리케이션 계층 사이에 논리적인 경로를 생성한다. 인터넷 대화(IRC, Internet Relay Chat) 채팅 세션을 생각해 보면 논리적인 경로가 무엇인지 좀 더 이해하기 쉽다. IRC 채팅에 참여 중인 사람들은 그들이 다른 사람과 대화하고 있다고 생각한다. 하지만 실제 대화를 시도하면 여러분은 컴퓨터(실제는 애플리케이션 계층)와 대화하고, 컴퓨터는 원격의 다른 컴퓨터와 대화하고, 원격의 컴퓨터는 컴퓨터 앞에 앉아 있는 다른 누군가와 대화한다. 한 계층 이상의 깊이는 모든 것이 효과적으로 가려져 있으며, 이것이 바로 계층 모델이 추구하는 방식이다. 각 계층들을 좀 더 자세히 살펴보도록 하자.

호스트-투-네트워크 계층

자바 프로그래머인 여러분은 네트워크 먹이 사슬에서 꽤 높은 곳에 위치해 있다. 여러분의 레이더 아래에서는 실제 많은 일이 일어나며, IP 기반 인터넷(자바가 실제로 이해하는 유일한 네트워크 종류) 표준 참조 모델에서 네트워크의 잘 알려지지 않은 부분은 **호스트-투-네트워크 계층**(Host-to-Network layer: 이는 링크 계층, 데이터 링크 계층 또는 네트워크 인터페이스 계층이라고도 알려져 있다)에 포함되어 있다. 호스트-투-네트워크 계층은 이더넷 카드나 와이파이 안테나 같은 특정 네트워크 인터페이스가 물리적인 연결을 통해 로컬 네트워크 및 외부로 IP 데이터그램을 보내는 방법을 정의한다.

호스트-투-네트워크 계층의 일부는 회선, 광케이블, 전파, 연기 신호 같은 다른 컴퓨터를 서로 연결하는 하드웨어로 구성되어 있으며, 때로 네트워크 물리 계층이라고 불린다. 자바 프로그래머로서 여러분은 랜 케이블이 컴퓨터에서 빠지거나 누군가 굴착기로 여러분이 사용 중인 회선을 끊어 버리는 상황이 아니라면 이 계층에 대해 신경 쓸 필요가 없다. 바꾸어 말하면, 자바는 물리 계층을 다룰 수 없다.

여러분이 호스트-투-네트워크 계층과 물리 계층을 생각해 볼 이유나 필요가 생긴다면 그건 바로 성능 때문일 것이다. 예를 들어, 여러분의 고객이 빠르고 신뢰할 만한 광케이블을 이용하는 경우와 북해(North Sea)의 어느 석유 굴착기 안에서 느린 위성 인터넷을 이용하는 경우, 각각 다른 프로토콜과 애플리케이션을 디자인하게 될 것이다. 또한, 여러분의 고객이 바이트 단위로 비용이 청구되는 3G 데이터를 쓸 계획이라면 또 다른 선택을 할 수도 있다. 여러분이 이러한 고객이 사용하는 애플리케이션을 작성하고 있다면 다양한 환경 중에서도 일반적으로 널리 사용되는 환경에만 집중할 수도 있지만, 각 클라이언트의 환경을 탐지하여 동적으로 대응하는 애플리케이션을 개발할 수도 있다. 그러나 어떤 물리적인 연결과 마주하더라도 네트워크 통신을 위해 사용하는 API는 동일하다. 바로 이것을 가능하게 하는 것이 인터넷 계층이다.

인터넷 계층

네트워크의 다음 계층, 그리고 여러분이 관심을 둬야 할 첫 번째 계층이 바로 **인터넷 계층 (internet layer)**이다. OSI 모델에서 인터넷 계층은 좀 더 포괄적인 이름인 **네트워크 계층(network layer)**으로 불린다. 네트워크 계층 프로토콜은 데이터의 비트와 바이트를 좀 더 큰 그룹인 패킷으로 구성하는 방법과 다른 컴퓨터가 서로를 찾을 수 있도록 주소 체계를 정의한다. 인터넷 프로토콜(IP)은 세상에서 가장 널리 사용되는 네트워크 계층 프로토콜이며, 자바가 이해할 수 있는 유일한 네트워크 계층 프로토콜이기도 하다.

사실 IP에는 두 종류가 존재한다. 32비트 주소를 사용하는 IPv4 및 128비트 주소와 패킷의 경로 탐색을 돕기 위한 몇 가지 기술적인 요소들을 포함하고 있는 IPv6가 있다. 이 글을 쓰는 시점에서 IPv4는 여전히 인터넷 트래픽의 90퍼센트 이상을 차지하고 있지만, IPv6의 사용이 빠르게 증가하고 있으며 이 책의 다음 판이 나올 때쯤에는 IPv4를 앞지를 수도 있다. 비록 이 두 개의 프로토콜은 같은 네트워크 안에서 특별한 게이트웨이(gateway)나 터널링 (tunneling) 프로토콜 없이는 상호운용될 수 없는 매우 다른 네트워크 프로토콜이지만 자바는 이 프로토콜의 차이를 여러분에게 노출시키지 않으며 투명하게 사용할 수 있다.

IPv4와 IPv6 모두에서 데이터는 **데이터그램(datagram)**이라는 패킷으로 인터넷 계층을 통해 보내진다. 각각의 IPv4 데이터그램은 20바이트에서 60바이트 길이의 헤더(header)와 최대 65,515바이트의 페이로드(payload)를 포함하고 있다. (실제 대부분의 IPv4 데이터그램은 수십 바이트에서 8KB를 조금 넘는 정도의 크기로 매우 작다.) IPv6 데이터그램은 좀 더 큰 헤더와 최대 4GB의 데이터를 포함할 수 있다.

그림 1-3은 IPv4 데이터그램의 각 요소들의 정렬 방법을 나타낸다. 모든 비트와 바이트는 빅 엔디안(big endian)으로 정렬되며 왼쪽에서 오른쪽으로 최상위 비트에서 최하위 비트 순서로 정렬된다.

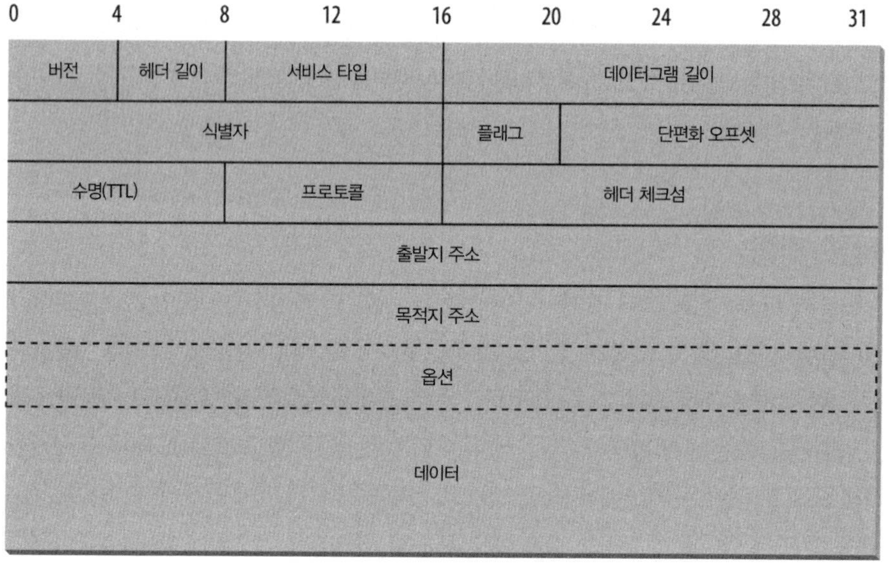

0	4	8	12	16	20	24	28	31
버전	헤더 길이	서비스 타입		데이터그램 길이				
식별자				플래그		단편화 오프셋		
수명(TTL)		프로토콜		헤더 체크섬				
출발지 주소								
목적지 주소								
옵션								
데이터								

그림 1-3 **IPv4 데이터그램 구조**

라우팅 및 주소 지정 외에, 인터넷 계층의 두 번째 목적은 다른 종류의 호스트-투-네트워크 계층이 서로 통신할 수 있게 하는 것이다. 인터넷 라우터는 무선랜과 이더넷(Ethernet), 이더넷과 DSL(Digital Subscriber Line), DSL과 광섬유 백홀(backhaul) 간의 프로토콜을 변환한다. 인터넷 계층 또는 이와 유사한 계층이 없다면 각 컴퓨터는 공유 가능한 특정 네트워크 유형하고만 통신이 가능하며, 인터넷 계층은 같은 종류의 프로토콜을 사용하여 이기종 네트워크를 서로 연결할 책임이 있다.

전송 계층

데이터그램 자체에는 몇 가지 단점이 있다. 그중에 가장 주목할 만한 점은 데이터그램은 전송이 보장되지 않으며, 목적지까지 데이터그램이 전송되더라도 전송 중에 손상될 가능성이 있다는 것이다. 헤더에 있는 체크섬은 단지 헤더의 손상만 발견할 수 있을 뿐 데이터그램의 데이터 부분에 대한 손상은 발견할 수 없다. 그리고 마침내 데이터그램이 손상 없이 목적지에 도착하더라도 데이터그램은 반드시 전송한 순서대로 도착하지 않는다. 각각의 데이터그램은 출발지에서 목적지까지 서로 다른 경로로 전달되며, 데이터그램 A가 데이터그램 B보다 먼저 보내졌다는 사실이 데이터그램 A가 데이터그램 B보다 먼저 도착한다는 의미는 아니다.

전송 계층(transport layer)은 패킷이 손실되거나 손상되지 않고 보낸 순서대로 수신되도록 보장할 책임이 있다. 만약 패킷이 손실된다면, 전송 계층은 해당 패킷에 대해 송신자에게 재전송을 요청할 수 있다. IP 네트워크는 이러한 기능을 각각의 데이터그램에 몇몇 정보를 포함하고 있는 부가적인 헤더를 추가하여 구현한다. 이 단계, 즉 전송 계층에는 두 가지 주요 프로토콜이 있다. 첫 번째, 전송 제어 프로토콜(TCP, Transmission Control Protocol)은 손실되거나 손상된 데이터의 재전송과 데이터의 순서를 보장하는 오버헤드(overhead)가 높은 프로토콜이다. 두 번째, 사용자 데이터그램 프로토콜(UDP, User Datagram Protocol)은 수신자가 패킷의 손상을 감지할 수는 있지만 수신된 패킷의 순서는 보장하지 않는다. 그러나 UDP는 종종 TCP보다 더 빠른 성능을 보여 주기도 하며, **TCP는 신뢰할 수 있는** 프로토콜이라고 불리고 UDP는 **신뢰할 수 없는** 프로토콜이라고 불린다. 이 책의 후반부에서 UDP가 생각보다 꽤나 유용하게 사용된다는 사실을 알게 될 것이다.

애플리케이션 계층

사용자에게 데이터가 전달되는 계층을 **애플리케이션 계층(application layer)**이라고 부른다. 애플리케이션 계층 아래에 놓인 세 계층은 하나의 컴퓨터에서 다른 컴퓨터로 데이터가 전송되는 방법을 정의하기 위해 모두 함께 동작하며, 애플리케이션 계층은 데이터가 전송된 후 해당 데이터로 어떤 일을 할지 결정한다. 예를 들어, WWW(World Wide Web)에 사용되는 HTTP 같은 애플리케이션 프로토콜은 여러분의 웹 브라우저가 그래픽 이미지를 숫자들의 스트림이 아닌 그림으로 출력될 수 있게 한다. 애플리케이션 계층은 여러분이 작성하는 프로그램의 네트워크 부분이 대부분의 시간을 할애하는 곳이다. 매우 많은 종류의 애플리케이션 프로토콜이 존재하며, 웹을 위한 HTTP 이외에도 이메일 전송을 위한 SMTP(Simple Mail Transfer Protocol), POP(Post Office Protocol), IMAP(Internet Message Access Protocol)이 있다. 파일 전송을 위한 프로토콜로는 FTP, FSP(File Service Protocol), TFTP(Trivial File Transfer Protocol)가 있으며, 파일 접근을 위한 NFS(Network File System) 프로토콜, 파일 공유를 위한 Gnutella, BitTorrent 프로토콜이 있다. 음성 통신에는 SIP(Session Initiation Protocol)와 Skype 프로토콜이 널리 사용된다. 이외에도 무수히 많은 프로토콜이 존재하며, 필요한 경우 여러분 스스로 애플리케이션 계층 프로토콜을 정의하여 사용할 수도 있다.

IP, TCP 그리고 UDP

인터넷 프로토콜 IP는 냉전 동안 군사적인 지원을 받으며 군사적으로 호기심을 끌 만한 많은 기능과 함께 개발되었다. 첫 번째로 IP는 매우 견고한 프로토콜이다. 만일 구소련이 미국의 클리블랜드에 있는 라우터에 핵 공격을 가하더라도 전체 네트워크 기능이 중단되지는 않을 것이며, 클리블랜드로 향하는 패킷을 제외한 모든 메시지는 여전히 원래의 목적지로 도달할 것이다. 그러니까 IP는 두 지점 사이의 여러 경로를 허용하고 손상된 라우터 주변 데이터의 패킷을 라우팅할 수 있도록 설계되었다.

두 번째로 군사시설에는 여러 종류의 컴퓨터가 있고 이들 모두가 서로 통신이 가능해야 했다. 그 결과, IP는 공개적이고 플랫폼 독립적으로 만들어졌다. IBM 메인프레임(IBM mainframe: IBM이 1952년부터 현재까지 생산 중인 대형 컴퓨터 시스템)은 PDP-11s와 주변에 있는 다양한 컴퓨터들과 통신할 필요가 있었지만, IBM 메인프레임과 PDP-11s를 위한 프로토콜로는 충분하지 못했다.

두 지점 사이의 많은 경로 중 가장 빠른 경로는 시간이 지나면서 네트워크 트래픽과 다른 요인에 의해 달라질 수 있기 때문에 특정 데이터 스트림을 구성하는 패킷들은 모두 같은 경로를 통해 전달되지 않는다. 심지어 모든 패킷들이 도착한 경우에도 패킷들은 보내진 순서대로 도착하지 않을 수 있다. 이러한 IP의 기본 설계 요소들을 개선하기 위해, 각 연결의 끝에 IP 패킷의 수신 여부 확인 기능과 손상되거나 손실된 패킷에 대한 재전송 요청 기능을 추가하는 TCP가 IP 계층 위에 놓인다. 게다가 TCP는 패킷들이 보내진 순서와 동일한 순서로 수신 측에서 조립할 수 있게 한다.

그러나 TCP는 꽤 많은 오버헤드(overhead)를 유발한다. 그래서 데이터의 순서가 특별히 중요하지 않고 일부 패킷의 손실이 전체 데이터 스트림을 손상시키지 않는 경우, 패킷은 종종 UDP 프로토콜을 이용하여 보낼 수 있다. UDP는 패킷의 도착 순서와 손실, 손상 여부를 보장하지 않는 신뢰할 수 없는 프로토콜이다. 이러한 UDP가 파일 전송에 사용될 경우 문제가 생길 수도 있지만, 일부 데이터의 손실을 사용자가 눈치챌 수 없는 애플리케이션에는 충분히 사용할 수 있다. 예를 들어, 비디오나 오디오 신호의 일부 손실은 화질이나 음질에 눈에 띄는 저하를 발생시키지 않는다. 그리고 이러한 애플리케이션의 경우 손실된 데이터의 재전송을 요청하기 위해 TCP처럼 기다리는 상황이 더 큰 문제가 될 수도 있다. 또한 UDP 사용 시 데이터 손실을 고려해야 한다면 애플리케이션 레벨에서 오류 정정 코드(error-correcting code)를 UDP 데이터 스트림에 내장할 수도 있다.

TCP와 UDP 외에도 여러 다른 프로토콜들이 IP 위에서 동작할 수 있다. 가장 일반적으로 사용되는 ICMP, 즉 인터넷 제어 메시지 프로토콜(Internet Control Message Protocol)은 호스트 간의 에러 메시지를 전달하기 위해 IP 데이터그램을 사용한다. ICMP 프로토콜이 가장 널리 사용되는 예가 바로 ping 프로그램이다. 자바는 ICMP를 지원하지 않으며 원시 상태의 IP 데이터그램의 전송 역시 허가되지 않는다(반면에 TCP 세그먼트와 UDP 데이터그램의 전송은 가능하다). 자바는 TCP와 UDP 프로토콜만 지원하며 애플리케이션 계층 프로토콜은 이 두 프로토콜 위에서 구성된다. 이외의 다른 전송 계층, 인터넷 계층 그리고 ICMP, IGMP(Internet Group Management Protocol), ARP(Address Resolution Protocol), RARP(Reverse Address Resolution Protocol), RSVP(Resource reSerVation Protocol) 같은 낮은 계층 프로토콜과 기타 프로토콜들은 자바에서 네이티브 코드(native code) 링크를 통해 구현될 수 있다.

IP 주소와 도메인

자바 프로그래머인 독자 여러분은 IP의 내부 동작에 대해서 신경 쓰지 않아도 된다. 하지만 주소 체계에 대해서는 알아 둘 필요가 있다. IPv4 네트워크 안에 있는 모든 컴퓨터는 4바이트 숫자로 식별되며 199.1.32.90처럼 **점으로 구분된** 네 개의 숫자 형식으로 표기된다. 그리고 네 개의 각 숫자는 0에서 255까지의 부호 없는 바이트 범위의 값을 가질 수 있다. IPv4

네트워크에 접속된 모든 컴퓨터는 유일한 4바이트 주소를 가지게 된다. 데이터가 네트워크를 통해 전송될 때 패킷의 헤더에는 패킷이 가고자 하는 장비의 주소(목적지 주소)와 패킷을 보낸 주소(출발지 주소)를 포함하고 있다. 패킷의 전송 경로상에 있는 라우터는 패킷의 목적지 주소를 검사하여 최적의 전송 경로를 선택한다.

IPv4에는 40억 개 이상의 사용 가능한 IP가 있으며, 지구상의 모든 사람들이 하나씩 쓰기에는 충분하지만 모든 컴퓨터들이 쓰기에는 부족하다. 설상가상으로 주소는 효율적으로 할당되지 못하여 2011년 4월 아시아와 호주는 할당 가능한 IP가 모두 소진되어 추가적인 할당이 중지되었다. 이 지역에서는 더 이상 IPv4를 할당받을 수 없게 된 것이다. 할당이 중단된 이후 아시아와 호주 지역에서는 이미 할당된 IP를 재사용하는 방법을 찾아야만 했다. 2012년 9월, 유럽 역시 IP 할당이 중지되었다. 북아메리카와 라틴아메리카 그리고 아프리카는 아직 할당 가능한 IP 블록을 일부 보유하고 있지만 이 지역들 역시 더 이상 지속하기는 어려울 것이다.

이러한 이유로 16바이트 주소를 사용하는 IPv6로의 전환이 느리게 진행되고 있다. IPv6는 모든 사람과 모든 컴퓨터 그리고 지구상의 모든 장치를 식별하기에 충분한 IP 주소를 제공한다. IPv6 주소는 관례상 FEDC:BA98:7654:3210:FEDC:BA98:7654:3210와 같이 콜론으로 구분된 네 개의 16진수를 여덟 개 블록으로 표기한다. 각 블록의 앞에 오는 0은 표기하지 않아도 되며, 다수의 0 블록은 이중 콜론 표기로 대체할 수 있다. 예를 들어, 다음 FEDC:0000:0000:0000:00DC:0000:7076:0010 주소는 FEDC::DC:0:7076:10처럼 효과적으로 줄여 쓸 수 있다. IPv6와 IPv4가 섞여 있는 환경에서 종종 IPv6 주소의 마지막 4바이트가 IPv4 방식의 점으로 구분된 네 개의 숫자 형식으로 표기하기도 한다. 예를 들어, 다음 FEDC:BA98:7654:3210:FEDC:BA98:7654:3210 주소는 FEDC:BA98:7654:3210:FEDC:BA98:118.84.50.16처럼 표기할 수 있다.

비록 컴퓨터는 숫자를 다루는 것이 편리하지만, 사람은 이 숫자들을 기억하는 것이 결코 쉽지 않다. 그래서 208.201.239.101과 같이 숫자로 된 인터넷 주소를 'www.oreilly.com'처럼 사람이 쉽게 기억할 수 있는 호스트네임으로 변환해 주는 DNS(Domain Name System)가 개발되었다. 자바 프로그램은 네트워크에 접근할 때 숫자로 된 주소와 이에 대응하는 호스트네임을 모두 처리해야 하며, 이것을 처리하는 방법은 java.net.InetAddress 클래스에서 제공된다. java.net.InetAddress 클래스는 제4장에서 자세히 다룬다.

몇몇 컴퓨터들, 특히 서버들은 고정된 주소를 사용하며 LAN(Local Area Network)이나 무선에 연결된 대부분의 컴퓨터들은 부팅할 때마다 DHCP(Dynamic Host Configuration Protocol) 서버에서 제공하는 다른 주소를 할당받는다. 이와 같이 DHCP로부터 매번 다른 IP를 할당받는 시스템은 시간이 지나면 IP 주소가 변경될 수 있으므로 항상 고정된 IP가 할당되어 있다고 가정하여 코드를 작성하지 않도록 해야 한다. 예를 들어, 애플리케이션의 상태를 저장할 때 로컬 IP 주소를 저장하지 않도록 해야 하며, 대신 프로그램 시작 시에 매번 최신 IP를 얻어야 한다. 프로그램 실행 중에 IP 주소가 변경될 가능성은 낮긴 하지만 실제 가능한 일이며(예로, DHCP의 IP 대여 시간이 초과한 경우), 그래서 대부분 IP 주소를 저장해 두기보다는 필요할 때 확인하는 방법을 사용한다. 그 외에는 동적 할당된 IP 주소와 수동 할당된 IP 주소는 자바에서 별 차이가 없다.

몇몇 IP 주소 블록과 패턴은 특별한 용도로 사용된다. 10.에서 시작하는 범위와 172.16부터 172.31까지, 그리고 192.168으로 시작하는 모든 IPv4 주소들은 일반적인 인터넷 주소로 할당되지 않는다. 이 주소들은 내부 네트워크 주소로 사용될 수 있지만, 이 블록의 주소를 사용하는 호스트는 인터넷으로 바로 연결될 수 없다. 이러한 **라우팅이 불가능한** 주소는 외부 인터넷에 의해 보여지지 않는 사설 네트워크를 구성하는 데 유용하게 사용된다. 127로 시작하는 IPv4 주소들은(일반적으로 127.0.0.1) 항상 **로컬 루프백 주소(local loopback address)**를 의미한다. 즉, 이러한 주소들은 여러분이 실행 중인 컴퓨터에 상관없이 항상 로컬 컴퓨터를 가리키며, 이 주소에 대한 호스트네임으로 **localhost**가 일반적으로 사용된다. IPv6에서는 0:0:0:0:0:0:0:1(줄여서 ::1로 쓸 수 있음)이 루프백 주소로 사용된다. 주소 0.0.0.0은 항상 패킷이 발생한 호스트의 주소를 가리키며, 목적지 주소(destination address)로는 사용할 수 없고 출발지 주소(source address)로만 사용할 수 있다. 마찬가지로 0으로(0비트 8개) 시작하는 IPv4 주소들은 같은 로컬 네트워크 안의 호스트에 대한 참조로 간주된다.

4바이트 각각에 모두 같은 숫자를 사용하는 IPv4 주소들, 예를 들어 255.255.255.255는 브로드캐스트(broadcast) 주소이다. 이 주소로 보내진 패킷들은 로컬 네트워크 안에 있는 모든 노드에 의해 수신되며, 로컬 네트워크 영역을 넘어 라우팅되지 않는다. 이러한 브로드캐스트 주소는 일반적으로 로컬 네트워크 안의 노드를 탐색하는 용도로 사용된다. 예를 들어, 동적 메모리 할당이 필요한 노트북과 같은 클라이언트는 부팅될 때, 로컬 DHCP 서버를 찾기 위해 255.255.255.255 주소로 특정 메시지를 전송한다. 그리고 네트워크 안에 있는 모든 노드들은 해당 패킷을 수신하며 그중 DHCP 서버만이 이 패킷에 대해 응답한다. 이 응답에는 노트북의 로컬 네트워크 설정에 필요한 IP 주소와 DNS 정보가 포함된다.

포트

컴퓨터가 동시에 하나 이상의 프로그램을 실행할 수 없다면 IP 주소만 알아도 문제가 없다. 그러나 요즘의 컴퓨터는 동시에 많은 것들을 할 수 있다. FTP 요청을 보내면서 메일을 보낼 수 있고 동시에 웹 트래픽(web traffic)을 처리할 수 있다. 이러한 일들은 **포트(port)**를 통해 가능해진다. IP가 할당된 컴퓨터는 수천 개 이상의 논리적인 포트를 사용할 수 있다(정확히는 전송 계층당 6만 5,535개의 포트). 이러한 포트는 컴퓨터의 메모리에 추상화된 개념이며, USB 포트와 같이 특정 물리 개체를 나타내지 않는다. 포트는 1에서 65535까지의 숫자로 표현되며, 각 포트는 특정 서비스에 할당될 수 있다.

예를 들어, 웹의 기본 프로토콜인 HTTP는 일반적으로 포트 80을 사용한다. 우리는 일반적으로 웹 서버가 포트 80에서 들어오는 연결에 대해서 **수신(listen)**한다고 말한다. 데이터가 특정 IP가 할당된 특정 장비에서 실행 중인 웹 서버로 보내질 때, 데이터는 또한 해당 장비의 특정 포트(보통 포트 80)로 보내진다. 데이터를 수신한 장비는 포트를 검사하기 위해 각각의 패킷을 검사하고, 해당 포트로 수신을 기다리고 있는 프로그램으로 데이터를 전달한다. 이것이 바로 여러 종류의 트래픽을 분류하는 방법이다.

포트 번호의 1에서 1023까지는 finger, FTP, HTTP 그리고 IMAP 같은 잘 알려진 시비스를 위해 미리 예약되어 있다. 리눅스와 맥 OS X를 포함한 유닉스 시스템에서는 루트(root) 권한으로 실행된 프로그램만이 이 포트에서 데이터를 수신할 수 있지만, 권한에 상관없이 모든 프로그램이 이 포트로 데이터를 보낼 수 있다. 마이크로소프트 윈도우(Windows)에서는 특별한 권한 없이 어떠한 프로그램이라도 이 범위의 포트를 사용할 수 있다. 표 1-1은 이 책에서 다룰 프로토콜의 포트를 나타낸다. 여기에 나열된 포트는 절대적으로 보장되는 것은 아니다. 특히 웹 서버의 경우 종종 80이 아닌 다른 포트를 사용하기도 한다. 웹 서버의 경우 하나의 장비에서 여러 서버가 실행되거나 80번 포트에서 웹 서버를 실행하기 위한 루트 권한이 없는 경우 종종 80이 아닌 다른 포트를 사용하기도 한다. 유닉스 계열의 환경에서는 서비스별로 할당된 포트 목록이 **/etc/services** 파일에 잘 정리되어 있다.

표 1-1 잘 알려진 포트 목록

프로토콜	포트	프로토콜	용도
echo	7	TCP/UDP	두 장비의 연결을 확인하는 목적으로 사용된다.
discard	9	TCP/UDP	테스트 목적의 프로토콜이며 서버는 수신된 데이터를 모두 버린다.
daytime	13	TCP/UDP	서버의 현재 시간을 ASCII 표현으로 제공한다.
FTP data	20	TCP	FTP는 두 개의 포트를 사용한다. 이 포트는 파일을 전송하는 데 사용된다.
FTP	21	TCP	put, get 같은 FTP 명령을 전송하는 데 사용된다.
SSH	22	TCP	암호화된 원격 로그인에 사용된다.
Telnet	23	TCP	대화 방식의 원격 명령라인 세션에 사용된다.
smtp	25	TCP	장비 간의 메일 전송에 사용된다.
time	37	TCP/UDP	1900년 1월 1일 자정 이후의 경과 시간을 초로 반환한다.
whois	43	TCP	인터넷 네트워크 관리자를 위한 간단한 디렉터리 서비스이다.
finger	79	TCP	로컬 시스템의 사용자 정보를 반환하는 서비스이다.
HTTP	80	TCP	WWW의 기반 프로토콜이다.
POP3	110	TCP	서버로부터 쌓인 메일을 클라이언트로 전송하는 프로토콜이다.
NNTP	119	TCP	유즈넷(Usenet) 뉴스 전송에 사용된다.
IMAP	143	TCP	서버에 저장된 메일박스에 접근하기 위한 프로토콜이다.
dict	2628	TCP	단어의 정의를 제공하는 UTF-8로 인코딩된 사전 서비스다.

인터넷

인터넷(Internet)은 세상에서 가장 큰 IP 기반 네트워크다. 인터넷은 (남극을 포함한) 일곱 대륙의 수많은 컴퓨터들이 IP 프로토콜을 사용하여 서로 대화할 수 있는 (정확한 형식이나 조직이 없는) 비결정 네트워크 그룹이다. 인터넷에 연결된 각 컴퓨터는 자신을 식별할 수 있는 최소 하나의 IP 주소를 가진다. 그리고 또한, 이들 중 일부는 자신의 IP와 연결된 이름을 하나 이상 가지고 있다. 인터넷을 구성하는 호스트와 같은 장비들은 각각 누군가의 소유물이긴 하지만 인터넷 자체는 어느 누구의 소유도 아니다. 몇몇 정부에 의해 인터넷을 지배하려는 시도가 있긴 했지만, 인터넷은 특정한 정부에 의해 지배되지 않는다. 인터넷은 단순히 표준 프로토콜로 서로 대화하도록 약속된 컴퓨터들의 매우 큰 집합에 불과하다.

인터넷이 유일한 IP 기반 네트워크는 아니지만 가장 큰 IP 기반 네트워크이며, 또 다른 IP 기반 네트워크로 소문자 i로 시작하는 **인터넷(internet)**이 있다. 예를 들어, 인터넷(Internet)과 연결되지 않은 높은 보안 수준이 요구되는 내부 네트워크가 이에 해당하며, 일반적으로 회사에서 외부 사용자가 접근할 수 없도록 분리하여 사용하는 **인트라넷(Intranet)**이 이와 비슷하다.

만약 여러분이 외부 네트워크와 물리적으로 차단된 높은 보안 수준이 요구되는 환경에서 일하고 있는 것이 아니라면 여러분이 사용 중인 인터넷은 인터넷(internet)이 아닌 인터넷(Internet)일 가능성이 높다. 인터넷상의 다른 네트워크 안에 있는 호스트들이 서로 통신할 수 있는지 확인하기 위해서는 순수 내부 인터넷(internet) 환경에서는 적용되지 않는 몇 가지 규칙을 따라야 하며, 이 중에 가장 중요한 규칙은 다른 조직과 회사 그리고 개인들 사이의 주소 할당 방법이다. 누군가 자신이 원하는 인터넷 주소를 마음대로 선택한다면, 동일한 주소를 사용하는 컴퓨터가 인터넷에 나타나는 거의 즉시 충돌이 발생하게 된다.

인터넷 주소 블록

이러한 문제를 피하기 위해, ISP들은 지역 인터넷 등록기관으로부터 IPv4 주소 블록을 할당받는다. 그리고 회사나 단체가 인터넷에 연결된 IP 기반의 네트워크를 구성하고자 할 때, ISP는 다시 그들에게 IP 주소 블록을 할당한다. 이때 할당된 IP 블록은 앞자리 주소가 고정된 제한된 범위의 블록이 할당된다. 예를 들어, 고정된 앞자리 주소가 216.254.85일 경우, 로컬 네트워크는 216.254.85.0부터 216.254.85.255까지의 주소를 사용할 수 있다. 이 주소 블록은 처음 24비트가 고정되어 있기 때문에 /24라고 불린다. /23은 처음 23비트가 고정되어 있음을 나타내며, 나머지 9비트, 즉 2^9에 해당하는 512개의 로컬 IP 주소를 사용할 수 있다. /30 서브넷(가장 작은 서브넷)은 처음 30비트가 고정되어 있으며, 나머지 2비트, 즉 2^2에 해당하는 네 개의 로컬 IP 주소를 사용할 수 있다. 그러나 해당 블록에서 가장 낮은 주소는 네트워크 자체를 식별하는 데 사용되고, 가장 큰 주소는 해당 네트워크에 대한 브로드캐스트 주소로 사용되기 때문에 실제 예상하는 것보다 두 개가 적은 네트워크 주소를 사용할 수 있다.

네트워크 주소 변환

IP 주소의 결핍과 요구가 증가함에 따라, 오늘날 대부분의 네트워크에서는 네트워크 주소 변환(NAT) 기술을 사용한다. NAT 기반의 네트워크에서 대부분의 노드들은 라우팅되지 않는 10.x.x.x, 172.16.x.x 부터 172.31.x.x 그리고 192.168.x.x의 로컬 주소들 중 하나를 선택하여 사용한다. 로컬 네트워크를 ISP로 연결하는 라우터는 이러한 로컬 주소를 라우팅 가능한 몇 개의 주소로 변환한다.

예를 들어, 필자가 살고 있는 아파트에서 수십여 대의 IP 노드는 모두 외부에서 볼 수 있는 하나의 IP 주소를 공유하고 있고, 지금 이 글을 작성하고 있는 컴퓨터는 192.168.1.5라는 IP 주소를 가지고 있다. 하지만 독자 여러분의 네트워크 환경에서 이 IP를 사용하는 장비가 존재할 수 있고, 해당 IP는 독자의 컴퓨터가 아닌 전혀 다른 호스트를 참조할 것이다. 여러분이 192.168.1.5로 데이터를 보내도 필자의 컴퓨터에 도달할 수 없으며, 대신 216.254.85.72로 보내야 한다. (정확히 말하면, 필자의 NAT 라우터 설정에 들어오는 연결 요청에 대해서 192.16.1.5로 보내도록 추가해야 데이터가 필자의 PC로 전달된다.)

라우터는 필자의 PC로부터 나가거나 들어오는 연결을 감시하고 IP 패킷 안의 주소를 변경한다. 라우터는 나가는 패킷에 대해서 출발지 주소를 라우터의 외부 주소(필자의 경우 216.254.85.72)로 변경하고 들어오는 패킷에 대해서 목적지 주소를 192.168.1.12와 같은 로컬 주소 중 하나로 변경한다. 연결 요청이 어디로부터 왔는지 그리고 내부 컴퓨터 중에 어디로 연결해야 하는지 정확히 추적하는 방법은 자바 개발자에게 특별히 중요한 이슈는 아니다. 여러분의 장비가 올바르게 설정되어 있다면 이러한 과정은 대부분 투명하게 진행된다. 여러분은 단지 외부와 내부의 주소가 다를 수 있다는 사실만 기억하면 된다.

언젠가 IPv6가 널리 도입되면 이러한 낡은 기술들을 대체할 것이고, 방화벽의 기능은 여전히 유용하게 사용될 수 있지만 NAT 자체는 무의미한 기술이 될 수 있다. 서브넷은 라우팅을 위해 계속 필요하고 존재할 테지만 지금보다 훨씬 거대한 서브넷을 사용하게 될 것이다.

방화벽

인터넷상에는 크래커(cracker)들을 비롯한 악의를 가진 사용자들이 존재한다. 그들의 접근을 차단하기 위해서는 로컬 네트워크로의 단일 접근 지점을 만들고, 단일 접근 지점을 오가는 모든 트래픽을 검사하는 것이 도움이 된다. 인터넷과 로컬 네트워크 사이에 위치하여 들어오고 나가는 모든 데이터를 검사하는 하드웨어와 소프트웨어를 **방화벽(firewall)**이라 부른다. 방화벽은 종종 로컬 네트워크를 인터넷으로 연결하는 라우터의 일부로 동작하기도 하며, NAT와 같은 부가적인 기능을 수행하기도 한다. 또한 라우터와 별개의 독립된 장비로 존재할 수도 있다. 맥 OS X와 레드햇 리눅스(Red Hat Linux) 같은 요즘 운영체제들은 종종 해당 장비로 보내진 트래픽을 감시할 수 있는 개인용 방화벽을 내장하고 있다. 어쨌든 방화벽의 유형에 상관없이 방화벽은 네트워크 인터페이스를 오가는 각각의 패킷을 검사하고 규칙에 따라 연결 요청을 받아들이거나 거부하는 기능을 한다.

필터링(filtering)은 일반적으로 네트워크 주소와 포트를 기반으로 한다. 예를 들어, 과거에 193.28.25.x 같은 C 클래스 IP를 가진 해커가 침입한 경험이 있는 경우 해당 IP로부터 들어오는 모든 트래픽을 차단할 수도 있다. 그리고 외부로 나가는 SSH 연결 요청은 허가하고 내부로 들어오는 SSH 연결 요청을 차단할 수 있다. 또한 로컬 네트워크 내부의 기업용 웹 서버에 대해 외부로부터 포트 80을 통해 접근하도록 할 수 있다. 좀 더 지능적인 방화벽 제품들은 해당 패킷의 내용을 살펴보고 차단 여부를 결정할 수도 있다. 어떤 패킷을 통과시키고 차단할지에 대한 정확한 방화벽 설정은 사이트마다 요구되는 보안 수준에 따라 다르다. 방화벽이 방해만 되지 않는다면 자바 프로그래머가 방화벽에 대해 할 일은 별로 없다.

프록시 서버

프록시 서버(proxy server)는 방화벽과 관련이 있다. 방화벽이 로컬 네트워크 안의 호스트가 외부 세상으로 직접 연결하는 것을 금지한다면, 프록시 서버는 내부와 외부 사이의 중계자 역할을 한다. 그래서 방화벽에 의해 외부 네트워크로 연결이 금지된 장비는 외부에 있는 원격 웹 서버에 대해 직접 요청을 하는 대신 로컬 프록시 서버로부터 웹 페이지를 요청할 수 있다. 프록시 서버는 해당 요청을 외부의 원격 웹 서버에 요청하고, 요청을 보낸 로컬 장비로 응답을 전달한다. 프록시는 웹뿐만 아니라 FTP 서비스나 다른 연결 요청에 대해서도 사용될 수 있다. 프록시를 사용하면 얻을 수 있는 한 가지 보안 이점은 외부 호스트나 사용자는 프록시 이외에 로컬 네트워크의 어떠한 장비의 IP나 이름도 찾을 수 없으며, 내부 시스템을 해킹하기 어렵게 만든다는 점이다.

방화벽이 일반적으로 전송 계층이나 인터넷 계층에서 동작하는 반면에, 프록시 서버는 일반적으로 애플리케이션 계층에서 동작한다. 프록시 서버는 HTTP나 FTP 같은 애플리케이션 수준의 프로토콜에 대해 매우 잘 알고 있다. (애플리케이션 수준의 프로토콜에 관계없이 모든 TCP와 UDP 연결을 프록시하는 SOCKS 프록시는 전송 계층에서 동작하므로 이에 해당하지 않는다.) 프록시 서버를 통과하는 패킷에 대해 패킷 타입에 적절한 데이터를 포함하고 있는지 여부를 검사할 수 있다. 예를 들어, 텔넷(Telnet, Tele network) 데이터를 포함하고 있다고 판단되는 FTP 패킷을 차단할 수 있다(역주 FTP에 텔넷 연결을 이용하여 해킹을 시도하기도 한다). 그림 1-4 는 계층 모델에서 프록시 서버의 동작 모습을 보여 주며, 가운데 계층이 프록시 서버를 나타낸다.

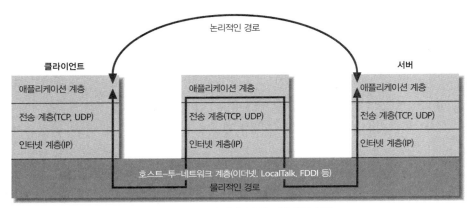

그림 1-4 **프록시 서버를 통한 계층화된 연결**

인터넷을 향한 모든 접근이 프록시 서버를 통해 전달되는 한 모든 접근은 엄격히 통제된다. 예를 들어, 회사에서 www.playboy.com에 대한 접근은 모두 차단하고 www.microsoft.com 에 대한 접근은 모두 허용하도록 할 수 있다. 몇몇 회사에서는 들어오는 FTP 연결만 허용 하고 외부로 나가는 FTP는 차단하여 회사 내 기밀 데이터가 외부로 쉽게 유출될 수 없게 한다. 또 다른 몇몇 회사들은 직원들의 인터넷 사용 내역을 조사하기 위해 프록시를 사용 하며, 어떤 직원들이 업무 외적인 용도로 인터넷을 사용하는지 감시하기도 한다.

프록시 서버는 또한 로컬 캐시(local cache)를 구현하기 위해 사용되기도 한다. 프록시를 통 해 외부 웹 서버로 파일이 요청되면, 프록시는 먼저 자신의 캐시에 파일이 있는지 확인한 다. 캐시 안에 요청된 파일이 있으면, 프록시 서버는 인터넷으로 파일을 요청하지 않고 캐 시된 파일을 요청한 로컬 호스트에게 제공한다. 프록시 캐시 안에 파일이 없는 경우 프록 시 서버는 인터넷으로 파일을 요청하여 받은 후 요청한 로컬 호스트에게 전달하고, 해당 파 일을 다음 요청 시 제공하기 위해 프록시 캐시 안에 저장한다. 이러한 프록시를 이용한 네 트워크 설계는 인터넷 연결의 부하를 현저하게 감소시키며 응답 시간을 크게 향상시킨다. AOL(America Online)은 자사의 서비스 이용자에게 전달되는 데이터의 전송 속도를 향상시키기 위해 세상에서 가장 큰 프록시 서버 팜(server farm)을 운영하고 있다. 여러분이 규모가 있는 웹 서버를 운영하고 있고 해당 서버의 로그를 살펴볼 수 있다면, aol.com 도메인에 속한 클라이언트의 접근을 어렵지 않게 발견할 수 있다. 하지만 300만 명이 넘는 AOL 가입자로부터 예상할 수 있는 만큼은 아닐 것이다. AOL 프록시 서버가 이미 캐시된 데이터는 다시 요청하지 않고 캐시로부터 많은 페이지를 제공하기 때문이다. 규모가 큰 다른 ISP 역시 비슷하게 동작한다.

프록시 서버 사용 시 가장 큰 문제점은 모든 프로토콜이 아닌 일부 프로토콜만 지원한다는 것이다. 일반적으로 HTTP, FTP, SMTP 같은 TCP 연결 기반의 프로토콜들을 처리할 수 있지만, BitTorrent 같은 최신 프로토콜은 지원하지 못한다. (일부 네트워크 관리자들은 오히려 이러한 점을 더 좋아하기도 한다.) 급변하는 인터넷 환경에서 이러한 프록시 서버의 특징은 매우 큰 단점이다. 그리고 자바에서는 애플리케이션에 최적화된 새로운 프로토콜을 쉽게 만들어 유용하게 사용할 수 있으나, 프록시 서버는 이러한 사용자 정의 프로토콜(custom protocol)을 이해할 수 없으므로 사용자 정의 프로토콜 사용에 제약이 발생하며, 자바 프로그래머에게는 특히 불리하게 적용된다. 그 결과, 몇몇 개발자들은 HTTP, SOAP(Simple Object Access Protocol)를 통해 사용자 정의 프로토콜을 터널링하는 방법을 쓰기도 한다. 그러나 이러한 방법은 보안에 상당히 부정적인 영향을 준다. 방화벽과 프록시의 이러한 설계와 제약에는 충분한 이유가 있으며, 단지 자바 프로그래머들을 귀찮게 하려는 것은 아니다.

웹 브라우저에서 실행되는 자바 애플릿(applet)은 자바 제어판에서 프록시 서버 설정을 재정의할 수도 있지만, 일반적으로 웹 브라우저 자체의 프록시 서버 설정을 따른다. 그리고 독립적인 자바 애플리케이션들은 (SOCKS 프록시 서버를 사용하는 경우) socksProxyHost나 socksProxyPort 속성을 설정하거나, (특정 프로토콜용 프록시를 사용하는 경우) http.proxySet, http.proxyHost, http.proxyPort, https.proxySet, https.proxyHost, https.proxyPort, ftpProxySet, ftpProxyHost, ftpProxyPort, gopherProxySet, gopherProxyHost, gopherProxyPort 속성을 설정하여 프록시 서버를 지정할 수 있다. 또한 명령라인(command-line)을 통해 자바 애플리케이션을 실행할 때, 다음과 같이 –D 옵션으로 시스템 속성을 통해 프록시 서버를 설정할 수 있다.

```
java -DsocksProxyHost=socks.cloud9.net -DsocksProxyPort=1080 MyClass
```

클라이언트/서버 모델

대부분의 최신 네트워크 프로그래밍은 클라이언트/서버 모델을 기반으로 한다. 클라이언트/서버 애플리케이션은 대부분의 프로그램 로직과 사용자 인터페이스가 서버에 비해 상대적으로 매우 저렴한 개인용 컴퓨터에서 실행되는 클라이언트 소프트웨어에서 처리된다. 반면에 많은 양의 데이터는 일반적으로 값비싼 고성능 서버나 클라우트 서버에 저장한다. 대부분의 경우에 서버는 주로 데이터를 보내고 클라이언트는 주로 서버가 보낸 데이터를 받는다. 그러나 하나의 프로그램이 오직 데이터를 보내기만 하거나 받기만 하는 경우는 거의 없다. 좀 더 명확한 차이점은 서버는 클라이언트와 대화를 시작하기 위해 클라이언트의 요청을 기다리는 반면, 클라이언트는 먼저 대화를 요청한다.

여러분은 클라이언트/서버 시스템 구조를 사용한 기존 소프트웨어들 덕분에 이 구조에 이미 꽤 익숙해져 있다. 2013년 현재, 인터넷에서 가장 인기 있는 클라이언트/서버 시스템은 바로 웹이다. 아파치(Apache) 같은 웹 서버들은 파이어폭스 같은 웹 클라이언트가 보낸 요청에 응답한다. 데이터는 웹 서버에 저장되어 있다가 요청이 들어오면 클라이언트로 보내진다. 페이지에 대한 초기 요청 패킷을 제외하고는 거의 모든 데이터가 서버에서 클라이언트로 전송되며 클라이언트로부터 서버로 전송되는 데이터는 거의 없다. FTP는 클라이언트/서버 모델에 적합한 오래된 서비스이며, FTP는 웹과는 다른 애플리케이션 프로토콜과 소프트웨어를 사용하지만, 여전히 파일을 보내는 FTP 서버와 파일을 받는 FTP 클라이언트로 나뉜다. 사람들은 종종 클라이언트에서 서버로 파일을 업로드하는 데 FTP를 사용하기도 한다. 그래서 FTP의 경우 한 방향으로만 데이터를 전송한다고 말하기는 어렵다. 그러나 여전히 FTP 클라이언트가 먼저 연결을 시도하며 서버는 클라이언트의 연결을 대기하고 있다.

모든 애플리케이션들이 서버/클라이언트 모델에 적합한 것은 아니다. 예를 들어, 일부 네트워크 게임에서는 두 게이머가 서로 연결되어 데이터를 주고받는다. 이러한 연결 종류를 **P2P(peer-to-peer)**라 부른다. 전화 시스템이 고전적인 P2P 네트워크의 대표 사례다. 각각의 전화기는 다른 전화기로 전화를 걸거나 다른 전화기로부터 걸려온 전화를 받을 수 있고, 전화를 걸고 받기 위해 새로운 전화기를 구입할 필요는 없다.

자바 자체의 네트워킹 API에서는 명시적으로 P2P 통신을 위한 기능을 제공하지 않는다. 그러나 애플리케이션들은 몇 가지 방법으로 어렵지 않게 P2P 통신 기능을 제공할 수 있는데,

가장 일반적인 방법으로는 애플리케이션이 서버와 클라이언트 역할을 모두 수행하는 방법이 있다. 다른 대안으로는 피어(peer) 간에 데이터를 전달해 주는 중개 서버 프로그램을 이용해 통신하는 방법이 있다. 이 방식은 두 피어가 서로를 찾는 방법에 대한 문제까지 깔끔히 해결해 준다.

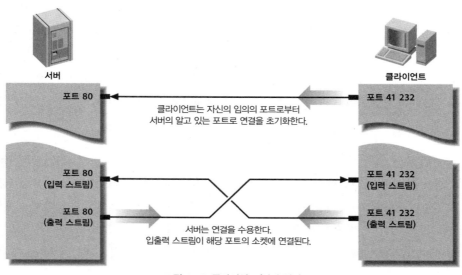

그림 1-5 클라이언트/서버 연결

인터넷 표준

이 책은 몇몇 애플리케이션 계층 인터넷 프로토콜에 대해서 다루며, 특히 HTTP에 대해서 자세히 다룬다. 그러나 이 책은 프로토콜을 다루는 책이 아니다. 만약 여러분이 특정 프로토콜에 대한 자세한 정보가 필요하다면, 해당 프로토콜의 표준 문서를 보는 것이 가장 확실하다.

전 세계에 수많은 표준 기구들이 존재하지만, 애플리케이션 계층 프로그래밍과 프로토콜에 관련된 대부분의 표준을 만드는 곳은 IETF(Internet Engineering Task Force)와 W3C(World Wide Web Consortium)이다. IETF는 관심 있는 사람이나 단체에게 참여의 기회가 열려 있는 상대적으로 비형식적이고 민주적인 단체이다. IETF의 표준들은 '대략적인 합의와 실제적인 구현'에 근거하고 구현을 선도하기보다는 쫓아가는 경향이 있다. IETF 표준에는 TCP/IP, MIME(Multipurpose Internet Mail Extensions), SMTP가 포함되어 있다[역주 IETF는 다른 단체와 달리 표준을 채택하는 데 만장일치가 아닌 90퍼센트 이상(명시적인 비율은 아님)의 찬성에 의해 표준이 승인되는 '대략적인 합의' 방식이며, 표준으로 완전히 인정되기 전에 '실제적인 구현'이 먼저 이루어져야 한다]. 이에 반해, W3C는 개인의 참여를 명시적으로 배제하며, 구성원이 되기 위해 비용을 지불하는 기업체들에 의해 관리되는 단체이다. W3C는 대부분의 경우에 구현보다 표준을 정의하려고 한다. W3C 표준에는 HTTP, HTML(Hypertext Markup Language), XML(eXtensible markup language)이 포함된다.

IETF RFC

IETF 표준(standard)이나 표준에 가까운 것들은 RFCs(Request for Comments) 문서로 출판된다. (Request for Comments는 이 문서에 대한 비평을 기다린다는 의미다.) RFC 이름의 의미에도 불구하고 발행된 RFC 문서는 최종 결과물을 의미하며, 이미 발행된 RFC 문서는 수정되지 않으며 새로운 RFC 문서에 의해서 대체되거나 버려진다. IETF에서 개발을 위해 수정하고 공개할 목적으로 작업이 진행 중인 문서들은 '인터넷 초안(Internet drafts)'이라고 부른다.

RFCs는 일반적인 관심 분야의 정보를 담고 있는 문서에서부터 FTP와 같은 표준 인터넷 프로토콜의 세부 사양에 이르기까지 다양하다. RFCs는 http://www.faqs.org/rfc/와 http://www.ietf.org/rfc.html을 포함한 인터넷의 많은 곳에서 찾을 수 있다. 대부분의 RFCs는 (특히 표준에 기반한 RFCs) 매우 기술적이고 이해하기 어려운 내용을 포함하고 있다. 그렇기는 하지만, RFCs는 특정 프로토콜에 대한 정보를 다루는 거의 유일하고 완벽한 자료이다.

RFC에 대한 대부분의 제안은 개인이나 단체가 아이디어를 생각하고 프로토타입을 만들면서 시작한다. 여기서 프로토타입이 매우 중요하다. 어떤 제안이 IETF 표준이 되기 전에 실제로 존재하고 동작해야 한다. 이러한 IETF의 요구사항은 다른 표준 기구들에 의해 발표된 표준과는 달리 IETF 표준들의 구현 가능성을 보장해 준다.

표 1-2에는 이 책에서 다루는 프로토콜을 위한 공식적인 문서를 제공하는 RFCs를 보여준다.

표 1-2 이 책에서 다루는 프로토콜에 대한 RFCs

RFC	제목	설명
RFC 5000	인터넷 공식 프로토콜 표준	서로 다른 인터넷 프로토콜의 현재 상태와 표준화 과정을 기술한다. 새로운 RFC로 주기적으로 업데이트된다.
RFC 1122, RFC 1123	호스트 필수사항	모든 인터넷 호스트가 각 계층(데이터링크 계층, IP 계층, 전송 계층, 애플리케이션 계층)에서 지원해야 하는 프로토콜이 어떤 것인지를 기술한다.
RFC 791, RFC 919, RFC 922, RFC 950	인터넷 프로토콜(IP)	IP 인터넷 계층 프로토콜
RFC 768	사용자 데이터그램 프로토콜(UDP)	신뢰성이 없는, 비연결 기반의 전송 계층 프로토콜
RFC 792	인터넷 제어 메시지 프로토콜(ICMP)	IP 데이터그램을 사용하는 인터넷 계층 프로토콜이며 자바에서 지원되지 않는다. ping과 traceroute에서 사용된다.
RFC 793	전송 제어 프로토콜(TCP)	신뢰성 있는 연결 기반의, 스트리밍 전송 계층 프로토콜
RFC 2821	메일 전송 프로토콜(SMTP)	한 호스트가 다른 호스트로 메일을 전송하기 위한 애플리케이션 계층 프로토콜이다. 이 표준은 이메일 클라이언트에 대한 내용은 언급하지 않으며, 메일을 전달하기 위한 기술적인 방법만 다룬다.
RFC 822	전자 메일 메시지의 형식	아스키(ASCII) 텍스트 이메일 메시지에 대한 기본 문법을 다룬다. MIME은 이진코드 데이터를 지원하기 위해 확장된 것이다.
RFC 854, RFC 855	Telnet 프로토콜	네트워크 가상 단말(NVT, Network Virtual Terminal)과 TCP를 기반으로 한 명령라인 환경을 위한 애플리케이션 계층 원격 로그인 서비스
RFC 862	Echo 프로토콜	TCP와 UDP 기반이며, 수신된 데이터를 그대로 반환하는 애플리케이션 계층 프로토콜이며 디버깅(debugging)에 유용하게 사용된다.
RFC 863	Discard 프로토콜	TCP와 UDP 기반이며, 수신된 데이터를 모두 버리고 아무것도 반환하지 않는 애플리케이션 계층 프로토콜이며 디버깅에 유용하게 사용된다.
RFC 864	문자 발생기 (Character Generator) 프로토콜	TCP와 UDP 기반이며, 연결된 임의의 클라이언트에게 일련의 아스키 문자열을 끊임없이 보내주는 애플리케이션 프로토콜이며, 디버깅 툴로 유용하게 사용된다.
RFC 865	오늘의 명언 (Quote of the Day) 프로토콜	TCP와 UDP 기반이며, 오늘의 명언을 반환하는 애플리케이션 계층 프로토콜이다.
RFC 867	Daytime 프로토콜	서버의 현재 날짜와 시간을 표시하는 아스키 문자열을 클라이언트에 보내 주는 애플리케이션 계층 프로토콜이다. 이 프로토콜은 사람이 읽을 수 있는 데이터를 반환한다는 것이 다른 타임 프로토콜과 차이점이다.

표 1-2 이 책에서 다루는 프로토콜에 대한 RFCs

RFC	제목	설명
RFC 868	Time 프로토콜	1900년 1월 1일 자정부터 현재까지 경과한 시간을 초 단위로 보내주는 애플리케이션 계층 프로토콜이다. 이 시간은 컴퓨터가 읽을 수 있는 32비트 정수로 반환한다. 이 표준은 어떻게 정수를 32비트로 인코딩 하는지에 대해서 언급하지 않기 때문에 미완성된 프로토콜이다. 하지만 대부분의 실제 환경에서는 2의 보수와 빅엔디안(big endian)을 사용한다.
RFC 959	파일 전송 프로토콜(FTP)	TCP를 사용한 애플리케이션 계층의 파일 전송 프로토콜이며 선택적으로 인증을 제공한다.
RFC 977	네트워크 뉴스 전송 프로토콜(NNTP)	유즈넷 뉴스에서 사용하는 애플리케이션 계층 프로토콜이다. 뉴스 클라이언트와 서버의 통신 그리고 서버와 서버의 통신 모두에서 사용된다.
RFC 1034, RFC 1035	도메인 네임 서비스(DNS)	사람이 기억하는 호스트네임을 컴퓨터가 이해하는 숫자로 변환하는 소프트웨어의 집합이다. 이 RFC는 서로 다른 호스트에 있는 DNS가 어떻게 UDP를 통해 서로 통신하는지를 정의한다.
RFC 1112	IP 멀티캐스팅을 위한 호스트 확장	시스템이 단일 패킷을 여러 개의 호스트에게 보내 주도록 하는 데 이용하는 인터넷 계층의 프로토콜이다. 이를 멀티캐스팅이라고 한다. 자바의 멀티캐스팅 기능은 제13장에서 다룬다.
RFC 1288	Finger 프로토콜	원격 사이트에 있는 사용자 정보를 요청하는 애플리케이션 계층 프로토콜이며 보안에 취약하다.
RFC 1305	네트워크 타임 프로토콜(NTP) 버전 3	시스템들 사이의 클럭 동기화를 위한 보다 정확한 애플리케이션 계층 프로토콜
RFC 1939	우편 프로토콜 버전3 (POP3)	TCP를 기반으로 서버로부터 메일을 가져오는 Eudora 같은 이메일 클라이언트에서 사용하는 애플리케이션 계층 프로토콜
RFC 1945	하이퍼텍스트 전송 프로토콜(HTTP 1.0)	TCP를 기반으로 웹 브라우저가 웹 서버와 대화하는 데 사용되는 애플리케이션 계층 프로토콜 버전 1.0. IEFT가 아닌 W3C에서 개발되었다.
RFC 2045, RFC 2046, RFC 2047	다목적 인터넷 메일 확장(MIME)	인코딩된 바이너리(binary) 데이터와 비아스키(non-ASCII) 텍스트를 인터넷 메일과 같은 ASCII 기반의 프로토콜로 전송하기 위한 방법
RFC 2141	통합 리소스 이름(URN) 문법	URL과 비슷하지만 해당 리소스의 임시 위치가 아닌 영구적인 방법으로 실제 리소스를 가리킨다.
RFC 2616	하이퍼텍스트 전송 프로토콜(HTTP 1.1)	TCP를 기반으로 웹 브라우저가 웹 서버와 대화하는 데 사용되는 애플리케이션 계층 프로토콜의 버전 1.1
RFC 2373	IP 버전 6 주소 구조	IPv6 주소의 형식과 의미
RFC 3501	인터넷 메시지 접근 프로토콜(IMAP) 버전 4 개정1	서버에 저장된 메일함에 접근하여 메시지를 전송 받거나 메시지를 삭제, 메시지를 다른 폴더로 이동하는 등의 동작을 원격으로 지원하는 프로토콜이다.
RFC 3986	통합 리소스 식별자(URI), 일반 문법	URL과 비슷하지만 더 넓은 범위를 포함한. 예를 들어, 책의 ISBN 번호도 URI에 해당한다.
RFC 3987	국제화 자원 식별자(IRIs)	비아스키 문자를 포함할 수 있는 URI

IETF는 전통적으로 기존의 관행을 체계화하고 표준화하기 위해 내부적으로 활동해 왔다. IETF의 이러한 활동은 완전히 대중에게 열려 있었지만 그만큼 대중의 인지도를 얻지는 못했다. 그 이유는 단지 IGMP(Internet Gateway Message Protocol) 같은 네트워크의 비밀에 대해 흥미를 느끼는 사람들이 많지 않았기 때문이다. 이 활동의 참가자들은 대부분 기업체와 학계를 포함한 기술자와 컴퓨터 과학자들이었다. 결과적으로 종종 이상적인 구현에 대한 떠들썩한 논쟁이 있긴 했지만, 진지한 IETF의 노력은 합리적인 표준을 만들어 냈다.

그러나 웹 표준에 관한 성과를 IETF의 노력으로만 보기는 어렵다. 특히 HTML을 표준화하기 위한 IETF의 초기 노력은 완전히 실패했다. 넷스케이프(Netscape)를 비롯한 주요 업체들이 참여를 거부했고, 표준을 만들기 위한 프로세스 자체에도 심각한 문제가 있었음을 IETF도 인정했다. IEFT가 제안한 HTML은 간단하고 가치가 있었기 때문에 잡다한 시장 관계자들과 열정적인 관심을 갖고 있는 사람들은 그 매력에 이끌리기도 했지만 크게 도움이 되지는 못했다. 그리하여 1994년 10월에 W3C(World Wide Web Consortium)는 IEFT가 HTML의 표준화 작업을 실패했던 과오를 피하기 위해 벤더가 관리하는 단체로서 형성되었다.

W3C 권고안

W3C의 표준화 프로세스가 IETF 프로세스(최종 명세를 만들어 메일링 리스트에서 충분히 토론하여 초안을 처리하는 일련의 과정)와 비슷하긴 하지만, W3C는 IETF와 근본적으로 다른 단체다. IETF는 누구나 참여할 수 있지만, W3C는 오직 기업체와 다른 단체만이 멤버가 될 수 있다. 개인들의 참여는 명확히 배제되며 특정 작업(working group) 그룹의 초대된 전문가만이 참여가 가능하다. 그러나 이렇게 참여하는 개인의 수는 이에 관심을 갖는 일반적인 전문가들의 수와 비교하면 매우 적다.

W3C의 회원 가입에는 1년에 5만 달러 정도의 비용이 들며(비영리 단체는 1년에 5,000달러), 최소 3년간 유지해야 한다. 반면에 IETF는 참여 의지만 있다면 회원 가입에 아무런 비용과 의무사항이 없다. 비록 많은 사람들이 W3C 표준을 만드는 데 참여하고 있지만, 결국 각 표준들은 W3C 관리자인 팀 버너스리(Tim Berners-Lee)에 의해 승인되거나 거부된다. 반면에 IETF 표준은 표준에 참여한 사람들의 합의로 승인된다. 분명히 IETF가 W3C보다 훨씬 더 민주적이고 (일부 사람들은 무질서하다고 말하기도 한다) 열린 단체다. W3C는 그들에게 돈을 지불하는 기업 회원들에 대한 친기업적인 성향이 강함에도 불구하고, IETF보다 웹 표

준화라는 정치적으로 까다로운 이슈를 잘 이끌어 오고 있다. W3C는 그동안 HTTP, PICS, XML, CSS, MathML 및 기타 다양한 표준들과 몇몇 HTML 표준을 만들었다. W3C는 자신들의 표준을 완벽하고 지속적으로 구현하기 위해 모질라(Mozilla)와 마이크로소프트 같은 업체를 설득했지만 큰 성과를 거두지는 못했다.

W3C의 표준화 제정 단계에는 다음과 같은 다섯 가지 기본 단계가 있다.

노트(Note): 노트는 일반적으로 다음 둘 중 하나에 해당한다. W3C 멤버에 의한 제안(IETF의 'Internet Draft'와 유사)이나 구체적인 제안 내용이 포함되지 않은 W3C 직원이나 관련 단체들의 아이디어들(IETF의 'informational RFC'와 유사)이 노트에 해당된다. 노트가 반드시 작업 그룹의 결성이나 W3C 권고안으로 이어지지는 않는다.

작업 초안(Working draft): 작업 초안은 작업 그룹에서 일부 멤버들의 현재 생각이 반영된 상태다. 작업 초안이 곧 추천 권고안(Proposed recommendation)이 되며 그 과정에서 많은 내용이 변경될 수 있다.

후보 권고안(Candidate recommendation): 후보 권고안은 작업 그룹이 모든 주요 이슈에 대한 합의 및 작업 그룹 외부로부터 의견을 받거나 구현을 위한 준비 상태에 도달했음을 말한다. 구현에 큰 문제가 발견되지 않는다면 추천 권고안으로 승결될 수 있다.

추천 권고안(Proposed recommendation): 추천 권고안은 대부분의 작업이 완료된 상태로 사소한 편집상의 수정 외에 다른 수정은 잘 받아들여지지 않는다. 추천 권고안의 주요 목적은 표준 문서에 언급된 기술에 대한 검토가 아닌 문서 자체의 버그를 찾아서 해결하는 것이다.

권고안(Recommendation): 권고안은 W3C 표준에서 가장 높은 단계다. 그러나 W3C는 독점금지법에 저촉되지 않도록 실제로 이 단계를 '표준'이라고 부르지 않기 위해 많은 신경을 쓰고 있다. W3C는 권고안에 대해 다음과 같이 설명한다. "권고안은 W3C 멤버들의 합의와 관리자의 승인을 받았음을 의미하고, 여기에 명시된 생각과 기술은 널리 배포하기에 적합하며 W3C의 목적에 부합한 내용이다."

홍보 기준

일부 회사들은 홍보(PR)를 목적으로 또는 일시적으로 주가를 끌어올리기 위해 W3C와 IETF의 표준화 프로세스를 악용한다. IETF는 누구라도 아이디어와 제안을 제출할 수 있으며, W3C는 회원에 한해 제출할 수 있다. 이렇게 제출된 문서를 IETF에서는 '인터넷 초안(Internet drafts)'이라고 부르고 6개월 동안 해당 내용을 인터넷에 게시한다. W3C에서는 이를 '제출 확인된 제안(acknowledged submissions)'이라 부르고 무기한으로 게시한다. 그러나 제출된 내용을 인터넷에 게시하는 것에 대해 어느 단체도 제출된 내용을 확인하는 것 이상에 의미를 두지 않는다. 특히 IETF와 W3C는 제출된 내용에 대해 작업 그룹을 결성하거나 프로세스의 시작을 약속하지 않는다. 그렇기는 하지만 일부 보도자료는 단순한 제안의 제출을 실제보다 훨씬 더 의미 있는 일처럼 잘못 전하고 있다. 또한 홍보 담당자들은 일반적으로 표준화 프로세스의 세부사항을 알지 못하는 소수의 무지한 기자들에게 의지한다. 그러나 여러분은 일부 회사들이 무엇을 위해 이런 방법을 쓰는지 알아차려야 한다.

CHAPTER

스트림

네트워크 프로그램의 가장 큰 비중을 차지하는 것이 바로 입출력(I/O)이다. 즉, 하나의 시스템에서 다른 시스템으로 데이터를 이동하는 일이다. 바이트는 바이트일 뿐이며 대부분의 경우 텍스트를 클라이언트로 보내는 것은 파일에 데이터를 써넣는 것과 크게 다르지 않다. 또한 클라이언트에게 텍스트를 전송하는 것도 파일에 쓰는 것과 다르지 않다. 하지만 자바의 I/O은 Fortran이나 C, C++ 같은 대부분의 언어와는 다르게 구성되어 있다. 그래서 필자는 자바의 독특한 I/O 접근 방식에 대해서 여러 페이지를 할애하여 설명할 예정이다.

자바에서 I/O는 **스트림(stream)**에 내장되어 있다. 입력 스트림은 데이터를 읽고, 출력 스트림은 데이터를 쓴다. java.io.FileInputStream과 sun.net.TelnetOutputStream 같은 다른 스트림 클래스들은 특정 데이터 소스로부터 읽고 쓴다. 그러나 모든 출력 스트림은 쓰기 위한 같은 기본 메소드를 가지고 있고, 모든 입력 스트림은 데이터를 읽기 위한 같은 기본 메소드를 가지고 있다. 대개 스트림을 생성한 이후에는 지금 읽고 쓰는 대상이 정확히 무엇인지 신경 쓰지 않아도 된다.

필터 스트림은 입력 스트림이나 출력 스트림에 연결될 수 있다. 필터는 읽거나 쓰는 데이터를 수정하는 데 사용된다. 예를 들어, 데이터를 암호화하거나 압축할 수 있고, 읽거나 쓸 데이터를 다른 포맷으로 변환하기 위한 추가적인 메소드를 제공할 수도 있다. 예를 들어,

java.io.DataOutputStream 클래스는 하나의 정수를 4바이트로 변환하고, 이 변환된 바이트를 기본 출력 스트림에 쓰는 메소드를 제공한다.

프로그램이 바이트 데이터가 아닌 텍스트(문자)를 읽고 쓸 수 있도록 Reader와 Writer 클래스를 연결할 수 있다. Reader와 Writer 클래스를 적절히 사용하면 SJIS와 UTF-8 같은 멀티바이트 문자 집합을 포함한 다양한 문자 인코딩을 처리할 수 있다.

스트림은 동기(synchronous)로 동작한다. 즉, 프로그램[실제는 스레드(thread)]이 데이터를 읽거나 쓰기 위해 스트림에 요청하면, 스트림은 다른 작업을 수행하기 전에 데이터를 읽거나 쓸 수 있을 때까지 기다린다. 자바는 또한 채널(channel)과 버퍼(buffer)를 사용한 논블록 I/O를 제공한다. 논블록 I/O가 다소 복잡하긴 하지만, 웹 서버 같은 대용량 애플리케이션에서 매우 빠르게 동작한다. 일반적으로 기본 스트림 모델만 알아도 충분하며, 클라이언트 환경에서는 대부분 기본 스트림 모델만 사용된다. 채널과 버퍼는 스트림에 의존적이기 때문에 클라이언트와 스트림을 먼저 다루며, 제11장에서 서버와 함께 논블록 I/O를 다루기로 하자.

출력 스트림

자바의 기본 출력 클래스는 java.io.OutputStream이다.

```
public abstract class OutputStream
```

이 클래스는 데이터를 쓰는 데 다음과 같은 기반 메소드를 제공한다.

```
public abstract void write(int b) throws IOException
public void write(byte[] data) throws IOException
public void write(byte[] data, int offset, int length)
        throws IOException
public void flush() throws IOException
public void close() throws IOException
```

OutputStream의 서브클래스(subclass)는 특정 매체에 데이터를 쓰기 위해 이 메소드를 사용하게 된다. 예를 들어, FileOutputStream은 파일에 쓰기 위해 이 메소드를 사용하고 Telnet OutputStream은 네트워크 연결에 쓰기 위해 이 메소드를 사용한다. 그리고 ByteArray

OutputStream은 확장 바이트 배열(expandable byte array)에 쓰기 위해 이 메소드를 사용한다. 여러분은 쓰고자 하는 매체의 종류에 관계없이 주로 이 다섯 개의 메소드를 사용할 수 있다. 그래서 때로 어떤 매체에 쓰고 있는지 정확히 알지 못하는 상황이 발생하기도 한다. 예를 들면 자바 클래스 라이브러리 문서(Java Class Library Document)를 검색해 보면 Telnet OutputStream 클래스에 대한 문서를 찾을 수 없다. 이 클래스는 sun 패키지 안에 숨겨져 있으며, java.net.Socket의 getOutputStream() 메소드 같은 java.net의 다양한 클래스의 다양한 메소드에 의해 반환된다. 그러나 이러한 메소드는 TelnetOutputStream 같은 특정 서브클래스가 아닌 슈퍼클래스(superclass)인 OutputStream을 반환하도록 선언되어 있다. 이것이 바로 다형성(polymorphism)이며, 슈퍼클래스의 사용법만 알고 있다면, 서브클래스를 사용하는 데 전혀 문제가 없다.

OutputStream의 기반 메소드는 write(int b)이다. 이 메소드는 0에서 255까지의 정수를 인자로 받고 이에 대응하는 바이트를 출력 스트림에 쓴다. 이 메소드는 서브클래스에서 목적에 맞는 특정 매체를 다루기 위해 변경할 수 있도록 추상 메소드(abstract method)로 선언되어 있다. 예를 들어, 서브클래스 ByteArrayOutputStream의 write() 메소드는 바이트를 배열로 복사하도록 재구현할 수 있으며, 서브클래스 FileOutputStream의 write() 메소드는 파일에 데이터를 쓰도록 재구현할 수 있다.

write(int b) 메소드가 int 타입을 인자로 받지만, 실제로 부호 없는 바이트를 쓴다는 사실을 주목하자. 자바는 부호 없는(unsigned) 바이트 타입을 지원하지 않기 때문에 여기에서는 int 타입이 대신 사용되었다. 부호 없는 바이트와 부호 있는 바이트는 단지 값을 해석하는 방식만 다르다. 두 타입 모두 8비트로 구성되어 있고, write(int b) 함수를 사용하여 네트워크 연결을 통해 int 타입을 써도 결국 8비트만 전송된다. 만약 0에서 255의 범위를 벗어난 int 타입의 값이 write(int b) 메소드에 전달되면, int 타입의 최하위 바이트(least significant byte)가 쓰이고 나머지 3바이트는 무시된다. (int 타입을 byte 타입으로 캐스팅하면서 이러한 효과가 발생한다.)

 종종 서드파티(third-party) 클래스를 사용할 때 0~255 범위를 벗어난 값을 쓰면, Illegal ArgumentException 예외가 발생하거나 항상 255가 써지는 버그가 발견된다. 이를 피하기 위해서 가능한 한 0~255의 범위를 벗어난 정숫값을 쓰지 않도록 주의하는 것이 좋다.

예를 들어, 문자 발생기 프로토콜(character-generator protocol)은 아스키 문자를 보내는 서버를 정의한다. 이 프로토콜의 가장 일반적인 구현의 경우 아스키 문자 중에 출력 가능한 72개의 문자로 구성된 한 줄을 반복해서 전송한다. (출력 가능한 아스키 문자는 몇몇 공백 문자들과 제어 문자를 제외한 33에서 126 사이의 값이 포함된다.) 문자 발생기 서버에 의해 출력된 첫 번째 줄은 33에서 104까지 문자들을 포함하고 있고, 두 번째 줄은 34부터 105까지, 세 번째 줄은 35부터 106까지 포함하고 있다. 이러한 방식으로 29번째 줄까지 계속되며, 29번째 줄은 55부터 126까지를 포함하고 있다. 그리고 다음 30번째 줄은 56에서 126까지를 포함하며, 뒤이어 다시 33이 나타나고 계속해서 반복된다. 각 줄은 줄바꿈 문자에 해당하는 CR(Carriage Return)과 LF(Line Feed)로 끝난다. 문자 발생기 프로토콜 서버의 출력은 다음과 같다.

```
!"#$%&'()*+,-./0123456789:;<=>?@ABCDEFGHIJKLMNOPQRSTUVWXYZ[\]^_`abcdefgh
"#$%&'()*+,-./0123456789:;<=>?@ABCDEFGHIJKLMNOPQRSTUVWXYZ[\]^_`abcdefghi
#$%&'()*+,-./0123456789:;<=>?@ABCDEFGHIJKLMNOPQRSTUVWXYZ[\]^_`abcdefghij
$%&'()*+,-./0123456789:;<=>?@ABCDEFGHIJKLMNOPQRSTUVWXYZ[\]^_`abcdefghijk
%&'()*+,-./0123456789:;<=>?@ABCDEFGHIJKLMNOPQRSTUVWXYZ[\]^_`abcdefghijkl
&'()*+,-./0123456789:;<=>?@ABCDEFGHIJKLMNOPQRSTUVWXYZ[\]^_`abcdefghijklm
'()*+,-./0123456789:;<=>?@ABCDEFGHIJKLMNOPQRSTUVWXYZ[\]^_`abcdefghijklmn
```

아스키는 7비트 문자 집합이기 때문에 각 문자는 한 바이트로 전송된다. 그래서 이 프로토콜은 다음의 예제 코드처럼 기본 write() 메소드를 사용하여 직접 구현할 수 있다.

```java
public static void generateCharacters(OutputStream out)
    throws IOException {

  int firstPrintableCharacter   = 33;
  int numberOfPrintableCharacters = 94;
  int numberOfCharactersPerLine = 72;

  int start = firstPrintableCharacter;
  while (true) { /* 무한 루프 */
    for (int i = start; i < start + numberOfCharactersPerLine; i++) {
      out.write((
          (i - firstPrintableCharacter) % numberOfPrintableCharacters)
          + firstPrintableCharacter);
    }
    out.write('\r'); // 캐리지리턴
    out.write('\n'); // 라인피드
    start = ((start + 1) - firstPrintableCharacter)
        % numberOfPrintableCharacters + firstPrintableCharacter;
  }
}
```

generateCharacters() 메소드의 out 인자로 OutputStream이 전달된다. 바이트는 루프(loop)를 돌며 한 번에 하나씩 출력되며, 33에서 126까지의 정수가 순서대로 제공된다. 여기서 사용된 산술 연산은 이 정수 범위 안에서 루프가 회전하는 것이 전부다. 각 줄에 72개의 문자 집합을 출력한 후 줄바꿈 문자인 CR과 LF를 출력 스트림에 쓴다. 그리고 다음 시작 문자를 계산하고 루프를 반복한다. 전체 메소드는 IOException 예외를 상위 메소드에서 처리할 수 있도록 선언되었다. 이렇게 함으로써 클라이언트가 연결을 종료할 때 발생하는 IOException 예외를 상위 메소드에서 처리하여 문자 발생기 서버를 함께 종료할 수 있다.

한 번에 한 바이트씩 출력하는 방식은 매우 비효율적이다. 예를 들어, 네트워크로 쓸 경우, 네트워크로 전송되는 모든 TCP 세그먼트는 라우팅과 오류 정정을 위해 최소 40바이트 이상의 추가적인 데이터를 포함하고 있다. 각 바이트를 개별로 전송하면 실제로 보내야 하는 데이터의 크기보다 41배나 많은 데이터가 네트워크로 전송된다. 여기에 호스트-투-네트워크 계층 프로토콜의 부담까지 추가되면 실제 전송 데이터는 훨씬 커진다. 이러한 문제를 해결하기 위해 대부분의 TCP/IP 구현은 어느 정도의 데이터를 버퍼링하여 전송한다. 즉, TCP/IP는 메모리에 데이터를 쌓아 두고, 일정 수치에 도달하거나 특정 시간을 초과할 경우 데이터를 전송한다. 보내야 할 데이터가 1바이트 이상이라면 한 번에 보내는 것도 나쁘지 않다. write(byte[] data)와 write(byte[] data, int offset, int length) 같은 메소드를 사용하여 한 번에 전송하는 것이 1바이트씩 반복해서 보내는 것보다 일반적으로 훨씬 빠르다. 다음 코드는 generateCharacters() 메소드를 한 줄씩 출력하도록 수정한 것이다.

```java
public static void generateCharacters(OutputStream out)
    throws IOException {
  int firstPrintableCharacter   = 33;
  int numberOfPrintableCharacters = 94;
  int numberOfCharactersPerLine   = 72;
  int start = firstPrintableCharacter;
  byte[] line = new byte[numberOfCharactersPerLine + 2];
  // +2는 캐리지리턴과 라인피드를 위함이다.

  while (true) { /* 무한 루프 */
    for (int i = start; i < start + numberOfCharactersPerLine; i++) {
      line[i - start] = (byte) ((i - firstPrintableCharacter)
          % numberOfPrintableCharacters + firstPrintableCharacter);
    }
    line[72] = (byte) '\r'; // CR(캐리지리턴)
    line[73] = (byte) '\n'; // LF(라인피드)
    out.write(line);
    start = ((start + 1) - firstPrintableCharacter)
        % numberOfPrintableCharacters + firstPrintableCharacter;
  }
}
```

어떤 바이트를 쓸지 계산하는 알고리즘(algorithm)은 이전 예제와 같다. 이전 예제와 결정적인 차이는 바이트 배열에 72개의 출력 가능한 문자를 먼저 채운 후 한 번에 쓴다는 것이다. 그리고 각 바이트의 계산 결과를 바이트 배열에 저장하기 전에 byte 타입으로 캐스팅한다. 이전 예제에서는 단일 바이트를 쓰는 write() 메소드의 인자가 int 타입으로 선언되었기 때문에 캐스팅이 필요 없었다.

스트림은 또한 네트워크 하드웨어가 아닌 자바 코드 내에서 직접 버퍼링할 수 있다. 일반적으로 스트림 아래에 BufferedOutputStream이나 BufferedWriter를 연결하여 버퍼링이 가능해진다. 이 기술에 대해서 곧 살펴볼 것이며, 이러한 버퍼링이 사용되기 때문에 출력 스트림을 사용할 때 플러시(flush)가 중요하다. 예를 들어, HTTP Keep-Alive를 지원하는 HTTP 1.1 서버에 300바이트의 요청을 보냈다고 생각해 보자. 일반적으로 요청을 보낸 후에는 추가로 다른 요청을 보내기 전에 이미 보낸 요청의 응답을 기다린다. 만약에 출력 스트림이 1,024 바이트 크기의 버퍼를 가지고 있다면, 출력 스트림은 버퍼가 가득 차지 않았기 때문에 버퍼 안의 데이터를 전송하지 않고 추가적인 데이터가 올 때까지 기다린다. 서버로부터 응답을 받기 전에 추가로 쓸 데이터가 없다면, 요청은 버퍼에 담긴 채로 전송되지 않기 때문에 결코 서버로부터의 응답은 오지 않을 것이다. 그림 2-1은 이러한 상황을 나타낸다. flush() 메소드는 버퍼가 아직 가득 차지 않은 상황에서 강제로 버퍼의 내용을 전송함으로써 그림 2-1과 같은 데드락(deadlock) 상태를 해제한다.

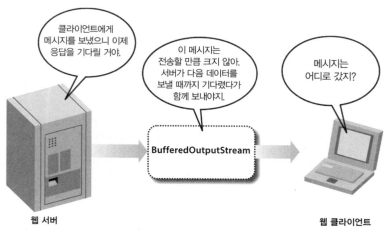

그림 2-1 스트림을 플러시하지 않았을 때 발생하는 상황

스트림이 버퍼링되는지를 판단하여 플러시하는 것보다 항상 플러시를 하는 것이 좋다. 특정 스트림의 참조를 획득하는 방법에 따라 해당 스트림의 버퍼링 여부를 판단하기 어려운 상황도 발생하기 때문이다. (예를 들어, System.out은 여러분의 의도와는 상관없이 버퍼링을 한다.) 플러시가 필요 없는 스트림에 불필요한 플러시가 발생할 수도 있지만, 이때 발생하는 시스템 부하는 무시해도 되는 수준이다. 하지만 플러시가 꼭 필요한 상황에서 플러시 호출에 실패하면 상황은 더 나빠진다. 플러시 실패 때문에 예측 불가능하고 재현이 어려운 프로그램의 종료 상황이 발생할 수 있으며, 문제의 원인이 바로 눈에 보이지 않는다면 진단하기가 매우 어렵다. 그리고 다 쓴 스트림은 닫기 전에 항상 플러시해야 하며, 그렇지 않을 경우 스트림이 닫힐 때 버퍼 안에 남아 있는 데이터가 손실될 수 있다.

마지막으로, 스트림 사용이 끝나면 해당 스트림의 close() 메소드를 호출하여 스트림을 닫는다. close() 메소드는 파일 핸들 또는 포트 같은 해당 스트림과 관련된 리소스를 해제한다. 해당 스트림이 네트워크 연결 스트림이라면 스트림을 닫을 때 네트워크 연결이 종료된다. 출력 스트림을 닫은 후에 스트림에 쓰기를 시도하면 IOException가 발생한다. 그러나 몇몇 종류의 스트림은 닫은 후에도 해당 스트림의 객체(object)에 일부 작업이 허용된다. 예를 들어 이미 닫힌 ByteArrayOutputStream은 여전히 바이트 배열로의 전환이 가능하며, DigestOutputStream은 여전히 다이제스트(digest) 값이 반환된다.

장시간 실행 중인 프로그램에서 스트림을 닫지 않을 경우, 파일 핸들, 네트워크 포트 또는 다양한 리소스에서 누수(leak)가 발생한다. 자바 6와 그 이전 버전에서는 finally 블록 안에서 스트림을 닫는 방법을 사용하는 것이 좋다. 이 경우 스트림 변수는 유효범위(scope)를 고려하여 try 블록 바깥에 **선언(declare)**해야 하고, **초기화(initialize)**는 try 블록 안에서 해야 한다. 그리고 NullPointerExceptions를 피하려면 스트림 변수를 닫기 전에 널(null) 여부를 검사할 필요가 있다. 마지막으로, 스트림을 닫을 때 발생하는 예외는 일반적으로 무시하거나 필요하면 로그를 남길 수 있다. 다음 코드를 보도록 하자.

```java
OutputStream out = null;
try {
  out = new FileOutputStream("/tmp/data.txt");
  // 출력 스트림을 이용한 작업...
  } catch (IOException ex) {
    System.err.println(ex.getMessage());
  } finally {
    if (out != null) {
    try {
```

```
      out.close();
    } catch (IOException ex) {
      // 무시한다
    }
  }
}
```

이 기술은 종종 인스턴스 **해제 패턴(dispose pattern)**으로 불리며, 일반적으로 인스턴스가 가비지 컬렉터(garbage collector)에 의해 소거되기 전에 정리하는 데 사용된다. 이 패턴은 스트림뿐만 아니라 소켓(socket), 채널(channel), JDBC 커넥션(connection)과 다양한 구문에서 사용될 수 있다.

자바 7에서는 인스턴스를 정리하기 위한 좀 더 깔끔한 방법으로 try-with-resources 생성자(constructor)가 추가됐다. 스트림 변수를 try 블록 바깥이 아닌 try 블록 인자 목록 안에 선언한다. 예를 들어, 앞의 코드를 try-with-resources를 사용하여 다음과 같이 작성할 수 있다.

```
try (OutputStream out = new FileOutputStream("/tmp/data.txt")) {
  // 출력 스트림을 이용한 작업...
} catch (IOException ex) {
  System.err.println(ex.getMessage());
}
```

자바는 try 블록 인자 목록에 있는 AutoCloseable 객체의 close()를 자동으로 호출하므로 finally 구문은 더 이상 필요하지 않다.

> try-with-resources는 해제(dispose)할 필요가 있는 거의 모든 객체를 포함한 Closeable 인터페이스를 구현한 어떤 객체와도 사용될 수 있다. 필자가 지금까지 알고 있는 유일한 예외는 자바메일(JavaMail) Transport 객체 하나뿐이며, 이 객체는 여전히 명시적으로 해제(dispose)해야 한다.

입력 스트림

자바가 제공하는 기본 입력 클래스는 java.io.InputStream이다.

```
public abstract class InputStream
```

이 클래스는 바이트 데이터를 읽는 데 다음과 같은 기본 메소드를 제공한다.

```
public abstract int read() throws IOException
public int read(byte[] input) throws IOException
public int read(byte[] input, int offset, int length) throws IOException
public long skip(long n) throws IOException
public int available() throws IOException
public void close() throws IOException
```

InputStream의 서브클래스는 특정 매체로부터 데이터를 읽기 위해 이 메소드를 사용한다. 예를 들어, FileInputStream은 파일로부터 데이터를 읽는 데 사용하며, TelnetInputStream은 네트워크 연결로부터 데이터를 읽는 데 사용한다. 그리고 ByteArrayInputStream은 바이트 배열로부터 데이터를 읽는 데 이 메소드를 사용한다. 스트림을 통해 읽고 있는 대상에 관계 없이 주로 이 6개의 메소드를 사용하여 데이터를 읽을 수 있다. 가끔은 읽고 있는 스트림의 종류가 정확히 무엇인지 알지 못하는 상황에서 이 메소드를 사용하기도 한다. 예를 들어, TelnetInputStream 클래스의 경우 sun.net 패키지 안에 숨겨져 있고 문서화조차 되어 있지 않다. TelnetInputStream의 인스턴스는 java.net.URL의 openStream() 메소드를 포함한 java.net 패키지의 다양한 메소드에 의해 반환된다. 하지만 이러한 메소드는 TelnetInputStream이 아닌 InputStream을 반환하도록 선언되어 있고, 구체적인 서브클래스에 대한 인식 없이 동일한 방법으로 위 6개의 메소드를 사용하여 데이터를 읽을 수 있다. 이것은 바로 다형성이 동작하기 때문이다. 서브클래스의 인스턴스는 슈퍼클래스의 인스턴스처럼 투명하게 사용될 수 있으며, 서브클래스에 대한 별다른 지식 없이 사용할 수 있다.

InputStream의 기본 메소드는 인자가 없는 read() 메소드다. 이 메소드는 입력 스트림의 매체로부터 단일 바이트를 읽고, 0에서 255 사이의 값을 정수 타입으로 반환한다. 그리고 스트림의 끝에 도달할 경우 -1을 반환하다. read() 메소드는 1바이트도 읽을 것이 없는 경우 프로그램의 실행을 중단하고 기다리며, 이러한 특성 때문에 종종 입출력은 매우 느리고 성능에도 많은 영향을 준다. 속도에 민감한 작업을 처리해야 하는 상황이라면 입출력을 별도의 스레드로 분리하는 것이 좋다.

서브클래스마다 특정 매체를 처리하기 위해 read() 메소드를 수정할 필요가 있다. 그래서 read() 메소드는 추상 메소드로 선언되어 있다. 예를 들어, ByteArrayInputStream의 read() 메소드는 순수 자바 코드를 사용하여 배열로부터 바이트를 복사하도록 구현되고, TelnetInputStream의 read() 메소드는 호스트 플랫폼의 네트워크 인터페이스로부터 데이터를 읽기 위해 네이티브 라이브러리를 사용하여 구현된다.

다음 코드는 InputStream in에서 10바이트를 읽고, 바이트 배열 input에 저장한다. 그리고 스트림의 끝에 도달하면 루프는 바로 종료된다.

```
byte[] input = new byte[10];
for (int i = 0; i < input.length; i++) {
  int b = in.read();
  if (b == -1) break;
  input[i] = (byte) b;
}
```

read() 메소드는 비록 바이트 값만 읽을 수 있지만 int 타입을 반환한다. 그리고 read() 메소드의 반환값을 바이트 배열에 저장하기 전에 byte 타입으로 캐스팅한다. int 타입을 바이트 타입으로 캐스팅하면 0에서 255까지의 부호 없는 바이트가 아닌 -128에서 127까지 부호 있는 바이트 값이 생성되며, 부호 없는 바이트 값이 필요한 경우 다음과 같이 변환할 수 있다.

```
int i = b >= 0 ? b: 256 + b;
```

한 번에 1바이트씩 읽는 것은 한 번에 1바이트씩 쓰는 것과 마찬가지로 매우 비효율적이다. 그 결과, 지정된 스트림으로부터 읽은 다수의 데이터를 배열로 채워 반환하는 read(byte[] input)과 read(byte[] input, int offset, int length) 두 개의 오버로드된 메소드가 추가로 존재한다. 첫 번째 메소드는 배열 input 크기만큼 읽기를 시도하며, 두 번째 메소드는 배열의 offset 위치부터 length 길이만큼 읽기를 시도한다.

이 두 메소드는 배열의 크기만큼 읽어 반환을 **시도(attempt)**하지만 항상 성공하는 것은 아니다. 흔히 발생하는 경우는 아니지만, 예를 들어 여러분이 작성한 프로그램이 원격의 서버로부터 데이터를 읽고 있는 동안 ISP에 위치한 스위치 장비의 장애 때문에 네트워크가 단절될 수도 있다. 이러한 상황에서 읽기는 실패하며 IOException이 발생한다. 좀 더 일반적인 상황으로는 요청한 데이터의 전체가 아닌 일부만 읽을 수 있는 실패도 성공도 아닌 애매한 상황이 발생하기도 한다. 예를 들어, 네트워크 연결로부터 1,024바이트만큼 읽기를 시도했지만, 실제로는 512바이트만 서버로 도착했고 나머지 512바이트는 전송 중인 상태가 발생할 수 있다. 전송 중인 나머지 512바이트도 결국 도착할 테지만, 지금 이 순간에는 읽을 수 없다. 이러한 경우 멀티바이트 read() 메소드는 실제로 읽은 바이트 수를 반환한다. 다음 코드를 살펴보자.

```
byte[] input  = new byte[1024];
int bytesRead = in.read(input);
```

이 코드는 InputStream in에서 1,024바이트만큼 읽어 input 배열에 저장하려고 한다. 그러나 만약 512바이트만 이용 가능한 상황이라면, read 함수는 512바이트만 읽고 반환한다. 실제 읽고자 하는 바이트의 크기가 보장되어야 하는 상황이라면, 배열이 가득 찰 때까지 반복해서 시도하는 루프 안에 read 메소드를 위치시켜 이러한 문제를 해결할 수 있다. 예를 들면 다음 코드와 같다.

```
int bytesRead   = 0;
int bytesToRead = 1024;
byte[] input    = new byte[bytesToRead];
while (bytesRead < bytesToRead) {
  bytesRead += in.read(input, bytesRead, bytesToRead - bytesRead);
}
```

이 방법은 네트워크 스트림에서 읽을 때 자주 사용된다. 물론 파일을 읽을 때도 사용될 수 있다. 그러나 네트워크를 통한 이동이 CPU보다 훨씬 느리고 종종 데이터가 모두 도착하기도 전에 네트워크 버퍼를 비우는 프로그램으로 인해 네트워크 스트림에서 좀 더 유용하게 사용된다. 이 두 메소드는 임시적으로 비어 있는 열린 네트워크 버퍼에 대해 읽기를 시도할 경우 일반적으로 0을 반환하며, 읽을 데이터는 없지만 스트림은 여전히 열려 있는 상태를 나타낸다. 이러한 동작 방식은 같은 상황에서 스레드의 실행을 중지시키는 단일 바이트 read()보다 종종 유용하게 사용된다.

이 세 가지 모든 read() 메소드는 스트림의 끝에 도달할 경우 -1을 반환한다. 아직 읽지 않은 데이터가 남아 있는 상태에서 스트림이 종료될 경우 멀티바이트 read() 메소드는 버퍼를 비울 때까지 데이터를 모두 읽어 반환한다. 그리고 다시 read() 함수를 호출하면 -1을 반환한다. -1이 반환될 경우 배열에 어떠한 값도 반환되지 않으며, 배열의 값은 호출 전 상태로 남아 있다. 위의 예제 코드는 1,024바이트 이하의 데이터가 전송되고 스트림이 종료되는 상황을 고려하지 않고 있다. read() 메소드의 반환값을 bytesRead에 더하기 전에 검사하여 이러한 상황을 처리할 수 있다. 다음 코드를 보도록 하자.

```
int bytesRead = 0;
int bytesToRead = 1024;
byte[] input = new byte[bytesToRead];
while (bytesRead < bytesToRead) {
  int result = in.read(input, bytesRead, bytesToRead - bytesRead);
  if (result == -1) break; // 스트림의 끝
  bytesRead += result;
}
```

필요한 데이터를 모두 읽을 수 있을 때까지 실행이 대기되는 상황을 원하지 않을 경우, 대기 없이 즉시 읽을 수 있는 바이트 수를 반환하는 available() 메소드를 사용하여 읽을 바이트 수를 결정할 수 있다. 이 메소드는 읽을 수 있는 최소 바이트 수를 반환한다. 사실 좀 더 많은 바이트를 읽을 수도 있겠지만, 최소한 available() 메소드가 제안하는 만큼은 읽을 수 있음을 의미한다. 다음 예제를 보자.

```
int bytesAvailable = in.available();
byte[] input = new byte[bytesAvailable];
int bytesRead = in.read(input, 0, bytesAvailable);
// 대기 없이 프로그램의 실행을 계속한다.
```

이 예제에서 bytesRead의 값이 bytesAvailable의 값과 정확히 같다고 기대할 수 있지만 항상 그런 것은 아니다. 스트림의 끝에 이를 경우 available() 메소드는 0을 반환한다. 그러나 일 반적으로 read(byte[] input, int offset, int length) 메소드는 스트림의 끝에 이를 경우 –1을 반환하고 읽을 데이터가 없는 경우 0을 반환한다.

종종 일부 데이터를 읽지 않고 건너뛰어야 할 경우가 있다. 이때는 skip() 메소드를 사용할 수 있다. 이 메소드는 파일로부터 읽을 때보다 네트워크 연결에 사용할 때 다소 유용하지 못하다. 네트워크 연결은 순차적이며 일반적으로 상당히 느리다. 그러므로 데이터를 건너뛴 다고 해서 성능에 크게 영향을 주지 않는다. 파일을 읽을 때 사용하면 좀더 유용하긴 하지 만, 파일은 네트워크와 달리 임의 위치 접근이 가능하기 때문에 이 경우에도 건너뛰는 방 식보다는 파일 포인터의 위치를 재지정하는 편이 낫다.

출력 스트림과 마찬가지로, 입력 스트림을 다 쓴 후에는 스트림 자신의 close() 메소드를 호 출하여 닫아야 한다. close() 메소드는 파일 핸들 또는 포트 같은 스트림과 관련된 리소스 를 해제한다. 입력 스트림을 닫은 후에 추가적인 읽기 시도가 있는 경우 IOException이 발 생한다. 그러나 몇몇 종류의 스트림은 닫은 후에도 해당 스트림의 객체에 대해서 일부 작업 이 허용된다. 예를 들어, java.security.DigestInputStream의 경우 일반적으로 데이터를 읽고 스트림을 종료한 후에야 메시지 다이제스트(message digest)를 얻을 수 있다.

위치의 표시와 재설정

InputStream은 일반적으로 잘 사용되지 않는 다음 세 가지 메소드를 제공한다. 이 메소드 를 사용하여 프로그램은 스트림의 위치를 표시(mark)하거나 이미 읽은 데이터를 다시 읽을 수 있다.

```
public void mark(int readAheadLimit)
public void reset() throws IOException
public boolean markSupported()
```

데이터를 다시 읽기 위해, 먼저 mark() 메소드를 사용하여 스트림의 현재 위치를 표시한다. 그리고 나중에 필요한 시점에서 reset() 메소드를 호출하여 표시된 위치로 스트림을 재설정한다. 그다음에 읽기를 시도하면 표시된 위치에서 읽은 데이터가 반환된다. 물론 스트림의 위치 재설정이 항상 성공하는 것은 아니다. 표시된 위치로부터 읽을 수 있는 바이트 수와 여전히 재설정 가능한지 여부는 mark() 메소드 호출 시 제공한 readAheadLimit 인자에 의해 결정된다. 표시된 위치로부터 너무 많이 읽은 후에 재설정을 시도하면 IOException이 발생한다. 게다가 스트림은 동시에 하나의 위치만 표시할 수 있다. 두 번째 위치를 표시하면 첫 번째 위치는 사라진다.

스트림 위치의 표시와 재설정은 일반적으로 표시된 위치에서부터 읽은 모든 데이터를 내부 버퍼에 저장하는 방식으로 구현된다. 그러나 모든 입력 스트림이 이 기능을 지원하는 것은 아니다. 이 기능을 사용하기 전에 markSupported() 메소드를 사용하여 지원 유무를 확인해야 한다. 이 기능을 지원하지 않는 입력 스트림에 mark() 메소드를 호출하면 아무런 일도 발생하지 않지만 reset() 메소드는 IOException을 발생시킨다.

 필자의 견해를 말하자면, 위의 메소드는 매우 엉성하게 설계되어 있다. 실제로는 표시와 재설정을 지원하는 스트림보다 그렇지 않은 스트림이 더 많다. 대부분의 서브클래스에서 사용할 수 없는 기능을 추상화된 슈퍼클래스에 추가하는 것은 좋은 방법이 아니다. 이러한 메소드의 경우, 각각을 인터페이스에 포함시켜 그런 기능을 클래스가 제공하도록 구현하는 편이 더 좋을 것이다. 물론 이와 같은 방식으로는 입력 스트림의 타입을 알지 못하는 경우, 위에서 말한 메소드를 실행할 수 없는 문제가 발생할 수 있다. 그러나 실제로는 모든 스트림이 표시와 재설정을 지원하는 것은 아니므로 어쨌든 이런 문제는 피할 수 없다. markSupported() 같은 메소드로 스트림이 해당 기능을 제공하는지 검사하는 것은 객체지향적이지 않은 해결 방법이다. 객체지향적 접근이라면 markSupported() 같은 기능을 인터페이스와 클래스를 타입 시스템에 내장하여 컴파일하는 동안에 검사할 수 있어야 한다.

java.io 내에서 스트림 위치의 표시를 항상 지원하는 유일한 입력 스트림 클래스는 Buffered InputStream과 ByteArrayInputStream이다. 그러나 TelnetInputStream 같은 다른 입력 스트림이 스트림 위치의 표시를 지원하기 위해서는 먼저 버퍼 입력 스트림과의 연결이 필요하다.

필터 스트림

InputStream과 OutputStream은 매우 원시적인 클래스다. 두 클래스는 단일 바이트나 그룹 바이트를 읽고 쓰는데, 이것이 두 클래스가 하는 일의 전부다. 읽고 쓰는 바이트의 의미가 정수인지 IEEE 754 부동소수점수인지 아니면 유니코드 텍스트인지를 결정하는 것은 전적으로 프로그래머와 코드에 달려 있다. 그러나 몇몇 데이터 타입의 경우 그 형태가 매우 일반적이기 때문에 클래스 라이브러리로 구현해 놓으면 유용하게 사용되는 경우가 있다. 예를 들어, 네트워크 프로토콜로 전송되는 대부분의 정수는 32비트 빅엔디안을 사용하고, 웹을 통해 전달되는 대부분의 텍스트는 7비트 아스키나, 8비트 Latin-1 또는 멀티바이트 UTF-8로 되어 있다. 그리고 FTP에 의해 전달되는 많은 파일들은 ZIP 형식으로 저장되어 있다. 자바는 raw 바이트를 이러한 데이터 형식으로 변환하기 위해 저수준 스트림에 연결할 수 있는 많은 필터 클래스를 제공한다.

필터는 필터 스트림, reader, writer로 나뉜다. 필터 스트림은 기본적으로 raw 바이트를 대상으로 동작한다. 예를 들어, 데이터를 압축하거나 이진수로 변환하는 일들이 포함된다. reader와 writer는 UTF-8과 ISO-8859-1 같은 형식으로 인코딩된 특수한 텍스트를 처리하는 데 사용된다.

필터는 그림 2-2에서 보는 것처럼 연결된 구조다. 이 연결 구조에서 각 링크는 이전의 필터나 스트림으로부터 데이터를 전달받고 다음 연결된 링크로 전달한다. 이 그림에서는 네이티브 코드가 실행 중인 로컬 네트워크 인터페이스로부터 전달된 압축 암호화된 텍스트 파일이 문서화되지 않은 TelnetInputStream에 도착했다. 그리고 BufferedInputStream은 데이터의 처리 속도를 높이기 위해 이 데이터를 버퍼에 저장한다. CipherInputStream은 이 데이터를 해독하고, GZIPInputStream은 해독된 데이터의 압축을 푼다. InputStreamReader는 압축 해제된 데이터를 유니코드 텍스트로 변환한다. 마지막으로, 애플리케이션은 이 데이터를 읽고 처리한다.

모든 필터 출력 스트림은 java.io.OutputStream 같은 write(), close(), flush() 메소드를 제공한다. 또한 모든 필터 입력 스트림은 java.io.InputStream 같은 read(), close(), available() 메소드를 제공한다. BufferedInputStream과 BufferedOutputStream 같은 몇몇 스트림의 경우, 위의 메소드 이외에 추가적인 메소드를 제공하지 않는다. 필터링은 순수하게 스트림 내부에서 이뤄지며 public으로 선언된 어떠한 인터페이스도 제공하지 않는다. 그러나 대부분의 경우에 필터 스트림은 부가적인 목적으로 public 메소드를 추가하여 제공한다. 때로 PushbackInputStream의 unread() 같은 메소드가 일반적인 read(), write() 메소드와 함께 사용될 목적으로 추가된다. 그리고 경우에 따라, 추가된 메소드가 기존의 인터페이스를 대체하기도 한다. 예를 들어, PrintStream의 경우 write() 메소드보다는 상대적으로 print()나 println() 메소드가 더 자주 쓰인다.

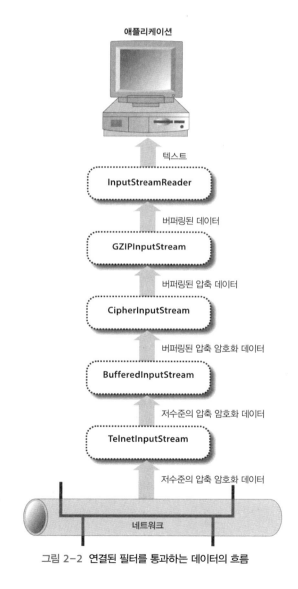

그림 2-2 연결된 필터를 통과하는 데이터의 흐름

필터 연결하기

필터는 생성자에 의해 스트림에 연결된다. 예를 들어, 다음 코드는 data.txt 파일로부터 입력받아 버퍼에 저장한다. 먼저, FileInputStream의 생성자에 파일명을 인자로 전달하여 FileInputStream의 객체 fin을 생성한다. 그리고 나서 fin을 BufferedInputStream의 생성자에 인자로 전달하여 BufferedInputStream의 객체 bin을 생성한다.

```
FileInputStream        fin = new FileInputStream("data.txt");
BufferedInputStream    bin = new BufferedInputStream(fin);
```

이 시점에서, fin과 bin 모두 read() 메소드를 사용하여 data.txt 파일로부터 데이터를 읽을 수 있다. 그러나 같은 소스에 연결된 다른 스트림을 섞어서 호출할 경우 필터 스트림의 몇 가지 암묵적인 규칙을 위반할 수도 있다. 대부분의 경우에는 실제 읽고 쓰는 일을 하기 위해 필터 체인(filter chain)의 마지막 필터만을 사용해야 한다. 이로 인한 버그의 발생을 줄이는 코드 작성법으로 내장된 입력 스트림의 레퍼런스(reference)를 의도적으로 덮어쓰는 방법이 있다. 다음 예제를 보자.

```
InputStream in = new FileInputStream("data.txt");
in = new BufferedInputStream(in);
```

두 줄의 코드가 실행된 후에는 더 이상 내장된 파일 입력 스트림에 접근할 방법이 없으므로 실수로 내장된 스트림에 접근하여 버퍼를 손상시키는 일은 발생하지 않는다. 이 예제는 BufferedInputStream이 다형적으로 InputStream의 인스턴스로 사용되어 InputStream의 메소드와 구분할 필요가 없기 때문에 동작한다. 슈퍼클래스에 선언되지 않은 필터 스트림의 추가적인 메소드를 사용해야 할 경우, 다른 스트림 내에서 직접 스트림을 생성할 수 있다. 다음 예제를 보자.

```
DataOutputStream dout = new DataOutputStream(new BufferedOutputStream(
    new FileOutputStream("data.txt")));
```

이 문장이 다소 길면 다음과 같이 여러 줄로 나눠서 작성할 수 있다.

```
DataOutputStream dout = new DataOutputStream(
                        new BufferedOutputStream(
                         new FileOutputStream("data.txt")
                         )
                        );
```

이렇게 생성된 필터의 연결은 영구적이며, 필터를 스트림으로부터 분리할 수 없다.

필터 체인에 있는 여러 필터의 메소드를 사용해야 할 때가 있다. 예를 들어, 유니코드 텍스트 파일을 읽고 있다면 파일의 인코딩 종류가 빅 엔디안 UCS-2인지 리틀 엔디안 UCS-2인지, 아니면 UTF-8인지 판단하기 위해 파일의 처음 3바이트에 있는 바이트 순서 표식(BOM, Byte Order Mark)을 읽고 나서 해당하는 인코딩의 Reader 필터를 선택한다. 또는 웹 서버에 접속 중이라면 콘텐츠 인코딩(Content-encoding) 정보를 찾기 위해 서버가 보낸 헤더를 읽고, 웹 서버가 보낸 본문을 읽기 위해 필요한 reader를 고르는 데 헤더에서 읽은 콘텐츠 인코딩 정보를 사용할 수 있다. 또는 DataOutputStream을 사용하여 부동소수점수를 네트워크로 전송해야 할 경우가 있다. 이때 DataOutputStream에 연결된 DigestOutputStream에서 MessageDigest를 가져올 수 있다. 이와 같은 경우에는 내장된 스트림의 레퍼런스를 사용하고 저장할 필요가 있다. 그러나 이외의 상황에서는 필터 체인의 마지막 필터 외에 무언가를 쓰거나 읽는 상황이 발생하지 않을 것이다.

버퍼 스트림

BufferedOutputStream 클래스는 쓰인 데이터를 버퍼가 가득 차거나 스트림이 플러시될 때까지 버퍼(내부적으로 buf라는 이름의 protected 바이트 배열을 사용한다)에 저장한다. 그리고 버퍼에 저장된 데이터를 내장된 출력 스트림에 한 번에 쓴다. 여러 바이트를 한 번에 쓰는 것이 작은 양으로 여러 번에 나눠서 쓰는 것보다 더 나은 성능을 보인다. 네트워크 연결에서 각각의 TCP 세그먼트와 UDP 패킷은 일반적으로 40바이트 정도의 오버헤드가 있기 때문에 성능 차이를 확연히 볼 수 있다. 즉, 1킬로바이트의 데이터를 1바이트씩 보낸다면 40킬로바이트가 넘게 전송되지만, 한 번에 모두 전송하면 1킬로바이트가 조금 넘는 데이터만 전송하면 된다. 일반적으로 대부분의 네트워크 카드와 TCP 구현은 자체적으로 몇 단계의 버퍼를 제공하므로 실제 수치는 이렇게 극단적으로 차이가 나지는 않는다. 그렇지만 네트워크 출력을 버퍼에 저장하여 성능을 크게 향상시킬 수 있다.

BufferedInputStream 클래스 또한 버퍼 기능을 제공하는 protected로 선언된 바이트 배열 buf를 포함하고 있다. 스트림의 read() 메소드 중 하나가 호출되면, 스트림은 먼저 버퍼로부터 요청된 데이터를 찾는다. 스트림은 버퍼에 데이터가 부족할 때만 내장된 소스로부터 데이터를 읽는다. 이때 스트림은 모든 데이터를 즉시 사용할지 여부에 상관없이 읽을 수 있는 만큼 소스에서 버퍼로 읽는다. 이는 즉시 사용되지 않는 데이터도 다음 read() 호출 시 이용할 수 있기 때문이다. 로컬 디스크로부터 파일을 읽을 때 한 번에 한 바이트를 읽든 수백 바이트를 읽든 속도에 큰 차이가 없기 때문에 한 번에 큰 데이터를 읽어 버퍼에 저장하면 성능을 상당히 개선할 수 있다. 네트워크 연결의 경우, 네트워크 인터페이스가 프로그램으로 데이터를 전달하는 속도나 프로그램의 실행 속도보다 네트워크를 통해 데이터를 전달하는 속도에서 병목현상이 발생하기 때문에 눈에 띄는 효과를 기대하기는 어렵다. 그렇긴 하지만, 입력을 버퍼에 저장하는 것이 문제가 되지 않는다면 장기적으로 조금씩 네트워크 속도를 향상시키는 데 도움이 되므로 이용하는 것이 좋겠다.

BufferedInputStream은 BufferedOutputStream처럼 두 개의 생성자가 있다.

```
public BufferedInputStream(InputStream in)
public BufferedInputStream(InputStream in, int bufferSize)
public BufferedOutputStream(OutputStream out)
public BufferedOutputStream(OutputStream out, int bufferSize)
```

BufferedInputStream의 첫 번째 인자는 버퍼링되지 않은 데이터를 읽게 될 하위 스트림이고, BufferedOutputStream의 첫 번째 인자는 버퍼링된 데이터가 쓰일 하위 스트림이다. 각 메소드에 두 번째 인자는 버퍼에 저장할 수 있는 바이트의 양을 지정한다. 버퍼의 크기를 지정하지 않을 경우 입력 버퍼는 기본값으로 2,048바이트가 설정되고, 출력 버퍼는 512바이트가 설정된다. 버퍼의 이상적인 크기는 버퍼링하는 스트림의 종류에 따라 다르다. 네트워크 연결의 경우, 일반 패킷의 크기보다 조금 더 큰 버퍼가 필요하다. 그러나 일반 패킷의 크기는 예측하기 어렵고 로컬 네트워크 연결과 프로토콜에 따라 다양할 수 있다. 빠르고 대역폭이 넓은 네트워크의 경우 패킷의 크기를 좀 더 크게 사용할 수도 있다.

BufferedInputStream은 단지 InputStream의 메소드를 오버라이드(override)할 뿐 추가 메소드를 제공하지 않는다. 그리고 스트림 위치의 표시와 재설정을 지원한다. 두 개의 멀티바이트 read() 메소드는 내장된 입력 스트림으로부터 필요한 만큼 반복해서 읽고, 인자로 주어진 배열이나 배열의 일부를 완벽히 채우려고 한다. 이 메소드들은 배열이나 배열의 일부분이 가득 차거나, 스트림이 끝에 도달하거나, 하위 스트림이 추가적인 읽기를 차단할 때 반환한다. 이와 달리, 대부분의 입력 스트림은 하위 스트림이나 데이터의 소스로부터 한 번만 읽고 반환한다.

마찬가지로, BufferedOutputStream도 단지 OutputStream의 메소드를 오버라이드할 뿐 추가 메소드를 제공하지 않는다. BufferedOutputStream의 메소드는 다른 출력 스트림을 사용하는 것처럼 똑같이 사용할 수 있다. 차이점이라면 데이터를 하위 스트림에 직접 쓰지 않고 버퍼에 쓴다는 것이다. 따라서 데이터를 전송해야 하는 시점에는 항상 기본적으로 스트림에 플러시해야 한다.

PrintStream 클래스

PrintStream 클래스는 System.out으로 사용되기 때문에 대부분의 프로그래머가 처음 접하게 되는 필터 출력 스트림이다. 그러나 다음 두 개의 생성자를 사용하여 다른 출력 스트림을 프린트 스트림(print stream)에 연결할 수 있다.

```
public PrintStream(OutputStream out)
public PrintStream(OutputStream out, boolean autoFlush)
```

기본적으로 프린트 스트림은 명시적으로 플러시해야 한다. 그러나 autoFlush 인자를 true로 설정하면, 바이트 배열이나 라인피드(linefeed)가 쓰이거나 println() 메소드가 호출될 때 자동으로 플러시가 실행된다.

그리고 PrintStream 클래스는 write(), flush(), close() 메소드뿐만 아니라 9개의 오버로드된 print() 메소드와 10개의 오버로드된 println() 메소드를 포함하고 있다.

```
public void print(boolean b)
public void print(char c)
public void print(int i)
public void print(long l)
public void print(float f)
public void print(double d)
public void print(char[] text)
public void print(String s)
public void print(Object o)
public void println()
public void println(boolean b)
public void println(char c)
public void println(int i)
public void println(long l)
public void println(float f)
public void println(double d)
public void println(char[] text)
public void println(String s)
public void println(Object o)
```

각 print() 메소드는 인자로 주어진 값을 문자열로 변경하고, 이 문자열을 기본 인코딩을 사용하여 내장된 출력 스트림에 쓴다. println() 메소드도 비슷하게 동작하지만 출력할 줄의 마지막에 플랫폼 의존적인 줄 구분자(line separator)를 추가한다. 맥 OS X를 포함한 유닉스의 경우 줄 구분자로 라인피드(\n)가 사용되고, 맥 OS 9에서는 캐리지리턴(carriage return)(\r)이, 윈도우의 경우 캐리지리턴(\r)/라인피드(\n) 쌍이 사용된다.

 PrintStream은 플랫폼에 의존적인 줄 구분자를 추가하기 때문에 네트워크 프로그램에 사용될 경우 다양한 오류의 원인이 되기도 한다. 네트워크 프로그래머라면 PrintStream의 사용을 피하도록 하자.

println() 메소드 출력의 첫 번째 문제는 플랫폼 의존적이라는 것이다. 코드가 실행되는 시스템에 따라 라인피드, 캐리지리턴, 라인피드/캐리지리턴 때문에 종종 줄이 깨지기도 한다. 콘솔(console)에 출력하는 경우 큰 문제를 일으키지 않지만 엄격한 프로토콜이 요구되는 네트워크 클라이언트나 서버에서는 큰 재앙이 발생할 수 있다. HTTP와 Gnutella 같은 대부분의 네트워크 프로토콜이 캐리지리턴/라인피드 쌍으로 종료되길 요구한다. println()을 사용하면 윈도우에서 동작하는 프로그램을 쉽게 작성할 수 있지만 유닉스나 맥에서는 제대로 동작하지 않는다. 이미 널리 사용되는 많은 서버나 클라이언트는 올바르지 않은 줄 구분자에 충분히 대응할 수 있지만 가끔 예외가 발생한다.

PrintStream의 두 번째 문제는 프로그램이 실행 중인 플랫폼의 인코딩을 기본 인코딩으로 가정한다는 것이다. 그러나 이 기본 인코딩은 서버나 클라이언트가 예상하던 것이 아닐 수 있다. 예를 들어, XML 파일을 수신 중인 웹 브라우저는 서버가 특별한 인코딩 타입을 지정하지 않으면 UTF-8이나 UTF-16으로 인코딩되어 있다고 가정한다. 그러나 PrintStream을 사용하는 웹 서버의 경우 클라이언트가 이해할 수 있는 인코딩 타입에 대한 고려 없이 서버의 지역화 설정에 따라 한국의 경우 KSC5601, 미국의 경우 CP1252, 일본의 경우 SJIS로 인코딩하여 전송하는 상황이 발생할 수 있다. PrintStream은 기본 인코딩 타입을 변경할 수 있는 어떠한 방법도 제공하지 않는다. 이 문제는 이와 관련된 PrintWriter 클래스를 대신 사용하면 해결된다. 하지만 PrintStream의 문제는 여전히 남아 있다.

세 번째 문제점은 PrintStream이 모든 예외를 무시한다는 것이다. 이러한 PrintStream의 특성은 이를 HelloWorld 같은 교과서용 예제 프로그램에나 적합하게 만든다. 예외 처리를 처음 배우는 학생들에게 PrintStream을 사용하여 콘솔 출력을 쉽게 가르칠 수 있기 때문이다. 그러나 네트워크 연결의 경우 콘솔 출력보다 다소 안정적이지 못하다. 네트워크 연결은 네트워크의 과부하 및 원격 시스템 오류 같은 많은 이유로 종종 실패한다. 네트워크 프로그램은 데이터 전송이 방해 받는 예상치 못한 상황에 대응할 수 있도록 준비해야 한다. 예외 처리를 통해서 이러한 일에 대응할 수 있지만, PrintStream은 내장된 출력 스트림이 발생시키는 모든 예외를 붙잡는다. PrintStream의 다섯 가지 표준 OutputStream 메소드의 선언에는 throws IOException이 선언되어 있지 않다는 것을 알 수 있다.

```
public abstract void write(int b)
public void write(byte[] data)
public void write(byte[] data, int offset, int length)
public void flush()
public void close()
```

대신 PrintStream은 에러 플래그(error flag) 방식에 의존하고 있으며, 하위 스트림에서 예외가 발생하면 이 내부 에러 플래그를 설정한다. 프로그래머는 checkError() 메소드를 호출하여 플래그의 값을 확인할 수 있다.

```
public boolean checkError()
```

PrintStream에서 발생하는 모든 에러를 검사하기 위해 PrintStream의 메소드가 호출될 때마다 명시적으로 checkError()를 호출하여 검사해야 한다. 게다가 에러가 발생한 이후에는 추가 에러를 탐지하기 위해 플래그를 초기화할 방법이 없고, 에러에 대한 추가적인 정보를 얻을 수도 없다. 요약하면, 신뢰할 수 없는 네트워크 연결에 대해 PrintStream이 제공하는 에러 알림 방식은 상당히 부적절하다.

데이터 스트림

DataInputStream과 DataOutputStream 클래스는 자바의 기본 데이터 타입과 바이너리 포맷의 문자열을 읽고 쓰기 위한 메소드를 제공한다. 바이너리 형식은 두 개의 다른 자바 프로그램이 네트워크 연결이나 데이터 파일, 파이프, 또는 다른 매개체를 통해 데이터를 교환하기 위한 목적으로 주로 사용된다. 데이터 출력 스트림이 쓴 데이터는 데이터 입력 스트림이 읽을 수 있다. 그러나 그 바이너리 형식이 인터넷 프로토콜에서 바이너리 숫자를 교환하기 위해 사용하는 형식 중 하나와 같은 경우도 있다. 예를 들어, 타임(time) 프로토콜은 자바의 int 데이터 타입과 같은 32비트 빅 엔디안 정수를 사용한다. 부하 제어 네트워크 요소 서비스(controlled-load network element service)는 자바의 float 데이터 타입과 같은 32비트 IEEE 754 부동소수점수를 사용한다. (자바와 대부분의 네트워크 프로토콜은 유닉스 개발자에 의해 설계되었고, 결과적으로 둘 모두 대부분의 유닉스 시스템에서 일반적으로 사용되는 형식을 사용하는 경향이 있다.) 그러나 모든 네트워크 프로토콜이 이와 같이 자바의 기본 타입과 같지는 않으므로 사용할 프로토콜을 자세히 살펴봐야 한다. 예를 들어, 네트워크 타임 프로토콜(NTP, Network Time Protocol)은 64비트의 부호 없는 고정 소수형 숫자를 사용하여 시간을 표현한다. 64비트의 앞쪽 32비트는 정수 부분이고 뒤쪽 32비트는 소수 부분이다. 비록 이 타입이 NTP에서 꼭 필요하고, 다루기도 어렵지는 않지만 어떠한 일반적인 프로그래밍 언어에서도 기본 타입으로 제공하지 않는다.

DataOutputStream 클래스는 특정 자바 데이터 타입을 출력하는 데 사용하는 다음과 같은 11가지 메소드를 제공한다.

```
public final void writeBoolean(boolean b) throws IOException
public final void writeByte(int b) throws IOException
public final void writeShort(int s) throws IOException
public final void writeChar(int c) throws IOException
public final void writeInt(int i) throws IOException
public final void writeLong(long l) throws IOException
public final void writeFloat(float f) throws IOException
public final void writeDouble(double d) throws IOException
public final void writeChars(String s) throws IOException
public final void writeBytes(String s) throws IOException
public final void writeUTF(String s) throws IOException
```

모든 데이터는 빅 엔디안 형식으로 써지고, 정수는 가능한 한 최소의 바이트만을 사용하여 2의 보수로 써진다. 따라서 byte 타입은 1바이트, short 타입은 2바이트, int 타입은 4바이트, long 타입은 8바이트로 써지며, float과 double 타입은 각각 4바이트와 8바이트의 IEEE 754 형태로 써진다. 또한 불리언(boolean)은 false인 경우 0, true인 경우 1의 값을 가지는 단일 바이트로 써지고, char 타입은 두 개의 부호 없는 바이트로 써진다.

마지막 메소드 세 개에는 약간의 트릭이 숨어 있다. writeChars() 메소드는 단순히 문자열 인자에서 각각의 문자를 2바이트 빅 엔디안 유니코드 문자로 변경하여 쓰는 일을 반복한다. writeBytes() 메소드도 문자열 타입 인자를 처리하지만 각 문자의 최하위 바이트(LSB)만 쓴다. 따라서 Latin-1 문자 집합에 속하지 않는 문자를 포함한 문자열의 경우에 일부 정보가 손실된다. 이 메소드는 아스키 인코딩을 사용하는 네트워크 프로토콜에서 유용하게 사용될 수 있지만 대부분의 경우에 손실이 발생할 수 있으므로 사용을 피하는 것이 좋다.

writeChars() 메소드나 writeBytes() 메소드는 출력 스트림에 문자열의 길이를 인코딩하지 않는다. 그 결과, 문자 자체와 문자열의 일부를 구성하는 문자를 구별할 수 없다. writeUTF() 메소드는 문자열의 길이를 포함한다. writeUTF() 메소드는 문자열을 유니코드 UTF-8 **변형** (수정된 UTF-8 버전)으로 인코딩한다. 이 UTF-8 변형은 자바로 작성되지 않은 대부분의 소프트웨어와 미묘하게 호환되지 않기 때문에 DataInputStream을 사용하여 문자열을 읽는 다른 자바 프로그램과 데이터를 교환할 때만 사용해야 한다. 다른 소프트웨어와 UTF-8 텍스트를 교환해야 할 경우, 적절한 인코딩 타입과 함께 InputStreamReader를 사용해야 한다. [애초에 썬 마이크로시스템즈(Sun Microsystems)가 이 메소드 쌍을 writeUTF(), readUTF()가 아닌 writeString(), readString()이라고 불렀다면 이러한 혼란은 없었을 것이다.]

물론, DataOutputStream은 이처럼 이진수와 문자열을 쓰기 위한 메소드 외에도 보통의 OutputStream 클래스가 제공하는 write(), flush(), close() 역시 제공한다.

DataInputStream은 DataOutputStream에 대응되는 클래스다. DataOutputStream이 쓰는 모든 형식은 DataInputStream이 읽을 수 있다. 게다가 DataInputStream은 완전한 바이트 배열과 텍스트의 한 줄을 읽기 위한 메소드뿐만 아니라 보통의 read(), available(), skip(), close() 메소드를 제공한다.

DataInputStream에는 바이너리 데이터를 읽기 위한 9개의 메소드를 제공하며, DataOutput Stream이 제공하는 11개의 메소드에 대응한다. (정확히 말하면, writeBytes()와 writeChars()에 대응하는 메소드는 없다. 대신 한 번에 한 바이트나 한 문자를 읽어서 처리할 수 있다.)

```
public final boolean readBoolean() throws IOException
public final byte readByte() throws IOException
public final char readChar() throws IOException
public final short readShort() throws IOException
public final int readInt() throws IOException
public final long readLong() throws IOException
public final float readFloat() throws IOException
public final double readDouble() throws IOException
public final String readUTF() throws IOException
```

또한 DataInputStream은 부호 없는 byte 타입과 부호 없는 short 타입을 읽고, 이에 대응하는 int 타입으로 반환하는 두 개의 메소드를 제공한다. 자바는 이러한 데이터 타입을 지원하지 않지만, 종종 C로 작성된 프로그램에 의해 만들어진 바이너리 데이터를 읽을 때 필요하다.

```
public final int readUnsignedByte() throws IOException
public final int readUnsignedShort() throws IOException
```

또한, DataInputStream은 요청된 바이트 수만큼 읽을 때까지 내장된 입력 스트림에서 배열로 반복해서 데이터를 읽는 두 개의 readFully() 메소드를 제공한다. 충분한 데이터를 읽지 못할 경우 IOException이 발생한다. 이 메소드는 정확히 얼마만큼의 데이터를 읽을 수 있는지 미리 알고 있을 때 특히 유용하다. 예를 들어, HTTP 요청의 응답을 처리할 때 HTTP 헤더의 Content-length 필드를 읽어서 본문의 길이를 미리 알 수 있으므로 readFully() 메소드를 유용하게 사용할 수 있다.

```
public final int read(byte[] input) throws IOException
public final int read(byte[] input, int offset, int length)
    throws IOException
public final void readFully(byte[] input) throws IOException
public final void readFully(byte[] input, int offset, int length)
    throws IOException
```

마지막으로, DataInputStream은 텍스트로부터 한 줄을 읽는 데 널리 사용되는 readLine() 메소드를 제공하며, 이 메소드는 줄 구분자로 나뉜 한 줄을 읽고서 문자열로 반환한다.

```
public final String readLine() throws IOException
```

그러나 readLine() 메소드는 (중요도가 떨어져) 곧 지원이 중단될 예정이며, 자체적인 버그도 존재한다. 그래서 어떤 상황에서도 사용해서는 안 된다. 지원 중단에 가장 큰 영향을 미친 것은 readLine() 메소드가 주로 아스키가 아닌 문자를 바이트로 올바르게 변환하지 못했기 때문이다. 지금은 이 일을 BufferedReader 클래스의 readLine() 메소드가 대신하고 있다. 그러나 이 두 메소드는 단일 캐리지리턴으로 끝나는 줄을 인식하지 못하는 공통된 문제가 있다. 대신 readLine() 메소드는 단일 라인피드 또는 캐리지리턴/라인피드 쌍으로 된 줄 구분자만을 인식한다. readLine() 메소드는 스트림에서 캐리지리턴이 발견되면 다음 문자가 라인피드인지 검사하기 위해 대기한다. 다음 문자가 라인피드라면, 캐리지리턴과 라인피드를 날려 버리고 이 줄을 문자열로 반환한다. 반대로 다음 문자가 라인피드가 아니라면, 캐리지리턴을 날려 버리고 이 줄을 문자열로 반환한다. 그리고 라인피드를 찾기 위해 읽은 문자는 다음 행의 시작에 포함시킨다. 그러나 캐리지리턴이 스트림의 마지막 문자인 경우, readLine() 메소드는 오지도 않을 다음 문자를 무한히 대기한다.

파일을 읽을 때는 파일의 끝이 아닌 이상 항상 다음 문자를 읽을 수 있고, 더 이상 읽을 수 없는 스트림의 끝에서는 -1이 반환되기 때문에 이 문제가 명확하게 노출되지 않는다. 그러나 FTP나 최근 HTTP 모델에서 사용하는 지속형 연결 방식에서 서버와 클라이언트는 요청의 마지막 문자를 보낸 다음, 연결을 종료하지 않고 응답을 대기하기 때문에 이 문제에 쉽게 노출된다. 운이 좋다면, 몇 분이 걸리긴 하겠지만 타임 아웃에 의해 연결이 끊어지고 IOException이 발생할 것이다. 거기에 스트림의 마지막 라인이 손실될 수도 있다. 만일 운이 나쁘다면, 프로그램은 무한 대기 상태가 된다.

reader와 writer

많은 프로그래머는 코드를 작성할 때 모든 텍스트가 아스키라고 가정하거나 플랫폼에 제한된 인코딩을 따르는 좋지 않은 습관을 가지고 있다. 비록 daytime, QOTD(quote of the day), 문자 발생기(chargen) 같은 몇몇 오래되고 단순한 네트워크 프로토콜은 아스키 텍스트를 사용하지만, HTTP를 포함한 많은 현대적인 프로토콜은 KOI8-R 키릴 문자, Big-5 중국어 그리고 ISO-8859-9 터키어 같은 다양하고 지역화된 인코딩을 사용한다. 자바의 기본 문자 집합은 UTF-16 유니코드 인코딩이다. 인코딩이 더 이상 아스키가 아닐 때, 바이트와 문자(char)가 근본적으로 같다는 생각을 버려야 한다. 그 결과, 자바는 입출력 스트림 클래스 계층에 거의 완벽하게 대응하고 바이트 대신 문자를 다룰 수 있도록 설계된 클래스를 제공한다. 이 클래스에는 문자를 읽고 쓰기 위한 기본적인 API를 정의한 두 개의 슈퍼클래스가 있다.

여기에는 문자를 읽고 쓸 수 있는 기본적인 API가 두 개의 추상화된 클래스에 선언되어 있다. java.io.Reader 클래스는 문자를 읽기 위한 API를 명시하고, java.io.Writer 클래스는 문자를 쓰기 위한 API를 명시한다. 입출력 스트림이 바이트를 사용하는 경우에도 reader와 writer는 유니코드 문자를 사용한다. reader와 writer의 실제 서브클래스는 특정 소스나 대상에 대해 읽고 쓸 수 있다. 필터 reader와 writer는 다른 reader와 writer에 연결되어 추가적인 서비스와 인터페이스를 제공한다.

reader와 writer의 서브클래스 중에서 InputStreamReader와 OutputStreamWriter 클래스가 가장 중요하다. InputStreamReader는 raw 바이트를 읽을 수 있는 하위 입력 스트림을 포함하고 있고, 이 하위 입력 스트림을 통해 읽은 raw 바이트를 지정된 인코딩에 따라 유니코드 문자로 변환한다. OutputStreamWriter는 실행 중인 프로그램으로부터 유니코드 문자를 전달받고, 지정된 인코딩을 사용하여 바이트로 변환한다. 그리고 바이트를 내장된 하위 출력 스트림에 쓴다.

두 클래스 이외에도 java.io 패키지는 내장된 하위 입력 스트림에 직접적인 요청 없이 문자를 읽을 수 있는 몇몇 raw reader와 writer 클래스를 제공하며 다음 클래스가 포함된다.

- FileReader
- FileWriter
- StringReader
- StringWriter
- CharArrayReader
- CharArrayWriter

위 목록에서 처음 두 개의 클래스는 파일을 다룰 때 사용되고, 나머지 네 개는 자바 내부에서 동작한다. 그래서 네트워크 프로그래밍에는 특별히 사용될 일이 없다. 그러나 위 클래스들은 생성자가 다르다는 것만을 제외하고는 다른 reader, writer 클래스가 제공하는 것과 거의 같은 퍼블릭 인터페이스를 제공한다.

writer

Writer 클래스는 java.io.OutputStream 클래스와 다루는 데이터의 타입만 다를 뿐 매우 유사하다. Writer는 추상화 클래스이며 두 개의 protected 생성자를 포함하고 있다. Writer 클래스도 OutputStream과 마찬가지로 직접 사용되지 않으며, 서브클래스로 상속되어 사용된다. 이 클래스는 다섯 개의 write() 메소드와 flush(), close() 메소드를 제공한다.

```
protected Writer()
protected Writer(Object lock)
public abstract void write(char[] text, int offset, int length)
    throws IOException
public void write(int c) throws IOException
public void write(char[] text) throws IOException
public void write(String s) throws IOException
public void write(String s, int offset, int length) throws IOException
public abstract void flush() throws IOException
public abstract void close() throws IOException
```

다른 네 개의 write() 메소드의 구현을 보면 write(char[] text, int offset, int length) 메소드가 기반(base) 메소드임을 알 수 있다. 비록 대부분의 경우에 좀 더 나은 구현을 위해 나머지 write() 메소드 역시 오버라이드해야 하지만, flush()와 close(), 그리고 기반 write() 메소드는 꼭 오버라이드해야 한다. 예를 들어, Writer 객체 w에 대해서 다음 방법으로 문자열 "Network"를 쓴다.

```
char[] network = {'N', 'e', 't', 'w', 'o', 'r', 'k'};
w.write(network, 0, network.length);
```

위 작업은 다음과 같은 다양한 방법으로도 가능하다.

```
w.write(network);
for (int i = 0; i < network.length; i++) w.write(network[i]);
w.write("Network");
w.write("Network", 0, 7);
```

이 모든 예제는 같은 내용을 출력하는 다양한 방법을 나타낸다. 주어진 상황에서 어떤 방법을 선택하여 사용할지는 대부분 독자 여러분의 취향에 달려 있다. 그러나 출력에 사용되는 바이트의 크기 및 구성은 w가 사용하는 인코딩에 따라 다르다. w가 빅 엔디안 UTF-16 인코딩을 사용할 경우, 다음과 같은 14바이트가 출력된다. (편의상 16진수로 표시했다).

```
00 4E 00 65 00 74 00 77 00 6F 00 72 00 6B
```

반면에 w가 리틀 엔디안 UTF-16 인코딩을 사용할 경우, 다음과 같은 14바이트가 출력된다.

```
4E 00 65 00 74 00 77 00 6F 00 72 00 6B 00
```

그리고 w가 Latin-1, UTF-8 또는 MacRoman 인코딩을 사용할 경우, 다음과 같은 7바이트가 출력된다.

```
4E 65 74 77 6F 72 6B
```

다른 인코딩을 사용하면 바이트 출력의 결과는 또 달라지며, 결국 정확한 출력 결과는 인코딩에 달려 있다.

Writer는 BufferedWriter에 연결되어 직접적으로 버퍼링되거나 내장된 출력 스트림의 버퍼링에 의해 간접적으로 버퍼링되기도 한다. 출력 매체에 강제로 쓰려면 flush() 메소드를 호출해야 한다.

```
w.flush();
```

close() 메소드는 OutputStream의 close() 메소드와 비슷하게 동작한다. 이 메소드는 writer를 플러시한 다음, 내장된 출력 스트림을 닫고 관련된 모든 리소스를 해제한다.

```
public abstract void close() throws IOException
```

이미 종료된 writer에 추가적인 쓰기를 시도하면 IOException이 발생한다.

OutputStreamWriter 클래스

OutputStreamWriter는 Writer의 가장 중요한 서브클래스다. OutputStreamWriter는 자바 프로그램으로부터 문자를 전달받고 지정된 인코딩에 따라 바이트로 변환한다. 그리고 변환된 바이트를 내장된 하위 출력 스트림에 쓴다. OutputStreamWriter의 생성자는 출력할 출력 스트림과 인코딩 타입을 인자로 받는다.

```
public OutputStreamWriter(OutputStream out, String encoding)
    throws UnsupportedEncodingException
```

유효한 인코딩 타입은 자바개발도구(JDK, Java Developer's Kit)에 포함되어 있는 native2ascii 도구의 문서에 나열되어 있다. 인코딩 타입을 명시하지 않으면 플랫폼의 기본 인코딩 타입이 사용된다. 2013년 시점에, 맥의 기본 인코딩은 UTF-8이며 리눅스는 종종 다른 인코딩을 사용한다. 그러나 리눅스는 설정된 기본 문자 집합에 따라 매우 다양한 기본 인코딩이 존재할 수 있다. 윈도우에서는 지역 설정에 따라 다양하지만 한국에서는 KSC5601이고, 미국에서는 대부분 Windows-1252(CP1252)이다. 기본 문자 집합은 어느 순간에 예측 불가능한 문제를 발생시킬 수 있다. 일반적으로 대부분의 경우에 자바가 직접 문자 집합을 선택하도록 하기보다는 명시적으로 문자 집합을 지정하는 것이 좋다. 예를 들어, 다음 코드는 호머(Homer)의 《오딧세이(Odyssey)》에서 첫 문장을 CP1253(윈도우 그리스어) 인코딩으로 출력한다.

```
OutputStreamWriter w = new OutputStreamWriter(
    new FileOutputStream("OdysseyB.txt"), "Cp1253");
w.write("ἦμος δ᾽ ἠριγένεια φάνη ῥοδοδάκτυλος Ἠώς");
```

OutputStreamWriter는 생성자 이외에 Writer가 제공하는 일반적인 메소드(Writer 클래스와 같은 용도)와 객체의 인코딩을 반환하는 하나의 메소드를 제공한다.

```
public String getEncoding()
```

reader

Reader 클래스는 java.io.InputStream 클래스와 다루는 데이터의 타입만 다를 뿐 매우 유사하다. Reader는 추상화 클래스이며 두 개의 protected 생성자를 포함하고 있다. Reader 클래스도 InputStream과 마찬가지로 직접 사용되지 않으며, 서브클래스로 상속되어 사용된다. 이 클래스는 세 개의 read() 메소드와 skip(), close(), ready(), mark(), reset(), markSupported() 메소드를 제공한다.

```
protected Reader()
protected Reader(Object lock)
public abstract int read(char[] text, int offset, int length)
    throws IOException
public int read() throws IOException
public int read(char[] text) throws IOException
public long skip(long n) throws IOException
public boolean ready()
public boolean markSupported()
public void mark(int readAheadLimit) throws IOException
public void reset() throws IOException
public abstract void close() throws IOException
```

다른 두 개의 read() 메소드의 구현을 보면 read(char[] text, int offset, int length) 메소드가 기반 메소드임을 알 수 있다. 물론 대부분의 경우 좀 더 나은 구현을 위해 나머지 read() 메소드 역시 오버라이드해야 하지만, close()와 기반 read() 메소드는 반드시 오버라이드해야 한다.

이 메소드의 대부분은 InputStream와 대응하는 메소드에서 유추하여 쉽게 이해할 수 있다. read() 메소드는 단일 유니코드 문자를 0에서 65,535까지의 범위를 가지는 int 타입으로 반환하며, 스트림에 끝에 도달할 경우 -1을 반환한다. (주로 유니코드 문자와 같지만, 엄밀히 말하면 UTF-16 코드 포인트를 반환한다.) read(char[] text) 메소드는 배열을 문자로 가득 채우려고 하며 실제 읽은 문자의 수를 반환한다. 그리고 스트림이 끝에 도달할 경우 -1을 반환한다. read(char[] text, int offset, int length) 메소드는 length만큼의 문자를 읽어서 text의 offset 위치에서부터 채운다. 이 메소드 역시 실제로 읽은 문자의 수를 반환하거나 스트림의 끝에서 -1을 반환한다. skip(long n) 메소드는 n개의 문자를 건너뛴다. 몇몇 reader에서 제공하는 mark()와 reset() 메소드는 연속된 문자에서 위치를 표시하고 재설정하는 기능을 제공한다. markSupported() 메소드는 해당 reader가 위치의 표시와 재설정을 지원하는지 알려 준다.

close() 메소드는 reader와 내장된 입력 스트림을 닫는다. 그리고 이미 닫혀진 reader에 대한 읽기 시도는 IOException을 발생시킨다.

Reader와 InputStream의 이런 유사한 규칙에서 ready() 메소드는 예외다. 이 메소드는 일반적으로 available() 메소드와 같은 목적으로 사용되지만 약간 의미가 다르다. available() 메소드는 실행이 중단되지 않고 읽을 수 있는 최소 바이트 수를 int 타입으로 반환하지만 ready() 메소드는 reader가 중단되지 않고 읽을 수 있는지를 가리키는 boolean 값을 반환한다. UTF-8을 포함한 몇몇 문자 인코딩은 각각의 문자에 대해 다른 바이트 수를 사용하는 문제가 있다. 그래서 실제로 문자를 읽어서 버퍼에 저장해 보지 않고서는 네트워크 버퍼나 파일 시스템 버퍼에서 얼마나 많은 문자를 읽어들일 수 있는지 알 수 없다.

InputStreamReader는 Reader의 가장 중요한 서브클래스다. InputStreamReader는 FileInputStream이나 TelnetInputStream 같은 내장된 하위 입력 스트림으로부터 바이트를 읽고, 지정된 타입에 따라 문자로 변환하여 반환한다. InputStreamReader의 생성자는 읽을 입력 스트림과 인코딩 타입을 인자로 받는다.

```
public InputStreamReader(InputStream in)
public InputStreamReader(InputStream in, String encoding)
    throws UnsupportedEncodingException
```

인코딩 타입을 명시하지 않으면 플랫폼의 기본 인코딩 타입이 사용된다. 알 수 없는 인코딩 타입이 명시된 경우 UnsupportedEncodingException이 발생한다.

예를 들어, 다음 메소드는 입력 스트림을 읽고 MacCyrillic 인코딩 타입을 사용하여 하나의 유니코드 문자열로 변환한다.

```
public static String getMacCyrillicString(InputStream in)
    throws IOException {

  InputStreamReader r = new InputStreamReader(in, "MacCyrillic");
  StringBuilder sb = new StringBuilder();
  int c;
  while ((c = r.read()) != -1) sb.append((char) c);
  return sb.toString();
}
```

필터 reader와 필터 writer

InputStreamReader와 OutputStreamWriter 클래스는 입출력 스트림을 바이트 중심의 인터페이스에서 문자 중심의 인터페이스로 변환하는 역할을 한다. 이 작업이 끝나면 java.io.FilterReader와 java.io.FilterWriter를 사용해서 reader나 writer의 상위에 문자 중심의 또 다른 필터를 올려놓을 수 있다. 필터 스트림에는 특정한 필터링을 수행하는 다음과 같은 다양한 서브클래스가 있다.

- BufferedReader
- BufferedWriter
- LineNumberReader
- PushbackReader
- PrintWriter

BufferedReader, BufferedWriter는 문자 기반의 클래스로서, 바이트 기반의 BufferedInputStream, BufferedOutputStream 클래스와 같은 역할을 한다. BufferedInputStream과 BufferedOutputStream이 내부적으로 바이트 배열을 버퍼로 사용하는 반면, BufferedReader와 BufferedWriter는 내부적으로 문자 배열을 버퍼로 사용한다.

프로그램이 BufferedReader로부터 읽을 때, 텍스트는 하위 입력 스트림이나 다른 텍스트 소스로부터 직접 읽는 것이 아니라 버퍼로부터 읽힌다. 만일 버퍼가 비어 있다면, BufferedReader는 즉시 필요하지 않더라도 가능한 한 많은 내용을 읽어 버퍼를 채우고, 다음의 읽기 속도를 향상시킨다. 프로그램이 BufferedWriter에 텍스트를 출력하면, 출력된 텍스트는 BufferedWriter의 버퍼에 추가된다. 버퍼가 가득 차거나 writer를 명시적으로 플러시하는 경우에만 텍스트가 내장된 입력 스트림이나 목적지로 이동한다. 이러한 방식을 사용하면 그렇지 않은 경우보다 쓰기 속도가 많이 개선된다.

BufferedReader와 BufferedWriter는 reader, writer와 관련된 read(), ready(), write(), close() 같은 일반적인 메소드를 제공한다. 이 클래스 각각은 BufferedReader 또는 BufferedWriter를 하위 reader 또는 writer로 연결하고, 버퍼의 크기를 설정하는 두 개의 생성자를 제공한다. 크기가 생략되면 기본 크기인 8,192문자가 사용된다.

```
public BufferedReader(Reader in, int bufferSize)
public BufferedReader(Reader in)
public BufferedWriter(Writer out)
public BufferedWriter(Writer out, int bufferSize)
```

예를 들어, 앞에서 사용된 getMacCyrillicString() 메소드는 한 번에 한 문자씩 읽었기 때문에 다소 효율적이지 못했다. 이 메소드는 또한 MacCyrillic 인코딩이 1바이트 문자 집합이기 때문에 한 번에 1바이트씩 읽었다. 그러나 다음 예제와 같이 BufferedReader를 InputStreamReader에 연결하여 쉽게 속도를 향상시킬 수 있다.

```
public static String getMacCyrillicString(InputStream in)
    throws IOException {

  Reader r = new InputStreamReader(in, "MacCyrillic");
  r = new BufferedReader(r, 1024);
  StringBuilder sb = new StringBuilder();
  int c;
  while ((c = r.read()) != -1) sb.append((char) c);
  return sb.toString();
}
```

이 메소드에서 버퍼를 적용하기 위해 단지 한 줄의 코드를 추가했을 뿐이다. InputStreamReader 메소드 중에서 Reader 슈퍼클래스에 선언되어 있고 BufferedReader를 포함한 모든 Reader 서브클래스에 의해 공유된 read(), close() 메소드만 사용되었기 때문에 알고리즘의 나머지 부분은 변경하지 않았다.

또한 BufferedReader 클래스는 한 줄의 텍스트를 읽어 문자열로 반환하는 readLine() 메소드를 제공한다.

```
public String readLine() throws IOException
```

이 메소드는 DataInputStream에 포함되어 있으나 (중요도가 떨어져) 곧 사라지게 될 readLine() 메소드의 기능을 대체하며 거의 같은 기능을 제공한다. 큰 차이점은 BufferedReader를 InputStreamReader에 연결함으로써 플랫폼 기본 인코딩 타입이 아닌 다른 문자 집합의 줄도 올바르게 읽을 수 있다는 것이다.

BufferedWriter() 클래스는 자신의 슈퍼클래스에는 없는 newline()이라는 새로운 메소드 하나를 추가한다. 이 메소드는 줄을 바꿔 주는 일을 한다.

```
public void newLine() throws IOException
```

이 메소드는 플랫폼에 맞는 줄 구분자(line-separator) 문자열을 출력에 추가한다. 이 줄 구분자 문자열은 line.separator 시스템 속성에 따라 결정된다. 유닉스와 맥 OS X는 라인피드이고, 윈도우는 캐리지리턴과 라인피드 쌍이다. 네트워크 프로토콜은 일반적으로 사용하는 줄 구분자가 정해져 있으므로 네트워크 프로그램 작성 시에는 이 메소드를 사용하면 안 된다. 대신에 프로토콜이 요구하는 줄 구분자를 명시적으로 써야 한다. 대개 줄 구분자로 캐리지리턴/라인피드 쌍이 사용된다.

PrintWriter 클래스

PrintWriter 클래스는 자바 1.0에서 멀티바이트 문자 집합과 다국어 텍스트를 처리하는 PrintStream 클래스를 대체한다. 썬 마이크로시스템즈는 원래 PrintWriter의 사용을 권장하고 PrintStream은 더 이상 사용하지 않을 계획이었으나, 그렇게 되면 기존의 많은 코드들이 쓸모 없게 된다는 사실을 알고서는 계획을 취소했다. 이러한 코드 중에는 특히 System.out에 의존적인 코드가 포함되어 있다. 그러나 새로운 코드를 작성할 때는 PrintStream 대신 PrintWriter를 사용하도록 하자.

PrintWriter 클래스는 생성자를 제외하면, PrintStream 클래스와 거의 같은 다음의 메소드를 제공한다.

```
public PrintWriter(Writer out)
public PrintWriter(Writer out, boolean autoFlush)
public PrintWriter(OutputStream out)
public PrintWriter(OutputStream out, boolean autoFlush)
public void flush()
public void close()
public boolean checkError()
public void write(int c)
public void write(char[] text, int offset, int length)
public void write(char[] text)
public void write(String s, int offset, int length)
public void write(String s)
public void print(boolean b)
public void print(char c)
public void print(int i)
public void print(long l)
public void print(float f)
```

```
public void print(double d)
public void print(char[] text)
public void print(String s)
public void print(Object o)
public void println()
public void println(boolean b)
public void println(char c)
public void println(int i)
public void println(long l)
public void println(float f)
public void println(double d)
public void println(char[] text)
public void println(String s)
public void println(Object o)
```

이 메소드의 대부분은 PrintStream에서 동작하는 것과 거의 동일하게 동작한다. 예외는 바이트 대신 문자를 쓰는 네 개의 write() 메소드다. 또한 내장된 writer가 문자 집합 변환을 적절히 처리한다면, PrintWriter는 다국어 처리가 되지 않는 PrintStream 클래스를 개선한 것일 뿐 여전히 네트워크 프로그래밍에는 적합하지 않다. 불행하게도 PrintWriter 클래스는 여전히 플랫폼에 의존적이고 PrintStream처럼 최소한의 에러만을 출력하는 문제가 있다.

 이 장에서는 네트워크 프로그램을 작성하기 위해 알아야 하는 java.io 패키지의 기본적인 내용을 빠르게 훑어봤다. java.io 패키지에 대한 더 자세한 내용은 필자의 다른 책인 《Java I/O》를 참고하자.

CHAPTER

스레드

1990년대 초 인터넷의 초창기 시절에는 지금 흔히 사용하는 웹 브라우저는 물론 Web과 HTTP도 없었다. 대신 유즈넷 뉴스와 HTTP 그리고 명령라인 인터페이스가 있었고, 사람들은 이러한 것을 즐겨 사용했다. 그러나 그 시절의 인터넷에도 몇 가지 문제가 있었다. 예를 들어 커밋(Kermit) 프로토콜을 이용한 2,400bps 모뎀을 통해 유명한 FTP 사이트로부터 몇 킬로바이트짜리 공개 소프트웨어를 다운로드받으려고 하면 다음과 같은 에러를 종종 볼 수 있었다.

```
% ftp eunl.java.sun.com
Connected to eunl.javasoft.com.
220 softwarenl FTP server (wu-2.4.2-academ[BETA- 16]+opie-2.32(1) 981105)
    ready.
Name (eunl.java.sun.com:elharo): anonymous
530-
530-    Server is busy. Please try again later or try one of our other
530-     ftp servers at ftp.java.sun.com. Thank you.
530-
530 User anonymous access denied.
Login failed.
```

실제로 요즘처럼 수십억 사용자가 아닌 겨우 수백만 사용자가 인터넷을 사용하던 그 시절에 과부하나 병목현상에 빠진 사이트가 오늘날보다 더 많았다. 이러한 문제의 원인 중 하나는 대부분의 FTP와 같은 서버들이 새로운 연결을 위해 새로운 프로세스를 만드는 방법을 사용했기 때문이었다. 예를 들어, 동시에 100명이 접속할 경우 이를 처리하기 위해 100개의 추가적인 프로세스를 만들었다. 프로세스는 운영체제에서 꽤 무거운 요소이기 때문에 너무 많은 프로세스를 생성하면 서버에 문제가 발생한다. 장비의 성능이 좋지 않다거나 네트워크가 빠르지 않아서가 아니다. FTP 서버들이 조잡하게 구현되었기 때문이다. 각 연결마다 새로운 프로세스를 생성하는 구조가 아니었다면, 더 많은 사용자에게 서비스를 제공할 수 있었을 것이다.

초기 웹 서버들 역시 이러한 문제를 겪었지만, 다른 프로토콜과는 달리 일시적으로 연결을 맺고 끊는 HTTP 방식에 의해 이러한 문제가 잘 드러나지 않았다. 웹 페이지와 페이지에 포함된 이미지는 대부분 크기가 작고(FTP를 통해 내려 받은 소프트웨어와 비교하면 상대적으로 작다) 파일 전송 후에 연결을 바로 종료하기 때문에, 웹 사용자는 FTP 사용자만큼 서버에 부담이 되지 않았다. 그러나 웹 서버도 사용량이 증가함에 따라 FTP 서버와 같은 문제가 발생했다. 근본적인 문제인 각각의 연결에 대해 새로운 프로세스를 생성하여 처리하는 방식은 코드를 작성하기는 쉬우나 성능이 떨어진다는 것이다. 서버가 수천 또는 그 이상의 동시 연결을 처리하려고 하면, 성능은 땅을 기어가는 정도로 느려진다.

이 문제를 해결하기 위한 방법이 적어도 두 가지가 있다. 첫 번째 방법은 새로운 프로세스를 생성하는 대신 재사용하는 것이다. 먼저 서버를 시작할 때 요청을 처리하기 위한 일정량(예를 들어, 300개)의 프로세스를 미리 생성한다. 서버로 요청이 들어오면 먼저 큐(queue)에 저장된다. 각 프로세스는 큐로부터 요청을 제거하고 해당 요청을 서비스하고 다시 다음 요청을 가져온다. 단지 300개의 프로세스만이 동작하고 있지만 프로세스를 생성하고 종료하는 오버헤드가 없어졌기 때문에 300개의 프로세스만으로 1,000개의 프로세스가 하던 일을 처리할 수 있다. 여기서 언급한 수치는 대략적인 수치이며 실제 환경에서는 달라질 수 있다. 하지만 모든 요청에 대해 새로운 프로세스를 만들어서 처리하는 것보다는 프로세스를 재활용하는 것이 훨씬 더 나은 방법임에는 틀림없다.

두 번째 방법은 각각의 연결을 무거운 프로세스 대신에 상대적으로 가벼운 스레드를 사용하여 처리하는 것이다. 각각의 독립적인 프로세스는 자신의 메모리 영역을 할당받지만, 스레드는 프로세스의 메모리를 공유하기 때문에 리소스에 대한 부담이 없다. 프로세스 대신 스레드를 사용함으로써 서버의 성능을 높일 수 있는 세 가지 요소가 있다. 이 요소들을 재사용 가능한 스레드 풀(thread pool)과 결합함으로써 동일한 하드웨어와 네트워크 환경에서

9배나 더 빠르게 실행시킬 수 있다. 많은 스레드도 결국 하나의 프로세스 안에서 실행되기 때문에 서버 하드웨어에 미치는 영향은 상대적으로 적다. 대부분의 자바 가상 머신은 대략 4,000개에서 2만 개 정도의 스레드가 동시에 실행될 경우 메모리가 고갈되어 뻗어 버린다. 그러나 각 연결에 대해 새로운 스레드를 생성하는 대신 스레드 풀을 사용함으로써, 수백 개 이하의 스레드를 사용하여 분당 수천 개의 연결을 처리할 수 있다.

스레드 대체 방법

애플리케이션이 수천 개의 연결을 동시에 지속적으로 유지해야 할 필요가 있다면, 스레드 대신 비동기 입출력(asynchronous I/O)에 대해서 고민해야 할 시점이다. 이러한 내용에 대해 제11장에서 다룰 예정이다. 셀렉터(selector)를 사용하면 단일 스레드 내에서 소켓 그룹에 쿼리를 하고, 읽거나 쓸 준비가 된 소켓을 찾아서 순차적으로 처리할 수 있다. 이 경우에는, I/O를 스레드가 아닌 채널과 버퍼로 설계해야 한다.

스레드 기반 서버의 개발이 상대적으로 쉽고, 현대의 가상 머신과 운영체제가 고성능 스레드를 제공함에 따라 일반적으로 스레드 기반 설계 방식으로 개발을 시작한다. 그러나 성능의 한계에 도달하면 단일 서버의 성능을 늘리는 방법보다는 다수의 서버로 애플리케이션을 샤딩(sharding: 분할)하는 방법을 고민해야 한다. 물론 샤딩은 단일 시스템에서는 발견되지 않는 일관성(consistency)에 관한 설계 이슈가 발생한다. 그러나 샤딩은 단일 시스템을 잘 구현하는 것으로는 얻기 어려운 더 많은 확장성과 안정성을 제공한다.

불행하게도 이러한 성능 향상은 공짜로 얻을 수 있는 것이 아니며 프로그램 코드가 복잡해지는 문제가 생긴다. 특히 멀티스레드 서버(및 기타 멀티스레드 프로그램)는 단일 스레드 프로그램에서는 문제가 되지 않던 안정성과 지속성 부분에 대한 개발자의 관심을 요구한다. 서로 다른 스레드가 같은 메모리를 공유하기 때문에, 하나의 스레드가 다른 스레드가 사용 중인 변수나 자료 구조를 망가뜨릴 수도 있다. 이것은 마치 윈도우 95와 같은 메모리 보호 기능이 없는 운영체제에서 실행 중인 프로그램 하나가 시스템 전체를 마비시킬 수 있는 것과 같다. 따라서 서로 다른 스레드가 리소스를 공유하여 사용할 때 주의해야 한다. 일반적으로 각 스레드는 변경할 수 없는 리소스나 배타적인 리소스만을 접근하기로 약속되어 있어야 한다. 그러나 또한 두 스레드가 너무 신중하게 동작한 나머지, 리소스에 대해서 배타적인 접근 권한을 얻기 위해 무한정 기다리는 상황이 발생할 수 있다. 이런 경우 데드락(deadlock)이 발생한다. 데드락이란 두 스레드가 서로에 의해 점유된 리소스를 기다리는 상황을 말한다. 이 경우 각 스레드는 어느 쪽도 다른 스레드가 이미 점유한 리소스를 얻을 수 없고, 이미 점유한 리소스 역시 반환할 수 없다.

스레드 실행하기

소문자 t로 시작하는 thread는 가상 머신에서 독립적인 실행의 단위를 말한다. 대문자 T로 시작하는 Thread는 java.lang.Thread의 인스턴스를 말한다. 가상 머신에서 실행 중인 스레드(thread)와 가상 머신에 의해 생성된 Thread 객체 사이에는 1대1로 서로 연결되어 있다. 어떤 스레드를 의미하는지는 문맥을 통해서 명확히 알 수 있다. 가상 머신에서 새로운 스레드를 실행하려면, 먼저 Thread 클래스의 인스턴스를 생성하고, 아래 예제처럼 생성된 인스턴스의 start() 메소드를 호출한다.

```
Thread t = new Thread();
t.start();
```

물론 이렇게 생성한 스레드는 아무런 일도 하지 않기 때문에 별로 흥미로울 것이 없다. 스레드에게 뭔가 할 일을 주려면, Thread 클래스를 서브클래싱(subclassing)하고 run() 메소드를 오버라이드하거나 Runnable 인터페이스를 구현하고 Runnable 객체를 Thread 생성자로 전달하는 방법이 있다. 두 번째 방법은 스레드가 수행하는 일이 스레드 자체로부터 깔끔하게 분리되기 때문에 필자는 이 방법을 더 선호하지만, 이 책이나 기타 다른 곳에서는 두 가지 방법 모두 사용되는 것을 볼 수 있다. 두 방식 모두 핵심은 run() 메소드며, 다음과 같이 선언되어 있다.

```
public void run()
```

스레드가 할 모든 일을 이 메소드 안에 넣으면 된다. 이 메소드는 다른 메소드를 호출하거나 객체를 생성하거나 심지어 다른 스레드도 생성할 수 있다. 하지만 이 메소드가 곧 스레드의 시작이고 끝이다. run() 메소드의 실행이 끝나면, 스레드 역시 종료된다. 본질적으로 스레드의 run() 메소드는 스레드를 사용하지 않는 프로그램에서 main()과 비교할 수 있다. 단일 스레드 프로그램은 main() 메소드가 반환될 때 종료되고, 멀티스레드 프로그램은 main() 메소드와 데몬(daemon)이 아닌 모든 스레드의 run() 메소드가 반환될 때 종료된다. [데몬 스레드는 가비지 컬렉션과 같은 백그라운드(background) 작업에 사용되는 스레드를 말한다. 일반 스레드가 종료될 때 강제적으로 자동 종료된다.]

스레드 서브클래스 만들기

많은 파일을 대상으로 SHA(Secure Hash Algorithm) 다이제스트를 계산하는 프로그램을 생각해 보자. 대부분의 경우 이러한 프로그램의 성능은 디스크에서 파일을 읽는 시간에 의해 좌우된다. 만약 여러분이 이러한 프로그램을 작성하면서 파일을 순서대로 하나씩 처리한다면, 프로그램은 대부분의 시간을 하드디스크로부터 데이터를 기다리는 데 쓰게 된다. 네트워크 프로그램의 경우 프로그램의 실행 속도보다 네트워크를 통해 데이터가 전달되는 속도가 훨씬 느리기 때문에 이러한 상황은 더 두드러지게 나타난다. 결국 대기하느라 많은 시간을 쓰게 된다. 이 대기 시간은 다른 스레드가 다른 입력 소스로부터 데이터를 받아서 처리하거나 입력에 관련 없는 일들을 처리하는 데 사용할 수 있는 시간이다. (이 예제처럼 대기 시간이 발생하는 경우에만 스레드를 활용할 수 있는 것은 아니다. 대기 시간이 발생하지 않는 프로그램의 경우 기능별로 스레드를 분리하도록 설계하여 스레드를 활용할 수 있다.)

예제 3-1은 Thread의 서브클래스이며 run() 메소드에서 지정된 파일의 256비트 SHA-2 메시지 다이제스트를 계산한다. 이 예제의 핵심은 DigestInputStream이다. 이 필터 스트림은 파일을 읽어 다이제스트를 계산하며, 파일을 모두 읽은 후에 digest() 메소드로부터 다이제스트 값을 얻을 수 있다.

예제 3-1 DigestThread

```
import java.io.*;
import java.security.*;
import javax.xml.bind.*; // DatatypeConverter 사용을 위한 패키지; 자바 6 또는 JAXB 1.0 필요

public class DigestThread extends Thread {

  private String filename;

  public DigestThread(String filename) {
    this.filename = filename;
  }

  @Override
  public void run() {
    try {
      FileInputStream in = new FileInputStream(filename);
      MessageDigest sha = MessageDigest.getInstance("SHA-256");
      DigestInputStream din = new DigestInputStream(in, sha);
      while (din.read() != -1) ;
      din.close();
```

```
        byte[] digest = sha.digest();
        StringBuilder result = new StringBuilder(filename);
        result.append(": ");
        result.append(DatatypeConverter.printHexBinary(digest));
        System.out.println(result);
      } catch (IOException ex) {
        System.err.println(ex);
      } catch (NoSuchAlgorithmException ex) {
        System.err.println(ex);
      }
    }

    public static void main(String[] args) {
      for (String filename: args) {
        Thread t = new DigestThread(filename);
        t.start();
      }
    }
  }
```

main() 메소드는 명령라인에서 파일명 목록을 입력받고 각각의 파일에 대해서 새로운 DigestThread를 시작한다. 스레드의 실제 작업은 run() 메소드 안에서 처리된다. 이 예제에서는 run() 메소드 안에서 DigestInputStream 메소드를 사용하여 파일을 읽고 그 결과 다이제스트 값을 16진수로 인코딩하여 System.out을 통해 출력한다. 이 스레드는 출력할 모든 내용을 먼저 로컬 StringBuilder 변수인 result에 출력하여 전체 문자열을 만든 다음 출력 메소드를 호출하여 한 번에 콘솔에 출력한다. System.out.print() 메소드를 사용하여 한 번에 하나씩 출력하는 더 확실한 방법이 있지만 그렇게 하지 않은 이유가 있다. 이 내용은 곧 다시 다룰 예정이다.

run() 메소드의 선언은 변경할 수 없기 때문에, run() 메소드로 인자를 전달하거나 반환받을 수 없다. 결국 스레드로 정보를 전달하거나 반환받기 위한 다른 방법이 필요하다. 정보를 전달하는 가장 쉬운 방법은 이 예제처럼 생성자의 인자로 전달하여 서브클래스의 인자를 설정하는 방법이다.

스레드로부터 데이터를 반환받으려면 스레드의 비동기 특성 때문에 약간의 트릭이 필요하다. 예제 3-1의 경우 호출한 스레드로 어떠한 정보도 반환하지 않고 단지 결과를 System.out에 출력하는 방법으로 이 문제를 피해갔다.

그러나 일반적으로 스레드의 실행 결과를 프로그램의 어딘가로 전달할 필요가 있다. 이럴 때에는 계산한 결과를 필드에 저장하고 해당 필드의 값을 반환하는 메소드를 제공하는 방법을 사용할 수 있다. 그러나 언제 실행이 끝나서 필드 값이 설정되는지 알 수 있을까? 만약 결과 값이 계산되기도 전에 누군가 메소드를 호출한다면 무엇을 반환해야 할까? 이것은 꽤 어려운 문제이며 이 장의 뒤에서 좀 더 자세히 살펴보도록 하자.

 Thread의 서브클래스를 만들었다면, run() 메소드를 오버라이드하는 것 외에는 아무것도 하지 말아야 한다! Thread 클래스의 start(), interrupt(), join(), sleep()을 포함한 다른 메소드는 특별한 목적이나 가상 머신과 통신을 위해 사용된다. 따라서 run() 메소드를 오버라이드하고 필요한 추가적인 생성자와 메소드를 제공하는 것 외에는 Thread 메소드의 어떤 메소드도 변경해서는 안 된다.

Runnable 인터페이스 구현하기

표준 Thread 메소드의 오버라이드를 피할 수 있는 한 가지 방법은 Thread를 서브클래스하지 않는 것이다. 대신에 Runnable 인터페이스의 인스턴스를 사용하여 스레드가 수행할 일을 작성할 수 있다. 이 인터페이스는 run() 메소드를 선언하고 있으며 Thread 클래스의 run() 메소드와 같다.

```
public void run()
```

이 메소드 이외의 메소드는 이 인터페이스를 구현하는 클래스에서 제공해야 하며, 어떤 이름의 메소드도 자유롭게 만들 수 있고, 스레드의 동작이 원치 않는 방해를 받을 가능성은 전혀 없다. 이 방법은 또한 스레드가 할 일을 Applet이나 HTTPServlet과 같은 몇몇 다른 클래스의 서브클래스에 넣을 수 있게 한다. Runnable 객체를 Thread의 생성자로 전달하여 Runnable에 할당된 작업을 수행하는 스레드를 시작할 수 있다. 예를 들면 다음과 같다.

```
Thread t = new Thread(myRunnableObject);
t.start();
```

Runnable 형식을 사용하면 Thread를 서브클래스할 때 생기는 문제를 피할 수 있다. 예제 3-2는 예제 3-1에서 Thread 서브클래싱 대신 Runnable 인터페이스를 사용하도록 다시 작성하였다. 클래스 이름이 변경된 것을 제외한 유일한 변경은 extends Thread를 implements

Runnable로 바꾸고 main() 메소드에서 DigestRunnable 객체를 Thread 생성자로 넘긴 것밖에 없다. 프로그램의 기본적인 로직은 변경되지 않았다.

예제 3-2 DigestRunnable

```java
import java.io.*;
import java.security.*;
import javax.xml.bind.*; // DatatypeConverter 사용을 위한 패키지; 자바 6 또는 JAXB 1.0 필요

public class DigestRunnable implements Runnable {

  private String filename;

  public DigestRunnable(String filename) {
    this.filename = filename;
  }
  @Override
  public void run() {
    try {
      FileInputStream in = new FileInputStream(filename);
      MessageDigest sha = MessageDigest.getInstance("SHA-256");
      DigestInputStream din = new DigestInputStream(in, sha);
      while (din.read() != -1) ;
      din.close();
      byte[] digest = sha.digest();

      StringBuilder result = new StringBuilder(filename);
      result.append(": ");
      result.append(DatatypeConverter.printHexBinary(digest));
      System.out.println(result);
    } catch (IOException ex) {
      System.err.println(ex);
    } catch (NoSuchAlgorithmException ex) {
      System.err.println(ex);
    }
  }

  public static void main(String[] args) {
    for (String filename: args) {
      DigestRunnable dr = new DigestRunnable(filename);
      Thread t = new Thread(dr);
      t.start();
    }
  }
}
```

일반적으로 Thread를 서브클래싱하는 것보다 Runnable 인터페이스를 구현하는 것을 더 선호할 이유는 없으며 반대의 경우도 마찬가지다. 이 장의 뒤에 나올 예제 3-14와 같은 몇몇 특별한 경우에, 각 Thread 객체의 생성자 내에서 Thread 클래스의 인스턴스 메소드가 유용하게 호출된다. 이러한 경우 서브클래스 방식을 사용해야 한다. 또 다른 경우에는, run() 메소드를 Thread가 아닌 전혀 다른 클래스를 상속받은 클래스 안에 구현해야 하는 상황도 있다. 자바는 다중 상속을 지원하지 않기 때문에 이러한 경우에 Thread를 추가로 상속받을 수 없다. 이와 같은 상황에서는 꼭 Runnable 인터페이스를 구현하는 방법을 사용해야 한다. 마지막으로, 몇몇 객체지향 추종자들은 스레드가 하는 일이 실제로는 Thread가 아니기 때문에 스레드에서 처리하고자 하는 일을 Thread 서브클래스가 아닌 Runnable 같은 인터페이스나 독립된 클래스 안에 둬야 한다고 주장하기도 한다. 이러한 주장이 항상 맞는 것은 아니지만 필자도 이러한 생각에 어느 정도 동의한다. 따라서 필자는 이 책에서 Runnable 인터페이스를 주로 사용하지만, 독자 여러분들은 자신에게 맞는 방법을 자유롭게 사용하면 된다.

스레드에서 데이터 반환하기

전통적인 단일 스레드의 절차적인 개발 방식에 익숙한 프로그래머들이 멀티스레드 환경으로 이동할 때 가장 이해하기 어려워 하는 것 중 하나가 바로 스레드로부터 데이터를 반환받은 방법에 대한 것이다. 종료된 스레드에서 데이터를 얻는 것은 멀티스레드 프로그래밍에서 가장 이해하기 어려운 부분이다. run() 메소드와 start() 메소드는 어떤 값도 반환하지 않는다. 예를 들어, 예제 3-1과 예제 3-2에서처럼 SHA-256 다이제스트를 스레드 안에서 직접 출력하는 대신 다이제스트 스레드가 다이제스트 값을 메인 스레드로 반환한다고 가정해 보자. 예제 3-3은 지정된 파일의 다이제스트를 계산하는 Thread 서브클래스이며 예제 3-4는 파일명을 전달받는 명령라인 사용자 인터페이스와 전달받은 파일에 대한 다이제스트를 계산하는 스레드를 생성하는 일을 한다.

```java
import java.io.*;
import java.security.*;

public class ReturnDigest extends Thread {

  private String filename;
  private byte[] digest;

  public ReturnDigest(String filename) {
    this.filename = filename;
  }

  @Override
  public void run() {
    try {
      FileInputStream in = new FileInputStream(filename);
      MessageDigest sha = MessageDigest.getInstance("SHA-256");
      DigestInputStream din = new DigestInputStream(in, sha);
      while (din.read() != -1) ; // 파일 전체 읽기
      din.close();
      digest = sha.digest();
    } catch (IOException ex) {
      System.err.println(ex);
    } catch (NoSuchAlgorithmException ex) {
      System.err.println(ex);
    }
  }

  public byte[] getDigest() {
    return digest;
  }
}
```

예제 3-4 A 스레드의 결과를 반환하기 위해 접근자 메소드를 사용하는 메인 프로그램

```java
import javax.xml.bind.*; // DatatypeConverter 사용을 위한 패키지

public class ReturnDigestUserInterface {

  public static void main(String[] args) {
    for (String filename: args) {
      // 다이제스트 계산
      ReturnDigest dr = new ReturnDigest(filename);
      dr.start();
```

```
    // 결과 출력
    StringBuilder result = new StringBuilder(filename);
    result.append(": ");
    byte[] digest = dr.getDigest();
    result.append(DatatypeConverter.printHexBinary(digest));
    System.out.println(result);
  }
 }
}
```

ReturnDigest 클래스는 계산 결과를 private 필드인 digest에 저장하고 이 필드는 getDigest() 메소드를 통해 접근된다.

ReturnDigestUserInterface의 main() 메소드는 명령라인에서 입력받은 파일 목록을 반복해서 처리하며 각각의 파일에 대해 새로운 ReturnDigest 스레드를 시작한다. 그리고 나서 getDigest() 메소드를 사용하여 결과 값을 얻으려고 한다. 그러나 이 프로그램을 실행하면 예상치 못한 다음과 같은 결과를 보게 된다.

```
D:\JAVA\JNP4\examples\03>java ReturnDigestUserInterface *.java
Exception in thread "main" java.lang.NullPointerException
  at javax.xml.bind.DatatypeConverterImpl.printHexBinary
  (DatatypeConverterImpl.java:358)
  at javax.xml.bind.DatatypeConverter.printHexBinary(DatatypeConverter.java:560)
  at ReturnDigestUserInterface.main(ReturnDigestUserInterface.java:15)
```

스레드가 계산된 다이제스트를 private 필드에 설정하기 전에 메인 프로그램에서 getDigest() 메소드를 사용하여 값을 얻고 이 값을 사용하려고 했기 때문에 문제가 발생했다. dr.start() 가 같은 스레드 안에서 단지 run() 메소드를 호출했고, 이러한 흐름은 모두 단일 스레드 프로그램 내에서 일어났지만, 여기에 나타난 결과는 전혀 다르다. dr.start()가 호출되면서 시작된 다이제스트 계산은 main() 메소드가 dr.getDigest()를 호출하기 전에 끝날 수도 있지만 끝나지 않을 수도 있다. 만약 계산이 끝나지 않았다면, dr.getDigest()는 null을 반환하고, 이 값에 접근하려고 할 때 NullPointerException이 발생한다.

경쟁 조건

이 문제를 해결하기 위해 시도해볼 수 있는 한 가지 방법으로 dr.getDigest() 메소드의 호출을 아래처럼 main() 메소드 뒤로 이동해 볼 수 있다.

```java
public static void main(String[] args) {

    ReturnDigest[] digests = new ReturnDigest[args.length];

    for (int i = 0; i < args.length; i++) {
        // 다이제스트 계산
        digests[i] = new ReturnDigest(args[i]);
        digests[i].start();
    }

    for (int i = 0; i < args.length; i++) {
        // 결과 출력
        StringBuffer result = new StringBuffer(args[i]);
        result.append(": ");
        byte[] digest = digests[i].getDigest();
        result.append(DatatypeConverter.printHexBinary(digest));

        System.out.println(result);
    }
}
```

운이 좋다면, 이 코드가 정상적으로 실행되고, 예상했던 다음과 같은 결과를 볼 수 있다.

```
D:\JAVA\JNP4\examples\03>java ReturnDigest2 *.java
AccumulatingError.java: 7B261F7D88467A1D30D66DD29EEEDE495EA16FCD3ADDB8B613BC2C5DC
BenchmarkScalb.java: AECE2AD497F11F672184E45F2885063C99B2FDD41A3FC7C7B5D4ECBFD2B0
CanonicalPathComparator.java: FE0AACF55D331BBF555528A876C919EAD826BC79B659C489D62
Catenary.java: B511A9A507B43C9CDAF626D5B3A8CCCD80149982196E66ED1BFFD5E55B11E226
...
```

그러나 '운이 좋다면'이라고 말한 데는 그럴 만한 이유가 있다. 독자 여러분 중에 일부는 여전히 NullPointerException을 보게 될 것이다. 이 코드의 동작 유무는 전적으로 각 스레드의 getDigest() 메소드가 호출되기 전에 ReturnDigest 스레드의 실행이 먼저 끝나야 하는 조건에 달려 있다. 만약 첫 번째 for 루프가 너무 빨라서 첫 번째 루프에서 생성된 스레드가 끝나기도 전에 두 번째 for 루프가 수행되면, 이 방법으로 문제가 해결되지 않으므로 처음부터 다시 고민해야 한다. 최악의 경우, 프로그램이 아무런 출력도 없이, 심지어 스택 트레이스(stack trace)도 없이 실행을 멈출 수 있다.

이 코드의 실행 결과는 생성한 스레드의 개수, CPU의 상태, 디스크의 상태, 자바 가상 머신이 각각의 스레드에 시간을 할당하는 알고리즘 등 다양한 요인들에 의해 성공할 수도 있고, 예외가 발생하거나 멈출 수도 있다. 이러한 행동을 경쟁 조건(race condition)이라고 한다. 올바른 실행 결과를 얻을 수 있는지는 서로 다른 스레드의 상대적인 속도에 좌우되며, 여러분이 제어할 수 있는 것이 아니다! 다이제스트 값이 준비될 때까지 getDigest() 메소드가 호출되지 않도록 보장할 수 있는 더 나은 방법이 필요하다.

폴링

대부분의 초보 개발자들은 이러한 문제를 해결하기 위해 result가 설정되기 전에는 플래그 값을 대신 반환하도록 (또는 예외를 발생시키도록) 메소드를 만든다. 그리고 메인 스레드는 주기적으로 메소드를 호출하여 플래그 값이 아닌 다른 값이 반환되는지 검사한다. 이와 같이 동기화를 목적으로 상태를 주기적으로 검사하여 일정한 조건을 만족할 때 작업을 처리하는 방식을 폴링(polling)이라고 한다. 아래 예제에서는, 반복적으로 digest 변수가 널인지 검사하고 널이 아닌 경우에만 이 값을 사용한다.

```java
public static void main(String[] args) {

  ReturnDigest[] digests = new ReturnDigest[args.length];

  for (int i = 0; i < args.length; i++) {
    // 다이제스트 계산
    digests[i] = new ReturnDigest(args[i]);
    digests[i].start();
  }

  for (int i = 0; i < args.length; i++) {
    while (true) {
      // 결과 출력
      byte[] digest = digests[i].getDigest();
      if (digest != null) {
        StringBuilder result = new StringBuilder(args[i]);
        result.append(": ");
        result.append(DatatypeConverter.printHexBinary(digest));
        System.out.println(result);
        break;
      }
    }
  }
}
```

이 해결책은 잘 동작한다. 이 방법은 첫 스레드부터 차례대로 값을 구할 때까지 반복해서 검사하고 출력을 완료한 후에 다음 스레드를 진행하기 때문에, 각 스레드가 다른 스레드와 상대적으로 얼마나 빨리 동작하는지 상관없이 정해진 순서로 정확한 결과값이 출력된다. 그러나 이 방식은 필요 이상으로 많은 일을 하게 된다.

설상가상으로 이 해결 방법의 동작은 보장되지 않는다. 몇몇 가상 머신에서는 메인 스레드가 사용 가능한 모든 CPU 시간을 점유하고 다른 스레드가 실행할 시간을 남겨 주지 않는다. 메인 스레드가 작업의 종료 상태를 확인하느라 너무 바쁜 나머지 작업 스레드가 일할 시간이 없다! 이 방법이 좋은 해결책이 아님은 확실해 보인다.

콜백

사실, 이 문제를 해결할 좀 더 쉽고 효과적인 방법이 있다. 이 방법을 이용하면 각각의 ReturnDigest 객체의 작업이 종료됐는지 확인하기 위해 반복해서 폴링하는 무한 루프를 제거할 수 있다. 이 기법은 메인 프로그램이 반복해서 각 ReturnDigest 스레드의 상태를 검사하지 않고, 작업이 끝났을 때 스레드가 직접 메인 프로그램에게 알려 준다. 스레드는 자신을 생성한 메인 클래스의 메소드를 호출하는 방법으로 이러한 일을 처리한다. 스레드가 작업이 끝났을 때 자신을 생성한 클래스를 다시 호출하는 이러한 방식을 콜백(callback)이라고 부른다. 이 방법을 사용하면 메인 프로그램은 스레드가 종료되길 기다리는 동안 유휴상태(sleep)로 머물 수 있으며 실행 중인 스레드의 시간을 뺏지 않아도 된다.

스레드의 run() 메소드의 실행이 거의 끝났을 때, 마지막으로 해야 할 작업은 결과값과 함께 메인 프로그램에서 미리 정해 놓은 메소드를 호출하는 것이다. 메인 프로그램이 각각의 스레드에 대해서 결과를 물어 보는 것이 아니라, 각각의 스레드가 메인 프로그램에게 결과를 알려 주는 방식이다. 예를 들어, 예제 3-5는 앞에서 사용된 예제와 비슷한 CallbackDigest 클래스를 보여 준다. 그러나 run() 메소드의 끝에서, 계산된 다이제스트 값을 스레드를 시작한 원래 클래스의 정적 메소드 CallbackDigestUserInterface.receiveDigest()의 인자로 전달한다.

예제 3-5 **CallbackDigest**

```
import java.io.*;
import java.security.*;

public class CallbackDigest implements Runnable {

  private String filename;

  public CallbackDigest(String filename) {
    this.filename = filename;
  }

  @Override
  public void run() {
```

```
    try {
      FileInputStream in = new FileInputStream(filename);
      MessageDigest sha = MessageDigest.getInstance("SHA-256");
      DigestInputStream din = new DigestInputStream(in, sha);
      while (din.read() != -1) ; // 파일 전체를 읽는다
      din.close();
      byte[] digest = sha.digest();
      CallbackDigestUserInterface.receiveDigest(digest, filename);
    } catch (IOException ex) {
      System.err.println(ex);
    } catch (NoSuchAlgorithmException ex) {
      System.err.println(ex);
    }
  }
}
```

예제 3-6에 있는 CallbackDigestUserInterface 클래스는 main() 메소드를 제공한다. 그러나 이전에 본 main() 메소드와는 달리, 여기서는 명령라인으로 입력받은 파일명과 함께 스레드를 시작하는 일만 하며, 스레드의 값을 읽거나, 출력하거나 다른 아무런 시도도 하지 않는다. 이러한 기능들은 모두 따로 분리된 receiveDigest() 메소드에 의해 처리된다. 이 메소드는 main() 메소드나 main() 메소드의 실행 과정 중에 있는 어떠한 메소드에서도 호출되지 않으며, 이미 독립적으로 실행 중인 각 스레드에 의해 호출된다. 즉, receiveDigest()는 메인 스레드가 아닌 다이제스트를 계산하는 스레드 안에서 실행된다.

예제 3-6 CallbackDigestUserInterface

```java
import javax.xml.bind.*; // DatatypeConverter 사용을 위한 패키지; 자바 6 또는 JAXB 1.0 필요

public class CallbackDigestUserInterface {

  public static void receiveDigest(byte[] digest, String name) {
    StringBuilder result = new StringBuilder(name);
    result.append(": ");
    result.append(DatatypeConverter.printHexBinary(digest));
    System.out.println(result);
  }

  public static void main(String[] args) {
    for (String filename: args) {
      // 다이제스트 계산
      CallbackDigest cb = new CallbackDigest(filename);
      Thread t = new Thread(cb);
      t.start();
    }
  }
}
```

예제 3-5와 예제 3-6은 콜백(callback) 메소드를 정적(static) 메소드로 선언했으며, 그래서 CallbackDigest는 해당 클래스의 인스턴스 없이 CallbackDigestUserInterface 내에서 메소드의 이름만 알면 호출할 수 있다. 여기서는 정적 메소드를 콜백으로 호출하긴 했지만 일반적으로 인스턴스의 메소드를 호출하는 방식이 더 널리 사용되며 생각보다 어렵지도 않다. 이 경우에 콜백을 호출하는 클래스는 콜백될 클래스에 대한 레퍼런스를 알고 있어야 하며, 이 레퍼런스는 일반적으로 스레드의 생성자를 통해 전달된다. 그리고 run() 메소드의 실행이 끝날 때쯤에, 결과를 전달하기 위해 콜백 객체의 인스턴스 메소드를 호출하면 된다. 예를 들어, 예제 3-7은 바로 이전의 예제와 비슷한 CallbackDigest 클래스를 보여 준다. 그러나 이 예제는 콜백이 호출될 추가적인 InstanceCallbackDigestUserInterface 객체 필드 하나를 더 포함하고 있다. run() 메소드의 끝에서, 다이제스트 값이 콜백의 receiveDigest() 메소드로 전달된다. InstanceCallbackDigestUserInterface 객체 자체는 생성자에서 설정된다.

예제 3-7 InstanceCallbackDigest

```java
import java.io.*;
import java.security.*;

public class InstanceCallbackDigest implements Runnable {

  private String filename;
  private InstanceCallbackDigestUserInterface callback;
  public InstanceCallbackDigest(String filename,
    InstanceCallbackDigestUserInterface callback) {
      this.filename = filename;
      this.callback = callback;
  }

  @Override
  public void run() {
    try {
      FileInputStream in = new FileInputStream(filename);
      MessageDigest sha = MessageDigest.getInstance("SHA-256");
      DigestInputStream din = new DigestInputStream(in, sha);
      while (din.read() != -1) ; // 파일 전체를 읽는다
      din.close();
      byte[] digest = sha.digest();
      callback.receiveDigest(digest);
    } catch (IOException | NoSuchAlgorithmException ex) {
      System.err.println(ex);
    }
  }
}
```

예제 3-8의 InstanceCallbackDigestUserInterface 클래스에는 계산된 다이제스트 값을 인자로 전달받아 처리하는 receiveDigest() 메소드뿐만 아니라 main() 메소드를 포함하고 있다. 예제 3-8에서는 인자로 전달된 다이제스트 값을 단순히 출력하고 끝나지만 좀 더 현실적인 상황에서는 다이제스트 값을 필드에 저장하거나, 새로운 스레드를 만들기 위해 사용할 수도 있고, 또 추가적인 연산을 위해 사용할 수도 있다.

예제 3-8 InstanceCallbackDigestUserInterface

```java
import javax.xml.bind.*; // DatatypeConverter 사용을 위한 패키지; 자바 6 또는 JAXB 1.0 필요

public class InstanceCallbackDigestUserInterface {

  private String filename;
  private byte[] digest;

  public InstanceCallbackDigestUserInterface(String filename) {
    this.filename = filename;
  }

  public void calculateDigest() {
    InstanceCallbackDigest cb = new InstanceCallbackDigest(filename, this);
    Thread t = new Thread(cb);
    t.start();
  }

  void receiveDigest(byte[] digest) {
    this.digest = digest;
    System.out.println(this);
  }

  @Override
  public String toString() {
    String result = filename + ": ";
    if (digest != null) {
      result += DatatypeConverter.printHexBinary(digest);
    } else {
      result += "digest not available";
    }
    return result;
  }

  public static void main(String[] args) {
    for (String filename: args) {
      // 다이제스트 계산
      InstanceCallbackDigestUserInterface d
          = new InstanceCallbackDigestUserInterface(filename);
      d.calculateDigest();
    }
  }
}
```

콜백 호출을 위해 정적 메소드 대신 인스턴스 메소드를 사용하는 방법이 다소 복잡하기는 하지만 많은 장점이 있다. 먼저, 메인 클래스의 각 인스턴스(이 예제에는 InstanceCallbackDigestUserInterface)는 정확히 파일 하나만 처리하므로 부가적인 자료 구조를 사용하지 않고도 그 파일에 대한 정보를 손쉽게 유지할 수 있다. 게다가 각 인스턴스는 다이제스트 값의 재계산이 필요한 경우 어렵지 않게 다시 계산할 수 있다. 실제로 인스턴스 메소드를 호출하는 방식이 정적 메소드 호출 방식보다 더 유연한 것은 이미 검증된 사실이다. 그러나 한 가지 주의할 점이 있다. 스레드를 시작하기 위해 calculateDigest() 메소드를 추가했다. 이 메소드가 생성자에 속한다고 논리적으로 생각할 수 있다. 그러나 생성자에서 스레드를 시작하는 것은 매우 위험하며, 생성된 스레드가 자신을 생성한 객체를 다시 호출할 때 특히 위험하다. 이 경우에 생성자의 실행이 끝나고 객체가 초기화되기 전에 생성된 스레드가 콜백을 호출하는 경쟁 조건이 발생할 수 있다. 이 예제의 경우 생성자의 마지막에서 스레드를 생성하고 있기 때문에 경쟁 조건이 발생할 가능성은 거의 희박하다. 그러나 이론적으로 발생할 가능성이 있으므로, 생성자에서 스레드를 실행하는 구조를 피하는 것이 좋다.

콜백이 폴링 방식보다 좋은 첫 번째 이유는 CPU 시간을 낭비하지 않는다는 것이다. 사실, 그것보다 더 좋은 이유는 콜백 방식이 좀 더 유연하며, 많은 스레드와 객체 그리고 클래스가 엮여 있는 복잡한 상황에 충분히 대처할 수 있기 때문이다. 예를 들어, 하나 이상의 객체에 대해 스레드의 계산 결과를 알려 줘야 하는 상황이라면, 스레드는 객체를 목록으로 관리하여 콜백을 호출할 수 있다. 계산 결과가 필요한 객체는 Thread 혹은 Runnable 클래스의 메소드를 호출하여 자신을 목록에 등록할 수 있다.

예를 들어, 하나 이상의 객체가 스레드에서 계산한 결과를 사용하려고 한다면 스레드는 객체의 리스트를 유지해서 콜백을 호출할 수 있다. 여러 종류의 클래스에서 결과 값에 관심 있는 경우, 이러한 클래스에서 구현할 새로운 인터페이스를 정의하고 이 인터페이스를 콜백 메소드로 사용할 수 있다. 이러한 구조에 대해서 이미 익숙한 독자라면, 아마도 이와 비슷한 구조를 이미 본 적이 있기 때문일 것이다. 이 방법은 스윙(Swing), AWT, 자바빈스(JavaBeans)에서 이벤트가 처리되는 방식과 정확히 같다. AWT는 프로그램으로부터 분리된 스레드로 이벤트를 처리한다. 컴포넌트(component)와 빈즈는 ActionListener와 PropertyChangeListener 같은 특정 인터페이스에 선언된 메소드를 콜백하여 이벤트를 알린다. listener 객체는 특정 컴포넌트에 의해서 발생하는 관심 있는 이벤트를 처리하기 위해서 addActionListener() 또는 addPropertyChangeListener()와 같은 Component 클래스에 있는 메소드를 사용하여 등록한다. 컴포넌트는 내부적으로 등록된 listener 객체를 java.awt. AWTEventMulticaster 객체로 만든 연결 리스트를 사용하여 저장한다. 일반적으로 디자인 패턴에서 이러한 방법을 옵저버 패턴(observer pattern)이라고 한다.

Future, Callable 그리고 Executor

자바 5에서는 멀티스레드의 복잡한 내용을 감추고 콜백을 좀 더 쉽게 사용할 수 있도록 새로운 접근 방법을 제공한다. 이 방법은 스레드를 직접 생성하지 않고, 대신 필요할 때 스레드를 생성하여 제공하는 ExecutorService를 사용한다. ExecutorService의 사용법은 먼저 작업 대상의 Callable 객체를 만들고 ExecutorService에 등록한 다음 Future 객체를 반환받는다. 그리고 나중에 작업에 대한 결과를 Future를 통해 얻는다. Future 사용 시 이미 결과가 준비되어 있는 경우 즉시 결과 값을 구할 수 있지만, 그렇지 않은 경우 폴링 스레드는 준비가 될 때까지 블록된다. 이 방식의 장점은 다양한 종류의 스레드를 생성한 다음, 여러 스레드로부터 원하는 순서대로 값을 얻어 올 수 있다.

예를 들어, 큰 숫자 배열에서 최대값을 찾아야 한다고 생각해 보자. 간단히 구현하면, n개의 요소가 있는 배열이 있을 때 O(n)만큼의 수행 시간이 걸린다. 그러나 연산 작업을 다수의 스레드에 나눈 다음, 각 스레드를 개별 CPU 코어에 할당하면 더 빠르게 처리할 수 있다. 설명을 위해 두 개의 스레드를 사용하는 상황을 가정해 보자.

Callable 인터페이스는 어떤 타입(generic)의 값도 반환할 수 있는 call() 메소드 하나만을 제공한다. 예제 3-9는 배열의 일부분으로부터 가능한 한 가장 확실한 방법으로 최대값을 찾는 Callable 사용의 예다.

예제 3-9 **FindMaxTask**

```
import java.util.concurrent.Callable;

class FindMaxTask implements Callable<Integer> {

  private int[] data;
  private int start;
  private int end;

  FindMaxTask(int[] data, int start, int end) {
    this.data = data;
```

```
      this.start = start;
      this.end = end;
    }
    public Integer call() {
      int max = Integer.MIN_VALUE;
      for (int i = start; i < end; i++) {
        if (data[i] > max) max = data[i];
      }
      return max;
    }
}
```

위 예제에서 직접 call() 메소드를 호출하여 계산할 수도 있지만 그 방법은 이 예제의 목적
은 아니다. 대신 Callable 객체를 Executor에 추가하고, Executor는 각 Callable 객체에 대해
스레드를 실행한다. (Executor를 여러 가지 방법으로 사용할 수 있다. 예를 들어, 단일 스레드를 사
용하여 Callable 객체들을 순서대로 호출할 수도 있지만, 이 예제에서는 Callable 객체당 하나의 스레드
를 사용하는 것이 좋은 전략이다.) 예제 3-10은 이를 설명하는 예제다.

예제 3-10 **MultithreadedMaxFinder**

```
import java.util.concurrent.*;

public class MultithreadedMaxFinder {

  public static int max(int[] data) throws InterruptedException, ExecutionException {

    if (data.length == 1) {
      return data[0];
    } else if (data.length == 0) {
      throw new IllegalArgumentException();
    }

    // 작업을 둘로 분할
    FindMaxTask task1 = new FindMaxTask(data, 0, data.length/2);
    FindMaxTask task2 = new FindMaxTask(data, data.length/2, data.length);

    // 두 개의 스레드 생성
    ExecutorService service = Executors.newFixedThreadPool(2);

    Future<Integer> future1 = service.submit(task1);
    Future<Integer> future2 = service.submit(task2);

    return Math.max(future1.get(), future2.get());
  }
}
```

두 개의 스레드로 나뉜 배열의 두 부분은 동시에 검색되기 때문에 멀티코어(multi core) 환경에서 매우 큰 배열에 대해서 작업을 수행하면 거의 두 배에 가까운 성능을 보인다. 그럼에도 불구하고 코드는 스레드나 비동기 문제에 대해 걱정하지 않아도 되며, 배열을 반씩 나눠 순차적으로 찾는 경우와 비교해도 간단하고 직관적이다. 그러나 여기에는 한 가지 큰 차이가 있다. 예제 3-10의 마지막 코드에서 future1.get()이 호출될 때 이 메소드는 먼저 FindMaxTask가 끝나기를 대기한다. 그리고 난 다음에 future2.get()을 호출한다. 그리고 두 번째 스레드가 값을 즉시 반환하도록 구현되어 있는 경우 스레드가 이미 종료된 상황이 발생할 수도 있다. 그러나 그런 경우가 아니라면 두 번째 스레드 역시 종료되기를 기다린다. 그리고 두 스레드가 종료되는 즉시 이 결과 값들은 비교되고 최대값이 반환된다.

Future는 다양한 작업을 동시에 실행한 다음, 추가적인 코드 실행 이전에 작업의 종료를 대기할 수 있는 매우 편리한 방법이다. Executor와 ExecutorService를 이용하면 다양한 전략으로 스레드에 작업을 할당할 수 있다. 이 예제는 단지 두 개의 스레드만을 사용하고 있지만 얼마든지 더 많은 스레드를 사용하거나 재사용할 수 있다. Executor는 여러분이 작업을 합리적으로 독립적인 단위로 나눌 수만 있다면 비동기의 핵심적인 자세한 내용에 대해서 신경 쓰지 않게 해 준다.

동기화

필자의 책장에는 같은 책들과 한물간 책, 그리고 지난 10년 동안 쳐다보지도 않았고 앞으로도 보지 않을 책들로 넘쳐나고 있다. 수년간 이러한 책을 사는 데 수만 달러 이상을 썼다. 그리고 필자의 집에서 두 블록 아래로 내려가면 브루클린 중앙공공도서관이 있다. 이 곳의 책장도 역시 책으로 넘쳐나며 지난 100년 동안 수백만 달러 이상을 썼을 것이다. 그러나 필자의 집과는 달리 도서관의 책은 브루클린 주민이 모두 공유하며 빠르게 회전한다. 즉, 도서관에 소장된 대부분의 책은 1년 동안 여러 번 대출된다. 비록 공공도서관은 책을 구입하고 보관하는 데 필자보다 훨씬 많은 돈을 쓰지만, 한 페이지를 읽기 위해 드는 비용은 필자의 개인 책장보다 공공 도서관이 훨씬 저렴하다. 이것이 바로 리소스 공유의 장점이다.

물론 리소스를 공유하는 것이 장점만 있는 것은 아니다. 도서관에 있는 책이 필요한 경우 우선 도서관까지 걸어가야 한다. 그리고 책장을 뒤져 책을 찾아야 하고, 줄을 서서 대출을 받아야 한다. 그리고 책을 집으로 가져오지 못하고 도서관에서 읽고 반납해야 하는 경우도 있다. 때로는 찾고 있는 책이 이미 대출된 상태라면 대출 대기 신청서도 작성해야 한다. 그리고 책의 가장자리에 글씨를 적거나 중요한 부분에 밑줄을 그을 수도 없다. (물론 그렇게 할 수도 있지만, 그러면 다음 사람에게 피해를 주게 되며, 또 발각될 경우 대출 자격을 박탈당할지도 모른다.) 책을 직접 구매하지 않고 도서관에서 빌리는 것은 시간도 걸리고 불편한 일이지만, 돈과 공간을 절약할 수 있다.

스레드는 도서관에서 책을 빌리는 사람과 같다. 스레드는 중앙의 리소스 풀(resource pool)로부터 빌린다. 스레드는 메모리, 파일 핸들, 소켓 등의 리소스를 공유하여 프로그램을 좀 더 효율적으로 만든다. 두 스레드가 동시에 같은 리소스를 사용하지만 않는다면, 멀티스레드 프로그램이 각 프로세스가 별도의 리소스를 유지하는 멀티프로세스 프로그램보다 훨씬 효율적이다. 멀티스레드 프로그램의 단점은 두 스레드가 동시에 같은 리소스를 사용한다면, 둘 중 하나는 다른 하나가 리소스 사용을 끝낼 때까지 기다려야 한다. 만약 기다리지 않고 리소스에 접근하면 리소스가 손상될 수도 있다. 예를 들어, 앞의 예제 3-1과 예제 3-2의 경우를 생각해 보자. 앞에서도 이미 언급했지만 메소드는 결과를 문자열로 만들고 해당 문자열을 System.out.println()을 한 번 호출하여 콘솔에 출력한다. 그 결과는 아래와 같다.

```
Triangle.java: B4C7AF1BAE952655A96517476BF9DAC97C4AF02411E40DD386FECB58D94CC769
InterfaceLister.java: 267D0EFE73896CD550DC202935D20E87CA71536CB176AF78F915935A6
Squares.java: DA2E27EA139785535122A2420D3DB472A807841D05F6C268A43695B9FDFE1B11
UlpPrinter.java: C8009AB1578BF7E730BD2C3EADA54B772576E265011DF22D171D60A1881AFF51
```

네 개의 스레드가 병렬로 실행되어 이러한 결과를 출력한다. 각 스레드는 콘솔에 한 줄씩 출력한다. 스레드의 스케줄링(scheduling)이 예측 불가능하기 때문에 각 라인의 순서는 예측할 수 없지만, 각 라인 자체는 손상되거나 뒤섞이지 않은 완전한 전체 한 라인으로 출력된다. 그러나 문자열 변수 result에 중간 단계의 문자열을 저장하지 않고, 문자열의 일부가 준비되는 대로 콘솔에 바로 출력하는 조금 변형된 아래의 run() 메소드를 사용한다고 가정해 보자.

```java
@Override
public void run() {
  try {
    FileInputStream in = new FileInputStream(filename);
    MessageDigest sha = MessageDigest.getInstance("SHA-256");
    DigestInputStream din = new DigestInputStream(in, sha);
    while (din.read() != -1) ; // 파일 전체 읽기
    din.close();
```

```
      byte[] digest = sha.digest();
      System.out.print(input + ": ");
      System.out.print(DatatypeConverter.printHexBinary(digest));
      System.out.println();
    } catch (IOException ex) {
      System.err.println(ex);
    } catch (NoSuchAlgorithmException ex) {
      System.err.println(ex);
    }
  }
```

동일한 상황에 이 코드를 실행하면 다음과 비슷한 실행 결과를 보게 된다.

```
Triangle.java: B4C7AF1BAE952655A96517476BF9DAC97C4AF02411E40DD386FECB58D94CC769
InterfaceLister.java: Squares.java: UlpPrinter.java:
C8009AB1578BF7E730BD2C3EADA54B772576E265011DF22D171D60A1881AFF51
267D0EFE73896CD550DC202935D20E87CA71536CB176AF78F915935A6E81B034
DA2E27EA139785535122A2420D3DB472A807841D05F6C268A43695B9FDFE1B11
```

서로 다른 파일의 다이제스트 값이 뒤섞여 버렸다! 어떤 숫자가 어떤 파일의 다이제스트 값인지 알 방법이 없다. 이건 분명 문제가 있다.

이러한 뒤섞인 상황이 발생한 이유는 System.out이 네 개의 다른 스레드에서 공유되었기 때문이다. 하나의 스레드가 몇 개의 System.out.print() 문장을 사용하여 콘솔에 출력하기 시작할 때, 이 스레드의 쓰기 작업이 종료되기 전에 다른 스레드가 끼어들어 쓰기를 시작할 수 있으며 스레드가 어떤 순서로 리소스를 선점할지 매우 불확실하다. 이 프로그램을 실행할 때마다 여러분은 조금씩 다른 결과를 보게 될 것이다.

그래서 공유 리소스를 사용하는 스레드의 일련의 코드에 대해서 배타적인 접근을 할당해 줄 방법이 필요하다. 이 예제에서 공유 자원은 바로 System.out이며 배타적인 접근이 필요한 부분은 바로 다음과 같다.

```
System.out.print(input + ": ");
System.out.print(DatatypeConverter.printHexBinary(digest));
System.out.println();
```

동기화 블록

이 세 줄의 코드가 함께 실행되도록 System.out 객체를 synchronized 블록으로 감싸서 아래와 같이 동기화할 수 있다.

```
synchronized (System.out) {
  System.out.print(input + ": ");
  System.out.print(DatatypeConverter.printHexBinary(digest));
  System.out.println();
}
```

이 코드에 대한 하나의 스레드가 출력을 시작하면 다른 모든 스레드는 출력을 하기 전에 먼저 실행된 스레드의 값이 모두 출력될 때까지 실행을 중지하고 기다린다. synchronized 블록은 같은 객체에 대해 동기화하는 모든 코드를 병렬이 아닌 순서대로 실행되도록 한다. 예를 들어, 다른 클래스와 스레드에 있는 코드가 같은 System.out 객체에 대해 동기화를 하고 있다면, 그 코드 또한 이 코드와는 병렬로 실행될 수 없으며 순서대로 실행된다. 그러나 다른 객체에 대한 동기화나 같은 객체라도 (여기서는 System.out) 전혀 동기화를 하지 않은 코드는 여전히 이 코드와 병렬로 실행될 수 있다. 동기화가 필요한 리소스에 대하여 동기화 없이 접근할 경우 데이터가 손상될 수 있으나, 자바는 다른 스레드에서 동기화 없이 접근할 경우 이를 차단할 방법은 제공하지 않는다. 자바는 단지 공유 리소스 사용 시 같은 객체에 대하여 동기화한 스레드에 대해서만 보호할 수 있다.

 실제로, PrintStream 클래스는 내부적으로 이 예제에서 System.out과 같은 PrintStream 객체의 대부분의 메소드를 동기화한다. 즉, System.out.println() 메소드를 호출하는 모든 스레드는 System.out에 대하여 동기화되며 이 코드의 실행이 끝날 때까지 기다려야 한다. PrintStream은 이러한 측면에서 약간 독특한 클래스이며, 대부분의 다른 출력 스트림 서브클래스는 자체적으로 동기화를 수행하지 않는다.

여러 스레드가 같은 리소스를 공유할 경우 항상 동기화를 고려해야 한다. 이러한 스레드는 같은 스레드 서브클래스의 인스턴스이거나 같은 Runnable 클래스를 사용하거나 전혀 다른 클래스의 인스턴스일 수도 있다. 핵심은 스레드가 공유하는 리소스 자체이며, 어떤 클래스의 스레드인지는 중요하지 않다. 동기화는 두 스레드가 같은 객체에 대한 참조를 가지고 있을 때만 이슈가 된다. 이전 예제에서 문제는 다수의 스레드가 같은 PrintStream 객체인 System.out에 접근했기 때문이었다. 이 경우에는 동기화 문제의 대상이 정적 클래스 변수였지만 인스턴스 변수 역시 문제가 될 수 있다.

예를 들어, 웹 서버에서 로그 파일을 쓰는 경우를 생각해 보자. 로그 파일을 쓰는 클래스는 예제 3-11에 있는 코드와 같이 표현될 수 있다. 이 클래스 자체는 스스로 멀티스레드로 동작하지 않는다. 그러나 웹 서버가 다수의 연결을 처리하기 위해 멀티스레드로 동작하는 경우, 각 스레드는 같은 로그 파일에 접근하게 되며 결과적으로 같은 LogFile 클래스의 객체를 사용하게 된다.

예제 3-11 **LogFile**

```java
import java.io.*;
import java.util.*;

public class LogFile {

  private Writer out;

  public LogFile(File f) throws IOException {
    FileWriter fw = new FileWriter(f);
    this.out = new BufferedWriter(fw);
  }

  public void writeEntry(String message) throws IOException {
    Date d = new Date();
    out.write(d.toString());
    out.write('\t');
    out.write(message);
    out.write("\r\n");
  }

  public void close() throws IOException {
    out.flush();
    out.close();
  }
}
```

이 클래스에서 writeEntry() 메소드는 먼저 현재 날짜와 시간을 구한 다음 out.write() 메소드를 네 번에 나눠 호출하여 내장된 파일에 출력한다. 두 개 이상의 스레드가 같은 LogFile 객체의 참조를 공유하고 있고, 하나의 스레드가 로그 파일을 쓰고 있을 때 다른 스레드가 끼어들 경우 문제가 발생한다. 예를 들어, 한 스레드가 날짜와 탭을 출력한 다음, 나머지 메시지를 출력하기 전에 다른 스레드가 끼어들어 메시지를 출력하고 처음 스레드가 그 뒤에 나머지 메시지를 출력하는 상황이 발생할 수 있다. 이 경우에도 역시 해결책은 동기화다. 그러나 이 예제에서는 어떤 객체를 동기화할지 두 가지 선택이 가능하다. 첫 번째 선택은 Writer 객체인 out을 동기화하는 것이다. 다음 예제를 보자.

```java
public void writeEntry(String message) throws IOException {
  synchronized (out) {
    Date d = new Date();
    out.write(d.toString());
    out.write('\t');
    out.write(message);
    out.write("\r\n");
  }
}
```

이 방식은 LogFile 객체를 공유하는 모든 스레드는 또한 이 객체에 포함된 같은 out 객체를 사용하기 때문에 문제없이 동작한다. 여기에서 out이 private로 선언된 것은 문제되지 않는다. 비록 다른 스레드나 객체에 의해서 사용되기는 하지만, LogFile 클래스 안에서만 참조되기 때문이다. 게다가 여기에서는 out 객체에 대해서 동기화를 하긴 했지만, 다른 스레드의 간섭으로부터 보호가 필요한 것은 바로 writeEntry() 메소드다. 모든 Writer 클래스는 한 스레드가 다른 스레드의 write() 메소드로부터 간섭받지 않도록 보호하기 위해 내부적인 동기화를 지원한다. (PrintStream을 제외한 입출력 스트림에는 해당되지 않으며, 다른 스레드가 출력 스트림을 가로채어 쓰는 일이 발생할 수 있다.) 각 Writer 클래스는 writer를 동기화하기 위해 사용할 객체를 지정하는 lock 필드를 제공한다.

두 번째로 LogFile 객체 자체를 동기화하는 방법이 있다. 이 방법은 this 키워드를 사용하여 간단히 처리할 수 있다. 다음 예제를 보자.

```java
public void writeEntry(String message) throws IOException {
  synchronized (this) {
    Date d = new Date();
    out.write(d.toString());
    out.write('\t');
    out.write(message);
    out.write("\r\n");
  }
}
```

동기화 메소드

일반적으로 동기화를 할 때 객체의 메소드 자체에 대한 동기화를 많이 사용하며, 자바에서는 객체의 메소드를 동기화하기 위한 간단한 방법을 제공한다. 메소드 선언에 synchronized 지정자(modifier)를 추가함으로써 this가 참조하는 현재 객체의 메소드 전체를 동기화할 수 있다. 다음 예제를 보자.

```
public synchronized void writeEntry(String message) throws IOException {
  Date d = new Date();
  out.write(d.toString());
  out.write('\t');
  out.write(message);
  out.write("\r\n");
}
```

단순히 synchronized 지정자를 모든 메소드에 추가하는 것만으로 동기화 문제를 모두 해결할 수 있는 것은 아니다. 첫째 이유로는 많은 가상 머신에서 (최근에 나오는 가상 머신들은 이러한 문제를 상당히 개선했지만) 심각한 성능 저하가 발생하며 여러 가지 요인에 의해 코드의 실행 속도가 느려진다. 둘째는 데드락이 발생할 가능성이 급격히 높아진다. 그리고 마지막으로 가장 중요한 셋째는 동시 변경이나 접근으로부터 보호하기 위해 항상 객체 자체를 보호해야 하는 것은 아니며, 해당 메소드를 포함한 클래스의 인스턴스를 동기화해도 실제 보호해야 하는 객체를 보호하지 못할 수도 있다. 예를 들어, 위 예제에서는 두 스레드가 동시에 out에 쓰는 상황을 막아야 한다. 만약에 LogFile과 전혀 관련 없는 다른 클래스에서 out을 참조할 경우 이러한 시도는 동기화를 깨트리게 된다. 그러나 이 예제에서는 out이 private 인스턴스 변수이므로 LogFile 객체를 동기화하는 것은 아주 좋은 방법이다. 그리고 이 예제에서 out 객체에 대한 참조가 외부로 노출된 것이 없기 때문에 다른 어떤 객체에서도 LogFile 클래스를 통하지 않고서는 out 객체의 메소드를 호출할 방법이 없다. 따라서, LogFile 객체에 대한 동기화는 out 객체에 대한 동기화와 같은 효과가 있다.

동기화를 피할 수 있는 방법

스레드 스케줄링으로 발생하는 프로그램이 일관성 없이 동작하는 문제를 해결하는 데 동기화가 항상 최선의 해결책은 아니다. 동기화를 사용하지 않고 문제를 해결할 수 있다. 첫번째는 필드 대신에 가능하면 로컬 변수를 사용하는 것이다. 로컬 변수는 동기화 문제가 발생하지 않는다. 메소드가 실행될 때마다, 가상 머신은 해당 메소드에 필요한 로컬 변수들을 완전히 새로 만든다. 이러한 로컬 변수는 메소드 바깥에서는 보이지 않으며 메소드가 종료될 때 사라진다. 그 결과, 로컬 변수를 다른 두 개의 스레드에서 공유한다는 것은 사실상 불가능하다. 모든 스레드는 각자 분리된 로컬 변수를 가진다.

메소드 선언 시 자바 기본 타입을 사용하면 다른 스레드로부터 변경될 위험이 없다. 자바는 인자를 참조(by reference)가 아닌 값(by value)으로 전달하기 때문이다. 이러한 메소드로

Math.sqrt()가 있다. 이 메소드는 인자를 받지 않거나 여러 기본 데이터 타입 인자를 받아서 연산을 수행하고 결과를 반환한다. 그리고 이 과정에서 어떤 클래스의 필드도 사용하지 않기 때문에 스레드로 인한 문제로부터 근본적으로 안전하다. 이러한 메소드는 대부분 static으로 선언되며 static으로 선언해야 한다.

메소드 인자로 객체 타입을 사용하는 경우는 좀 더 복잡하다. 인자로 전달되는 값 자체가 객체의 참조이기 때문이다. 예를 들어, 배열에 대한 참조를 인자로 sort() 메소드를 호출한다고 가정해 보자. sort() 메소드가 배열을 정렬하는 동안, 해당 배열에 대한 참조를 가지고 있는 다른 스레드가 배열의 값을 변경한다고 해도 막을 방법이 없다.

메소드 인자로 String을 사용할 경우 String이 불변 타입(immutable type)이기 때문에 다른 스레드로부터 안전하다(String 객체는 생성된 이후, 다른 스레드에서 변경할 수 없다). 불변 타입의 객체는 상태가 변경되지 않으며, 객체의 값은 생성자가 실행될 때 한 번 설정되고 그 뒤로는 결코 변경할 수 없다. 그러나 StringBuilder는 불변 타입이 아니기 때문에 인자로 사용하면 문제가 발생한다. StringBuilder 객체는 생성된 후에도 얼마든지 변경될 수 있다.

생성자도 메소드이지만 일반적으로 스레드 안정성 이슈의 대상이 되지 않는다. 생성자가 반환하기 전까지는 해당 객체에 대한 참조를 어떤 스레드도 가질 수 없기 때문에, 해당 객체에 대해서 두 스레드가 참조하고 있는 상황은 발생할 수 없다. (그나마 문제가 될 수 있는 상황은 생성자가 다른 스레드에 의해 수정될 수 있는 객체를 사용하는 경우다. 하지만 일반적인 상황은 아니다. 또한 생성자가 자신이 만든 내부 객체의 참조를 다른 스레드로 전달하는 경우에 잠재적인 문제가 될 수 있지만 일반적인 상황은 아니다.)

여러분이 만든 클래스에도 이러한 불변성(immutability)을 이용할 수 있다. 이 방법은 클래스를 스레드로부터 안전하게 만들기 위해 사용할 수 있는 가장 쉬운 방법이며, 어떤 메소드나 코드 영역을 동기화할지 결정하는 것보다 더 쉽다. 어떤 객체를 불변성을 가지도록 만들려면 객체의 모든 필드를 private과 final로 선언하고 필드를 변경할 수 있는 어떠한 메소드도 제공하지 않으면 된다. 자바 코어 라이브러리에 있는 대부분의 클래스들이 불변성을 가지고 있다(예를 들어, java.lang.String, java.lang.Integer, java.lang.Double 등등). 이러한 불변성은 몇몇 상황에서 클래스의 유용성을 다소 떨어트리지만 스레드 안정성을 보장해 준다.

세 번째 방법은 스레드로부터 안전하지 않은 클래스(thread-unsafe)를 스레드로부터 안전한 클래스(thread-safe)의 private 필드로만 사용하는 것이다. 안전하지 않은 클래스(thread-unsafe class)를 포함하고 있는 클래스(thread-safe class)가 안전하지 않은 클래스(thread-unsafe class)를 스레드로부터 안전한(thread-safe) 방법으로만 사용하고, 스레드로부터 안전하지 않은 private 필드에 대해서 외부 객체에서 접근할 수 없게만 한다면 이 클래스(thread-unsafe)는 스레드로부터 안전해진다. 이 기술의 예로 동기화되지 않은 LogFile 클래스를 다수의 스레드에서 사용할 경우, 각각의 스레드가 자신만의 로그를 사용하고 스레드 간에 어떠한 데이터도 공유하지 않는다면, LogFile 자체는 스레드로부터 안전하지 못하지만 스레드 간의 동기화 문제를 제거함으로써 안전하게 사용할 수 있게 된다.

경우에 따라 java.util.concurrent.atomic 패키지를 사용하여 계획적으로 스레드로부터 안전하지만 가변 클래스(mutable class)를 사용할 수도 있다. 구체적으로는 int 대신에 AtomicInteger를 사용할 수 있고, long 대신에 AtomicLong, boolean 대신에 AtomicBoolean, int[] 대신에 AtomicIntegerArray을 사용할 수 있다. 그리고 참조 변수 대신에 AtomicReference에 객체를 저장할 수 있다. AtomicReference는 단지 참조 변수를 설정하거나 가져오는 기능만 할 뿐, 객체 자체를 스레드로부터 안전하게 해 주지는 않으므로 주의할 필요가 있다. 이러한 클래스는 CPU에서 제공하는 스레드로부터 안전한 명령(thread-safe instructions)을 사용하여 각 기본 타입에 대한 동기화된 접근보다 더 나은 성능을 제공한다.

맵(map)과 리스트(list) 그리고 세트(set) 같은 컬렉션에 대해 java.util.Collections 클래스가 제공하는 메소드를 사용하면 스레드로부터 안전한 형태로 감쌀 수 있다. 예를 들어, 세트(set) foo에 대해 Collections.synchronizedSet(foo)를 호출하면 스레드로부터 안전한 set를 구할 수 있다. 리스트의 경우에는 리스트 foo에 대해 Collectioins.synchronizedList(foo)를 사용할 수 있고, 맵의 경우에는 맵 foo에 대해 Collections.synchronizedMap(foo)를 호출할 수 있다. 그리고 이 메소드를 호출한 뒤로는 이 메소드로부터 반환된 객체만을 사용해야 동기화를 계속 유지할 수 있다. 동기화된 컬렉션 사용 중에 원본 컬렉션에 접근하면 원본도 동기화된 버전도 아닌 내장된 데이터 구조를 볼 수 있다.

위 동기화된 컬렉션의 경우 단지 단일 메소드 호출이 원자적(atomic)일 뿐이라는 사실을 알아야 한다. 이 원자적인 컬렉션 값들에 대해 간섭 없이 두 가지 연산을 연속해서 수행할 필요가 있다면 여전히 동기화가 필요하다. 게다가 비록 Collections.synchronizedList()를 사용하여 리스트가 동기화되어 있는 경우에도 리스트의 값들을 반복해서 순차적으로 접근할 필요가 있는 경우 많은 연속적인 원자적(atomic) 연산이 수반되기 때문에 여전히 동기화가 필요하다. 비록 각 메소드의 호출은 원자적이며 스레드로부터 안전하지만, 이러한 메소드의 연속적인 호출은 명시적인 동기화 없이 안전하게 호출될 수 없다.

데드락

동기화로 인해 데드락이 발생할 수 있다. 데드락은 두 스레드가 같은 리소스 집합에 대해서 배타적인 접근이 필요한데, 각 스레드가 해당 리소스의 다른 부분 집합에 이미 배타적인 접근 권한을 가지고 있을 때 발생한다. 이때 어느 한 스레드도 리소스를 반환하지 않는다면, 두 스레드는 영원히 실행이 정지된다. 이 상태를 운영체제 측면에서 보면 프로그램이 여전히 동작하는 것처럼 보이기 때문에 일반적인 정지 상태와는 조금 다르다. 하지만 사용자에게는 프로그램이 정지된 상태일 뿐 이러한 차이는 의미가 없다.

앞에서 언급한 도서관 이야기를 다시 생각해 보자. 잭(Jack)과 질(Jill)은 각각 토머스 제퍼슨(Thomas Jefferson)에 관한 학기말 논문을 쓰고 있고 토머스 제퍼슨(Thomas Jefferson)과 샐리 헤밍스(Sally Hemings)의 《An American Controversy》라는 책과 《History, Memory, and Civic Culture》라는 책이 필요하다. 만약에 질이 첫 번째 책을 빌리고 잭이 두 번째 책을 빌리고 둘 중 하나라도 책을 반납하지 않는다면, 둘 모두 논문을 작성할 수 없게 된다. 결국 마감일이 지나서 둘 모두 F학점을 받게 될 것이다. 바로 데드락 문제가 발생한 것이다.

설상가상으로 데드락은 산발적으로 발생하며 버그를 발견하기가 쉽지 않다. 그리고 데드락은 일반적으로 예측 불가능한 타이밍 이슈에 해당한다. 보통은 잭이나 질 두 사람 중에 도서관에 먼저 도착한 사람이 두 책을 모두 빌려서 논문을 쓴 다음 반납하면 나머지 한 사람이 다시 두 책을 빌려서 논문을 쓰게 된다. 두 사람이 동시에 도서관에 도착하여 각자 한 권의 책을 빌리게 되는 경우는 잘 발생하지 않는다. 데드락 이슈가 있는 프로그램은 100번 중에 99번 또는 1,000번 중에 999번은 완벽하게 정상적으로 실행된다. 다만 매우 드물게 알 수 없는 이유로 프로그램이 중지하는 일이 발생한다. 물론 초당 수백 개의 요청을 처리하는 멀티스레드 서버의 경우, 수백만 개의 요청 중에 단 하나의 요청에서 발생한 문제로 서버가 중지된다.

데드락을 피하기 위한 가장 중요한 기법은 불필요한 동기화를 피하는 것이다. 객체를 불변 (immutable)으로 구현을 하거나 객체의 로컬 복사본을 만드는 방법과 같은 스레드의 안정성을 보장해 줄 다른 방법이 있다면 사용하는 것이 좋으며, 동기화는 스레드 안정성을 보장하기 위한 최후의 수단으로 사용해야 한다. 동기화를 꼭 사용해야 하는 상황이라면 동기화 블록을 최대한 작게 하며 동시에 하나 이상의 객체에 대해서 동기화하지 않도록 해야 한다. 하나 이상의 객체에 대해서 동기화를 피하는 것이 생각보다 간단하지 않을 수 있다. 자바 클래스 라이브러리에서 제공하는 많은 메소드는 내부적으로 동기화를 사용하기 때문에 이러한 메소드를 사용할 때, 여러분이 알아채지 못하는 사이에 동기화가 발생할 수 있다. 그결과 여러분이 생각하는 것보다 더 많은 객체가 동시에 동기화될 수 있다.

일반적인 상황에서 여러분이 할 수 있는 최선의 방법은 데드락이 발생할 수 있는지 유심히 살펴보고 데드락이 발생하지 않도록 코드를 설계하는 것이다. 다수의 객체가 하나 이상의 리소스 집합을 공유해야 한다면, 즉 하나 이상의 락(lock)이 필요한 상황이라면 객체마다 그 리소스를 사용하는 순서가 같아야 한다. 예를 들어, 클래스 A와 B가 객체 X와 Y 모두에게 배타적인 접근이 필요한 상황이라면, 클래스 A와 B는 항상 X를 먼저 요청하고 그리고 Y를 요청해야 한다. 다시 말하면 항상 X에 대해서 먼저 락을 걸고 난 다음에 Y에 대하여 락을 걸고 사용해야 한다. X에 대한 접근 권한을 소유하지 못한 상태에서 Y를 요청하지만 않는다면, 데드락은 문제가 되지 않는다.

스레드 스케줄링

다수의 스레드가 동시에 실행될 수 있다면, 스레드 스케줄링에 대해 고민해야 한다. 중요한 스레드의 경우 실행에 필요한 최소한의 시간이 보장되어야 하고, 더 중요한 스레드의 경우 더 많은 시간을 필요로 한다. 게다가 스레드의 실행 순서가 보장되어야 하는 경우도 있다. 웹 서버의 큐에 10개의 요청이 담겨 있고 각 요청을 처리하는 데 5초가 걸린다면, 이 요청들을 순서대로 처리하고 싶진 않을 것이다. 만약 요청을 순서대로 처리한다면, 첫 번째 요청을 처리하는 데 5초가 걸리고, 두 번째 요청을 처리하는 데 10초가 걸리고, 세 번째 요청을 처리하는 데 15초가 걸리며, 이렇게 순서대로 처리하면 결국 마지막 요청을 처리하는 데 1분 이상을 기다려야 한다. 그땐 이미 사용자가 다른 사이트로 떠난 뒤일 것이다. 스레드를 병렬로 실행하여 10초 안에 10개의 모든 요청을 처리할 수도 있을 것이다. 이러한 전략이 가능한 이유는 일반적인 웹 요청을 처리하는 데 많은 CPU 시간이 네트워크를 대기하는 데 버려지기 때문이며, 가상 머신의 스레드 스케줄러는 이 시간을 활용하여 다른 스레드를 실행시킬 수 있다. 그러나 일반적인 네트워크 프로그램과 같은 I/O를 많이 이용하는 프로그램에서는 이러한 전략을 이용할 수 있지만 CPU 자원을 많이 사용하는 프로그램의 경우 이러한 전략을 적용하기 어렵다. 최악의 경우 스레드 하나가 가능한 모든 CPU 자원을 점유하여 나머지 모든 스레드를 기아 상태로 빠트리는 상황도 발생한다. 그러나 조금만 생각해 보면 피할 수 있는 문제이며 사실 CPU 기아 상태는 동기화 실패나 데드락에 비하면 어려운 문제는 아니다.

우선순위

모든 스레드가 같은 상태로 만들어지는 것은 아니다. 각 스레드는 0에서 10까지의 정수로 된 우선순위를 가진다. 다수의 스레드가 실행이 준비되어 있는 경우 가상 머신은 매우 엄격하지는 않지만 일반적으로 가장 높은 우선순위의 스레드만을 실행한다. 자바에서 가장 높은 우선순위는 10이고 가장 낮은 우선순위는 0이다. 기본 우선순위 값은 5이며 특별히 우선순위 값을 지정하지 않는다면 기본값 5가 설정된다.

 자바의 우선순위는 일반적인 유닉스에서 프로세스의 우선순위를 정하는 방식과는 완전히 반대이며, 일반적으로 유닉스에서는 높은 우선순위의 프로세스가 더 적은 CPU 시간을 할당받는다.

우선순위 값 중 1, 5 그리고 10은 Thread.MIN_PRIORITY, Thread.NORM_PRIORITY 그리고 Thread.MAX_PRIORITY으로 지정되어 있다.

```
public static final int MIN_PRIORITY  = 1;
public static final int NORM_PRIORITY = 5;
public static final int MAX_PRIORITY  = 10;
```

 모든 운영체제에서 11가지의 우선순위를 지원하는 것은 아니다. 예를 들어, 윈도우는 7가지의 우선순위만 지원한다. 윈도우에서는 1과 2, 3과 4, 6과 7, 8과 9가 같은 우선순위로 처리된다. 예를 들어, 우선순위 9를 가진 스레드가 우선순위 8을 가진 스레드보다 반드시 먼저 실행되는 것은 아니다.

.때로는 어떤 스레드에는 다른 스레드보다 더 많은 시간을 할애해야 할 경우가 있다. 사용자와 상호작용하는 스레드가 이에 해당하며, 사용자에게 빠른 응답을 제공할 수 있도록 매우 높은 우선순위를 설정해야 한다. 반면에 백그라운드에서 연산을 수행하는 스레드에는 낮은 우선순위를 설정할 수 있다. 빨리 끝내야 하는 작업은 높은 우선순위를 설정하고 시간이 많이 걸리는 작업은 우선순위를 낮게 하여 다른 스레드를 방해하지 않도록 해야 한다. 스레드의 우선순위는 setPriority() 메소드를 호출하여 변경할 수 있다.

```
public final void setPriority(int newPriority)
```

이 메소드 호출 시 우선순위 최대값을 초과한 인자나, 음수를 인자로 전달할 경우 Illegal ArgumentException이 발생한다.

예를 들어, 예제 3-8에서 스레드를 생성하는 메인 프로그램보다 연산을 수행하는 스레드에 더 높은 우선순위를 지정하고 할 경우, calculateDigest() 메소드를 아래와 같이 수정할 수 있다. 아래 수정된 메소드는 생성된 스레드의 우선순위를 8로 변경한다.

```
public void calculateDigest() {
  ListCallbackDigest cb = new ListCallbackDigest(filename);
  cb.addDigestListener(this);
  Thread t = new Thread(cb);
  t.setPriority(8);
  t.start();
}
```

그러나 일반적으로 너무 높은 우선순위의 할당은 우선순위가 낮은 다른 스레드의 기아 상태를 유발할 수 있기 때문에 피해야 한다.

선점

모든 가상 머신은 특정 시점에 실행될 스레드를 결정하는 스레드 스케줄러를 제공한다. 스레드 스케줄링에는 크게 선점형(preemptive)과 협력형(cooperative) 두 가지가 있다. 선점형 스레드 스케줄러는 스레드에게 공평하게 분배된 CPU 시간(time slice)이 소진되었을 때, 스레드를 중지시키고 다른 스레드에게 CPU 제어권을 넘겨주는 일을 결정한다. 협력형 스레드 스케줄러는 CPU 제어권을 다른 스레드에게 넘겨주기 전에 실행 중인 스레드가 스스로 실행을 중단할 때까지 기다린다. 협력형 스레드 스케줄링을 사용하는 가상 머신은 선점형 스레드 스케줄링을 사용하는 가상 머신보다 CPU 기아 상태를 일으키기 더 쉽다. 협력형 스레드 스케줄링을 사용하는 가상 머신의 경우 높은 우선순위의 비협력적인 스레드 하나가 전체 CPU 시간을 독점할 수 있기 때문에 선점형 스레드 스케줄링을 사용하는 가상 머신보다 CPU 기아 상태에 더 쉽게 노출된다.

모든 자바 가상 머신은 우선순위에 따른 선점형 스레드 스케줄링 방식의 사용이 보장된다. 즉, 높은 우선순위의 스레드를 실행할 준비가 되었을 때 이미 실행 중인 낮은 우선순위의 스레드가 있다면, 가상 머신은 높은 우선순위의 스레드를 실행하기 위해 곧 낮은 우선순위의 스레드를 중지시키게 된다. 바로 높은 우선순위 스레드가 낮은 우선순위 스레드를 선점한 것이다.

우선순위가 같은 다수의 스레드가 실행을 준비하고 있다면 상황은 좀 더 어렵다. 선점형 스레드 스케줄러는 CPU 시간을 얻기 위해 대기 중인 다음 스레드를 위해 종종 실행 중인 스레드를 중지시킨다. 그러나 협력형 스레드 스케줄러는 그렇지 않다. 협력형 스레드 스케줄러는 실행 중인 스레드가 명시적으로 CPU 제어를 포기하거나 정지점에 도달할 때까지 기다린다. 협력형 스레드 스케줄러에서 실행 중인 스레드가 CPU 제어를 포기하지 않거나 정지점에 도달하지 않는다면, 그리고 선점형 스레드 스레줄러에서 이미 실행 중인 스레드를 선점할 높은 우선순위의 스레드가 없다면 모든 다른 스레드는 기아 상태에 빠지게 된다. 이러한 상태는 좋지 않으므로 모든 스레드는 주기적으로 스스로 실행을 중지하여 다른 스레드가 실행할 기회를 가질 수 있도록 하는 것이 중요하다.

만약 여러분이 선점형 스레드 스케줄링을 사용하는 가상 머신에서 개발할 경우 CPU 기아 상태는 잘 발생하지 않는다. 그러나 여러분의 장비에서 문제가 발생하지 않는다고 해서, 여러분 고객의 장비에서도 문제가 되지 않을 것이라는 의미는 아니다. 협력형 스레드 스케줄링 가상 머신을 사용하는 고객이 있을 수도 있다. 요즘 대부분의 가상 머신은 선점형 스레드 스케줄링을 하지만, 몇몇 오래된 가상 머신은 협력형 스케줄링을 사용하기도 하며, 임베디드(embedded) 환경과 같은 특수 목적의 자바 가상 머신에서 협력형 스케줄링을 보게 될 수도 있다.

스레드가 다른 스레드를 위해 실행을 중지하거나 실행을 중지할 준비가 됐음을 알려 주는 다음과 같은 10가지 방법이 있다.

- I/O 블록
- 동기화된 객체에 의한 블록

- 명시적인 양보
- 슬립(sleep) 상태
- 다른 스레드 종료
- 객체 대기(wait)
- 스레드 종료(finish)
- 높은 우선순위 스레드에 의한 선점
- 스레드 일시 정지(suspend)
- 스레드 멈춤(stop)

여러분이 작성한 모든 run() 메소드에서 위에 나열된 조건에 해당하는 사항이 있는지 살펴 보도록 하자. 실제 위 목록 중에서 마지막 둘은 객체를 불안정한 상태로 남겨 둔다는 이유로 더 이상 사용되지 않으므로 나머지 8가지에 대해서만 찾아 보면 된다.

블로킹

블로킹(blocking)은 스레드가 어떤 리소스를 얻기 위해 멈추고 기다려야 하는 상황에 발생한다. 가장 일반적인 상황으로는 네트워크 프로그램의 스레드가 I/O 블로킹에 의해 자발적으로 CPU에 대한 제어권을 포기하는 경우가 있다. CPU가 네트워크나 디스크보다 훨씬 빠르기 때문에, 네트워크 프로그램은 종종 네트워크를 통해 받거나 보낼 데이터를 기다리기 위해 블록된다. 비록 수 밀리초 정도의 블록이지만, 이 시간은 다른 스레드가 중요한 일을 처리하기에 충분한 시간이다.

스레드는 또한 동기화된 메소드나 영역에 진입할 때 블록될 수 있다. 스레드가 특정 객체에 접근할 때 이미 다른 스레드가 해당 객체의 락(lock)을 소유하고 있다면, 스레드는 해당 객체의 락이 해제될 때까지 중지된다. 그리고 해당 락이 절대 해제되지 않는다면, 스레드는 영원히 중단된다.

I/O에 의한 블로킹이든 락에 의한 블로킹이든, 어느 경우에도 블로킹된 스레드는 그 순간 동안 이미 소유하고 있는 어떤 락도 해제할 수 없으며 이로 인해 문제가 발생한다. I/O 블록인 경우 시간이 지나면 블록은 결국 해제되고 스레드가 계속해서 실행되거나, IOException이 발생하고 스레드는 동기화된 영역이나 메소드를 빠져나오고 락을 해제하기 때문에 큰 문제가 되지 않는다. 그러나 스레드가 자신이 소유하지 않은 락에 의해서 블로킹된 경우 자

신이 이미 소유한 다른 락을 해제하지 못하여 데드락을 유발시키기도 한다. 예를 들어, 첫 번째 스레드가 두 번째 스레드가 소유한 락을 기다리고 있고, 두 번째 스레드가 첫 번째 스레드가 소유한 락을 기다리는 경우 데드락이 발생한다.

양보

두 번째 방법으로 스레드는 명시적인 양보(yield)를 하여 CPU 제어를 포기할 수 있다. 스레드는 Thread.yield() 정적 메소드를 호출하여 이러한 일을 한다. 이 메소드는 가상 머신이 준비된 다른 스레드를 실행할 수 있도록 신호를 보낸다. 실시간(real-time) 운영체제에서 실행되는 몇몇 가상 머신의 경우 이러한 신호를 무시하기도 한다.

스레드는 양보를 하기 전에 자신을 포함한 자신과 관련된 Runnable 객체가 다른 객체에 의해 사용될 수 있는 일관성 있는 상태인지 확인해야 한다. 양보 자체는 스레드가 붙잡고 있는 어떠한 락도 해제하지 않기 때문이다. 그래서 스레드는 어떠한 객체에 대해서도 동기화되지 않은 상태에서 양보하는 것이 좋다. 예를 들어, 어떤 스레드가 양보를 실행할 때, 제어권을 넘겨 받은 다른 스레드가 양보를 실행한 스레드가 동기화한 리소스가 필요한 경우 결국 제어권은 다시 양보를 실행한 스레드로 넘겨지게 되며 양보를 한 목적이 반감된다.

스레드가 양보하도록 만드는 일은 실제로 매우 간단하다. 만약 스레드의 run() 메소드가 단순히 무한한 루프로 구성되어 있다면, 아래 예제와 같이 Thread.yield() 호출을 루프의 끝에 추가하면 된다.

```java
public void run() {
  while (true) {
    // 스레드 작업 수행
    Thread.yield();
  }
}
```

이렇게 하면 같은 우선순위의 다른 스레드에게 실행의 기회를 준다.

루프를 한 번 도는 데 상당한 시간이 필요한 경우에는 코드 사이 사이에 Thread.yield() 호출을 추가로 더 배치할 수도 있다. 그리고 이러한 작업은 양보가 꼭 필요하지 않은 상황에서도 성능에 크게 영향을 주지 않으므로 신경 쓰지 않아도 된다.

슬립

슬립(sleep)은 양보의 보다 강력한 형태이다. 양보는 단지 스레드가 스스로 실행을 중지하고 같은 우선순위의 다른 스레드에게 제어를 넘겨줄 의사를 표현하는 것이지만, 슬립은 제어를 넘겨줄 다른 스레드의 존재 유무에 상관없이 호출한 스레드가 중지된다. 슬립의 경우 같은 우선순위 스레드뿐만 아니라 더 낮은 우선순위의 스레드에게도 실행의 기회를 준다. 그러나 슬립 상태의 스레드 역시 락을 반환하지 않는다. 그러므로 슬립 상태의 스레드가 붙잡고 있는 락이 필요한 다른 스레드는 CPU를 이용할 수 있는 상황임에도 블로킹이 되므로 동기화된 메소드나 영역 안에서 스레드가 슬립되지 않도록 해야 한다.

두 개의 오버로드된 정적 메소드 Thread.sleep() 중 하나를 호출하면 스레드가 슬립된다. 첫 번째 메소드는 인자로 슬립할 시간을 밀리초 단위의 숫자로 전달받는다. 두 번째 메소드는 밀리초와 나노초 둘 다를 인자로 받는다.

```
public static void sleep(long milliseconds) throws InterruptedException
public static void sleep(long milliseconds, int nanoseconds)
    throws InterruptedException
```

대부분의 컴퓨터 클럭(clock)은 밀리초에 근접한 정확도를 보여 주며, 나노초의 정확도를 보여 주는 경우는 많지 않다. 나노초의 정확도를 보여 주는 경우에도 정확한 나노초 슬립이 보장되지는 않으며 몇몇 가상 머신의 경우 심지어 밀리초 슬립이 보장되지 않는 경우도 있다. 로컬 하드웨어가 이러한 정확도를 보여 주지 않는 경우, 슬립 시간은 측정 가능한 가장 근접한 수치를 어림잡아 결정된다.

예를 들어, 아래 run() 메소드는 매 5분마다 특정 웹 사이트를 읽고, 실패할 경우 관리자에게 알림 메일을 보낸다.

```
public void run() {
  while (true) {
    if (!getPage("http://www.ibiblio.org/")) {
      mailError("webmaster@ibiblio.org");
    }
    try {
      Thread.sleep(300000); // 300,000밀리초 == 5분
    } catch (InterruptedException ex) {
      break;
    }
  }
}
```

스레드가 요청된 만큼 슬립한다는 보장은 없다. 때로는 가상 머신이 다른 작업을 처리하느라 너무 바쁜 경우 스레드가 요청된 시간이 흐른 뒤에 깨어나지 않을 수도 있다. 그리고 슬립 중인 스레드를 다른 스레드에서 깨울 수가 있는데, 일반적으로 슬립 중인 스레드의 interrupt() 메소드를 호출하면 된다.

```
public void interrupt()
```

이것은 바로 스레드(thread)와 스레드(Thread) 객체의 중요한 차이점 중 하나이다. 단지 스레드(thread)가 슬립 상태라고 해서 깨어 있는 다른 스레드(thread)가 슬립 상태의 스레드(thread)에 대응하는 스레드(Thread) 객체의 메소드와 필드를 사용할 수 없다는 것을 의미하지는 않는다. 특히 다른 스레드(thread)는 슬립 상태인 스레드(Thread) 객체의 interrupt() 메소드를 호출할 수 있고, 슬립 상태의 스레드는 InterruptedException을 받게 된다. InterruptedException을 수신한 스레드는 깨어나고 다시 슬립 상태로 들어가지 않는 한 일반적인 스레드처럼 동작한다. 앞의 예제에서 InterruptedException은 스레드가 영원히 동작할지 여부를 결정하는 용도로 사용되었다. InterruptedException이 발생하면 무한 루프를 종료하고 run() 메소드가 끝나고 스레드가 종료된다. 사용자 인터페이스 스레드는 사용자가 메뉴에서 종료 버튼을 누르거나 프로그램의 종료를 원할 때 슬립중인 스레드의 interrupt() 메소드를 호출하여 스레드를 종료할 수 있다.

스레드가 읽기와 쓰기 같은 I/O 동작에 의해 블록된 경우, 이러한 스레드에 대한 인터럽트(interrupt)는 전적으로 플랫폼에 따라 다르게 동작한다. 그러나 대부분의 경우 아무런 동작을 하지 않으며 스레드는 계속해서 블록되어 있다. 솔라리스(Solaris)의 경우 read(), write() 메소드가 IOException 대신에 서브클래스인 InterruptedIOException을 발생시키기도 한다. 그러나 다른 플랫폼에서는 잘 발생하지 않으며, 솔라리스에서도 일부 스트림 클래스와 동작하지 않을 수도 있다. 만약 여러분이 인터럽트 I/O가 필요한 프로그램을 작성하고 있다면, 스트림보다는 제11장에서 다룰 논블록 I/O 사용을 심각하게 고민해 볼 것을 권한다. 논블록 I/O는 스트림과는 달리 버퍼와 채널이 읽거나 쓸 때 블록이 발생할 경우 인터럽트가 가능하도록 명시적으로 설계되어 있다.

스레드 조인

다른 스레드의 실행 결과가 필요한 경우가 종종 있다. 예를 들어, HTML 페이지를 로딩 중인 웹 브라우저의 메인 스레드는 페이지 안에 포함된 이미지들을 로딩하기 위해 이미지별로 스레드를 실행할 수 있다. HTML 페이지에 포함된 IMG 태그 속성에 이미지의 HEIGHT 와 WIDTH 속성이 없는 경우, 페이지를 읽은 메인 스레드는 페이지를 모두 출력하기 전에 모든 이미지가 로드되기를 기다려야 할지도 모른다. 이러한 경우 다른 스레드의 종료를 기 다릴 필요가 있는데, 자바는 다른 스레드의 종료를 대기할 수 있는 다음과 같은 세 가지 join() 메소드를 제공한다.

```
public final void join() throws InterruptedException
public final void join(long milliseconds) throws InterruptedException
public final void join(long milliseconds, int nanoseconds)
     throws InterruptedException
```

위에 나열된 join 메소드의 첫 번째 변형은 조인(join)된 스레드의 종료를 막연히 기다린다. 나머지 두 변형은 지정된 시간만큼 기다리며 스레드가 종료되지 않아도 다음 코드를 계속 해서 진행한다. 여기서 지정된 초는 sleep() 메소드와 마찬가지로 나노초의 정확도가 보장되 지 않는다.

조인하는 스레드(join() 메소드를 호출한 스레드)는 조인된 스레드(join() 메소드가 호출된 스레드) 가 종료되기를 기다린다. 예를 들어, 다음 코드를 보자. 여기에서는 난수로 채워진 double 배열에서 최대값, 최소값, 중간값을 찾으려고 한다. 이때 배열이 정렬되어 있다면 더 빠르게 찾을 수 있다. 먼저 배열을 정렬하기 위한 스레드를 실행한 다음, 결과를 기다리기 위해 스 레드를 조인한다. 이 작업이 끝난 다음에 필요한 값들을 쉽게 찾을 수 있다.

```
double[] array = new double[10000];                              // 1
for (int i = 0; i < array.length; i++) {                         // 2
  array[i] = Math.random();                                      // 3
}                                                                // 4
SortThread t = new SortThread(array);                            // 5
t.start();                                                       // 6
try {                                                            // 7
  t.join();                                                      // 8
  System.out.println("Minimum: " + array[0]);                    // 9
  System.out.println("Median: " + array[array.length/2]);        // 10
  System.out.println("Maximum: " + array[array.length-1]);       // 11
} catch (InterruptedException ex) {                              // 12
}                                                                // 13
```

첫 번째 줄에서 네 번째 줄까지는 배열을 난수로 채운다. 그리고 5번째 줄에서 배열의 내용 을 정렬하는 SortThread 객체를 생성하고 6번째 줄에서 이 스레드를 시작한다. 그리고 정렬된 값에서 최소값, 중간값, 최대값을 찾기 전에 정렬 스레드가 종료하길 기다려야 하며 8번째 줄에서 현재 스레드에서 정렬 중인 스레드의 종료를 기다리기 위해 조인을 한다. 9번째, 10번째, 11번째 줄은 스레드의 종료가 확인된 후에만 최소값, 중간값, 최대값을 구할 수 있다. 여기서 관심 있게 볼 부분은 조인을 시도한 현재 스레드에 대한 참조가 어디에도 없다는 것이다. join() 메소드를 호출한 곳은 Thread 객체가 아니기 때문에 join() 메소드의 인자로 전달될 수 없다. 은연중에 현재 스레드로 존재한다. 이 코드가 일반적인 프로그램의 main() 메소드 안에서 실행되는 경우, 이 스레드를 가리키는 Thread 변수는 어디에서도 찾을 수 없다.

다른 스레드를 조인하고 있는 스레드도 슬립 상태의 스레드처럼 조인된 스레드의 interrupt() 메소드를 호출하면 인터럽트될 수 있다. 조인된 스레드는 인터럽트 호출 시 InterruptedException을 발생시키며, 메인 스레드는 예외를 처리한 catch 블록을 시작점으로 일반적인 스레드처럼 동작한다. 앞의 예제에서 정렬 스레드가 정렬 작업을 끝내기 전에 인터럽트가 발생하면 제대로 정렬된 값을 기대하기 어렵기 때문에 최소값, 중간값, 최대값을 사용하지 않고 건너뛰게 된다.

join() 메소드를 사용하면 앞의 예제 3-4의 문제를 고칠 수 있다. 예제 3-4에는 메인 스레드가 연산 스레드의 실행보다 빠르게 실행될 여지가 있다. 스레드의 결과를 사용하기 전에 각 스레드에 대해 조인하여 이 문제를 직접적으로 고칠 수 있다. 수정된 예제는 아래 3-12와 같다.

예제 3-12 스레드를 조인하여 경쟁 조건을 회피하기

```
import javax.xml.bind.DatatypeConverter;

public class JoinDigestUserInterface {

  public static void main(String[] args) {

    ReturnDigest[] digestThreads = new ReturnDigest[args.length];

    for (int i = 0; i < args.length; i++) {
      // 다이제스트 계산
      digestThreads[i] = new ReturnDigest(args[i]);
      digestThreads[i].start();
    }

    for (int i = 0; i < args.length; i++) {
```

```
      try {
        digestThreads[i].join();
        // 결과 출력
        StringBuffer result = new StringBuffer(args[i]);
        result.append(": ");
        byte[] digest = digestThreads[i].getDigest();
        result.append(DatatypeConverter.printHexBinary(digest));
        System.out.println(result);
      } catch (InterruptedException ex) {
        System.err.println("Thread Interrupted before completion");
      }
    }
  }
}
```

위 예제 3-12는 스레드가 시작한 순서와 같은 순서로 조인하기 때문에 스레드의 작업이 끝난 순서가 아닌 실행 시 전달된 인자와 같은 순서로 결과가 출력된다는 문제점이 있다. 이러한 문제가 프로그램을 느리게 하진 않지만, 아직 끝나지 않은 스레드를 기다리지 않고, 먼저 끝난 스레드의 결과를 출력하고자 할 때 이슈가 되기도 한다.

 기존에 join()을 사용한 많은 코드들은 자바 5 이후에 Executor와 Future로 대체하여 더 쉽게 구현할 수 있기 때문에 예전만큼 중요하게 다뤄지지 않는다.

객체 대기

스레드는 락이 걸린 객체를 기다릴(wait) 수도 있다. 스레드는 객체를 기다리는 동안 객체의 락을 해제하고 객체를 사용 중인 다른 스레드에 의해 알림(notify)을 받을 때까지 실행이 중지(pause)된다. 객체를 사용 중인 다른 스레드는 몇 가지 방법으로 객체의 상태를 변경하고 해당 객체를 기다리는 스레드에게 알린 뒤 계속해서 실행된다. 이 방식과 앞에서 다룬 스레드의 조인(join)은 스레드의 계속적인 진행을 위해 기다리거나 알리는 것이 필요하지 않기 때문에 다소 차이가 있다. 대기(waiting)는 대상 객체나 리소스의 상태가 변경될 때까지 실행을 중지하지만, 조인은 스레드가 종료될 때까지 실행을 중지한다.

객체 대기는 스레드가 중지될 수 있는 잘 알려지지 않은 방법이다. 그 이유는 Thread 클래스의 어떠한 메소드도 호출하지 않기 때문이다. 대신에 특정 객체를 기다리기 위해 실행을 중지할 스레드는 먼저 synchronized를 사용하여 해당 객체의 락을 얻어야 한다. 그러고 나서 해당 객체의 세 가지 오버로드 wait() 메소드 중 하나를 호출해야 한다.

```
public final void wait() throws InterruptedException
public final void wait(long milliseconds) throws InterruptedException
public final void wait(long milliseconds, int nanoseconds)
    throws InterruptedException
```

이러한 메소드는 Thread 클래스가 제공하는 것이 아닌 java.lang.Object 클래스가 제공한다. wait() 메소드가 클래스 계층의 근원인 java.lang.Object 클래스가 제공하는 메소드이기 때문에, 모든 클래스의 객체로부터 wait() 메소드를 호출할 수 있다. 이 메소드 중에 하나가 호출되면 호출한 스레드는 해당 객체의 락을 해제하고 기다리며 대기 상태가 된다. 스레드는 아래 셋 중 하나가 발생할 때까지 슬립 상태가 된다.

- 타임아웃
- 스레드 인터럽트
- 객체 알림(notify)

타임아웃은 sleep()과 join() 메소드에서의 의미와 같다. 즉, 지정된 시간이 흐른 뒤에 스레드는 깨어난다. (로컬 하드웨어 클럭의 정확도 범위 내에서 차이가 날 수 있다.) 타임아웃이 발생하면 wait()가 호출된 바로 다음 코드부터 스레드의 실행이 재개된다. 그러나 만약 스레드가 대기하고 있던 객체에 대한 락을 즉시 되찾지 못한다면, 스레드는 얼마 동안 여전히 블록될 수 있다.

인터럽트는 sleep()과 join() 메소드와 같은 방식으로 동작한다. 다른 스레드에서 wait()를 호출하여 대기 중인 스레드의 interrupt()를 호출할 수 있다. interrupt() 메소드의 호출은 InterruptedException을 발생시키고 예외를 처리한 catch 영역에서 실행이 재개된다. 그러나 스레드가 예외 발생 전에 대기 중이던 객체의 락을 되찾는다면, interrupt() 메소드가 호출된 후에 얼마 동안 스레드는 여전히 블록될 수 있다.

세 번째 알림(notification)은 새로운 방식이다. 알림은 몇몇 다른 스레드가 기다리고 있는 객체의 notify() 또는 notifyAll() 메소드를 호출할 때 발생한다. 이 두 메소드 모두 java.lang. Object 클래스 내에 존재한다.

```
public final void notify()
public final void notifyAll()
```

이 메소드는 일반적으로 스레드가 아닌 스레드가 대기하고 있는 객체에 대해 호출한다. 객체의 notify()를 호출하기 전에, 스레드는 먼저 동기화된 메소드나 블록을 사용하여 객체의 락을 획득해야 한다. notify() 메소드는 해당 객체를 대기하고 있는 스레드 목록에서 거의 랜덤으로 스레드 하나를 선택하고 깨운다. notifyAll() 메소드는 해당 객체를 대기 중인 모든 스레드를 깨운다.

알림을 받은 대기 중인 스레드는 대기 중인 객체의 락을 되찾으려고 시도한다. 락 획득에 성공할 경우, 스레드는 wait() 구문 바로 다음부터 실행을 재개한다. 락 획득에 실패할 경우, 객체의 락이 사용 가능해질 때까지 블록된 다음, wait() 구문 바로 다음부터 실행이 재개된다.

예를 들어, 네트워크 연결로부터 JAR 아카이브(archive) 파일을 읽는 스레드가 하나 있다고 가정해 보자. 참고로 JAR 아카이브의 첫 번째 엔트리에는 매니페스트(manifest) 파일이 있다. 그리고 아카이브의 나머지 파일들을 처리하기 전에 먼저 매니페스트 파일을 필요로 하는 또 다른 스레드가 있다. 매니페스트 파일이 먼저 필요한 스레드는 사용자 정의 ManifestFile 클래스의 객체를 만들고, 이 객체에 대한 참조를 JAR 아카이브를 읽은 스레드에 전달한다. 그리고 ManifestFile 객체를 사용할 수 있을 때까지 기다린다. 아카이브를 읽고 있는 스레드는 먼저 스트림으로부터 엔트리를 읽어 ManifestFile 객체를 채운다. 그러고 나서 ManifestFile 객채에 대해 알림(notify)을 보내고, 계속해서 JAR 아카이브의 나머지를 읽는다. JAR 아카이브를 읽는 스레드가 ManifestFile 객체에 대해 알림을 발생하면, 첫 번째 스레드가 깨어나고 ManifestFile 객체를 사용하여 수행하기로 계획했던 일들을 수행하게 된다. 첫 번째 스레드는 다음과 같이 동작한다.

```
ManifestFile m = new ManifestFile();
JarThread t = new JarThread(m, in);
synchronized (m) {
  t.start();
  try {
    m.wait();
    // 매니페스트 파일로 작업
  } catch (InterruptedException ex) {
    // 예외 처리
  }
}
```

JAR 아카이브를 읽는 JarThread 클래스는 아래와 같다.

```
ManifestFile theManifest;
InputStream in;

public JarThread(Manifest m, InputStream in) {
  theManifest = m;
  this.in= in;
}

@Override
public void run() {
  synchronized (theManifest) {
    // 스트림으로부터 매니페스트 파일을 읽는다
    theManifest.notify();
  }
  // 스트림의 나머지 읽기
}
```

이러한 대기와 알림 구조는 다수의 스레드가 같은 하나의 객체를 사용해야 하는 상황에서 일반적으로 사용된다. 예를 들어, 웹 서버의 로그 파일을 읽고 있는 스레드가 있다. 로그 파일은 각 라인마다 처리해야 할 엔트리가 포함되어 있다. 각 라인은 읽어서 java.util.List에 저장된다. 몇몇 스레드는 읽어서 List에 추가된 엔트리를 처리하기 위해 List를 대기 중이다. 엔트리가 List에 추가될 때마다 대기 중인 스레드는 notifyAll() 메소드를 사용한 알림을 받는다. 하나 이상의 스레드가 객체에 대해서 대기 중인 경우, 어느 스레드에게 알림을 보내야 할지 결정할 방법이 없기 때문에 notifyAll() 메소드를 사용하는 것이 좋다. 하나의 객체에 대해 대기 중인 모든 스레드가 동시에 알림을 받으면, 모든 스레드는 깨어나서 해당 객체에 대한 락을 획득하려고 한다. 그러나 단 하나의 스레드만이 락을 즉시 획득할 수 있다. 획득에 성공한 스레드는 계속해서 실행되고 나머지 스레드는 락을 획득한 스레드가 락을 해제할 때까지 블록된다. 만약 많은 스레드가 하나의 객체에 대기 중인 경우, 마지막 스레드에게 해당 객체를 처리할 차례가 되기까지는 꽤 긴 시간이 걸릴 수도 있다. 이 시간 동안 객체는 다시 처리할 수 없는 상태로 될 여지가 있다. 그렇기 때문에 일반적으로 wait() 메소드의 호출을 객체의 현재 상태를 검사하는 루프 안에 위치시킨다. 단지 스레드가 알림을 받는다고 해서 객체가 사용 가능한 상태에 있을 것으로 가정해서는 안 된다. 객체가 사용 가능한 상태가 됐을 때 다시 사용할 수 없는 상태가 되지 않으리라는 보장이 없다면 객체를 명시적으로 검사해야 한다. 예를 들어, 아래 코드는 클라이언트 스레드가 어떻게 로그 파일 엔트리를 대기하는지 보여 준다.

```
    private List<String> entries;

    public void processEntry() {

        synchronized (entries) { // 기다려야 하는 객체에 대한 동기화
            while (entries.isEmpty()) {
                try {
                    entries.wait();
                    // entries.size()가 0이 아닐 때 대기를 멈춘다.
                    // 그러나 여전히 0일 가능성이 있으므로
                    // 루프를 다시 돌아서 상태를 확인한다.
                } catch (InterruptedException ex) {
                    // If interrupted, the last entry has been processed so
                    // 인터럽트가 발생하면 마지막 엔트리가 처리되었음을 알 수 있다.
                    return;
                }
            }
            String entry = entries.remove(entries.size()-1);
            // 엔트리를 처리한다.
        }
    }
```

로그 파일을 읽고 엔트리를 리스트에 추가하는 코드는 다음과 같다.

```
    public void readLogFile() {
        while (true) {
            String entry = log.getNextEntry();
            if (entry == null) {
                // 리스트에 추가할 더 이상의 엔트리가 없기 때문에
                // 대기 중인 모든 스레드에게 인터럽트를 보내며
                // 그렇게 하지 않을 경우 스레드가 영원히 대기 상태가 된다.
                for (Thread thread: threads) thread.interrupt();
                break;
            }
            synchronized (entries) {
                entries.add(0, entry);
                entries.notifyAll();
            }
        }
    }
```

스레드 종료

스레드가 CPU 제어를 깔끔하게 양보하는 마지막 방법은 바로 스레드의 종료(finish)이다. run() 메소드가 반환될 때 스레드는 죽고 다른 스레드가 CPU 제어를 이어받을 수 있다. 이 방법은 서버로부터 파일을 다운로드하는 경우와 같은 단일 블로킹 동작을 수행하는 스레드에서 종종 사용되며, 애플리케이션의 나머지 부분이 블록되지 않도록 한다.

여러분이 작성한 run() 메소드가 단순하고 빠르게 종료되어 블로킹 문제를 발생하지 않는다면, 스레드 사용에 대해 고민할 필요가 있다. 가상 머신이 스레드를 생성하고 종료하는데는 적지 않은 오버헤드가 발생한다. 결국 스레드가 매우 짧은 시간에 종료된다면, 별도의 스레드를 사용하는 것보다 메소드를 호출하는 편이 더 나을 것이다.

스레드 풀과 익스큐터

프로그램에 멀티스레드 구조를 추가하면 극적인 성능 향상을 기대할 수 있으며, 입출력이 많은 네트워크 프로그램에 특히 효과가 좋다. 그러나 스레드 자체에 오버헤드가 없는 것은 아니다. 스레드를 시작하거나 종료된 스레드를 정리하는 작업은 가상 머신에게 적지 않은 부하를 주며, 저사양 네트워크 서버에서도 수백 개의 스레드를 생성하는 일은 드물지 않게 일어난다. 비록 스레드 종료가 매우 빠르게 수행되긴 하지만, 가비지 컬렉터나 가상 머신의 다른 부분에 오버헤드를 주며, 매 순간 수많은 종류의 객체를 할당하는 것과 같은 성능에 좋지 않은 영향을 준다. 더욱 중요한 것은 실행 중인 스레드 간의 전환 시에도 오버헤드가 발생한다는 것이다. 예를 들어, 네트워크로부터 데이터를 기다리는 경우에 발생하는 자연스러운 블로킹은 스레드 전환에 의한 불이익이 발생하지 않지만, 스레드가 CPU에 종속적인 경우에는 스레드 간의 많은 전환은 결국 전체 작업의 처리 시간에 영향을 준다. 가장 중요한 것은 비록 스레드가 컴퓨터의 제한된 CPU 자원을 효과적으로 사용할 수 있게 하지만, 결국 여러 스레드가 나눠서 사용하는 여전히 한정된 자원일 뿐이다. 컴퓨터의 유휴 자원을 모두 사용하기에 충분한 스레드를 생성한 다음, 추가적인 스레드의 생성은 단지 스레드 관리에 필요한 MIPS와 메모리를 낭비할 뿐이다.

java.util.concurrent 안에 있는 Executors 클래스를 사용하면 스레드 풀을 쉽게 만들 수 있다. 간단히 수행할 작업을 Runnable 객체로 풀에 등록하기만 하면 작업의 진행 상황을 검사할 수 있는 Future 객체가 반환된다.

예제를 하나 보도록 하자. 현재 디렉터리(directory)에 있는 모든 파일을 java.util.zip. GZIPOutputStream을 사용하여 압축(gzip)한다고 가정해 보자. 이 클래스는 쓰인 모든 데이터를 압축하는 필터 스트림이다. 이 예제는 한편에서 보면 모든 파일을 읽고 써야 하는 입출력이 매우 많은 동작이다. 또 다른 한편에서 보면 데이터를 압축하는 CPU에 민감한 동작이며, 그래서 많은 스레드를 동시에 실행하는 것이 도움이 되지 않는다. 이 예제는 스레드 풀을 사용하기에 좋은 상황이다. 메인 프로그램이 어느 파일을 압축할지 결정하는 동안 각 클라이언트 스레드는 파일을 압축할 것이다. 이 예제에서 메인 프로그램은 단지 디렉터리 안에 있는 파일을 나열하는 일만 하기 때문에 압축하는 스레드보다 훨씬 빠르게 실행된다. 그래서 풀을 먼저 채우고 난 뒤에 풀에 있는 파일을 압축하는 스레드를 시작하는 것도 불가능한 것은 아니다. 그러나 이 예제를 가능하고 일반적인 형태로 만들기 위해, 메인 프로그램이 압축하는 스레드를 병렬로 실행하도록 할 수 있다. 예제 3-13은 GZipRunnable 클래스를 나타낸다. 이 클래스는 압축할 파일을 식별하는 필드 하나를 제공하며 run() 메소드는 이 파일을 압축하고 반환한다.

예제 3-13 The GZipRunnable 클래스

```
import java.io.*;
import java.util.zip.*;

public class GZipRunnable implements Runnable {

  private final File input;

  public GZipRunnable(File input) {
    this.input = input;
  }

  @Override
  public void run() {
    // 압축 파일을 다시 압축하지 않도록 한다.
    if (!input.getName().endsWith(".gz")) {
      File output = new File(input.getParent(), input.getName() + ".gz");
      if (!output.exists()) { // 이미 존재하는 압축 파일을 덮어쓰지 않도록 한다.
        try ( // 자바 7에서 지원하는 방식
          InputStream in = new BufferedInputStream(new FileInputStream(input));
        OutputStream out = new BufferedOutputStream(
          new GZIPOutputStream(
            new FileOutputStream(output)));
        ) {
            int b;
            while ((b = in.read()) != -1) out.write(b);
            out.flush();
      } catch (IOException ex) {
        System.err.println(ex);
      }
    }
  }
 }
}
```

GZipRunnable 클래스에서 자바 7에서 지원하는 try-with-resources 구문이 사용된 것을 주의해서 보자. 입력과 출력 스트림 모두 try 블록의 시작에서 선언되었고 try 블록의 끝에서 자동으로 닫힌다. 또한 입력과 출력 모두에 사용된 버퍼링을 주의해서 보자. 이러한 버퍼링은 입출력이 많이 발생하는 애플리케이션의 성능에 매우 중요한 부분이며, 특히 네트워크 프로그램에서 중요하게 사용된다. 버퍼링은 최적의 경우 10배 이상의 속도 향상을 가져오지만 최악의 경우 성능에 아무런 영향을 미치지 못하기도 한다. 예제 3-14는 메인 프로그램이다. 이 프로그램은 고정된 네 개의 스레드 풀을 만든다. 그리고 명령라인에 나열된 모든 파일과 디렉터리를 반복한다. 모든 파일들은 GZipRunnable을 만드는 데 사용되며 만들어진 객체는 풀에 등록된다. 그리고 결국 풀에 등록된 네 개의 스레드 중 하나에 의해 처리된다.

예제 3-14 **GZipThread 사용자 인터페이스 클래스**

```java
import java.io.*;
import java.util.concurrent.*;

public class GZipAllFiles {

  public final static int THREAD_COUNT = 4;

  public static void main(String[] args) {

    ExecutorService pool = Executors.newFixedThreadPool(THREAD_COUNT);

    for (String filename: args) {
      File f = new File(filename);
      if (f.exists()) {
        if (f.isDirectory()) {
          File[] files = f.listFiles();
          for (int i = 0; i < files.length; i++) {
            if (!files[i].isDirectory()) { // 디렉터리 아래에 있는 디렉터리는 처리하지 않는다.
              Runnable task = new GZipRunnable(files[i]);
              pool.submit(task);
            }
          }
        } else {
          Runnable task = new GZipRunnable(f);
          pool.submit(task);
        }
      }
    }

    pool.shutdown();
  }
}
```

모든 파일을 풀에 추가한 다음 바로 pool.shutdown()을 호출한다. 이 메소드는 풀에 여전히 처리해야 할 작업이 남아 있을 때 호출되지만 대기 중인 작업을 중단시키지는 않는다. 이 메소드는 단순히 풀에게 더 이상 추가적인 작업이 내부 큐에 추가될 수 없으며 대기 중인 작업이 모두 끝나는 즉시 종료할 것임을 알린다. 이와 같은 종료 방법은 명확한 종료 지점(모든 파일이 처리된 지점)이 없기 때문에 많은 스레드를 사용하는 네트워크 프로그램에서 일반적으로 사용되는 방법은 아니다. 대부분의 네트워크 서버들은 관리용 인터페이스를 통한 종료 명령을 받기 전까지는 막연하게 계속 실행되며 이러한 경우에 즉시 종료를 위해 shutdownNow() 메소드를 호출하여 현재 처리 중인 작업을 중단하고 대기 중인 작업을 건너뛸 수도 있다.

CHAPTER

인터넷 주소

인터넷에 연결된 장치를 '**노드(node)**'라고 부른다. 노드가 컴퓨터인 경우 해당 노드를 **호스트**라고 부른다. 각 노드나 호스트는 인터넷 주소(Internet address) 또는 IP 주소라고 불리는 최소 하나의 고유한 숫자에 의해 식별된다. 현재 대부분의 IP 주소는 4바이트 길이의 IPv4 주소를 사용한다. 그러나 여전히 사용하는 수는 작지만 16바이트 길이의 IPv6 주소의 사용이 증가하고 있다. (여기서 4와 6은 주소에 사용된 바이트 길이가 아닌 인터넷 프로토콜의 버전을 나타낸다.) IPv4 그리고 IPv6 주소 둘 다 배열 같은 바이트의 연속으로 이루어져 있다. 이 값들은 일반적으로 쉽게 예측 가능한 방법의 숫자로 저장되어 있지 않다.

IPv4 주소는 일반적으로 네 개의 부호 없는 바이트로 표시되며, 각 바이트는 0에서 255까지의 범위를 표현할 수 있다. 그리고 최상위 바이트(most significant byte)가 가장 먼저 표시된다. 각 바이트는 사람이 읽기 쉽도록 마침표로 구분된다. 예를 들어, login.ibiblio.org에 대한 주소는 152.19.134.132로 표기된다. 이 방식을 마침표로 구분된 4자리 표기법(dotted quad format)이라고 부른다.

IPv6 주소는 일반적으로 4자리 16진수의 8개의 블록으로 구성되며 콜론에 의해 구분된다. 예를 들어, 필자가 이 글을 쓰는 시점에 www.hamiltonweather.tk의 주소는 2400:cb00:2048:0001:0000:0000:6ca2:c665이다. IPv6 주소에서 앞자리의 0은 생략하여 표기할 수 있다. 그 결과 www.hamiltonweather.tk의 주소는 2400:cb00:2048:1:0:0:6ca2:c665처럼 표기될 수 있다. IPv6에서 종종 이중 콜론이 사용되는 것을 볼 수 있는데 다수의 제로(zero) 블록이 있음을 뜻한다. 예를 들어, 주소 2001:4860:4860:0000:0000:0000:0000:8888는 간편하게 2001:4860:4860::8888처럼 표기될 수 있다. IPv6와 IPv4가 섞여 있는 네트워크에서는 IPv6 주소의 마지막 4바이트가 종종 IPv4의 마침표로 구분된 주소 방식으로 표시되기도 한다. 예를 들어, FEDC:BA98:7654:3210:FEDC:BA98:7654:3210 주소가 FEDC:BA98:7654:3210:FEDC:BA98:118.84.50.16.처럼 표시될 수도 있다.

긴 숫자로 된 IP 주소는 컴퓨터가 이해하기에 쉽고 좋은 방법이지만 사람이 기억하기에는 쉽지 않다. 1950년대에 밀러(G. A. Miller)는 보통 사람들은 1분에 약 7자리의 숫자를 암기할 수 있다는 사실을 발견했다. 몇몇 뛰어난 사람들은 9자리 이상을 암기하기도 하지만 또 다른 사람들은 겨우 5자리도 암기하지 못하기도 한다. 이에 대한 좀 더 자세한 정보는, 과학 저널 《Psychological Review》 Vol. 63의 81~97페이지에 나온 "The Magical Number Seven, Plus or Minus Two: Some Limits on Our Capacity for Processing Information,"를 참고하기 바란다. 이러한 내용은 우리가 사용하는 전화번호가 3~4자리 단위로 분리되어 있는 이유이기도 하다. 최대 12자리의 십진수로 구성되는 IP 주소는 대부분의 사람들이 기억하기에 쉽지 않다는 사실은 명백해 보인다. 필자라면 매일 반복해서 사용하는 같은 서브넷(subnet)인 주소에 한해서 두 개 정도는 기억할 수 있을 것 같다.

인터넷을 만든 사람들은 전체 IP 주소가 적힌 전화번호부 같은 책자를 들고 다니는 일을 피하기 위해 도메인 네임 시스템(DNS)을 개발했다. DNS는 사람들이 쉽게 기억할 수 있는 login.ibiblio.org와 같은 호스트네임(hostname)을 컴퓨터가 쉽게 기억할 수 있는 152.19.134.132와 같은 주소로 연결한다. 서버는 일반적으로 최소 하나의 호스트네임을 가지고 있다. 클라이언트도 종종 호스트네임을 가지긴 하지만 흔하지는 않으며, 특히 IP 주소가 부팅 시에 동적으로 할당될 경우는 더욱 드물다.

 평소에 사람들은 '인터넷 주소(Internet address)'를 호스트네임을 가리키는 말로 사용하는 경향이 있다. 네트워크 프로그래밍과 관련된 서적에서는 주소와 호스트네임을 정확히 구별하는 것이 매우 중요하다. 필자의 이 책에서는 주소는 항상 숫자로 된 IP 주소를 말한다.

몇몇 장비의 경우 다수의 호스트네임을 가지기도 한다. 예를 들어, www.beand.com과 xom.nu는 실제 같은 장비다. www.beand.com 이름의 경우 실제는 특정 장비가 아닌 웹 사이트를 가리킨다. 과거에는 이 웹 사이트가 다른 장비로 이전할 때, 이 이름을 새로운 장비에 재할당하였으며, 그래서 이 이름은 항상 사이트의 현재 서버를 가리켰다. 이 방법은 단지 사이트가 새로운 호스트로 이전했다고 하여 해당 웹과 관련된 URLs을 업데이트할 필요가 없다. www 그리고 news와 같은 몇몇 일반적인 이름들은 종종 이러한 서비스를 제공하는 장비의 알리아스(alias)다. 예를 들어, news.speakeasy.net은 필자의 ISP의 뉴스 서버에 대한 알리아스다. 나중에 서버가 변경될 수도 있기 때문에, 알리아스는 서비스와 함께 이동할 수 있어야 한다.

가끔 하나의 이름이 다수의 IP 주소로 연결되기도 한다. 이 경우 DNS 서버는 각 요청에 대해 임의의 주소 하나를 선택하여 응답한다. 이 기능은 트래픽이 많은 웹 사이트에서 다수의 장비로 부하를 분산시키기 위해 사용된다. 예를 들어, www.oreilly.com은 실제 두 대의 장비를 가리킨다. 하나는 208.201.239.100이고 나머지 하나는 208.201.239.10이다.

인터넷에 연결된 모든 컴퓨터는 도메인 네임 서버(domain name server)라고 불리는 장비에 접근해야 하며, 일반적으로 특별한 DNS 소프트웨어를 실행 중인 유닉스 장비다. 이 장비는 서로 다른 호스트네임과 IP 주소에 대한 연결 정보를 알고 있다. 대부분의 도메인 네임 서버들은 단지 자신의 로컬 네트워크에 있는 호스트의 주소만을 알고 있으며, 부가적으로 외부 사이트를 위한 몇몇 도메인 네임 서버들에 대한 주소를 알고 있다. 만약 클라이언트가 로컬 도메인 외부 장비에 대한 주소를 쿼리할 경우, 로컬 도메인 네임 서버는 원격에 위치한 도메인 네임 서버에게 쿼리한 다음, 응답을 받아서 요청한 클라이언트에게 전달한다.

대부분의 경우 여러분은 호스트네임을 사용하여 DNS로부터 IP 변환을 수행할 수 있다. 그리고 도메인 네임 서버에 연결하는 데 문제가 없는 한, 여러분은 이름과 주소가 어떻게 로컬 장비와 로컬 도메인 네임 서버 그리고 인터넷으로 전달되는지에 대한 자세한 내용을 걱정할 필요는 없다. 그러나 여러분은 이 장과 이 책의 나머지 부분에서 나오는 예제를 사용하기 위해 적어도 하나의 도메인 네임 서버에 접근할 필요가 있다. 이러한 예제들은 인터넷에 연결되지 않은 컴퓨터에서는 동작하지 않기 때문에 테스트를 위해 인터넷에 꼭 연결되어야 한다.

InetAddress 클래스

java.net.InetAddress 클래스는 IPv4와 IPv6 주소에 대한 자바의 고수준 표현 방식이다. 이 클래스는 Socket, ServerSocket, URL, DatagramSocket, DatagramPacket 등을 포함한 대부

분의 다른 네트워킹 클래스에 의해 사용된다. InetAddress 클래스는 보통 호스트네임과 IP 주소 모두를 포함하고 있다.

InetAddress 객체 생성하기

InetAddress 클래스에는 public으로 선언된 생성자가 존재하지 않는다. 대신 InetAddress는 호스트네임을 IP 주소로 변환하기 위해 DNS 서버로 연결하는 정적 팩토리(static factory) 메소드를 제공한다. 가장 일반적인 메소드로 InetAddress.getByName()이 있다. 예를 들어, 다음은 www.oreilly.com을 검색하는 방법이다.

```
InetAddress address = InetAddress.getByName("www.oreilly.com");
```

이 메소드는 단지 InetAddress의 private 문자열 필드를 설정하는 것으로 끝나지 않으며, 이름과 숫자로 된 주소를 검색하기 위해 실제 로컬 DNS 서버로 접속한다[이미 이전에 검색된 주소의 경우, 검색 결과가 저장(cache)되어 있을 수 있으며 이러한 경우에는 네트워크 연결이 발생하지 않는다]. DNS 서버가 주소를 찾지 못할 경우, 이 메소드는 IOException의 서브클래스인 UnknownHostException을 발생시킨다.

예제 4-1은 임포트(import)와 예외 처리를 포함한 www.oreilly.com을 검색하기 위해 InetAddress 객체를 생성하는 온전한 프로그램을 보여 준다.

예제 4-1 **www.oreilly.com의 주소를 출력하는 프로그램**

```
import java.net.*;

public class OReillyByName {

  public static void main (String[] args) {
    try {
      InetAddress address = InetAddress.getByName("www.oreilly.com");
      System.out.println(address);
    } catch (UnknownHostException ex) {
      System.out.println("Could not find www.oreilly.com");
    }
  }
}
```

아래는 실행 결과다.

```
% java OReillyByName
www.oreilly.com/208.201.239.36
```

그리고 반대로 IP 주소로 호스트네임을 검색할 수도 있다. 예를 들어, 주소 208.201.239.100에 대한 호스트네임을 찾고자 한다면, 마침표로 구분된 주소를 인자로 InetAddress.getByName() 메소드를 호출하면 된다.

```
InetAddress address = InetAddress.getByName("208.201.239.100");
System.out.println(address.getHostName());
```

검색한 주소에 대한 호스트네임이 없는 경우, getHostName() 메소드는 단순히 검색에 사용한 주소를 다시 반환한다.

앞에서 www.oreilly.com이 실제 두 개의 주소를 가진다고 언급했다. getByName()이 둘 중 어느 것을 반환할지는 확실하지 않다. 만약 특정 호스트에 대한 모든 주소가 필요한 경우에는 getAllByName() 메소드를 대신 사용할 수 있으며, 이 메소드는 주소의 배열을 반환한다.

```
try {
  InetAddress[] addresses = InetAddress.getAllByName("www.oreilly.com");
  for (InetAddress address: addresses) {
    System.out.println(address);
  }
} catch (UnknownHostException ex) {
  System.out.println("Could not find www.oreilly.com");
}
```

마지막으로, getLocalHost() 메소드는 코드가 실행 중인 호스트에 대한 InetAddress 객체를 반환한다.

```
InetAddress me = InetAddress.getLocalHost();
```

이 메소드는 "elharo.laptop.corp.com"과 "192.1.254.68" 같은 실제 호스트네임과 IP 주소를 얻기 위해 DNS로 연결을 시도한다. 그러나 해당 정보를 얻는 데 실패할 경우, 메소드는 대신 **루프백(loopback)** 주소를 반환한다. 이 루프백 주소는 일반적으로 호스트네임이 "localhost"이고 IP 주소가 "127.0.0.1"이다.

예제 4-2는 코드가 실행 중인 장비의 주소를 출력한다.

```java
import java.net.*;

public class MyAddress {

  public static void main (String[] args) {
    try {
      InetAddress address = InetAddress.getLocalHost();
      System.out.println(address);
    } catch (UnknownHostException ex) {
      System.out.println("Could not find this computer's address.");
    }
  }
}
```

아래는 위 코드의 실행 결과이며 필자의 경우 titan.oit.unc.edu 장비에서 실행했다.

```
% java MyAddress
titan.oit.unc.edu/152.2.22.14
```

위 코드의 실행 결과는 로컬 DNS가 로컬 도메인에서 해당 호스트에 대해 반환하는 값에 따라 titan.oit.unc.edu 같은 정규화된 이름이 출력될 수도 있고, 아니면 titan 같은 일부 이름이 출력될 수도 있다. 장비가 인터넷에 연결되어 있지 않거나, 고정된 IP 주소나 도메인 네임이 없는 경우, 도메인 네임으로 localhost 그리고 IP 주소로 127.0.0.1이 출력된다.

숫자로 된 주소를 알고 있는 경우, 해당 주소로 InetAddress.getByAddress()를 호출하면 DNS에 대한 쿼리 과정 없이 InetAddress 객체를 만들 수 있다. 이 메소드는 존재하지 않거나 검색할 수 없는 호스트에 대한 InetAddress 객체를 만들어야 할 경우 사용할 수 있다.

```java
public static InetAddress getByAddress(byte[] addr) throws UnknownHostException
public static InetAddress getByAddress(String hostname, byte[] addr)
    throws UnknownHostException
```

첫 번째 InetAddress.getByAddress() 팩토리 메소드는 호스트네임 없이 IP 주소만으로 InetAddress 객체를 만든다. 두 번째 InetAddress.getByAddress() 메소드는 주어진 IP 주소와 호스트네임으로 InetAddress 객체를 만든다. 예를 들어, 아래 코드는 IP 주소 107.23.216.196에 대한 InetAddress 객체를 만든다.

```
byte[] address = {107, 23, (byte) 216, (byte) 196};
InetAddress lessWrong = InetAddress.getByAddress(address);
InetAddress lessWrongWithname = InetAddress.getByAddress(
    "lesswrong.com", address);
```

위 코드에서 두 개의 큰 바이트 값에 적용된 캐스팅을 주의해서 보자.

다른 팩토리 메소드와는 달리 이 두 메소드는 실제 호스트가 존재하는지 또는 호스트네임과 IP 주소가 올바른 연결이 맞는지 보장하지 않는다. 두 메소드는 주소 인자로 전달된 바이트 배열이 (4 또는 16바이트가 아닌) 잘못된 크기인 경우에만 UnknownHostException을 발생시킨다. 이 두 메소드는 도메인 네임 서버를 이용할 수 없는 환경이거나, 정확하지 않은 임의의 정보로 InetAddress 객체를 만들고자 할 경우 유용하게 사용할 수 있다. 예를 들어, 필자의 네트워크 영역에는 어떤 DNS에도 등록되지 않은 컴퓨터나 프린터, 라우터들이 있다. 필자는 각 시스템에 할당한 주소를 기억할 방법이 없어서, 254개의 모든 로컬 주소에 차례로 연결을 시도하여 살아 있는 주소를 찾는 간단한 프로그램을 작성했다. (이 코드를 작성하는 데 애초에 모든 IP 주소를 종이에 기록하는 것보다 10배 이상의 시간을 낭비한 것 같다.)

캐시

DNS 검색(lookup)은 최종 쿼리 서버에 도착하기까지 여러 중간 단계의 서버를 거쳐야 하고 종종 중간에 손실되는 경우도 있기 때문에 상대적으로 비용이 많이 드는 명령에 해당한다. 그래서 InetAddress 클래스는 검색의 결과를 저장(cache)한다. InetAddress 클래스는 특정 호스트에 대한 주소를 검색하여 저장한 다음에는 추가 요청에 대해서 다시 검색하지 않는다. 특히 같은 호스트에 대한 새로운 InetAddress 객체를 만든 경우에도 마찬가지다. 여러분이 작성한 프로그램이 실행 중인 동안에 해당 호스트의 IP가 변경되지 않는다면 문제가 되지 않는다.

호스트를 찾을 수 없는 에러가 발생할 경우에는 약간 복잡하다. 호스트에 대한 검색을 처음 시도하면 종종 실패하기도 하지만, 곧바로 다시 시도하면 성공하는 경우가 많다. 이러한 상황은 보통 첫 번째 검색 시도가 원격 DNS 서버로부터 전송 중에 타임아웃이 되어 에러가 발생하고 그러는 사이에 검색 결과가 로컬 서버에 도착한다. 그리고 뒤이은 재시도는 로컬 서버에 저장된 결과를 바로 이용하여 성공하게 된다. 이러한 이유로 자바는 실패한 DNS 쿼리에 대해서는 10초 동안만 저장한다.

그리고 이 시간은 networkaddress.cache.ttl 그리고 networkaddress.cache.negative.ttl 두 개의 시스템 속성으로 제어된다. networkaddress.cache.ttl은 성공한 DNS 쿼리에 대해 자바가 저장할 시간을 초 단위로 설정하고 networkaddress.cache.negative.ttl는 실패한 DNS 쿼리에 대해 자바가 저장할 시간을 초 단위로 설정한다. 저장 시간 내에 같은 호스트에 대해 검색을 다시 시도할 경우 항상 같은 값이 반환되며 networkaddress.cache.negative.ttl에 −1을 설정할 경우 타임아웃 없이 영원히 저장된다.

InetAddress 클래스가 내부에 자체적으로 저장하는 것 외에도, 로컬 호스트, 로컬 도메인 네임 서버 그리고 인터넷 여기저기에 있는 다른 DNS 서버들 또한 다양한 쿼리에 대한 결과를 저장하고 있다. 자바로는 이러한 곳에 저장된 내용을 제어할 방법이 없다. 그래서 결국, 호스트네임에 대한 IP 주소의 변경이 인터넷을 통해 확산되는 데 몇 시간씩 걸리기도 한다. 그동안에 여러분이 작성한 프로그램은 DNS의 변경 사항에 따라서 UnknownHostException, NoRouteToHostException, 그리고 ConnectException을 포함한 다양한 예외 사항이 발생할 수 있다.

IP 주소로 검색하기

IP 주소 문자열을 인자(argument)로 getByName() 메소드를 호출하면, 이 메소드는 DNS에 확인 없이 요청된 IP 주소에 대한 InetAddress 객체를 만든다. 이것은 바로 실제 존재하지 않고 접속할 수 없는 호스트에 대한 InetAddress 객체를 생성하는 것이 가능하다는 의미이다. 그리고 이렇게 생성된 InetAddress 객체의 호스트네임은 이 객체를 생성할 때 인자로 넘겨준 IP 주소로 설정된다. 그리고 실제 호스트네임을 위한 DNS 검색은 getHostName()을 통해 명시적으로 호스트네임이 요청될 때만 수행된다. 이것이 바로 마침표로 구분된 네 자리 주소인 208.201.239.37로부터 www.oreilly.com이 검색되는 방법이다. 호스트네임이 요청되고 DNS 검색이 수행될 때, 지정된 IP 주소의 호스트를 찾을 수 없을 경우 호스트네임 값은 기존에 마침표로 구분된 네 자리 주소로 남아 있게 된다. 그러나 UnknownHostException은 발생하지 않는다.

호스트네임을 사용하는 것이 IP를 직접 사용하는 것보다 좀 더 안정적이다. 일반적인 서비스들은 서비스를 제공하는 동안 호스트네임이 변경되는 일은 잘 발생하지 않지만, 그에 비해 서비스 중에 IP가 변경하는 일은 드물지 않게 발생한다. 여러분이 www.oreilly.com 같은 호스트네임 또는 208.201.239.37 같은 IP 주소 사이에서 선택해야 할 상황이 발생한다면 항상 호스트네임을 선택하는 것이 좋다. IP 주소는 호스트네임을 사용할 수 없는 상황에서만 사용하도록 하자.

보안 이슈

호스트네임으로부터 새로운 InetAddress 객체를 생성하는 일은 DNS 검색(lookup)을 필요로 하기 때문에 잠재적인 보안 문제에 노출되어 있다. 기본 보안 관리자(security manager)의 통제 아래에 있는 신뢰되지 않은 애플릿은 애플릿을 제공한 호스트에 대한 IP 주소만을 검색할 수 있으며, 경우에 따라 로컬 호스트에 대한 주소를 얻는 것이 가능하기도 하다. 신뢰되지 않은 코드는 다른 호스트네임에 대한 InetAddress 객체의 생성이 허가되지 않는다. 이러한 사실은 InetAddress.getByName() 메소드, InetAddress.getAllByName() 메소드, InetAddress.getLocalHost() 메소드 또는 다른 어떤 메소드를 사용해도 마찬가지다. 비록 신뢰되지 않은 코드라도 문자열 형식의 IP 주소를 사용하면 InetAddress 객체를 생성할 수 있지만, 이 객체도 해당 주소에 대해 DNS 검색은 할 수 없다.

신뢰되지 않은 코드는 코드베이스(codebase) 이외의 다른 호스트에 대한 네트워크 연결을 만드는 것이 금지되어 있기 때문에 제3의 호스트에 대한 임의의 DNS 검색이 허가되지 않는다. 임의의 DNS 검색은 제3의 호스트와 통신을 원하는 프로그램에 의해 비밀 채널을 여는 용도로 사용될 수 있기 때문이다. 예를 들어, www.bigisp.com으로부터 설치된 애플릿이 다음 "macfaq.dialup.cloud9.net is vulnerable" 메시지를 crackersinc.com으로 보내려고 한다고 가정해 보자. 이를 위해서 단지 macfaq.dialup.cloud9.net.is.vulnerable.crackersinc.com에 대한 DNS 정보를 요청하기만 하면 된다. 그러면 애플릿은 호스트네임을 검색하기 위해 로컬 DNS 서버에 접속할 것이다. 그리고 로컬 DNS 서버는 crackersinc.com의 DNS 서버에 접속할 것이다. 비록 존재하지 않는 호스트지만, 크래커는 crackersinc.com으로부터 DNS 에러 로그를 통해 크래킹에 사용할 특정 메시지를 가져올 수 있게 된다. 이러한 방식은 압축, 오류 정정, 암호화, 또 다른 사이트로 메시지를 메일로 보내는 사용자 정의 DNS 서버 등의 요소에 의해 좀 더 복잡해질 수 있지만, 이 상태로도 보안 위험의 개념을 증명하기에는 충분하다. 결국 임의의 DNS 검색은 정보를 누출할 가능성 때문에 금지된다.

신뢰되지 않은 코드도 InetAddress.getLocalHost()를 호출할 수 있다. 그러나 애플릿과 같은 이러한 환경에서 getLocalHost()는 실제 호스트네임이 아닌 항상 localhost/127.0.0.1을 반환한다. 애플릿이 실행 중인 컴퓨터가 의도적으로 방화벽 뒤에 숨겨져 있을 수 있기 때문에 애플릿은 실제 호스트네임과 주소를 찾는 것이 금지되어 있다. 이러한 경우에 애플릿은 웹 서버가 이미 구하지 못한 정보를 얻기 위한 채널이 될 수 없다.

다른 보안 검사 항목들처럼, DNS 검색 제한도 신뢰받은 코드에 대해서는 허가된다. 호스트가 DNS 검색을 할 수 있는지 여부는 SecurityManager 클래스의 checkConnect() 메소드를 사용하여 확인할 수 있다.

```
public void checkConnect(String hostname, int port)
```

이 메소드 호출 시 포트 인자로 -1을 지정하면 특정 호스트에 대한 DNS 검색이 가능한지 여부를 검사한다. (포트 인자가 -1보다 큰 경우에는 지정된 호스트의 지정된 포트에 접속이 가능한지 여부를 검사한다.) 호스트 인자는 www.oreilly.com 같은 호스트네임이거나 마침표로 구분된 208.201.239.37 같은 IP 주소일 수도 있다. 그리고 또한 FEDC::DC:0:7076:10 같은 16진수 IPv6 주소도 사용할 수 있다.

Get 메소드

InetAddress 클래스는 호스트네임을 문자열로 반환하고 IP 주소를 문자열과 바이트 배열로 반환하는 네 개의 Get 메소드를 제공한다.

```
public String getHostName()
public String getCanonicalHostName()
public byte[] getAddress()
public String getHostAddress()
```

그러나 이에 대응하는 setHostName() 그리고 setAddress() 메소드는 제공되지 않으며, java.net 이외의 패키지에서는 InetAddress 객체가 생성된 이후에 객체의 필드를 변경할 수 없다. 이러한 특징은 InetAddress 클래스를 변경 불가능하고 스레드로부터 안전하게 만든다.

getHostName() 메소드는 InetAddress 객체에 의해 표현되는 IP 주소에 해당하는 호스트네임을 포함한 String을 반환한다. 만약 장비가 호스트네임을 가지고 있지 않거나 보안 관리자가 이름 검색을 막을 경우, 마침표로 구분된 네 자리 IP 주소가 반환된다. 이 메소드의 사용 방법은 다음과 같다.

```
InetAddress machine = InetAddress.getLocalHost();
String localhost = machine.getHostName();
```

getCanonicalHostName() 메소드도 이와 유사하지만 좀 더 적극적으로 DNS에 접근한다. getHostName()은 호스트네임을 모르고 있다고 판단될 때만 DNS에 접근하지만, getCanonicalHostName은 가능하면 DNS에 요청하여 정보를 가져오며 이미 저장된 호스트네임이 있는 경우 갱신한다. 이 메소드의 사용 방법은 다음과 같다.

```
InetAddress machine = InetAddress.getLocalHost();
String localhost = machine.getCanonicalHostName();
```

getCanonicalHostName() 메소드는 특히 호스트네임보다는 마침표로 구분된 네 자리 IP 주소에 대해 특히 유용하다. 예제 4-3은 IP 주소 208.201.239.37을 InetAddress.getByName() 메소드를 사용하여 호스트네임으로 변경한 결과에 대해 getCanonicalHostName() 메소드를 적용한다.

예제 4-3 IP 주소로 호스트네임 찾기

```
import java.net.*;

public class ReverseTest {

  public static void main (String[] args) throws UnknownHostException {
    InetAddress ia = InetAddress.getByName("208.201.239.100");
    System.out.println(ia.getCanonicalHostName());
  }
}
```

아래는 위 코드의 실행 결과다.

```
% java ReverseTest
oreilly.com
```

getHostAddress() 메소드는 IP 주소를 마침표로 구분된 네 자리 형식의 문자열로 반환한다. 예제 4-4는 이 메소드를 로컬 장비의 IP 주소를 일반적으로 사용되는 형식으로 출력하는데 사용한다.

예제 4-4 로컬 장비의 IP 주소 찾기

```
import java.net.*;

public class MyAddress {

  public static void main(String[] args) {
    try {
      InetAddress me = InetAddress.getLocalHost();
      String dottedQuad = me.getHostAddress();
      System.out.println("My address is " + dottedQuad);
    } catch (UnknownHostException ex) {
      System.out.println("I'm sorry. I don't know my own address.");
    }
  }
}
```

위 예제의 실행 결과는 아래와 같다.

```
% java MyAddress
My address is 152.2.22.14.
```

물론 실행 결과는 프로그램이 실행되는 위치에 따라 달라진다.

장비의 IP 주소 확인이 필요한 경우 드물긴 하지만 네트워크 바이트 순서의 바이트 배열로 IP 주소를 반환하는 getAddress() 메소드를 사용할 수도 있다. 최상위 바이트(마침표로 구분된 네 자리 형식 주소의 첫 바이트)가 배열의 처음이나 0번째 요소에 위치한다. IPv6 주소 사용을 고려한다면 이 배열의 길이에 대해서 추측하지 말고 배열의 길이 필드를 사용해야 한다.

```
InetAddress me = InetAddress.getLocalHost();
byte[] address = me.getAddress();
```

반환된 바이트 배열은 부호 없는 바이트 값이며, 부호 없는 바이트는 잠재적인 문제를 내포하고 있다. C와는 달리 자바는 기본 데이터 타입으로 부호 없는 바이트를 제공하지 않는다. 그래서 바이트 배열에서 127보다 큰 값은 음수로 다뤄진다. 그 결과 getAddress()에서 반환된 바이트 배열로 어떤 작업을 하려고 할 경우, byte를 int로 늘린 후 처리해야 한다. 아래는 byte 값을 int로 변환하는 방법 중 하나다.

```
int unsignedByte = signedByte < 0 ? signedByte + 256: signedByte;
```

여기서 signedByte는 양수이거나 음수일 수 있다. 조건 연산자 ?는 signedByte가 음수인지 검사한 다음 음수일 경우 signedByte 값에 256을 더하여 양수로 만든다. 그렇지 않은 경우, 즉 signedByte가 0보다 크거나 같은 경우에는 변경 없이 그대로 둔다. 이 코드에서 signedByte는 256을 더하기 전에 자동으로 정수 타입으로 변환되기 때문에 바이트 범위를 넘어서는 값이 버려지는 문제(wraparound)는 발생하지 않는다.

바이트 배열 상태의 IP 주소를 살펴보게 되는 경우는 흔치 않지만 주소의 타입을 확인해야 할 경우 사용된다. getAddress()에 의해 반환되는 바이트 배열의 숫자를 검사하면 처리하는 주소가 IPv4인지 IPv6인지 확인할 수 있다. 다음은 IP 주소의 버전을 확인하는 예제다.

예제 4-5 IP 주소의 버전 확인하기

```java
import java.net.*;

public class AddressTests {

  public static int getVersion(InetAddress ia) {
    byte[] address = ia.getAddress();
    if (address.length == 4) return 4;
    else if (address.length == 16) return 6;
    else return -1;
  }
}
```

주소 타입

몇몇 IP 주소와 몇몇 주소 패턴은 특별한 의미를 가지고 있다. 예를 들어, 이미 언급한 적이 있는 127.0.0.1은 로컬 루프백 주소로 사용된다. IPv4 주소에서 224.0.0.0부터 239.255.255.255까지 범위는 몇몇 등록된 호스트에게 동시에 전송하기 위한 멀티캐스트 주소로 사용된다. 자바는 InetAddress 객체가 어느 타입의 주소에 속하는지 검사하기 위한 10개의 메소드를 제공한다.

```java
public boolean isAnyLocalAddress()
public boolean isLoopbackAddress()
public boolean isLinkLocalAddress()
public boolean isSiteLocalAddress()
public boolean isMulticastAddress()
public boolean isMCGlobal()
```

```
public boolean isMCNodeLocal()
public boolean isMCLinkLocal()
public boolean isMCSiteLocal()
public boolean isMCOrgLocal()
```

isAnyLocalAddress() 메소드는 인자로 전달된 주소가 와일드카드(wildcard) 주소인 경우 true
를 반환하고, 그렇지 않을 경우 false를 반환한다. 와일드카드 주소는 로컬 시스템의 어떤
주소와도 매치된다. 이 메소드는 시스템이 다수의 이더넷 카드가 있거나 이더넷 카드와
802.11. 무선랜 인터페이스가 함께 있는 경우처럼 다수의 네트워크 인터페이스가 있을 때
중요하게 사용된다. IPv4에서 와일드카드 주소는 0.0.0.0이고 IPv6에서 와일드카드 주소는
0:0:0:0:0:0:0:0이다. (줄여서 ::으로도 쓸 수 있다.)

isLoopbackAddress() 메소드는 인자로 전달된 주소가 루프백 주소인 경우에 true를 반환하
고 그렇지 않을 경우 false를 반환한다. 루프백 주소는 어떠한 물리적인 하드웨어 장치 없이
IP 계층을 통해서 프로그램이 실행 중인 컴퓨터에 직접 연결할 수 있다. 게다가 루프백 주
소로 연결함으로써 잠재적인 버그나 존재하지 않는 이더넷, PPP, 그리고 다른 드라이버들
을 우회하여 테스트할 수 있으며, 환경 및 다른 요인들로부터 문제를 격리시키는 데 도움이
된다. 루프백 주소에 대한 연결은 동일한 시스템에 할당된 일반적인 IP 주소로 연결하는 것
과는 차이가 있다. IPv4에서 루프백 주소는 127.0.0.1이 사용되고 IPv6에서는 0:0:0:0:0:0:0:1
이 사용된다. (줄여서 ::1로도 쓸 수 있다.)

isLinkLocalAddress() 메소드는 인자로 전달된 주소가 IPv6 링크로컬 주소(link-local address)
일 경우 true를 반환하고 그렇지 않을 경우 false를 반환한다. 이 주소는 IPv6 네트워크에서
자동 설정 목적으로 사용되며 IPv4 네트워크에서 DHCP와 유사하지만 서버를 필요로 하
지 않는다. 라우터는 링크로컬 주소로 지정된 패킷에 대해서는 로컬 서브넷을 넘어서 전달
하지 않는다. 모든 링크로컬 주소는 FE80:0000:0000:0000의 8바이트로 시작한다. 나머지 8
바이트는 로컬 주소로 채워지며, 종종 이더넷 카드 제조사로부터 할당받은 이더넷 맥(MAC)
주소에서 복사된다.

isSiteLocalAddress() 메소드는 인자로 전달된 주소가 IPv6 사이트로컬 주소(site-local
address)일 경우 true를 반환하고 그렇지 않을 경우 false를 반환한다. 사이트로컬 주소는
로컬링크 주소와 유사하나 로컬링크와는 달리 라우터에 의해 사이트 또는 캠퍼스 내에
서 전달될 수 있고 사이트를 넘어서 전달될 수 없다는 점이 다르다. 사이트로컬 주소는

FEC0:0000:0000:0000의 8바이트로 시작한다. 나머지 8바이트는 로컬 주소로 채워지며, 종종 이더넷 카드 제조사로부터 할당받은 이더넷 맥(MAC) 주소에서 복사된다.

isMulticastAddress() 메소드는 인자로 전달된 주소가 멀티캐스트 주소일 경우 true를 반환하고 그렇지 않을 경우 false를 반환한다. 멀티캐스팅은 특정한 하나의 컴퓨터가 아닌 등록된 모든 컴퓨터에게 데이터를 전송한다. IPv4에서 멀티캐스트 주소는 224.0.0.0에서 239.255.255.255 범위를 가진다. IPv6에서 멀티캐스트 주소는 바이트 FF로 시작한다. 멀티캐스팅에 대해서는 제13장에서 자세히 다룬다.

isMCGlobal() 메소드는 인자로 전달된 주소가 글로벌 멀티캐스트 주소일 경우 true를 반환하고 그렇지 않을 경우 false를 반환한다. 글로벌 멀티캐스트 주소는 전 세계를 범위로 가입자를 가질 수 있다. 모든 멀티캐스트 주소는 FF로 시작하며 IPv6에서 글로벌 멀티캐스트 주소는 잘 알려진 영구 할당 주소인지 또는 임시 할당 주소인지에 따라 FF0E 또는 FF1E로 시작한다. IPv4에서 모든 멀티캐스트 주소는 글로벌 범위를 가지며 이 메소드도 이러한 내용을 충분히 고려하고 있다. 뒤에 나올 제13장에서 좀 더 자세히 다루지만 IPv4는 범위를 제어하기 위해 주소보다는 TTL(time-to-live)값을 사용한다.

isMCOrgLocal() 메소드는 인자로 전달된 주소가 조직 또는 단체 범위(organization-wide)의 멀티캐스트 주소일 경우 true를 반환하고 그렇지 않을 경우 false를 반환한다. 조직 또는 단체 범위 멀티캐스트 주소는 회사 또는 단체의 모든 사이트를 범위로 가입자를 가질 수 있으나 조직이나 단체 바깥에서는 가입할 수 없다. 조직 로컬 멀티캐스트 주소는 잘 알려진 영구 할당 주소인지 또는 임시 할당 주소인지에 따라 FF08 또는 FF18으로 시작한다.

isMCSiteLocal() 메소드는 인자로 전달된 주소가 사이트 범위(site-wide)의 멀티캐스트 주소일 경우 true를 반환하고 그렇지 않을 경우 false를 반환한다. 사이트 범위 주소가 지정된 패킷만이 패킷이 포함된 로컬 사이트 안에서 전송된다. 사이트 범위 멀티캐스트 주소는 잘 알려진 영구 할당 주소인지 또는 임시 할당 주소인지에 따라 FF08 또는 FF15으로 시작한다.

isMCLinkLocal() 메소드는 인자로 전달된 주소가 서브넷 범위 멀티캐스트 주소일 경우 true를 반환하고 그렇지 않을 경우 false를 반환한다. 링크로컬 주소로 지정된 패킷만이 패킷이 포함된 서브넷 안에서 전송된다. 링크로컬 멀티캐스트 주소는 잘 알려진 영구 할당 주소인지 또는 임시 할당 주소인지에 따라 FF02 또는 FF12로 시작한다.

isMCNodeLocal() 메소드는 인자로 전달된 주소가 인터페이스로컬(interface-local) 멀티캐스트 주소일 경우 true를 반환하고 그렇지 않을 경우 false를 반환한다. 인터페이스로컬 주소로 지정된 패킷은 자신이 만들어진 네트워크 인터페이스를 넘어 전송되지 않으며, 같은 노드에 있는 다른 네트워크 인터페이스에조차 전송되지 않는다. 주로 네트워크 디버깅이나 테스트를 목적으로 사용된다. 인터페이스로컬 멀티캐스트 주소는 잘 알려진 영구 할당 주소인지 또는 임시 할당 주소인지에 따라 FF01 또는 FF11로 시작한다.

 메소드 이름이 지금 널리 사용되는 용어들과는 다소 차이가 있다. IPv6 프로토콜의 초기 문서들은 이러한 종류의 주소를 "노드로컬(node-local)" 주소라고 불렀고 그래서 메소드 이름이 "isMCNodeLocal"이 된 것이다. IPNG 작업 그룹(working group)은 실제로 JDK에 이 메소드가 추가되기 전에 이름을 변경했지만 썬 마이크로시스템즈는 이 사항을 제때 전달받지 못했다.

예제 4-6은 명령라인을 통해 입력된 일반적인 주소를 위에서 소개한 10가지 메소드로 테스트하는 예제 프로그램이다.

예제 4-6 **IP 주소의 특성을 검사하는 프로그램**

```
import java.net.*;

public class IPCharacteristics {

  public static void main(String[] args) {

    try {
      InetAddress address = InetAddress.getByName(args[0]);

      if (address.isAnyLocalAddress()) {
        System.out.println(address + " is a wildcard address.");
      }
      if (address.isLoopbackAddress()) {
        System.out.println(address + " is loopback address.");
      }
      if (address.isLinkLocalAddress()) {
        System.out.println(address + " is a link-local address.");
      } else if (address.isSiteLocalAddress()) {
        System.out.println(address + " is a site-local address.");
      } else {
        System.out.println(address + " is a global address.");
      }

      if (address.isMulticastAddress()) {
        if (address.isMCGlobal()) {
          System.out.println(address + " is a global multicast address.");
```

```
        } else if (address.isMCOrgLocal()) {
          System.out.println(address
            + " is an organization wide multicast address.");
        } else if (address.isMCSiteLocal()) {
          System.out.println(address + " is a site wide multicast
                            address.");
        } else if (address.isMCLinkLocal()) {
          System.out.println(address + " is a subnet wide multicast
                            address.");
        } else if (address.isMCNodeLocal()) {
          System.out.println(address
            + " is an interface-local multicast address.");
        } else {
          System.out.println(address + " is an unknown multicast
                            address type.");
        }
      } else {
        System.out.println(address + " is a unicast address.");
      }
    } catch (UnknownHostException ex) {
      System.err.println("Could not resolve " + args[0]);
    }
  }
}
```

아래는 인자로 IPv4 주소와 IPv6 주소를 입력하여 실행한 결과다.

```
$ java IPCharacteristics 127.0.0.1
/127.0.0.1 is loopback address.
/127.0.0.1 is a global address.
/127.0.0.1 is a unicast address.
$ java IPCharacteristics 192.168.254.32
/192.168.254.32 is a site-local address.
/192.168.254.32 is a unicast address.
$ java IPCharacteristics www.oreilly.com
www.oreilly.com/208.201.239.37 is a global address.
www.oreilly.com/208.201.239.37 is a unicast address.
$ java IPCharacteristics 224.0.2.1
/224.0.2.1 is a global address.
/224.0.2.1 is a global multicast address.
$ java IPCharacteristics FF01:0:0:0:0:0:0:1
/ff01:0:0:0:0:0:0:1 is a global address.
/ff01:0:0:0:0:0:0:1 is an interface-local multicast address.
$ java IPCharacteristics FF05:0:0:0:0:0:0:101
/ff05:0:0:0:0:0:0:101 is a global address.
/ff05:0:0:0:0:0:0:101 is a site wide multicast address.
$ java IPCharacteristics 0::1
/0:0:0:0:0:0:0:1 is loopback address.
/0:0:0:0:0:0:0:1 is a global address.
/0:0:0:0:0:0:0:1 is a unicast address.
```

도달 가능성 검사하기

InetAddress 클래스는 현재의 호스트로부터 특정 노드가 접근 가능한지 (예를 들어, 네트워크 연결을 맺을 수 있는지) 검사하는 두 개의 isReachable() 메소드를 제공한다. 실제 연결 시도 시에 연결은 방화벽, 프록시 서버, 라우터 오작동 그리고 회선 손상 또는 단순히 원격 호스트가 꺼져 있는 등 많은 이유로 차단될 수 있다.

```
public boolean isReachable(int timeout) throws IOException
public boolean isReachable(NetworkInterface interface, int ttl, int timeout)
    throws IOException
```

이 두 메소드는 지정된 주소가 도달 가능한지 확인하기 위해 traceroute의 사용(좀 더 정확하게는 ICMP 에코 요청)을 시도한다. 호스트가 타임아웃 이내에 응답할 경우, 이 메소드는 true를 반환하고, 그렇지 않을 경우 false를 반환한다. 네트워크 에러가 발생할 경우에는 IOException이 발생한다. 두 번째 변형 메소드는 또한 연결을 시도할 로컬 네트워크 인터페이스와 TTL 지정이 가능하다[TTL은 패킷이 버려지지 않고 갈 수 있는 최대 네트워크 홉(hop)을 의미한다].

객체 메소드

다른 모든 클래스처럼, java.net.InetAddress 클래스 역시 java.lang.Object를 상속한다. 따라서 java.net.InetAddress 클래스는 java.net.Object 클래스에 있는 모든 메소드를 사용할 수 있다. java.net.InetAddress는 좀 더 특별한 기능을 제공하기 위해 아래 세 가지 메소드를 오버라이드한다.

```
public boolean equals(Object o)
public int hashCode()
public String toString()
```

equals() 메소드는 전달된 객체가 InetAddress 클래스의 객체이고 같은 IP 주소를 가리키고 있으면 true를 반환한다. 그러나 호스트네임까지 같을 필요는 없다. 예를 들어, www.ibiblio.org에 대한 InetAddress 객체와 www.cafeaulait.org에 대한 InetAddress 객체는 같은 IP 주소를 가리키기 때문에 true를 반환한다. 예제 4-7은 www.ibiblio.org와 helios.ibiblio.org에 대한 InetAddress 객체를 만들고 이 두 객체가 같은 장비인지 확인한다.

```
import java.net.*;

public class IBiblioAliases {

  public static void main (String args[]) {
    try {
      InetAddress ibiblio = InetAddress.getByName("www.ibiblio.org");
      InetAddress helios = InetAddress.getByName("helios.ibiblio.org");
      if (ibiblio.equals(helios)) {
        System.out.println
            ("www.ibiblio.org is the same as helios.ibiblio.org");
      } else {
        System.out.println
            ("www.ibiblio.org is not the same as helios.ibiblio.org");
      }
    } catch (UnknownHostException ex) {
      System.out.println("Host lookup failed.");
    }
  }
}
```

이 예제를 실행하면 다음과 같은 결과를 확인할 수 있다.

```
% java IBiblioAliases
www.ibiblio.org is the same as helios.ibiblio.org
```

hashCode() 메소드는 equals() 메소드와 일관된 메소드다. hashCode() 메소드는 IP 주소로부터 계산된 int 값을 반환하며 호스트네임은 계산에 사용되지 않는다. 두 개의 InetAddress 객체가 같은 IP 주소를 가지고 있다면 서로 호스트네임이 다르더라도 같은 해시 코드 값을 반환한다.

잘 정의된 다른 클래스들처럼 java.net.InetAddress 클래스도 객체의 호스트네임이나 IP 주소에 대한 문자열을 반환하는 toString() 메소드를 제공한다. 예제 4-1과 예제 4-2에서 System.out.println()에 InetAddress 객체를 전달할 때 은연중에 이 메소드가 호출되고 있다. 이미 보았다시피 toString() 메소드가 생성하는 문자열은 다음과 같은 형태다.

호스트네임/마침표로 구분된 네 자리 IP 주소

모든 InetAddress 객체가 호스트네임을 가지는 건 아니다. 자바 1.3과 그 이전 버전에서는 호스트네임이 없는 경우 마침표로 구분된 네 자리 IP 주소로 대체되며, 자바 1.4와 그 이후 버전에서는 호스트네임이 빈 문자열로 설정된다.

Inet4Address 클래스와 Inet6Address 클래스

자바는 IPv4 주소와 IPv6 주소를 구별하기 위해 Inet4Address와 Inet6Address 두 클래스를
사용한다.

```
public final class Inet4Address extends InetAddress
public final class Inet6Address extends InetAddress
```

대부분의 경우 해당 주소가 IPv4인지 IPv6인지 신경 쓰지 않아도 된다. 자바 프로그램이
실행되는 애플리케이션 계층에서는 특히 필요한 경우는 거의 발생하지 않는다(그리고 심
지어 해당 객체가 IPv4인지 IPv6인지 확인이 필요한 경우에도 instanceof 연산자를 사용하는 것보다
getAddress() 메소드에 의해 반환되는 바이트 배열의 크기를 검사하는 것이 더 빠르다). Inet4Address
클래스는 InetAddress에 있는 몇몇 메소드를 오버라이드했으나 이 메소드의 일반적인 동작
방식을 변경하지는 않는다. Inet6Address 클래스도 이와 비슷하지만 슈퍼클래스에서는 제
공되지 않는 새로운 메소드 isIPv4CompatibleAddress()를 추가했다.

```
public boolean isIPv4CompatibleAddress()
```

이 메소드는 InetAddress 객체가 IPv4와 호환 가능한 IPv6 주소인 경우 true를 반환한다.
이 말은 IPv6 객체이면서 0:0:0:0:0:0:0:xxxx와 같이 마지막 4바이트만 0이 아닌 주소에 대
해서 true를 반환한다는 의미다. 이러한 주소에 대해서 getBytes() 메소드로 반환받은 배열
에서 4바이트를 떼어 내서 Inet4Address 객체를 생성하는 데 사용할 수도 있지만 그렇게까
지 할 필요는 없다.

NetworkInterface 클래스

NetworkInterface 클래스는 로컬 IP 주소를 나타낸다. 이 클래스는 또한 (방화벽이나 라
우터에서 일반적으로 사용되는) 추가적인 이더넷 카드와 같은 물리적인 인터페이스나 장비
의 또 다른 주소처럼 같은 물리적인 하드웨어에 연결된 가상 인터페이스일 수도 있다.
NetworkInterface 클래스는 인터페이스에 상관없이 모든 로컬 주소를 열거하는 메소드와
NetworkInterface로부터 InetAddress 객체를 생성하는 메소드를 제공한다. 이렇게 생성된
InetAddress 객체는 소켓이나 서버 소켓 등을 만드는 데 사용될 수 있다.

팩토리 메소드

NetworkInterface 객체는 물리적인 하드웨어와 가상의 주소를 표현하기 때문에 임의대로 생성할 수 없다. NetworkInterface 객체는 InetAddress 클래스처럼 특정 네트워크 인터페이스와 연관된 NetworkInterface 객체를 반환하는 정적 팩토리 메소드를 제공하며 IP 주소 또는 인터페이스의 이름으로 요청하거나 열거형(enumeration)으로 반환받을 수도 있다.

public static NetworkInterface getByName(String name) throws SocketException

getByName() 메소드는 특정 이름을 가진 네트워크 인터페이스의 NetworkInterface 객체를 반환하며 해당 이름을 가진 인터페이스가 없는 경우 널(null)을 반환한다. getByName() 메소드는 내부 네트워크 스택에서 관련된 네트워크 인터페이스를 찾다가 문제가 발생할 경우, SocketException이 발생한다. 그러나 일반적으로는 거의 발생하지 않는다.

인터페이스의 이름은 플랫폼에 따라 다르며 일반적인 유닉스 시스템에서 이더넷 인터페이스 이름은 eth0, eth1 같은 이름을 가진다. 그리고 로컬 루프백 주소는 대부분 "lo" 같은 이름이 사용된다. 윈도우의 경우 특정 네트워크 인터페이스의 벤더와 모델명에서 유래한 "CE31" 그리고 "ELX100" 같은 이름이 사용된다. 예를 들어, 아래 예제는 유닉스 시스템에서 메인 이더넷 인터페이스를 찾는 코드다.

```
try {
  NetworkInterface ni = NetworkInterface.getByName("eth0");
  if (ni == null) {
    System.err.println("No such interface: eth0");
  }
} catch (SocketException ex) {
  System.err.println("Could not list sockets.");
}
```

public static NetworkInterface getByInetAddress(InetAddress address) throws SocketException

getByInetAddress() 메소드는 지정된 IP 주소와 관련된 네트워크 인터페이스를 나타내는 NetworkInterface 객체를 반환한다. 이 메소드가 호출된 로컬 호스트에 해당 IP 주소와 관련된 네트워크 인터페이스가 없는 경우 널을 반환한다. 그리고 메소드 호출 시에 오류가 발생할 경우 SocketException이 발생한다. 예를 들어, 아래 예제 코드는 로컬 루프백 주소와 관련된 네트워크 인터페이스를 찾는다.

```
    try {
      InetAddress local = InetAddress.getByName("127.0.0.1");
      NetworkInterface ni = NetworkInterface.getByInetAddress(local);
      if (ni == null) {
        System.err.println("That's weird. No local loopback address.");
      }
    } catch (SocketException ex) {
      System.err.println("Could not list network interfaces." );
    } catch (UnknownHostException ex) {
      System.err.println("That's weird. Could not lookup 127.0.0.1.");
    }
```

public static Enumeration getNetworkInterfaces() throws SocketException

getNetworkInterfaces() 메소드는 로컬 호스트의 네트워크 인터페이스 전체를 나열하는 java.util.Enumeration을 반환한다. 예제 4-8은 로컬 호스트의 모든 네트워크 인터페이스를 나열하기 위한 간단한 프로그램이다.

예제 4-8 모든 네트워크 인터페이스를 나열하는 프로그램

```
import java.net.*;
import java.util.*;

public class InterfaceLister {

  public static void main(String[] args) throws SocketException {
    Enumeration<NetworkInterface> interfaces = NetworkInterface.getNetwork
    Interfaces();
    while (interfaces.hasMoreElements()) {
      NetworkInterface ni = interfaces.nextElement();
      System.out.println(ni);
    }
  }
}
```

아래는 IBiblio 로그인 서버에서 위 예제를 실행한 결과이다.

```
% java InterfaceLister
name:eth1 (eth1) index: 3 addresses:
/192.168.210.122;

name:eth0 (eth0) index: 2 addresses:
/152.2.210.122;

name:lo (lo) index: 1 addresses:
/127.0.0.1;
```

이 호스트는 두 개의 분리된 이더넷 카드와 로컬 루프백 주소를 확인할 수 있다. 인덱스 (index) 값이 2인 이더넷 카드는 IP 주소가 152.2.210.122이고 인덱스 값이 3인 이더넷 카드는 IP 주소가 192.168.210.122이다. 루프백 인터페이스는 항상 127.0.0.1 주소를 사용한다.

Get 메소드

NetworkInterface 객체를 구하면 바로 IP 주소와 이름을 확인할 수 있다. 그리고 이 작업이 NetworkInterface 객체를 가지고 할 수 있는 일의 거의 전부다.

public Enumeration getInetAddresses()

단일 네트워크 인터페이스는 하나 이상의 IP 주소에 연결될 수 있다. 이러한 상황이 요즘에 일반적이지 않지만 충분히 발생할 수 있다. getInetAddresses() 메소드는 인터페이스가 연결된 각각의 IP 주소를 위한 InetAddress 객체를 포함한 java.util.Enumeration을 반환한다. 예를 들어 아래 예제 코드는 eth0 인터페이스에 연결된 모든 IP 주소를 나열한다.

```
NetworkInterface eth0 = NetworkInterface.getByName("eth0");
Enumeration addresses = eth0.getInetAddresses();
while (addresses.hasMoreElements()) {
  System.out.println(addresses.nextElement());
}
```

public String getName()

getName() 메소드는 eth0 또는 lo 같은 특정 NetworkInterface 객체의 이름을 반환한다.

public String getDisplayName()

getDisplayName() 메소드는 "Ethernet Card 0"와 같은 특정 네트워크 인터페이스에 대하여 좀 더 이해하기 쉬운 방식의 이름을 반환한다. 그러나 필자의 유닉스 장비에서 이 메소드를 테스트하면 항상 getName() 같은 이름을 반환한다. 윈도우에서 테스트해 보면 "Local Area Connection" 또는 "Local Area Connection 2" 같은 좀 더 친근한 이름을 볼 수 있다.

유용한 프로그램

지금까지 java.net.InetAddress 클래스에 대해서 알아보았다. 이제 이 클래스가 제공하는 기능을 사용하여 쓸 만한 프로그램을 만들어 보자. 두 개의 예제를 살펴볼 것이다. 하나는 자신의 도메인 네임 서버와 대화식으로 쿼리하는 프로그램이고, 다른 하나는 오프라인에서 로그 파일을 분석함으로써 웹 서버의 성능을 향상시키는 프로그램이다.

스팸 체크

실시간 블랙홀 리스트(RBL, Real-time Blackhole List) 서비스는 고객의 서버에 연결을 시도하는 호스트가 알려진 스패머(spammer)인지 아닌지 알려 주는 서비스를 제공한다. 이러한 실시간 블랙홀 리스트 서비스 제공자들은 고객의 쿼리에 매우 빠른 응답과 많은 부하의 처리가 필요하다. 수천 대 또는 수만 대의 고객의 호스트가 자신에게 연결을 시도하는 IP 주소가 알려진 스패머인지 아닌지 확인하기 위해 반복적으로 쿼리한다.

실시간 블랙홀 리스트 서비스는 빠른 응답과 이상적인 캐시 기능을 필요로 하며, 전 세계에 위치한 많은 서버로 부하를 분산시킬 필요가 있다. 이러한 서비스를 구현하는 데 웹 서버, SOAP, UDP 또는 직접 프로토콜을 만들거나 또 다른 구조들을 생각해 볼 수도 있지만, 이 서비스는 단지 DNS만 이용하여 아주 현명하게 구현했다.

특정 IP 주소가 알려진 스패머인지 확인하기 위해 IP 주소의 바이트 순서를 뒤집고 여기에 블랙 리스트 서비스의 도메인 주소를 더한 다음 검색한다. 검색 결과가 존재하는 주소일 경우 스패머이고 존재하지 않을 경우 스패머가 아닌 게 된다. 예를 들어, sbl.spamhaus.org 서비스에 207.87.34.17이 스패머인지 확인하려는 경우, 호스트네임 17.34.87.207.sbl.spamhaus.org에 대하여 검색하면 된다. (여기서 숫자로 된 부분은 마침표로 구분된 IP 주소가 아닌 호스트네임을 구성하는 아스키 문자열일 뿐이다.)

DNS 검색이 성공할 경우 (좀 더 정확하게는 검색 결과 반환되는 주소가 127.0.0.2인 경우) 해당 호스트는 알려진 스패머다. 검색이 실패할 경우, 즉 UnknownHostException이 발생할 경우 해당 주소는 스패머가 아닌 정상적인 주소다. 예제 4-9는 이러한 내용을 테스트한다.

```java
import java.net.*;

public class SpamCheck {

  public static final String BLACKHOLE = "sbl.spamhaus.org";

  public static void main(String[] args) throws UnknownHostException {
    for (String arg: args) {
      if (isSpammer(arg)) {
        System.out.println(arg + " is a known spammer.");
      } else {
        System.out.println(arg + " appears legitimate.");
      }
    }
  }

  private static boolean isSpammer(String arg) {
    try {
      InetAddress address = InetAddress.getByName(arg);
      byte[] quad = address.getAddress();
      String query = BLACKHOLE;
      for (byte octet: quad) {
        int unsignedByte = octet < 0 ? octet + 256: octet;
        query = unsignedByte + "." + query;
      }
      InetAddress.getByName(query);
      return true;
    } catch (UnknownHostException e) {
      return false;
    }
  }
}
```

아래는 위 예제 코드로 몇 개의 샘플 IP를 대상으로 실행한 결과다.

```
$ java SpamCheck 207.34.56.23 125.12.32.4 130.130.130.130
207.34.56.23 appears legitimate.
125.12.32.4 appears legitimate.
130.130.130.130 appears legitimate.
```

실제 여러분이 이러한 기술을 사용하려 한다면 약간의 주의가 필요하다. 블랙홀 서버는
DDos(Distributed Denial of Service)나 다른 공격의 대상이 되는 경우가 빈번하기 때문에 블랙
홀 리스트 정책이나 주소가 변경되는 경우가 있다. 이러한 변경으로 여러분의 서비스가 멈
추지 않도록 해야 한다.

추가적으로 몇몇 다른 블랙홀 리스트는 조금 다른 프로토콜을 사용하기도 한다. 예를 들어 몇몇 블랙홀 리스트는 스패머 IP에 대하여 127.0.0.2가 아닌 127.0.0.1을 반환한다.

웹 서버 로그 파일 처리하기

웹 서버 로그는 웹 사이트에 접근한 호스트에 대한 흔적을 남긴다. 기본적으로 로그는 서버에 접속한 호스트의 IP 주소를 기록한다. 그러나 여러분은 접속한 호스트의 IP보다 이름이 로그에 남는다면 더 유용하게 사용할 수 있을 것이다. 대부분의 웹 서버들은 IP 주소 대신에 호스트네임을 저장하기 위한 옵션을 제공하지만, 이럴 경우 웹 서버는 모든 요청에 대해서 DNS 쿼리 후 로그를 남겨야 해야 하기 때문에 성능 저하의 원인이 된다. 그래서 이 방법보다는 먼저 IP 주소로 로그를 남긴 다음에 나중에 서버가 바쁘지 않을 때 호스트네임으로 변환하는 것이 좀 더 효과적이다. 예제 4-10은 웹 서버의 로그 파일을 읽고 각 라인에서 IP 주소를 호스트네임으로 변환하여 출력하는 Weblog라고 불리는 프로그램이다.

대부분의 웹 서버들은 일반적으로 로그 파일 형식이 표준화되어 있으며 아래와 비슷한 형식으로 되어 있다.

```
205.160.186.76 unknown - [17/Jun/2013:22:53:58 -0500]
                         "GET /bgs/greenbg.gif HTTP 1.0" 200 50
```

이 한 줄의 로그는 2013년 6월 17일 오후 10시 53분 58초에 205.160.186.76의 IP 주소를 사용하는 웹 브라우저로부터 서버에 있는 /bgs/greenbg.gif 파일이 요청되었음을 보여 준다. 그리고 응답 코드 200으로부터 요청된 파일이 존재하는 것을 알 수 있고 50바이트의 데이터가 브라우저로 성공적으로 전송됐음을 알 수 있다.

로그의 첫 번째 필드는 연결을 시도한 호스트의 IP 주소 또는 DNS 결정(DNS resolution) 옵션이 켜져 있는 경우 호스트네임이 표시된다. 그리고 바로 다음 필드와 공백으로 구분된다. 예제 프로그램을 작성하는데 로그 파일의 분석이 어렵지 않음을 알 수 있다. 첫 번째 공백 문자가 나오기 전의 내용이 모두 IP 주소가 되고 공백 뒤의 값들은 손댈 필요가 없다.

마침표로 구분된 네 자리 IP 주소는 java.net.InetAddress 클래스가 제공하는 메소드를 사용하여 어렵지 않게 호스트네임으로 변경할 수 있으며 예제 4-10은 이러한 코드를 보여 준다.

```java
import java.io.*;
import java.net.*;

public class Weblog {

  public static void main(String[] args) {
    try (FileInputStream fin = new FileInputStream(args[0]);
      Reader in = new InputStreamReader(fin);
      BufferedReader bin = new BufferedReader(in);) {

      for (String entry = bin.readLine();
        entry != null;
        entry = bin.readLine()) {
        // IP 주소 분리
        int index = entry.indexOf(' ');
        String ip = entry.substring(0, index);
        String theRest = entry.substring(index);

        // DNS에 호스트네임 쿼리 그리고 출력
        try {
          InetAddress address = InetAddress.getByName(ip);
          System.out.println(address.getHostName() + theRest);
        } catch (UnknownHostException ex) {
          System.err.println(entry);
        }
      }
    } catch (IOException ex) {
      System.out.println("Exception: " + ex);
    }
  }
}
```

처리할 로그 파일의 이름은 명령라인을 통해 첫 번째 인자로 Weblog에 전달된다.

이 파일에 대한 FileInputStream 객체 fin이 생성되고, 파일 내용을 읽기 위한 Input
StreamReader가 fin에 연결된다. InputStreamReader는 다시 BufferedReader 클래스의 인스
턴스에 연결되면서 버퍼링된다. 그리고 파일은 루프를 돌면서 라인 단위로 처리된다.

루프를 돌면서 로그의 각 라인은 String 변수 entry를 통해 전달된다. entry는 다시, 첫 번째
공백 이전의 문자열을 포함하는 ip와 첫 번째 공백 이후의 모든 문자열을 포함한 theRest로
나뉜다. 첫 번째 공백의 위치는 entry.indexOf(" ") 메소드를 호출하여 결정된다. 부분 문자

열인 ip는 getByName() 메소드를 호출하여 InetAddress 객체로 변환된다. 그리고 호스트네임을 찾기 위해 getHostName() 메소드가 호출된다. 마지막으로 호스트네임과 로그의 나머지 문자열을 담고 있는 theRest가 System.out으로 출력된다. 리다이렉션(redirection)을 사용하면 출력을 콘솔이 아닌 파일로 보낼 수도 있다.

위의 Weblog 예제는 여러분이 예상하는 것보다 훨씬 효율적으로 동작한다. 대부분의 웹 서버들이 생성하는 로그 파일에는 요청된 페이지 자체에 대한 로그뿐만 아니라 페이지에 포함된 이미지 리소스에 대한 로그도 같이 포함하기 때문에 한 페이지 요청에 대해 다수의 로그가 생성된다. 그리고 대부분의 방문자는 사이트를 방문하는 동안 여러 페이지를 방문하게 된다. DNS 쿼리는 많은 비용이 드는 작업이고 각 라인마다 매번 DNS 쿼리를 하는 것은 사실 말이 안 되는 일이다. 그래서 InetAddress 클래스는 요청된 주소를 저장(cache)하고 같은 주소가 다시 요청되면 DNS에 쿼리하는 대신 저장된 데이터로부터 빠르게 응답한다.

그럼에도 불구하고 이 예제 코드는 여전히 개선될 여지가 남아 있다. 필자가 이 예제를 최초로 테스트했을 때, 각 라인을 처리하는 데 1초 이상이 걸렸다. (정확한 시간은 여러분의 네트워크 연결 속도, 로컬 그리고 원격의 DNS 서버의 속도, 프로그램이 실행될 때 네트워크의 상태에 따라 달라진다.) 이 예제의 경우 대부분의 시간을 DNS 쿼리에 대한 응답을 대기하는 데 사용한다. 파일을 읽는 메인 스레드와 각 라인을 처리하는 작업 스레드를 분리하고 메인 스레드는 로그 파일을 읽어서 각 라인을 작업 스레드로 전달하여 처리하는 구조로 문제를 해결할 수 있다.

여기서 스레드 풀의 사용이 필요하다. 며칠이면 조그만 웹 서버들조차 수십만 라인의 로그를 쉽게 만들어 낸다. 이러한 로그 파일을 각 라인마다 스레드를 생성하여 처리하려고 하면, 각 작업 스레드의 속도가 로그 파일을 읽는 메인 스레드의 속도를 쫓아올 수 없기 때문에 아무리 고사양 서버라고 해도 오래 버티기는 어렵다. 결과적으로 스레드의 재사용이 필수적이다. 스레드의 개수는 변경 가능한 매개변수(parameter) numberOfThreads에 저장되기 때문에 가상 머신이나 네트워크 스택에 맞게 조정할 수 있다. (또한 동시에 너무 많은 DNS 요청이 문제가 될 수도 있다.)

이 프로그램은 현재 두 개의 클래스로 나뉘어 있다. 예제 4-11에서 볼 수 있는 첫 번째 클래스 LookupTask는 로그를 분석한 뒤 IP 주소에 대해 DNS에 쿼리하고 로그의 해당 주소 위치를 호스트네임으로 대체하는 작업을 하는 Callable이다. 이 Callable의 작업이 많거나

CPU를 많이 사용할 것처럼 보이지는 않는다. 그러나 이 과정에서 네트워크 연결과 다른 많은 DNS 서버 사이의 계층적인 연결을 수반하기 때문에 다른 스레드에서 충분히 활용할 수 있는 많은 대기 시간이 발생한다.

예제 4-11 **LookupTask**

```java
import java.net.*;
import java.util.concurrent.Callable;

public class LookupTask implements Callable<String> {

  private String line;

  public LookupTask(String line) {
    this.line = line;
  }

  @Override
  public String call() {
    try {
      // IP 주소 분리
      int index = line.indexOf(' ');
      String address = line.substring(0, index);
      String theRest = line.substring(index);
      String hostname = InetAddress.getByName(address).getHostName();
      return hostname + " " + theRest;
    } catch (Exception ex) {
      return line;
    }
  }
}
```

예제 4-12에서 볼 수 있는 두 번째 PooledWeblog 클래스의 main() 메소드는 파일을 읽고 라인당 하나의 LookupTask를 생성한다. 그리고 생성된 작업은 executor에 등록되고 (전체는 아니지만) 다수의 작업이 순서대로 병렬로 실행된다.

submit() 메소드에서 반환된 Future은 (비동기 스레드 환경에서 문제가 발생할 경우를 대비하여) 원본 로그와 함께 큐에 저장된다. 그리고 다음에 나오는 루프는 큐로부터 값을 읽고 출력한다. 이때 출력되는 로그의 순서는 원본 로그 파일의 순서와 동일하다.

예제 4-12 **PooledWebLog**

```java
import java.io.*;
import java.util.*;
import java.util.concurrent.*;

// try-with-resource와 멀티캐치(multi-catch)의 사용으로 자바 7 환경 필요
public class PooledWeblog {

  private final static int NUM_THREADS = 4;

  public static void main(String[] args) throws IOException {
    ExecutorService executor = Executors.newFixedThreadPool(NUM_THREADS);
    Queue<LogEntry> results = new LinkedList<LogEntry>();

    try (BufferedReader in = new BufferedReader(
      new InputStreamReader(new FileInputStream(args[0]), "UTF-8"));) {
      for (String entry = in.readLine(); entry != null; entry = in.readLine()) {
        LookupTask task = new LookupTask(entry);
        Future<String> future = executor.submit(task);
        LogEntry result = new LogEntry(entry, future);
        results.add(result);
      }
    }

    // 결과 출력 시작. 출력할 결과가 없는 경우 매번 블록된다.
    for (LogEntry result: results) {
      try {
        System.out.println(result.future.get());
      } catch (InterruptedException | ExecutionException ex) {
        System.out.println(result.original);
      }
    }

    executor.shutdown();
  }

  private static class LogEntry {
    String original;
    Future<String> future;

    LogEntry(String original, Future<String> future) {
      this.original = original;
      this.future = future;
    }
  }
}
```

이와 같이 스레드를 사용하면 로그 파일을 병렬로 처리할 수 있고 처리 시간 역시 절약할 수 있다. 필자가 테스트해 본 결과 순차적으로 하나씩 처리하는 것보다 스레드를 사용하는 것이 적게는 10배에서 많게는 50배나 더 빠르게 처리되는 것을 확인할 수 있었다. 기술 편집자가 동일한 예제를 다른 시스템에서 실행해 본 결과 역시 몇 가지 개선 사항들이 발견되긴 했지만 여전히 의미 있는 성능 향상이 있었다.

이 방식에는 여전히 한 가지 문제점이 있다. Callable 작업의 큐를 사용하는 것이 로그 파일의 엔트리마다 스레드를 생성하는 것보다 효과적이긴 하지만, 로그 파일이 큰 경우 이 프로그램은 너무 많은 메모리를 소비하게 된다. 이러한 문제를 해결하기 위해 입력 스레드와 큐를 공유하는 독립적인 출력 스레드를 만드는 방법을 사용할 수 있다. 로그를 분석하는 동시에 먼저 분석된 로그 엔트리가 처리되어 출력되기 때문에 큐가 너무 커지는 일을 막을 수 있다. 그러나 이 방법은 또 다른 문제를 발생시키는데, 큐가 비어 있다고 해서 작업이 끝났다고 판단하기 어려워진다. 그래서 출력의 끝을 확인할 또 다른 방법이 필요해진다. 쉬운 방법으로는 단순히 입력 라인 수를 세고 출력 라인 수가 일치하는지 확인하는 방법이 있다.

CHAPTER

URL과 URI

지난 장에서 호스트네임과 IP 주소를 사용하여 인터넷상의 호스트를 지정하는 방법을 배웠다. 이번 장에서는 특정 호스트에 위치한 다양한 리소스를 지정하는 방법에 대해서 자세히 다뤄 볼 것이다.

HTML은 URL로 표현되는 다른 문서에 대한 연결을 지정하는 방법을 제공하여 하이퍼텍스트 마크업 언어(HTML, HyperText Markup Language)라는 이름이 붙었다. URL은 인터넷상에 있는 리소스의 위치를 명확하게 식별하는 데 사용되며 URL은 통합 리소스 식별자(URI, Uniform Resource Identifier)의 가장 널리 사용되는 종류 중 하나다.

URL 클래스는 자바 프로그램이 특정 위치로부터 데이터를 가져오는 가장 쉬운 방법을 제공한다. 여러분은 이 클래스 내부에서 사용되는 프로토콜이나 서버와 통신하는 방법에 대한 자세한 부분은 신경 쓰지 않아도 된다. 여러분은 단지 이 URL 클래스만 사용하면 여러분이 원하는 데이터를 쉽게 얻을 수 있다.

URI

URI는 특별한 구문으로 구성된 문자열이며 리소스를 식별하는 데 사용된다. URI로 식별된 리소스는 서버에 위치한 파일일 수도 있지만 이메일 주소나 뉴스 메시지, 책, 사람 이름, 인터넷 호스트, 오라클의 현재 주가 등이 될 수도 있다.

URI에 의해 식별되는 대상을 리소스라고 하고 리소스를 식별하는 문자열을 URI라고 한다. 이 둘은 정확히 순환하는 의미를 가지고 있다. 그리고 리소스는 한 번에 쉽게 이해되지 않기 때문에 어떤 것이 리소스이고 아닌지 너무 많은 고민을 할 필요는 없다. 여러분이 보통 서버로부터 받는 모든 것들은 바이트 형태로 존재하는 리소스를 나타낸다. 그러나 하나의 리소스는 여러 가지 의미를 가질 수 있다. https://www.un.org/en/documents/udhr/ URL은 세계 인권 선언(Universal Declaration of Human Rights)을 식별하는 의미로 사용될 수도 있지만, 이 선언이 표현된 다양한 형식, 예를 들어, 텍스트, XML, PDF 등을 식별하는 의미로 사용될 수도 있고, 이 선언이 표현된 다양한 언어, 이를테면 영어, 프랑스어, 아라비아어 등을 식별하는 의미로 사용될 수도 있다.

이러한 다양한 표현들 자체가 리소스가 될 수 있다. 예를 들어, https://www.un.org/en/documents/udhr/ URL은 여러 언어로 표현된 세계 인권 선언에서 영어 버전을 식별하는 리소스를 나타낸다.

좋은 웹 사이트 설계의 핵심 중 하나가 바로 URI를 잘 활용하는 것이다. 웹 사이트 이용자가 사이트 안에 뭔가를 가리키거나 참조해야 할 필요가 있을 경우, URI를 부여할 수 있으며 이 URI는 실제로는 URL로 표현될 것이다. 다른 리소스에 포함된 리소스 또는 특정 시점에서의 리소스의 상태와 같은 것 역시 URI로 표현될 수 있다. 예를 들어, 메일 서비스, 서비스의 모든 사용자, 모든 수신 메시지, 모든 발신 메시지, 메일 수신함에서 보이는 정렬된 내용, 모든 연락처, 모든 메일 필터 규칙 등이 고유한 URI를 가질 수 있다. URI 자체는 어떤 정해진 형식이 없지만 실제로 URI는 사람들이 읽기 쉬운 구조를 설계하는 데 매우 유용하다. 예를 들어, http://mail.example.com/는 특정 메일 서버를 나타내고, http://mail.example.com/johndoe는 해당 메일 서버에서 존 도(John Doe)의 메일 상자를 나타낸다. 그리고 http://mail.example.com/johndoe?messageID=162977.1361. JavaMail.nobody%40meetup.com는 존 도의 메일 상자 안에 있는 특정 메시지 하나를 나타낸다.

URI의 구문은 스킴(scheme)과 스킴에 따라 달라지는 부분(scheme-specific-part)으로 구성되며 이 둘은 콜론에 의해 다음과 같이 구분된다.

스킴에 따라 달라지는 부분의 구문은 사용되는 스킴에 따라 달라진다. 현재 다음과 같은 스킴을 사용할 수 있다.

data 링크에 직접 포함된 Base64로 인코딩된 데이터; RFC 2397 참조

file 로컬 디스크에 있는 파일

ftp FTP 서버

http HTTP(Hyptertext Transfer Protocol)를 사용하는 WWW(World Wide Web) 서버

mailto 메일 주소

magnet BitTorrent 같은 P2P(peer-to-peer) 네트워크를 통해 다운로드 가능한 리소스

telnet 텔넷 기반 서비스 연결

urn 통합 리소스 이름

자바는 추가적으로 표준이 아닌 rmi, jar, jndi 그리고 doc 같은 자바에서 정의한 스킴을 다양한 목적으로 아주 많이 사용한다.

모든 URI에서 스킴에 따라 달라지는 부분(scheme-specific-part)에 적용되는 구체적인 구문은 없지만 다음과 같은 계층적인 구조를 많이 사용한다.

//콘텐츠 제공자 또는 기관/경로?쿼리

URI에서 기관(authority) 부분은 URI 주소의 나머지 부분, 즉 경로와 쿼리에 대한 서비스 책임이 있는 기관을 말한다. 예를 들어, http://www.ietf.org/rfc/rfc3986.txt URI는 http 스킴을 사용하고 기관은 www.ietf.org이고 경로(path)는 /rfc/rfc3986.txt(경로에 제일 앞 슬래시도 포함된다)이다. 이 말은 www.ietf.org 서버는 /rfc/rfc3986.txt 경로를 해당 리소스로 연결시킬 책임이 있음을 의미한다. 이 URI의 경우 쿼리 부분은 포함되어 있지 않다. 또 다른 예로 http://www.powells.com/cgi-bin/biblio?inkey=62-1565928709-0 URI는 스킴이 http이고 기관은 www.powells.com이며 경로는 /cgi-bin/biblio 그리고 쿼리는 inkey=62-1565928709-0이다. 반면에 urn:isbn:156592870 URI는 스킴은 urn이지만 스킴에 따라 달라지는 부분(scheme-specific part)이 일반적으로 사용하는 계층적인 구조를 사용하지 않는다.

요즘 현대의 대부분의 URI가 기관(authority)으로 인터넷 호스트를 사용하지만, 미래에 사용하게 될 스킴은 인터넷 호스트가 아닌 다른 것일 수도 있다.

URI의 기관이 인터넷 호스트일 경우 추가적으로 사용자 이름과 포트를 제공하여 좀 더 구체적인 기관 정보를 제공할 수도 있다. 예를 들어, ftp://mp3:mp3@ci43198-a.ashvil1.nc.home.com:33/VanHalen-Jump.mp3 URI에서 기관은 mp3:mp3@ci43198-a.ashvil1.nc.home.com:33이다. 이 기관은 사용자 이름 mp3, 패스워드 mp3, 호스트 ci43198-a.ashvil1.nc.home.com, 포트 33으로 구성되어 있으며 ftp 스킴과 /VanHalen-Jump.mp3 경로를 포함한다. (이 책에서와 같이 모든 사람들이 알아도 문제가 되지 않는 경우가 아니라면, URI에 패스워드를 포함하는 것은 매우 심각한 보안 문제가 될 수 있다.)

경로는 기관이 리소스를 식별하기 위해 사용하는 문자열이다. 기관이 다르면 같은 경로라도 다른 리소스를 참조하게 된다. 예를 들어, /index.html 경로는 기관이 www.landoverbaptist.org인 경우와 www.churchofsata.com인 경우는 분명 다른 리소스를 참조하는 데 사용된다. 패스의 각 부분이 슬래시로 구분된 경우 패스는 계층적인 구조를 띠며 . 과 .. 연산자는 계층적인 구조를 이동하는 데 사용된다. 이러한 구조는 웹과 URL이 발명될 때 유닉스 운영체제에서 사용하는 경로 이름 구문에서 차용했다. 이러한 이유로 URL은 유닉스 웹 서버에서 사용 중인 파일 시스템과 쉽게 연결된다. 그러나 URI상의 경로가 실제 유닉스 파일 시스템상에 존재하는 디렉터리나 파일과 대응한다고 보장되지는 않는다. 예를 들어 http://www.amazon.com/exec/obidos/ISBN%3D1565924851/cafeaulaitA/002-3777605-3043449 URI에서 계층적인 구조를 이루는 각 부분은 실제 파일 시스템상의 디렉터리나 파일이 아닌 데이터베이스로부터 데이터를 가져오는 데 사용된다. ISBN%3D1565924851은 데이터베이스로부터 해당 ISBN 숫자를 가진 책을 검색하는 데 사용되고, cafeaulaitA는 이 링크를 통해 구매가 이뤄질 경우 수수료를 받게 되는 대상이다. 그리고 002-3777605-3043449는 사용자의 사이트 이동 경로를 추적하기 위한 세션 키(session key)다.

계층적인 구조를 사용하지 않는 URI도 존재한다. 예를 들어, snews://secnews.netscape.com/netscape.devs-java는 다음 /netscape.devs-java 경로를 포함한다. 이 URI에도 netscape와 devs-java 사이에 점으로 구분되는 뉴스 그룹을 가리키는 계층적인 구조가 존재하지만, 이 URL에도 netscape와 devs-java 사이에 점으로 구분되는 계층적인 뉴스 그룹 이름이 사용되었지만 이 이름은 URI 인코딩에 포함되는 부분이 아니다.

URI의 스킴 부분은 소문자, 숫자 그리고 더하기, 마침표, 하이픈으로 구성되며, 일반적인 URI의 나머지 세 부분(기관, 경로, 쿼리)은 각각 아스키 문자와 숫자(A-Z 문자, a-z 문자, 0-9 숫자) 그리고 - _ . ! ~ 와 같은 문장부호 문자로 구성된다. 그리고 / ? & =와 같은 경계 문자(delimiter)는 미리 정의된 목적으로 사용된다. 그 외에 경계 문자로 사용되지 않는 나머지 경계 문자와 á와 ζ 같은 비아스키 문자를 포함한 모든 문자는 URI에서 확장 문자(escape character)로 표현된다. 확장 문자는 % 기호와 UTF-8로 인코딩한 문자의 16진수 코드로 표현된다. 예를 들어, á는 UTF-8로 0xC3 0xA1 두 바이트이며 이 값은 인코딩되어 %c3%a1으로 URI에 표현된다. 또 다른 예로 한자 木의 유니코드 코드 포인트 값은 0x6728이다. 이 값은 UTF-8에서 E6, 9C 그리고 A8 이렇게 3바이트로 인코딩되며 이 값은 다시 URI에서 %E6%9C%A8으로 인코딩된다.

비아스키 문자에 대해서 이와 같이 인코딩하지 않고 직접 표현할 경우 URI 대신 다국어 리소스 식별자(IRI, Internationalized Resource Identifier)를 사용할 수도 있다. IRI는 URI에 비해 입력하거나 읽기는 쉽지만 대부분의 소프트웨어와 프로토콜이 아스키 URI만 지원하기 때문에 문제가 될 수 있다.

/와 @ 같은 경계 문자도 미리 정의된 목적인 경계 문자가 아닌 다른 목적으로 사용될 경우 %를 사용하여 확장 문자로 인코딩되어야 한다. 예를 들어, 다음 http://www.cafeaulait.org/books/javaio2/ URL상에서 슬래시는 계층적인 구분을 표현할 목적으로 사용되기 때문에 %2F로 인코딩하지 않아도 된다. 그러나 예를 들어, 파일 이름에 / 문자가 포함되어 있는 경우, 즉 마지막 디렉터리 이름으로 이 책의 이름을 좀 더 정확하게 표현하기 위해 javaio2가 아닌 JAVA I/O로 표현할 경우 URI는 다음 http://www.cafeaulait.org/books/Java%20I%2FO/ 과 같이 표현될 수 있다. 이러한 디렉터리 이름은 실제 유닉스나 윈도우 그리고 맥에서 사용되기 때문에 무리한 상황은 아니다. 많은 플랫폼에서 슬래시 외에도 인코딩이 필요한 다양한 문자들이 파일 이름으로 사용된다. 다시 말해, 파일 이름을 URL로 표현할 경우가 그렇지 않은 경우보다 확장 문자로 인코딩이 필요한 경우가 더 많다.

URL

URL은 리소스를 식별하는 것 외에도 클라이언트가 해당 리소스를 찾을 수 있는 네트워크 상의 위치도 함께 제공하는 URI이다. 그리고 일반적인 URI는 해당 리소스가 무엇인지 말해 주기는 하지만 실제로 해당 리소스의 위치나 얻는 방법을 알려 주지는 않는다. 좀 더 현실적인 예를 들면 책 제목인 "해리포터와 죽음의 성물"과 이 책의 도서관 위치를 나타내는 "312방, 28열, 7선반"의 차이라고 할 수 있다. 자바에서 java.net.URI 클래스는 리소스를 식별하는 용도로만 사용되지만 java.net.URL 클래스는 리소스 식별 외에도 획득하는 목적으로도 사용된다는 차이가 있다.

URL에 표현된 네트워크의 위치는 일반적으로 해당 서버를 접근하는 데 사용되는 프로토콜(예: FTP, HTTP)과 서버의 호스트네임 또는 IP 주소 그리고 서버에서 해당 리소스의 경로를 포함한다. 일반적으로 URL은 http://www.ibiblio.org/javafaq/javatutorial.html같이 표현된다. 이 URL은 www.ibiblio.org 서버의 javafaq 디렉터리 안에 javatutorial.html으로 이름 붙은 파일이 존재한다는 것과 이 파일을 HTTP 프로토콜을 사용하여 접근할 수 있음을 나타낸다.

URL은 다음과 같은 구문을 사용한다.

프로토콜://사용자 정보@호스트:포트/경로?쿼리#부위

여기서 프로토콜은 URI 스킴의 또 다른 이름이다. (스킴은 URI RFC에서 사용된 단어이고 프로토콜은 자바 표준 문서에서 사용된 단어다.) URL에서 프로토콜 부분은 file, ftp, http, https magnet, telnet 등이 될 수 있다.

URL에서 호스트 부분은 여러분이 찾는 리소스를 제공하는 서버의 이름이다. 이 호스트는 www.oreilly.com 또는 utopia.poly.edu 같은 호스트네임이거나 204.148.40.9 또는 128.238.3.21 같은 IP 주소일 수 있다.

사용자 정보는 해당 서버에 로그인이 필요할 경우 부가적으로 사용되는 로그인 정보이며 사용자 이름과 패스워드로 구성된다.

포트 번호 역시 필요한 경우 부가적으로 제공되며, 해당 서비스가 기본 포트(HTTP 서비스의 기본포트 80)에서 제공될 경우 생략할 수 있다.

사용자 정보, 호스트 그리고 포트를 모두 결합한 문자열을 기관으로 간주한다.

경로는 명시된 서버상의 특정 리소스를 가리키며, 종종 /forum/index.php와 같이 파일 시스템상의 경로처럼 보이기도 한다. 그러나 경로는 서버 파일 시스템상의 실제 경로와 연결되는 경우도 있지만 아닌 경우도 있다. URL상의 경로가 파일 시스템상의 경로와 연결되는 경우, 이 경로는 서버의 파일 시스템 전체의 루트가 아닌 서비스를 제공하는 웹 서버의 루트로부터 연결되는 경로다. 일반적으로 서버는 클라이언트에게 전체 파일 시스템이 아닌 필요한 특정 디렉터리의 내용만을 보이도록 공개하며, 이러한 디렉터리를 최상위 문서 경로 (document root)라고 한다. 그리고 모든 파일과 디렉터리는 이 경로로부터 상대적인 경로로 표현된다. 그래서 유닉스 서버의 경우 외부에서 접근하는 파일들은 실제 /var/public/html 경로상에 위치하지만 이 디렉터리는 외부에서 보기에 이 시스템의 최상위 경로인 것처럼 보인다.

쿼리 문자열(query string)은 서버에 추가적인 정보를 제공하는 데 사용되며 일반적으로 서버상에서 실행 중인 프로그램에 인자를 제공하기 위한 폼 데이터(form data)를 포함하고 있는 http URL에서만 사용된다.

마지막으로 부위(fragment)는 원격 리소스의 특정 부분을 참고하는 데 사용된다. 원격 리소스가 HTML인 경우 부위 지정자(fragment identifier)는 HTML 문서상의 앵커(anchor) 이름이 된다. 원격 리소스가 XML인 경우 부위 지정자는 XPointer가 된다. 몇몇 HTML 페이지에서는 URL의 부위를 해당 페이지의 "절(section)"을 참고하는 용도로 사용한다. 자바는 특이하게도 "Ref"라는 이름으로 부위 지정자를 참고한다. HTML 문서상에서 아래와 같은 id 속성이 부위 지정자의 대상이 된다.

```
<h3 id="xtocid1902914">Comments</h3>
```

이 태그는 문서상의 특정 위치를 식별할 수 있으며, 문서의 파일 이름과 #으로 구분된 부위 지정자를 포함한 URL을 사용하여 이 위치를 가리킬 수 있다.

```
http://www.cafeaulait.org/javafaq.html#xtocid1902914
```

 기술적으로 부위 지정자를 포함한 문자열을 URL이 아닌 참조 URL(URL reference)이라고 한다. 그러나 자바에서는 URL과 참조 URL를 구분하지 않는다.

상대 URL

URL은 웹 브라우저에게 해당 문서에 관한 많은 것을 알려 준다. 문서를 가져오는 데 필요한 프로토콜, 문서가 위치한 호스트, 그리고 호스트상에서 문서의 경로. 이러한 대부분의 정보들은 한 문서상에서 참조되는 다른 URL들 역시 같을 가능성이 높다. 그래서 각각의 URL은 완전한 형식이 아닌 해당 URL을 포함한 부모 문서(parent document)의 경로, 호스트네임, 프로토콜을 상속받아 사용할 수 있다. 이와 같은 부모 문서의 정보를 상속받아 사용하는 완전하지 않은 형식의 URL을 상대적인 URL이라고 한다. 반대로 완전한 형식을 갖춘 URL을 절대적인 URL이라 부른다. 상대적인 URL에서 생략된 정보는 해당 URL이 포함된 문서에 대한 정보와 같다고 가정된다. 예를 들어, 다음 http://www.ibiblio.org/javafaq/javatutorial.html 페이지를 방문하여 아래와 같은 하이퍼링크를 클릭한다고 가정해 보자.

```
<a href="javafaq.html">
```

브라우저는 원본 문서의 http://www.ibiblio.org/javafaq/javatutorial.html URL의 끝에서 javatutorial.html 부분을 잘라 낸다. 그리고 javafaq.html을 http://www.ibiblio.org/javafaq/ URL의 끝에 연결하여 http://www.ibiblio.org/javafaq/javafaq.html URL을 만들고 해당 문서를 읽는다.

상대적인 링크가 /로 시작하는 경우, 이 링크는 현재 문서에 상대적인 것이 아니라 문서의 최상위 경로(document root)에 상대적인 링크가 된다. 따라서 http://www.ibiblio.org/javafaq/javatutorial.html URL을 방문하는 동안 아래 링크를 클릭할 경우,

```
<a href="/projects/ipv6/">
```

브라우저는 문서의 URL에서 /javafaq/javatutorial.html 부분을 잘라 내고 /projects/ipv6/을 연결하여 http://www.ibiblio.org/projects/ipv6/ URL을 만든다.

상대적인 URL은 다음과 같은 장점이 있다. 첫째는 크게 중요하지는 않지만 타이핑 횟수를 줄일 수 있다. 둘째는 단일 문서로 다양한 프로토콜에 대해 서비스 제공이 가능하다. 예를 들어, HTTP와 FTP 서비스를 동시에 제공할 수 있다. 직접적인 웹 서비스는 HTTP를 사용하고 미러링 서비스는 FTP를 사용할 수 있다. 가장 큰 장점인 셋째는 상대적인 URL을 사용하여 만든 웹 사이트는 사이트 전체의 이동이나 복사 시에 문서에 사용된 내부 링크 주소에 대한 변경 없이 이동이 가능하다.

URL 클래스

java.net.URL 클래스는 http://www.lolcats.com/이나 ftp://ftp.redhat.com/pub/와 같은 URL(Uniform Resource Locator)을 추상화한 것이다. 이 클래스는 java.lang.Object를 확장한 것

이며, 더 이상 서브클래싱할 수 없는 final 클래스다. URL 클래스는 다른 종류의 URL 인스턴스를 설정하기 위해 상속보다는 전략 디자인 패턴(Strategy Design Pattern)을 사용한다. 프로토콜 핸들러들이 전략들(strategies)이고, URL 클래스는 선택된 여러 전략들을 통해서 스스로 문맥(context)을 형성한다.

비록 URL을 문자열로 저장하는 일이 어려운 일은 아니지만, URL 객체는 스킴(프로토콜), 호스트네임, 포트, 경로, 쿼리 문자열 그리고 부위 지정자 필드를 포함하고 있고, 각각의 필드는 독립적으로 설정되어 있다고 생각하는 것이 이해하는 데 좀 더 도움이 된다. 사실, 자바의 각 버전에 따라 차이가 있긴 하지만 java.net.URL 클래스는 실제 이러한 방식으로 구성되어 있다.

URL은 불변(immutable) 클래스이기 때문에 객체가 생성된 후에는 객체의 필드를 변경할 수 없다. 이러한 특성은 URL 클래스를 스레드 환경에서 안전한 클래스로 만드는 효과가 있다.

URL 클래스 만들기

앞의 제4장에서 다룬 InetAddress 객체와 달리, java.net.URL 클래스는 생성자를 사용하여 인스턴스를 생성할 수 있다. java.net.URL은 여러 종류의 생성자를 제공하며 생성자마다 요구하는 정보에 차이가 있다.

```
public URL(String url) throws MalformedURLException
public URL(String protocol, String hostname, String file)
    throws MalformedURLException
public URL(String protocol, String host, int port, String file)
    throws MalformedURLException
public URL(URL base, String relative) throws MalformedURLException
```

어떤 생성자를 사용할지는 여러분이 가지고 있는 정보와 그 정보의 형태에 따라 달라진다. 이 모든 생성자들은 지원되지 않는 프로토콜의 URL을 생성하려고 하거나 URL 형식에 문제가 있는 경우 공통적으로 MalformedURLException 예외를 발생시킨다.

지원되는 프로토콜의 정확한 목록은 Java의 구현에 따라 차이가 있다. 모든 가상 머신에서 사용할 수 있는 프로토콜로는 http와 file이 있으며, file은 다루기 까다롭기로 악명 높다. 오늘날 자바는 https, jar 그리고 ftp 프로토콜 또한 지원한다. 몇몇 가상 머신의 경우 doc, netdoc, systemresource 그리고 verbatim 같은 자바에 의해 내부적으로 사용되는 사용자 정의 프로토콜뿐만 아니라 mailto와 gopher도 지원한다.

 여러분이 필요한 프로토콜이 특정 가상 머신에서 지원되지 않는다면, 프로토콜 핸들러를 설치하여 URL 클래스가 해당 프로토콜을 지원하도록 할 수 있다. 하지만 실제로 이 방법은 들이는 노력에 비해서 유용하지 못하다. 차라리 해당 프로토콜을 지원하는 다른 라이브러리를 사용하는 편이 낫다.

생성자는 URL 스킴을 확인하는 것 이외에 해당 URL의 구성이 올바른지 확인하지 않는다. 생성된 URL의 유효성은 전적으로 프로그래머에게 달려 있다. 예를 들어, 자바는 HTTP URL에 있는 호스트네임에 공백이 없는지 또는 쿼리 문자열이 x-www-form-URL-encoded 형식이 맞는지 검사하지 않는다. 그리고 또한 자바는 mailto URL이 실제로 메일 주소를 포함하고 있는지 검사하지 않는다. 존재하지 않는 호스트와 존재하지만 접근이 허가되지 않은 호스트에 대해서도 확인하지 않으므로 해당 URL도 생성할 수 있다.

문자열을 이용하여 URL 생성하기

URL 클래스의 제일 간단한 생성자의 경우 단일 인자(single argument)로 아래와 같이 완전한 형식의 URL 문자열을 전달받는다.

```
public URL(String url) throws MalformedURLException
```

다른 일반적인 생성자들처럼 new 연산자와 함께 사용하며, MalformedURLException을 발생시킨다. 아래 코드는 문자열을 이용하여 URL 객체를 생성하고 예외를 처리한다.

```
try {
  URL u = new URL("http://www.audubon.org/");
} catch (MalformedURLException ex) {
  System.err.println(ex);
}
```

예제 5-1은 가상 머신이 지원하는 프로토콜을 확인하는 간단한 예제 프로그램이다. 이 예제는 15가지 프로토콜 각각에 대한 URL 객체를 만들려고 시도한다(8가지 표준 프로토콜, 세 가지 자바 API 정의 프로토콜, 네 가지 문서화되지 않은 자바 내부에서 사용되는 프로토콜). 지원하는 프로토콜일 경우 생성자는 성공적으로 호출되고, 지원하지 않는 프로토콜일 경우 MalformedURLException이 발생하므로 해당 프로토콜의 지원 여부를 확인할 수 있다.

예제 5-1 가상 머신이 지원하는 프로토콜은?

```
import java.net.*;

public class ProtocolTester {

  public static void main(String[] args) {

    // 하이퍼텍스트 전송 프로토콜
    testProtocol("http://www.adc.org");

    // 보안 http
    testProtocol("https://www.amazon.com/exec/obidos/order2/");

    // 파일 전송 프로토콜
    testProtocol("ftp://ibiblio.org/pub/languages/java/javafaq/");

    // 간이 메일 전송 프로토콜
    testProtocol("mailto:elharo@ibiblio.org");

    // 텔넷
    testProtocol("telnet://dibner.poly.edu/");

    // 로컬 파일 접근
    testProtocol("file:///etc/passwd");

    // gopher
    testProtocol("gopher://gopher.anc.org.za/");

    // LDAP, 경량 디렉터리 접근 프로토콜
    testProtocol(
        "ldap://ldap.itd.umich.edu/o=University%20of%20
Michigan,c=US?postalAddress");

    // JAR
    testProtocol(
        "jar:http://cafeaulait.org/books/javaio/ioexamples/javaio.jar!"
      + "/com/macfaq/io/StreamCopier.class");

    // NFS, 네트워크 파일 시스템
    testProtocol("nfs://utopia.poly.edu/usr/tmp/");

    // JDBC를 위한 사용자 정의 프로토콜
    testProtocol("jdbc:mysql://luna.ibiblio.org:3306/NEWS");

    // rmi, 원격 메소드 호출을 위한 사용자 정의 프로토콜
    testProtocol("rmi://ibiblio.org/RenderEngine");

    // HotJava를 위한 사용자 정의 프로토콜
```

```
    testProtocol("doc:/UsersGuide/release.html");
    testProtocol("netdoc:/UsersGuide/release.html");
    testProtocol("systemresource://www.adc.org/+/index.html");
    testProtocol("verbatim:http://www.adc.org/");
  }

  private static void testProtocol(String url) {
    try {
      URL u = new URL(url);
      System.out.println(u.getProtocol() + " is supported");
    } catch (MalformedURLException ex) {
      String protocol = url.substring(0, url.indexOf(':'));
      System.out.println(protocol + " is not supported");
    }
  }
}
```

이 예제 프로그램의 실행 결과는 실행되는 가상 머신에 따라 다르다. 아래는 맥 OS X에서
Java 7으로 실행한 결과다.

```
http is supported
https is supported
ftp is supported
mailto is supported
telnet is not supported
file is supported
gopher is not supported
ldap is not supported
jar is supported
nfs is not supported
jdbc is not supported
rmi is not supported
doc is not supported
netdoc is supported
systemresource is not supported
verbatim is not supported
```

RMI(Remote Method Invocation)와 JDBC(Java Database Connectivity)가 지원되지 않는 것처럼 보
이지만 실제와는 조금 다르다. JDK는 이 두 가지 프로토콜을 지원한다. 그러나 이 두 프
로토콜은 java.rmi와 java.sql의 다양한 부분을 통해서 각각 지원되며, 다른 프로토콜처럼
URL 클래스를 통해서 사용할 수 없다. (하지만 썬 마이크로시스템즈가 어떠한 이유로 의도적으
로 다른 프로토콜과는 다른 복잡한 메커니즘을 선택한 것이 아니라면 필자도 왜 이런 방법을 선택했는
지 잘 모르겠다.)

다른 자바 7 가상 머신들도 비슷한 결과를 보여 주지만, 오라클 코드베이스가 아닌 가상 머신들의 경우 가상 머신마다 지원하는 프로토콜이 다소 다른 경우도 있다. 예를 들어, 안드로이드의 달빅(Dalvik) 가상 머신은 기본적인 http, https, file, ftp 그리고 jar 프로토콜들만 지원한다.

URL의 구성요소를 이용하여 URL 생성하기

URL을 구성하는 프로토콜, 호스트네임, 파일을 각각 지정하여 URL 객체를 생성할 수도 있다.

```
public URL(String protocol, String hostname, String file)
    throws MalformedURLException
```

이 생성자는 포트로 -1을 설정하기 때문에 해당 프로토콜의 기본 포트가 사용된다. 파일 인자는 슬래시로 시작해야 하고 경로와 파일 이름 그리고 선택적으로 부위 지정자를 포함한다. 초기 슬래시를 빠트리는 실수를 하는 경우가 많으며, 발견하기 어려운 실수 중 하나이다. 이 생성자도 모든 URL 생성자들처럼 MalformedURLException을 발생시킨다. 예를 들어:

```
try {
  URL u = new URL("http", "www.eff.org", "/blueribbon.html#intro");
} catch (MalformedURLException ex) {
  throw new RuntimeException("shouldn't happen; all VMs recognize http");
}
```

이 예제는 HTTP 프로토콜(포트 80)에 대한 기본 포트를 사용하는, http://www.eff.org/blueribbon.html#intro 주소를 가리키는 URL 객체를 생성한다. 파일 항목은 앵커(anchor) 태그의 이름을 함께 포함한다. 그리고 이 코드는 가상 머신이 HTTP 프로토콜을 지원하지 않는 경우 발생하는 예외를 처리한다. 그러나 이러한 예외는 실제 상황에서는 거의 발생하지 않는다.

간혹 기본 포트를 사용하지 않는 경우에는 다음 생성자를 사용하면 포트를 정수로 명시할 수 있으며 나머지 인자는 동일하다. 예를 들어, 다음 코드는 명시적으로 포트 8000이 지정된, http://fourier.dur.ac.uk:8000/~dma3mjh/jsci/ 주소를 가리키는 URL 객체를 생성한다.

```
try {
  URL u = new URL("http", "fourier.dur.ac.uk", 8000, "/~dma3mjh/jsci/");
} catch (MalformedURLException ex) {
  throw new RuntimeException("shouldn't happen; all VMs recognize http");
}
```

상대적인 URL 생성하기

다음 생성자는 기반이 되는 URL과 상대적인 URL로부터 완전한 URL 하나를 생성한다.

```
public URL(URL base, String relative) throws MalformedURLException
```

예를 들어, 여러분이 http://www.ibiblio.org/javafaq/index.html 문서를 분석하는 중에 전체 URL이 아닌 파일명만 포함한 mailinglists.html 페이지에 대한 링크를 만났다고 생각해보자. 이런 경우에, 부족한 정보를 채우기 위해 해당 링크를 포함하고 있는 페이지의 URL을 사용할 수 있다. 생성자는 http://www.ibiblio.org/javafaq/mailinglists.html 같은 새로운 URL를 생성한다. 예를 들어:

```
try {
  URL u1 = new URL("http://www.ibiblio.org/javafaq/index.html");
  URL u2 = new URL (u1, "mailinglists.html");
} catch (MalformedURLException ex) {
  System.err.println(ex);
}
```

u1의 경로에서 파일 이름이 제거되고 새 파일 이름인 mailinglists.html가 u2를 만들기 위해 추가된다. 이 생성자는 같은 디렉터리 안에 있는 전체 파일 목록에 대한 루프를 처리할 때 특히 유용하다. 첫 번째 파일에 대한 URL 객체를 생성한 다음, 처음 생성한 URL 객체의 파일 이름을 변경하여 나머지 파일에 대한 URL 객체를 만드는 데 사용할 수 있다.

URL 객체를 생성하는 다른 방법들

여기서 언급된 생성자들 외에도, 자바 클래스 라이브러리에는 URL 객체를 반환하는 많은 메소드들이 존재한다. 자바 애플릿의 경우 getDocumentBase()는 애플릿을 포함하고 있는 페이지 URL을 반환하고, getCodeBase()는 애플릿 .class 파일에 대한 URL을 반환한다.

java.io.File 클래스는 인자로 전달된 파일과 매칭되는 file URL을 반환하는 toURL() 메소드를 제공한다. 이 메소드에 의해 반환되는 URL의 정확한 형식은 플랫폼에 따라 차이가 있다. 예를 들어, 윈도우의 경우 file:/D:/JAVA/JNP4/05/ToURLTest.java과 같이 형식으로 반환한다. 그러나 리눅스와 유닉스 계열에서는 file:/home/elharo/books/JNP4/05/ToURLTest.java과 같은 형식으로 반환한다. 실제로도 file URL은 플랫폼과 프로그램에 매우 의존적이다. 자바 file URL은 종종 웹 브라우저나 다른 프로그램의 URL과 교환해서 사용할 수 없는 경우가 생기며, 심지어 다른 플랫폼에서 실행되는 같은 자바 프로그램이 서로 교환할 수 없는 경우도 있다.

클래스 로더(Class loader)는 클래스 로딩뿐만 아니라 이미지나 오디오 파일 같은 리소스를 로딩하는 데도 사용된다. ClassLoader.getSystemResource(String name) 정적 메소드는 읽을 수 있는 단일 리소스로부터 URL을 반환한다. ClassLoader.getSystemResources(String name) 메소드는 읽을 수 있는 리소스의 URL 객체 목록을 포함하는 Enumeration 객체를 반환한다. 그리고 마지막으로, 인스턴스 메소드 getResource(String name)는 인자로 전달된 리소스를 찾기 위해 참조된 클래스 로더에 의해 사용된 경로를 탐색한다. 이러한 메소드에 의해 반환된 URL은 file URL, HTTP URL 아니면 다른 스킴일 수도 있다. 리소스의 전체 경로는 /com/macfaq/sounds/swale.au 또는 com/macfaq/images/headshot.jpg와 같은 마침표 대신 슬래시로 된 자바 패키지 이름과 같은 구성이다. 자바 가상 머신은 요청된 리소스를 클래스 경로(classpath)와 JAR 아카이브 안에서 찾으려고 할 것이다.

클래스 라이브러리의 여기저기에는 URL 객체를 반환하는 몇몇 다른 메소드들이 있지만, 대부분 단순히 URL 객체를 반환하는 역할만 한다. 이전 장에서 이미 객체를 생성할 때 사용한 적이 있기 때문에 여러분은 이미 알고 있는 내용일 것이다. 예를 들어, javax.swing.JEditorPane 클래스의 getPage() 메소드와 java.net.URLConnection 클래스의 getURL() 메소드가 있다.

URL에서 데이터 가져오기

URL 자체로는 별로 흥미로울 것이 없다. 정말 흥미로운 것은 URL이 가리키는 문서 안에 포함된 데이터다. URL 클래스는 URL로부터 데이터를 가져오기 위한 몇몇 메소드를 제공한다.

```
public InputStream openStream() throws IOException
public URLConnection openConnection() throws IOException
public URLConnection openConnection(Proxy proxy) throws IOException
public Object getContent() throws IOException
public Object getContent(Class[] classes) throws IOException
```

이 메소드들 중에서 가장 기본이 되고 일반적으로 사용되는 메소드는 openStream()이며, 이 메소드는 데이터를 읽을 수 있는 InputStream을 반환한다. 단순한 다운로드 이상의 제어가 필요한 경우, 대신 openConnection을 호출할 수 있으며, 이 메소드는 설정 변경 후 해당 연결로부터 InputStream을 얻을 수 있는 URLConnection을 반환한다. URLConnection에 대해서는 제7장에서 좀 더 자세히 다룬다. 마지막으로, getContent() 메소드를 사용하여 URL 객체의 콘텐츠를 요청할 수 있으며, 이 메소드는 String이나 Image와 같은 좀 더 완전한 객체를 반환하며, 한편으로 단순히 InputStream을 반환하기도 한다.

public final InputStream openStream() throws IOException

openStream() 메소드는 URL에 의해 참조된 리소스에 연결하고 서버와 클라이언트의 연결에 필요한 작업(handshaking)을 처리한 다음, 데이터를 읽을 수 있는 InputStream을 반환한다. 반환된 InputStream을 통해서 읽은 데이터는 URL이 참조하는 원본(변환 또는 해석되지 않은) 그대로의 데이터다. 아스키 텍스트 파일을 읽고 있다면 아스키, HTML 파일을 읽고 있다면 원본 HTML, 이미지 파일을 읽고 있다면 바이너리 이미지 데이터 등등이다. 이 데이터에는 통신에 필요한 HTTP 헤더나 다른 프로토콜 관련된 어떠한 정보도 포함되지 않는다. 반환된 InputStream은 기존에 다른 InputStream을 사용해서 읽던 방식과 동일한 방식으로 읽는다. 예를 들어:

```
try {
  URL u = new URL("http://www.lolcats.com");
  InputStream in = u.openStream();
  int c;
  while ((c = in.read()) != -1) System.out.write(c);
  in.close();
} catch (IOException ex) {
  System.err.println(ex);
}
```

이 예제는 IOException뿐만 아니라 URL 생성자에서 발생하는 MalformedURLException도 함께 처리할 수 있다. 이것은 MalformedURLException이 IOException의 서브클래스이기 때문이다.

대부분의 네트워크 스트림처럼 스트림의 안정적인 종료(closing)에는 약간의 노력이 필요하다. 자바 6과 그 이전 버전에서는 해제 패턴(dispose pattern)을 일반적으로 사용했다. 스트림

변수를 try 블록 바깥에 선언하고 널(null)로 설정한다. 그리고 finally 블록 안에서 해당 변수가 널(null)이 아닐 때 닫는다. 예를 들어:

```
InputStream in = null
try {
  URL u = new URL("http://www.lolcats.com");
  in = u.openStream();
  int c;
  while ((c = in.read()) != -1) System.out.write(c);
} catch (IOException ex) {
  System.err.println(ex);
} finally {
  try {
    if (in != null) {
      in.close();
    }
  } catch (IOException ex) {
    // 무시한다
  }
}
```

자바 7에서는 try-with-resources 구문을 사용함으로써 좀 더 명확해진다.

```
try {
  URL u = new URL("http://www.lolcats.com");
  try (InputStream in = u.openStream()) {
    int c;
    while ((c = in.read()) != -1) System.out.write(c);
  }
} catch (IOException ex) {
  System.err.println(ex);
}
```

예제 5-2는 명령라인으로부터 URL을 입력받고, 해당 URL로부터 InputStream을 연다. 그리고 InputStream을 기본 인코딩을 사용하는 InputStreamReader에 연결한 다음, 파일로부터 연속적인 문자들을 읽기 위해 InputStreamReader의 read() 메소드를 사용한다. 마지막으로 읽은 각각의 문자들을 System.out을 사용하여 출력한다. 다시 말하면, 이 예제는 URL이 참고하는 대상을 원본 그대로 출력하며, 참고 대상이 HTML 파일인 경우 이 프로그램의 출력 결과는 HTML이 된다.

```java
import java.io.*;
import java.net.*;

public class SourceViewer {

  public static void main (String[] args) {
    if (args.length > 0) {
      InputStream in = null;
      try {
        // 읽기 위해 URL을 연다
        URL u = new URL(args[0]);
        in = u.openStream();
        // 입력의 성능을 높이기 위한 버퍼
        in = new BufferedInputStream(in);
        // InputStream을 Reader로 연결(chain)
        Reader r = new InputStreamReader(in);
        int c;
        while ((c = r.read()) != -1) {
          System.out.print((char) c);
        }
      } catch (MalformedURLException ex) {
        System.err.println(args[0] + " is not a parseable URL");
      } catch (IOException ex) {
        System.err.println(ex);
      } finally {
        if (in != null) {
          try {
            in.close();
          } catch (IOException e) {
            // 무시한다
          }
        }
      }
    }
  }
}
```

그리고 아래는 SourceViewer 예제가 http://www.oreilly.com으로부터 다운로드한 결과의 처음 몇 줄이다.

```
&lt;!DOCTYPE HTML PUBLIC "-//W3C//DTD HTML 4.01 Transitional//EN"&gt;
&lt;html xmlns="http://www.w3.org/1999/xhtml" lang="en-US" xml:lang="en-US"&gt;
&lt;head&gt;
&lt;title&gt;oreilly.com -- Welcome to O'Reilly Media, Inc. -- computer books,
```

```
software conferences, online publishing&lt;/title&gt;
&lt;meta name="keywords" content="O'Reilly, oreilly, computer books, technical
books, UNIX, unix, Perl, Java, Linux, Internet, Web, C, C++, Windows, Windows
NT, Security, Sys Admin, System Administration, Oracle, PL/SQL, online books,
books online, computer book online, e-books, ebooks, Perl Conference, Open Source
Conference, Java Conference, open source, free software, XML, Mac OS X, .Net, dot
net, C#, PHP, CGI, VB, VB Script, Java Script, javascript, Windows 2000, XP,
```

실제 웹 페이지는 위에 표시한 것보다 더 많은 내용을 담고 있다. 웹 브라우저로 해당 페이지를 방문하여 확인할 수 있다.

이 프로그램의 가장 큰 단점은 URL이 가리키는 대상이 텍스트 형식이라고 쉽게 가정했다는 것인데 항상 그런 것은 아니다. URL이 가리키는 대상은 GIF 또는 JPEG 이미지, MP3 사운드 파일, 또는 뭐든 될 수 있다. 비록 텍스트 형식인 경우에도 문서의 인코딩 방식이 클라이언트 시스템의 기본 인코딩과 같지 않을 수 있다. 즉, 원격 호스트와 로컬 클라이언트가 같은 기본 문자 집합을 가지고 있지 않다. 일반적으로 웹 페이지에서 사용하는 문자 집합은 아스키와 다르며, HTML 페이지는 헤더에 사용하는 문자 집합을 명시하는 META 태그를 포함한다. 예를 들어, 아래 META 태그는 중국어을 위한 Big-5 인코딩을 지정한다.

```
<meta http-equiv="Content-Type" content="text/html; charset=big5">
```

XML 문서의 경우 META 태그 대신 다음과 같은 XML 선언을 포함하고 있다.

```
<?xml version="1.0" encoding="Big5"?>
```

실제로 파일을 분석하여 이와 같은 헤더를 찾지 않고서는 이 정보를 얻을 수 있는 쉬운 방법이 없으며, 심지어 이러한 정보에 접근이 제한된 경우도 있다. 라틴 알파벳으로 직접 타이핑된 많은 HTML 파일들은 META 태그와 같은 인코딩 정보가 빠진 경우가 많다. 윈도우, 맥 그리고 대부분의 유닉스 시스템에서는 이러한 문서에 나타난 128에서 255 사이의 확장 문자들을 다소 다르게 해석할 수 있기 때문에, 이 문서들이 작성된 곳과 다른 플랫폼에서는 제대로 해석되지 못할 수도 있다. 그리고 이와 같은 상황을 피하더라도 실제 문서 앞에 전송되는 HTTP 헤더에, 문서 자체에 명시된 인코딩과는 완벽히 모순된 자신의 인코딩 정보를 포함하는 경우가 있다. URL 클래스를 사용하여 이 헤더들을 읽을 수 없으나, openConnection() 메소드가 반환하는 URLConnection 객체를 사용하면 가능하다. 인코딩 선언과 탐지는 웹 아키텍처에서 가장 곤란한 부분 중 하나다.

public URLConnection openConnection() throws IOException

openConnection() 메소드는 지정된 URL에 대한 소켓을 열고 URLConnection 객체를 반환한다. URLConnection은 네트워크 리소스에 대한 열린 연결을 의미한다. 이 메소드는 호출이 실패할 경우, IOException을 발생시킨다. 예를 들어:

```
try {
  URL u = new URL("https://news.ycombinator.com/");
  try {
    URLConnection uc = u.openConnection();
    InputStream in = uc.getInputStream();
    // 데이터를 읽는다...
  } catch (IOException ex) {
    System.err.println(ex);
  }
} catch (MalformedURLException ex) {
  System.err.println(ex);
}
```

서버와 직접 통신이 필요한 경우에만 이 메소드를 사용해야 한다. URLConnection는 서버로부터 보내진 모든 것에 대한 접근 권한을 여러분에게 준다. 문서 자체의 원본 데이터에 대한 접근뿐만 아니라[예를 들어, HTML, 평문(plain text), 바이너리 이미지 데이터], 프로토콜에 명시된 모든 메타데이터(metadata)에 접근할 수 있다. 예를 들어, HTTP 또는 HTTPS 스킴인 경우, URLConnection은 HTML 텍스트 이외에 HTTP 헤더에도 접근할 수 있다. 또한 URLConnection 클래스는 URL로부터 읽는 것뿐만 아니라 쓰는 것도 가능하다. 예를 들어 mailto URL로 메일을 보내거나 폼 데이터(form data)를 전송하는 경우가 있다. URLConnection 클래스는 제7장의 주제이므로 그때 자세히 다룬다.

이 메소드의 오버로드된 변형은 연결이 통과할 프록시 서버를 지정하는 인자가 제공된다.

```
public URLConnection openConnection(Proxy proxy) throws IOException
```

이 메소드에 전달된 프록시 설정은 socksProxyHost, socksProxyPort, http.proxyHost, http.proxyPort, http.nonProxyHosts와 같은 시스템 속성의 프록시 설정보다 우선한다. 프로토콜 핸들러가 프록시를 지원하지 않는 경우, 인자로 전달된 프록시는 무시되고 가능하다면 직접적으로 연결이 만들어진다.

public final Object getContent() throws IOException

getContent() 메소드는 URL이 참조하는 데이터를 다운로드받는 세 번째 방법이다. getContent() 메소드는 URL이 참조하는 데이터를 받고 해당 타입의 객체로 만들려고 시도한다. URL이 ASCII나 HTML 파일과 같은 텍스트 종류를 참조하는 경우, 일반적으로 InputStream의 한 종류를 반환한다. URL이 GIF 또는 JPEG 같은 이미지를 참조하는 경우, getContent() 메소드는 일반적으로 java.awt.ImageProducer 객체를 반환한다. 이러한 전혀 다른 두 클래스를 통합할 수 있는 것은 이것들이 실제 텍스트나 그림 파일 자체가 아니라 프로그램에서 그런 것을 생성할 수 있도록 해 주는 수단이기 때문이다.

```
URL u = new URL("http://mesola.obspm.fr/");
Object o = u.getContent();
// Object를 적절한 타입으로 캐스팅하여 처리...
```

getContent() 메소드는 서버로부터 받은 데이터의 헤더에서 Content-type 필드를 확인하는 방법으로 동작한다. 서버가 MIME 헤더를 사용하지 않거나 Content-type 같은 필드를 보내지 않을 경우, 데이터를 읽을 수 있는 InputStream의 한 종류를 반환한다. 객체가 반환되지 못할 경우 IOException이 발생한다. 예제 5-3은 이 메소드의 예제를 나타낸다.

예제 5-3 객체 가져오기

```java
import java.io.*;
import java.net.*;

public class ContentGetter {

  public static void main (String[] args) {

    if (args.length > 0) {
      // 읽기 위한 URL을 연다.
      try {
        URL u = new URL(args[0]);
        Object o = u.getContent();
        System.out.println("I got a " + o.getClass().getName());
      } catch (MalformedURLException ex) {
        System.err.println(args[0] + " is not a parseable URL");
      } catch (IOException ex) {
        System.err.println(ex);
      }
    }
  }
}
```

아래는 위 예제 프로그램을 사용하여 http://www.oreilly.com의 콘텐츠를 받으려고 할 때의 실행 결과다.

```
% java ContentGetter http://www.oreilly.com/ I got a
sun.net.www.protocol.http.HttpURLConnection$HttpInputStream
```

정확한 클래스 이름은 자바의 버전마다 다를 수 있지만 (자바 초기 버전에서는 java.io.Pushback InputStream 또는 sun.net.www.http.KeepAliveStream) InputStream 클래스 형태여야 한다.

아래는 위 페이지에서 상단 이미지를 가져올 때의 실행 결과다.

```
% java ContentGetter http://www.oreilly.com/graphics_new/animation.gif
I got a sun.awt.image.URLImageSource
```

아래는 getContent() 메소드로 자바 애플릿을 가져올 때 무슨 일이 발생하는지 보여 준다.

```
% java ContentGetter http://www.cafeaulait.org/RelativeURLTest.class
I got a sun.net.www.protocol.http.HttpURLConnection$HttpInputStream
```

아래는 getContent() 메소드로 오디오 파일을 가져올 때 무슨 일이 발생하는지 보여 준다.

```
% java ContentGetter http://www.cafeaulait.org/course/week9/spacemusic.au
I got a sun.applet.AppletAudioClip
```

위 결과 중에 마지막이 다소 이상해 보이는 이유는 이 클래스가 사운드 파일을 표현하는 클래스를 가져오는 자바 코어 API에 가깝기 때문이다. 그것은 여러분이 읽을 사운드 데이터에 대한 단순한 인터페이스 클래스가 아니다.

이 예제는 getContent() 메소드 사용의 가장 큰 문제점을 보여 준다. 어떤 종류의 객체가 반환될지 예측하기 어렵다는 것이다. InputStream의 한 종류나 ImageProducer 또는 AudioClip 등이 반환될 수 있다. instanceof 연산자를 사용하면 반환된 객체의 종류를 쉽게 확인할 수 있는데, 이 정보를 이용하면 충분히 텍스트 파일을 읽거나 이미지를 출력할 수 있다.

public final Object getContent(Class[] classes) throws IOException

URL 클래스의 콘텐츠 핸들러는 리소스에 대해 반환 가능한 클래스의 목록을 제공하는 방법을 제공한다. getContent() 메소드의 오버로드된 변형은 콘텐츠가 어떤 클래스 타입으로 반환될지 선택할 수 있다. 이 메소드는 URL의 콘텐츠를 인자로 전달된 목록에서 최초로 가능한 형식으로 반환하려고 시도한다. 예를 들어, HTML 파일을 첫 번째로 String, 그리고 두 번째로 Reader, 세 번째로 InputStream 순서로 반환되기를 선호할 경우 다음과 같이 코드를 작성할 수 있다.

```
URL u = new URL("http://www.nwu.org");
Class<?>[] types = new Class[3];
types[0] = String.class;
types[1] = Reader.class;
types[2] = InputStream.class;
Object o = u.getContent(types);
```

콘텐츠 핸들러가 해당 리소스를 문자열 표현으로 반환하는 방법을 알고 있을 경우 해당 리소스를 String으로 반환하고, 문자열 표현으로 반환하는 방법을 모를 경우 Reader로 반환을 시도한다. 그리고 Reader로 표현하는 방법 역시 모를 경우 InputStream으로 반환한다. 반환된 객체는 타입 확인을 위해 instanceof를 사용하여 테스트해야 한다. 예를 들어:

```
if (o instanceof String) {
  System.out.println(o);
} else if (o instanceof Reader) {
  int c;
  Reader r = (Reader) o;
  while ((c = r.read()) != -1) System.out.print((char) c);
  r.close();
} else if (o instanceof InputStream) {
  int c;
  InputStream in = (InputStream) o;
  while ((c = in.read()) != -1) System.out.write(c);
  in.close();
} else {
  System.out.println("Error: unexpected type " + o.getClass());
}
```

URL 구성 요소 나누기

URL은 다음 5가지 요소로 구성된다.

- 스킴(scheme) 또는 프로토콜
- 기관(authority)
- 경로(path)
- 부위 지정자(fragment identifier) 또는 섹션(section) 또는 참조(ref)
- 쿼리 문자열

예를 들어, 다음 http://www.ibiblio.org/javafaq/books/jnp/index.html?isbn=1565922069#toc URL에서 스킴은 http, 기관은 www.ibiblio.org, 경로는 /javafaq/books/jnp/index.html, 부위 지정자는 toc, 그리고 쿼리 문자열은 isbn=1565922069dlek. 그러나 모든 URL이 모든 구성 요소를 포함하고 있는 것은 아니다. 예를 들어, 다음 http://www.faqs.org/rfcs/rfc3986.html URL은 스킴, 기관 그리고 경로만 포함하고 부위 지정자와 쿼리 문자열은 없다.

기관은 사용자 정보, 호스트 그리고 포트로 더 세분화될 수 있다. 예를 들어, 다음 http://admin@www.blackstar.com:8080/ URL의 기관은 admin@www.blackstar.com:8080이다. 이 기관은 사용자 정보 admin, 호스트 www.blackstart.com, 포트 8080으로 나눌 수 있다.

URL의 이러한 요소를 읽을 수 있는 9개의 public 메소드가 제공된다. getFile(), getHost(), getPort(), getProtocol(), getRef(), getQuery(), getPath(), getUserInfo(), getAuthority().

public String getProtocol()

getProtocol() 메소드는 URL의 스킴을 포함한 String을 반환한다(예: "http", "https", 또는 "file"). 예를 들어, 다음 코드는 https를 출력한다.

```
URL u = new URL("https://xkcd.com/727/");
System.out.println(u.getProtocol());
```

public String getHost()

getHost() 메소드는 URL의 호스트네임을 포함한 String을 반환한다. 예를 들어, 다음 코드는 xkcd.com을 출력한다.

```
URL u = new URL("https://xkcd.com/727/");
System.out.println(u.getHost());
```

public int getPort()

getPort() 메소드는 URL에 명시된 포트 번호를 정수로 반환한다. URL에 포트 번호가 없는 경우 getPort() 메소드는 명시된 포트 번호가 없음을 의미하는 -1을 반환하고, URL은 해당 프로토콜의 기본 포트를 사용한다. 예를 들어, URL이 http://www.userfriendly.org/인 경우에 getPort()는 -1을 반환한다. URL이 http://www.userfriendly.org:80/인 경우에 getPort()는

80을 반환한다. 다음 코드는 포트 번호가 URL에 명시되지 않았기 때문에 포트 번호로 -1
을 출력한다.

```
URL u = new URL("http://www.ncsa.illinois.edu/AboutUs/");
System.out.println("The port part of " + u + " is " + u.getPort());
```

public int getDefaultPort()

getDefaultPort() 메소드는 URL에 명시된 포트가 없을 때 해당 URL의 프로토콜이 사
용하는 기본 포트 번호를 반환한다. 기본 포트가 정의되지 않은 프로토콜의 경우
getDefaultPort()는 -1을 반환한다. 예를 들어, URL이 http://www.userfriendly.org/인 경
우 getDefaultPort()는 80을 반환한다. URL이 ftp://ftp.userfriendly.org:8000/인 경우
getDefaultPort()는 21을 반환한다.

public String getFile()

getFile() 메소드는 URL의 경로 부분을 포함한 String을 반환한다. 자바는 URL의 경로와
파일 부분을 나누어 처리하지 않는다는 것을 기억하자. 호스트네임 다음의 첫 번째 슬래
시(/)로부터 부위 지정자의 시작을 나타내는 # 기호 이전까지의 문자 전체가 파일 부분으로
간주된다. 예를 들어:

```
URL page = this.getDocumentBase();
System.out.println("This page's path is " + page.getFile());
```

URL에 파일 부분이 없는 경우 자바는 파일을 빈 문자열로 설정한다.

public String getPath()

getPath() 메소드는 getFile() 메소드와 거의 유사하다. 즉, URL의 경로와 파일 부분을 포함
한 String을 반환한다. 그러나 getFile() 메소드와 달리 반환하는 String에 쿼리 문자열이 포
함되지 않으며 단지 경로만 포함된다.

메소드 이름을 보고 예상한 것과는 달리 getPath() 메소드는 디렉터리 경로만을 반환하지 않
으며, getFile() 메소드는 파일 이름만을 반환하지 않는다는 사실을 기억해야 한다. getPath()
와 getFile() 둘 다 전체 경로와 파일 이름을 반환한다. 이 두 메소드의 유일한 차이점은
getFile()은 쿼리 문자열도 같이 반환하지만 getPath()는 그렇지 않다는 것이다.

public String getRef()

getRef() 메소드는 URL의 부위 지정자 부분을 반환한다. URL에 부위 지정자 부분이 없는 경우 이 메소드는 null을 반환한다. 아래 코드에서 getRef()는 xtocid1902914 문자열을 반환한다.

```
URL u = new URL(
    "http://www.ibiblio.org/javafaq/javafaq.html#xtocid1902914");
System.out.println("The fragment ID of " + u + " is " + u.getRef());
```

public String getQuery()

getQuery() 메소드는 URL의 쿼리 문자열을 반환한다. URL에 쿼리 문자열이 없는 경우 getQuery() 메소드는 널(null)을 반환한다. 아래 코드에서 getQuery() 메소드는 category=Piano 문자열을 반환한다.

```
URL u = new URL(
    "http://www.ibiblio.org/nywc/compositions.phtml?category=Piano");
System.out.println("The query string of " + u + " is " + u.getQuery());
```

public String getUserInfo()

종종 URL에 사용자 이름과 패스워드 정보가 포함된 경우가 있다. 이 정보는 스킴과 호스트 사이에 위치한다. 사용자 이름과 패스워드를 구분하는 데 @ 심벌이 사용된다. 예를 들어 다음 http://elharo@java.oreilly.com/ URL에서 사용자 정보는 elharo이다. 사용자 정보에 패스워드가 포함된 경우도 종종 있다. 예를 들면, 다음 ftp://mp3:secret@ftp.example.com/c%3a/stuff/mp3/ URL에서 사용자 정보는 mp3:secret이다. 그러나 대부분의 경우에 URL에 패스워드를 포함하는 것은 보안에 매우 취약하다. URL에 아무런 사용자 정보가 없는 경우 getUserInfo() 메소드는 널(null)을 반환한다.

Mailto URL에 대해 이 메소드를 사용하면 기대하는 것처럼 동작하지 않는다. Mailto URL의 경우 다음과 같은 mailto:elharo@ibiblio.org URL에서 "elharo@ibiblio.org"는 경로이며, 사용자 정보나 호스트가 아니다. 이 경우 URL은 메시지를 보내는 호스트와 사용자가 아닌 메시지의 원격 수신자를 명시하기 때문이다.

public String getAuthority()

URL의 스킴과 경로 사이에 있는 것이 기관(authority)이다. URI의 이 부분은 해당 리소스를 제공하는 기관을 가리킨다. 대부분의 경우 기관에는 사용자 정보, 호스트, 포트 번호가 포함된다. 예를 들어, 다음 ftp://mp3:mp3@138.247.121.61:21000/c%3a/ URL에서 기관은 mp3:mp3@138.247.121.61:21000, 사용자 정보는 mp3:mp3, 호스트는 138.247.121.61, 그리고 포트는 21000이다. 그러나 모든 URL이 항상 모든 구성 요소를 포함하고 있는 것은 아니다. 예를 들어, 다음 http://conferences.oreilly.com/java/speakers/ URL의 경우 기관은 단순히 호스트네임인 conferences.oreilly.com이 된다. getAuthority() 메소드는 URL상에 표시된 기관을 반환하며 사용자 정보와 포트는 있을 수도 있고 없을 수도 있다.

예제 5-4는 명령라인으로 입력된 URL을 각 구성 요소들로 분할하기 위해 이러한 메소드들을 사용한다.

예제 5-4 **URL의 구성 요소**

```
import java.net.*;

public class URLSplitter {

  public static void main(String args[]) {

    for (int i = 0; i < args.length; i++) {
      try {
        URL u = new URL(args[i]);
        System.out.println("The URL is " + u);
        System.out.println("The scheme is " + u.getProtocol());
        System.out.println("The user info is " + u.getUserInfo());

        String host = u.getHost();
        if (host != null) {
          int atSign = host.indexOf('@');
          if (atSign != -1) host = host.substring(atSign+1);
          System.out.println("The host is " + host);
        } else {
          System.out.println("The host is null.");
        }

        System.out.println("The port is " + u.getPort());
        System.out.println("The path is " + u.getPath());
        System.out.println("The ref is " + u.getRef());
        System.out.println("The query string is " + u.getQuery());
      } catch (MalformedURLException ex) {
```

```
        System.err.println(args[i] + " is not a URL I understand.");
      }
      System.out.println();
    }
  }
}
```

아래는 이 장에서 예를 든 URL을 대상으로 이 프로그램을 실행한 결과다.

```
% java URLSplitter \
ftp://mp3:mp3@138.247.121.61:21000/c%3a/ \
http://www.oreilly.com \
http://www.ibiblio.org/nywc/compositions.phtml?category=Piano \
http://admin@www.blackstar.com:8080/ \

The URL is ftp://mp3:mp3@138.247.121.61:21000/c%3a/
The scheme is ftp
The user info is mp3:mp3
The host is 138.247.121.61
The port is 21000
The path is /c%3a/
The ref is null
The query string is null
The URL is http://www.oreilly.com
The scheme is http
The user info is null
The host is www.oreilly.com
The port is -1
The path is
The ref is null
The query string is null

The URL is http://www.ibiblio.org/nywc/compositions.phtml?category=Piano
The scheme is http
The user info is null
The host is www.ibiblio.org
The port is -1
The path is /nywc/compositions.phtml
The ref is null
The query string is category=Piano

The URL is http://admin@www.blackstar.com:8080/
The scheme is http
The user info is admin
The host is www.blackstar.com
The port is 8080
The path is /
The ref is null
The query string is null
```

URL 비교하기

URL 클래스는 일반적인 클래스에서 제공하는 equals와 hashCode() 메소드를 제공한다. 이러한 메소드는 여러분의 예상과 거의 비슷하게 동작한다. 두 개의 URL이 같은 호스트, 포트, 경로, 부위 지정자의 같은 리소스를 가리키고 있다면 이 둘은 같다고 생각할 수 있다. 그러나 여기에 한 가지 놀라운 사실이 있다. equals() 메소드는 실제로 해당 호스트에 대한 DNS 쿼리를 시도한다. 그래서 예를 들어, http://www.ibiblio.org/ URL과 http://ibiblio.org/ URL은 같다고 판단한다.

 이 이야기는 URL의 equals() 메소드가 잠재적인 블로킹 I/O 동작임을 의미한다! 이러한 이유로, java.util.HashMap과 같이 equals() 메소드를 사용하는 데이터 구조에 URL을 저장하는 것을 피해야 한다. 이러한 경우에는 java.net.URI를 사용하는 것이 좋으며, 필요에 따라 URI와 URL을 서로 변환해야 한다.

반면에 equals() 메소드는 두 URL에 의해 식별된 리소스를 실제로 비교조차 하지 않는다. 예를 들어, http://www.oreilly.com/는 http://www.oreilly.com/index.html와 같지 않다. 그리고 http://www.oreilly.com:80는 http://www.oreilly.com/와 같지 않다.

예제 5-5는 http://www.ibiblio.org/와 http://ibiblio.org/에 대한 URL 객체를 만들고 equals() 메소드를 사용하여 이 두 개가 같은지 알려 준다.

예제 5-5 http://www.ibiblio.org와 http://ibiblio.org는 같은가?

```
import java.net.*;

public class URLEquality {

  public static void main (String[] args) {
    try {
      URL www = new URL ("http://www.ibiblio.org/");
      URL ibiblio = new URL("http://ibiblio.org/");
      if (ibiblio.equals(www)) {
        System.out.println(ibiblio + " is the same as " + www);
      } else {
        System.out.println(ibiblio + " is not the same as " + www);
      }
    } catch (MalformedURLException ex) {
      System.err.println(ex);
    }
  }
}
```

이 프로그램을 실행하면 다음과 같은 결과를 볼 수 있다.

```
% java URLEquality
http://www.ibiblio.org/ is the same as http://ibiblio.org/
```

URL 클래스는 Comparable 인터페이스를 구현하지 않는다.

URL 클래스는 또한 두 URL이 같은 리소스를 참조하고 있는지 확인하기 위한 sameFile()
메소드를 제공한다.

```
public boolean sameFile(URL other)
```

비교 방식은 기본적으로 equals()와 같고 DNS 쿼리 역시 포함하지만, sameFile()은 부위 지
정자를 고려하지 않는다. 다음 http://www.oreilly.com/index.html#p1 URL과 http://www.
oreilly.com/index.html#p2 URL에 대해 equals() 메소드는 false를 반환하지만 sameFile() 메
소드는 true를 반환한다.

아래에 두 URL을 비교하는 데 sameFile() 메소드를 사용하는 예제가 있다.

```
URL u1 = new URL("http://www.ncsa.uiuc.edu/HTMLPrimer.html#GS");
URL u2 = new URL("http://www.ncsa.uiuc.edu/HTMLPrimer.html#HD");
if (u1.sameFile(u2)) {
  System.out.println(u1 + " is the same file as \n" + u2);
} else {
  System.out.println(u1 + " is not the same file as \n" + u2);
}
```

실행 결과 출력은:

```
http://www.ncsa.uiuc.edu/HTMLPrimer.html#GS is the same file as
http://www.ncsa.uiuc.edu/HTMLPrimer.html#HD
```

URL 변환하기

URL 클래스는 인스턴스를 다른 형식으로 변환하는 세 가지 메소드를 제공한다. toString(),
toExternalForm() 그리고 toURI().

다른 클래스들과 마찬가지로 java.net.URL 클래스도 toString() 메소드를 제공한다. toString() 메소드는 항상 http://www.cafeaulait.org/javatutorial.html과 같은 완전한 URL 형태를 반환한다. toString()을 명시적으로 호출하는 경우는 흔하지 않으며, 출력 구문에서 toString() 메소드가 은연중에서 호출된다. 출력 구문 이외에는 toString() 대신 toExternalForm()을 더 많이 사용한다.

```
public String toExternalForm()
```

toExternalForm() 메소드는 URL 객체를 HTML 링크 또는 웹 브라우저의 URL 열기 대화 상자에서 사용할 수 있는 문자열로 변환한다.

toExternalForm() 메소드는 URL을 사람이 읽을 수 있는 문자열 형태로 반환한다. 이 기능은 toString() 메소드와 동일하다. 사실 toString() 메소드가 하는 일은 toExternalForm() 메소드를 반환하는 것이 전부다.

마지막으로, toURI() 메소드는 URL 객체를 동등한 URI 객체로 변환한다.

```
public URI toURI() throws URISyntaxException
```

URI 클래스에 대해서는 곧 설명할 것이다. 그전까지는, URI 클래스는 URL 클래스보다 더 정확하고 규격을 잘 따르는 클래스라고 알아두면 된다. 절대화(absolutization)나 인코딩 같은 연산 작업에는 선택의 여지가 있는 경우 URL보다 URI 클래스를 사용하는 편이 낫다. 그리고 또한 해시 테이블(hash table)이나 다른 데이터 구조에 URL을 저장하는 경우에도 논블로킹(non-blocking) equals() 메소드를 제공하는 URI 클래스를 사용하는 편이 낫다. URL 클래스는 주로 서버로부터 콘텐츠를 다운로드받는 용도로 사용되어야 한다.

URI 클래스

URI는 URL을 일반화(generalization)시킨 것이며 URL뿐만 아니라 URN(Uniform Resource Name)도 함께 포함한다. 실제로 사용되는 대부분의 URI는 URL이다. 그러나 XML과 같은 대부분의 스펙(specification)과 표준은 URI의 관점에서 정의된다. 자바에서 URI는 java.net.URI 클래스로 표현된다. 이 클래스는 다음 세 가지 점에서 java.net.URL 클래스와 구별된다.

- URI 클래스는 순수하게 리소스를 식별하고 URI를 분석하는 기능만 제공한다. URI 가 참조하는 리소스를 가져오는 메소드는 제공하지 않는다.
- URI 클래스는 URL 클래스보다 관련된 스펙 및 표준 사항을 더 잘 따른다.
- URI 객체는 상대적인 URI를 표현할 수 있다. URL 클래스는 모든 URI를 저장하기 전에 절대 URL 형태로 변경한다.

요약하자면, URL 객체는 네트워크 전송을 위한 애플리케이션 계층 프로토콜을 표현하는 객체인 반면, URI 객체는 순수하게 문자열 분석과 조작을 위한 객체이다. URI 클래스는 네트워크 전송을 위한 메소드가 없다. URL 클래스도 getFile()과 getRef() 같은 문자열 분석 메소드를 일부 제공하지만, 이들은 해당 스펙에 정의된 대로 정확하게 동작하지 않는다. 일 반적으로 URL이 참조하는 콘텐츠를 전송할 경우 URL 클래스를 사용하고, 전송보다는 리 소스를 식별할 목적으로 사용할 경우 URI 클래스를 사용한다. 예를 들어, XML 네임스페 이스(namespace)를 표현하는 데 사용한다. URI와 URL 둘 모두 필요한 경우, URI의 toURL 메소드와 URL의 toURI 메소드를 사용하여 상호 변환이 가능하다.

URI 생성하기

URI 객체는 문자열로부터 만든다. 전체 URI를 구성하는 단일 문자열을 생성자의 인자로 전달하거나 개별 요소를 전달할 수 있다.

```
public URI(String uri) throws URISyntaxException
public URI(String scheme, String schemeSpecificPart, String fragment)
    throws URISyntaxException
public URI(String scheme, String host, String path, String fragment)
    throws URISyntaxException
public URI(String scheme, String authority, String path, String query,
    String fragment) throws URISyntaxException
public URI(String scheme, String userInfo, String host, int port,
    String path, String query, String fragment) throws URISyntaxException
```

URL 클래스와는 달리 URI 클래스는 내장된 프로토콜 핸들러의 영향을 받지 않는다. URI 가 문법적으로 문제가 없는 한, 자바가 URI 객체를 만들기 위해 URI의 프로토콜을 꼭 이 해해야만 하는 것은 아니다. 그렇기 때문에 URL 클래스와는 달리 URI 클래스는 새로운 URI를 시험하는 용도로 사용될 수 있다.

첫 번째 생성자는 적절한 문자열로부터 새 URI 객체를 생성한다. 예를 들어:

```
URI voice = new URI("tel:+1-800-9988-9938");
URI web = new URI("http://www.xml.com/pub/a/2003/09/17/stax.html#id=_hbc");
URI book = new URI("urn:isbn:1-565-92870-9");
```

인자로 사용된 문자열이 URI 구문 규칙을 따르지 않는 경우 — 예를 들어, URI가 콜론으로
시작하는 경우 — 생성자는 URISyntaxException 예외를 발생시킨다. URISyntaxException는
확인 예외(checked exception)(역주 코드에서 명시적인 예외 처리를 하지 않으면 컴파일이 허가되지 않
음)이므로 처리(catch)하거나 생성자가 호출된 곳의 메소드가 이 예외를 던질(throw) 수 있도록
선언되어야 한다. 그러나 구문 규칙은 검사되지 않는다. URI 스펙과 달리 URI에서 사용할
수 있는 문자는 아스키로 제한되지 않는다. URI는 ø와 é 같은 유니코드 문자도 포함할 수
있다. 문법적으로 URI는 제약 사항이 거의 없다. 특히 비아스키 문자를 인코딩할 필요가 없
어졌으며 상대적인 URI도 허용된다. 거의 모든 문자열을 URI로 사용할 수 있다.

스킴에 따라 다른 인자를 받는 두 번째 생성자는 주로 비계층형 URI에 사용된다. 스킴은
http, urn, tel과 같은 URI의 프로토콜을 말한다. 스킴은 아스키 문자, 숫자 그리고 더하기
(+), 빼기(-), 마침표(.)를 조합해 만든다. 스킴의 첫 글자는 문자로 시작해야 한다. 스킴 인자
에 널(null)을 전달하여 스킴을 생략하면 상대 URI를 만들 수 있다. 예를 들어:

```
URI absolute = new URI("http", "//www.ibiblio.org" , null);
URI relative = new URI(null, "/javafaq/index.shtml", "today");
```

스킴에 따라 다른 인자를 받는 부분(scheme-specific part)은 URI 스킴의 구문 규칙에 따라 다
르다. http URL인 경우와 mailto URL인 경우, tel URI인 경우가 서로 다르다. URI 클래스는
이 부분에 허가되지 않은 문자가 입력될 경우 퍼센트 인코딩(percent-encoding)하기 때문에
사실상 구문 규칙 에러는 발생하지 않는다.

마지막으로 세 번째 인자는 부위 지정자를 포함한다. 다시 말하지만 허가되지 않은 문자가
포함된 경우 자동으로 특수문자 처리(escaped)된다. 부위 지정자를 생략하고자 할 경우 간
단히 널(null)을 인자로 전달하면 된다.

세 번째 생성자는 http와 ftp URL 같은 계층적인 URI에 사용된다.

이 생성자에서는 호스트와 경로(슬래시로 구분되는)가 URI의 스킴에 따라 다른 인자 부분을 구성한다. 예를 들어:

```
URI today= new URI("http", "www.ibiblio.org", "/javafaq/index.html", "today");
```

이 생성자는 http://www.ibiblio.org/javafaq/index.html#today URI를 생성한다.

생성자가 인자로 전달된 요소들을 사용하여 정상적인 계층구조 URI를 생성할 수 없다면— 예를 들어, 스킴이 존재할 경우 절대적인 URI가 될 수 있어야 하지만, 경로가 /로 시작하지 않는 경우 — URISyntaxException 예외를 발생시킨다.

네 번째 생성자는 기본적으로 세 번째 생성자와 같으며 쿼리 문자열이 추가되었다. 예를 들어:

```
URI today = new URI("http", "www.ibiblio.org", "/javafaq/index.html",
    "referrer=cnet&date=2014-02-23", "today");
```

이전과 마찬가지로 구문 규칙에 오류가 있는 경우 URISyntaxException이 발생하고 인자를 생략할 경우 널(null)을 전달하면 된다.

다섯 번째 생성자는 이전의 계층적인 URI를 생성하는 두 생성자가 호출하는 기본 URI 생성자다. 이 생성자는 기관(authority)을 사용자 정보, 호스트 그리고 포트 부분으로 분리하며, 각 부분에는 각각의 구문 규칙이 있다. 예를 들어:

```
URI styles = new URI("ftp", "anonymous:elharo@ibiblio.org",
    "ftp.oreilly.com", 21, "/pub/stylesheet", null, null);
```

그러나 생성된 URI는 여전히 일반적인 URI 구문 규칙을 따라야 한다. 그리고 또다시 말하지만 생략할 인자에는 널(null)을 설정하면 된다.

사용할 URI가 문법적으로 문제가 없고 어떠한 구문 규칙도 위반하지 않는다면, 대신 정적 팩토리 메소드인 URI.create()를 사용할 수 있다.

이 메소드는 생성자와는 달리 URISyntaxException 예외를 발생시키지 않는다. 예를 들어, 아래 메소드 호출은 메일 주소를 패스워드로 사용하는 익명(anonymous) FTP 접근 URI를 생성한다.

```
URI styles = URI.create(
    "ftp://anonymous:elharo%40ibiblio.org@ftp.oreilly.com:21/pub/stylesheet");
```

만약 인자로 전달된 URI에 문제가 있다고 판단될 경우, 이 메소드는 IllegalArgument Exception 예외를 발생시킨다. 이 예외는 런타임 예외이므로 코드상에서 명시적으로 선언하거나 처리할 수 없다.

URI 구성 요소

URI 레퍼런스는 세 부분으로 구성된다. 스킴, 스킴에 따라 다른 부분, 그리고 부위 지정자. 일반적인 형식은 다음과 같다.

```
scheme:scheme-specific-part:fragment
```

스킴 부분이 생략될 경우, 이 URI 레퍼런스는 상대적인 URI이다. 부위 지정자가 생략될 경우, 이 URI는 순수한 URI이다(역주 부위 지정자는 엄밀히 말하면 URI의 일부가 아니다. 앞에서 이미 언급된 바 있다). URI 클래스는 각각의 URI 객체에 대해 이 세 부분을 반환하는 메소드를 제공한다.

getFoo() 형태의 메소드는 먼저 퍼센트 인코딩된(percent-escaped) 문자를 디코딩한 후 각 부분을 반환하지만, getRawFoo() 형태의 메소드는 URI의 각 부분들을 인코딩된 형식으로 반환한다.

```
public String getScheme()
public String getSchemeSpecificPart()
public String getRawSchemeSpecificPart()
public String getFragment()
public String getRawFragment()
```

 URI 스펙에는 URI에 허용된 아스키 문자만으로 스킴 이름을 구성하도록 요구하고, 스킴 이름에 대한 인코딩이 허가되지 않기 때문에 getRawScheme() 메소드는 존재하지 않는다.

이 메소드들은 URI 객체에 관련된 구성 요소가 없는 경우 널(null)을 반환한다. 예를 들어, 스킴이 없는 상대적인 URI, 부위 지정자가 없는 http URI.

스킴이 있는 URI는 절대적인 URI이다. 스킴이 없는 URI는 상대적인 URI이다. isAbsolute() 메소드는 URI가 절대적인 URI인 경우 true를 반환하고 상대적인 URI인 경우 false를 반환한다.

```
public boolean isAbsolute()
```

스킴에 따라 다른 부분의 구체적인 내용은 스킴의 타입에 따라 매우 다양하다. 예를 들어, tel URL에서 스킴에 따라 다른 부분은 전화번호 구문 규칙이 된다. 그러나 흔히 사용되는 file 그리고 http URL에서 스킴에 따라 다른 부분은 기관, 경로 그리고 쿼리 문자열로 구분되는 계층적인 형식을 가진다. 기관은 다시 사용자 정보, 호스트 그리고 포트로 나뉜다.

isOpaque() 메소드는 URI가 계층적인 경우 false를 반환하고, 계층적이지 않을 경우 true를 반환한다. 즉, 불투명(opaque) URI인 경우 true를 반환한다.

```
public boolean isOpaque()
```

불투명 URI인 경우 스킴, 스킴에 따라 다른 부분, 그리고 부위 지정자에 대한 정보만 구할 수 있다. 계층적인 URI인 경우 계층적인 URI의 다른 모든 부분의 정보를 구할 수 있는 메소드가 제공된다.

```
public String getAuthority()
public String getFragment()
public String getHost()
public String getPath()
public String getPort()
public String getQuery()
public String getUserInfo()
```

이 메소드는 모두 해당 부분을 디코딩하여 반환한다. 즉, %3c와 같은 값이 원래 의미하는 <와 같은 값으로 반환된다. 만약 URI의 각 부분에 대해 디코딩 이전의 값이 필요한 경우 getRaw_Foo_()와 같은 유사한 메소드가 제공된다.

```
public String getRawAuthority()
public String getRawFragment()
public String getRawPath()
public String getRawQuery()
public String getRawUserInfo()
```

URI 클래스는 URI 스펙에 명시된 것과는 달리 é와 ü 같은 비아스키 문자를 먼저 인코딩하지 않는다. 그래서 URI 객체를 만들 때 애초에 인코딩된 문자열을 사용한 것이 아니라면 getRawFoo() 메소드로 반환받더라도 인코딩되지 않은 문자를 반환받게 된다.

포트와 호스트 부분은 아스키 문자로만 구성되기 때문에 getRawPort() 그리고 getRawHost() 메소드는 존재하지 않는다.

만약에 특정 URI가 이러한 정보를 포함하고 있지 않다면 — 예를 들어, 다음 http://www.example.com URI의 경우 사용자 정보, 경로, 포트 또는 쿼리가 없다 — 관련된 메소드는 널(null)을 반환한다. getPort() 메소드의 경우 예외다. 이 메소드가 정수(int)값을 반환하도록 선언되면서부터, 널(null)을 반환할 수 없게 됐다. 대신 포트가 없음을 나타내는 –1을 반환한다.

여러 가지 기술적인 이유로 자바는 기관 부분에 있는 구문상의 오류를 초기에 알아내지 못할 수도 있다.

이 상황이 발생할 경우, 즉각적인 증상으로 기관의 개별 부분(포트, 호스트, 사용자 정보)의 정보를 얻을 수 없게 된다. 이러한 경우, parseServerAuthority() 메소드를 호출하여 기관에 대한 분석을 다시 시도할 수 있다.

```
public URI parseServerAuthority() throws URISyntaxException
```

원래 URI 자체는 불변(immutable) 객체이기 때문에 변경할 수 없지만, 이 메소드가 반환하는 URI는 기관을 구성하는 사용자 정보, 호스트 그리고 포트의 분리된 정보를 가지게 된다. 메소드는 기관 정보를 분석할 수 없는 경우 URISyntaxException 예외를 발생시킨다.

예제 5-6는 명령라인을 통해 입력된 URI의 각 구성 요소를 분리하기 위해 지금까지 소개한 메소드를 사용한다. 이 예제는 앞의 예제 5-4와는 달리 자바가 해당 프로토콜 핸들러가 없는 경우에도 문법적으로 문제만 없다면 제대로 동작한다.

예제 5-6 **URI의 구성 요소**

```java
import java.net.*;

public class URISplitter {

  public static void main(String args[]) {

    for (int i = 0; i < args.length; i++) {
      try {
        URI u = new URI(args[i]);
        System.out.println("The URI is " + u);
        if (u.isOpaque()) {
          System.out.println("This is an opaque URI.");
          System.out.println("The scheme is " + u.getScheme());
          System.out.println("The scheme specific part is "
              + u.getSchemeSpecificPart());
```

```java
        System.out.println("The fragment ID is " + u.getFragment());
      } else {
        System.out.println("This is a hierarchical URI.");
        System.out.println("The scheme is " + u.getScheme());
        try {
          u = u.parseServerAuthority();
          System.out.println("The host is " + u.getHost());
          System.out.println("The user info is " + u.getUserInfo());
          System.out.println("The port is " + u.getPort());
        } catch (URISyntaxException ex) {
          // 레지스트리 기반의 기관을 사용해야 한다.
          System.out.println("The authority is " + u.getAuthority());
        }
        System.out.println("The path is " + u.getPath());
        System.out.println("The query string is " + u.getQuery());
        System.out.println("The fragment ID is " + u.getFragment());
      }
    } catch (URISyntaxException ex) {
      System.err.println(args[i] + " does not seem to be a URI.");
    }
    System.out.println();
  }
}
}
```

아래는 이 절에서 예로 든 세 개의 URI를 인자로 하여 위 코드를 실행한 결과다.

```
% java URISplitter tel:+1-800-9988-9938 \
  http://www.xml.com/pub/a/2003/09/17/stax.html#id=_hbc \
  urn:isbn:1-565-92870-9
The URI is tel:+1-800-9988-9938
This is an opaque URI.
The scheme is tel
The scheme specific part is +1-800-9988-9938
The fragment ID is null

The URI is http://www.xml.com/pub/a/2003/09/17/stax.html#id=_hbc
This is a hierarchical URI.
The scheme is http
The host is www.xml.com
The user info is null
The port is -1
The path is /pub/a/2003/09/17/stax.html
The query string is null
The fragment ID is id=_hbc

The URI is urn:isbn:1-565-92870-9
```

```
This is an opaque URI.
The scheme is urn
The scheme specific part is isbn:1-565-92870-9
The fragment ID is null
```

상대 URI 변환하기

URI 클래스는 상대적인 URI와 절대적인 URI를 서로 변환하기 위한 세 개의 메소드를 제공한다.

```
public URI resolve(URI uri)
public URI resolve(String uri)
public URI relativize(URI uri)
```

resolve() 메소드는 인자로 전달된 uri와 자신의 URI를 비교하고 완전한 경로를 만들기 위해 인자로 전달된 URI를 사용한다. 예를 들어, 아래 코드 세 줄을 살펴보자.

```
URI absolute = new URI("http://www.example.com/");
URI relative = new URI("images/logo.png");
URI resolved = absolute.resolve(relative);
```

이 코드를 실행하고 나면 resolved는 다음 http://www.example.com/images/logo.png의 완전한 URI를 가지게 된다.

위 코드에서 absolute가 절대적인 URI가 아닌 경우, resolove() 메소드는 새로운 상대적인 URI 객체를 만들어 반환한다. 예를 들어, 아래 코드를 살펴보자.

```
URI top = new URI("javafaq/books/");
URI resolved = top.resolve("jnp3/examples/07/index.html");
```

이 코드가 실행되면 다음 javafaq/books/jnp3/examples/07/index.html의 상대적인 URI가 생성된다.

이 과정을 반대로 처리하는 것 또한 가능하다. 즉, 절대적인 URI로부터 상대적인 URI를 구해 낼 수 있다. relativize() 메소드는 전달된 인자로부터 메소드가 호출된 URI에 대해 상대적인 새로운 URI 객체를 생성한다.

```
URI absolute = new URI("http://www.example.com/images/logo.png");
URI top = new URI("http://www.example.com/");
URI relative = top.relativize(absolute);
```

위 코드의 실행 결과 상대적인 images/logo.png URI를 가진 relative 객체가 생성된다.

URI 비교하기

URI가 서로 같은지 확인하는 일은 꽤 빈번히 발생하며, 단순히 문자열 비교가 아닌 꽤 복잡한 처리가 된다. URI가 같기 위해서는 비교되는 URI 둘 모두 계층적이거나 불투명이어야 한다. 스킴과 기관 부분은 대소문자에 상관없이 비교된다. 즉, http와 HTTP는 동일한 스킴이며 www.example.com은 www.EXAMPLE.com과 동일한 기관이다. 그 외의 URI의 나머지 부분은 인코딩된 16진수를 제외하고 모두 대소문자를 구별한다. 두 URI를 비교하기 전에 인코딩된 값을 디코딩하지 않는다. 그래서 두 URI http://www.example.com/A와 http://www.example.com/%41은 같지 않다.

hashCode() 메소드는 equals()와 같은 역할을 한다. 동일한 URI는 동일한 해시코드(hashcode) 값을 가지며 동일하지 않은 URI가 동일한 해시코드 값을 가질 가능성은 거의 없다.

URI 클래스는 Comparable 인터페이스를 구현하기 때문에 URI 객체를 정렬하는 것이 가능하다. URI의 정렬은 다음 순서로 각 요소들의 문자열을 비교하여 결정된다.

1. 스킴이 서로 다른 경우 대소문자에 관계없이 스킴을 비교한다.
2. 스킴이 서로 같은 경우 계층적인 URI가 불투명 URI보다 더 낮은 것으로 간주된다.
3. 두 URI 모두 불투명인 경우 스킴에 따라 다른 부분으로 정렬을 결정한다.
4. 두 URI 모두 불투명이고 스킴에 따라 다른 부분까지 같은 경우 부위 지정자로 정렬을 결정한다.
5. 두 URI 모두 계층적인 경우 사용자 정보, 호스트, 포트순으로 기관에 따라 정렬된다. 이때 호스트는 대소문자를 가리지 않는다.
6. 스킴과 기관이 같은 경우 경로를 비교하여 결정한다.
7. 경로가 같은 경우 쿼리 문자열을 비교한다.
8. 쿼리 문자열이 같은 경우 부위 지정자를 비교한다.

URI는 자신을 제외한 다른 타입과는 비교할 수 없다. URI가 아닌 다른 타입과 비교를 시도하면 ClassCastException 예외가 발생한다.

URI를 문자열로 표현하기

다음 toString()과 toASCIIString() 두 메소드는 URI 객체를 문자열로 변환한다.

```
public String toString()
public String toASCIIString()
```

toString() 메소드는 URI의 인코딩되지 않은 문자열 형태를 반환한다. 즉, é와 \ 같은 문자가 인코딩되지 않은 채로 반환된다. 그래서 이 메소드의 호출 결과 생성된 문자열은 일부 아스키 문자만 사용하는 URI 범위를 벗어날 수 있다. 하지만 유니코드까지 표현할 수 있는 IRI에는 포함된다. 이 형식은 데이터를 받는 용도가 아닌 사람이 읽기 쉬운 형태로 표현할 때 유용하게 사용할 수 있다.

toASCIIString() 메소드는 URI의 인코딩된 문자열 형태를 반환한다. é와 \ 같은 문자들은 항상 퍼센트 인코딩(percent-encoding)된다. 대부분의 상황에서 이 형태의 URI를 사용해야 한다. 그러나 비록 toString() 메소드가 사람이 더 읽기 쉬운 형태를 반환하긴 하지만, 여전히 정확한 URI 구문 규칙을 요구하지 않은 많은 곳에서 사용할 수 있다. toASCIIString() 메소드는 항상 구문 규칙에 맞는 URI를 반환한다.

x-www-form-urlencoded

웹 설계 당시 웹을 설계한 사람들은 운영체제 사이의 차이점을 처리해야 하는 과제에 직면했다. 이러한 운영체제 사이의 차이점은 URL을 사용하는 데 문제를 일으켰다. 예를 들어, 몇몇 운영체제는 파일 이름에 공백이 허용되지만 나머지 몇몇은 그렇지 않다. 그리고 대부분의 운영체제는 파일 이름에 # 기호가 허용되지만 URL에서 #은 파일 이름의 끝과 부위 지정자의 시작을 표시하는 데 사용된다. 또 다른 URL이나 다른 운영체제에서 특별한 의미를 가지는 다양한 문자들이 비슷한 문제를 가지고 있다. 게다가 웹이 발명되었을 당시에는 유니코드가 널리 사용되지 않았기 때문에 é 와 本 같은 문자를 처리할 수 없는 시스템들이 많았다. 이러한 문제를 해결하기 위해, URL에서 사용된 문자들은 다음과 같이 정해진 일부 아스키 문자 집합으로 표현되어야 한다.

- 대문자 A–Z
- 소문자 a–z
- 숫자 0–9
- 문장부호 문자 - _ . ! ~ * ' (그리고 ,)

/ & ? @ # ; $ + = 그리고 %와 같은 문자들 또한 사용되지만 다른 문자들과 달리 특별한 목적으로만 사용된다. 이러한 문자들이 경로나 쿼리 문자열의 일부로 사용될 경우 해당 문자나 문자열 전체를 인코딩해야 한다.

인코딩은 매우 단순하다. 앞서 명시한 아스키 문자, 숫자 또는 문장부호 문자 이외의 모든 문자들은 먼저 바이트로 변환되고, 변환된 각 바이트는 % 기호와 두 개의 16진수로 표기된다. 스페이스의 경우 매우 자주 사용되기 때문에 조금은 특별하게 처리된다. %20으로 인코딩되는 것 외에도, 더하기 기호(+)로도 인코딩된다. 더하기 기호 자체는 %2B로 인코딩된다. / # = & 그리고 ? 문자는 URL의 요소를 구분하는 용도 외에 이름의 일부로 사용될 때는 동일하게 인코딩된다.

URL 클래스는 자동으로 인코딩하거나 디코딩하지 않는다. 인코딩된 URL 객체를 만들 수도 있고 금지된 아스키 문자와 비아스키 문자를 사용하는 URL 객체를 만들 수도 있다. 이러한 금지된 문자와 인코딩된 문자들은 getPath(), toExternalForm() 같은 메소드를 사용하여 출력될 때 자동으로 인코딩되거나 디코딩되지 않는다. URI 객체를 생성할 때 전달되는 문자열에서 인코딩이 필요한 문자들을 적절히 인코딩하는 것은 전적으로 URI 클래스를 사용하는 사용자에게 달려 있다.

다행히 자바는 문자열을 인코딩하기 위한 URLEncoder와 URLDecoder 클래스를 제공한다.

URLEncoder 클래스

문자열을 인코딩하기 위해 인코딩할 문자열과 문자 집합을 URLEncoder.encode() 메소드를 호출하면서 전달한다. 예를 들어:

```
String encoded = URLEncoder.encode("This*string*has*asterisks", "UTF-8");
```

URLEncoder.encode() 메소드는 호출 시 전달한 문자열의 내용을 일부 변환한 복사본을 반환한다. 반환된 문자열에서 영숫자가 아닌 다른 문자들은 %와 16진수를 사용한 방식으로 인코딩된다. (스페이스, 밑줄, 하이픈, 마침표 그리고 별표 문자는 인코딩 대상에 포함되지 않는다.)

또한 URLEncoder.encode() 메소드는 모든 비아스키 문자들을 인코딩한다. 스페이스는 더하기 기호로 변환된다. 이 메소드는 조금 지나치게 많은 것을 변환하는 경향이 있다. URLEncoder.encode() 메소드는 강세 표시(tilde), 단일 인용 부호, 느낌표 그리고 괄호와 같은 변환할 필요가 없는 것까지 변환한다. 그러나 이러한 문자들의 변환이 URL 스펙에서 금지되지 않기 때문에, 웹 브라우저는 조금은 과도하게 인코딩된 URL를 무리 없이 처리한다.

이 메소드가 인자로 문자 집합을 입력할 수 있도록 되어 있지만, 항상 UTF-8을 사용하도록 해야 한다. UTF-8은 다른 어떤 문자 집합들보다 IRI 스펙, URI 클래스, 현대의 대부분의 웹 브라우저 그리고 많은 추가적인 소프트웨어들과 호환된다.

예제 5-7은 URLEncoder.encode() 메소드를 사용하여 다양한 문자열의 인코딩 결과를 보여 주는 프로그램이다.

예제 5-7 x-www-form-urlencoded 문자열

```
import java.io.*;
import java.net.*;

public class EncoderTest {

  public static void main(String[] args) {

    try {
      System.out.println(URLEncoder.encode("This string has spaces","UTF-8"));
      System.out.println(URLEncoder.encode("This*string*has*asterisks","UTF-8"));
      System.out.println(URLEncoder.encode("This%string%has%percent%signs","UTF-8"));
      System.out.println(URLEncoder.encode("This+string+has+pluses","UTF-8"));
      System.out.println(URLEncoder.encode("This/string/has/slashes","UTF-8"));
      System.out.println(URLEncoder.encode("This\"string\"has\"quote\"marks","UTF-8"));
      System.out.println(URLEncoder.encode("This:string:has:colons","UTF-8"));
      System.out.println(URLEncoder.encode("This~string~has~tildes","UTF-8"));
      System.out.println(URLEncoder.encode("This(string)has(parentheses)","UTF-8"));
      System.out.println(URLEncoder.encode("This.string.has.periods","UTF-8"));
      System.out.println(URLEncoder.encode("This=string=has=equals=signs","UTF-8"));
```

```
      System.out.println(URLEncoder.encode("This&string&has&ampersands","UTF-8"));
      System.out.println(URLEncoder.encode("Thiséstringéhasé
                                           non-ASCII characters", "UTF-8"));
    } catch (UnsupportedEncodingException ex) {
      throw new RuntimeException("Broken VM does not support UTF-8");
    }
  }
}
```

아래에 실행 결과가 있다. (이 코드에 사용된 문자열에는 유니코드 형식의 문자가 포함되어 있으므로 아스키가 아닌 유니코드 형식으로 저장해야 한다. 그리고 선택된 인코딩은 소스코드 안에 있는 비아스키 코드를 컴파일러가 고려하여 처리할 수 있도록 컴파일러에게 인자로 전달된다.):

```
% javac -encoding UTF8 EncoderTest
% java EncoderTest
This+string+has+spaces
This*string*has*asterisks
This%25string%25has%25percent%25signs
This%2Bstring%2Bhas%2Bpluses
This%2Fstring%2Fhas%2Fslashes
This%22string%22has%22quote%22marks
This%3Astring%3Ahas%3Acolons
This%7Estring%7Ehas%7Etildes
This%28string%29has%28parentheses%29
This.string.has.periods
This%3Dstring%3Dhas%3Dequals%3Dsigns
This%26string%26has%26ampersands
This%C3%A9string%C3%A9has%C3%A9non-ASCII+characters
```

위 결과를 보면 URLEncoder.encode 메소드는 슬래시(/), 앰퍼샌드(&), 등호(=), 콜론(:) 등의 문자도 모두 인코딩한다. 이 메소드는 이 문자들이 URL에서 어떤 용도로 사용되는지 전혀 고려하지 않는다. 결과적으로 한 번의 메소드 호출로 전체 URL을 인코딩하는 것보다 URL의 각 부분을 나눠서 하나씩 인코딩해야 한다.

일반적으로 GET 메소드로 서버 측 프로그램과 통신을 위한 쿼리 문자열을 만드는 데 URLEncoder를 많이 사용하므로 잘 알아 두어야 한다. 예를 들어, 구글 검색을 위한 다음 URL을 인코딩한다고 생각해 보자.

```
https://www.google.com/search?hl=en&as_q=Java&as_epq=I/0
```

아래 코드는 위 URL을 인코딩한다.

```
String query = URLEncoder.encode(
    "https://www.google.com/search?hl=en&as_q=Java&as_epq=I/O", "UTF-8");
System.out.println(query);
```

안타깝게도 이 코드의 실행 결과 다음과 같이 인코딩된다.

```
https%3A%2F%2Fwww.google.com%2Fsearch%3Fhl%3Den%26as_q%3DJava%26as_epq%3DI%2FO
```

문제는 URLEncoder.encode() 메소드가 맹목적으로 인코딩한다는 것이다. 이 메소드는 URL과 쿼리 문자열 사이에 사용된 / 와 =, 그리고 인코딩이 필요한 특별한 문자를 구분해 내지 못한다. 결국 아래 코드에서 보는 것처럼 한 번에 한 부분씩 인코딩해야 한다.

```
String url = "https://www.google.com/search?";
url += URLEncoder.encode("hl", "UTF-8");
url += "=";
url += URLEncoder.encode("en", "UTF-8");
url += "&";
url += URLEncoder.encode("as_q", "UTF-8");
url += "=";
url += URLEncoder.encode("Java", "UTF-8");
url += "&";
url += URLEncoder.encode("as_epq", "UTF-8");
url += "=";
url += URLEncoder.encode("I/O", "UTF-8");
System.out.println(url);
```

이 코드를 실행하면 원하는 결과를 얻을 수 있다.

```
https://www.google.com/search?hl=en&as_q=Java&as_epq=I/O
```

이 경우에, "Java"와 같은 상수 문자열(변하지 않는 몇몇 문자열)에는 인코딩이 필요한 문자가 없다는 사실을 알고 있기 때문에 인코딩을 생략할 수도 있다. 그러나 일반적으로 이러한 값에는 변수가 사용되며 안전을 위해 각 부분을 인코딩해야 한다.

예제 5-8은 URLEncoder 클래스를 사용하여 자바 객체 내에서 연속적인 이름과 값의 쌍을 인코딩하는 QueryString 클래스다. 이 클래스 객체는 서버 측의 프로그램에게 데이터를 전달할 때 사용된다. 이름-값의 쌍을 객체에 추가하기 위해 두 개의 문자열을 인자로 받아서 인코딩하는 add() 메소드를 호출한다. getQuery() 메소드는 인코딩된 이름-값 쌍의 누적된 목록을 반환한다.

```java
import java.io.UnsupportedEncodingException;
import java.net.URLEncoder;

public class QueryString {

  private StringBuilder query = new StringBuilder();

  public QueryString() {
  }

  public synchronized void add(String name, String value) {
    query.append('&');
    encode(name, value);
  }

  private synchronized void encode(String name, String value) {
    try {
      query.append(URLEncoder.encode(name, "UTF-8"));
      query.append('=');
      query.append(URLEncoder.encode(value, "UTF-8"));
    } catch (UnsupportedEncodingException ex) {
      throw new RuntimeException("Broken VM does not support UTF-8");
    }
  }

  public synchronized String getQuery() {
    return query.toString();
  }

  @Override
  public String toString() {
    return getQuery();
  }
}
```

이 클래스를 사용하여 앞에서 예를 든 URL을 다음과 같이 인코딩할 수 있다.

```java
QueryString qs = new QueryString();
qs.add("hl", "en");
qs.add("as_q", "Java");
qs.add("as_epq", "I/O");
String url = "http://www.google.com/search?" + qs;
System.out.println(url);
```

URLDecoder 클래스

URLDecoder 클래스는 x-www-form-url-encoded 형식으로 인코딩된 문자열을 디코딩하는 정적 decode() 메소드를 제공한다. 즉, 이 메소드는 모든 더하기 부호를 공백으로 변환하고, 모든 % 인코딩된 문자를 대응하는 문자로 변환한다.

```
public static String decode(String s, String encoding)
    throws UnsupportedEncodingException
```

이 메소드 호출 시 어떤 인코딩 타입을 사용해야 할지 확실치 않은 경우 UTF-8을 사용하도록 하자. 다른 인코딩 타입보다 옳을 가능성이 높다.

이 메소드는 디코딩 시에 두 개의 16진수가 뒤따라오지 않는 % 부호가 있거나, 잘못된 순서로 디코딩될 경우 IllegalArgementException 예외를 발생시킨다.

URLDecoder는 인코딩되지 않은 문자들은 건드리지 않기 때문에 먼저 각 부분을 나누지 않고 전체 URL을 한 번에 전달할 수 있다. 예를 들어:

```
String input = "https://www.google.com/" +
    "search?hl=en&as_q=Java&as_epq=I%2FO";
String output = URLDecoder.decode(input, "UTF-8");
System.out.println(output);
```

프록시

많은 시스템들이 프록시를 통해 웹과 웹이 아닌 다른 인터넷 서비스들을 접근한다. 프록시 서버는 로컬 클라이언트로부터 원격 서버에 대한 요청을 받는다. 그리고 프록시 서버는 원격 서버에 요청하고 결과를 다시 로컬 클라이언트에게 전달한다. 때로는 로컬 네트워크 구성과 같은 사적인 정보의 외부 노출을 방지하기 위해 프록시를 사용한다. 또 다른 경우에는 외부 사이트에 대한 요청을 필터링하여 금지된 사이트의 접근을 차단하기 위해 사용한다. 예를 들어, 초등학교에서 http://www.playboy.com과 같은 사이트에 대한 접근 차단이 필요한 경우가 있다. 그리고 또 다른 경우에는, 다수의 로컬 사용자로부터 같은 페이지에 대한 반복된 요청을 매번 원격 서버에서 다운로드하지 않고 로컬 캐시로부터 다운로드받게 하여 순수하게 성능을 향상시킬 목적으로 사용한다.

URL 클래스 기반의 자바 프로그램들은 일반적인 프록시 서버와 프로토콜을 통한 통신을 지원한다. 이러한 사실은 HTTP를 직접 구현하거나 소켓 기반의 다른 클라이언트를 사용하지 않고, URL 클래스를 선택하는 중요한 이유 중 하나이다.

시스템 속성

기본적인 프록시의 사용을 위해, 몇몇 시스템 속성이 로컬 프록시 서버의 주소를 가리키도록 설정하면 된다. 만약 순수 HTTP 프록시를 사용하는 경우 http.proxyHost 설정을 프록시 서버의 도메인 이름이나 IP 주소로 설정하고 http.proxyPort 설정을 프록시 서버의 포트로 설정한다(기본값은 80). 이 설정을 변경하는 방법으로는 자바 코드 내에서 System.setProperty() 메소드를 호출하거나 프로그램 실행 시에 –D 옵션을 사용하는 방법을 포함하여 다양한 방법이 있다.

아래 예제는 프록시 서버를 192.168.254.254 그리고 포트를 9000으로 설정한다.

```
% java -Dhttp.proxyHost=192.168.254.254 -Dhttp.proxyPort=9000 com.domain.Program
```

사용자 이름과 패스워드를 필요로 하는 프록시의 경우 Authenticator를 설치해야 한다. 이 클래스에 대해서는 곧 나올 "패스워드로 보호된 사이트 접근하기"에서 다룬다.

만약 프록시가 설정된 환경에서 특정 호스트를 프록시를 통하지 않고 직접 연결하기 원할 경우 http.nonProxyHosts 시스템 속성을 해당 서버의 호스트네임이나 IP 주소로 설정한다. 하나 이상의 호스트를 설정해야 할 경우 버티컬바(|)로 호스트네임을 구분한다.

```
System.setProperty("http.proxyHost", "192.168.254.254");
System.setProperty("http.proxyPort", "9000");
System.setProperty("http.nonProxyHosts", "java.oreilly.com|xml.oreilly.com");
```

특정 도메인 내의 모든 호스트나 서브도메인을 프록시 사용에서 배제해야 할 경우 와일드카드로 별표를 사용한다. 예를 들어, 다음 명령은 oreilly.com 도메인 내의 호스트만 프록시 사용에서 배제한다.

```
% java -Dhttp.proxyHost=192.168.254.254 -Dhttp.nonProxyHosts=*.oreilly.com
com.domain.Program
```

FTP 프록시 서버를 사용할 경우 ftp.proxyHost, ftp.proxyPort, 그리고 ftp.nonProxyHosts 설정을 같은 방법으로 한다.

자바는 HTTP와 FTP 이외의 다른 애플리케이션 계층 프록시를 지원하지 않지만, 모든 TCP 연결을 위한 전송 계층 SOCKS 프록시를 사용할 경우 socksProxyHost 그리고 socksProxyPort 시스템 속성으로 프록시를 설정할 수 있다. 자바는 SOCKS 프록시에 대해서는 특정 호스트를 배제시키는 옵션을 제공하지 않으므로 모든 접근이 프록시를 사용하거나 사용하지 않도록 결정된다.

Proxy 클래스

Proxy 클래스는 자바 프로그램 내에서 더 세밀하게 프록시 서버를 제어할 수 있게 한다. 특히 원격 호스트마다 다른 프록시를 사용하도록 설정할 수 있다. 자바 코드 내에서 프록시 서버 자체는 java.net.Proxy 클래스의 인스턴스로 표현된다.

여전히 HTTP, SOCKS 그리고 직접 연결(프록시를 사용하지 않음)을 포함한 세 종류의 프록시만 존재하며, enum 타입인 Proxy.Type 안에 세 가지 상수로 표현된다.

- Proxy.Type.DIRECT
- Proxy.Type.HTTP
- Proxy.Type.SOCKS

타입 이외에, 프록시 서버의 주소와 포트 같은 추가적인 정보들은 SocketAddress 객체로 제공된다. 예를 들어, 아래 코드는 proxy.example.com 호스트의 80포트에 대한 HTTP 프록시 서버를 나타내는 Proxy 객체를 생성한다.

```
SocketAddress address = new InetSocketAddress("proxy.example.com", 80);
Proxy proxy = new Proxy(Proxy.Type.HTTP, address);
```

비록 프록시 객체의 종류는 세 가지밖에 없지만, 호스트마다 다른 프록시를 사용하기 위해 같은 타입의 다수의 프록시를 사용할 수 있다.

ProxySelector 클래스

실행 중인 각각의 자바 가상 머신에는 서로 다른 네트워크 연결에 필요한 프록시 서버를 찾기 위해 사용되는 하나의 java.net.ProxySelector 객체가 있다. 기본적으로 설정된 ProxySelector는 단지 시스템 설정과 URL의 프로토콜만을 살펴보고 다른 호스트에 대한 연결 방법을 결정한다. 그러나 ProxySelector 클래스의 서브클래스를 작성하여 기본 셀렉터를 변경할 수 있다. 그리고 프로토콜, 호스트, 경로, 시간 등의 조건에 기반하여 다른 프록시를 선택하도록 할 수 있다.

이 클래스의 핵심은 추상 select() 메소드다.

```
public abstract List<Proxy> select(URI uri)
```

자바는 이 메소드에 연결할 호스트에 대한 URI 객체(URL 객체가 아니다)를 전달한다. URL 클래스로 만든 연결의 경우 이 객체는 일반적으로 http://www.example.com 또는 ftp://ftp.example.com/pub/files와 같은 형태로 구성된다. Socket 클래스로 만든 순수 TCP 연결의 경우 이 URI는 socket://host:port와 같은 형태로 구성된다. 예를 들어, socket://www.example.com:80. 그때 ProxySelector 객체는 이 전달된 URI 객체의 타입에 적절한 프록시를 선택하여 List<Proxy> 타입으로 반환한다.

이 클래스의 두 번째 추상 메소드인 connectFailed()는 직접 구현해서 사용해야 한다.

```
public void connectFailed(URI uri, SocketAddress address, IOException ex)
```

이 메소드는 콜백 메소드며, 프록시 서버가 연결을 만들 수 없을 때 프로그램에게 알리기 위해 사용된다. 예제 5-9에 구현된 ProxySelector는 모든 HTTP 요청에 대해 프록시 서버로 proxy.example.com을 사용하며, 추가적으로 이전에 실패한 URL을 저장하여 제외시킨다. 이전에 실패한 URL에 대해 이 클래스는 프록시를 통하지 않는 직접 연결을 반환한다.

```
import java.io.*;
import java.net.*;
import java.util.*;

public class LocalProxySelector extends ProxySelector {

  private List<URI> failed = new ArrayList<URI>();

  public List<Proxy> select(URI uri) {

    List<Proxy> result = new ArrayList<Proxy>();
    if (failed.contains(uri)
        || !"http".equalsIgnoreCase(uri.getScheme())) {
      result.add(Proxy.NO_PROXY);
    } else {
      SocketAddress proxyAddress
          = new InetSocketAddress( "proxy.example.com", 8000);
      Proxy proxy = new Proxy(Proxy.Type.HTTP, proxyAddress);
      result.add(proxy);
    }

    return result;
  }

  public void connectFailed(URI uri, SocketAddress address, IOException ex) {
    failed.add(uri);
  }
}
```

필자가 이미 말했듯이 가상 머신마다 정확히 하나의 ProxySelector가 존재한다.

ProxySelector를 변경하기 위해서 다음 코드처럼 정적 ProxySelector.setDefault() 메소드에 새로운 셀렉터를 전달하면 된다.

```
ProxySelector selector = new LocalProxySelector():
ProxySelector.setDefault(selector);
```

이 메소드가 호출된 시점부터는 해당 가상 머신에 의해 열린 모든 커넥션은 사용할 올바른 프록시를 선택하기 위해 변경된 ProxySelector에게 요청하게 된다. 그리고 일반적으로 공유된 환경에서 실행 중인 코드에서는 이 메소드를 호출하지 않도록 해야 한다. 예를 들어, 서블릿에서 ProxySelector를 변경할 경우 동일한 컨테이너에서 실행 중인 모든 서블릿의 ProxySelector를 변경하게 되므로 서블릿에서 ProxySelector를 변경하지 않도록 해야 한다.

GET 메소드를 사용하여 서버 측 프로그램과 통신하기

자바 애플릿이나 애플리케이션에서 URL 클래스를 사용하면 CGI 프로그램이나 자바 서블 릿(servlet), PHP 페이지, 그 밖에 GET 메소드를 사용하는 서버 측 프로그램과 쉽게 통신할 수 있다. (POST 메소드를 사용하는 서버 측 프로그램과 통신을 위해서는 URLConnection 클래스가 필요하며 이 클래스에 대한 자세한 내용은 제7장에서 다룬다.) 먼저 서버 측 프로그램이 요구하는 변수의 이름과 값의 조합을 알아야 한다. 그러고 나면 해당 변수와 값을 제공하는 쿼리 문자열과 함께 URL을 생성할 수 있다. 쿼리 문자열에 포함된 모든 이름과 값은 이 장의 앞에서 언급한 URLEncoder.encode() 메소드를 사용하여 x-www-form-url-encoded 형식으로 인코딩되어야 한다.

특정 서버 측 프로그램이 원하는 쿼리 문자열의 정확한 구문을 알아내는 데는 여러 가지 방법이 있다. 여러분이 직접 작성한 서버 측 프로그램일 경우 이미 해당 쿼리 문자열을 알고 있다. 또 여러분의 서버에 서드파티 프로그램을 설치한 경우 해당 프로그램이 제공하는 문서를 통해서 필요한 쿼리 문자열을 파악할 수 있다. 또 다른 경우로 이베이(eBay) 쇼핑 API 같은 문서화된 외부 네트워크 API와 통신할 경우 이러한 서비스는 일반적으로 어떤 데이터를 보내야 하는지 말해 주는 꽤 자세한 문서를 제공한다.

많은 프로그램들이 폼 입력을 처리하도록 설계되어 있다. 이 경우 프로그램이 원하는 입력을 알아내기가 쉽다. 해당 폼이 사용하는 메소드는 FORM 요소의 METHOD 속성 값을 보면 알 수 있다. 이 값이 GET인 경우 여기에서 설명하는 방법을 사용하면 되고, POST인 경우 제7장에서 설명하는 방법을 사용하면 된다. URL에서 쿼리 문자열 앞에 사용될 부분은 FORM 요소의 ACTION 속성 값을 보면 알 수 있다. 이 값이 상대적인 URL인 경우, 절대 URL로 변경해야 한다. 마지막으로, 이름-값 쌍에서 이름은 INPUT 요소의 NAME 속성 값에서 알 수 있고, 값은 해당 폼에 사용자가 타이핑한 것이 된다.

예를 들어, 필자가 운영하는 Cafe con Leche(http://www.cafeconleche.org) 사이트의 로컬 검색 엔진에서 사용하는 HTML 폼을 살펴보자. 이 폼은 먼저 GET 메소드를 사용한다. 그리고 폼의 내용은 http://www.google.com/search URL을 통해 처리된다. 이 폼에는 네 개의 이름-값 쌍이 있으며, 이 중 셋은 기본값이 설정되어 있다.

```
<form name="search" action="http://www.google.com/search" method="get">
  <input name="q" />
  <input type="hidden" value="cafeconleche.org" name="domains" />
  <input type="hidden" name="sitesearch" value="cafeconleche.org" />
  <input type="hidden" name="sitesearch2" value="cafeconleche.org" />
  <br />
  <input type="image" height="22" width="55"
      src="images/search_blue.gif" alt="search" border="0"
      name="search-image" />
</form>
```

여기서 INPUT 필드의 타입은 그리 중요하지 않다. 예를 들어, INPUT 타입이 체크박스, 팝업리스트 또는 텍스트 필드일 수도 있지만 중요한 것은 아니다. 중요한 것은 각 INPUT 필드의 이름과 그 값이 무엇인가 하는 것이다. 보내기 버튼(submit input)의 경우 웹 서버에 데이터를 보낼 때 사용되지만, 보내기 버튼 자체는 추가적인 정보를 제공하지 않는다. 때로 요청에 필요한 기본 값을 가지고 있는 숨겨진 INPUT 필드들이 있다. 이 예제에서는 세 개의 숨겨진 INPUT 필드가 있다. HTML에는 팝업 메뉴, 라디오 버튼 등을 만드는 다양한 종류의 폼 태그가 존재한다. 그러나 이러한 입력 태그는 사용자의 브라우저나 환경에 따라 다소 다르게 보일 수도 있지만, 이 입력 태그가 서버로 보내는 데이터의 형식은 같다. 각 폼 요소는 이름과 인코딩된 문자열 값을 제공한다.

때로 여러분이 통신하는 프로그램의 특정 입력에 임의의 텍스트 문자열이 전달될 경우 처리하지 못할 수도 있다. 하지만 폼은 사람이 읽고 작성하기 위한 것이기 때문에, 어떤 값을 채워야 할지 충분한 단서를 제공해야 한다. 예를 들어, 미국의 주를 나타내는 두 자리 영문 약어나 전화번호가 입력되도록 예정된 필드들이 있다. 때로 INPUT 필드의 이름이 분명하지 않은 경우도 있고, 심지어 폼이 아닌 단지 링크만 있는 경우도 있다. 이러한 경우에는 먼저 예상되는 몇몇 값들을 입력하고 어떤 값이 허용되고 허용되지 않는지 조정하여 확인해 봐야 한다. 이때 확인을 위해 꼭 자바 프로그램을 사용해야 하는 것은 아니다. 여러분이 사용하는 웹 브라우저 창의 주소 바에서 URL을 쉽게 편집할 수 있다.

 해커들이 여러분이 작성한 서버 측 프로그램에 대해 임의의 값을 입력해 볼 가능성이 있으므로 이와 같은 예기치 않은 입력도 제대로 처리할 수 있어야 한다.

서버가 요구하는 이름-값 쌍을 어떻게 알아냈는지에 상관없이 일단 이것을 알아내고 나면 프로그램과 통신하는 일은 어렵지 않다. 필요한 이름-값 쌍을 포함한 쿼리 문자열을 만들고, 이 쿼리 문자열을 포함한 URL을 만들기만 하면 된다. 쿼리 문자열을 서버로 보내고 서버에 연결하기 위해 사용한 같은 메소드를 사용하여 응답을 읽고 정적 HTML 페이지를 가져온다. 일단 URL 클래스의 객체가 생성되고 나면 따라야 할 특별한 프로토콜은 없다. (그러나 POST 메소드의 경우 GET과 달리 특별한 프로토콜을 필요로 하며 자세한 내용은 제7장에서 다룬다.)

지금까지 설명한 내용을 확인하기 위해, 오픈 디렉터리 사이트에서 주제를 검색하는 간단한 명령라인 프로그램을 하나 작성해 보자. 이 사이트는 그림 5-1에서 볼 수 있다. 그리고 이 사이트는 매우 단순한 것이 장점이다.

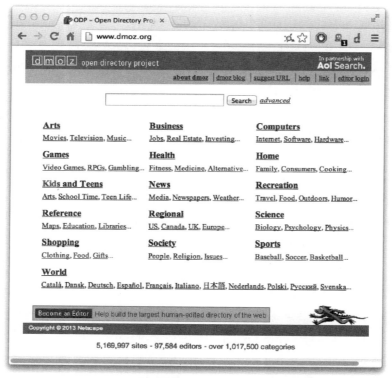

그림 5-1 오픈 디렉터리 사이트의 사용자 인터페이스

오픈 디렉터리의 인터페이스는 search라는 이름의 입력 필드가 하나 있는 간단한 폼으로 구성되어 있다. 이 필드에 입력된 내용은 실제 검색을 수행하는 http://search.dmoz.org/cgi-bin/search에 있는 프로그램으로 보내진다. 이 폼에 대한 HTML 코드는 다음과 같다.

```
<form class="center mb1em" action="search" method="GET">
  <input style="*vertical-align:middle;" size="45" name="search" value=""
class="qN">
  <input style="*vertical-align:middle; *padding-top:1px;" value="Search"
        class="btn" type="submit">
  <a href="search?type=advanced"><span class="advN">advanced</span></a>
</form>
```

이 폼에는 단지 두 개의 입력 필드가 있다. 보내기 버튼(Submit button)과 q라는 이름의 텍스트 필드. 따라서 오픈 디렉터리에 검색 요청을 보내기 위해 http://www.dmoz.org/search에 "q=검색할 단어" 쿼리를 추가한다. 예를 들어, "java"를 검색하기 위해서는, http://www.dmoz.org/search/?q=java URL에 대해 연결을 열고 입력 스트림의 결과를 읽는다. 예제 5-10은 정확히 이 동작을 수행한다.

예제 5-10 오픈 디렉터리 검색

```java
import java.io.*;
import java.net.*;

public class DMoz {

  public static void main(String[] args) {

    String target = "";
    for (int i = 0; i < args.length; i++) {
      target += args[i] + " ";
    }
    target = target.trim();

    QueryString query = new QueryString();
    query.add("q", target);
    try {
      URL u = new URL("http://www.dmoz.org/search/q?" + query);
      try (InputStream in = new BufferedInputStream(u.openStream())) {
        InputStreamReader theHTML = new InputStreamReader(in);
        int c;
        while ((c = theHTML.read()) != -1) {
          System.out.print((char) c);
        }
      }
    } catch (MalformedURLException ex) {
      System.err.println(ex);
    } catch (IOException ex) {
      System.err.println(ex);
    }
  }
}
```

물론 반환된 결과를 분석하거나 출력하려면 좀 더 많은 노력이 필요하다. 그러나 여기에서 서버와 통신하는 코드가 얼마나 간단한지에 대해 주목해야 한다. 복잡해 보이는 URL과 쿼리 문자열을 만들기 위해 많은 인코딩이 필요한 URL을 제외한다면, GET 메소드를 사용하는 서버 측 프로그램과 통신하는 것은 HTML 페이지를 가져오는 것보다 어렵지 않다.

패스워드로 보호된 사이트 접근하기

많은 사이트들은 접근 시 사용자 이름과 패스워드를 요구한다. W3C 멤버 페이지와 같은 몇몇 사이트들은 표준 HTTP 인증(HTTP Authentication) 방식을 사용하여 사용자 인증 기능을 구현한다. 반면에 〈뉴욕 타임스(New York Times)〉와 같은 사이트들은 쿠키(cookie)와 HTML 폼으로 이러한 사용자 인증 기능을 구현한다. 자바 URL 클래스를 통해서도 HTTP 인증을 사용하는 사이트에 접근할 수 있다. 물론 이 경우에 사용자 이름과 패스워드를 제공해야 한다.

표준이 아닌 쿠키 기반의 인증의 경우 사이트마다 방식이 다르기 때문에 지원하는 것이 쉽지 않다. 사이트마다 다양한 HTML 폼과 쿠키에 대한 인증을 지원하는 웹 브라우저를 만드는 것은 쉬운 일이 아니다. 자바의 쿠키 지원에 대해서는 제7장에서 다룬다. 표준 HTTP 인증 방식을 사용하는 사이트에 접근하는 것은 쿠키 인증에 비하면 훨씬 쉽다.

Authenticator 클래스

java.net 패키지는 HTTP 인증으로 보호된 사이트에 사용자 이름과 패스워드를 제공하기 위해 Authenticator 클래스를 제공한다.

```
public abstract class Authenticator extends Object
```

Authenticator는 추상 클래스이므로 서브클래스를 통해서 사용해야 한다. Authenticator 서브클래스의 구현에 따라 다양한 방법으로 정보를 입력받을 수 있다. 예를 들어, 콘솔 프로그램은 System.in으로 사용자 이름과 패스워드를 입력받는다. GUI 프로그램은 그림 5-2에서 보는 것처럼 대화상자를 통해 입력받으며, 자동화된 프로그램은 암호화된 파일로부터 사용자 이름을 입력받을 수 있다.

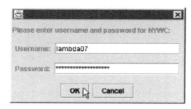

그림 5-2 인증 대화상자

여러분이 작성한 Authenticator의 서브클래스를 Authenticator.setDefault() 정적 메소드의 인자로 전달하여 기본 인증자(authenticator)로 설치할 수 있다.

```
public static void setDefault(Authenticator a)
```

예를 들어, DialogAuthenticator라는 이름의 서브클래스를 작성한 경우 아래와 같이 설치한다.

```
Authenticator.setDefault(new DialogAuthenticator());
```

이 코드는 한 번만 실행하면 된다. 이 시점부터 URL 클래스는 사용자 이름과 패스워드가 필요할 때, Authenticator.requestPasswordAuthentication() 정적 메소드를 사용하여 서브클래스 DialogAuthenticator에게 요청한다.

```
public static PasswordAuthentication requestPasswordAuthentication(
    InetAddress address, int port, String protocol, String prompt, String scheme)
    throws SecurityException
```

address 인자는 인증이 필요한 호스트의 주소이며, port 인자는 해당 호스트의 포트 번호다. 그리고 protocol 인자는 해당 사이트에 접근할 수 있는 애플리케이션 계층 프로토콜이다. HTTP 서버는 prompt를 제공한다. prompt 인자는 일반적으로 인증이 필요한 영역(realm)의 이름을 나타낸다. (www.ibiblio.org와 같은 규모가 큰 웹 서버에는 다수의 영역이 있고, 각 영역은 서로 다른 사용자 이름과 패스워드를 요구한다.) scheme 인자는 사용되는 인증 스킴이다. (여기서 말하는 스킴은 프로토콜에서 말하는 스킴이 아닌 HTTP 인증 스킴을 말한다. 일반적으로 basic을 사용한다.)

신뢰할 수 없는 애플릿은 이름과 패스워드를 요청할 수 없다. 그리고 신뢰할 수 있는 애플릿은 요청할 수는 있지만, 해당 애플릿이 requestPasswordAuthentication NetPermission을 소유하고 있을 때만 가능하다. 그렇지 않은 경우 Authenticator.requestPasswordAuthentication()은 SecurityException 예외를 발생시킨다.

Authenticator 서브클래스는 getPasswordAuthentication() 메소드를 꼭 오버라이드(override)해야 한다. 이 메소드 안에서 여러분은 사용자 또는 다른 경로로부터 이름과 패스워드를 수집하고, 수집한 내용을 java.net.PasswordAuthentication 클래스의 인스턴스로 반환해야 한다.

```
protected PasswordAuthentication getPasswordAuthentication()
```

특정 요청에 대해 인증을 원하지 않을 경우 널(null)을 반환할 수 있다. 이때 자바는 서버에게 해당 연결에 대한 인증 방법을 알 수 없다고 알린다. 잘못된 사용자 이름 또는 패스워드를 제출할 경우, 자바는 다시 getPasswordAuthentication() 메소드를 호출하여 올바른 데이터를 제공할 추가적인 기회를 준다. 일반적으로 다섯 번의 재입력 기회가 있다. 그 후에 openStream() 메소드는 ProtocolException 예외를 발생시킨다.

사용자 이름과 패스워드는 동일한 가상 머신 세션에 캐시된다. 일단 해당 영역(realm)에 대한 올바른 인증 정보가 설정된 이후에는 인증을 다시 요청하지 않도록 해야 한다. 그러나 패스워드 영역이 0으로 채워져 명시적으로 삭제된 경우에는 다시 요청할 수 있다.

요청에 대한 좀 더 자세한 정보가 필요한 경우 슈퍼클래스인 Authenticator로부터 상속받은 다음 메소드를 호출하여 추가적인 정보를 얻을 수 있다.

```
protected final InetAddress getRequestingSite()
protected final int getRequestingPort()
protected final String getRequestingProtocol()
protected final String getRequestingPrompt()
protected final String getRequestingScheme()
protected final String getRequestingHost()
protected final String getRequestingURL()
protected Authenticator.RequestorType getRequestorType()
```

이 메소드들은 requestPasswordAuthentication() 메소드에 대한 마지막 호출 시 제공된 정보를 반환하거나, 해당 정보가 없는 경우 널(null)을 반환한다. (getRequestPort() 메소드는 포트 정보가 없는 경우 -1을 반환한다.)

getRequestingURL() 메소드는 인증 요청 시 사용된 완전한 URL을 반환한다. — 서로 다른 파일에 대해 다른 이름과 패스워드를 사용하는 사이트에서 유용한 정보. getRequestorType() 메소드는 인증을 요청한 대상이 서버인지 프록시 서버인지를 나타내는 두 가지 명명된 상수 (즉, Authenticator.RequestorType.PROXY 또는 Authenticator.RequestorType.SERVER) 중 하나를 반환한다.

PasswordAuthentication 클래스

PasswordAuthentication은 읽기만 가능한 사용자 이름과 패스워드 두 개의 속성만 제공하는 매우 단순한 최종(final) 클래스다. 사용자 이름은 문자열(String) 타입으로 저장되고, 패스워드는 문자(char) 배열 타입으로 저장되며 더 이상 필요하지 않을 때 지워질 수 있다.

문자열 타입은 지워지고 난 후에도 가비지 컬렉터가 동작할 때까지 메모리에 남아 있으며, 심지어 가비지 컬렉터가 동작하고 난 이후에도 로컬 시스템 메모리 어딘가에, 혹은 디스크의 어딘가에 존재할 수 있다. 이와 같은 일은 패스워드 문자열을 가지고 있는 메모리 블록이 어떤 시점에 가상 메모리 공간으로 스왑(swap)되었을 때 발생할 수 있다. 사용자 이름과 패스워드 둘 모두 생성자에서 설정된다.

```
public PasswordAuthentication(String userName, char[] password)
```

각각의 속성은 다음 메소드로 접근할 수 있다.

```
public String getUserName()
public char[] getPassword()
```

JPasswordField 클래스

스윙(Swing)의 JPasswordField 컴포넌트를 사용하면 사용자에게 좀 더 안전한 방법으로 패스워드를 요청할 수 있다.

```
public class JPasswordField extends JTextField
```

이 경량의 컴포넌트는 텍스트 필드와 거의 동일하게 동작한다. 그러나 사용자가 입력한 모든 내용은 별표로 화면에 표시된다. 이런 방식으로 사용자가 패스워드를 입력하는 동안 다른 사람이 어깨너머로 훔쳐보는 것을 방지한다.

또한 JPasswordField는 패스워드를 문자 배열로 저장하기 때문에 패스워드를 사용한 후에 그 값을 0으로 채워 지울 수 있다. JPasswordField는 다음과 같은 패스워드를 반환하는 getPassword() 메소드를 제공한다.

```
public char[] getPassword()
```

이 메소드 이외에 슈퍼클래스 JTextField로부터 상속한 메소드들을 주로 사용하게 된다. 예제 5-11은 다이얼로그를 사용해서 사용자명과 패스워드를 물어 보는 스윙 기반의 Authenticator 서브클래스를 보여 준다. 대부분의 코드는 GUI를 처리하는 부분이다. JPasswordField를 사용해 패스워드를 입력받고 JTextField를 사용해서 사용자명을 입력받는다. 그림 5-2는 이 클래스를 사용해 만든 간단한 대화상자다.

예제 5-11 A GUI를 통한 인증

```java
import java.awt.*;
import java.awt.event.*;
import java.net.*;
import javax.swing.*;

public class DialogAuthenticator extends Authenticator {

  private JDialog passwordDialog;
  private JTextField usernameField = new JTextField(20);
  private JPasswordField passwordField = new JPasswordField(20);
  private JButton okButton = new JButton("OK");
  private JButton cancelButton = new JButton("Cancel");
  private JLabel mainLabel
      = new JLabel("Please enter username and password: ");

  public DialogAuthenticator() {
    this("", new JFrame());
  }

  public DialogAuthenticator(String username) {
    this(username, new JFrame());
  }

  public DialogAuthenticator(JFrame parent) {
    this("", parent);
  }

  public DialogAuthenticator(String username, JFrame parent) {
    this.passwordDialog = new JDialog(parent, true);
    Container pane = passwordDialog.getContentPane();
    pane.setLayout(new GridLayout(4, 1));

    JLabel userLabel = new JLabel("Username: ");
    JLabel passwordLabel = new JLabel("Password: ");
    pane.add(mainLabel);
    JPanel p2 = new JPanel();
    p2.add(userLabel);
```

```java
    p2.add(usernameField);
    usernameField.setText(username);
    pane.add(p2);
    JPanel p3 = new JPanel();
    p3.add(passwordLabel);
    p3.add(passwordField);
    pane.add(p3);
    JPanel p4 = new JPanel();
    p4.add(okButton);
    p4.add(cancelButton);
    pane.add(p4);
    passwordDialog.pack();

    ActionListener al = new OKResponse();
    okButton.addActionListener(al);
    usernameField.addActionListener(al);
    passwordField.addActionListener(al);
    cancelButton.addActionListener(new CancelResponse());
  }
  private void show() {
    String prompt = this.getRequestingPrompt();
    if (prompt == null) {
      String site = this.getRequestingSite().getHostName();
      String protocol = this.getRequestingProtocol();
      int port = this.getRequestingPort();
      if (site != null & protocol != null) {
        prompt = protocol + "://" + site;
        if (port > 0) prompt += ":" + port;
      } else {
        prompt = "";
      }
    }

    mainLabel.setText("Please enter username and password for "
        + prompt + ": ");
    passwordDialog.pack();
    passwordDialog.setVisible(true);
  }
  PasswordAuthentication response = null;

  class OKResponse implements ActionListener {
    @Override
    public void actionPerformed(ActionEvent e) {
      passwordDialog.setVisible(false);
      // 보안상의 이유로 패스워드를 문자 배열 형태로 반환한다.
      char[] password = passwordField.getPassword();
      String username = usernameField.getText();
      // 재사용을 위해서 기존 패스워드를 지운다.
      passwordField.setText("");
```

```
      response = new PasswordAuthentication(username, password);
    }
  }

  class CancelResponse implements ActionListener {
    @Override
    public void actionPerformed(ActionEvent e) {
      passwordDialog.setVisible(false);
      // 재사용을 위해서 기존 패스워드를 지운다.
      passwordField.setText("");
      response = null;
    }
  }

  public PasswordAuthentication getPasswordAuthentication() {
    this.show();
    return this.response;
  }
}
```

예제 5-12는 DialogAuthenticator 클래스를 사용하여 사용자 이름과 패스워드를 입력할 수 있도록 개선한 SourceViewer 프로그램이다.

예제 5-12 패스워드로 보호된 웹 페이지에서 다운로드하는 프로그램

```java
import java.io.*;
import java.net.*;

public class SecureSourceViewer {

  public static void main (String args[]) {

    Authenticator.setDefault(new DialogAuthenticator());

    for (int i = 0; i < args.length; i++) {
      try {
        // 읽을 URL 열기
        URL u = new URL(args[i]);
        try (InputStream in = new BufferedInputStream(u.openStream())) {
          // InputStream을 Reader에 연결
          Reader r = new InputStreamReader(in);
          int c;
          while ((c = r.read()) != -1) {
            System.out.print((char) c);
          }
        }
```

```java
      } catch (MalformedURLException ex) {
        System.err.println(args[0] + " is not a parseable URL");
      } catch (IOException ex) {
        System.err.println(ex);
      }

      // 페이지 구분을 위한 빈 줄 출력.
      System.out.println();
    }

    // AWT를 사용하였기 때문에 프로그램을 명확하게 종료해야 한다.
    System.exit(0);
  }
}
```

CHAPTER

HTTP

HTTP(Hypertext Transfer Protocol)는 웹 클라이언트가 서버와 대화하는 방법과 서버에서 다시 클라이언트로 데이터가 전송되는 방법을 정의한 표준이다. HTTP는 일반적으로 HTML 파일과 그 안에 포함된 이미지를 전송하는 수단쯤으로 생각되지만, HTTP는 데이터 형식을 가리지 않는다. HTTP는 TIFF 이미지, 마이크로소프트 워드, 윈도우 .exe 파일, 또는 바이트로 표현할 수 있는 모든 파일의 전송에 사용될 수 있다. HTTP를 사용하는 프로그램을 만들기 위해서는 일반적인 웹 사이트를 만드는 개발자들보다 HTTP에 대해 더 깊이 알아야 한다. 이 장에서는 여러분이 브라우저의 주소 바에 http://www.google.com을 입력했을 때, 실제 어떤 일이 발생하는지 보여 주기 위해 브라우저의 이면에서 일어나는 일들에 대해서 다룬다.

프로토콜

HTTP는 웹 브라우저와 웹 서버 사이에 통신을 위한 표준 프로토콜이다. HTTP는 클라이언트와 서버가 연결을 맺는 방법, 클라이언트가 서버에게 데이터를 요청하는 방법, 서버가 요청에 응답하는 방법, 그리고 마지막으로 연결을 종료하는 방법에 대해서 명시한다.

HTTP 연결은 데이터 전송을 위해 TCP/IP 프로토콜을 사용한다. 클라이언트가 서버로 보내는 각 요청은 다음 4단계를 거친다.

1. 클라이언트가 서버의 HTTP 기본 포트 80에 대해 TCP 연결을 연다. 다른 포트 사용 시 URL에 명시한다.

2. 클라이언트가 특정 경로에 위치한 리소스를 요청하는 메시지를 서버로 보낸다. 요청에는 헤더와 선택적으로 (요청의 성격에 따라 다르다) 빈 줄로 구분된 데이터가 포함된다.

3. 서버는 클라이언트에게 응답을 보낸다. 응답은 응답 코드로 시작하며, 메타데이터의 전체 헤더와 빈 줄 그리고 요청된 문서 또는 에러 메시지가 뒤따라온다.

4. 서버는 클라이언트와 연결을 종료한다.

HTTP 1.1과 그 이후 버전에서는 다수의 요청과 응답을 단일 TCP 연결을 통해 연속적으로 보낼 수 있다. 즉, 위의 과정에서 2번과 3번을 1번과 4번 사이에서 여러 번 반복할 수 있음을 의미한다. 게다가 HTTP 1.1에서는 요청과 응답을 다수의 청크(chunk)로 보내질 수 있으며, 이 방법은 확장성을 높여 준다.

모든 요청과 응답은 같은 기본 구조로 되어 있다. 헤더 라인(header line)과 메타데이터를 포함한 HTTP 헤더, 빈 줄, 그리고 메시지 본문으로 구성되어 있다. 일반적인 클라이언트의 요청은 다음과 같은 형태로 되어 있다.

```
GET /index.html HTTP/1.1
User-Agent: Mozilla/5.0 (Macintosh; Intel Mac OS X 10.8; rv:20.0)
  Gecko/20100101 Firefox/20.0
Host: en.wikipedia.org
Connection: keep-alive
Accept-Language: en-US,en;q=0.5
Accept-Encoding: gzip, deflate
Accept: text/html,application/xhtml+xml,application/xml;q=0.9,*/*;q=0.8
```

이와 같은 GET 요청은 메시지 본문을 포함하지 않으며, 마지막 빈 줄로 요청의 끝을 나타낸다.

이 요청의 첫 번째 줄을 요청 라인(request line)이라고 부르며 메소드, 리소스의 경로, 그리고 HTTP 버전 정보를 포함하고 있다. 여기서 메소드는 요청 방식을 명시하며, GET 메소드는 서버에 해당 리소스의 반환을 요청한다. /index.html은 서버에 요청된 리소스의 경로를 나타낸다. 마지막으로 HTTP/1.1은 클라이언트가 지원하는 프로토콜 버전이다.

GET 방식으로 요청 시에 요청 라인만 있어도 충분하지만, 일반적으로 클라이언트는 헤더에 추가적인 정보를 포함하여 요청한다. 각 라인은 다음과 같은 형태로 구성된다.

```
Keyword: Value
```

키워드(keyword)는 대소문자를 가리지 않는다. 그러나 값(value)은 경우에 따라 대소문자를 가리기도 한다. 키워드와 값 둘 모두 아스키만 허용하며, 값이 너무 긴 경우 다음 줄의 시작 위치에 스페이스나 탭을 입력한 후 계속해서 입력할 수 있다.

헤더의 각 줄은 캐리지리턴과 라인피드의 쌍으로 끝난다.

이 예제의 첫 번째 키워드 User-Agent는 접속에 사용된 브라우저의 종류를 서버에게 알려주며, 서버는 이 헤더를 보고 특정 브라우저 타입에 최적화된 파일을 보내는 것이 가능하다. 아래 한 줄의 헤더는 Lynx 브라우저 버전 2.4로부터 온 요청을 나타낸다.

```
User-Agent: Lynx/2.4 libwww/2.1.4
```

오래된 1세대 브라우저 이외에 대부분의 브라우저들은 또한 헤더에 서버의 이름을 명시한 Host 필드를 보낸다. Host 필드는 동일한 IP 주소에서 서비스되는 서로 다른 이름의 호스트를 서버가 구분하는 데 사용된다.

```
Host: www.cafeaulait.org
```

이 예제의 마지막 줄에 사용된 키워드 Accept는 클라이언트가 처리할 수 있는 데이터 타입을 서버에게 알려 준다(그러나 이 값을 무시하는 서버를 어렵지 않게 발견할 수 있다). 예를 들어, 아래의 내용은 클라이언트가 HTML 문서, 텍스트, JPEG 그리고 GIF 이미지에 해당하는 네 가지 MIME 미디어 타입을 처리할 수 있음을 의미한다.

```
Accept: text/html, text/plain, image/gif, image/jpeg
```

MIME 타입은 두 레벨로 분류된다. 타입과 서브타입. 타입은 매우 일반적인 데이터의 종류를 나타낸다. 그림인지, 텍스트인지 또는 동영상인지? 서브타입은 구체적인 데이터 타입을 나타낸다. GIF 이미지, JPEG 이미지, TIFF 이미지. 예를 들어, HTML의 콘텐츠 타입은 text/html이다. 타입은 text이고 서브타입이 html이다. JPEG 이미지에 대한 콘텐츠 타입은 image/

jpeg이다. 타입은 image이고 서브타입은 jpeg이다. 타입에는 총 8종류가 정의되어 있다.

- text/* 사람이 읽을 수 있는 문자 타입
- images/* 그림 타입
- model/* VRML 파일과 같은 3D 모델 타입
- audio/* 소리 타입
- video/* 소리를 포함할 수 있는 움직이는 그림 타입
- application/* 바이너리 데이터 타입
- message/* 이메일 메시지와 HTTP 응답과 같은 프로토콜에 따른 엔벨로프 타입
- multipart/* 다수의 문서와 리소스의 컨테이너 타입

위에 나열된 각 타입들은 다양한 서브타입을 가지고 있다.

MIME 타입에 등록된 최신 목록은 http://www.iana.org/assignments/media-types/에서 확인할 수 있다. 이 밖에도 표준이 아닌 사용자 정의 타입과 서브타입을 자유롭게 정의할 수 있으며, x-로 시작하는 이름만 사용하면 된다. 예를 들어, 일반적으로 플래시 파일은 application/x-shockwave-flash 타입으로 지정된다.

마지막으로, 요청의 끝은 하나의 빈 줄로 끝난다. 즉, 두 번의 캐리지리턴, 라인피드 쌍으로, \r\n\r\n 끝난다.

요청을 받은 서버는 마지막 빈 줄을 확인하는 즉시, 동일한 연결을 통해 클라이언트에게 응답을 보내기 시작한다. 응답은 상태 라인(status line)으로 시작하고 이어서 요청 헤더와 동일한 "이름: 값" 구문을 사용하여 응답을 설명하는 헤더가 온다. 그리고 하나의 빈 줄과 요청된 리소스가 온다. 일반적으로 요청이 성공할 경우 다음과 같은 형태의 응답을 받게 된다.

```
HTTP/1.1 200 OK
Date: Sun, 21 Apr 2013 15:12:46 GMT
Server: Apache
Connection: close
Content-Type: text/html; charset=ISO-8859-1
Content-length: 115

<html>
<head>
<title>
A Sample HTML file
```

```
</title>
</head>
<body>
The rest of the document goes here
</body>
</html>
```

첫 번째 줄은 서버가 사용하는 프로토콜(HTTP/1.1)과 응답 코드를 나타낸다. 200 OK는 가장 일반적인 응답 코드이며, 요청이 성공적으로 처리되었음을 의미한다. 다른 헤더는 응답이 만들어진 서버 기준의 시간, 서버 소프트웨어[Apache], 전송 종료 후 연결의 상태, MIME 미디어 타입, 전송된 문서의 크기(헤더는 포함하지 않는다) — 이 경우에 107바이트 — 를 나타낸다.

표 6-1은 일반적으로 보게 되는 표준 응답 코드와 실험 응답 코드 목록이며, 이 목록에는 WebDAV에서만 사용되는 일부 응답 코드는 제외하였다.

표 6-1 HTTP 1.1 응답 코드

코드와 메시지	의미	HttpURLConnection 상수
1XX	정보 제공	——
100 Continue	클라이언트는 계속해서 요청해야 한다. 서버는 이 코드를 제공하여 요청의 일부를 받았으며 나머지를 받아들일 준비가 됐음을 나타낸다.	N/A
101 Switching Protocols	서버가 애플리케이션 프로토콜을 변경하기 위해 Upgrade 헤더 필드에 있는 클라이언트의 요청을 받아들이는 중이다(예: HTTP에서 WebSocket으로 변경).	N/A
2XX Successful	요청 성공	——
200 OK	가장 일반적인 응답 코드이다. 요청 메소드가 GET 또는 POST인 경우, 요청된 데이터가 헤더와 함께 응답에 포함되어 전송된다. 요청 메소드가 HEAD인 경우, 응답에는 헤더 정보만 포함되어 있다.	HTTP_OK
201 Created	서버는 응답의 본문에 명시된 URL의 리소스를 생성했으며, 클라이언트는 해당 URL을 즉시 읽을 수 있다. 이 코드는 POST 요청에 대한 응답으로만 보내진다.	HTTP_CREATED
202 Accepted	일반적으로 흔히 발생하는 응답은 아니다. POST 요청 시에 일반적으로 발생하며 아직 요청이 처리 중이기 때문에 아무것도 반환해 주지 않는다. 그러나 서버는 사용자에게 상황을 설명하는 HTML 페이지나 작업의 예상 종료 시간을 알려 줄 수 있다. 그리고 작업의 처리 상태를 모니터링할 수 있는 링크를 제공해 주는 것이 가장 이상적이다.	HTTP_ACCEPTED

표 6-1 **HTTP 1.1 응답 코드**

코드와 메시지	의미	HttpURLConnection 상수
203 Non-authoritative Information	반환된 리소스는 프록시나 로컬에 캐싱된 데이터이므로 최신 데이터인지 보장되지 않는다.	HTTP_NOT_AUTHORITATIVE
204 No Content	서버가 요청을 성공적으로 처리했지만 클라이언트에게 반환해 줄 정보가 없음을 나타낸다. 이것은 일반적으로 클라이언트의 요청을 허용하지만 사용자에 대한 응답을 반환하지 않는 서버상의 잘못 작성된 폼 처리 프로그램에 의해 발생한다.	HTTP_NO_CONTENT
205 Reset Content	서버가 요청을 성공적으로 처리했지만 클라이언트에게 반환해 줄 정보가 없음을 나타내며, 클라이언트는 요청을 보낸 폼의 내용을 비워야 한다.	HTTP_RESET
206 Partial Content	클라이언트의 HTTP 바이트 범위 확장을 사용한 요청에 대해 서버가 리소스 전체가 아닌 일부분을 반환한다.	HTTP_PARTIAL
226 IM Used	델타(delta) 인코딩된 응답을 나타낸다.	N/A
3XX Redirection	재배치와 리다이렉션	――――
300 Multiple Choices	요청된 문서에 대해 서버가 다양한 선택 사항을 제공하고 있다(예를 들어, PostScript와 PDF).	HTTP_MULT_CHOICE
301 Moved Permanently	리소스가 새로운 URL로 완전히 이동했음을 나타낸다. 클라이언트는 이 응답으로 전달된 URL로부터 자동으로 리소스를 읽어야 하며, 이전 URL을 가리키는 북마크가 있는 경우 업데이트시켜야 한다.	HTTP_MOVED_PERM
302 Moved Temporarily	리소스가 새로운 URL로 임시적으로 이동했으나, 머지않아 원래 URL로 다시 옮겨올 것을 나타낸다. 그러므로 기존 북마크를 업데이트할 필요는 없다. 이 값은 종종 웹에 접근하기 전에 로컬 인증을 요구하는 프록시에 의해 사용된다.	HTTP_MOVED_TEMP
303 See Other	일반적으로 POST 폼 요청에 대한 응답으로 사용되며, 이 코드는 사용자가 GET을 사용하여 다른 URL로부터 리소스를 받아야 함을 나타낸다.	HTTP_SEE_OTHER
304 Not Modified	클라이언트는 요청 시 If-Modified-Since 헤더를 지정하여 최근에 변경된 경우에만 해당 문서를 전송 받을 수 있다. 해당 문서에 변경된 내용이 없는 경우 이 코드가 반환된다. 이 경우, 클라이언트는 캐시로부터 문서를 읽어야 한다.	HTTP_NOT_MODIFIED
305 Use Proxy	Location 헤더 필드는 응답을 제공할 프록시 서버의 주소를 포함하고 있다.	HTTP_USE_PROXY
307 Temporary Redirect	302와 비슷하지만 변경을 위한 HTTP 메소드는 허가되지 않는다.	N/A
308 Permanent Redirect	301와 비슷하지만 변경을 위한 메소드는 허가되지 않는다.	N/A
4XX	클라이언트 에러	――――

표 6-1 **HTTP 1.1 응답 코드**

코드와 메시지	의미	HttpURLConnection 상수
400 Bad Request	클라이언트가 잘못된 구문으로 요청을 보냈다. 일반적으로 웹 브라우저를 통해 웹 서핑을 할 경우에는 잘 발생하지 않지만, 사용자가 직접 클라이언트를 개발하는 경우 흔히 발생한다.	HTTP_BAD_REQUEST
401 Unauthorized	이 페이지에 접근하기 위해서는 일반적으로 권한 부여(authorization), 즉 사용자 이름과 암호가 필요하다. 사용자 이름과 암호가 입력되지 않았거나 올바르지 않은 경우를 나타낸다.	HTTP_UNAUTHORIZED
402 Payment Required	현재는 사용되지 않지만, 해당 리소스에 접근하기 위해서는 어떤 종류의 지불이나 결제가 필요함을 나타내기 위해 미래에 사용될 수도 있다.	HTTP_PAYMENT_RE QUIRED
403 Forbidden	서버가 요청을 이해하고 있지만, 의도적으로 요청의 처리를 거부했다. 이 응답을 해결하기 위해 권한 부여(authorization)는 도움이 되지 않는다. 이 응답은 종종 해당 클라이언트가 할당량을 초과한 경우 사용된다.	HTTP_FORBIDDEN
404 Not Found	이 에러는 서버가 요청된 리소스를 찾을 수 없음을 나타내는 일반적인 에러 응답이다. 링크가 잘못됐거나, 포워드 주소 없이 해당 문서가 이동했거나, URL에 오타가 있거나 또는 이와 비슷한 다양한 상황을 나타낸다.	HTTP_NOT_FOUND
405 Method Not Allowed	요청된 리소스에 대해서 요청 시 사용된 메소드가 허용되지 않는다. 예를 들어, 서버상에 있는 GET만 허가된 파일에 대해서 PUT 또는 POST를 요청하는 경우가 있다.	HTTP_BAD_METHOD
406 Not Acceptable	요청된 리소스를 클라이언트가 요청 HTTP 헤더의 Accept 필드에 명시한 형태로 제공할 수 없다.	HTTP_NOT_ACCEPTABLE
407 Proxy Authentication Required	중간 프록시 서버는 요청된 리소스를 가져오기 전에 클라이언트에게 사용자 이름과 암호 형태의 인증(authentication)을 요구한다.	HTTP_PROXY_AUTH
408 Request Timeout	네트워크가 혼잡하거나 하는 이유로 클라이언트가 요청을 보내는 데 너무 오래 걸리는 경우를 나타낸다.	HTTP_CLIENT_TIMEOUT
409 Conflict	요청이 처리되는 것을 막는 일시적인 충돌을 나타낸다. 예를 들어, 두 클라이언트가 동시에 같은 파일의 PUT을 시도하는 경우가 있다.	HTTP_CONFLICT
410 Gone	404와 비슷하지만 자원의 존재에 대한 404보다 좀 더 강한 표현이다. 해당 리소스는 단순한 이동이 아닌 의도적으로 제거되었으므로 다시 복원될 가능성은 없다. 이 리소스를 참조하고 있는 링크가 있다면 제거해야 한다.	HTTP_GONE
411 Length Required	클라이언트가 요청 시에 Content-length 헤더를 보내지 않는다.	HTTP_LENGTH_REQUIRED
412 Precondition Failed	클라이언트가 HTTP 헤더에 명시한 요청 조건이 만족하지 않는다.	HTTP_PRECON_FAILED

표 6-1 **HTTP 1.1 응답 코드**

코드와 메시지	의미	HttpURLConnection 상수
413 Request Entity Too Large	클라이언트 요청 본문이 서버가 현재 처리할 수 있는 양을 초과한다.	HTTP_ENTITY_TOO_LARGE
414 Request-URI Too Long	요청의 URI가 너무 길다. 버퍼 오버플로를 막는 데 사용된다.	HTTP_REQ_TOO_LONG
415 Unsupported Media Type	요청의 본문이 서버가 지원하지 않는 콘텐츠 타입으로 되어 있다.	HTTP_UNSUPPOR TED_TYPE
416 Requested range Not Satisfiable	클라이언트가 요청한 바이트 범위의 데이터를 보낼 수 없다.	N/A
417 Expectation Failed	서버는 Expect 요청 헤더 입력란의 요구사항을 만족할 수 없다.	N/A
418 I'm a teapot	주전자로 커피를 끓이고 있음을 의미한다(역주 이 프로토콜은 1998년 만우절 농담으로 만든 HTCPCP, 커피 주전자 제어 프로토콜의 응답 코드이다).	N/A
420 Enhance Your Calm	서버가 요청 속도를 제한하고 있다. 표준은 아니며 트위터에서만 사용되고 있다.	N/A
422 Unprocessable Entity	요청 본문의 콘텐츠 타입이 인식 가능하며, 본문의 내용이 문법적으로 문제는 없지만, 다른 이유로 서버가 처리할 수 없다.	N/A
424 Failed Dependency	이전 요청의 실패로 인해 요청이 실패했다.	N/A
426 Upgrade Required	클라이언트가 오래되거나 안전하지 않은 HTTP 프로토콜 버전을 사용하고 있다.	N/A
428 Precondition Required	요청에 If-Match 헤더가 포함되어 있어야 한다.	N/A
429 Too Many Requests	너무 많은 요청을 나타낸다. 클라이언트는 요청 속도를 제한하고 천천히 해야 한다.	N/A
431 Request Header Fields Too Large	헤더 전체가 너무 크거나 헤더의 특정 필드가 너무 크다.	N/A
451 Unavailable For Legal Reasons	인터넷 초안; 서버는 요청을 처리하는 것이 법에 의해 금지되어 있다.	N/A
5XX	서버 에러	——
500 Internal Server Error	서버가 처리할 수 없는 예상치 못한 상황에서 발생한다.	HTTP_SERVER_ERROR HTTP_INTERNAL_ERROR
501 Not Implemented	요청을 처리하기 위해 필요한 기능을 서버가 제공하지 않는다. PUT 요청을 처리할 수 없는 서버에게 클라이언트가 PUT 폼 요청을 보내면 서버는 클라이언트에게 이 응답을 보낸다.	HTTP_NOT_IMPLEMENTED
502 Bad Gateway	이 코드는 프록시나 게이트웨어 서버에만 적용되며, 프록시 서버가 상단 서버로부터 유효하지 않은 응답을 받았음을 나타낸다.	HTTP_BAD_GATEWAY

코드와 메시지	의미	HttpURLConnection 상수
503 Service Unavailable	서버가 과부하나 점검으로 일시적으로 요청을 처리할 수 없다.	HTTP_UNAVAILABLE
504 Gateway Timeout	프록시 서버가 상단의 원본 서버로부터 일정한 시간 내에 응답을 받지 못했기 때문에, 원하는 응답을 클라이언트에게 보낼 수 없다.	HTTP_GATEWAY_TIMEOUT
505 HTTP Version Not Supported	클라이언트가 사용하는 HTTP 버전을 서버가 지원하지 못한다(예를 들어, 아직 존재하지 않는 HTTP 2.0에 대한 요청이 들어온 경우).	HTTP_VERSION
507 Insufficient Storage	요청을 통해 전송된 개체를 저장할 충분한 공간이 서버에 없다. 일반적으로 POST나 PUT 메소드의 응답으로 사용된다.	——
511 Network Authentication Required	클라이언트가 해당 네트워크 접근을 위한 인증이 필요하다.	N/A

HTTP 버전에 관계없이, 100에서 199까지의 응답 코드는 항상 정보를 제공하는 용도로 사용되고, 200에서 299까지는 항상 성공을 의미한다. 그리고 300에서 399까지는 항상 전송 방향을 바꾸는(redirection) 용도로 사용되고, 400에서 499까지는 항상 클라이언트의 요청 에러를 나타낸다. 마지막으로 500에서 599까지는 서버 에러를 나타낸다.

Keep-Alive

HTTP 1.0은 요청마다 새로운 연결을 연다. 실제로, 일반적인 하나의 웹 세션에서 모든 연결을 열고 닫는 데 드는 시간은 데이터를 전송하는 데 드는 시간보다 더 많은 비중을 차지한다. 특히 작은 문서들이 많이 포함된 세션의 경우 그 비중이 더 크다. SSL이나 TLS를 사용하는 암호화된 HTTPS 연결의 경우, 보안 소켓을 연결하는 데 일반 소켓보다 더 많은 작업을 필요로 하기 때문에 더 심각한 문제가 된다.

HTTP 1.1과 그 이후 버전에서는, 서버가 응답을 보낸 후에 소켓을 닫지 않는다. 서버는 소켓을 열어 둔 채로 클라이언트가 해당 소켓을 통해 새로운 요청을 보내길 기다린다. 다수의 요청과 응답을 단일 TCP 연결을 통해 연속적으로 보낼 수 있다. 그러나 클라이언트의 요청이 있어야만 응답이 오는 기본 구조는 변하지 않는다.

클라이언트는 HTTP 요청 헤더의 Connection 필드의 값을 Keep-Alive로 설정하여 소켓을 재사용할 것임을 표시한다.

```
Connection: Keep-Alive
```

URL 클래스는 명시적으로 해제하지 않는 한 투명하게 HTTP 연결 유지(Keep-Alive) 기능을 지원한다. 즉, URL 클래스는 서버가 해당 연결을 종료하기 전에 같은 서버에 다시 연결할 경우 소켓을 재사용한다. 여러분은 몇몇 시스템 속성을 통해 자바의 HTTP Keep-Alive 사용법을 제어할 수 있다.

- HTTP Keep-Alive 설정을 켜거나 *끄기* 위해 http.keepAlive 속성을 true 또는 false로 설정하라. (기본값으로 true가 설정되어 있다.)
- 동시에 유지할 열린 소켓의 최대값을 http.maxConnections 속성에 설정하라. 기본값은 5이다.
- 연결이 버려진 후에(abandoned connection) 자바가 정리할 수 있도록 http.keepalive. remainingData 값을 true로 설정하라. 기본값은 false다.
- 에러를 나타내는 400- 과 500- 레벨 응답에 대해 상대적으로 짧은 에러 스트림을 버퍼링하기 위해 sun.net.http.errorstream.enableBuffering 값을 true로 설정하라. 그러면 해당 연결은 재사용을 위해 빨리 해제될 수 있다. 기본값은 false다.
- 에러 스트림 버퍼링을 위해 사용할 바이트 수를 sun.net.http.errorstream.bufferSize 속성에 설정하라. 기본값은 4,096바이트다.
- 에러 스트림으로부터 읽기 타임아웃 값을 sun.net.http.errorstream.timeout 설정에 밀리세컨트 단위로 설정하라. 기본값은 300밀리세컨드다.

실패한 요청으로부터 에러 스트림을 읽어야 할 경우 외에는 sun.net.http.errorstream.enable Buffering 값을 true로 설정하고 싶은 것만 제외한다면 나머지 기본값은 일반적인 상황에 적합한 값으로 되어 있다.

> HTTP 2.0의 경우 대부분의 내용이 구글에서 개발한 SPDY 프로토콜을 기반으로 하고 있으며, 이 프로토콜은 헤더 압축, 요청과 응답의 파이프라이닝(pipelining), 비동기 연결 멀티플렉싱 등을 통해 HTTP 전송을 더욱 최적화하였다. 그러나 이러한 최적화는 일반적으로 전송 계층에서 수행되기 때문에 애플리케이션 프로그래머에게 자세한 내용은 노출되지 않는다. 그렇기 때문에 여러분이 작성하는 코드는 여전히 앞에서 언급한 4단계를 따르게 된다. 자바는 아직 HTTP 2.0을 지원하지 않는다. 그러나 자바에 HTTP 2.0 지원이 추가된다고 해도, 여러분이 URL과 URLConnection 클래스를 이용하여 HTTP 서버에 접근하는 한 기존 코드를 수정하지 않아도 HTTP 2.0 기능을 활용할 수 있다.

HTTP 메소드

HTTP 서버와의 통신은 요청-응답 패턴을 따른다. 하나의 무상태(stateless) 요청과 뒤이어 오는 하나의 무상태 응답으로 구성된다. 각각의 HTTP 요청은 다음 둘 또는 세 요소로 구성된다.

- 첫 번째 줄은 HTTP 메소드와 메소드가 실행될 리소스의 경로를 포함하고 있다.
- 이름-값 필드로 구성된 헤더는 인증 자격과 선호하는 데이터 타입과 같은 메타정보 (meta-information)를 제공한다.
- 요청 본문(request body)은 요청된 리소스의 실제 데이터를 포함하고 있다. (POST와 PUT에서만 해당된다.)

HTTP 메소드에는 아래와 같은 네 가지 주요 메소드가 있으며, 각각의 이름은 메소드의 동작을 의미한다.

- GET
- POST
- PUT
- DELETE

위 메소드가 부족해 보일 수 있다. 특히 여러분이 프로그램을 설계할 때 익숙한 무한한 객체 기반 메소드와 비교하면 더욱 그렇다. 그건 HTTP가 대부분 명사에 중점을 두고 있기 때문이다. 리소스는 URI에 의해 식별된다. 이 네 가지 메소드가 제공하는 단일화된 인터페이스는 거의 모든 실질적인 환경에서 사용하기에 부족하지 않다.

이 네 가지 메소드를 아무렇게나 사용할 수 있는 것은 아니다. 각각은 애플리케이션들이 준수해야 하는 일정한 규칙을 가지고 있다. GET 메소드는 요청한 리소스를 읽어들인다. GET 메소드는 요청에 실패해도 추가적인 부작용(side-effect)이 발생하지 않기 때문에, 실패에 대한 걱정 없이 반복적으로 요청할 수 있다. 게다가 곧 알게 되겠지만, GET의 결과는 종종 캐시에 저장된다. 그러나 캐시는 헤더에 의해 제어된다.

제대로 설계된 시스템에서 GET 요청은 어렵지 않게 북마크해 두거나 미리 가져올 수 있다. 예를 들어, 브라우저는 사용자가 요청하기 전에 페이지에 포함된 모든 링크에 대해 미리

GET 요청을 해 둘 수 있기 때문에, 단지 링크를 따라가는 것만으로 파일이 삭제되지 않도록 시스템을 설계해야 한다. 반면에 영리한 브라우저나 웹 스파이더(web spider)는 명시적인 유저의 동작 없이 링크에 대해 POST 요청을 하지 않는다.

PUT 메소드는 URL에 명시된 서버로 리소스를 업로드한다. PUT 메소드는 부작용(side-effect)에서 자유롭지 않지만, 멱등성(idempotence)을 가지고 있다. 즉, 실패 여부에 상관없이 반복해서 요청할 수 있다. 같은 문서를 같은 서버의 같은 위치에 연속해서 두 번 올리는 것은 한 번만 올렸을 때와 동일한 상태가 된다.

DELETE 메소드는 지정된 URL의 리소스를 삭제한다. 이 메소드 역시 부작용으로부터 자유롭지 않지만, 멱등성을 가지고 있다. 삭제 요청의 성공 여부가 확실하지 않은 경우 — 예를 들어 요청을 보내고 응답을 받기 전에 소켓 연결이 끊어진 경우 — 요청을 다시 보내기만 하면 된다. 동일한 리소스를 두 번 삭제하는 것은 문제가 되지 않는다.

POST 메소드는 가장 일반적으로 사용되는 메소드다. 이 메소드 역시 URL에 명시된 서버로 리소스를 업로드하지만, 새로 업로드된 리소스로 서버가 해야 할 일을 명시하지 않는다. 예를 들어, 서버는 업로드된 리소스에 대해 해당 URL로 반드시 접근 가능하도록 만들어야 하는 것은 아니다. 대신 다른 URL로 이동시키거나, 완전히 다른 리소스의 상태를 변경하는 데 업로드된 리소스를 사용할 수도 있다. POST는 구매하기와 같이 반복 요청에 대해 안전하지 않은 동작에 사용해야 한다.

GET 요청은 URL 안에 필요한 모든 정보를 포함하고 있기 때문에, 북마크를 하거나 링크를 만들 때 또는 웹 스파이더링(web spidering) 등에 이용될 수 있다. 그러나 POST, PUT 그리고 DELETE 요청의 경우 그러한 목적으로 사용할 수 없다. 이 메소드들은 의도적인 어떤 동작에 사용되어야 한다. GET은 정적인 웹 페이지를 보는 것과 같이 변화를 일으키지 않은 비의도적인 동작에 사용되지만, 다른 메소드의 경우 특히 POST는 무엇인가 변화를 일으키기 위해 사용된다. 예를 들어, 쇼핑 카트에 아이템을 추가하는 작업은 서버에 어떤 변경을 요청하지 않기 때문에 GET으로 보내야 한다. 사용자는 여전히 카트의 내용을 버릴 수 있다. 그러나 주문을 할 때는 변경 요청이 발생하기 때문에 POST로 보내야 한다. 이 설명은 그림 6-1에서 보는 것처럼, POST를 사용한 페이지로 다시 돌아가려고 할 때 브라우저가 여러분에게 확인을 하는 이유이기도 하다. POST 데이터를 재전송할 경우 책을 두 번 구매하거나 카드 결제가 두 번 일어날 수 있다.

그림 6-1 **POST 재전송 확인**

실제로, 오늘날 웹에서는 POST를 매우 남용하고 있다. 아무런 변경을 가하지 않는 안전한 동작에 대해서는 POST보다는 GET을 사용해야 한다. 오직 변경을 가하는 동작에 대해서만 POST를 사용해야 한다.

때로는 잘못된 이유로 GET보다 POST를 선호하는 경우가 있다. 예를 들어, 폼이 많은 양의 입력을 요구하는 경우다. 이 경우 브라우저가 단지 몇 백 바이트 정도의 쿼리 문자열밖에 처리할 수 없을 것이라는 낡은 오해가 있다. 1990년대 중반까지 이 내용은 사실이었지만, 오늘날 모든 주요 브라우저들은 적어도 2,000문자의 URL 길이를 지원한다. 이보다 더 많은 데이터가 있을 때 정말 POST를 지원할 필요가 있다. 그러나 비록 일반적이지는 않지만 브라우저가 아닌 클라이언트들을 위해 안전한 동작들은 여전히 GET 방식을 사용하도록 노력해야 한다. 일반적으로 단순히 서버상에 존재하는 리소스를 찾을 때보다, 새로운 리소스를 생성하기 위해 서버에 데이터를 업로드할 때 GET의 제한을 초과하게 된다. 그리고 이러한 경우에는 어쨌든 POST나 PUT을 사용하는 것이 일반적으로 정답이다.

이러한 네 가지 주요 HTTP 메소드 이외에도, 특수한 환경에서 사용되는 몇 가지 다른 메소드가 있다. 그중에서 가장 일반적인 HEAD 메소드의 경우, 요청된 리소스에 대한 실제 데이터는 없이 헤더만 반환한다는 것만 제외하면 GET 메소드처럼 동작한다. 이 메소드는 일반적으로 로컬 캐시에 저장된 복사본의 유효성을 확인하기 위해, 서버에 있는 파일의 변경일을 확인하는 데 사용된다.

자바가 지원하는 또 다른 두 가지 메소드에는 서버가 해당 리소스에 대해서 무엇을 지원하는지 물어 볼 때 사용하는 OPTIONS, 그리고 프록시 서버의 오동작과 같은 상황에서 디버깅 목적으로 클라이언트가 보낸 요청을 응답 본문에 다시 돌려주는 TRACE가 있다. 많은 서버들은 표준이 아닌 COPY와 MOVE 같은 메소드를 지원하지만, 자바는 이러한 메소드를 보내지 않는다.

이전 장에서 설명한 URL 클래스는 HTTP 서버와 통신하는 데 GET 메소드를 사용한다. 그리고 다음 제7장에서 다루는 URLConnection 메소드는 이러한 메소드 네 가지 모두를 사용할 수 있다.

요청 본문

GET 메소드는 URL에 의해 식별된 리소스의 데이터를 읽는다. GET으로 요청한 리소스의 정확한 위치는 경로와 쿼리 문자열의 다양한 요소에 의해 지정된다. 다른 경로와 쿼리 문자열이 다른 리소스로 연결되는 방법은 서버에 의해 결정된다. URL 클래스는 그것에 관해 전혀 관여하지 않으며, 해당 URL을 알고 있는 한, 다운로드할 수 있다.

POST와 PUT 메소드는 좀 더 복잡하다. 이 경우에는 클라이언트가 경로와 쿼리 문자열뿐만 아니라 리소스의 데이터도 함께 제공한다. 리소스의 데이터는 헤더 다음에 요청의 본문으로 보내진다. 즉, POST와 PUT은 다음 네 가지 항목을 순서대로 보낸다.

1. 메소드, 경로 그리고 쿼리 문자열과 HTTP 버전을 포함하고 있는 시작 라인
2. HTTP 헤더
3. 빈 줄(두 번의 연속적인 캐리지리턴/라인피드 쌍)
4. 본문

예를 들어, 다음 POST 요청은 폼 데이터를 서버로 보낸다.

```
POST /cgi-bin/register.pl HTTP 1.0
Date: Sun, 27 Apr 2013 12:32:36
Host: www.cafeaulait.org
Content-type: application/x-www-form-urlencoded
Content-length: 54

username=Elliotte+Harold&email=elharo%40ibiblio.org
```

이 예제에서, 본문은 application/x-www-form-urlencoded 타입의 데이터를 포함하고 있지만, 단지 하나의 예를 든 것뿐이다. 일반적으로 본문은 임의의 아무 데이터나 포함할 수 있다. 그러나 HTTP 헤더에는 본문의 상태를 설명하는 다음 두 개의 필드를 꼭 포함해야 한다.

- Content-length 필드는 본문의 바이트 수를 명시한다. (앞의 예제에서 이 값은 54이다.)
- Content-type 필드는 바이트의 MIME 미디어 타입을 명시한다. (앞의 예제에서 이 값은 application/x-www-form-urlencoded이다.)

앞의 예제에서 사용된 application/x-www-form-urlencoded MIME 타입은 대부분의 웹 브라우저가 폼 제출 시 가장 일반적으로 사용하는 인코딩 방법이다. 그렇기 때문에 이 MIME 타입은 브라우저와 통신하는 많은 서버 측 프로그램에 의해 사용된다.

그러나 이외에도 많은 타입을 본문으로 보낼 수 있다. 예를 들어, 사진 공유 사이트에 사진을 업로드하는 카메라는 image/jpeg 타입을 보낼 수 있고, 텍스트 편집기는 text/html 타입을 보낼 수 있다. 결국 모든 바이트를 보낼 수 있다. 예를 들어, 다음은 Atom 문서를 업로드하는 PUT 요청이다.

```
PUT /blog/software-development/the-power-of-pomodoros/ HTTP/1.1
Host: elharo.com
User-Agent: AtomMaker/1.0
Authorization: Basic ZGFmZnk6c2VjJZXJldA==
Content-Type: application/atom+xml;type=entry
Content-Length: 322

<?xml version="1.0"?>
<entry xmlns="http://www.w3.org/2005/Atom">
 <title>The Power of Pomodoros</title>
 <id>urn:uuid:101a41a6-722b-4d9b-8afb-ccfb01d77499</id>
 <updated>2013-02-22T19:40:52Z</updated>
 <author><name>Elliotte Harold</name></author>
 <content>I hadn't paid much attention to Pomodoro...</content>
</entry>
```

쿠키

많은 웹 사이트는 연결들 사이에서 지속적인 클라이언트 측의 상태를 저장하기 위해 쿠키(cookie)라고 알려진 텍스트의 작은 문자열을 사용한다. 쿠키는 서버에서 클라이언트로 전달되고 HTTP 요청과 응답의 헤더를 통해 다시 전달된다. 쿠키는 세션 ID, 쇼핑 카트, 로그인자격 정보, 사용자 설정과 같은 것들을 표시하기 위해 서버에 의해 사용된다. 예를 들어,

온라인 서점은 카트에 담아 둔 책의 정보를 표시하기 위해 ISBN=0802099912&price=$34.95 와 같은 쿠키 정보를 설정할 수 있다. 그러나 실제 쿠키에는 ATVPDKIKX0DER와 같은 의미 없는 문자열 값이 저장되는 경우가 더 많으며, 이 값은 실제 정보가 저장된 어떤 데이터 베이스의 특정 레코드(record)를 가리킨다. 일반적으로 쿠키는 데이터를 직접 저장하기보다는 서버상의 데이터를 가리키고 있다.

쿠키에는 공백 문자, 콤마, 세미콜론을 제외한 아스키 문자만 사용해야 한다.

서버는 클라이언트의 브라우저에 쿠키를 설정하기 위해 HTTP 헤더에 Set-Cookie 헤더를 포함시킨다. 예를 들어, 다음 HTTP 헤더는 이름이 "cart"이고 값이 "ATVPDKIKX0DER"인 쿠키를 설정한다.

```
HTTP/1.1 200 OK
Content-type: text/html
Set-Cookie: cart=ATVPDKIKX0DER
```

서버로부터 위 응답을 받은 클라이언트가 같은 서버로 다시 요청을 보낼 경우, 해당 요청에는 아래와 같은 쿠키가 설정되어 보내진다.

```
GET /index.html HTTP/1.1
Host: www.example.org
Cookie: cart=ATVPDKIKX0DER
Accept: text/html
```

HTTP 연결 자체는 어떠한 상태 값도 갖지 않지만, 쿠키 값을 이용하면 개별 사용자와 세션을 추적하는 것이 가능해진다.

서버는 하나 이상의 쿠키를 설정할 수 있다. 예를 들어, 아마존(Amazon) 사이트에 접속하면 아래와 같은 다섯 개의 쿠키가 설정된다.

```
Set-Cookie:skin=noskin
Set-Cookie:ubid-main=176-5578236-9590213
Set-Cookie:session-token=Zg6afPNqbaMv2WmYFOv57zCU1O6Ktr
Set-Cookie:session-id-time=2082787201l
Set-Cookie:session-id=187-4969589-3049309
```

단순한 이름=값 쌍 이외에도, 쿠키에는 유효기간, 경로 도메인, 포트, 버전 그리고 보안 옵션과 같은 쿠키 자신의 범위를 제어하는 다양한 속성이 설정을 가질 수 있다.

쿠키는 기본적으로 쿠키를 생성한 서버에 대해서만 적용된다. 만일 www.foo.example.com 사이트에서 쿠키가 설정될 경우, 브라우저는 www.foo.example.com 사이트에 대해서만 다시 쿠키를 보낸다. 그러나 쿠키를 생성한 원래 서버 이외에 모든 서브도메인에 적용되도록 지정할 수 있다. 예를 들어, 아래 요청은 foo.example.com 도메인 전체에 대한 user 쿠키를 설정한다.

```
Set-Cookie: user=elharo;Domain=.foo.example.com
```

위 쿠키가 설정된 브라우저는 www.foo.example.com뿐만 아니라, lothar.foo.example.com, eliza.foo.example.com, enoch.foo.example.com 그리고 foo.example.com 도메인 안에 있는 모든 호스트에 대해 이 쿠키를 적용한다. 그러나 서버는 자신이 직접 속해 있는 도메인에 대한 쿠키만 설정할 수 있다. www.foo.example.com 서버는 www.oreilly.com, example.com 서버에 대한 쿠키를 설정할 수 없다.

웹 사이트들은 다른 도메인의 이미지 또는 콘텐츠를 삽입하는 방법으로 이 제한을 회피한다. 해당 페이지 자체가 아닌, 내장된 콘텐츠에 의해 설정된 쿠키를 서드파티 쿠키라고 부른다. 많은 사용자들이 모든 서드파티 쿠키를 차단하고 있으며, 몇몇 웹 브라우저들은 개인정보 보호를 이유로 기본적으로 서드파티 쿠키를 차단하기 시작했다.

쿠키는 또한 경로에 의해 범위가 제한된다. 범위가 제한된 쿠키는 전체가 아닌 제한된 몇몇 디렉터리에 대해서만 반환된다. 쿠키의 기본 범위는 자신이 생성된 URL과 해당 URL의 모든 서브 디렉터리이다. 예를 들어, 다음 http://www.cafeconleche.org/XOM/ URL에 대한 쿠키가 설정된다면, 이 쿠키는 또한 다음 http://www.cafeconleche.org/XOM/apidocs/에는 적용되지만, http://www.cafeconleche.org/slides/ 또는 http://www.cafeconleche.org/에는 적용되지 않는다. 그러나 쿠키의 기본 범위는 Path 속성을 사용하여 변경될 수 있다. 예를 들어, 아래 응답은 해당 서버의 /restricted 하위 디렉터리에만 적용되는 이름이 user이며 elharo 값을 가진 쿠키를 브라우저에게 보낸다.

```
Set-Cookie: user=elharo; Path=/restricted
```

위 쿠키가 설정된 클라이언트는 동일한 서버의 /restricted 하위 디렉터리에 있는 문서를 요청할 때만 해당 쿠키가 보내며, 해당 사이트의 다른 디렉터리에는 보내지지 않는다.

쿠키에 도메인과 경로를 모두 지정할 수 있다. 예를 들어, 아래 쿠키는 example.com 도메인 안에 있는 모든 서버의 /restricted 경로에 적용된다.

```
Set-Cookie: user=elharo;Path=/restricted;Domain=.example.com
```

쿠키 설정 시 속성들의 순서는 중요하지 않지만, 속성들은 서로 세미콜론으로 구분되어야 하며, 쿠키 자신의 이름과 값을 가장 먼저 써야 한다. 그러나 클라이언트가 쿠키를 서버로 다시 보낼 때는 이 규칙이 적용되지 않는다. 아래의 경우, 항상 경로가 도메인 앞에 와야 한다.

```
Cookie: user=elharo; Path=/restricted;Domain=.foo.example.com
```

쿠키는 다음과 같은 Wdy, DD-Mon-YYYY HH:MM:SS GMT 형태의 날짜로 expires 속성을 설정하여 특정 시점에 파기되도록 할 수 있다. 요일과 월은 세 단어로 축약해 쓰며, 그 외에는 숫자로 쓰고 필요한 경우 앞자리에 0을 채운다. java.text.SimpleDateFormat의 패턴 언어로 expires의 날짜 형식은 다음 E, dd-MMM-yyyy H:m:s z와 같이 표현된다. 예를 들어, 아래 쿠키는 2015년 12월 21일 오후 3:23분에 파기된다.

```
Set-Cookie: user=elharo; expires=Wed, 21-Dec-2015 15:23:00 GMT
```

브라우저는 지정된 날짜가 지나면 자신의 캐시로부터 이 쿠키를 제거해야 한다.

Max-Age 속성은 위와 같이 특정 시점이 아닌 특정 시간(초)이 지난 후에 쿠키가 파기되도록 설정한다. 예를 들어, 다음 쿠키는 설정된 이후 한 시간(3,600초)이 지나면 파기된다.

```
Set-Cookie: user="elharo"; Max-Age=3600
```

브라우저는 Max-Age에 설정된 초만큼의 시간이 경과한 뒤에 이 쿠키를 삭제해야 한다.

쿠키는 패스워드와 세션과 같은 민감한 정보를 포함할 수 있기 때문에, 몇몇 쿠키의 경우 안전하게 전송되어야 한다. 대부분의 경우 이 말은 곧 HTTP 대신 HTTPS 사용을 의미한다. 하지만 그것의 의미와는 상관없이, 각 쿠키는 아래와 같이 값이 없는 secure 속성을 가질 수 있다.

```
Set-Cookie: key=etrogl7*;Domain=.foo.example.com; secure
```

브라우저는 이와 같은 쿠키에 대해 안전하지 않은 채널로 전송되지 않도록 해야 한다.

XSRF와 같은 쿠키를 훔치는 공격에 대응하기 위해, 쿠키에 HttpOnly 속성을 설정할 수 있다. 이 속성은 브라우저에게 HTTP와 HTTPS를 통해서만 쿠키 값을 반환하도록 말한다. 특히 JavaScript를 통해 해당 쿠키에 접근할 수 없도록 한다.

```
Set-Cookie: key=etrogl7*;Domain=.foo.example.com; secure; httponly
```

지금까지 설명한 내용은 쿠키가 내부적으로 작동하는 방법이다. 다음은 아마존 사이트로부터 받은 온전한 쿠키 집합이다.

```
Set-Cookie: skin=noskin; path=/; domain=.amazon.com;
 expires=Fri, 03-May-2013 21:46:43 GMT
Set-Cookie: ubid-main=176-5578236-9590213; path=/;
 domain=.amazon.com; expires=Tue, 01-Jan-2036 08:00:01 GMT
Set-Cookie: session-token=Zg6afPNqbaMv2WmYFOv57zCU1O6KtrMMdskcmllbZ
 cY4q6t0PrMywqO82PR6AgtfIJhtBABhomNUW2dITwuLfOZuhXILp7Toya+
 AvWaYJxpfY1lj4ci4cnJxiuUZTev1WV31p5bcwzRM1Cmn3QOCezNNqenhzZD8TZUnOL/9Ya;
 path=/; domain=.amazon.com; expires=Thu, 28-Apr-2033 21:46:43 GMT
Set-Cookie: session-id-time=2082787201l; path=/; domain=.amazon.com;
 expires=Tue, 01-Jan-2036 08:00:01 GMT
Set-Cookie: session-id=187-4969589-3049309; path=/; domain=.amazon.com;
 expires=Tue, 01-Jan-2036 08:00:01 GMT
```

이 쿠키 내용을 보면 아마존은 유저의 브라우저가 앞으로 30~33년간 아마존 도메인 내에 있는 어떠한 사이트를 방문하더라도 요청과 함께 이 쿠키를 보내길 원한다. 물론 브라우저는 이러한 쿠키의 요청을 무시할 수 있다. 그리고 언제든지 쿠키를 삭제하거나 차단할 수 있다.

CookieManager 클래스

자바 5는 쿠키를 저장하고 얻는 API를 정의한 추상 클래스인 java.net.CookieHandler를 제공한다. 그러나 자바 5에서 해당 추상 클래스에 대한 구현은 제공하지 않는다. 그래서 해당 클래스를 사용하기 위해서는 고단한 작업이 많이 발생한다.

자바 6에서는 이러한 작업 없이 바로 사용할 수 있도록 CookieHandler를 서브클래싱하여 구상 클래스인 java.net.CookieManager를 제공한다. 그러나 자바에서 기본적으로 CookieManager가 활성화되어 있지 않기 때문에, 자바가 쿠키를 저장하거나 반환받기 전에 활성화시켜야 한다.

```
CookieManager manager = new CookieManager();
CookieHandler.setDefault(manager);
```

특정 사이트로부터 쿠키를 받거나 보내기만 한다면 이것으로 충분하다. 위 두 줄이 쿠키를 보내거나 받는 데 필요한 전부다. 이 코드처럼 CookieManager를 설치한 뒤에는, 자바는 URL 클래스를 사용하여 연결한 모든 HTTP 서버로부터 쿠키를 저장하고, 이어서 발생한 동일한 서버에 대한 요청 시 저장된 쿠키를 보낼 것이다.

그러나 모든 쿠키가 아닌 좀 더 자세한 쿠키 허용 설정을 원할 경우 CookiePolicy를 지정함으로써 쿠키의 허용 범위를 지정할 수 있다. CookiePolicy에는 다음 세 개의 정책이 미리 정의되어 있다.

- CookiePolicy.ACCEPT_ALL 모든 쿠키 허용
- CookiePolicy.ACCEPT_NONE 쿠키 차단
- CookiePolicy.ACCEPT_ORIGINAL_SERVER 서드파티 쿠키 차단

예를 들어, 아래 코드는 자바에게 퍼스트파티 쿠키는 허용하되 서드파티 쿠키는 차단하도록 지시한다.

```
CookieManager manager = new CookieManager();
manager.setCookiePolicy(CookiePolicy.ACCEPT_ORIGINAL_SERVER);
CookieHandler.setDefault(manager);
```

즉, 위 설정은 여러분이 직접 접속한 서버에 대한 쿠키만을 허용하며, 다른 서버로부터 오는 서드파티 쿠키를 허용하지 않는다.

이미 정의된 정책보다 더 세부적인 제어가 필요한 경우가 있다. 예를 들어, 알고 있는 몇몇 사이트에 대해서만 쿠키를 허용하고자 할 경우, CookiePolicy 인터페이스를 구현하여 shouldAccept() 메소드를 오버라이드한다.

```
public boolean shouldAccept(URI uri, HttpCookie cookie)
```

예제 6-1은 .gov 도메인에 대한 쿠키만 차단하는 간단한 CookiePolicy를 보여 준다.

```
import java.net.*;

public class NoGovernmentCookies implements CookiePolicy {
  @Override
  public boolean shouldAccept(URI uri, HttpCookie cookie) {
    if (uri.getAuthority().toLowerCase().endsWith(".gov")
        || cookie.getDomain().toLowerCase().endsWith(".gov")) {
      return false;
    }
    return true;
  }
}
```

CookieStore 클래스

때로 로컬에 쿠키를 저장하고 꺼내야 할 필요가 있다. 예를 들어, 애플리케이션은 종료할 때, 쿠키를 로컬 디스크에 저장하고 다음 실행 시에 저장된 쿠키를 다시 읽어 사용한다. CookieManager의 getCookieStore() 메소드는 CookieManager 클래스의 저장소를 반환한다.

```
CookieStore store = manager.getCookieStore();
```

CookieStore 클래스를 사용하면 쿠키를 추가, 삭제 및 나열할 수 있다. 그래서 여러분은 HTTP 요청과 응답의 일반적인 흐름을 벗어나 전송된 쿠키를 제어할 수 있다.

```
public void add(URI uri, HttpCookie cookie)
public List<HttpCookie> get(URI uri)
public List<HttpCookie> getCookies()
public List<URI> getURIs()
public boolean remove(URI uri, HttpCookie cookie)
public boolean removeAll()
```

저장소의 각각의 쿠키들은 HttpCookie 객체에 담겨 있으며, HttpCookie 클래스는 예제 6-2 에 요약되어 있는 쿠키의 속성을 확인하는 메소드를 제공한다.

```java
package java.net;

public class HttpCookie implements Cloneable {
  public HttpCookie(String name, String value)

  public boolean hasExpired()
  public void setComment(String comment)
  public String getComment()
  public void setCommentURL(String url)
  public String getCommentURL()
  public void setDiscard(boolean discard)
  public boolean getDiscard()
  public void setPortlist(String ports)
  public String getPortlist()
  public void setDomain(String domain)
  public String getDomain()
  public void setMaxAge(long expiry)
  public long getMaxAge()
  public void setPath(String path)
  public String getPath()
  public void setSecure(boolean flag)
  public boolean getSecure()
  public String getName()
  public void setValue(String value)
  public String getValue()
  public int getVersion()
  public void setVersion(int v)

  public static boolean domainMatches(String domain, String host)
  public static List<HttpCookie> parse(String header)

  public String toString()
  public boolean equals(Object obj)
  public int hashCode()
  public Object clone()
}
```

이러한 속성들 중의 일부는 실제로는 더 이상 사용되지 않는다. 특히 comment, comment URL, discard, 그리고 version은 일반적으로 잘 사용하지 않는 쿠키 2 스펙에서만 사용된다.

7
CHAPTER

URLConnection 클래스

URLConnection 클래스는 URL이 가리키는 리소스에 대해 활성화된 연결(connection)을 나타내는 추상 클래스다. URLConnection 클래스는 두 개의 서로 다르지만 연관된 목적을 가지고 있다. 첫째, 서버(특히 HTTP 서버)와 통신하는 데 URL 클래스보다 더 나은 제어 방법을 제공한다. URLConnection은 서버가 보낸 헤더를 확인하고 그에 따른 적절한 응답을 보낼 수 있다. 또한 클라이언트 요청에 사용된 헤더 필드를 설정할 수 있다. 마지막으로 URLConnection은 POST, PUT, 그리고 그 밖의 다른 HTTP 요청 메소드를 사용하여 웹 서버에 데이터를 보낼 수 있다. 이 장에서는 이 모든 기술에 대해서 알아볼 것이다.

둘째, URLConnection 클래스는 URLStreamHandler 클래스를 포함하는 자바의 프로토콜 핸들러 매커니즘의 한 부분이다. 프로토콜 핸들러의 개념은 간단하다. 프로토콜을 처리하는 부분을 데이터를 처리하는 부분과 사용자 인터페이스를 제공하는 부분, 그리고 모놀리식(monolithic) 웹 브라우저가 수행하는 그 밖의 나머지 부분으로 따로 떼어 내 생각하는 것이다. 기본 java.net.URLConnection 클래스는 추상 클래스다. 따라서 특정 프로토콜을 지원하려면 서브클래스를 작성해야 한다. 이 서브클래스들은 애플리케이션에 의해 런타임(runtime) 시에 로딩될 수 있다. 예를 들어, 웹 브라우저가 컴프레스(compress)와 같은 낯선 프로토콜을 사용하는 사이트에 접속했을 때, 처리할 수 없다는 에러 메시지를 보여 주는 대신, 해당 프로토콜에 대한 핸들러를 다운로드받아 서버와 통신할 수도 있다.

java.net 패키지에는 추상 클래스인 URLConnection 클래스만 있으며, 나머지 구상 서브클래스들은 sun.net 패키지의 계층적인 구조에 숨겨져 있다. URLConnection 클래스에 있는 단일 생성자뿐만 아니라 많은 메소드와 필드가 protected로 선언되어 있다. 즉, URLConnection 클래스의 인스턴스나 서브클래스를 통해서만 접근이 가능하다. 여러분이 코드를 작성할 때 URLConnection 객체를 직접 인스턴스화하는 일은 거의 없다. 대신에 프로그램 실행 중에 사용 중인 프로토콜에 맞게 필요에 따라 해당 객체를 만들어 사용한다. 클래스(컴파일 시에는 종류를 알 수 없음)는 java.lang.Class 클래스의 forName()과 newInstance() 메소드를 사용하여 인스턴스화된다.

 자바 클래스 라이브러리에는 잘 설계된 URLConnection API가 없다. URLConnection 클래스의 문제점 중 하나는 HTTP 프로토콜과 너무 밀접하게 묶여 있다는 것이다. 예를 들어, 이 클래스는 각각의 파일이 전송되기 전에 MIME 헤더나 이와 비슷한 것이 먼저 전송될 것이라고 가정한다. 그러나 FTP와 SMTP 같은 대부분의 오래된 프로토콜들은 MIME 헤더를 사용하지 않는다.

URLConnection 열기

URLConnection 클래스를 사용하는 프로그램은 직접적으로 다음과 같은 기본적인 절차를 따른다.

1. URL 객체 생성.
2. 생성된 URL에 대한 URLConnection 객체를 얻기 위해 URL 객체의 openConnection() 메소드 호출.
3. 반환된 URLConnection 객체 설정.
4. 헤더 필드 읽기.
5. 입력 스트림을 구하고 데이터 읽기.
6. 출력 스트림을 구하고 데이터 쓰기.
7. 연결 종료.

항상 이 모든 절차를 수행해야 하는 것은 아니다. 예를 들어, URLConnection의 기본 설정으로 해당 URL을 처리할 수 있다면 3단계는 생략해도 된다. 그리고 서버가 제공하는 데이터만 필요하고 메타정보는 필요하지 않거나, 해당 프로토콜이 어떤 메타정보도 제공하지 않는 경우, 4단계 또한 생략해도 된다. 또한 서버에서 데이터를 받기만 하고 서버로 데이터를 보낼 필요가 없는 경우 6단계를 생략해도 된다. 프로토콜에 따라, 5단계와 6단계는 서로 순서를 바꾸거나 교차하여 사용될 수 있다.

URLConnection 클래스의 단일 생성자는 protected로 선언되어 있다.

```
protected URLConnection(URL url)
```

따라서 새로운 종류의 URL(예를 들어, 프로토콜 핸들러를 작성하는 경우)을 처리하기 위해 URLConnection 클래스를 서브클래싱하는 것 이외에도, URL 클래스의 openConnection() 메소드를 호출하여 만들 수 있다. 예를 들어:

```
try {
  URL u = new URL("http://www.overcomingbias.com/");
  URLConnection uc = u.openConnection();
  // URL에서 읽기...
} catch (MalformedURLException ex) {
  System.err.println(ex);
} catch (IOException ex) {
  System.err.println(ex);
}
```

URLConnection 클래스는 abstract로 선언되어 있다. 그러나 하나의 메소드를 제외한 모든 메소드는 이미 구현되어 있다. 이미 구현된 다른 메소드들도 사용자의 편의나 필요에 의해 오버라이드가 필요할 수도 있다. 꼭 구현해야 하는 유일한 메소드인 connect() 메소드는 서버에 대한 연결을 만들며, 서비스의 종류(HTTP, FTP 등)에 따라 다르게 구현된다. 예를 들어, sun.net.www.protocol.file.FileURLConnection의 connect() 메소드는 URL을 적절한 디렉터리에 있는 파일 이름으로 변환하며, 해당 파일에 대한 MIME 정보를 생성한다. 그리고 해당 파일에 대한 FileInputStream을 연다. 또 sun.net.www.protocol.http.HttpURLConnection의 connect() 메소드는 sun.net.www.http.HttpClient 객체를 생성하며, 이 객체는 서버에 연결하는 역할을 한다.

```
public abstract void connect() throws IOException
```

URLConnection이 처음 생성되면 연결되지 않은 상태다. 즉 로컬 호스트와 원격 호스트는 서로 데이터를 주고받을 수 없다. 두 호스트를 연결하는 소켓이 없다. connect() 메소드는 일반적으로 TCP 소켓을 사용하여 로컬 호스트와 원격 호스트가 서로 데이터를 주고받을 수 있도록 둘 사이에 연결을 만든다. 그러나 getInputStream(), getContent(), getHeaderField() 그리고 호스트 사이의 연결을 필요로 하는 다른 메소드들은 아직 연결되지 않은 경우에 메소드 내에서 직접 connect()를 호출한다. 따라서 connect() 메소드를 여러분이 직접 호출하는 일은 매우 드물다.

서버에서 데이터 읽기

URLConnection 객체를 사용하여 URL로부터 데이터를 읽기 위한 최소한의 단계는 다음과 같다.

1. URL 객체 생성.
2. 생성된 URL에 대한 URLConnection 객체를 얻기 위해 URL 객체의 openConnection() 메소드 호출.
3. 반환된 URLConnection 객체의 getInputStream() 메소드 호출.
4. 일반적인 스트림 API를 사용하여 입력 스트림에서 읽기.

getInputStream() 메소드는 서버가 보낸 데이터를 읽거나 분석할 수 있는 일반적인 InputStream 객체를 반환한다. 예제 7-1은 웹 페이지를 다운로드받기 위해 getInputStream() 메소드를 사용한다.

예제 7-1 **URLConnection을 사용하여 웹페이지 다운로드**

```java
import java.io.*;
import java.net.*;

public class SourceViewer2 {

  public static void main (String[] args) {
    if (args.length > 0) {
      try {
        // URLConnection을 연다
        URL u = new URL(args[0]);
        URLConnection uc = u.openConnection();
        try (InputStream raw = uc.getInputStream()) { // autoclose
```

```
      InputStream buffer = new BufferedInputStream(raw);
      // InputStream을 Reader로 연결
      Reader reader = new InputStreamReader(buffer);
      int c;
      while ((c = reader.read()) != -1) {
        System.out.print((char) c);
      }
    }
  } catch (MalformedURLException ex) {
    System.err.println(args[0] + " is not a parseable URL");
  } catch (IOException ex) {
    System.err.println(ex);
  }
}
}
}
```

이 예제는 앞에서 나온 예제 5-2와 거의 같은 기능을 수행한다. URL 클래스의 openStream() 메소드는 단지 자신의 URLConnection 객체로부터 InputStream을 반환한다. 프로그램의 실행 결과는 이전 예제와 같기 때문에 여기에서 다시 보여 주지는 않는다.

이 예제와 같이 단순히 입력 스트림을 사용할 때에는 URL 클래스와 URLConnection 클래스 사이의 차이점이 명백하게 나타나지 않는다. 그러나 이 두 클래스에서는 다음과 같은 큰 차이가 있다.

- URLConnection 클래스는 HTTP 헤더에 접근할 수 있다.
- URLConnection 클래스는 서버로 보내는 요청 매개변수를 설정할 수 있다.
- URLConnection 클래스는 서버로부터 데이터를 읽는 것뿐만 아니라 쓸 수도 있다.

헤더 읽기

HTTP 서버는 요청에 대한 각 응답에 앞서 많은 정보를 헤더를 통해 제공한다. 예를 들어, 다음은 아파치 웹 서버가 반환하는 일반적인 HTTP 헤더의 내용이다.

```
HTTP/1.1 301 Moved Permanently
Date: Sun, 21 Apr 2013 15:12:46 GMT
Server: Apache
Location: http://www.ibiblio.org/
Content-Length: 296
Connection: close
Content-Type: text/html; charset=iso-8859-1
```

여기에는 많은 양의 정보가 있다. 일반적으로 HTTP 헤더에는 요청된 문서의 콘텐츠 타입과 바이트 단위의 문서 크기, 콘텐츠를 인코딩하는 데 사용한 문자 집합, 현재 날짜와 시간, 콘텐츠의 만료일, 그리고 콘텐츠가 마지막으로 수정된 날짜에 대한 정보가 포함되어 있다. 그러나 이 정보는 서버에 따라 차이가 있다. 어떤 서버들은 각각의 요청에 대해 이 모든 정보를 보내는 반면에, 어떤 서버는 몇몇 정보만 보내거나 아무것도 보내지 않기도 한다. 이 절에서 설명하는 URLConnection 클래스의 메소드를 사용하면 서버가 어떤 메타데이터를 제공하는지 알 수 있다.

HTTP를 제외하고는 MIME 헤더를 사용하는 프로토콜은 매우 드물다. (기술적으로 말하면, HTTP 헤더도 실제로 MIME 헤더가 아니다. 단지 MIME 헤더와 많이 비슷해 보일 뿐이다.) 여러분이 직접 URLConnection의 서브클래스를 작성할 때, 아래에 나오는 메소드들로부터 의미 있는 값을 반환받기 위해서 종종 이 메소드들을 오버라이드할 필요가 있다. 이들 정보 중에서 가장 중요한 것은 콘텐츠 타입이다. URLConnection 클래스는 파일명이나 데이터의 앞부분 몇 바이트를 통해 데이터의 콘텐츠 타입을 추측하는 몇몇 유틸리티 메소드를 제공한다.

특정 헤더 필드 가져오기

처음 6개의 메소드는 헤더로부터 아래에 나열된 특히 많이 사용되는 필드를 요청한다.

- Content-type
- Content-length
- Content-encoding
- Date
- Last-modified
- Expires

public String getContentType()

getContentType() 메소드는 응답 본문의 MIME 미디어 타입을 반환한다. 이 메소드의 동작 여부는 웹 서버가 올바른 콘텐츠 타입을 보내는가에 달려 있다. 이 메소드는 예외를 발생시키지 않으며 콘텐츠 타입에 대한 정보가 없는 경우 널(null)을 반환한다. text/html은 여러분이 웹 서버에 접속할 때 마주치게 되는 가장 일반적인 콘텐츠 타입이다. 그 밖에 일반적으로 많이 사용되는 콘텐츠 타입에는 text/plain, image/gif, application/xml, 그리고 image/jpeg가 있다.

콘텐츠 타입이 몇몇 텍스트 형식인 경우, 이 헤더에 문서의 문자 인코딩을 나타내는 문자 집합(character set) 부분이 함께 포함될 수도 있다. 예를 들어:

```
Content-type: text/html; charset=UTF-8
```

또는:

```
Content-Type: application/xml; charset=iso-2022-jp
```

이 경우에, getContentType() 메소드는 문자 인코딩 정보를 포함한 Content-type 필드의 전체 값을 반환한다. 이 방법을 사용하면 앞에서 다룬 예제 7-1 프로그램을 좀 더 개선할 수 있다. 아래 예제는 인코딩 정보가 명시되어 있는 경우 해당 인코딩으로 문서를 디코딩하고, 그렇지 않은 경우 HTTP 기본 문자 집합인 ISO-8859-1을 사용해서 문서를 디코딩한다.

예제 7-2 올바른 문자 집합을 사용한 웹 페이지 다운로드

```java
import java.io.*;
import java.net.*;

public class EncodingAwareSourceViewer {

  public static void main (String[] args) {
    for (int i = 0; i < args.length; i++) {
      try {
        // 기본 인코딩 설정
        String encoding = "ISO-8859-1";
        URL u = new URL(args[i]);
        URLConnection uc = u.openConnection();
        String contentType = uc.getContentType();
        int encodingStart = contentType.indexOf("charset=");
        if (encodingStart != -1) {
            encoding = contentType.substring(encodingStart + 8);
```

```
      }
      InputStream in = new BufferedInputStream(uc.getInputStream());
      Reader r = new InputStreamReader(in, encoding);
      int c;
      while ((c = r.read()) != -1) {
        System.out.print((char) c);
      }
      r.close();
    } catch (MalformedURLException ex) {
      System.err.println(args[0] + " is not a parseable URL");
    } catch (UnsupportedEncodingException ex) {
      System.err.println(
          "Server sent an encoding Java does not support: " + ex.getMessage());
    } catch (IOException ex) {
      System.err.println(ex);
    }
  }
}
```

public int getContentLength()

getContentLength() 메소드는 콘텐츠의 길이를 알려 준다. Content-length 헤더가 없는 경우 getContentLength() 메소드는 -1을 반환하며, 예외를 발생시키지 않는다. 읽어야 할 데이터의 크기를 정확히 알아야 할 때, 또는 데이터를 저장해 둘 충분한 크기의 버퍼를 미리 만들어야 할 때 사용된다.

네트워크의 속도가 점점 더 빨라지고 파일이 점점 더 커짐에 따라, int의 최대값(약 2.1GB)을 초과하는 리소스를 어렵지 않게 찾을 수 있다. 이러한 경우에 getContentLength() 메소드는 -1을 반환한다. 자바 7에서는 getContentLength()와 동일하게 동작하며 반환 타입으로 int가 아닌 long을 반환하는 getContentLengthLong() 메소드를 제공하므로 충분히 큰 파일도 다룰 수 있다.

```
public long getContentLengthLong() // 자바 7
```

앞의 제5장에서 HTTP 서버로부터 텍스트 파일을 다운로드받기 위해 URL 클래스의 openStream() 메소드의 사용법을 알아보았다. 비록 이론적으로는 같은 방법을 사용하여 GIF 이미지 또는 .class 바이트코드 파일 같은 바이너리 파일을 다운로드받을 수 있지만, 실제 이 방법에는 문제가 있다.

HTTP 서버는 데이터 전송이 끝난 후 항상 명확하게 연결을 종료하는 것은 아니다. 그렇기 때문에 클라이언트는 읽기를 언제 멈춰야 하는지 알 수 없다. 바이너리 파일을 다운로드하기 위해서는 URLConnection의 getContentLength() 메소드를 사용하여 파일의 길이를 확인한 다음, 정확히 지정된 크기의 바이트를 읽는 것이 더 안정적이다. 예제 7-3은 바이너리 파일을 디스크에 저장하는 데 이 기술을 사용하는 프로그램이다.

예제 7-3 웹 사이트에서 바이너리 파일을 다운로드하고 디스크에 저장하기

```java
import java.io.*;
import java.net.*;

public class BinarySaver {

  public static void main (String[] args) {
    for (int i = 0; i < args.length; i++) {
      try {
        URL root = new URL(args[i]);
        saveBinaryFile(root);
      } catch (MalformedURLException ex) {
        System.err.println(args[i] + " is not URL I understand.");
      } catch (IOException ex) {
        System.err.println(ex);
      }
    }
  }

  public static void saveBinaryFile(URL u) throws IOException {
    URLConnection uc = u.openConnection();
    String contentType = uc.getContentType();
    int contentLength = uc.getContentLength();
    if (contentType.startsWith("text/") || contentLength == -1 ) {
      throw new IOException("This is not a binary file.");
    }

    try (InputStream raw = uc.getInputStream()) {
      InputStream in = new BufferedInputStream(raw);
      byte[] data = new byte[contentLength];
      int offset = 0;
      while (offset < contentLength) {
        int bytesRead = in.read(data, offset, data.length - offset);
        if (bytesRead == -1) break;
        offset += bytesRead;
      }

      if (offset != contentLength) {
```

```
        throw new IOException("Only read " + offset
            + " bytes; Expected " + contentLength + " bytes");
      }
      String filename = u.getFile();
      filename = filename.substring(filename.lastIndexOf('/') + 1);
      try (FileOutputStream fout = new FileOutputStream(filename)) {
        fout.write(data);
        fout.flush();
      }
    }
  }
}
```

이전 예제들과 마찬가지로 main() 메소드는 명령라인으로 입력된 URL 목록에 대해 루프를 돌며, 각 URL을 saveBinaryFile() 메소드의 인자로 전달한다. saveBinaryFile()은 전달된 각 URL에 대해 URLConnection 클래스의 객체 uc를 연다. 그리고 해당 URL의 콘텐츠 타입을 contentType 변수에, 콘텐츠 길이를 contentLength 변수에 저장한다. 그리고 난 다음 if 문장은 콘텐츠 타입이 text인지, 또는 Content-length 필드가 없거나 유효하지 않은지 (contentLength == -1) 확인한다. 이 두 가지 조건에서 하나라도 true인 경우, IOException 예외가 발생한다. 두 조건 모두 거짓인 경우가 바로 길이가 있는 바이너리 파일이다.

이제 여러분의 손에 진짜 바이너리 파일이 있으므로, 이 파일을 바이트 배열변수인 data에 읽을 준비를 해야 한다. 먼저 data 변수는 contentLength를 통해 확인한, 이진 객체를 저장하는 데 필요한 만큼의 바이트 수로 초기화되어 있다. 이상적으로, 한 번의 read() 호출로 data를 채우고 싶겠지만, 한 번에 모든 바이트를 읽을 수 없기 때문에 루프 안에서 read()를 호출한다. 현 시점까지 읽은 바이트 수는 offset 변수에 더해지며, 또한 offset 변수는 다음 read() 호출 시 읽은 데이터를 위치시킬 data 배열의 시작 위치를 추적하는 데 사용된다. 루프는 offset이 contentLenght 값과 같거나 contentLength 값보다 커질 때까지 계속 실행된다. 결국 배열은 예상된 바이트 수만큼 채워진다. 만약 read()가 예상치 못한 스트림의 끝을 나타내는 -1을 반환할 경우 while 루프를 빠져나간다. while 루프 실행이 끝난 후에 offset 변수에는 읽어들인 전체 바이트 수가 저장되며, 이 값은 콘텐츠 길이와 같아야 한다. 이 값이 다른 경우 즉, 에러가 발생한 경우 saveBinaryFile()은 IOException을 발생시킨다. 지금까지의 내용이 HTTP 연결에서 바이너리 파일을 읽는 일반적인 절차다.

이제 데이터를 파일에 저장할 준비가 됐다. saveBinaryFile()은 getFile() 메소드를 사용하여

URL에서 파일명을 얻고, filename.substring(theFile.lastIndexOf(/) + 1)을 호출하여 불필요한 경로 정보를 제거한다.

그리고 저장할 파일에 대해 새로운 FileOutputStream fout을 열고 fout.write(b)를 호출하여 한 번에 데이터를 쓴다. 코드 여기저기에서 리소스를 종료하기 위해 AutoCloseable을 사용했다.

public String getContentEncoding()

getContentEncoding() 메소드는 콘텐츠의 인코딩 방식을 알려 주는 String 타입을 반환한다. 인코딩되지 않은 채로 콘텐츠가 전송될 경우(HTTP 서버의 응답에서 일반적인 상황), 이 메소드는 널(null)을 반환한다. 이 메소드는 예외를 발생시키지 않는다. 웹에서 가장 일반적으로 사용되는 인코딩 방식은 아마도 x-gzip일 것이며, 이 방식으로 인코딩된 데이터는 java.util.zip.GZipInputStream으로 손쉽게 디코딩할 수 있다.

> 콘텐츠 인코딩과 문자 인코딩은 서로 다르다. 문자 인코딩은 Content-type 헤더나 문서 내부 정보에 의해서 결정되며 바이트 단위로 인코딩되는 방법을 나타낸다. 반면에 콘텐츠 인코딩은 문서의 각 바이트들이 다른 바이트들과 어떤 방식으로 인코딩되어 있는가를 나타낸다.

public long getDate()

getDate() 메소드는 언제 문서가 전송되었는지를 나타내는 long 타입을 반환한다. 이 값은 그리니치 표준시(GMT, Greenwich Mean Time), 1970년 1월 1일 이후로 문서가 전송된 시간까지를 밀리초로 나타낸 값이다. 이 값을 java.util.Date 타입으로 변경할 수 있다. 예를 들어:

```
Date documentSent = new Date(uc.getDate());
```

이 시간은 서버의 입장에서 문서가 보내진 시간이다. 따라서 이 시간은 여러분의 로컬 장비의 시간과 맞지 않을 수 있다. HTTP 헤더에 Date 필드가 없는 경우 getDate()는 0을 반환한다.

public long getExpiration()

어떤 문서들은 서버 기준의 만료일(expires)을 가지고 있다. 이 만료일은 언제 해당 문서를 캐시에서 지우고 다시 서버에서 읽어야 하는지를 나타낸다. getExpiration() 메소드는

getDate()와 매우 유사하며, 반환값을 해석하는 방법에만 차이가 있다. 이 메소드는 GMT, 1970년 1월 1일 이후부터 문서가 파기될 날까지의 밀리초를 나타내는 long 타입을 반환한다. HTTP 헤더에 Expiration 필드가 없는 경우, getExpiration() 메소드는 해당 문서는 만료일이 없으며 캐시에 영원히 남아 있을 수 있음을 의미하는 0을 반환한다.

public long getLastModified()

날짜와 관련된 마지막 메소드인 getLastModified()는 문서가 마지막으로 변경된 날짜를 반환한다. 마찬가지로, 날짜는 1970년 1일 1일 이후의 밀리초를 나타낸다. HTTP 헤더에 Last-modified 필드가 없는 경우(일반적으로 없는 경우가 많다), 이 메소드는 0을 반환한다.

예제 7-4는 명령라인에서 URL를 읽고 앞에서 설명한 6개의 메소드를 사용하여 각각의 URL에 대해 콘텐츠 타입, 콘텐츠 길이, 콘텐츠 인코딩, 마지막 변경일, 만료일 그리고 현재 시간을 출력한다.

예제 7-4 HTTP 헤더 출력

```
import java.io.*;
import java.net.*;
import java.util.*;

public class HeaderViewer {

  public static void main(String[] args) {
    for (int i = 0; i < args.length; i++) {
      try {
        URL u = new URL(args[0]);
        URLConnection uc = u.openConnection();
        System.out.println("Content-type: " + uc.getContentType());
        if (uc.getContentEncoding() != null) {
          System.out.println("Content-encoding: "
              + uc.getContentEncoding());
        }
        if (uc.getDate() != 0) {
          System.out.println("Date: " + new Date(uc.getDate()));
        }
        if (uc.getLastModified() != 0) {
          System.out.println("Last modified: "
              + new Date(uc.getLastModified()));
        }
        if (uc.getExpiration() != 0) {
          System.out.println("Expiration date: "
```

```
                        + new Date(uc.getExpiration()));
          }
          if (uc.getContentLength() != -1) {
            System.out.println("Content-length: " + uc.getContentLength());
          }
        } catch (MalformedURLException ex) {
          System.err.println(args[i] + " is not a URL I understand");
        } catch (IOException ex) {
          System.err.println(ex);
        }
        System.out.println();
      }
    }
}
```

위 예제로 http://www.oreilly.com을 살펴본 결과는 다음과 같다.

```
% java HeaderViewer http://www.oreilly.com
Content-type: text/html; charset=utf-8
Date: Fri May 31 18:08:09 EDT 2013
Last modified: Fri May 31 17:04:14 EDT 2013
Expiration date: Fri May 31 22:08:09 EDT 2013
Content-length: 83273
```

http://www.oreilly.com에 있는 파일의 콘텐츠 타입은 text/html이다. 콘텐츠 인코딩은 사용되지 않았으며, EDT(Eastern Daylight Time)로 2013년 5월 31일 금요일 오후 6시 8분에 보내졌다. 이 파일은 같은 날 오후 5시 4분에 마지막으로 수정되었고, 앞으로 네 시간 뒤에 파기된다.

위 결과에는 Content-length 헤더가 없다. 텍스트 파일의 경우 길이 정보가 꼭 필요한 건 아니기 때문에 많은 웹 서버들은 텍스트 파일에 대한 Content-length 헤더를 제공하여 클라이언트를 귀찮게 하지 않는다. 그러나 바이너리 파일을 보낼 때는 항상 Content-length 헤더를 제공해야 한다. 아래는 http://oreilly.com/favicon.ico에서 이미지를 요청했을 때 볼 수 있는 HTTP 헤더다. 이때 서버는 2294 값을 가진 Content-length 헤더를 보낸다.

```
% java HeaderViewer http://oreilly.com/favicon.ico
Content-type: image/x-icon
Date: Fri May 31 18:16:01 EDT 2013
Last modified: Wed Mar 26 19:14:36 EST 2003
Expiration date: Fri Jun 07 18:16:01 EDT 2013
Content-length: 2294
```

임의의 헤더 필드 가져오기

앞에서 설명한 6개의 메소드는 헤더로부터 특정 필드의 값을 요청하지만, 이론적으로 하나의 메시지에 포함될 수 있는 헤더의 필드 수는 제한이 없다. 그렇기 때문에 임의의 헤더 필드로부터 값을 가져올 방법이 필요하다. 다음 다섯 개의 메소드는 헤더의 임의의 필드로부터 값을 가져온다. 사실, 앞의 절에서 다룬 메소드는 여기서 다루는 메소드의 얇은 래퍼(wrapper) 메소드일 뿐이다. 자바를 설계한 사람들이 계획하지 않은 헤더 필드의 값을 가져와야 할 때 여기서 설명하는 메소드를 사용할 수 있다. 이 메소드는 요청된 헤더 필드가 있는 경우 해당 필드의 값을 반환하며, 그렇지 않은 경우 널(null)을 반환한다.

public String getHeaderField(String name)

getHeaderField() 메소드는 이름이 있는 헤더 필드의 값을 반환한다. 이때 헤더의 이름은 대소문자를 가리지 않으며 종료 콜론을 포함하지 않는다. 예를 들어, URLConnection 객체 uc의 헤더 필드 Content-type과 Content-encoding의 값을 가져오기 위해 다음과 같이 할 수 있다.

```
String contentType = uc.getHeaderField("content-type");
String contentEncoding = uc.getHeaderField("content-encoding"));
```

Date, Content-length, 또는 Expire 헤더를 가져오기 위해 같은 방법을 사용한다.

```
String data = uc.getHeaderField("date");
String expires = uc.getHeaderField("expires");
String contentLength = uc.getHeaderField("Content-length");
```

이 메소드는 앞의 절에서 언급한 getContentLength(), getExpirationDate(), getLastModified(), 그리고 getDate() 메소드처럼 int나 long이 아닌 항상 String을 반환한다. 숫자 값이 필요한 경우 String을 long이나 int로 변환해야 한다.

getHeaderField()가 반환하는 값이 유효하다고 가정해서는 안 되며, 널(null)이 아닌지 항상 확인해야 한다.

public String getHeaderFieldKey(int n)

이 메소드는 n번째 헤더 필드(예: Content-length 또는 Server)의 키(헤더 필드의 이름)를 반환한다. 0번째 헤더 필드에는 널(null) 키를 가진 요청 메소드(request method)가 있기 때문에, 첫 번째 헤더는 1부터 시작한다. 예를 들어, URLConnection uc의 헤더에서 6번째 키를 가져오기 위해 다음과 같은 코드를 작성한다.

```
String header6 = uc.getHeaderFieldKey(6);
```

public String getHeaderField(int n)

이 메소드는 n번째 헤더 필드의 값을 반환한다. HTTP에서 요청 메소드와 경로를 포함하고 있는 시작 라인이 헤더 필드 0번이며 첫 번째 실제 헤더는 1번에 위치한다.

예제 7-5는 getHeaderFieldKey() 메소드와 getHeaderField() 메소드를 함께 사용하여 전체 HTTP 헤더를 출력한다.

예제 7-5 전체 HTTP 헤더 출력하기

```
import java.io.*;
import java.net.*;

public class AllHeaders {

  public static void main(String[] args) {
    for (int i = 0; i < args.length; i++) {
      try {
        URL u = new URL(args[i]);
        URLConnection uc = u.openConnection();
        for (int j = 1; ; j++) {
          String header = uc.getHeaderField(j);
          if (header == null) break;
          System.out.println(uc.getHeaderFieldKey(j) + ": " + header);
        }
      } catch (MalformedURLException ex) {
        System.err.println(args[i] + " is not a URL I understand.");
      } catch (IOException ex) {
        System.err.println(ex);
      }
      System.out.println();
    }
  }
}
```

예를 들어, http://www.oreilly.com에 대해 이 프로그램을 실행하면 다음과 같이 출력된다.

```
% java AllHeaders http://www.oreilly.com
Date: Sat, 04 May 2013 11:28:26 GMT
Server: Apache
Last-Modified: Sat, 04 May 2013 07:35:04 GMT
Accept-Ranges: bytes
Content-Length: 80366
Content-Type: text/html; charset=utf-8
Cache-Control: max-age=14400
Expires: Sat, 04 May 2013 15:28:26 GMT
Vary: Accept-Encoding
Keep-Alive: timeout=3, max=100
Connection: Keep-Alive
```

이 서버는 앞에서 언급한 6개의 명명된 헤더 이외에, 추가적인 Server, Accept-Ranges, Cache-control, Vary, Keep-Alive, 그리고 Connection 헤더를 제공한다. 서버에 따라 서로 다른 다양한 헤더를 제공한다.

public long getHeaderFieldDate(String name, long default)

이 메소드는 먼저 name 인자로 전달된 헤더 필드를 가져온 뒤 해당 필드의 값을 String에서 long으로 변환한다. 이때 long 값은 1970년 1월 1일 자정(GMT) 이후의 밀리초를 나타낸다. getHeaderFieldDate()는 날짜를 나타내는 헤더 필드를 가져올 때 사용될 수 있다(예: Expire, Date, 또는 Last-modified 헤더). getHeaderFieldDate() 메소드는 문자열을 정수로 변경하기 위해 java.util.Date의 parseDate() 메소드를 사용한다. parseDate() 메소드는 대부분의 일반적인 날짜 형식을 잘 이해하고 변환하지만, 간혹 그렇지 못한 경우도 있다. — 예를 들어, 날짜가 아닌 다른 값을 가진 헤더 필드에 대해 호출할 경우, parseDate()가 날짜를 이해하지 못하거나 getHeaderFieldDate()가 요청된 헤더 필드를 찾을 수 없는 경우, getHeaderFieldDate()는 default 인자로 지정된 값을 반환한다. 예를 들어:

```
Date expires = new Date(uc.getHeaderFieldDate("expires", 0));
long lastModified = uc.getHeaderFieldDate("last-modified", 0);
Date now = new Date(uc.getHeaderFieldDate("date", 0));
```

java.util.Date 클래스의 메소드를 사용하여 반환된 long 타입을 String 타입으로 변환할 수 있다.

public int getHeaderFieldInt(String name, int default)

이 메소드는 name 인자로 전달된 헤더 필드의 값을 가져와서 int로 변환한다. 인자로 전달된 헤더 필드를 찾을 수 없거나 정수로 변환할 수 없는 값을 포함하고 있는 경우 메소드 호출은 실패하며, getHeaderFieldInt()는 default 인자의 값을 반환한다. 이 메소드는 주로 Content-length 필드의 값을 가져오는 데 사용된다. 예를 들어, URLConnection uc에서 콘텐츠 길이를 가져오는 다음과 같은 코드를 작성할 수 있다.

```
int contentLength = uc.getHeaderFieldInt("content-length", -1);
```

이 코드에서 getHeaderFieldInt()는 Content-length 헤더 필드가 없는 경우 -1을 반환한다.

캐시

웹 브라우저는 오랫동안 페이지나 이미지 파일에 대해서 캐시(cache)를 사용해 왔다. 사이트의 모든 페이지에서 로고 이미지를 반복해서 사용할 경우, 일반적으로 브라우저는 한 번만 원격 서버로부터 로고를 읽고 로고를 브라우저의 캐시에 저장한다. 그리고 해당 로고가 필요한 경우 원격 서버에 요청하지 않고 캐시로부터 읽는다. Expires와 Cache-control을 포함한 몇몇 HTTP 헤더를 사용하면 캐시를 제어할 수 있다.

기본적으로 HTTP를 통해 GET으로 접근한 페이지는 캐시에 저장된다고 생각할 수 있지만, HTTPS나 POST를 통해 접근한 페이지는 일반적으로 캐시에 저장되지 않는다. 하지만 HTTP 헤더를 이용하여 이를 조정할 수 있다:

- Expires 헤더는 (주로 HTTP 1.0에서) 지정된 시간이 될 때까지 해당 데이터를 캐시에 저장해도 괜찮다는 의미다.
- Cache-control 헤더는 (HTTP 1.1) 자세한 캐시 정책을 제공한다.
  - max-age=[초]: 캐시에 저장된 항목이 만료될 때까지 남은 초 시간
  - s-maxage=[초]: 공유 캐시에 저장된 항목이 만료될 때까지 남은 초 시간. 전용 캐시는 해당 항목을 더 오랫동안 저장할 수 있다.
  - public: 인증된 응답을 캐시에 저장할 수 있음을 나타내며, 그렇지 않은 경우 인증된 응답을 캐시에 저장할 수 없다.

— private: 단일 사용자 캐시(전용 캐시)만 해당 응답을 저장할 수 있다. 공유 캐시는 저장하면 안 된다.

— no-cache: 해당 항목은 여전히 캐시에 저장될 수는 있지만, 클라이언트는 접근할 때마다 ETag 또는 Last-modified 헤더를 사용하여 리소스의 상태를 재확인해야 한다.

— no-store: 해당 항목을 저장하면 안 된다.

Cache-control과 Expires 둘 모두 존재할 경우 Cache-control을 따른다. 서버는 충돌이 나지 않는 한 하나의 헤더에 다수의 Cache-control 헤더를 보낼 수 있다.

• Last-modified 헤더는 리소스가 마지막으로 변경된 날짜를 나타낸다. 클라이언트는 HEAD 요청을 사용하여 이 값을 확인한 다음, 로컬에 저장된 복사본보다 더 최신인 경우에만 GET을 사용하여 전체 데이터를 가져온다.

• ETag 헤더(HTTP 1.1)는 해당 리소스가 변경되면 함께 변경되는 리소스에 대한 고유 식별자(unique identifier)다. 클라이언트는 HEAD 요청을 사용하여 이 값을 확인한 다음, 로컬에 저장된 복사본과 ETag 값이 다른 경우에만 GET을 사용하여 전체 데이터를 가져온다.

예를 들어, 아래 HTTP 응답은 해당 리소스가 604,800초(HTTP 1.1), 또는 일주일(HTTP 1.0) 동안 캐시에 저장될 수 있음을 말한다. 또한 이 응답은 해당 리소스가 4월 20일에 마지막으로 수정되었음을 말하며 ETag를 포함하고 있다. 따라서 로컬 캐시에 이 헤더가 말하는 것보다 더 최신의 리소스 카피가 있을 경우 문서 전체를 다시 읽을 필요가 없다.

```
HTTP/1.1 200 OK
Date: Sun, 21 Apr 2013 15:12:46 GMT
Server: Apache
Connection: close
Content-Type: text/html; charset=ISO-8859-1
Cache-control: max-age=604800
Expires: Sun, 28 Apr 2013 15:12:46 GMT
Last-modified: Sat, 20 Apr 2013 09:55:04 GMT
ETag: "67099097696afcf1b67e"
```

예제 7-6은 Cache-control 헤더를 분석하고 쿼리하는 간단한 자바 클래스다.

```java
import java.util.Date;
import java.util.Locale;


public class CacheControl {

  private Date maxAge = null;
  private Date sMaxAge = null;
  private boolean mustRevalidate = false;
  private boolean noCache = false;
  private boolean noStore = false;
  private boolean proxyRevalidate = false;
  private boolean publicCache = false;
  private boolean privateCache = false;

  public CacheControl(String s) {
    if (s == null || !s.contains(":")) {
      return; // 기본 정책
    }

    String value = s.split(":")[1].trim();
    String[] components = value.split(",");

    Date now = new Date();
    for (String component: components) {
      try {
        component = component.trim().toLowerCase(Locale.US);
        if (component.startsWith("max-age=")) {
          int secondsInTheFuture = Integer.parseInt(component.substring(8));
          maxAge = new Date(now.getTime() + 1000 * secondsInTheFuture);
        } else if (component.startsWith("s-maxage=")) {
          int secondsInTheFuture = Integer.parseInt(component.substring(8));
          sMaxAge = new Date(now.getTime() + 1000 * secondsInTheFuture);
        } else if (component.equals("must-revalidate")) {
          mustRevalidate = true;
        } else if (component.equals("proxy-revalidate")) {
          proxyRevalidate = true;
        } else if (component.equals("no-cache")) {
          noCache = true;
        } else if (component.equals("public")) {
          publicCache = true;
        } else if (component.equals("private")) {
          privateCache = true;
        }
      } catch (RuntimeException ex) {
        continue;
      }
    }
  }
}
```

```java
  public Date getMaxAge() {
    return maxAge;
  }

  public Date getSharedMaxAge() {
    return sMaxAge;
  }

  public boolean mustRevalidate() {
    return mustRevalidate;
  }

  public boolean proxyRevalidate() {
    return proxyRevalidate;
  }

  public boolean noStore() {
    return noStore;
  }

  public boolean noCache() {
    return noCache;
  }

  public boolean publicCache() {
    return publicCache;
  }

  public boolean privateCache() {
    return privateCache;
  }
}
```

클라이언트는 이 정보를 이용할 수 있다.

- 로컬 캐시에 리소스가 존재하고 아직 만료일이 남아 있는 경우, 그것을 사용하면 된다. 서버에 요청하지 않도록 해야 한다.
- 로컬 캐시에 리소스가 존재하지만 만료일이 지난 경우, 서버로부터 GET 요청으로 전체를 가져오기 전에 HEAD 요청으로 해당 리소스가 변경되었는지 확인해야 한다.

자바를 위한 웹 캐시

기본적으로 자바는 아무것도 캐시하지 않는다. URL 클래스가 사용할 시스템 기본 캐시를 설치하기 위해서는 아래 나열된 것들이 필요하다.

- ResponseCache의 구상(concrete) 서브클래스
- CacheRequest의 구상 서브클래스
- CacheResponse의 구상 서브클래스

정적 메소드 ResponseCache.setDefault() 호출 시 여러분이 작성한 ResponseCache의 서브
클래스를 전달하면, 여러분이 작성한 CacheRequest와 CacheResponse의 서브클래스와 함께
동작하는 ResponseCache의 서브클래스를 설치할 수 있다. 이 작업은 여러분이 작성한 캐
시 객체를 시스템 기본값으로 설정한다. 자바 가상 머신은 시스템 전체의 단일 공유 캐시
만 지원한다.

캐시가 설치된 이후부터 시스템은 새로운 URL을 읽으려고 할 때마다, 먼저 캐시에 요청한
다. 캐시가 요청한 콘텐츠를 반환할 경우, URLConnection은 원격 서버에 접속할 필요가 없
다. 그러나 요청한 데이터가 캐시에 없는 경우, 프로토콜 핸들러는 해당 데이터를 원격 서
버로부터 다운로드받는다. 다운로드가 완료되면 프로토콜 핸들러는 응답 내용을 캐시에
저장한다. 그 결과, 다음 요청 시 해당 콘텐츠를 더 빠르게 이용할 수 있다.

ResponseCache 클래스 안에 있는 두 개의 추상 메소드는 시스템의 단일 캐시로부터 데이
터를 가져오거나 저장한다.

```
public abstract CacheResponse get(URI uri, String requestMethod,
    Map<String, List<String>> requestHeaders) throws IOException
public abstract CacheRequest put(URI uri, URLConnection connection)
    throws IOException
```

put() 메소드는 OutputStream 객체를 감싼(wrapping) CacheRequest 클래스를 반환한다.
OutputStream 객체는 프로토콜 핸들러가 읽은 데이터를 쓰는 데 사용된다. CacheRequest
클래스는 추상 클래스로 예제 7-7에서 보는 것처럼 두 개의 메소드를 가지고 있다.

예제 7-7 CacheRequest 클래스

```
package java.net;

public abstract class CacheRequest {
  public abstract OutputStream getBody() throws IOException;
  public abstract void abort();
}
```

서브클래스에서 getBody() 메소드는 동시에 put() 메소드에 전달된 URI를 위한 캐시의 데이터 저장소를 가리키는 OutputStream을 반환해야 한다. 예를 들어, 데이터를 파일에 저장하려고 한다면, 해당 파일과 연결된 FileOutputStream을 반환해야 한다. 프로토콜 핸들러는 읽은 데이터를 이 OutputStream에 복사할 것이다. 만약 복사 중에 문제가 발생할 경우 (예를 들어, 서버가 갑자기 연결을 종료하는 경우), 프로토콜 핸들러는 abort() 메소드를 호출한다. 그러면 이 메소드는 해당 요청을 위해 캐시에 저장해 둔 모든 데이터를 제거해야 한다.

예제 7-8은 getBody() 메소드 호출 시 ByteArrayOutputStream을 반환하는 기본적인 CacheRequest 서브클래스를 보여 준다. 이후에 getData() 메소드를 사용하여 데이터를 가져올 수 있으며, 이 사용자 정의 메소드는 CacheRequest의 서브클래스인 SimpleCacheRequest가 제공한 OutputStream에 자바가 쓴 모든 데이터를 가져온다. 또 다른 방법으로 결과를 파일에 저장하고 ByteArrayOutputStream 대신에 FileOutputStream을 사용할 수 있다.

예제 7-8 CacheRequest 구상 서브클래스

```java
import java.io.*;
import java.net.*;

public class SimpleCacheRequest extends CacheRequest {

  private ByteArrayOutputStream out = new ByteArrayOutputStream();

  @Override
  public OutputStream getBody() throws IOException {
    return out;
  }

  @Override
  public void abort() {
    out.reset();
  }

  public byte[] getData() {
    if (out.size() == 0) return null;
    else return out.toByteArray();
  }
}
```

ResponseCache 클래스가 제공하는 get() 메소드는 캐시로부터 데이터와 헤더를 가져와서 CacheResponse 객체로 감싼 뒤 반환한다. 이 메소드는 요청된 URI가 캐시에 없는 경우 널 (null)을 반환한다. 이 경우에 프로토콜 핸들러는 일반적인 경우처럼 해당 URI를 원격 서버로부터 가져온다. CacheRequest 클래스와 마찬가지로 CacheResponse 클래스도 추상 클래스이므로 서브클래스에서 메소드를 구현해야 한다. 예제 7-9에서 이 클래스를 요약해 두었다. 이 클래스는 두 개의 메소드를 제공한다. 하나는 요청 데이터를 반환하고, 하나는 헤더를 반환한다. 서버 응답을 원본 그대로 저장할 때는, 이 둘을 모두 저장해야 한다. 헤더 정보는 HTTP 헤더 필드에 있는 이름을 키 값으로 하고, 해당 이름에 대응되는 목록을 값으로 가지는 변경할 수 없는 맵(unmodifiable map) 형태로 반환되어야 한다.

예제 7-9 CacheResponse 클래스

```
public abstract class CacheResponse {
  public abstract Map<String, List<String>> getHeaders() throws IOException;
  public abstract InputStream getBody() throws IOException;
}
```

예제 7-10은 SimpleCacheRequest 클래스, CacheControl 클래스와 연관된 간단한 CacheResponse 서브클래스를 보여 준다. 이 예제에서 함께 참조하는 부분(shared reference) 은 request 클래스에서 response 클래스로 데이터를 전달한다. 만약 응답을 파일에 저장하고 있다면, 대신 파일명만 공유하면 된다. 데이터를 읽어들일 SimpleCacheRequest 객체와 함께 원래 URLConnection 객체도 함께 생성자의 인자로 넘겨주어야 한다. 여기서 URLConnection 객체는 HTTP 헤더를 읽는 데 필요하며, 이 정보는 나중을 위해서 저장된다. CacheResponse 객체는 또한 캐시에 저장된 데이터에 대하여 서버에서 만료일을 제공하는 경우 이를 저장해 둔다.

```java
import java.io.*;
import java.net.*;
import java.util.*;

public class SimpleCacheResponse extends CacheResponse {

  private final Map<String, List<String>> headers;
  private final SimpleCacheRequest request;
  private final Date expires;
  private final CacheControl control;

  public SimpleCacheResponse(
      SimpleCacheRequest request, URLConnection uc, CacheControl control)
      throws IOException {

    this.request = request;
    this.control = control;
    this.expires = new Date(uc.getExpiration());
    this.headers = Collections.unmodifiableMap(uc.getHeaderFields());
  }

  @Override
  public InputStream getBody() {
    return new ByteArrayInputStream(request.getData());
  }

  @Override
  public Map<String, List<String>> getHeaders()
      throws IOException {
      return headers;
  }

  public CacheControl getControl() {
    return control;
  }

  public boolean isExpired() {
    Date now = new Date();
    if (control.getMaxAge().before(now)) return true;
    else if (expires != null && control.getMaxAge() != null) {
      return expires.before(now);
    } else {
      return false;
    }
  }
}
```

마지막으로 원본 Cache-control 헤더에 유의하면서 동시에 요청에 따라 캐시된 값을 저장하고 가져오는 간단한 ResponseCache 서브클래스가 필요하다. 예제 7-11은 제한된 수의 응답을 HashMap 형태로 메모리에 저장하는 단순한 클래스를 나타낸다. 이 클래스는 Cache-control의 private와 public 속성을 고려하지 않기 때문에, 단일 유저 또는 개인 용도의 캐시에 사용하면 적절하다.

예제 7-11 메모리에 저장된 ResponseCache 클래스

```java
import java.io.*;
import java.net.*;
import java.util.*;
import java.util.concurrent.*;

public class MemoryCache extends ResponseCache {

  private final Map<URI, SimpleCacheResponse> responses
      = new ConcurrentHashMap<URI, SimpleCacheResponse>();
  private final int maxEntries;

  public MemoryCache() {
    this(100);
  }

  public MemoryCache(int maxEntries) {
    this.maxEntries = maxEntries;
  }

  @Override
  public CacheRequest put(URI uri, URLConnection conn)
      throws IOException {

    if (responses.size() >= maxEntries) return null;

    CacheControl control = new CacheControl(conn.getHeaderField("Cache-Control"));
    if (control.noStore()) {
      return null;
    } else if (!conn.getHeaderField(0).startsWith("GET ")) {
      // GET 방식만 캐시한다.
      return null;
    }

    SimpleCacheRequest request = new SimpleCacheRequest();
    SimpleCacheResponse response = new SimpleCacheResponse(request, conn, control);

    responses.put(uri, response);
```

```
        return request;
    }

    @Override
    public CacheResponse get(URI uri, String requestMethod,
        Map<String, List<String>> requestHeaders)
        throws IOException {

      if ("GET".equals(requestMethod)) {
        SimpleCacheResponse response = responses.get(uri);
        // 만료일 확인
        if (response != null && response.isExpired()) {
          responses.remove(response);
          response = null;
        }
        return response;
      } else {
        return null;
      }
    }
  }
}
```

자바는 한 번에 하나의 URL 캐시만 사용할 수 있다. 다음 ResponseCache.setDefault()와 ResponseCache.getDefault() 정적 메소드를 사용하여 기존 캐시를 변경하거나 새로운 캐시를 설치할 수 있다.

```
public static ResponseCache getDefault()
public static void setDefault(ResponseCache responseCache)
```

이 메소드는 동일한 자바 가상 머신에서 실행되는 모든 프로그램이 사용하는 단일 캐시를 설정한다. 예를 들어, 다음 한 줄의 코드는 애플리케이션에서 예제 7-11에 선언한 클래스를 단일 캐시로 설정한다.

```
ResponseCache.setDefault(new MemoryCache());
```

예제 7-11과 같은 ResponseCache가 설치된 이후부터 HTTP URLConnection은 항상 이 클래스를 사용한다.

서버로부터 가져온 각각의 리소스는 만료되기 전까지 HashMap에 유지된다. 이 예제에서는 만료된 문서가 만료 시점에 바로 지워지지 않으며, 만료된 이후 다시 요청이 들어왔을 때 지워진다. 더 정교하게 구현된 클래스의 경우 우선순위가 낮은 스레드를 이용하여 만료된 문서를 스캔하고 제거하는 방법을 사용할 수 있다. 이 방법 이외에도 리소스를 큐에 저장하고 새로운 리소스를 저장하기 위한 공간이 필요할 때, 오래된 문서나 만료일에 가까운 문서를 제거하는 방법으로 구현할 수도 있다. 더욱더 정교한 구현에서는 심지어 저장된 각 문서들이 얼마나 자주 접근됐는지 추적해 보고 가장 오래된 문서, 가장 적게 사용된 문서를 지울 수도 있다.

이미 언급한 바 있지만 자바 컬렉션 API 대신 파일 시스템을 사용하여 캐시를 구현할 수도 있다. 또한 데이터베이스에 캐시를 저장할 수도 있고, 일반적으로 잘 사용하지 않은 다른 많은 방법으로 구현할 수도 있다. 예를 들어, 특정 URL에 대한 요청을 지구 반대편에 있는 원격 서버가 아닌 로컬 서버로 리다이렉트(redirect)하여 본질적으로 로컬 웹 서버를 캐시처럼 사용할 수도 있다. 또는 ResponseCache 클래스가 시작될 때 일정 개수의 파일을 미리 내려 받아 캐시할 수도 있다. 이 파일들은 다른 파일들에 대한 캐시가 추가되면서 메모리에서 지워질 때까지 사용할 수 있다. 이 방식은 많은 다른 SOAP 요청을 처리하는 서버에서 유용하게 사용될 수 있다. 왜냐하면 이런 SOAP 요청들은 적은 수의 공통 스킴만을 사용하기 때문에 모두 캐시에 저장 가능하기 때문이다. 추상 ResponseCache는 이런 기능들과 다양한 사용 패턴을 지원할 만큼 충분히 유연하게 되어 있다.

연결 설정하기

URLConnection 클래스는 클라이언트가 서버에 요청을 생성하는 방법을 명확히 정의하는 7개의 protected 인스턴스 필드를 제공하며 다음과 같다.

```
protected URL     url;
protected boolean doInput = true;
protected boolean doOutput = false;
protected boolean allowUserInteraction = defaultAllowUserInteraction;
protected boolean useCaches = defaultUseCaches;
protected long    ifModifiedSince = 0;
protected boolean connected = false;
```

예를 들어, doOutput이 true인 경우, 해당 URLConnection을 통해 데이터를 읽는 것뿐만 아니라 서버로 데이터를 쓸 수도 있다. useCaches가 false인 경우, 해당 연결을 통한 요청은 로컬 캐시를 거치지 않고 원격 서버로부터 새로 다운로드받는다.

이 필드들은 모두 protected로 선언되어 있으므로, 이 필드들의 값은 메소드를 통해 접근하거나 변경할 수 있다.

```
public URL      getURL()
public void     setDoInput(boolean doInput)
public boolean getDoInput()
public void     setDoOutput(boolean doOutput)
public boolean getDoOutput()
public void     setAllowUserInteraction(boolean allowUserInteraction)
public boolean getAllowUserInteraction()
public void     setUseCaches(boolean useCaches)
public boolean getUseCaches()
public void     setIfModifiedSince(long ifModifiedSince)
public long     getIfModifiedSince()
```

이 7개의 필드들은 URLConnection이 연결되기 전(좀 더 정확히 말하면 연결로부터 콘텐츠나 헤더를 읽기 전)에만 변경할 수 있다. 연결이 생성된 이후에 호출될 경우 필드에 값을 설정하는 대부분의 메소드는 IllegalStateException 예외를 발생시킨다. 대체로 연결이 열리기 전에만 URLConnection 객체의 속성을 설정할 수 있다.

그 외에도 URLConnection의 모든 인스턴스의 기본 동작을 정의하는 몇몇 추가적인 메소드를 제공한다.

```
public boolean             getDefaultUseCaches()
public void                setDefaultUseCaches(boolean defaultUseCaches)
public static void         setDefaultAllowUserInteraction(
    boolean defaultAllowUserInteraction)
public static boolean      getDefaultAllowUserInteraction()
public static FileNameMap  getFileNameMap()
public static void         setFileNameMap(FileNameMap map)
```

인스턴스 메소드와는 달리, 이 메소드들은 언제든지 호출할 수 있다. 그리고 새로운 기본값은 이 메소드들이 호출된 이후에 생성된 URLConnection 객체에게만 적용된다.

protected URL url

url 필드는 URLConnection이 연결하고자 하는 URL을 나타낸다. 이 값은 URLConnection이 만들어질 때 생성자에 의해 설정되며 그 후에는 변경되어서는 안 된다. getURL 메소드를 호출하면 이 값을 구할 수 있다. 예제 7-12는 http://www.oreilly.com/에 대한 URLConnection을 열고, 해당 연결의 URL을 구하고 출력한다.

```java
import java.io.*;
import java.net.*;

public class URLPrinter {

  public static void main(String[] args) {
    try {
      URL u = new URL("http://www.oreilly.com/");
      URLConnection uc = u.openConnection();
      System.out.println(uc.getURL());
    } catch (IOException ex) {
      System.err.println(ex);
    }
  }
}
```

실행 결과는 다음과 같으며, 특별한 것은 없다. 출력된 URL은 URLConnection을 만드는데 사용된 값이다.

```
% java URLPrinter
http://www.oreilly.com/
```

protected boolean connected

불리언(boolean) 필드 connected는 연결이 열려 있는 경우에는 true, 연결이 닫혀 있는 경우에는 false가 된다. URLConnection 객체는 생성 시 바로 연결이 열리지 않기 때문에 초기값은 false다. 이 변수는 java.net.URLConnection의 인스턴스와 서브클래스에서만 접근할 수 있다.

connected 값을 직접 읽거나 변경하는 메소드는 제공되지 않는다. 그러나 URLConnection 클래스에서 실제 연결을 발생시키는 모든 메소드는 연결 시 이 변수를 true로 설정해야 한다. 이런 메소드에는 connect(), getInputStream(), getOutputStream()이 있다. 또한 URLConnection 클래스에서 연결을 닫는 모든 메소드는 이 변수를 false로 설정해야 한다. java.net.URLConnection에는 그런 메소드가 존재하지 않지만, java.net.HttpURLConnection 같은 몇몇 서브클래스들은 disconnect() 메소드를 제공한다.

프로토콜 핸들러를 작성하기 위해 URLConnection의 서브클래스를 정의할 경우, 연결 후 connected를 true로 설정하고 연결 종료 후 false로 설정해야 한다. java.net.URLConnection 안에 있는 많은 메소드가 실행 시 이 변수를 참조한다. 만약 이 값이 잘못 설정될 경우 원인을 규명하기 어려운 심각한 버그들이 발생할 수 있다.

protected boolean allowUserInteraction

어떤 URLConnection은 직접적인 사용자의 입력을 필요로 한다. 예를 들어, 웹 브라우저는 사용자 이름과 패스워드를 물어 보기도 한다. 그러나 많은 애플리케이션은 사용자가 컴퓨터 앞에 앉아서 직접 입력한다고 가정하지 않는다. 예를 들어, 검색엔진 로봇은 어떤 사용자의 사용자 이름과 패스워드도 물어 보지 않고 백그라운드로 실행 중일 것이다. allowUserInteraction 필드는 이름에서 알 수 있듯이 사용자와의 상호작용이 허용되어 있는지는 나타낸다. 기본값은 false다.

이 변수는 protected로 선언되어 있지만, public getAllowUserInteraction() 메소드를 사용하여 값을 읽을 수 있고 public setAllowUserInteraction() 메소드를 사용하여 값을 변경할 수 있다.

```
public void setAllowUserInteraction(boolean allowUserInteraction)
public boolean getAllowUserInteraction()
```

이 값이 true이면 사용자의 입력이 허용되며 false인 경우 사용자의 입력이 허용되지 않는다. 이 변수의 값은 언제든지 읽을 수 있지만 URLConnection이 연결되기 전에만 설정할 수 있다. URLConnection이 연결되어 있을 때 setAllowUserInteraction()을 호출하면 IllegalStateException 예외가 발생한다.

예를 들어, 다음 코드는 웹 페이지에 대한 연결을 하나 만들고 필요한 경우 사용자에게 인증을 요청한다.

```
URL u = new URL("http://www.example.com/passwordProtectedPage.html");
URLConnection uc = u.openConnection();
uc.setAllowUserInteraction(true);
InputStream in = uc.getInputStream();
```

자바는 사용자 이름과 패스워드를 사용자에게 요청하기 위한 기본 그래픽 환경(GUI)을 제공하지 않는다. 만약 애플릿을 통해 요청을 보낼 경우, 브라우저에서 제공하는 기본 인증 대화상자를 사용할 수 있다. 독립적인 자바 애플리케이션인 경우 제5장 "패스워드로 보호된 사이트 접근하기" 절에서 다룬 Authenticator를 먼저 설치해야 한다.

그림 7-1은 패스워드 입력을 요구하는 페이지에 접근했을 때 나타나는 대화상자를 보여준다. 이 대화상자에서 취소(cancel)를 선택하면 "401 Authorization Required" 에러와 서버가 인증되지 않은 사용자에게 보내는 메시지를 보게 된다. 그러나 확인을 누르고 재인증을 물

어 볼 때 '아니오'라고 대답하여 인증을 거부하면 getInputStream()은 ProtocolException 예외를 발생시킨다.

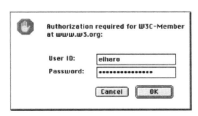

그림 7-1 인증 대화상자

정적 메소드 getDefaultAllowUserInteraction()와 setDefaultAllowUserInteraction()는 allowUserInteraction 필드가 명확히 설정되지 않은 URLConnection 객체의 기본적인 동작을 결정한다. allowUserInteraction 필드는 정적 변수이기 때문에(즉, 인스턴스 변수가 아니라 클래스 변수) setDefaultAllowUserInteraction() 메소드 호출 후 생성된 모든 URLConnection 인스턴스의 기본 동작에 영향을 미친다.

예를 들어, 다음은 getDefaultAllowUserInteraction() 메소드를 호출하여 기본적으로 사용자의 입력이 허용되는지 확인하는 코드다. 사용자의 입력이 기본적으로 허용되지 않은 경우, 사용자의 입력을 기본적으로 허용하기 위해 setDefaultAllowUserInteraction() 메소드를 사용한다.

```
if (!URLConnection.getDefaultAllowUserInteraction()) {
  URLConnection.setDefaultAllowUserInteraction(true);
}
```

protected boolean doInput

URLConnection은 서버로부터 읽거나, 서버에 쓰거나, 또는 둘 모두에 사용될 수 있다. protected 불리언(boolean) 필드인 doInput은 URLConnection이 읽기에 사용될 수 있는 경우 true이며, 읽기에 사용될 수 없는 경우 false이다. 이 필드의 기본 값은 true이다. protected로 선언된 이 변수에 접근하기 위해서는 public getDoInput() 메소드와 setDoInput() 메소드를 사용해야 한다.

```
public void setDoInput(boolean doInput)
public boolean getDoInput()
```

예를 들어:

```
try {
  URL u = new URL("http://www.oreilly.com");
  URLConnection uc = u.openConnection();
  if (!uc.getDoInput()) {
    uc.setDoInput(true);
  }
  // 연결로부터 읽기...
} catch (IOException ex) {
  System.err.println(ex);
}
```

protected boolean doOutput

프로그램은 결과를 서버로 다시 보내기 위해 URLConnection을 사용할 수 있다. 예를 들어, POST 메소드를 사용하는 서버로 데이터를 보내야 하는 프로그램의 경우, URLConnection 에서 출력 스트림을 구해서 보낼 수 있다. doOutput은 불리언(boolean) 타입의 protected로 선 언되어 있으며, 출력으로 사용할 수 있는 경우 true이고 사용할 수 없으면 false다. 기본값 은 false다. protected로 선언된 이 변수에 접근하기 위해서는 public getDoOutput() 메소드와 setDoOutput() 메소드를 사용해야 한다.

```
public void setDoOutput(boolean dooutput)
public boolean getDoOutput()
```

예를 들어:

```
try {
  URL u = new URL("http://www.oreilly.com");
  URLConnection uc = u.openConnection();
  if (!uc.getDoOutput()) {
    uc.setDoOutput(true);
  }
  // 연결에 쓰기...
} catch (IOException ex) {
  System.err.println(ex);
}
```

http URL에 대해 doOutput 필드를 true로 설정하면, 요청 메소드가 GET에서 POST로 변경된다. 이 내용에 대해서는 뒤에 나올 "서버에 데이터 쓰기" 절에서 더 자세히 살펴볼 것이다.

protected boolean ifModifiedSince

많은 클라이언트들, 특히 웹 브라우저와 프록시는 이전에 가져온 문서를 캐시에 저장한다. 사용자가 이전에 요청한 문서를 다시 요청하면, 웹 브라우저와 프록시는 캐시에서 저장된 문서를 가져온다. 그러나 해당 문서를 마지막으로 가져온 이후에 서버에 있는 원본이 변경되는 경우가 있을 수 있다. 이를 알 수 있는 유일한 방법은 서버에게 물어 보는 것이다. 클라이언트는 서버로 보내는 클라이언트 요청 HTTP 헤더에 특정일 이후에 문서가 변경되었는지를 묻는 If-Modified-Since를 포함시킬 수 있다. 이 헤더는 날짜와 시간을 포함한다. 서버는 If-Modified-Since에 명시된 시간 이후에 해당 문서가 변경된 경우 해당 문서를 보내고, 그렇지 않은 경우 문서를 보내지 않는다. 일반적으로 이 시간은 클라이언트가 문서를 마지막으로 가져온 시간이다. 예를 들어, 다음 클라이언트 요청은 2014년 10월 31일 오후 7시 22분 07초(GMT) 이후 문서가 변경된 경우에만 반환해 줄 것을 나타낸다.

```
GET / HTTP/1.1
Host: login.ibiblio.org:56452
Accept: text/html, image/gif, image/jpeg, *; q=.2, */*; q=.2
Connection: close
If-Modified-Since: Fri, 31 Oct 2014 19:22:07 GMT
```

그 시간 이후 문서가 변경되었다면, 서버는 보통 때처럼 문서를 보내고, 그렇지 않은 경우 아래와 같은 "304 Not Modified" 메시지를 반환한다.

```
HTTP/1.0 304 Not Modified
Server: WN/1.15.1
Date: Sun, 02 Nov 2014 16:26:16 GMT
Last-modified: Fri, 29 Oct 2004 23:40:06 GMT
```

그러면 클라이언트는 캐시로부터 해당 문서를 가져와서 보여 준다. 모든 웹 서버가 If-Modified-Since 필드를 처리할 수 있는 것은 아니다. 어떤 서버는 문서의 변경 여부에 상관없이 항상 문서를 보내기도 한다.

URLConnection 클래스에 있는 ifModifiedSince 필드는 If-Modified-Since 헤더 필드에서 사용될 날짜[1970년 1월 1일 자정(GMT) 이후의 시간 밀리초]를 나타낸다. ifModifiedSince 필드는

protected로 선언되어 있기 때문에, 읽거나 수정하기 위해서는 getIfModifiedSince() 그리고 setIfModifiedSince() 메소드를 호출해야 한다.

```
public long getIfModifiedSince()
public void setIfModifiedSince(long ifModifiedSince)
```

예제 7-13은 ifModifiedSince의 기본값을 출력하고, 그 값을 24시간 전으로 설정한 다음, 새로운 값을 출력한다. 그리고 나서 지난 24시간 사이에 문서가 수정된 경우, 해당 문서를 다운로드 받고 화면에 출력한다.

예제 7-13 ifModifiedSince를 24시간 전으로 설정하기

```java
import java.io.*;
import java.net.*;
import java.util.*;

public class Last24 {

  public static void main (String[] args) {

    // 현재 날짜와 시간으로 Date 객체 초기화
    Date today = new Date();
    long millisecondsPerDay = 24 * 60 * 60 * 1000;

    for (int i = 0; i < args.length; i++) {
      try {
        URL u = new URL(args[i]);
        URLConnection uc = u.openConnection();
        System.out.println("Original if modified since: "
            + new Date(uc.getIfModifiedSince()));
        uc.setIfModifiedSince((new Date(today.getTime()
          - millisecondsPerDay)).getTime());
        System.out.println("Will retrieve file if it's modified since "
            + new Date(uc.getIfModifiedSince()));
        try (InputStream in = new BufferedInputStream(uc.getInputStream())) {
          Reader r = new InputStreamReader(in);
          int c;
          while ((c = r.read()) != -1) {
            System.out.print((char) c);
          }
          System.out.println();
        }
      } catch (IOException ex) {
        System.err.println(ex);
      }
    }
  }
}
```

이 코드의 실행 결과는 아래와 같다. 먼저 기본 값인 1970년 1월 1일 자정(GMT)을 태평양 표준시(PST, Pacific Standard Time)로 변경한 시간을 볼 수 있다. 다음은 현재 시간에서 24시간 전으로 설정한 새로운 시간이다.

```
% java Last24 http://www.elharo.com
Original if modified since: Wed Dec 31 19:00:00 EST 1969
Will retrieve file if it's modified since Sat Jun 01 11:11:27 EDT 2013
```

이 문서는 지난 24시간 사이에 변경되지 않았기 때문에 다시 출력되지 않는다.

protected boolean useCaches

몇몇 클라이언트들, 특히 웹 브라우저는 서버에서 문서를 가져오지 않고 로컬 캐시에서 가져올 수 있다. 애플릿의 경우 브라우저의 캐시에 접근할 수도 있다. 독립적인 애플리케이션은 java.net.ResponseCache 클래스를 사용할 수 있다. useCaches 변수는 캐시의 사용이 가능한 경우, 캐시의 사용 유무를 결정한다. 이 변수의 기본값 true는 캐시가 사용될 것임을 의미한다. false는 캐시가 사용되지 않을 것임을 의미한다. useCaches는 protected로 선언되어 있기 때문에, 프로그램에서는 getUseCaches()그리고 setUseCaches() 메소드를 사용하여 접근한다.

```
public void    setUseCaches(boolean useCaches)
public boolean getUseCaches()
```

다음 코드는 다운로드받을 문서의 가장 최신 버전을 가져오기 위해 useCaches를 false로 설정하여 캐시 기능을 끈다.

```
try {
  URL u = new URL("http://www.sourcebot.com/");
  URLConnection uc = u.openConnection();
  uc.setUseCaches(false);
  // 문서 읽기...
} catch (IOException ex) {
  System.err.println(ex);
}
```

getDefaultUseCaches() 그리고 setDefaultUseCaches() 두 메소드는 useCaches 필드의 초기값을 정의한다.

```
public void    setDefaultUseCaches(boolean useCaches)
public boolean getDefaultUseCaches()
```

비록 이 메소드들은 정적 메소드는 아니지만, URLConnection 클래스의 모든 인스턴스의 기본 캐시 사용 여부를 결정하는 정적 필드를 설정하거나 가져온다. 다음 코드는 기본적으로 캐시 기능을 끈다. 이 코드 실행 이후, 캐시 기능이 필요한 URLConnection은 명시적으로 setUseCaches(true)를 호출해 켜야 한다.

```
if (uc.getDefaultUseCaches()) {
  uc.setDefaultUseCaches(false);
}
```

타임아웃

연결에 대한 타임아웃 값을 확인하거나 변경하는 네 가지 메소드가 있다. 즉, 타임아웃은 내부 소켓이 SocketTimeoutException 예외를 발생시키기 전에 원격 서버로부터 얼마나 오랫동안 응답을 대기할지를 나타낸다. 다음 네 가지 메소드가 있다.

```
public void setConnectTimeout(int timeout)
public int  getConnectTimeout()
public void setReadTimeout(int timeout)
public int  getReadTimeout()
```

setConnectTimeout() / getConnectTimeout() 메소드는 초기 연결 시 소켓이 기다리는 시간을 제어한다. setReadTimeout() / getReadTimeout() 메소드는 입력 스트림이 데이터의 도착을 기다리는 시간을 제어한다. 이 네 개의 메소드는 밀리초 단위로 타임아웃을 측정하며, 0은 타임아웃 제한이 없다는 의미로 해석한다. 타임아웃을 설정하는 두 메소드의 인자로 음수가 전달될 경우, 두 메소드는 IllegalArgumentException 예외를 발생시킨다.

예를 들어, 다음 코드는 30초의 연결 타임아웃과 45초의 읽기 타임아웃을 설정한다.

```
URL u = new URL("http://www.example.org");
URLConnection uc = u.openConnection();
uc.setConnectTimeout(30000);
uc.setReadTimeout(45000);
```

클라이언트 요청 HTTP 헤더 설정하기

HTTP 클라이언트(즉, 브라우저)는 서버에 요청 라인뿐만 아니라 헤더도 함께 보낸다. 예를 들어, 다음은 크롬(Chrome) 브라우저가 서버로 보내는 헤더다.

```
Accept:text/html,application/xhtml+xml,application/xml;q=0.9,*/*;q=0.8
Accept-Charset:ISO-8859-1,utf-8;q=0.7,*;q=0.3
Accept-Encoding:gzip,deflate,sdch
Accept-Language:en-US,en;q=0.8
Cache-Control:max-age=0
Connection:keep-alive
Cookie:reddit_first=%7B%22firsttime%22%3A%20%22first%22%7D
DNT:1
Host:lesswrong.com
User-Agent:Mozilla/5.0 (Macintosh; Intel Mac OS X 10_8_3) AppleWebKit/537.31
    (KHTML, like Gecko) Chrome/26.0.1410.65 Safari/537.31
```

웹 서버는 이 헤더 정보를 다른 클라이언트에게 다른 페이지를 제공하거나, 쿠키를 설정하고 가져오거나, 패스워드를 사용하여 사용자를 인증하는 등의 다양한 용도로 사용할 수 있다. 이 모든 일은 클라이언트가 헤더에 다양한 필드를 보내고, 서버가 각각의 헤더에 대해 응답함으로써 가능해진다.

 여기서 다루는 내용은 이전 장에서 다뤘던 getHeaderField()와 getHeaderFieldKey() 메소드로 읽을 수 있는 서버가 클라이언트로 보내는 HTTP 헤더가 아니라는 사실을 명확히 이해해야 한다. 여기서 다루는 헤더는 클라이언트가 서버로 보내는 HTTP 헤더를 말한다.

각 URLConnection은 기본적으로 몇 가지 서로 다른 이름-값 쌍을 헤더에 설정한다. 다음은 예제 7-1의 SourceViewer2 프로그램이 서버로 보내는 HTTP 헤더다.

```
User-Agent: Java/1.7.0_17
Host: httpbin.org
Accept: text/html, image/gif, image/jpeg, *; q=.2, */*; q=.2
Connection: close
```

여러분도 보다시피 크롬이 보내는 헤더에 비하면 아주 단순하다. 그리고 다른 사용자 에이전트(User-Agent)를 사용하며, 받을 수 있는 파일의 종류도 다르다. 그러나 연결을 시도하기 전에 이 값들을 변경하거나 새로운 필드를 추가할 수 있다.

연결을 시도하기 전에 setRequestProperty() 메소드를 사용하여 HTTP 헤더에 새로운 헤더를 추가할 수 있다.

```
public void setRequestProperty(String name, String value)
```

setRequestProperty() 메소드는 해당 URLConnection 클래스의 헤더에 인자로 전달된 이름과 값의 필드를 추가한다. 이 메소드는 연결을 시도하기 전에만 사용해야 한다. 이 메소드는 이미 연결된 경우에 IllegalStateException 예외를 발생시킨다. getRequestProperty() 메소드는 해당 URLConnection 클래스가 사용하는 HTTP 헤더에서 인자로 지정된 필드의 값을 반환한다.

HTTP는 단일 속성(property)에 다수의 값을 설정할 수 있다 이 경우 각각의 값은 콤마로 구분된다. 예를 들어, 앞의 예제에서 사용된 자바 7이 보낸 Accept 헤더에는 text/html, image/gif, image/jpg 그리고 * 까지 네 가지 값이 있다.

HTTP 프로토콜만이 이와 같은 헤더를 사용하기 때문에 이들 메소드는 연결된 URL이 HTTP URL일 때에만 의미가 있다. 이 헤더들은 NNTP와 같은 다른 프로토콜에서는 다른 의미를 가질 수도 있으며, 이 말은 곧 API 설계 자체가 얼마나 빈약한지를 보여 준다. 사실 이 메소드들은 일반적인 URLConnection 클래스의 일부가 아니라, 좀 더 구체적인 HttpURLConnection 클래스의 일부로 다뤄져야 한다.

예를 들어, 웹 서버와 클라이언트는 쿠키를 사용하여 일시적인 정보를 저장한다. 쿠키는 단순히 이름-값 쌍의 집합이다. 서버는 응답 HTTP 헤더를 사용하여 쿠키를 클라이언트에게 보낸다. 이 시점부터 클라이언트는 그 서버에게 요청을 보낼 때마다 HTTP 요청 헤더에 다음과 비슷한 쿠키를 포함시킨다.

```
Cookie: username=elharo; password=ACD0X9F23JJJn6G; session=100678945
```

이 쿠키 필드는 세 개의 이름-값 쌍을 서버로 보낸다. 하나의 쿠키에 포함될 수 있는 이름-값 쌍의 개수에 특별한 제한은 없다. URLConnection 객체 uc가 있을 때 이 쿠키들은 다음 코드를 사용하여 연결에 추가할 수 있다.

```
uc.setRequestProperty("Cookie",
    "username=elharo; password=ACD0X9F23JJJn6G; session=100678945");
```

이 코드는 이미 같은 이름의 속성이 존재할 경우 기존 속성의 값을 변경한다. 기존 속성에 값을 추가하기 위해서는 대신 addRequestProperty() 메소드를 사용해야 한다.

```
public void addRequestProperty(String name, String value)
```

사용할 수 있는 헤더의 목록은 따로 정해져 있지 않다. 일반적으로 서버들은 자신이 인식하지 못하는 헤더는 단순히 무시한다. HTTP 프로토콜은 헤더 필드의 이름과 값을 구성하는 데 일정한 제한을 두고 있다. 예를 들어, 이름은 공백 문자를 포함할 수 없고 값은 어떤 줄 바꿈 문자도 포함할 수 없다. 자바는 필드가 줄 바꿈 문자를 포함할 수 없도록 제한하고 있지만 잘 지켜지진 않는다. 필드가 줄 바꿈 문자를 포함할 경우 setRequestProperty() 그리고 addRequestProperty() 메소드는 IllegalArgumentException 예외를 발생시킨다. 이 외에는 특별한 제한이 없기 때문에 비정상적인 헤더를 서버로 보내기가 매우 쉬우며, 따라서 주의가 필요하다. 어떤 서버들은 비정상적인 헤더도 문제없이 처리한다. 또 몇몇은 규칙에 맞지 않는 헤더는 무시하고 어쨌든 요청한 문서를 반환한다. 그러나 어떤 서버는 "400 Bad Request" 에러를 반환하기도 한다.

어떤 이유로 URLConnection에 있는 헤더를 확인해야 할 경우 다음 메소드를 사용한다.

```
public String getRequestProperty(String name)
```

자바는 또한 연결에서 사용된 모든 요청 속성을 맵 형태로 반환하는 메소드를 제공한다.

```
public Map<String,List<String>> getRequestProperties()
```

맵의 키는 헤더 필드의 이름이고, 키 값에 대응하는 값은 속성 값들의 목록이다. 이름과 값 모두 문자열 형태로 저장된다.

서버에 데이터 쓰기

POST로 웹 서버에 폼을 제출하거나 PUT으로 파일을 업로드하는 것처럼 종종 URL Connection에 데이터를 써야 할 경우가 있다. getOutputStream() 메소드는 서버에 데이터를 전송하기 위해 쓸 수 있는 OutputStream을 반환한다.

```
public OutputStream getOutputStream()
```

URLConnection은 기본적으로 출력이 허용되지 않기 때문에, 출력 스트림을 요청하기 전에 setDoOutput(true)를 호출해야 한다. http URL에 대해 doOutput을 true로 설정하고 나면, 요청 메소드가 GET에서 POST로 변경된다. 이미 제5장에서 GET 방식의 서버 측 프로그램에게 데이터를 보내는 방법을 살펴보았다. 그러나 GET 메소드는 검색 요청이나 페이지 이동과 같은 안전한 동작에만 사용해야 하며, 웹 페이지에 코멘트를 작성하거나 피자를 주문하는 것과 같은 리소스를 만들거나 수정하는 안전하지 않은 동작에는 GET 메소드를 사용해서는 안 된다.

일단 OutputStream을 구하고 나면 BufferedOutputStream이나 BufferedWriter에 연결하여 버퍼 기능을 추가한다. 또한 원본 OutputStream보다 사용하기 편리한 DataOutputStream이나 OutputStreamWriter 같은 클래스에 연결할 수도 있다. 예를 들어:

```
try {
  URL u = new URL("http://www.somehost.com/cgi-bin/acgi");
  // 연결을 열고 POST 준비
  URLConnection uc = u.openConnection();
  uc.setDoOutput(true);

  OutputStream raw = uc.getOutputStream();
  OutputStream buffered = new BufferedOutputStream(raw);
  OutputStreamWriter out = new OutputStreamWriter(buffered, "8859_1");
  out.write("first=Julie&middle=&last=Harting&work=String+Quartet\r\n");
  out.flush();
  out.close();
} catch (IOException ex) {
  System.err.println(ex);
}
```

POST 메소드를 사용하여 데이터를 보내는 것은 GET 메소드를 사용하여 보내는 것만큼이나 쉽다. 먼저 setDoOutput(true)를 호출하여 URLConnection 클래스에서 출력할 수 있도록 설정하고, 쿼리 문자열을 URL에 추가하는 대신에 URLConnection 클래스의 getOutputStream() 메소드를 이용한다. 자바는 스트림이 닫히기 전까지 출력 스트림에 쓰인 모든 데이터를 버퍼에 저장한다. 이렇게 함으로써 Content-length 헤더의 값을 구할 수 있다. 클라이언트 요청과 서버 응답을 포함한 완전한 트랜잭션(transaction)은 다음과 같을 것이다.

```
% telnet www.cafeaulait.org 80
Trying 152.19.134.41...
Connected to www.cafeaulait.org.
Escape character is '^]'.
POST /books/jnp3/postquery.phtml HTTP/1.0
Accept: text/plain
Content-type: application/x-www-form-urlencoded
Content-length: 63
Connection: close
Host: www.cafeaulait.org

username=Elliotte+Rusty+Harold&email=elharo%40ibiblio%2eorg
HTTP/1.1 200 OK
Date: Sat, 04 May 2013 13:27:24 GMT
Server: Apache
Content-Style-Type: text/css
Content-Length: 864
Connection: close
Content-Type: text/html; charset=utf-8

<html xmlns="http://www.w3.org/1999/xhtml">
<head>
  <title>Query Results</title>
</head>
<body>

<h1>Query Results</h1>

<p>You submitted the following name/value pairs:</p>

<ul>
<li>username = Elliotte Rusty Harold</li>
<li>email = elharo@ibiblio.org</li>
</ul>

<hr />
Last Modified July 25, 2012

</body>
</html>
Connection closed by foreign host.
```

서버와 클라이언트 양쪽 모두의 설정을 변경할 수 있는 경우, 여러분이 원하는 어떤 다른 종류의 데이터 인코딩도 사용할 수 있다. 예를 들어, SOAP 그리고 XML-RPC 둘 모두 서버로 데이터를 전송할 때 x-www-form-url-encoded 쿼리 문자열이 아닌 XML로 전송한다.

예제 7-14는 URLConnection 클래스와 제5장에서 배운 QueryString 클래스를 사용하여 데이터를 전송하는 FormPoster라는 프로그램이다. 이 예제 프로그램은 생성자에서 연결할 URL을 설정한다. 그리고 add() 메소드를 사용하여 쿼리 문자열을 만든다.

실제로 post() 메소드에서 지정된 URL에 대해서 URLConnection을 열고, doOutput 필드를 true로 설정하고, 쿼리 문자열을 출력 스트림에 써서 서버에 데이터를 보내는 일을 처리한다. 그리고 또한 post() 메소드는 서버의 응답을 담고 있는 입력 스트림을 반환한다.

main() 메소드는 http://www.cafeaulait.org/books/jnp4/postquery.phtml에 위치한 리소스에 필자의 이름 "Elliotte Rusty Harold"와 메일 주소 elharo@biblio.org를 보내어 이 프로그램이 제대로 동작하는지 간단히 테스트한다. 이 리소스는 POST나 GET을 사용한 어떠한 입력도 받아들이며, 입력된 필드의 이름과 값을 보여 주는 HTML 페이지를 반환하는 간단한 폼 테스터다. 반환된 데이터는 HTML이다. 예제는 HTML을 분석하지 않고 단순히 화면에 출력한다. 전송할 이름과 메일 주소를 입력받은 사용자 인터페이스를 추가하여 프로그램을 확장하는 것도 어렵지 않다. 그러나 그러한 작업은 프로그램의 코드만 길어지게 할 뿐 여기서 배우고자 하는 네트워크 프로그래밍과 관련하여 추가적으로 보여 줄 수 있는 것은 없다. 이는 독자 여러분에게 숙제로 남겨놓겠다. 일단 이 예제를 이해하고 나면 서버 측 스크립트와 통신하는 자바 프로그램을 작성하기가 쉬워질 것이다.

예제 7-14 폼 전송하기

```java
import java.io.*;
import java.net.*;

public class FormPoster {

  private URL url;
  // 제5장의 예제 5-8에서 사용한 클래스
  private QueryString query = new QueryString();

  public FormPoster (URL url) {
    if (!url.getProtocol().toLowerCase().startsWith("http")) {
      throw new IllegalArgumentException(
          "Posting only works for http URLs");
    }
    this.url = url;
  }

  public void add(String name, String value) {
```

```
      query.add(name, value);
  }

  public URL getURL() {
    return this.url;
  }

  public InputStream post() throws IOException {

// 연결을 열고 POST로 전송하기 위한 준비
URLConnection uc = url.openConnection();
uc.setDoOutput(true);
    try (OutputStreamWriter out
        = new OutputStreamWriter(uc.getOutputStream(), "UTF-8")) {

      // POST 라인, Content-type 헤더, Content-length 헤더들은
      // URLConnection에 의해 보내지므로 우리는 단지 데이터만 보내면 된다.
      out.write(query.toString());
      out.write("\r\n");
      out.flush();
    }

    // 서버의 응답 반환
    return uc.getInputStream();
}

  public static void main(String[] args) {
    URL url;
    if (args.length > 0) {
      try {
        url = new URL(args[0]);
      } catch (MalformedURLException ex) {
        System.err.println("Usage: java FormPoster url");
        return;
      }
    } else {
      try {
        url = new URL(
            "http://www.cafeaulait.org/books/jnp4/postquery.phtml");
      } catch (MalformedURLException ex) { // 발생해서는 안 되는 상황
        System.err.println(ex);
        return;
      }
    }

    FormPoster poster = new FormPoster(url);
    poster.add("name", "Elliotte Rusty Harold");
    poster.add("email", "elharo@ibiblio.org");

    try (InputStream in = poster.post()) {
      // 응답 읽기
```

```
      Reader r = new InputStreamReader(in);
      int c;
      while((c = r.read()) != -1) {
        System.out.print((char) c);
      }
      System.out.println();
    } catch (IOException ex) {
      System.err.println(ex);
    }
  }
}
```

아래는 이 예제 프로그램의 실행 결과 서버로부터 받은 응답을 보여 준다.

```
% java -classpath .:jnp4e.jar FormPoster
<html xmlns="http://www.w3.org/1999/xhtml">
<head>
        <title>Query Results</title>
</head>
<body>

<h1>Query Results</h1>

<p>You submitted the following name/value pairs:</p>

<ul>
<li>name = Elliotte Rusty Harold</li>
<li>email = elharo@ibiblio.org
</li>
</ul>

<hr />
Last Modified May 10, 2013

</body>
</html>
```

main() 메소드는 args[0]에서 명령라인의 첫 번째 인자를 읽으려고 한다. 인자를 입력하는 것은 선택 사항이다. 인자가 있는 경우, 해당 인자는 전송될 URL로 간주된다. 인자가 없는 경우, main() 메소드는 url을 기본 URL인 http://www.cafeaulait.org/books/jnp4/postquery. phtml로 초기화한다. 그리고 나서 main() 메소드는 FormPoster 객체를 생성한다. 두 개의 이름-값 쌍이 생성된 FormPoster 객체에 추가된다. 그리고 난 다음 post() 메소드가 호출되고 이에 대한 응답을 읽어서 System.out으로 출력한다.

post() 메소드는 이 클래스의 가장 중요한 부분이다. 이 메소드는 먼저 url 필드에 저장되어 있는 URL에 연결한다. 다음에 URLConnection 클래스가 출력할 수 있도록 doOutput 필드 값을 true로 설정한다. 그러고 나서 이 URL에 대한 OutputStream을 데이터를 보내는 아스키 OutputStreamWriter에 연결한 다음, 데이터를 출력하고, 스트림을 닫는다. 이때 스트림을 닫는 것을 잊지 않도록 하자. 스트림을 닫지 않으면 데이터는 서버로 전송되지 않는다. 마지막으로, URLConnection의 InputStream을 반환한다.

요약하자면, 폼 데이터를 전송하는 데 다음 단계가 필요하다.

1. 서버 측 프로그램에게 보낼 이름-값 쌍을 결정한다.
2. 요청을 받아서 처리할 서버 측 프로그램을 작성한다. 특별한 사용자 정의 인코딩 타입을 사용하지 않는다면, 일반적인 브라우저와 HTML 폼을 사용하여 이 프로그램을 테스트할 수 있다.
3. 자바 프로그램에서 사용할 쿼리 문자열을 만든다. 문자열은 다음과 같을 것이다.

   ```
   name1=value1&name2=value2&name3=value3
   ```

4. 쿼리 문자열에서 사용할 이름과 값은 쿼리 문자열에 추가하기 전에 URLEncdoer. encode()를 통해 인코딩해야 한다.
5. 데이터를 받아들일 서버 측 프로그램의 URL에 대해 URLConnection을 연다.
6. setDoOutput(true)를 호출하여 doOutput 필드를 true로 설정한다.
7. URLConnection의 OutputStream에 쿼리 문자열을 쓴다.
8. URLConnection의 OutputStream을 닫는다.
9. URLConnection의 InputStream에서 서버의 응답을 읽는다.

GET은 북마크나 링크될 수 있는 안전한 연산에만 사용되어야 하며, POST는 북마크나 링크될 수 없는 안전하지 않은 연산에 사용되어야 한다.

getOutputStream() 메소드는 웹 서버에 파일을 저장하기 위한 PUT 요청 메소드를 위해서도 사용된다. 저장될 데이터는 getOutputStream()이 반환하는 OutputStream에 쓴다. 그러나 이것은 URLConnection의 서브클래스인 HttpURLConnection에서만 사용하는 것이기 때문에 PUT 명령에 대한 설명은 잠시 동안 미루어 두겠다.

URLConnection의 보안 고려 사항

URLConnection 객체는 네트워크 연결을 만들거나 파일을 읽고 쓸 때 일반적인 모든 보안 제약을 받는다. 예를 들어, 신뢰할 수 없는 애플릿은 자신을 보내 준 호스트에 대해서만 URLConnection 객체를 생성할 수 있다. 그러나 다양한 URL 스킴과 그에 대응하는 연결들은 각각 다른 보안 제약 사항이 있기 때문에 세부적으로 약간의 예외가 있을 수 있다. 예를 들어, 애플릿 자신의 jar 파일을 가리키는 jar URL은 허용되나, 로컬 하드 드라이브에 있는 파일에 대한 file URL은 허용되지 않는다.

URL에 연결하려고 하기 전에, 연결이 허용되는지 알고 싶은 경우가 있다. 이러한 경우를 위해 URLConnection 클래스는 getPermission() 메소드를 제공한다.

```
public Permission getPermission() throws IOException
```

이 메소드는 URL에 연결하기 위해 어떤 허가(permission)가 필요한지 나타내는 java.security. Permission 객체를 반환한다. 어떤 허가도 필요 없는 경우 이 메소드는 널(null)을 반환한다 (예를 들어, 보안 관리자가 없는 경우). URLConnection 클래스의 서브클래스는 java.security. Permission의 다양한 서브클래스를 반환한다. 예를 들어, 내장된 URL이 www.gwbush.com 을 가리키는 경우, getPermission 메소드는 www.gwbush.org 호스트에 대해 연결과 주소 변환이 가능함을 의미하는 java.net.SocketPermission 클래스를 반환한다.

MIME 미디어 타입 추측하기

모든 프로토콜과 서버가 전송된 파일의 종류를 MIME 타입을 사용하여 알려 주는 것이 가장 이상적이다. 하지만 현실은 그렇지 않다. 우리는 MIME보다 오래된 FTP 같은 프로토콜도 처리해야 하며, 또한 MIME 헤더를 사용해야 함에도 불구하고 MIME 헤더를 제공하지 않거나 잘못된 헤더를 제공하는 HTTP 서버(보통 서버가 잘못 설정되어 있는 경우)도 처리해야 한다.

URLConnection 클래스는 프로그램에서 사용 중인 데이터의 MIME 타입을 알아내는 데 도움이 되는 두 개의 정적 메소드를 제공한다. 콘텐츠 타입을 이용할 수 없거나 콘텐츠 타입이 틀렸다고 판단될 경우 이 메소드들을 사용할 수 있다. 이 두 메소드 중 첫 번째는 URLConnection.guessContentTypeFromName() 메소드다.

```
public static String guessContentTypeFromName(String name)
```

이 메소드는 객체의 URL에서 파일 이름의 확장자 부분을 기반으로 객체의 콘텐츠 타입을 추측한다. 이 메소드는 콘텐츠 타입을 추측하여 문자열(String)로 반환한다. 이 추측은 맞을 가능성이 높다. 사람들은 파일 이름을 생각할 때 일반적인 규칙을 따르기 때문이다.

콘텐츠 타입을 추측하는 작업은 일반적으로 jre/lib 디렉터리에 위치한 content-types. properties 파일에 의해 결정된다. 유닉스에서 자바는 콘텐츠 타입의 추측을 돕기 위해 mailcap 파일 또한 참조한다.

이 메소드가 결코 완전한 것은 아니다. 예를 들어, 이 메소드는 RDF(.rdf), XSL(.xsl) 같은 application/xml MIME 타입을 가져야 하는 XML 애플리케이션은 빠져 있다. 이 메소드는 또한 CSS 스타일시트(.css) 파일에 대한 MIME 타입을 제공하지 않는다. 그러나 사용하기에 큰 무리는 없다.

두 번째 MIME 타입 추측 메소드는 URLConnection.guessContentTypeFromStream()이다.

```
public static String guessContentTypeFromStream(InputStream in)
```

이 메소드는 스트림에서 시작 몇 바이트를 살펴보고 콘텐츠 타입을 추측한다. 이 메소드가 동작하려면 InputStream에서 시작 몇 바이트를 읽고 다시 시작 위치로 돌아와야 하므로 해당 InputStream은 특정 위치로 이동(mark)을 지원해야 한다. 자바는 InputStream의 시작 16 바이트를 확인하여 타입을 추측한다. 그러나 일반적으로 타입을 식별하는 데 16바이트까지 필요로 하지 않는다.

이 추측 방법은 종종 guessContentTypeFromName()보다 신뢰하기 어려운 경우가 있다. 예를 들어 XML 파일이 XML 선언이 아닌 주석으로 시작할 경우 HTML 파일로 잘못 분류될 수 있다. 따라서 이 메소드는 최후의 수단으로 사용해야 한다.

HttpURLConnection 클래스

Java.net.HttpURLConnection 클래스는 URLConnection 클래스의 추상 서브클래스다. 이 클래스는 http URL을 처리할 때 도움이 되는 몇몇 추가적인 메소드를 제공한다. 특히 이 클래스는 요청 메소드를 가져오거나 설정하는 메소드, 리다이렉트를 따를 것인지를 결정하는 메소드, 응답 코드와 메시지를 가져오는 메소드, 그리고 프록시 서버가 사용되었는지를 알아보는 메소드를 제공한다. 또한 이 클래스에는 다양한 HTTP 응답 코드에 해당하는 상수가 정의되어 있다. 마지막으로, 이 클래스는 URLConnection 슈퍼클래스의 getPermission() 메소드를 오버라이드하며, 이 메소드의 의미를 변경하지는 않는다.

이 클래스는 추상 클래스이고 이 클래스의 유일한 생성자는 protected로 선언되어 있기 때문에 HttpURLConnection의 인스턴스를 직접 만들 수 없다.

그러나 http URL을 사용하는 URL 객체를 만들고 해당 클래스의 openConnection() 메소드를 호출하여 반환받은 URLConnection 객체는 HttpURLConnection의 인스턴스가 될 수 있다. 반환받은 URLConnection을 HttpURLConnection으로 다음과 같이 캐스팅할 수 있다.

```
URL u = new URL("http://lesswrong.com/");
URLConnection uc = u.openConnection();
HttpURLConnection http = (HttpURLConnection) uc;
```

또는 다음과 같이 한 단계를 줄일 수 있다.

```
URL u = new URL("http://lesswrong.com/");
HttpURLConnection http = (HttpURLConnection) u.openConnection();
```

요청 메소드

웹 클라이언트는 서버에 접속하여 요청 라인을 제일 먼저 보낸다. 일반적으로 이 요청 라인은 GET으로 시작하고 뒤이어 클라이언트가 요청한 리소스의 경로와 클라이언트가 지원하는 HTTP 프로토콜의 버전이 온다. 예를 들어:

```
GET /catalog/jfcnut/index.html HTTP/1.0
```

그러나 웹 클라이언트는 웹 서버로부터 단순히 파일을 가져오는(GET) 것 이상의 일을 할 수 있다. POST 메소드를 사용하여 폼을 전송할 수도 있고, 웹 서버에 파일을 저장(PUT)하거나, 서버에 있는 파일을 지울(DELETE) 수도 있다. 그리고 클라이언트는 단지 문서의 헤더(HEAD)만 요청할 수도 있다. 웹 클라이언트는 주어진 URL에 대해 지원되는 사항(OPTIONS)의 목록을 요청할 수도 있으며, 심지어 요청 자체를 추적(TRACE)할 수도 있다. 이 모든 일은 요청 메소드를 GET에서 다른 키워드로 바꾸기만 하면 된다. 예를 들어, 다음은 웹 브라우저가 HEAD를 사용하여 문서의 헤더를 요청하는 방법이다.

```
HEAD /catalog/jfcnut/index.html HTTP/1.1
Host: www.oreilly.com
Accept: text/html, image/gif, image/jpeg, *; q=.2, */*; q=.2
Connection: close
```

기본적으로, HttpURLConnection은 GET 메소드를 사용하지만 setRequestMethod() 메소드를 사용하여 이를 변경할 수 있다.

```
public void setRequestMethod(String method) throws ProtocolException
```

method 인자는 아래 7개 중 하나를 사용해야 하며 대소문자를 구별한다.

- GET
- POST
- HEAD
- PUT
- DELETE
- OPTIONS
- TRACE

위에 나열된 메소드 이외의 인자가 전달되면, IOException의 서브클래스인 java.net.ProtocolException 예외가 발생한다. 그러나 일반적으로 단순히 요청 메소드를 설정하는 것만으로는 충분하지 않다. 여러분이 하려는 일에 따라 HTTP 헤더를 수정하거나 메시지 본문 또한 제공해야 할 필요가 있다. 예를 들어, 폼 전송은 Content-length 헤더를 함께 제공해야 한다. 우리는 이미 GET 메소드와 POST 메소드에 대해서 충분히 살펴봤으므로 나머지 다섯 개 메소드에 대해서 알아보자.

어떤 웹 서버는 표준이 아닌 몇몇 추가적인 요청 메소드를 지원한다. 예를 들어, WebDAV 기능을 위해 서버는 PROPFIND, PROPPATCH, MKCOL, COPY, MOVE, LOCK, UNLOCK 메소드를 제공해야 한다. 그러나 자바는 이들 중 어떤 것도 지원하지 않는다.

HEAD

HEAD 메소드의 기능은 모든 요청 메소드 중에서 가장 단순하다. 이 메소드는 마치 GET 메소드처럼 동작한다. 그러나 HEAD 메소드는 서버에게 실제 파일이 아닌 HTTP 헤더 정보만 반환해 줄 것을 요청한다. 이 메소드는 일반적으로 해당 파일이 캐시에 저장된 이후 변경이 있었는지 확인하는 데 사용된다. 예제 7-15는 HEAD 요청 메소드를 사용하고 해당 파일이 서버에서 마지막으로 수정된 시간을 출력하는 간단한 프로그램이다.

예제 7-15 **URL이 마지막으로 수정된 시간 구하기**

```
import java.io.*;
import java.net.*;
import java.util.*;

public class LastModified {

  public static void main(String[] args) {
    for (int i = 0; i < args.length; i++) {
      try {
        URL u = new URL(args[i]);
        HttpURLConnection http = (HttpURLConnection) u.openConnection();
        http.setRequestMethod("HEAD");
        System.out.println(u + " was last modified at "
            + new Date(http.getLastModified()));
      } catch (MalformedURLException ex) {
        System.err.println(args[i] + " is not a URL I understand");
      } catch (IOException ex) {
        System.err.println(ex);
      }
      System.out.println();
    }
  }
}
```

실행 결과는 다음과 같다.

```
$ java LastModified http://www.ibiblio.org/xml/
http://www.ibiblio.org/xml/ was last modified at Tue Apr 06 07:45:29 EDT 2010
```

이 예제에서 꼭 HEAD 메소드를 사용해야 하는 것은 아니다. GET 메소드를 사용해도 같은 결과를 얻을 수 있다. 그러나 GET 메소드를 사용하면, 이 예제에서 필요한 것은 헤더 한 줄이지만 http://www.ibiblio.org/xml/ 파일 전체가 전송된다. 따라서 상황에 따라 가능한 HEAD 메소드를 사용하는 것이 훨씬 효과적이다.

DELETE

DELETE 메소드는 웹 서버에서 지정된 URL의 파일을 지운다. 이러한 요청은 분명히 보안상의 위험이 존재하기 때문에 대부분의 서버는 기본적으로 이 메소드가 허가되지 않도록 설정되어 있다. 그리고 대부분의 경우 이 메소드를 사용하기 위해 인증을 요구한다. DELETE 요청은 보통 다음과 같다.

```
DELETE /javafaq/2008march.html HTTP/1.1
Host: www.ibiblio.org
Accept: text/html, image/gif, image/jpeg, *; q=.2, */*; q=.2
Connection: close
```

서버는 이 요청을 거절하거나 인증을 요청할 수 있다. 예를 들어:

```
HTTP/1.1 405 Method Not Allowed
Date: Sat, 04 May 2013 13:22:12 GMT
Server: Apache
Allow: GET,HEAD,POST,OPTIONS,TRACE
Content-Length: 334
Connection: close
Content-Type: text/html; charset=iso-8859-1

<!DOCTYPE HTML PUBLIC "-//IETF//DTD HTML 2.0//EN">
<html><head>
<title>405 Method Not Allowed</title>
</head><body>
<h1>Method Not Allowed</h1>
<p>The requested method DELETE is not allowed for the URL
    /javafaq/2008march.html.</p>
<hr>
<address>Apache Server at www.ibiblio.org Port 80</address>
</body></html>
```

서버가 이 요청을 허용하는 경우에도 응답은 구현에 따라 차이가 있다. 어떤 서버들은 파일을 지우기도 하고, 또 어떤 서버들은 단순히 휴지통 디렉터리로 파일을 이동시킨다. 또 다른 경우에는 단순히 파일을 읽을 수 없도록 표시만 하기도 한다. 정확한 내용은 서버 관련 매뉴얼을 참고하도록 하자.

PUT

웹 서버에 파일을 저장하고자 하는 많은 HTML 편집기와 프로그램들은 PUT 메소드를 사용한다. 이 메소드를 사용하면 클라이언트는 서버의 특정 위치에 문서를 올릴 수 있다. 이때 클라이언트는 사이트가 실제 로컬 파일 시스템과 어떻게 연결되어 있는지 알 필요는 없다.

이 점이 FTP와 대조되는 점이다. FTP에서 사용자는 서버의 가상 디렉터리 구조에 대비하는 실제 디렉터리 구조를 알고 있어야만 한다.

다음은 편집기가 PUT을 사용하여 서버로 파일을 올리는 방법을 보여 준다.

```
PUT /blog/wp-app.php/service/pomdoros.html HTTP/1.1
Host: www.elharo.com
Authorization: Basic ZGFmZnk6c2VjZXJldA==
Content-Type: application/atom+xml;type=entry
Content-Length: 329
If-Match: "e180ee84f0671b1"

<?xml version="1.0" ?>
<entry xmlns="http://www.w3.org/2005/Atom">
 <title>The Power of Pomodoros</title>
 <id>urn:uuid:1225c695-cfb8-4ebb-aaaa-80da344efa6a</id>
 <updated>2013-02-23T19:22:11Z</updated>
 <author><name>Elliotte Harold</name></author>
 <content>Until recently, I hadn't paid much attention to...</content>
</entry>
```

파일을 지울 때와 마찬가지로, 보통 사용자 인증을 요구하며 PUT 메소드를 지원하도록 특별히 설정해 줘야 한다. 자세한 내용은 서버마다 차이가 있으며, 대부분의 웹 서버는 PUT 메소드를 완벽히 지원하지 않는다.

OPTIONS

OPTIONS 요청 메소드는 특정 URL에 대해 지원되는 요청 메소드의 목록을 반환한다. 요청 URL이 별표 (*)인 경우 해당 요청의 대상은 서버에 있는 하나의 특정 URL이 아닌 서버 전체에 적용된다는 것을 의미한다. 예를 들어:

```
OPTIONS /xml/ HTTP/1.1
Host: www.ibiblio.org
Accept: text/html, image/gif, image/jpeg, *; q=.2, */*; q=.2
Connection: close
```

서버는 해당 URL에 대해 사용할 수 있는 메소드 목록을 포함한 HTTP 헤더를 보냄으로써 OPTIONS 요청에 응답한다. 예를 들어, 아래는 위에 나열된 명령이 보내겼을 때 아파치 서버의 응답이다.

```
HTTP/1.1 200 OK
Date: Sat, 04 May 2013 13:52:53 GMT
Server: Apache
Allow: GET,HEAD,POST,OPTIONS,TRACE
Content-Style-Type: text/css
Content-Length: 0
Connection: close
Content-Type: text/html; charset=utf-8
```

사용 가능한 메소드 목록은 Allow 필드에서 확인할 수 있다. 그러나 이 메소드 목록은 단지 서버가 이해하는 명령어일 뿐, 해당 URL에 대해서 실제로 수행해야 할 필요는 없다.

TRACE

TRACE 요청 메소드는 서버가 클라이언트에게 받은 HTTP 헤더를 보낸다. 이러한 정보의 확인이 필요한 대표적인 경우로는 클라이언트가 보낸 요청이 클라이언트와 서버 사이에 있는 프록시 서버에서 변경되었는지를 확인할 필요가 있는 경우다. 예를 들어, 다음 TRACE 요청이 보내겼다고 가정해 보자.

```
TRACE /xml/ HTTP/1.1
Hello: Push me
Host: www.ibiblio.org
Accept: text/html, image/gif, image/jpeg, *; q=.2, */*; q=.2
Connection: close
```

서버는 아래와 같이 응답한다.

```
HTTP/1.1 200 OK
Date: Sat, 04 May 2013 14:41:40 GMT
Server: Apache
Connection: close
Content-Type: message/http

TRACE /xml/ HTTP/1.1
Hello: Push me
Host: www.ibiblio.org
Accept: text/html, image/gif, image/jpeg, *; q=.2, */*; q=.2
Connection: close
```

응답의 첫 다섯 줄은 일반적인 서버의 응답 HTTP 헤더이다. TRACE /xml/ HTTP 1.1부터는 원래 클라이언트가 보낸 요청이 다시 되돌아온 것이다. 이 경우에 요청 시 보낸 내용이 그대로 돌아왔다. 그러나 클라이언트와 서버 사이에 프록시 서버가 있는 경우 결과는 달라질 것이다.

서버와 연결 끊기

HTTP 1.1은 단일 TCP 소켓을 사용하여 다수의 요청과 응답을 주고받을 수 있는 Keep-Alive(HTTP 연결 재사용)를 지원한다. 그러나 Keep-Alive를 사용하면 서버는 클라이언트에게 데이터의 마지막 바이트를 전송한 후에도 연결을 쉽게 닫을 수 없다. 클라이언트가 추가적인 요청을 보낼 수 있기 때문이다. 서버는 타임아웃을 설정하고 5초 동안 활동이 없으면 연결을 종료하는 방법을 사용할 수도 있지만, 결과적으로 클라이언트가 작업이 끝났을 때 스스로 연결을 종료해야 한다.

HttpURLConnection 클래스는 HTTP Keep-Alive 기능을 명시적으로 끄지 않는 한 투명하게 지원한다. 즉, HttpURLConnection 클래스는 서버가 연결을 닫기 전에 동일한 서버에 다시 연결할 경우 기존에 연결된 소켓을 재사용한다. HttpURLConnection 클래스의 disconnect() 메소드는 특정 호스트와 대화가 끝난 시점에 클라이언트가 서버와의 연결을 끊을 수 있도록 한다.

```
public abstract void disconnect()
```

disconnect() 메소드는 호출 시 해당 연결을 아직 열고 있는 스트림이 있는 경우 해당 스트림을 종료시킨다. 그러나 반대로 스트림을 닫는다고 해서 연결을 닫거나 끊지는 않는다.

서버 응답 처리하기

HTTP 서버 응답의 첫 번째 줄은 숫자 코드와 응답의 종류를 나타내는 메시지를 포함하고 있다. 예를 들어, 가장 일반적인 응답인 200 OK는 요청된 문서를 찾았다는 의미다. 예를 들어:

```
HTTP/1.1 200 OK
Cache-Control:max-age=3, must-revalidate
Connection:Keep-Alive
Content-Type:text/html; charset=UTF-8
Date:Sat, 04 May 2013 14:01:16 GMT
Keep-Alive:timeout=5, max=200
Server:Apache
Transfer-Encoding:chunked
Vary:Accept-Encoding,Cookie
WP-Super-Cache:Served supercache file from PHP

<HTML>
<HEAD>
문서의 나머지 부분은 생략한다...
```

또 다른 친숙한 응답으로는 404 Not Found가 있다. 이 응답은 요청한 URL이 가리키는 문서가 더 이상 존재하지 않는다는 의미다. 예를 들어:

```
HTTP/1.1 404 Not Found
Date: Sat, 04 May 2013 14:05:43 GMT
Server: Apache
Last-Modified: Sat, 12 Jan 2013 00:19:15 GMT
ETag: "375933-2b9e-4d30c5cb0c6c0;4d02eaff53b80"
Accept-Ranges: bytes
Content-Length: 11166
Connection: close
Content-Type: text/html; charset=ISO-8859-1

<html>
<head>
<title>Lost ... and lost</title>
<meta http-equiv="Content-Type" content="text/html; charset=iso-8859-1">
</head>

<body bgcolor="#FFFFFF">
  <h1>404 FILE NOT FOUND</h1>
에러 메시지의 나머지 부분은 생략한다...
```

이것 외에도 일반적이지는 않지만 많은 응답 코드가 존재한다. 예를 들어, 코드 301은 요청된 리소스가 새로운 위치로 영구적으로 이동했음을 의미하고, 이 응답을 받은 브라우저는 새로운 위치로 다시 요청하고(redirect) 이전 위치에 대한 북마크가 있는 경우 업데이트해야 한다. 예를 들어:

```
HTTP/1.1 301 Moved Permanently
Connection: Keep-Alive
Content-Length: 299
Content-Type: text/html; charset=iso-8859-1
Date: Sat, 04 May 2013 14:20:58 GMT
Keep-Alive: timeout=5, max=200
Location: http://www.cafeaulait.org/
Server: Apache
```

종종 응답 메시지에서 숫자로 된 응답 코드만 필요한 경우가 있다. HttpURLConnection 클래스는 이 응답 코드를 int 타입으로 반환하는 getResponseCode() 메소드를 제공한다.

```
public int getResponseCode() throws IOException
```

응답 코드 다음에 오는 텍스트 문자열은 응답 메시지라고 불리며, 이 값은 getResponseMessage() 메소드를 호출 시 반환된다.

```
public String getResponseMessage() throws IOException
```

HTTP 1.0은 16가지의 응답 코드를 정의하며, HTTP 1.1은 이를 확장하여 40가지의 응답 코드를 정의한다. 이 응답 코드 중에서 404와 같은 코드는 이미 잘 알려져 있어 숫자만으로 충분히 의미를 전달할 수 있지만, 그 외의 나머지 응답 코드는 우리에게 친숙하지 않다. HttpURLConnection 클래스는 일반적인 응답 코드 36개를 HttpURLConnection.OK 그리고 HttpURLConnection.NOT_FOUND와 같이 명명된 상수로 제공한다. 이 응답 코드 상수는 표 6-1에 정리되어 있다. 예제 7-16은 응답 메시지도 함께 보여 주도록 수정된 소스 뷰어(source viewer) 프로그램이다.

예제 7-16 응답코드와 메시지를 추가로 보여 주는 **SourceViewer**

```
import java.io.*;
import java.net.*;

public class SourceViewer3 {

  public static void main (String[] args) {
    for (int i = 0; i < args.length; i++) {
      try {
        // 데이터를 읽기 위해 URLConnection을 연다
        URL u = new URL(args[i]);
        HttpURLConnection uc = (HttpURLConnection) u.openConnection();
        int code = uc.getResponseCode();
        String response = uc.getResponseMessage();
```

```
      System.out.println("HTTP/1.x " + code + " " + response);
      for (int j = 1; ; j++) {
        String header = uc.getHeaderField(j);
        String key = uc.getHeaderFieldKey(j);
        if (header == null || key == null) break;
        System.out.println(uc.getHeaderFieldKey(j) + ": " + header);
      }
      System.out.println();

      try (InputStream in = new BufferedInputStream(uc.getInputStream())) {
        // InputStream을 Reader에 연결한다
        Reader r = new InputStreamReader(in);
        int c;
        while ((c = r.read()) != -1) {
          System.out.print((char) c);
        }
      }
    } catch (MalformedURLException ex) {
      System.err.println(args[0] + " is not a parseable URL");
    } catch (IOException ex) {
      System.err.println(ex);
    }
  }
 }
}
```

서버가 보내 주는 데이터 중에서 이 프로그램이 읽지 못하는 유일한 값은 서버가 사용 중
인 HTTP 버전이다. 현재는 이 값을 반환하는 메소드가 제공되지 않는다. 아래 결과에서
보듯이 이 예제에서는 대신 "HTTP/1.x"라고 출력하고 있다.

```
% java SourceViewer3 http://www.oreilly.com
HTTP/1.x 200 OK
Date: Sat, 04 May 2013 11:59:52 GMT
Server: Apache
Last-Modified: Sat, 04 May 2013 11:41:06 GMT
Accept-Ranges: bytes
Content-Length: 80165
Content-Type: text/html; charset=utf-8
Cache-Control: max-age=14400
Expires: Sat, 04 May 2013 15:59:52 GMT
Vary: Accept-Encoding
Keep-Alive: timeout=3, max=100
Connection: Keep-Alive

<!DOCTYPE HTML PUBLIC "-//W3C//DTD HTML 4.01 Transitional//EN"
    "http://www.w3.org/TR/html4/loose.dtd">
<html>
...
```

하지만 uc.getHeaderField(0)를 호출하면 버전이 포함된 첫 번째 요청 라인 전체를 얻을 수 있다.

```
HTTP/1.1 200 OK
```

에러 조건

때로 서버는 에러가 발생하면 메시지 본문에 유용한 정보를 담아서 반환하기도 한다. 예를 들어, www.ibiblio.org 사이트의 경우 클라이언트가 존재하지 않는 페이지에 대해 요청할 경우, 단순히 404 에러 코드만을 반환하지 않고, 그림 7-2에서 보는 것과 같이 사라진 페이지를 찾는 데 도움이 되는 검색 페이지를 반환한다.

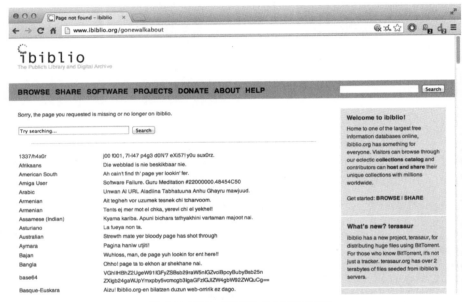

그림 7-2 IBiblio 사이트의 404 에러 페이지

getErrorStream() 메소드를 호출하면 이 에러 페이지를 포함한 InputStream을 반환받을 수 있다. 그리고 getErrorStream() 메소드는 에러가 발생하지 않았거나 반환할 데이터가 없는 경우 널(null)을 반환한다.

```
public InputStream getErrorStream()
```

일반적으로 getErrorStream() 메소드는 getInputStream() 메소드 호출이 실패한 경우 catch 블록 안에서 사용한다. 예제 7-17은 입력 스트림에서 데이터를 읽어서 출력하려고 한다. 그러나 에러가 발생할 경우 대신 에러 스트림에서 읽어서 출력한다.

예제 7-17 URLConnection으로 웹 페이지 다운로드

```java
import java.io.*;
import java.net.*;

public class SourceViewer4 {

  public static void main (String[] args) {
    try {
      URL u = new URL(args[0]);
      HttpURLConnection uc = (HttpURLConnection) u.openConnection();
      try (InputStream raw = uc.getInputStream()) {
        printFromStream(raw);
      } catch (IOException ex) {
        printFromStream(uc.getErrorStream());
      }
    } catch (MalformedURLException ex) {
      System.err.println(args[0] + " is not a parseable URL");
    } catch (IOException ex) {
      System.err.println(ex);
    }
  }

  private static void printFromStream(InputStream raw) throws IOException {
    try (InputStream buffer = new BufferedInputStream(raw)) {
      Reader reader = new InputStreamReader(buffer);
      int c;
      while ((c = reader.read()) != -1) {
        System.out.print((char) c);
      }
    }
  }
}
```

리다이렉트

300번대 응답 코드는 모두 일종의 리다이렉트(방향 재지정)를 의미한다. 즉, 요청된 리소스가 처음 예상했던 위치에는 더 이상 존재하지 않으며 다른 위치로 이동했음을 나타낸다. 300번대 응답 코드를 받은 대부분의 브라우저는 해당 리소스의 새로운 위치로부터 자동으로 요청하여 읽는다. 그러나 이 방법은 사용자에게 아무런 통보 없이 사용자를 신뢰할 수 있는 사이트에서 신뢰할 수 없는 사이트로 이동시킬 가능성이 있기 때문에 보안상 문제가 될 수 있다. 기본적으로 HttpURLConnection은 리다이렉트를 따라간다. 그러나 HttpURLConnection 클래스는 리다이렉트를 따라갈지 여부를 결정할 수 있는 두 개의 정적 메소드를 제공한다.

```
public static boolean getFollowRedirects()
public static void    setFollowRedirects(boolean follow)
```

getFollowRedirects 메소드는 리다이렉트가 허용된 경우 true를 반환하고, 그렇지 않은 경우 false를 반환한다. setFollowRedirects() 메소드는 호출 시 true를 인자로 전달하면 HttpURLConnection 객체가 리다이렉트를 따라가게 만들며, false를 인자로 전달하면 리다이렉트를 따라가지 않도록 만든다. 이 두 메소드는 정적 메소드이기 때문에, 이 메소드가 호출된 이후에 생성된 모든 HttpURLConnection 객체의 동작에 영향을 준다. setFollowRedirects() 메소드는 보안 관리자가 변경을 허가하지 않을 경우 SecurityException 예외를 발생시킨다. 특히 애플릿에서는 이 값의 변경이 허용되지 않는다.

자바는 개별 인스턴스 단위로 리다이렉트를 설정하는 다음 두 개의 메소드를 제공한다.

```
public boolean getInstanceFollowRedirects()
public void    setInstanceFollowRedirects(boolean followRedirects)
```

HttpURLConnection 클래스의 인스턴스는 setInstanceFollowRedirects()가 호출되지 않을 경우, 기본적으로 클래스 메소드인 HttpURLConnection.setFollowRedirects()에 의해 설정된 동작을 따른다.

프록시

방화벽 안에 있는 사용자나 AOL 또는 많은 거대 ISP 업체의 사용자들은 프록시(proxy) 서버를 통해 웹에 접근한다. usingProxy() 메소드는 특정 HttpURLConnection이 프록시를 통해 웹에 접근하는지 여부를 알려 준다.

```
public abstract boolean usingProxy()
```

이 메소드는 프록시가 사용될 경우 true를 반환하고 그렇지 않으면 false를 반환한다. 어떤 경우에는 캐시의 목적이 아닌 보안상의 이유로 프록시를 사용하기도 한다.

스트리밍 모드

HTTP 서버로 전송되는 모든 요청에는 HTTP 헤더가 포함된다. Content-length는 이 헤더에 있는 필드 중 하나로 요청 본문의 바이트 수를 나타낸다. 헤더는 요청 본문보다 먼저 전송되기 때문에 헤더를 작성하기 위해서는 아직 준비되지 않은 요청 본문의 길이를 먼저 알아야 하는 문제가 생긴다. 일반적으로 자바는 이 상황을 HttpURLConnection에서 얻은 OutputStream에 쓴 모든 데이터를 스트림이 닫힐 때까지 보관(cache)하는 방법으로 해결한다. 스트림이 닫히는 시점에 자바는 요청 본문의 크기를 알 수 있으며, 이 정보로 Content-length 헤더를 작성한다.

이 방법은 일반적인 웹 폼에 대한 응답으로 보내는 작은 요청에 대해서는 잘 동작한다. 그러나 매우 긴 폼에 대한 응답이나 몇몇 SOAP 메시지의 경우 이 방법을 사용하기에 부담이 된다. 이 방식은 HTTP PUT을 사용하여 큰 문서를 보내려고 할 때 매우 느리며 비효율적으로 동작한다. 자바가 전송할 마지막 데이터를 기다리지 않고 그전에 시작 바이트를 먼저 전송할 수 있다면 매우 효율적일 것이다. 자바는 이 문제에 대해 두 가지 해결책을 제공한다.

전송할 데이터의 크기를 이미 알고 있는 경우, 예를 들어 HTTP PUT을 사용하여 로컬 파일을 업로드하는 경우, HttpURLConnection 객체에 데이터의 크기를 미리 알려 주는 방법이 있다. 그리고 미리 데이터의 크기를 알 수 없는 경우, 대신 '청크 분할 전송 인코딩(chunked transfer encoding)' 방법을 사용할 수 있다.

청크 분할 전송 인코딩에서 요청의 본문은 다수의 조각으로 분할되어 보내지며, 각 조각은 자신의 콘텐츠 길이를 가진다. 청크 분할 전송 인코딩 방법을 사용하기 위해서는 URL을 연결하기 전에 원하는 청크의 크기를 인자로 setChunkedStreamingMode() 메소드를 호출하기만 하면 된다.

```
public void setChunkedStreamingMode(int chunkLength)
```

이 메소드가 호출된 후에 자바는 이 책에 있는 다른 예제들과는 약간 다른 형태의 HTTP를 사용한다. 하지만 자바 프로그래머는 이 차이에 대해서 신경 쓸 필요가 없다.

저수준(raw) 소켓이 아닌 URLConnection을 사용하고 서버가 청크 분할 전송을 지원하는 한, 여러분이 작성한 기존 코드는 변경 없이 잘 동작할 것이다. 그러나 청크 분할 전송 인코딩은 리다이렉션과 인증이 필요한 사이트에서 문제가 된다. 만약 여러분이 청크로 분할된 파일을 리다이렉트된 URL이나 패스워드 인증을 요구하는 사이트에 전송할 경우, HttpRetryException 예외가 발생한다. HttpRetryException 예외 발생 시 새로운 URL이나 적절한 인증 정보를 가지고 기존 사이트에 다시 요청을 시도해야 한다. 그리고 필요한 모든 작업은 여러분이 일반적으로 사용하는 HTTP 프로토콜 핸들러가 지원하지 않으므로 수동으로 해야 한다. 따라서 꼭 필요한 경우가 아니라면 청크 분할 전송 인코딩을 사용하지 않도록 하자. 이 말은 곧 대부분의 성능 관련 조언과 마찬가지로, 기본 비스트리밍(non-streaming) 방식이 확실한 병목지점이라고 증명될 때까지는 이 최적화 방식을 사용하지 말아야 한다는 의미다.

요청 데이터의 크기를 미리 알 수 있는 경우에는 이 정보를 HttpURLConnection 객체에 전달하여 연결을 최적화할 수 있다. 데이터의 크기를 미리 전달할 경우 자바는 해당 데이터를 네트워크로 즉시 스트리밍할 수 있다. 그렇지 않은 경우 콘텐츠의 길이를 결정하기 위해 여러분이 쓰는 모든 데이터를 저장(cache)해야 하며, 스트림을 닫은 후에나 네트워크로 전송할 수 있다. 여러분이 전송할 데이터가 얼마나 큰지 정확히 알고 있다면, 이 값을 인자로 setFixedLengthStreamingMode() 메소드를 호출하면 된다.

```
public void setFixedLengthStreamingMode(int contentLength)
public void setFixedLengthStreamingMode(long contentLength) // 자바 7
```

실제 전송할 데이터의 크기가 int의 최대 크기보다 큰 경우 자바 7 이후 버전에서는 long 타입을 대신 사용할 수 있다.

자바는 이 숫자를 Content-length HTTP 헤더 필드에 사용한다. 그러나 이 메소드 호출 후 여기에 지정된 값보다 작거나 많은 데이터를 전송할 경우, 자바는 IOException 예외를 발생시킨다. 물론 이 예외는 먼저 이 메소드를 호출할 때가 아닌, 나중에 데이터를 쓸 때 발생한다. setFixedLengthStreamingMode() 메소드 자체는 인자로 음수가 전달될 경우 IllegalArgumentException 예외를 발생시키며, 연결이 맺어진 뒤에 호출되거나 이미 청크 분할 전송 인코딩이 설정된 경우 IllegalStateException 예외를 발생시킨다. [동일한 요청에 대해 청크 분할 전송 인코딩과 고정 길이 스트리밍 모드(fixed-length streaming mode)을 함께 사용할 수 없다.]

고정 길이 스트리밍 모드는 서버 측과는 전혀 상관없다. 서버는 콘텐트의 길이만 정확하면 어떻게 설정되었는지에 대해서는 신경 쓰지 않는다.

그러나 청크 분할 전송 인코딩 방식과 마찬가지로 고정 길이 스트리밍 모드 또한 인증과 리다이렉션 시에는 문제가 발생한다. 요청된 URL에 대해 인증이나 리다이렉션이 요구될 경우 마찬가지로 HttpRetryException 예외가 발생한다. 이 예외를 받으면 수동으로 재시도해야 한다. 그러므로 꼭 필요한 경우가 아니라면 이 모드 또한 사용하지 않도록 하자.

클라이언트 소켓

인터넷을 통해 전달되는 데이터는 데이터그램(datagram)이라고 불리는 일정한 크기의 패킷으로 전송된다. 각각의 데이터그램은 헤더(header)와 페이로드(payload)를 포함하고 있다. 헤더에는 수신할 곳의 주소와 포트, 패킷을 송신한 곳의 주소와 포트, 데이터 손상을 탐지하기 위한 체크섬, 그 밖에 신뢰할 수 있는 전송을 위해 필요한 정보들이 포함되어 있다. 페이로드에는 데이터 자체가 들어 있다. 그러나 데이터그램은 길이가 제한되어 있기 때문에, 종종 데이터를 다수의 패킷으로 분할하고 목적지에서 재조립할 필요가 있다. 그리고 또한 전송 중에 하나 이상의 패킷이 손실되거나 손상되어 재전송이 필요하거나, 패킷이 보낸 순서와 다르게 도착하여 재정렬이 필요한 경우도 있다. 이러한 경우를 모두 처리하기 — 데이터를 패킷으로 나누기, 헤더 만들기, 수신 측에서 헤더 분석하기, 손실된 패킷 찾기 등등 — 위해서는 많은 노력과 복잡한 코드가 필요하다.

다행히도 여러분이 직접 이러한 일을 처리하지 않아도 된다. 소켓은 프로그래머가 네트워크 연결을 바이트 단위로 읽고 쓰는 다른 스트림처럼 다룰 수 있도록 한다. 소켓은 에러 탐지, 패킷의 크기, 패킷 분할, 패킷 재전송, 네트워크 주소 등과 같은 네트워크 내부의 자세한 내용을 감싸 프로그래머가 신경 쓰지 않도록 해 준다.

소켓 사용하기

소켓이란 두 호스트 사이의 연결을 말한다. 소켓은 아래와 같은 기본적인 7가지 기능을 수행한다.

- 원격 장비에 연결하기(connect)
- 데이터 보내기(send)
- 데이터 받기(recv)
- 연결 닫기(close)
- 포트 지정하기(bind)
- 수신 대기하기(listen)
- 지정된 포트에 대해 원격 장비의 연결 받아들이기(accept)

자바의 Socket 클래스는 위에 나열된 기능 각각에 해당하는 메소드를 제공하며, 앞의 네 개는 서버와 클라이언트 모두에서 사용되고, 나머지 세 개는 클라이언트의 접속을 대기하는 기능으로 서버에서만 사용된다.

이 기능들은 자바의 ServerSocket 클래스에 의해 제공되며 이 클래스에 대한 자세한 내용은 다음 장에서 다룬다. 자바 프로그램은 보통 다음과 같은 방법으로 클라이언트 소켓을 사용한다.

- 프로그램은 Socket 클래스의 생성자를 사용하여 새로운 소켓을 만든다.
- 생성된 소켓은 원격 호스트에 연결을 시도한다.

연결되는 즉시 로컬 호스트와 원격 호스트는 각각 소켓으로부터 입력 스트림과 출력 스트림을 얻게 되고, 서로 데이터를 주고받는 데 이 스트림을 사용한다. 이러한 연결은 두 호스트가 동시에 데이터를 주고받을 수 있다(full-duplex). 그리고 이 연결을 통해 주고받는 데이터는 프로토콜에 따라 의미가 다르다. 즉, HTTP 서버와 FTP 서버는 서로 다른 명령을 보낸다. 일반적으로 서로 간의 데이터를 주고받기 전에 미리 약속된 핸드셰이킹(handshaking) 작업을 수행한다.

데이터 전송이 완료되면 어느 한쪽이나 양쪽에서 연결을 닫는다. HTTP 1.0과 같은 일부 프로토콜에서는 각 요청이 완료될 때마다 연결을 종료하며, FTP와 HTTP 1.1과 같은 또 다른 프로토콜은 단일 연결을 사용하여 다수의 요청을 처리하는 것이 가능하다.

텔넷으로 프로토콜 살펴보기

이 장에서는 time이나 dict와 같은 인터넷 서비스와 통신하기 위해 소켓을 사용하는 클라이언트들을 살펴볼 것이다. 소켓 자체는 매우 단순하지만, 이러한 다양한 종류의 서버와 통신하기 위해 필요한 프로토콜들이 소켓 사용을 어렵게 만든다.

프로토콜의 동작 방법을 파악하기 위해 텔넷 명령을 사용하여 서버에 연결한 다음, 다양한 명령을 입력하여 서버의 응답을 살펴볼 수 있다. 기본적으로 텔넷은 23번 포트로 연결하려고 한다. 다른 포트를 사용하는 서버에 연결하기 위해서는, 아래와 같이 연결하고자 하는 포트 번호를 명시해야 한다.

```
$ telnet localhost 25
```

위 명령은 로컬 장비의 SMTP 포트인 25번 포트에 연결을 요청한다. SMTP는 서버 사이에 또는 서버와 클라이언트 사이에 메일을 전송하기 위해 사용하는 프로토콜이다. SMTP 서버와 대화하기 위한 프로토콜을 알고 있는 경우, 메일 프로그램을 사용하지 않고 메일을 보낼 수 있다. 이 방법은 위조된 메일을 보내는 데 사용될 수도 있다. 예를 들어, 몇 년 전에 뉴멕시코(New Mexico) 주, 선스폿(Sunspot)에 위치한 국립태양관측소의 여름학교에서, 한 학생이 메일을 위조하여 과학자 중 한 사람이 배구 시합에서 이긴 학생들을 위해 파티를 열 것이라는 메일을 보낸 것이다. (물론 이 책의 필자는 절대 그런 비열한 짓은 하지 않는다. ;-)) 이때 SMTP 서버와 통신은 다음과 비슷할 것이다. 사용자가 입력하는 값은 굵은 글씨로 표시되어 있다. (여기서는 실명이 아닌 가명을 사용하였다.)

```
flare% telnet localhost 25
Trying 127.0.0.1 ...
Connected to localhost.sunspot.noao.edu.
Escape character is '^]'.
220 flare.sunspot.noao.edu Sendmail 4.1/SMI-4.1 ready at
Fri, 5 Jul 93 13:13:01 MDT
HELO sunspot.noao.edu
250 flare.sunspot.noao.edu Hello localhost [127.0.0.1], pleased to meet you
MAIL FROM: bart
250 bart... Sender ok
RCPT TO: local@sunspot.noao.edu
250 local@sunspot.noao.edu... Recipient ok
DATA
354 Enter mail, end with "." on a line by itself
```

```
In a pitiful attempt to reingratiate myself with the students
after their inevitable defeat of the staff on the volleyball
court at 4:00 P.M., July 24, I will be throwing a victory
party for the students at my house that evening at 7:00.
Everyone is invited.

Beer and Ben-Gay will be provided so the staff may drown
their sorrows and assuage their aching muscles after their
public humiliation.

Sincerely,

Bart
.
250 Mail accepted
QUIT
221 flare.sunspot.noao.edu delivering mail
Connection closed by foreign host.
```

메일을 받은 몇몇 과학자가 바트(Bart) 씨에게 학생들을 위한 승리 파티를 여는 이유를 물어본 것이다. 이 이야기의 교훈은 메일을 절대 신뢰해서는 안 된다는 것이다. 특히 이같이 말도 안 되는 메일은 별도의 검증 없이 믿어서는 안 된다.

이러한 일이 발생하고 20년이 지난 지금, 대부분의 SMTP 서버들은 다양한 보안 기능들이 추가되었다. 예를 들어, 사용자 이름과 패스워드를 요구하거나 로컬 네트워크에 있는 클라이언트나 신뢰할 수 있는 메일 서버로부터의 접속만 허용한다. 그러나 여전히 클라이언트와 서버의 통신 방법을 보거나, 여러분이 작성하는 자바 프로그램에서 무엇을 해야 할지 파악하기 위해, 클라이언트를 흉내 내는 데 텔넷을 사용할 수 있다. 비록 이 예제에서 SMTP 프로토콜의 모든 기능을 확인할 수는 없지만, 간단한 메일 클라이언트가 서버와 통신하는 방법을 이해하기에는 충분할 것이다.

소켓으로 서버에서 읽기

간단한 예제로 시작해 보자. 미국 국립표준기술연구소(NIST, National Institute of Standards and Technology)에 위치한 daytime 서버에 연결하여 현재 시간을 요청하려고 한다. Daytime 프로토콜은 RFC 867에 정의되어 있다. 이 문서를 읽어 보면 daytime 서버는 13번 포트에서 대기하며, 사람이 읽을 수 있는 형식의 시간을 반환하고 연결을 종료한다는 사실을 알 수 있다. 여러분은 텔넷을 사용하여 다음과 같이 daytime 서버를 테스트할 수 있다.

```
$ telnet time.nist.gov 13
Trying 129.6.15.28...
Connected to time.nist.gov.
Escape character is '^]'.

56375 13-03-24 13:37:50 50 0 0 888.8 UTC(NIST) *
Connection closed by foreign host.
```

이 결과에서 "56375 13-03-24 13:37:50 50 0 0 888.8 UTC(NIST)" 라인이 daytime 서버에서 전송된 것이다. 소켓의 InputStream을 사용하여 읽으면, 바로 이 값이 반환된다. 그 외의 다른 줄은 유닉스 셸(Unix shell)이나 텔넷 프로그램에 의해 출력된 것이다.

RFC 867은 daytime의 출력에 대해 사람이 읽을 수 있는 형식 이외의 다른 형식은 명시하고 있지 않다. 이 결과에서 GMT 기준으로 2013년 3월 24일 오후 1시 37분 50초에 연결이 만들어졌음을 볼 수 있다. 좀 더 구체적으로, 이 출력은 JJJJJ YY-MM-DD HH:MM:SS TT L H msADV UTC(NIST) OTM 다음 형식으로 되어 있다.

- JJJJJ는 "수정 율리우스 일(Modified Julian Date)"을 나타낸다 (즉, 1858년 11월 17일 자정 이후의 전체 일 수를 나타낸다).
- YY-MM-DD는 연도의 마지막 두 자리, 월, 그리고 달의 현재 날짜를 나타낸다.
- HH:MM:SS는 협정세계시(UTC, Universal Time Coordinated) 기준의 시, 분, 그리고 초를 포함한 시간을 나타낸다.
- TT는 미국이 현재 표준 시간을 따르는지 일광 절약 시간을 따르는지를 나타낸다. 00은 표준 시간을 의미하고 50은 일광 절약 시간을 의미한다. 다른 숫자는 다음 전환까지 남은 일 수를 나타낸다.
- L은 한 자리 숫자이며 이 달의 마지막 날 자정에 더하거나 뺄 윤초를 나타낸다. 0은 윤초가 없음을 나타내며, 1은 더해야 할 윤초, 그리고 2는 빼야 할 윤초를 나타낸다.
- H는 서버의 상태를 나타낸다. 0은 정상, 1은 최대 5초 정도의 장애, 2는 5초 이상의 장애, 3은 정확하지 않은 시간 동안의 장애, 4는 시스템 정비 상태를 나타낸다.
- msADV는 네트워크 지연을 보상하기 위해 NIST가 시간에 추가한 밀리초를 나타낸다. 위의 결과에서는 응답을 반환하는 데 걸리는 시간을 예측하여 888.8 밀리초가 추가된 것을 볼 수 있다.
- 문자열 UTC(NIST)는 항상 일정한 값이며, OTM은 특별한 일이 없는 한 항상 별표이다.

이러한 세부 사항은 모두 NIST에서 정의하고 있으며 daytime 표준의 일부는 아니다. 프로그램상에서 네트워크 시간 서버와 동기화가 필요할 경우 daytime 서버도 충분한 데이터를 제공하긴 하지만, 대신 RFC 5905에 정의된 NTP 프로토콜을 사용하는 편이 낫다.

 이 예제는 여기에서 보는 것처럼 동작하지 않을 수도 있다. 서버의 과부하로 이 장을 쓰는 이 시점에도 간헐적인 접속 문제가 발생하고 있다.

2013년 초에 NIST는 "TCP 포트 13번을 사용하는 NIST DAYTIME 프로토콜의 사용자들은 더 나은 정확도와 더 낮은 대역폭을 요구하는 NTP로 업그레이드하는 것이 좋습니다. NIST가 제공하는 클라이언트 프로그램(nistime-32bit.exe)은 두 프로토콜을 모두 지원합니다. 우리 NIST는 2013년도 말에 TCP 기반의 DAYTIME 프로토콜을 UDP 기반의 NTP로 대체할 계획입니다"라고 발표했다. 이 책의 제11장에서 UDP로 NTP 서비스에 접근하는 방법에 대해서 다룰 예정이다.

지금은 소켓을 사용하여 코드상에서 동일한 결과를 얻는 방법을 보도록 하자. 먼저 time.nist.gov의 13번 포트에 대한 소켓을 연다.

```
Socket socket = new Socket("time.nist.gov", 13);
```

이 코드는 객체를 만들 뿐만 아니라 실제로 네트워크를 통한 연결을 생성한다. 연결 시에 시간 초과가 발생하거나 해당 서버의 13번 포트가 대기하고 있지 않아서 실패할 경우, 생성자는 IOException 예외를 발생시킨다. 그래서 일반적으로 이 코드를 try 블록으로 감싼다. 자바 7에서 Socket 클래스는 AutoCloseable 인터페이스를 구현하고 있으므로, try-with-resources 구문을 사용하여 Socket 객체를 생성할 수 있다.

```
try (Socket socket = new Socket("time.nist.gov", 13)) {
    // 연결된 소켓에서 읽기...
} catch (IOException ex) {
    System.err.println("Could not connect to time.nist.gov");
}
```

자바 6과 이전 버전에서는 소켓이 가지고 있는 리소스를 해제하기 위해 finally 블록에서 명시적으로 소켓을 닫아야 한다.

```
Socket socket = null;
try {
    socket = new Socket(hostname, 13);
    // 연결된 소켓에서 읽기...
} catch (IOException ex) {
    System.err.println(ex);
} finally {
```

```
    if (socket != null) {
      try {
        socket.close();
      } catch (IOException ex) {
        // 무시한다
      }
    }
  }
```

다음 단계는 선택 사항이지만 설정할 것을 권한다. setSoTimeout() 메소드를 사용하여 연결에 대한 타임아웃을 설정할 수 있다. 타임아웃은 밀리초 단위로 설정되며 다음 코드는 15초 동안 응답이 없을 경우 해당 소켓을 타임아웃시킨다.

```
socket.setSoTimeout(15000);
```

소켓은 서버가 연결을 거부하거나 라우터가 목적지로 패킷을 보내는 방법을 찾지 못할 경우 재빨리 ConnectionException나 NoRouteToHostException 예외를 발생시키지만, 이 두 경우 모두 서버가 연결을 받아들인 다음 명시적인 소켓의 종료 없이 대화를 멈추는 경우와 같은 비정상적인 상황을 대처하지는 못한다. 소켓에 타임아웃을 설정하는 것은 소켓에 대한 읽고 쓰기가 느린 경우에도 지정된 밀리초 이상을 소요하지 않을 것임을 나타낸다. 프로그램이 서버에 연결되어 있는 동안 서버가 과부하나 다양한 문제로 응답이 없는 경우, 지정된 밀리초가 지나면 프로그램은 소켓으로부터 SocketTimeoutException 예외를 받게 된다. 어느 정도의 타임아웃을 설정해야 할지는 여러분이 작성하는 프로그램과 여러분이 서버의 응답에 얼마나 민감한지에 따라 달라진다. 15초라는 시간은 로컬 인트라넷 서버의 응답으로는 꽤 긴 시간이지만, time.nist.gov와 같은 부하가 많은 공공 서버에 대해서는 다소 짧은 편이다.

소켓은 열고 타임아웃을 설정하고 나서, getInputStream() 메소드를 호출하면 소켓으로부터 바이트를 읽는 데 사용할 수 있는 InputStream이 반환된다. 일반적으로 서버는 어떤 바이트 값이라도 보낼 수 있지만, 아래 코드에서는 서버가 아스키 문자만 보낸다고 가정하고 작성하였다.

```
InputStream in = socket.getInputStream();
StringBuilder time = new StringBuilder();
InputStreamReader reader = new InputStreamReader(in, "ASCII");
for (int c = reader.read(); c != -1; c = reader.read()) {
  time.append((char) c);
}
System.out.println(time);
```

이 예제에서는 읽은 바이트를 StringBuilder에 저장했지만, 여러분의 상황에 적절한 다른 어떤 데이터 구조체라도 사용할 수 있다.

예제 8-1은 지금까지의 설명을 모두 포함하고 있으며, 또한 다른 daytime 서버를 설정할 수도 있다.

예제 8-1 Daytime 프로토콜 클라이언트

```java
import java.net.*;
import java.io.*;

public class DaytimeClient {

  public static void main(String[] args) {

    String hostname = args.length > 0 ? args[0]: "time.nist.gov";
    Socket socket = null;
    try {
      socket = new Socket(hostname, 13);
      socket.setSoTimeout(15000);
      InputStream in = socket.getInputStream();
      StringBuilder time = new StringBuilder();
      InputStreamReader reader = new InputStreamReader(in, "ASCII");
      for (int c = reader.read(); c != -1; c = reader.read()) {
        time.append((char) c);
      }
      System.out.println(time);
    } catch (IOException ex) {
      System.err.println(ex);
    } finally {
      if (socket != null) {
        try {
          socket.close();
        } catch (IOException ex) {
          // 무시한다
        }
      }
    }
  }
}
```

이 프로그램의 일반적인 실행 결과는 텔넷으로 연결했을 때와 거의 같다.

```
$ java DaytimeClient
56375 13-03-24 15:05:42 50 0 0 843.6 UTC(NIST) *
```

네트워크와 관련된 코드를 작성하는 한 대부분 이와 유사한 코드를 작성하게 된다. 이와 같은 대부분의 네트워크 프로그램에서 실제 프로그래머는 프로토콜로 통신하고 데이터 구조를 이해하는 데 많은 시간을 할애한다. 예를 들어, 서버가 보낸 데이터를 단순히 화면에 출력하지 않고, 대신 분석하여 java.util.Date 객체를 만들고 싶을 때가 있다. 예제 8-2는 이를 처리하는 방법을 보여 준다. 이 예제에서는 자바 7에서 제공하는 AutoCloseable과 try-with-resources 구문을 이용했다.

예제 8-2 time.nist.gov의 응답으로 Date 객체 생성하기

```java
import java.net.*;
import java.text.*;
import java.util.Date;
import java.io.*;

public class Daytime {

  public Date getDateFromNetwork() throws IOException, ParseException {
    try (Socket socket = new Socket("time.nist.gov", 13)) {
      socket.setSoTimeout(15000);
      InputStream in = socket.getInputStream();
      StringBuilder time = new StringBuilder();
      InputStreamReader reader = new InputStreamReader(in, "ASCII");
      for (int c = reader.read(); c != -1; c = reader.read()) {
        time.append((char) c);
      }
      return parseDate(time.toString());
    }
  }

  static Date parseDate(String s) throws ParseException {
    String[] pieces = s.split(" ");
    String dateTime = pieces[1] + " " + pieces[2] + " UTC";
    DateFormat format = new SimpleDateFormat("yy-MM-dd hh:mm:ss z");
    return format.parse(dateTime);
  }
}
```

그러나 이 클래스가 예제 8-1이 하지 않았던 다른 네트워크 작업을 하는 것은 아니다. 이 클래스는 단지 문자열을 date로 변환하는 코드만 추가했을 뿐이다.

네트워크로부터 데이터를 읽을 때는 모든 프로토콜이 아스키나 텍스트만을 사용하지 않는다는 사실을 명심해야 한다. 예를 들어, RFC 868에 기술된 타임 프로토콜은 1900년 1월 1

일 자정 이후의 초 시간을 응답으로 보낸다고 명시하고 있다. 그러나 이 값은 2,524,521,600 또는 –1297728000와 같은 아스키 문자열로 보내지지 않는다. 대신 이 값은 32비트 부호 없는 빅엔디안 이진 숫자로 보내진다.

 실제 RFC에서는 어떠한 포맷을 사용해야 하는지 전혀 언급하지 않는다. 32비트를 사용한다고 만 명시되어 있으며, 모든 네트워크 프로토콜이 빅엔디안 방식의 숫자를 사용한다고 가정하고 있다. 그리고 해당 숫자가 부호 없는 정수라는 사실도 명시되어 있지 않으며, 설상가상으로 프로토콜을 따르는 타임 서버에 의해 실제로 전송될 수 없는 음수 시간에 대한 예제를 제공한다. 타임 프로토콜은 상대적으로 오래된 프로토콜로, 요즘처럼 IETF가 해당 이슈에 관심을 두기 이전인 1980년대 초에 표준화가 이뤄졌다. 명확하게 정의되지 않은 프로토콜을 구현해야 할 경우, 무엇이 필요한지 찾기 위해 기존에 구현된 것을 확인하는 데 많은 노력을 들여야 한다. 최악의 경우에는 구현마다 다르게 동작할 수도 있다.

타임 프로토콜이 반환하는 값은 텍스트가 아니기 때문에 텔넷을 사용하여 이 서비스를 쉽게 확인할 수 없다. 그리고 프로그램에서도 이 값을 Reader 또는 readLine() 메소드의 종류를 사용하여 읽을 수 없다. 타임 서버에 연결하는 자바 프로그램은 raw 바이트를 읽어서 적절히 해석해야 한다. 아래 예제에서는 자바가 32비트 부호 없는 정수 타입을 지원하지 않기 때문에 다소 복잡하게 처리하고 있다. 결과적으로 한 번에 1바이트씩 읽은 다음, 이 값을 수동으로 비트 연산자 <<와 |를 사용하여 long 타입으로 변환해야 한다.

예제 8-3은 이를 구현하고 있다. 다른 프로토콜에서도 역시 자바에서 쉽게 처리할 수 없는 데이터 형식이 존재할 수 있다. 예를 들어, 일부 네트워크 프로토콜에서 64비트 고정 소수 점 숫자를 사용하는 경우가 있다. 모든 상황을 처리할 수 있는 쉬운 방법은 없다. 서버가 어떤 형식의 데이터를 보내든지 이를 악물고 필요한 코드를 작성하는 수밖에 없다.

예제 8-3 타임 프로토콜 클라이언트

```
import java.net.*;
import java.text.*;
import java.util.Date;
import java.io.*;

public class Time {

  private static final String HOSTNAME = "time.nist.gov";

  public static void main(String[] args) throws IOException, ParseException {
    Date d = Time.getDateFromNetwork();
```

```java
      System.out.println("It is " + d);
  }

  public static Date getDateFromNetwork() throws IOException, ParseException {
      // 타임 프로토콜은 1900년을 기준으로 하지만,
      // 자바 Date 클래스는 1970년을 기준으로 한다.
      // 아래 숫자는 시간을 변환하는 데 사용된다.

      long differenceBetweenEpochs = 2208988800L;

      // 위 숫자를 사용하지 않고 직접 계산하고자 할 경우
      // 아래 영역의 주석을 해제하도록 하자.
      /*
      TimeZone gmt = TimeZone.getTimeZone("GMT");
      Calendar epoch1900 = Calendar.getInstance(gmt);
      epoch1900.set(1900, 01, 01, 00, 00, 00);
      long epoch1900ms = epoch1900.getTime().getTime();
      Calendar epoch1970 = Calendar.getInstance(gmt);
      epoch1970.set(1970, 01, 01, 00, 00, 00);
      long epoch1970ms = epoch1970.getTime().getTime();

      long differenceInMS = epoch1970ms - epoch1900ms;
      long differenceBetweenEpochs = differenceInMS/1000;
      */
      Socket socket = null;
      try {
        socket = new Socket(HOSTNAME, 37);
        socket.setSoTimeout(15000);

        InputStream raw = socket.getInputStream();

        long secondsSince1900 = 0;
        for (int i = 0; i < 4; i++) {
          secondsSince1900 = (secondsSince1900 << 8) | raw.read();
        }

        long secondsSince1970
                = secondsSince1900 - differenceBetweenEpochs;
        long msSince1970 = secondsSince1970 * 1000;
        Date time = new Date(msSince1970);

        return time;
      } finally {
        try {
          if (socket != null) socket.close();
        }
        catch (IOException ex) {}
      }
  }
}
```

아래는 이 프로그램의 실행 결과다.

```
$ java Time
It is Sun Mar 24 12:22:17 EDT 2013
```

타임 프로토콜은 실제 GMT 기준의 시간을 반환하지만, 자바의 Date 클래스가 제공하는 toString() 메소드(System.out.println()에 의해 은연중에 호출된다)는 로컬 호스트의 시간대로 반환한다. 이 예제에서는 EST로 반환되었다.

소켓으로 서버에 쓰기

서버에 데이터를 쓰는 것이 읽는 것보다 특별히 어렵지는 않다. 소켓에 입력 스트림뿐만 아니라 출력 스트림 또한 요청할 수 있다. 입력 스트림을 통해 데이터를 읽고 있는 동시에 출력 스트림을 사용하여 소켓을 통해 데이터를 보내는 것이 가능하지만, 대부분의 프로토콜은 동시에 읽고 쓰지 않도록 설계되어 있다. 즉, 한 번에 읽거나 쓰는 하나의 동작만 수행한다. 일반적으로 클라이언트가 요청을 보내면, 요청을 받은 후 서버가 응답을 보낸다. 그러고 나서 클라이언트가 또 다른 요청을 보내면, 서버는 또 다른 요청을 받은 후 응답을 보낸다. 이 과정은 어느 한쪽이 종료되거나 연결이 닫힐 때까지 계속된다.

양방향 TCP 프로토콜을 사용하는 간단한 예로 RFC 2229에 정의된 dict가 있다. 이 프로토콜에서 클라이언트는 dict 서버의 2628 포트에 대해 소켓을 열고 "DEFINE eng-lat gold"와 같은 명령을 보낸다. 이 명령은 서버에게 영어/라틴어 사전에 있는 "gold"의 정의를 요청한다. (서버마다 다른 사전이 설치되어 있을 수 있다.) 클라이언트는 요청에 대한 응답을 받은 후에 다른 단어를 다시 요청할 수 있고, 더 이상 요청할 단어가 없는 경우 "quit"를 보내 연결을 종료한다. 텔넷을 사용하여 아래와 같이 dict 프로토콜을 살펴볼 수 있다.

```
$ telnet dict.org 2628
Trying 216.18.20.172...
Connected to dict.org.
Escape character is '^]'.
220 pan.alephnull.com dictd 1.12.0/rf on Linux 3.0.0-14-server
    <auth.mime> <499772.29595.1364340382@pan.alephnull.com>
DEFINE fd-eng-lat gold
150 1 definitions retrieved
151 "gold" eng-lat "English-Latin Freedict dictionary"
gold [gould]
    aurarius; aureus; chryseus
    aurum; chrysos
```

```
.
250 ok [d/m/c = 1/0/10; 0.000r 0.000u 0.000s]
DEFINE eng-lat computer
552 no match [d/m/c = 0/0/9; 0.000r 0.000u 0.000s]
quit
221 bye [d/m/c = 0/0/0; 42.000r 0.000u 0.000s]
```

위 결과에서 세 자리 숫자 코드로 시작하는 제어 응답 라인(control response line)을 볼 수 있다. 실제 단어의 정의 내용은 일반적인 텍스트 문장으로 출력되며, 마침표로 구성된 라인으로 종료된다. 요청한 단어가 사전에 없는 경우, dict 서버는 "552 no match"를 반환한다. 물론 이 밖에 더 많은 내용을 RFC 문서를 통해 확인할 수 있다.

자바에서 이 프로토콜을 어렵지 않게 구현할 수 있다. 먼저 dict 서버에 대한 소켓을 연다.

```
Socket socket = new Socket("dict.org", 2628);
```

그리고 또, 서버가 응답이 없는 경우를 대비하여 다음과 같이 타임아웃을 설정할 수 있다.

```
socket.setSoTimeout(15000);
```

dict 프로토콜은 클라이언트가 먼저 요청하기 때문에, getOutputstream()을 사용하여 출력 스트림을 요청한다.

```
OutputStream out = socket.getOutputStream();
```

getOutputStream() 메소드는 여러분의 프로그램에서 소켓의 반대편에 있는 프로그램으로 데이터를 쓰기 위한 원시 OutputStream을 반환한다. 그리고 보통 이 스트림을 사용하기 전에 DataOutputStream이나 OutputStreamWriter 같은 좀 더 쓰기 편한 클래스와 연결한다. 성능상의 이유로 버퍼링 또한 하는 것이 좋다. Dict 프로토콜이 텍스트 기반이기 때문에 (정확히 말하면 UTF-8 기반) Writer로 감싸는 것이 좀 더 편리하다.

```
Writer writer = new OutputStreamWriter(out, "UTF-8");
```

이제 소켓을 통해 다음과 같이 명령을 전송할 수 있다.

```
writer.write("DEFINE eng-lat gold\r\n");
```

마지막으로, 플러시를 호출하여 네트워크를 통해 명령을 확실히 전송할 수 있다.

```
writer.flush();
```

그러면 이제 서버는 단어의 정의를 포함한 응답을 보낼 것이고, 여러분은 소켓의 입력 스트림을 사용하여 서버의 응답을 읽을 수 있다.

```
InputStream in = socket.getInputStream();
BufferedReader reader = new BufferedReader(
  new InputStreamReader(in, "UTF-8"));
for (String line = reader.readLine();
  !line.equals(".");
  line = reader.readLine()) {
    System.out.println(line);
}
```

마침표로 구성된 라인을 읽게 되면 단어의 정의가 끝났음을 알 수 있다. 그 이후에 출력 스트림을 통해 "quit" 명령을 보낼 수 있다.

```
writer.write("quit\r\n");
writer.flush();
```

예제 8-4는 완전한 dict 클라이언트 프로그램이다. 이 프로그램은 dict.org 서버로 연결하고, 사용자가 명령라인으로 입력한 단어를 라틴어로 번역한다. 이 프로그램은 150 또는 220과 같은 응답 코드로 시작하는 모든 메타데이터 라인을 걸러 낸다. 그러나 서버가 요청된 단어를 인지하지 못할 경우 반환하는 "552 no match"로 시작하는 라인은 특별히 처리한다.

예제 8-4 네트워크 기반의 영어/라틴어 변환기

```
import java.io.*;
import java.net.*;

public class DictClient {

  public static final String SERVER = "dict.org";
  public static final int PORT = 2628;
  public static final int TIMEOUT = 15000;

  public static void main(String[] args) {

    Socket socket = null;
    try {
```

```
      socket = new Socket(SERVER, PORT);
      socket.setSoTimeout(TIMEOUT);
      OutputStream out = socket.getOutputStream();
      Writer writer = new OutputStreamWriter(out, "UTF-8");
      writer = new BufferedWriter(writer);
      InputStream in = socket.getInputStream();
      BufferedReader reader = new BufferedReader(
          new InputStreamReader(in, "UTF-8"));

      for (String word: args) {
        define(word, writer, reader);
      }

      writer.write("quit\r\n");
      writer.flush();
    } catch (IOException ex) {
      System.err.println(ex);
    } finally { // 리소스 해제(dispose)
      if (socket != null) {
        try {
          socket.close();
        } catch (IOException ex) {
          // 무시한다
        }
      }
    }
  }
}
static void define(String word, Writer writer, BufferedReader reader)
    throws IOException, UnsupportedEncodingException {
  writer.write("DEFINE fd-eng-lat " + word + "\r\n");
  writer.flush();

  for (String line = reader.readLine(); line != null; line = reader.readLine()) {
    if (line.startsWith("250 ")) { // OK
      return;
    } else if (line.startsWith("552 ")) { // 일치하지 않음
      System.out.println("No definition found for " + word);
      return;
    }
    else if (line.matches("\\d\\d\\d .*")) continue;
    else if (line.trim().equals(".")) continue;
    else System.out.println(line);
  }
 }
}
```

아래는 이 프로그램의 실행 결과다.

```
$ java DictClient gold uranium silver copper lead
gold [gould]
    aurarius; aureus; chryseus
    aurum; chrysos

No definition found for uranium
silver [silvər]
    argenteus
    argentum

copper [kɔpər]
    æneus; aheneus; ærarius; chalceus
    æs

lead [led]
    ducere
    molybdus; plumbum
```

예제 8-4는 라인 중심으로 동작한다. 이 프로그램은 콘솔로부터 한 라인을 입력받고, 이 내용을 서버로 보낸다. 그리고 서버로부터의 응답을 한 라인씩 읽기 위해 기다린다.

한쪽이 닫힌 소켓

Close() 메소드는 소켓의 입력과 출력을 모두 닫는다. 때때로 연결의 입력이나 출력 중에 어느 하나만 닫고 싶은 경우가 있다. shutdownInput() 그리고 shutdownOutput() 메소드는 연결의 한쪽만 닫는 데 사용된다.

```
public void shutdownInput() throws IOException
public void shutdownOutput() throws IOException
```

이 두 메소드 중 어느 것도 실제로 소켓을 닫지는 않는다. 대신 스트림이 끝에 도달한 것처럼 보이도록 소켓에 연결된 스트림을 조정한다. 입력을 닫은 이후에 입력 스트림에서 읽기를 시도할 경우 -1이 반환된다. 출력을 닫은 이후에 소켓에 추가적인 쓰기를 시도할 경우 IOException 예외가 발생한다.

finger, whois 그리고 HTTP와 같은 많은 프로토콜이 클라이언트가 서버로 요청을 보내는 것으로 시작한다. 그리고 나서 클라이언트는 서버가 보낸 응답을 읽는다. 상황에 따라 클라이언트가 요청을 보내고 난 다음에 더 이상 전송할 내용이 없을 경우 출력 스트림을 닫는 것도 가능할 것이다. 예를 들어, 다음 코드는 HTTP 서버에 요청을 보낸 다음 더 이상 쓸 필요가 없으므로 출력을 닫는다.

```
try (Socket connection = new Socket("www.oreilly.com", 80)) {
  Writer out = new OutputStreamWriter(
          connection.getOutputStream(), "8859_1");
  out.write("GET / HTTP 1.0\r\n\r\n");
  out.flush();
  connection.shutdownOutput();
  // 서버로부터 응답 읽기...
} catch (IOException ex) {
  ex.printStackTrace();
}
```

소켓의 입력 또는 출력의 어느 한쪽을 닫았거나 양쪽 모두 닫은 경우에도 소켓의 사용이 끝나면 close() 메소드를 호출하여 명시적으로 소켓을 종료시켜야 한다는 사실을 명심해야 한다. 소켓의 한쪽을 닫는 메소드는 단지 소켓의 스트림에만 영향을 줄 뿐 실제 소켓에는 영향을 주지 않으며, 소켓의 포트와 같은 사용한 리소스를 해제하지 않는다.

isInputShutdown() 그리고 isOutputShutdown() 메소드는 각각 출력 스트림과 입력 스트림이 닫혔는지 열렸는지 유무를 반환한다. 소켓에 데이터를 읽거나 쓸 수 있는지 좀 더 구체적인 확인이 필요할 때 isConnected() 또는 isClosed()보다 이 메소드를 사용할 수 있다.

```
public boolean isInputShutdown()
public boolean isOutputShutdown()
```

소켓 생성과 연결

java.net.Socket 클래스는 클라이언트 측의 TCP 기능을 수행하기 위한 자바의 기본 클래스다. 그리고 URL, URLConnection, Applet, JEditorPane 같은 TCP 네트워크 연결을 생성하는 클라이언트 기반의 클래스들 역시 내부적으로 결국에는 java.net.Socket의 메소드를 호출한다. java.net.Socket 클래스 자체는 호스트 운영체제의 로컬 TCP 스택과 통신을 위해 네이티브 코드를 사용한다.

기본 생성자

각각의 소켓 생성자는 연결할 호스트와 포트를 인자로 전달받는다. 호스트 인자는 InetAddress 또는 String 타입으로 전달되며, 포트는 1에서 65535까지의 int 타입으로 전달된다.

```
public Socket(String host, int port) throws UnknownHostException, IOException
public Socket(InetAddress host, int port) throws IOException
```

이 생성자들은 소켓을 연결한다(즉, 생성자가 반환되기 전에 원격 호스트에 대한 실제 연결이 생성된다). 생성자가 다양한 이유로 소켓을 연결할 수 없는 경우, 생성자는 IOException 또는 UnknownHostException 예외를 발생시킨다. 예를 들어:

```
try {
  Socket toOReilly = new Socket("www.oreilly.com", 80);
  // 데이터를 보내고 받기…
} catch (UnknownHostException ex) {
  System.err.println(ex);
} catch (IOException ex) {
  System.err.println(ex);
}
```

생성자에서 호스트 인자는 단지 String으로 표현된 호스트네임이다. 도메인 네임 서버(DNS)가 동작하지 않거나 호스트네임을 주소로 변환할 수 없는 경우, 생성자는 UnknownHostException 예외를 발생시킨다. 그 외에 다양한 이유로 소켓을 열 수 없는 경우, 생성자는 IOException 예외를 발생시킨다. 연결 시도가 실패하는 데는 다양한 원인이 있다. 연결을 시도하는 대상 호스트의 포트가 연결을 허용하지 않는 경우, 호텔 와이파이 서비스가 호텔 웹 사이트에 로그인하고 $14.95을 결제할 때까지 차단한 경우, 또는 라우터의 경로 제어 문제로 패킷을 목적지로 보낼 수 없는 경우도 있다.

이러한 경우 생성자는 Socket 객체를 만들 수는 없지만 원격 호스트에 대한 연결은 시도해 볼 수 있기 때문에, 예제 8-5와 같이 원격 호스트의 특정 포트에 대해 연결이 가능한지 확인하는 데 사용할 수 있다.

예제 8-5 특정 호스트의 1024 미만 포트의 서비스 상태를 확인하는 프로그램

```
import java.net.*;
import java.io.*;

public class LowPortScanner {

  public static void main(String[] args) {

    String host = args.length > 0 ? args[0]: "localhost";

    for (int i = 1; i < 1024; i++) {
```

```
        try {
          Socket s = new Socket(host, i);
          System.out.println("There is a server on port " + i + " of "
            + host);
          s.close();
        } catch (UnknownHostException ex) {
          System.err.println(ex);
          break;
        } catch (IOException ex) {
          // 해당 포트에서 실행 중인 서버가 없음
        }
      }
    }
}
```

아래는 이 프로그램을 필자의 로컬 호스트를 대상으로 실행한 결과다(여러분의 실행 결과는 사용 중인 포트에 따라 다르게 나올 것이다).

```
$ java LowPortScanner
There is a server on port 21 of localhost
There is a server on port 22 of localhost
There is a server on port 23 of localhost
There is a server on port 25 of localhost
There is a server on port 37 of localhost
There is a server on port 111 of localhost
There is a server on port 139 of localhost
There is a server on port 210 of localhost
There is a server on port 515 of localhost
There is a server on port 873 of localhost
```

위 결과에 나열된 포트에서 어떤 서버들이 실행되고 있는지 궁금할 경우, 텔넷을 사용하여 시험해 보자. 유닉스 시스템의 경우 /etc/services 파일을 살펴보면 각각의 포트가 어떤 서비스에 사용되는지 확인할 수 있다. LowPortScanner 프로그램이 /etc/services 목록에 없는 접속 가능한 포트를 발견한다면 그건 꽤 흥미로운 사실이 될 것이다.

비록 이 프로그램이 단순해 보이지만 유용하게 사용될 수 있다. 시스템 보안을 위한 첫 번째 단계는 바로 시스템을 이해하는 것이다. 이 프로그램은 여러분의 시스템이 하고 있는 일을 이해하는 데 도움을 주며, 이 프로그램을 이용해 외부 침입자의 통로를 발견하고 차단할 수 있다. 그리고 또한 관리자의 통제를 벗어난 서버 역시 발견할 수 있다.

예를 들어, LowPortScanner의 실행 결과 800번 포트에서 운영 중인 서버가 발견되었다. 이 포트에 대한 추가적인 조사 결과, 누군가 MP3 파일을 서비스하기 위해 실행한 HTTP 서버임이 밝혀졌으며, 너무 많은 트래픽을 발생시키고 있었다.

다음 세 개의 생성자는 연결되지 않은 소켓을 생성한다. 이 생성자들은 내부 소켓의 동작에 대한 더 자세한 제어를 제공한다. 예를 들어, 다른 프록시 서버나 암호화 방법을 선택할 수 있다.

```
public Socket()
public Socket(Proxy proxy)
protected Socket(SocketImpl impl)
```

연결에 사용할 로컬 인터페이스 지정하기

다음 두 개의 생성자는 연결할 호스트와 포트 이외에도 연결에 사용할 인터페이스와 로컬 포트를 인자로 받는다.

```
public Socket(String host, int port, InetAddress interface, int localPort)
    throws IOException, UnknownHostException
public Socket(InetAddress host, int port, InetAddress interface, int localPort)
    throws IOException
```

이 소켓 생성자는 마지막 두 개의 인자로 전달된 로컬 네트워크 인터페이스와 포트로부터, 처음 두 인자로 지정된 호스트와 포트로 접속한다. 네트워크 인터페이스는 이더넷 카드와 같은 물리적인 장치이거나, 하나 이상의 IP 주소를 가진 멀티홈 호스트(multi-home host)처럼 가상의 장치일 수 있다. localPort 인자로 0이 전달될 경우 자바는 1024에서 65535 사이의 사용 가능한 임의의 포트를 선택한다.

데이터를 보내기 위해 특정 인터페이스를 선택하는 경우는 일반적이지는 않지만, 가끔 필요한 경우가 있다. 로컬 주소를 명시적으로 지정해야 하는 상황의 한 가지 예로 이중(dual) 이더넷 포트를 사용하는 라우터/방화벽이 있다. 라우터/방화벽은 하나의 인터페이스를 통해 외부의 연결을 받아들이고, 처리한 다음 다른 인터페이스를 통해 로컬 네트워크로 전달한다. 그리고 독자 여러분이 주기적으로 에러 로그를 프린터로 출력하거나 내부 메일 서버로 전송하는 프로그램을 작성하고 있다고 가정해 보자. 이러한 경우 해당 패킷이 외부 인터페이스가 아닌 내부 인터페이스로 전송되도록 다음과 같이 할 수 있다.

```
try {
  InetAddress inward = InetAddress.getByName("router");
  Socket socket = new Socket("mail", 25, inward, 0);
  // 소켓을 이용한 데이터를 보내거나 받는 작업들...
} catch (IOException ex) {
  System.err.println(ex);
}
```

위 코드에서 로컬 포트 숫자로 0을 전달함으로써, 어떤 임의의 포트를 사용해도 괜찮으나, 로컬 호스트네임 "router"에 연결된 네트워크 인터페이스를 사용할 것임을 요청했다.

이 생성자는 이전의 생성자와 같은 이유로 IOException 또는 UnknownHostException 예외를 발생시킨다. 이외에도 소켓이 요청된 로컬 네트워크 인터페이스를 바인드(bind)할 수 없는 경우 IOException 예외를 발생시킨다. (이 메소드의 예외 조항에 구체적으로 명시되어 있지는 않지만, 아마도 IOException의 서브클래스인 BindException이 발생할 것이다.) 예를 들어, a.example.com에서 실행 중인 프로그램은 b.example.org에서 접속할 수 없다. 이런 점을 이용하면 컴파일된 프로그램이 미리 정해진 호스트에서만 실행되도록 의도적으로 제한할 수 있다. 이 방법은 각 컴퓨터에 맞게 설정된 배포가 필요하며, 확실히 값싼 제품에 대해 과도한 기능이다. 게다가 자바 프로그램은 쉽게 디스어셈블(disassemble), 디컴파일(decompile), 그리고 리버스 엔지니어(reverse engineer)할 수 있기 때문에, 이 구조가 확실히 안전하지는 않다. 그럼에도 불구하고 소프트웨어 라이선스를 적용하기 위한 방법으로 종종 사용된다.

연결되지 않은 소켓 생성하기

지금까지 이야기한 모든 생성자는 소켓 객체를 생성하고 원격 호스트에 대한 네트워크 연결을 여는 두 작업을 함께 수행한다. 가끔 이 두 작업을 따로 수행해야 할 필요가 있다. Socket 생성자를 아무런 인자 없이 호출하면, 생성자는 연결되지 않은 소켓을 반환한다.

```
public Socket()
```

소켓 생성 이후에 SocketAddress를 인자로 connect() 메소드 중 하나를 호출하여 연결할 수 있다. 예를 들어:

```
try {
  Socket socket = new Socket();
  // 소켓 옵션 입력
```

```
        SocketAddress address = new InetSocketAddress("time.nist.gov", 13);
        socket.connect(address);
        // 연결된 소켓으로 작업…
    } catch (IOException ex) {
        System.err.println(ex);
    }
```

connect() 메소드의 두 번째 인자로 연결 타임아웃 시간을 밀리초 단위로 설정할 수 있다.

```
    public void connect(SocketAddress endpoint, int timeout) throws IOException
```

기본 타임아웃 값은 0이며, 무한히 대기한다.

이 생성자는 기본적으로 다른 종류의 소켓을 사용하기 위해 존재하며, 또한 소켓 연결 이전에 변경해야 적용되는 옵션을 설정할 때 필요하다. 해당 소켓 옵션에 대한 자세한 내용은 뒤에 나올 "소켓 옵션 설정하기"에서 다룰 예정이다. 그러나 필자가 생각하는 이 생성자의 가장 큰 장점은 try – catch – finally 블록에서 코드를 깔끔하게 정리할 수 있다는 것이다. 특히 자바 7 이전 버전에서 더욱 효과적이다. 인자가 없는 생성자는 예외를 발생시키지 않기 때문에 finally 블록에서 소켓을 닫을 때 불필요한 널(null) 체크를 하지 않아도 된다. 인자가 필요한 생성자를 호출할 경우 대부분 다음과 같이 코드를 작성한다.

```
    Socket socket = null;
    try {
        socket = new Socket(SERVER, PORT);
        // 소켓을 이용한 작업…
    } catch (IOException ex) {
        System.err.println(ex);
    } finally {
        if (socket != null) {
            try {
                socket.close();
            } catch (IOException ex) {
                // 무시한다
            }
        }
    }
```

인자가 없는 생성자를 호출할 경우에는 다음과 같이 코드를 작성할 수 있다.

```
    Socket socket = new Socket();
    SocketAddress address = new InetSocketAddress(SERVER, PORT);
    try {
```

```
      socket.connect(address);
      // 소켓을 이용한 작업...
    } catch (IOException ex) {
      System.err.println(ex);
    } finally {
      try {
        socket.close();
      } catch (IOException ex) {
        // 무시한다
      }
    }
```

자바 7 버전의 AutoCloseable를 이용했을 때만큼은 아니지만, 코드가 꽤 깔끔해졌다.

소켓 주소

SocketAddress 클래스는 연결 끝점(endpoint)을 나타낸다. 이 클래스는 기본 생성자를 제외하고는 아무런 메소드를 제공하지 않는 빈 추상 클래스다. SocketAddress 클래스는 적어도 이론적으로는 TCP와 비TCP 소켓 둘 모두에 사용될 수 있다. 실제로는 현재 TCP/IP 소켓만이 지원되며, 여러분이 사용하는 소켓 주소들은 모두 InetSocketAddress의 인스턴스이다.

SocketAddress 클래스의 기본적인 의도는 원본 소켓의 연결이 끊어지거나 가비지 컬렉터에 의해 사라진 경우에도, 새로운 소켓을 생성하는 데 재사용할 수 있는 IP 주소와 포트 같은 일시적인 소켓 연결 정보를 위한 간편한 저장소를 제공하는 것이다. 이를 위해 Socket 클래스는 SocketAddress 객체를 반환하는 두 개의 메소드를 제공한다(getRemoteSocketAddress() 메소드는 연결된 시스템에 대한 주소를 반환하고 getLocalSocketAddress() 메소드는 연결을 만든 곳의 주소를 반환한다).

```
public SocketAddress getRemoteSocketAddress()
public SocketAddress getLocalSocketAddress()
```

이 두 메소드는 소켓이 아직 연결되지 않은 경우에 널(null)을 반환한다. 예를 들어, 먼저 Yahoo!에 연결한다. 그리고 주소를 저장한다.

```
Socket socket = new Socket("www.yahoo.com", 80);
SocketAddress yahoo = socket.getRemoteSocketAddress();
socket.close();
```

나중에 이 주소를 사용하여 Yahoo!에 다시 연결할 수 있다.

```
Socket socket2 = new Socket();
socket2.connect(yahoo);
```

InetSocketAddress 클래스(이 클래스는 JDK에서 SocketAddress의 유일한 서브클래스이며, 필자가 지금까지 본 유일한 서브클래스이기도 하다)는 일반적으로 클라이언트의 경우에 호스트와 포트 또는 서버의 경우에 포트만 사용하여 만들어진다.

```
public InetSocketAddress(InetAddress address, int port)
public InetSocketAddress(String host, int port)
public InetSocketAddress(int port)
```

그리고 DNS에서 해당 호스트를 검색하는 과정을 생략하기 위해 정적 팩토리 메소드 InetSocketAddress.createUnresolved() 또한 사용할 수 있다.

```
public static InetSocketAddress createUnresolved(String host, int port)
```

InetSocketAddress는 객체를 확인하는 데 사용할 수 있는 일부 get 메소드를 제공한다.

```
public final InetAddress getAddress()
public final          int getPort()
public final String      getHostName()
```

프록시 서버

Socket 클래스의 마지막 생성자는 인자로 전달된 프록시 서버를 통해 연결하는 연결되지 않은 소켓을 생성한다.

```
public Socket(Proxy proxy)
```

일반적으로 소켓이 사용하는 프록시 서버는 socksProxyHost와 socksProxyPort 시스템 속성에 의해 제어된다. 그리고 이 속성들은 시스템에 있는 모든 소켓에 적용된다. 그러나 이 생성자에 의해 생성된 소켓은 대신 인자로 지정된 프록시 서버를 사용한다. 주목해야 할 점은, 인자로 Proxy.NO_PROXY를 전달하면 모든 프록시 서버 설정을 무시하고 원격 호스트에 직접 연결할 수 있다. 물론 방화벽이 직접적인 연결을 차단할 경우, 자바도 어떻게 할 방법이 없으며 연결은 실패한다.

특정 프록시 서버를 사용하기 위해서는 해당 서버의 주소를 지정하면 된다. 예를 들어, 다음 코드는 login.ibiblio.org 호스트에 접속하기 위해 myproxy.example.com에 위치한 SOCKS 프록시 서버를 사용한다.

```
SocketAddress proxyAddress = new InetSocketAddress("myproxy.example.com", 1080);
Proxy proxy = new Proxy(Proxy.Type.SOCKS, proxyAddress)
Socket s = new Socket(proxy);
SocketAddress remote = new InetSocketAddress("login.ibiblio.org", 25);
s.connect(remote);
```

자바는 저수준 프록시 타입 중에서 SOCKS 프록시를 유일하게 지원한다. 그리고 전송 계층에서 동작하는 SOCKS 프록시 이외에도 애플리케이션 계층에서 동작하는 고수준 Proxy.Type.HTTP 역시 지원한다. 마지막으로 Proxy.Type.DIRECT는 프록시를 사용하지 않는 연결을 나타낸다.

소켓 정보 얻기

소켓 객체는 get 메소드를 사용하여 접근할 수 있는 몇 가지 속성을 제공한다.

- 원격 주소
- 원격 포트
- 로컬 주소
- 로컬 포트

다음은 이러한 속성에 접근할 수 있는 get 메소드다.

```
public InetAddress getInetAddress()
public int getPort()
public InetAddress getLocalAddress()
public int getLocalPort()
```

set 메소드는 존재하지 않는다. 이 속성들은 소켓이 연결되자마자 설정되며 고정되어 있다.

getInetAddress() 그리고 getPort() 메소드는 소켓이 연결된 원격 호스트와 포트를 알려 준다. 또는 연결이 종료된 경우 연결된 당시의 호스트와 포트를 알려 준다. getLocalAddress()와 getLocalPost() 메소드는 연결이 시작된 네트워크 인터페이스와 포트를 알려 준다.

표준 위원회에서 미리 할당된 "알려진 포트(well-known port)"를 사용하는 원격 포트와 달리, 로컬 포트는 일반적으로 실행 시점에 이용 가능한 포트 중에서 시스템에 의해 결정된다. 이러한 구조로 인해, 단일 시스템에서 실행 중인 많은 클라이언트가 동시에 같은 서비스에 접근하는 것이 가능해진다. 로컬 포트는 로컬 호스트의 IP 주소와 함께 밖으로 나가는 IP 패킷에 박혀 있다. 그래서 서버가 클라이언트의 올바른 포트로 응답을 보낼 수 있다.

예제 8-6은 명령라인을 통해 호스트네임 목록을 읽고, 각각의 호스트에 대해 소켓을 열려고 한다. 그리고 나서 원격 호스트, 원격 포트, 로컬 주소, 로컬 포트를 출력하기 위해 이 네 개의 메소드를 사용한다.

예제 8-6 소켓 정보 구하기

```java
import java.net.*;
import java.io.*;

public class SocketInfo {

  public static void main(String[] args) {

    for (String host: args) {
      try {
        Socket theSocket = new Socket(host, 80);
        System.out.println("Connected to " + theSocket.getInetAddress()
            + " on port " + theSocket.getPort() + " from port "
            + theSocket.getLocalPort() + " of "
            + theSocket.getLocalAddress());
      } catch (UnknownHostException ex) {
        System.err.println("I can't find " + host);
      } catch (SocketException ex) {
        System.err.println("Could not connect to " + host);
      } catch (IOException ex) {
        System.err.println(ex);
      }
    }
  }
}
```

아래에 위 코드를 실행한 결과가 있다. 필자의 경우 명령라인에 www.oreilly.com 주소를 두 번 포함시켜서 각각의 연결에 대해 원격 호스트에 상관없이 다른 로컬 포트가 사용되는 것을 확인하려고 했다. 어떤 연결에 할당된 로컬 포트는 예측할 수 없으며, 주로 사용 중인 다른 포트에 따라 달라진다. 그리고 login.ibiblio.org의 80 포트에서 서비스 중인 서버가 없기 때문에 이 연결 시도는 실패한다.

```
$ java SocketInfo www.oreilly.com www.oreilly.com www.elharo.com
  login.ibiblio.org
Connected to www.oreilly.com/208.201.239.37 on port 80 from port 49156 of
/192.168.254.25
Connected to www.oreilly.com/208.201.239.37 on port 80 from port 49157 of
/192.168.254.25
Connected to www.elharo.com/216.254.106.198 on port 80 from port 49158 of
/192.168.254.25
Could not connect to login.ibiblio.org
```

종료된 소켓과 연결된 소켓

isClosed() 메소드는 소켓이 닫혀 있는 경우 true를 반환하고 그렇지 않은 경우 false를 반환한다. 소켓의 상태가 불확실한 경우 IOException이 발생할 위험을 감소하는 것보다 이 메소드를 사용하여 확인하는 것이 좋다. 예를 들어:

```
if (socket.isClosed()) {
    // 소켓이 닫혀 있는 경우 처리...
} else {
    // 소켓이 열려 있는 경우 처리...
}
```

그러나 이 확인 방법이 완벽하지는 않다. 만약에 소켓이 최초에 연결된 적이 없는 경우 소켓은 확실히 열려 있지는 않지만 isClosed() 메소드는 false를 반환한다.

Socket 클래스는 또한 isConnected() 메소드를 제공한다. 이 메소드의 이름은 약간 오해의 소지가 있다. 이 메소드는 해당 소켓이 현재 원격 호스트에 연결되었는지 알려 주지 않는다. 대신 소켓이 원격 호스트에 연결된 적이 있는지 여부를 알려 준다. 소켓의 최근 연결 요청이 성공했다면 소켓이 닫힌 후에도 true를 반환한다.

소켓이 현재 열려 있는지 확인하기 위해서는 isConnected() 반환값이 true이고 isClosed() 반환값이 false인 두 가지 조건을 모두 확인해야 한다. 예를 들어:

```
boolean connected = socket.isConnected() && ! socket.isClosed();
```

마지막으로, isBound() 메소드는 소켓이 로컬 시스템의 나가는 포트에 성공적으로 바인딩되었는지 여부를 알려 준다. isConnected() 메소드는 소켓의 원격 끝 부분을 참조하는 반면, isBound() 메소드는 소켓의 로컬 시스템 끝 부분을 참조한다. 이 장에서는 isBound() 메소드에 대해 중요하게 다루지 않지만, 바인딩은 다음 제9장 서버 소켓에서 중요하게 다룰 것이다.

toString() 메소드

Socket 클래스는 java.lang.Object의 표준 메소드에서 유일하게 toString() 메소드만을 오버라이드한다. Socket 클래스의 toString() 메소드는 다음과 같은 문자열을 생성한다.

```
Socket[addr=www.oreilly.com/198.112.208.11,port=80,localport=50055]
```

이 정보는 주로 디버깅에 유용하게 사용된다. 이 문자열의 형식은 언제든지 변경될 수 있기 때문에 이 형식에 의존적인 코드를 작성해서는 안 된다. 이 문자열의 모든 부분은 get 메소드를 사용하여 직접 접근할 수 있다. [구체적으로는 getInetAddress(), getPort(), 그리고 getLocalPort() 메소드가 있다.]

소켓은 연결이 유지되는 한 가장 최근 정보만을 유지하는 일시적인 객체이기 때문에, 이 정보들을 해시 테이블에 저장하거나 서로 비교해야 할 충분한 이유가 없다. 그래서 Socket은 equlas() 또는 hashCode() 같은 메소드를 오버라이드하지 않으며, 이 두 메소드는 Object 클래스에서 제공되는 의미 그대로 사용된다. 결국 두 소켓 객체가 같은 객체일 때만 서로 같다.

소켓 옵션 설정하기

소켓 옵션은 자바 Socket 클래스 내부의 네이티브 소켓이 데이터를 보내거나 받는 방법을 지정한다. 자바는 클라이언트 측 소켓에 대해 다음 9가지 옵션을 제공한다.

- TCP_NODELAY
- SO_BINDADDR
- SO_TIMEOUT
- SO_LINGER
- SO_SNDBUF
- SO_RCVBUF
- SO_KEEPALIVE
- OOBINLINE
- IP_TOS

낯설어 보이는 이 옵션의 이름은 소켓을 처음 개발한 버클리 유닉스의 C 헤더 파일에 있는 상수의 이름을 빌려 왔기 때문이다. 게다가 익숙한 자바 명명 규칙으로 변환하지 않고 전통적인 유닉스 C 명명 규칙을 그대로 따르고 있다. 예를 들어, SO_SNDBUF는 실제 "Socket Option Send Buffer Size(소켓의 전송 버퍼 크기 옵션)"을 의미한다.

TCP_NODELAY

```
public void setTcpNoDelay(boolean on) throws SocketException
public boolean getTcpNoDelay() throws SocketException
```

TCP_NODELAY 설정을 true로 하면 패킷의 크기에 상관없이 가능한 한 빨리 패킷을 전송한다. 일반적으로 작은 패킷은 전송하기 전에 큰 패킷 하나로 합쳐진다. 그리고 또 다른 패킷을 보내기 전에 로컬 호스트는 원격 호스트로부터 이전 패킷에 대한 확인(ACK)을 기다린다. 이것이 바로 잘 알려진 네이글 알고리즘(Nagle's algorithm)이다. 네이글 알고리즘의 문제는 원격 시스템이 로컬 시스템으로 확인(ACK)을 충분히 빨리 보내지 않는 경우, 작은 단위의 데이터를 지속적으로 보내야 하는 애플리케이션의 경우 느려지는 것이다. 특히 서버에서 실시간으로 클라이언트 측의 마우스 움직임을 추적해야 하는 게임이나 네트워크 애플리케이션과 같은 GUI 프로그램에서 더욱 문제가 된다. 실제로 느린 네트워크에서는 지속적인 버퍼링으로 인해 심지어 단순한 타이핑마저 느려질 수 있다. TCP_NODELAY 옵션을 true로 설정하면 이러한 버퍼링 구조를 사용하지 않으며 모든 패킷이 준비되는 즉시 전송된다.

setTcpNoDelay(true)는 소켓의 버퍼링 옵션을 끈다. setTcpNoDelay(false)은 버퍼링 옵션을 다시 켠다. getTcpNoDelay()는 버퍼링 옵션이 켜 있는 경우 false를 반환하고 반대인 경우 true를 반환한다. 예를 들어, 다음은 소켓의 버퍼링 설정 상태를 확인하고 버퍼링을 끈다(즉, TCP_NODELAY를 설정한다).

```
if (!s.getTcpNoDelay()) s.setTcpNoDelay(true);
```

위에 사용된 두 메소드는 내부의 소켓 구현에서 TCP_NODELAY 옵션을 지원하지 않을 경우 SocketException 예외를 발생시키도록 선언되어 있다.

SO_LINGER

```
public void setSoLinger(boolean on, int seconds) throws SocketException
public int getSoLinger() throws SocketException
```

SO_LINGER 옵션은 소켓이 닫힐 때, 전송되지 않은 데이터그램을 어떻게 처리할지 결정한다. 기본적으로 close() 메소드는 호출 즉시 반환된다. 그러나 시스템은 내부적으로 아직 전송되지 않은 데이터를 계속해서 전송한다. 링거(linger) 시간이 0으로 설정될 경우, 소켓이 닫힐 때 아직 전송되지 않은 패킷은 버려진다. SO_LINGER 옵션이 켜 있고 링거 타임이 정수값인 경우, close() 메소드는 지정된 시간 동안 데이터를 보내고 응답을 받기 위해 블록(block)된다. 그리고 지정된 시간이 초과될 경우, 소켓은 닫히고 아직 남아 있는 데이터는 보내지 않으며 응답을 기다리지 않는다.

이 두 메소드는 내부의 소켓 구현이 SO_LINGER 옵션을 지원하지 않을 경우 SocketException 예외를 발생시킨다. setSoLinger() 메소드는 또한 링거 타임을 음수로 전달할 경우 IllegalArgumentException 예외를 발생시킨다. 그러나 getSoLinger() 메소드는 옵션이 설정되지 않은 경우 −1을 반환하거나, 남아 있는 데이터를 모두 전송하는 데 필요한 시간을 반환한다. 예를 들어, 다음 코드는 지연 시간이 설정되어 있지 않은 경우, 소켓 s에 대해 링거 타임아웃을 4분으로 설정한다.

```
if (s.getTcpSoLinger() == -1) s.setSoLinger(true, 240);
```

최대 링거 타임은 6만 5,535초이며 플랫폼에 따라 더 작을 수도 있다. 최대값보다 큰 값이 전달될 경우 최대 링거 타임으로 자동으로 맞춰진다. 사실 6만 5,535초(18시간이 넘는다)는 일반적으로 필요한 지연 시간보다 훨씬 긴 시간이다. 일반적으로 플랫폼 기본값을 사용하는 편이 좋다.

SO_TIMEOUT

```
public void setSoTimeout(int milliseconds) throws SocketException
public int getSoTimeout() throws SocketException
```

일반적으로 소켓에서 데이터를 읽으려고 할 때 read() 호출은 충분한 바이트를 읽을 때까지 블록된다. SO_TIMEOUT을 설정하면 read() 메소드의 호출이 지정된 밀리초 이상 블록되지 않는다. 타임아웃이 발생하면 InterruptedIOException 예외가 발생하므로 이 예외를 처리할 수 있도록 해야 한다. 하지만 예외가 발생한 뒤에도 소켓은 여전히 연결을 유지하고 있다. read() 메소드는 호출이 실패한 경우에도, 다시 호출할 수 있으며, 이전 실패와 상관없이 호출이 성공할 수 있다.

타임아웃은 밀리초로 설정된다. 타임아웃의 기본 값은 0이며 무한 대기를 의미한다. 예를 들어, 다음 코드는 소켓 객체 s의 타임아웃이 아직 설정되지 않은 경우 18만 밀리초를 설정하는 코드다.

```
if (s.getSoTimeout() == 0) s.setSoTimeout(180000);
```

이 두 메소드는 내부 소켓 구현이 SO_TIMEOUT 옵션을 지원하지 않는 경우 Socket Exception 예외를 발생시킨다. 그리고 또한 setSoTimeout() 메소드는 지정된 타임아웃 값이 음수일 경우 IllegalArgumentException 예외를 발생시킨다.

SO_RCVBUF 그리고 SO_SNDBUF

TCP는 네트워크 성능을 향상시키기 위해 버퍼를 사용한다. 네트워크 속도가 빠른 경우 즉, 속도가 10Mbps 이상인 경우, 큰 버퍼가 성능에 유리하고 전화 연결과 같이 네트워크 속도가 느린 경우 작은 버퍼가 성능에 더 유리하다. 일반적으로 FTP 혹은 HTTP와 같은 파일 전송 프로토콜에서는 크기가 큰 데이터를 지속적으로 보내므로 버퍼의 크기가 큰 편이 유리하다. 반면에 지속적인 상호작용이 일어나는 텔넷이나 게임에서는 버퍼의 크기가 작은 편이 유리하다. BSD 4.2와 같은 파일의 크기가 작고 네트워크가 느리던 시대에 설계된 상대적으로 오래된 운영체제의 경우, 2킬로바이트 버퍼를 사용한다. 윈도우 XP는 1만 7,520바이트 버퍼를 사용하며 요즘 운영체제에서는 128킬로바이트가 일반적인 기본값이다.

달성 가능한 최대 대역폭은 버퍼 크기를 대기 시간(latency)으로 나눈 값과 같다. 예를 들어 윈도우 XP에서 두 호스트 사이의 지연 시간이 500ms라고 가정해 보자. 그때 대역폭은 17520바이트 / 0.5초 = 35040바이트 / 초 = 273.75킬로비트 / 초가 된다. 이 값이 곧 네트워크의 속도에 상관없이 어떤 소켓의 최대 속도가 된다. 이 값은 전화 접속을 사용하는 경우 충분히 빠르고, ISDN(Integrated Services Digital Network)을 사용하는 경우 나쁘지 않다. 그러나 DSL 회선이나 FiOS(미국 버라이즌의 통신 상품명)를 사용하는 경우 많이 부족하다.

대기시간을 줄이면 속도를 향상시킬 수 있다. 그러나 대기 시간은 네트워크 하드웨어의 기능이고 여러분의 애플리케이션에서 제어할 수 있는 요소가 아니다. 반면에 버퍼 크기는 제어할 수 있다. 예를 들어, 버퍼 크기를 17,520에서 128킬로바이트로 늘리면, 최대 대역폭은 초당 2메가비트로 증가한다. 다시 버퍼 크기를 두 배인 256킬로바이트로 늘리면 최대 대역폭은 두 배인 초당 4메가비트로 증가한다. 물론 네트워크 자체의 최대 대역폭 제한이 존재한다. 버퍼를 너무 높게 설정하면 프로그램이 네트워크가 처리할 수 있는 것보다 더 빠르게 데이터를 전송하려고 한다. 이런 경우 네트워크가 혼잡해져 패킷이 손실되며 결국 성능 저하로 이어진다. 따라서 최대 대역폭이 필요한 경우 버퍼 크기를 연결의 대기 시간과 맞출 필요가 있으며, 결국 이 값은 네트워크의 대역폭보다 조금 작은 값이 된다.

 특정 호스트에 대한 지연 시간을 수동으로 측정하기 위해 ping을 사용하거나, 프로그램 내에서 InetAddress.isReachable()를 호출하여 시간을 측정할 수 있다.

SO_RCVBUF 옵션은 네트워크의 입력에 사용된 수신 버퍼의 크기를 제안한다. SO_SNDBUF 옵션은 네트워크의 출력에 사용된 송신 버퍼의 크기를 제안한다.

```
public void setReceiveBufferSize(int size)
    throws SocketException, IllegalArgumentException
public int getReceiveBufferSize() throws SocketException
public void setSendBufferSize(int size)
    throws SocketException, IllegalArgumentException
public int getSendBufferSize() throws SocketException
```

메소드 선언에는 송신 버퍼와 수신 버퍼를 각각 설정할 수 있는 것처럼 보이지만, 일반적으로 버퍼는 이 두 값보다 작게 설정된다. 예를 들어, 송신 버퍼의 크기를 64K로 설정하고 수신 버퍼의 크기를 128K로 설정하면, 송신과 수신 모두 64K의 버퍼 크기를 가지게 될 것이다. 그리고 자바는 설정된 수신 버퍼의 크기를 128K라고 알려 주지만, 내부 TCP 스택은 실제로 64K를 사용할 것이다.

setReceiveBufferSize() / setSendBufferSize 메소드는 이 소켓에 대한 출력을 버퍼링하기 위해 사용할 바이트 수를 제안한다. 그러나 내부 구현은 자유롭게 이 제안을 무시하거나 조정할 수 있다. 특히 유닉스와 리눅스 시스템은 종종 최대 버퍼 크기를 명시하고 있는데, 일반적으로 64K 또는 256K이고, 더 큰 값의 소켓은 허용되지 않는다. 더 큰 값을 설정하려고 시도하면 자바는 버퍼 크기를 가능한 한 최대값으로 설정한다. 리눅스의 내부 구현에서 드물게 요청된 크기의 두 배를 설정하는 경우도 있다. 예를 들어, 64K 버퍼를 요청한다면 대신 128K 버퍼를 얻을 수도 있다.

이 두 메소드는 전달된 인자가 0보다 작거나 0인 경우, IllegalArgumentException 예외를 발생시킨다. 그리고 또한 이 두 메소드는 SocketException 예외를 발생시키도록 선언되어 있지만, SocketException 예외가 IllegalArgumentException 예외와 발생 이유가 같고, IllegalArgumentException 예외가 먼저 처리되도록 만들기 때문에, 실제로 처리할 일은 없을 것이다.

일반적으로 프로그램이 이용 가능한 대역폭을 충분히 활용하지 못할 경우(예를 들어, 25Mbps 인터넷 연결을 사용하고 있지만, 1.5Mbps의 속도로 데이터가 전송될 때), 버퍼 크기를 늘리도록 하자. 반면에 네트워크가 혼잡하거나 패킷 손실이 발생한다면, 버퍼 크기를 줄이도록 하자. 그러나 네트워크의 한쪽 방향으로 부하가 쏠리는 경우를 제외한 대부분의 상황에서는 기본값을 사용하는 것이 좋다. 특히 요즘 운영체제들은 버퍼 크기를 네트워크에 맞게 동적으로 조정하기 위해 TCP 윈도우 스케일링(TCP window scaling)을 사용한다. (자바에서 제어할 수는 없다.) 대부분의 성능 관련 조언과 마찬가지로, 문제를 정확히 측정하기 전까지는 경험에 의거하여 설정을 바꾸지 않도록 해야 한다. 그렇다 하더라도 개별 소켓의 버퍼 크기를 조절하는 것보다는 운영체제 수준에서 최대로 허용되는 버퍼 크기를 늘림으로써 더 나은 속도를 얻을 수 있다.

SO_KEEPALIVE

SO_KEEPALIVE 옵션이 설정된 경우, 클라이언트는 이따금씩 유휴 연결(idle connection)을 통해 데이터 패킷을 보내어(일반적으로 두 시간마다 한 번씩 보낸다) 서버와의 연결을 유지한다. 서버가 이 패킷에 대해 응답을 보내지 않을 경우, 클라이언트는 응답을 받을 때까지 11분 이상을 계속해서 시도한다. 그리고 12분 내에 응답을 받지 못할 경우, 클라이언트는 소켓을 닫는다. SO_KEEPALIVE 설정이 없다면 네트워크 통신이 활발하지 않은 클라이언트는 서버가 장애로 종료된 상황에도 아무런 알림을 받지 못하고 계속 실행된다. 아래는 SO_KEEPALIVE 설정을 변경하거나 현재의 상태를 확인하는 메소드다.

```
public void setKeepAlive(boolean on) throws SocketException
public boolean getKeepAlive() throws SocketException
```

SO_KEEPALIVE의 기본 상태는 false이다. 아래 코드는 SO_KEEPALIVE 설정이 켜 있는 경우 설정을 끈다.

```
if (s.getKeepAlive()) s.setKeepAlive(false);
```


OOBINLINE

TCP는 단일 바이트를 긴급하게 전송하는 기능을 제공한다. 이 데이터는 전송 즉시 보내진다. 그리고 수신자는 긴급 데이터를 수신했을 때 알림을 받으며, 이미 도착한 다른 데이터를 처리하기 전에 긴급 데이터를 먼저 처리해야 한다. 자바는 이러한 긴급한 데이터를 보내고 받는 기능을 지원한다. 전송 메소드의 이름은 메소드의 기능을 잘 반영한 sendUrgentData()이다.

```
public void sendUrgentData(int data) throws IOException
```

이 메소드는 인자로 전달된 값의 하위 8비트를 거의 즉시 전송한다. 필요하다면 현재 캐시에 저장된 데이터를 먼저 플러시(flush)한다.

수신 측에서 긴급 데이터에 대해 응답하는 방법은 약간 혼동될 수 있으며, 플랫폼과 API에 따라 다양하다. 몇몇 시스템의 경우 일반적인 데이터와는 별도로 긴급 데이터를 수신한다. 그러나 좀 더 일반적이고 현대적인 접근 방법은 긴급 데이터를 일반 데이터 수신 큐에 적절한 순서로 저장하고 애플리케이션에게 긴급 데이터가 있음을 알린다. 그리고 애플리케이션이 큐에서 해당 데이터를 찾게 하는 것이다.

기본적으로 자바는 소켓에서 수신된 긴급 데이터를 무시한다. 그러나 긴급 데이터를 보통의 데이터와 함께 수신하고자 할 경우 다음 메소드를 사용하여 OOBINLINE 옵션을 설정하면 된다.

```
public void setOOBInline(boolean on) throws SocketException
public boolean getOOBInline() throws SocketException
```

OOBINLINE의 기본 값은 false이다. 아래 코드는 OOBINLINE 설정이 꺼져 있는지 확인하고 켠다.

```
if (!s.getOOBInline()) s.setOOBInline(true);
```

일단 OOBINLINE이 설정되면 긴급 데이터 도착 시 일반적인 방법으로 읽을 수 있도록 소켓의 입력 스트림에 저장된다. 자바는 이 데이터를 일반 데이터와 구별하지 않는다. 이러한 구조는 이상적인 방법과는 거리가 조금 있지만, 프로그램에서 정상적인 데이터 스트림에서 사용되지 않는 특별한 의미가 부여된 특정 바이트(예를 들어, Ctrl-C)를 사용할 경우, 해당 바이트를 좀 더 빠르게 전송하는 것이 가능해진다.

SO_REUSEADDR

소켓이 종료될 때, 로컬 포트를 즉시 해제하지 않는 경우가 있다. 특히 소켓을 닫을 때 열린 연결이 있는 경우 포트가 즉시 해제되지 않을 수 있다. 소켓은 종료될 때 아직 네트워크를 통해 해당 포트로 전송 중인 나머지 패킷이 있는 경우에는 때로 일정 시간 동안 기다린다. 시스템은 늦게 도착한 패킷을 위해 특별한 뭔가를 하지는 않는다. 다만 시스템은 같은 포트에 바운드(bound)된 새 프로세스에게 늦게 도착한 패킷이 전달되지 않도록 한다.

소켓이 임의의 포트를 사용할 때는 큰 문제가 되지 않지만, 잘 알려진 포트(well-known port)를 사용할 때는 문제가 된다. 일정 시간 동안 다른 소켓이 해당 포트를 사용할 수 없도록 막기 때문이다. SO_REUSEADDR 옵션이 켜진 경우(기본적으로 꺼져 있다) 이전 소켓으로 전송된 데이터가 남아 있는 경우에도 또 다른 소켓이 해당 포트를 바인드(bind)할 수 있다.

자바에서 이 옵션은 다음 두 메소드로 제어된다.

```java
public void setReuseAddress(boolean on) throws SocketException
public boolean getReuseAddress() throws SocketException
```

이 기능의 동작을 위해서는 새로운 소켓이 포트에 바인드되기 전에 **setReuseAddress()** 메소드가 호출되어야 한다. 이 말은 곧 먼저 인자가 없는 소켓 생성자를 사용하여 연결되지 않은 상태의 소켓을 만들어야 한다는 의미다. 그리고 나서 setReuseAddress(true)를 호출한 다음 connect() 메소드를 호출하여 연결한다. 이전에 연결된 소켓과 이전의 주소를 재사용하는 새 소켓은 SO_REUSEADDR을 true로 설정해야 효과를 볼 수 있다.

IP_TOS 서비스 클래스

인터넷 서비스마다 서로 다른 네트워크 성능이 필요하다. 예를 들어, 화상 채팅은 좋은 성능을 위해 상대적으로 높은 대역폭과 낮은 지연 시간(latency)이 필요한 반면, 이메일은 낮은 대역폭의 연결에서도 잘 전송되며 심지어 몇 시간 동안 지연되더라도 큰 문제가 되지 않는다. VOIP의 경우 비디오보다 작은 대역폭을 필요로 하지만, 패킷 전달 지연 시간의 편차가 거의 없어야 한다. 사람들이 항상 성능이 가장 좋은 서비스를 요청하지 않도록 서비스의 클래스마다 차등을 두어 가격을 책정하는 것이 현명하다. 예를 들어, 우체국의 당일 배송 비용이 일반 배송을 통해 패키지로 보내는 것과 같다면, 우리 모두는 그냥 당일 배송을 이용할 것이다. 그렇게 되면 결국 당일 배송은 빠르게 혼잡해지고 감당하기 힘들 것이다. 인터넷도 별반 다르지 않다.

서비스의 클래스는 IP 헤더에서 IP_TOS라고 불리는 8비트 필드에 저장된다. 자바는 이 값을 확인하거나 설정할 수 있는 다음 두 개의 메소드를 제공한다.

```java
public int getTrafficClass() throws SocketException
public void setTrafficClass(int trafficClass) throws SocketException
```

setTrafficClass() 메소드의 인자인 트래픽 수준(Traffic Class)은 0에서 255까지의 정수로 전달된다. 전달된 정수를 TCP 헤더의 8비트 필드로 복사하기 위해, 인자의 하위 한 바이트만 사용한다. 그리고 범위를 벗어난 값이 전달될 경우 **IllegalArgumentExceptions** 예외가 발생한다.

21세기 TCP 스택에서 이 바이트의 상위 6비트는 DSCP(Differentiated Services Code Point) 값을 포함하고 있으며, 하위 2비트는 ECN(Explicit Congestion Notification) 값을 포함하고 있다. 따라서 DSCP는 최대 2^6의 서로 다른 트래픽 수준을 위한 공간을 제공한다. 그러나 이 64개의 서로 다른 DSCP 값의 의미는 개별 네트워크와 라우터에서 지정하기에 따라 달라진다. 표 8-1은 흔히 사용되는 네 개의 값을 나타낸다.

표 8-1 일반적인 DSCP 값과 의미

홉별 행위(PHB, Per Hop Behavior)	이진값	목적
기본	00000	최선의 노력(Best-effort)으로 전송
신속한 전달(expedited Forwarding)	101110	낮은 손실, 낮은 지연, 낮은 지터 트래픽. 가끔 네트워크 용량의 30퍼센트 이하로 제한된다.
확실한 전달(Assured Forwarding)	다양함	지정된 속도로 전송 보장
클래스 선택자	xxx000	IPv4 TOS 헤더의 처음 3비트에 저장된 값에 대한 하위 호환성

예를 들어, VOIP 서비스의 경우 신속한 전달(EF, Expedited Forwarding) PHB가 좋은 선택이다. EF 트래픽은 종종 다른 모든 트래픽 클래스보다 엄격한 우선순위 큐를 제공한다. 다음 코드는 트래픽 클래스를 10111000으로 설정하여 해당 소켓으로 EF를 사용하도록 설정한다.

```
Socket s = new Socket("www.yahoo.com", 80);
s.setTrafficClass(0xB8); // 바이너리로 10111000
```

여기에 지정된 이진값에서 하위 2비트는 네트워크 혼잡 알림(Explicit Congestion Notification) 비트이며 0으로 설정한다.

확실한 전달(Assured Forwarding)은 실제 12개의 서로 다른 값으로 되어 있으며, 이 값은 표 8-2에서 보는 것처럼 네 개의 클래스로 분리된다. 이 값들은 네트워크가 혼잡할 때 송신자가 버릴 패킷의 상대적인 우선순위를 나타낼 수 있도록 한다. 클래스 내에서 우선순위가 낮은 패킷은 우선순위가 높은 패킷보다 먼저 버려진다. 우선순위가 낮은 클래스가 완전히 고갈되지 않지만 클래스 사이에 우선순위가 높은 클래스의 패킷은 기본 제공된다. 클래스들 사이에서 클래스들 사이에서 비록 낮은 우선순위 클래스가 완전히 고갈되지 않더라도 높은 우선순위 클래스의 패킷이 먼저 제공된다.

표 8-2 확실한 전달(Assured forwarding) 우선순위 클래스

	클래스 1 (낮은 우선순위)	클래스 2	클래스 3	클래스 4 (높은 우선순위)
낮은 손실 비율	AF11 (001010)	AF21 (010010)	AF31 (011010)	AF41 (100010)
중간 손실 비율	AF12 (001100)	AF22 (010100)	AF32 (011100)	AF42 (100100)
높은 손실 비율	AF13 (001110)	AF23 (010110)	AF33 (011110)	AF43 (100110)

예를 들어, 다음 코드는 세 개의 소켓을 서로 다른 전달 특성을 갖도록 설정한다. 네트워크가 꽤 혼잡한 경우에도, 높은 손실 비율과 클래스 4에 해당하는 소켓 1은 거의 모든 데이터를 전송할 수 있다. 낮은 손실 비율과 클래스 1에 해당하는 소켓 2은 소켓 1만큼 빠르진 않겠지만 문제없이 데이터를 보낼 수 있다. 그리고 높은 손실 비율과 클래스 1에 해당하는 소켓 3은 소켓 2가 더 이상 손실되지 않을 정도로 혼잡이 개선될 때까지 완전히 차단된다.

```
Socket s1 = new Socket("www.example.com", 80);
s1.setTrafficClass(0x26); // 바이너리로 00100110
Socket s2 = new Socket("www.example.com", 80);
s2.setTrafficClass(0x0A); // 바이너리로 00001010
Socket s3 = new Socket("www.example.com", 80);
s3.setTrafficClass(0x0E); // 바이너리로 00001110
```

DSCP 값에 대한 서비스가 엄격하게 보장되지 않는다. 실제로 DSCP 값이 일부 네트워크에서 제대로 처리되기도 하지만, ISP를 통해 전달될 때 대부분 무시된다.

 이 옵션에 대한 자바 공식 문서는 심각하게 오래된 상태다. 그리고 이 문서는 네 가지 트래픽 클래스를 위한 비트 필드를 기반으로 한 QoS 기법을 설명하고 있다. 저렴한 비용, 높은 신뢰성, 최대 처리량, 그리고 최소 지연. 이 기법은 널리 구현되지 못했으며 앞으로도 마찬가지일 것이다. 이 값을 저장했던 TCP 헤더 부분은 여기서 설명된 DSCP 및 EN 값을 저장하기 위해 용도가 변경되었다. 이 값들을 설정하고자 할 경우 선택자 PHP의 상위 3비트에 저장하고 나머지 비트를 0으로 설정하면 된다.

내부 소켓 구현들이 이러한 요청을 꼭 처리할 필요는 없다. 단지 원하는 정책에 대해 TCP 스택에 제안을 할 뿐이다. 대부분의 구현들은 이 값들을 완전히 무시한다. 특히 안드로이드의 경우 setTrafficClass()는 아무런 일도 하지 않는다. 만약 TCP 스택이 요청된 서비스 클래스를 제공할 수 없는 경우 항상 그런 것은 아니지만 SocketException 예외를 발생시킬 수도 있다.

우선순위를 표현하는 또 다른 방법으로 setPerformancePreferences() 메소드를 사용하여 연결 시간, 지연 그리고 대역폭에 대해서 상대적인 우선순위를 할당할 수 있다.

```
public void setPerformancePreferences(int connectionTime,
    int latency, int bandwidth)
```

예를 들어, connectionTime이 2이고, latency가 1이고, bandwidth가 3이면, 최대 대역폭이 가장 중요한 특성이고, 최소 지연 시간이 가장 덜 중요하고, 연결 시간이 중간이다. connectionTime이 2이고, latency가 2이고, bandwidth가 3이면, 최소 지연 시간과 연결 타임은 같은 수준으로 중요한 반면 최대 대역폭이 가장 중요하다. 특정 가상 머신에서 이 부분의 구현 방법은 구현에 따라 달라질 수 있으며, 사실 몇몇 구현에서는 아무런 동작도 하지 않는다.

소켓 예외

Socket 클래스의 대부분 메소드는 IOException 예외 또는 서브클래스인 java.net.Socket Exception 예외를 발생시키도록 선언되어 있다.

```
public class SocketException extends IOException
```

그러나 문제가 발생했다는 사실을 아는 것만으로는 문제를 처리하기에 충분하지 않다. 원격 호스트가 연결을 거부했다면 바빠서일까? 아니면 해당 포트에 대기 중인 서비스가 없어서일까? 연결 시도 시 타임아웃이 발생하면 네트워크가 혼잡해서일까? 아니면 호스트에 장애가 발생해서일까? 무엇이 잘못됐는지, 원인이 무엇인지 더 자세한 정보를 제공하는 SocketException의 몇몇 서브클래스가 제공된다.

```
public class BindException extends SocketException
public class ConnectException extends SocketException
public class NoRouteToHostException extends SocketException
```

Socket 또는 ServerSocket 객체를 만들려고 할 때, 로컬 포트가 이미 사용 중이거나, 포트를 사용할 충분한 권한이 없는 경우 BindException 예외가 발생한다.

원격 호스트에 대한 연결이 거부될 경우 ConnectException 예외가 발생하며, 일반적으로 해당 호스트가 바쁘거나 해당 포트에서 대기 중인 서비스가 없는 경우에 발생한다. 마지막으로, NoRouteToHostException 예외는 연결이 타임아웃되었음을 의미한다.

java.net 패키지는 또한 IOException의 직접적인 서브클래스인 ProtocolException 예외를 제공한다.

```
public class ProtocolException extends IOException
```

이 예외는 네트워크로부터 TCP/IP 표준을 일부 위반한 데이터가 수신되었을 때 발생한다.

여기서 소개한 예외 클래스들이 다른 예외 클래스에서 제공하지 않는 특별한 메소드를 제공하지는 않지만, 보다 자세한 에러 메시지를 제공하거나 잘못된 작업의 재시도 시 성공 가능성을 결정하기 위해 이 서브클래스들을 이용할 수 있다.

GUI 애플리케이션에서 소켓

핫자바(HotJava) 웹 브라우저는 자바로 만든 최초의 대규모 GUI 네트워크 클라이언트였다. 핫자바는 더 이상 개발되지 않지만, 이클립스(Eclipse) IDE와 프로스트와이어(Frostwire) 비트토렌트(BitTorrent) 클라이언트를 포함한 많은 네트워크 클라이언트 애플리케이션들이 여전히 자바로 개발되고 있다. 자바로 높은 수준의 상업용 클라이언트 애플리케이션을 만드는 것은 물론이고 클라이언트와 서버 네트워크 프로그램을 모두 작성할 수도 있다. 이번 절에서는 이러한 점을 설명하기 위해 whois 네트워크 클라이언트를 살펴보고, 네트워킹 코드를 Swing 애플리케이션과 통합할 때 고려해야 할 사항에 대해서 논의한다. 예제 코드는 사용자 인터페이스를 만드는 모든 코드가 아닌 필요한 일부만 포함하고 있다. 그러나 네트워킹에 필요한 모든 코드는 포함되어 있다. 여러분은 네트워크 코드를 작성하는 것에 비해서 사용자 인터페이스를 만드는 것이 얼마나 어려운지 다시 한 번 알게 될 것이다.

Whois

Whois는 RFC 954에 정의된 간단한 디렉터리 서비스 프로토콜이다. 이 프로토콜은 원래 인터넷 호스트와 도메인에 대한 관리 책임자들을 관리할 목적으로 설계되었다. whois 클라이언트는 여러 중앙 서버 중의 하나에 연결하여 사람이나 사람들에 대한 디렉터리 정보를 요청한다. 디렉터리 정보에는 일반적으로 전화번호, 이메일 주소, 그리고 일반 우편 주소가 포함되어 있다. 인터넷의 폭발적인 성장과 함께, whois 프로토콜의 결점이 명확히 들어나기 시작했다. 그중에서도 가장 주목할 만한 점은 whois 프로토콜이 중앙집중형 구조를 사용한다는 것이다. whois를 대체하기 위한 whois++ 프로토콜이 RFC 1913과 1914에 정의되어 있지만 아직까지 널리 구현되지 않았다.

Whois 서버에 연결하는 간단한 클라이언트를 시작해 보자. Whois 프로토콜의 기본 구조는 다음과 같다.

1. 클라이언트는 서버의 포트 43번에 대해 TCP 소켓을 연다.
2. 클라이언트는 캐리지리턴/라인피드의 쌍(\r\n)으로 끝나는 검색 문자열을 전송한다. 검색 문자열은 이름, 이름 목록, 또는 잠시 뒤에 언급할 특별한 명령어가 될 수 있다. 또한 oreilly.com이나 netscape.com과 같은 도메인 네임을 검색하여 이에 대한 정보를 얻을 수 있다.
3. 서버는 명령에 대한 응답으로 사람이 읽을 수 있는 정보를 보내고 연결을 닫는다.
4. 클라이언트는 이 정보를 사용자에게 보여 준다.

클라이언트가 전송하는 검색 문자열은 매우 간단한 형식으로 구성된다. 가장 기본적인 사용법은 찾고자 하는 사람의 이름을 입력하는 것이다. 아래는 "Harold"에 대한 whois의 검색 결과다.

```
$ telnet whois.internic.net 43
Trying 199.7.50.74...
Connected to whois.internic.net.
Escape character is '^]'.
Harold

Whois Server Version 2.0

Domain names in the .com and .net domains can now be registered
with many different competing registrars. Go to http://www.internic.net
for detailed information.

HAROLD.LUCKYLAND.ORG
HAROLD.FRUGAL.COM
HAROLD.NET
HAROLD.COM

To single out one record, look it up with "xxx", where xxx is one of the
of the records displayed above. If the records are the same, look them up
with "=xxx" to receive a full display for each record.
>>> Last update of whois database: Sat, 30 Mar 2013 15:15:05 UTC <<<
...
Connection closed by foreign host.
```

이 예제에서 입력한 값의 형식이 매우 명확하지만, 유감스럽게도 이 형식은 표준이 아니다. Whois 서버에 따라 다른 결과가 나올 수 있다. 예를 들어, 다음은 프랑스에 있는 whois.nic.fr 서버에 연결하여 "Harold"를 검색한 결과다.

```
% telnet whois.nic.fr 43
telnet whois.nic.fr 43
Trying 192.134.4.18...
Connected to winter.nic.fr.
Escape character is '^]'.
Harold

Tous droits reserves par copyright.
Voir http://www.nic.fr/outils/dbcopyright.html
Rights restricted by copyright.
See http://www.nic.fr/outils/dbcopyright.html

person:      Harold Potier
address:     ARESTE
address:     154 Avenue Du Brezet
address:     63000 Clermont-Ferrand
address:     France
phone:       +33 4 73 42 67 67
fax-no:      +33 4 73 42 67 67
nic-hdl:     HP4305-FRNIC
mnt-by:      OLEANE-NOC
changed:     hostmaster@oleane.net 20000510
changed:     migration-dbm@nic.fr 20001015
source:      FRNIC

person:      Harold Israel
address:     LE PARADIS LATIN
address:     28 rue du Cardinal Lemoine
address:     Paris, France 75005 FR
phone:       +33 1 43252828
fax-no:      +33 1 43296363
e-mail:      info@cie.fr
nic-hdl:     HI68-FRNIC
notify:      info@cie.fr
changed:     registrar@ns.il 19991011
changed:     migration-dbm@nic.fr 20001015
source:      FRNIC
```

이번에는 사이트의 목록만 출력한 이전의 결과와는 달리 각 레코드의 자세한 정보가 함께 출력되었다. 또 다른 whois 서버는 이 둘과는 또 다른 형식을 사용할 수도 있다. 이 프로토콜은 프로그래밍적으로 쉽게 처리할 수 있는 형식이 아니다. 그래서 서로 다른 whois 서버의 결과를 처리하기 위해 각각에 맞는 새로운 코드를 작성해야 한다. 그러나 출력 형식에 상관없이, 각각의 출력에는 핸들(handle)이 포함될 가능성이 있다. Internic의 결과에서 핸들은 도메인 네임이고 nic.fr의 결과에서 핸들은 nic-hdl 필드이다. 핸들은 whois 데이터베이스 내에서 유일하게 존재하고, 해당 사람이나 네트워크에 관한 더 자세한 정보를 얻기 위해 사용된다. Whois 서버에서 이 핸들을 검색할 경우, 대부분 일치하는 경우를 하나만 찾을 수 있다. 그리고 whois 서버에서 검색할 때 운이 좋아서 하나의 정보만 존재하는 정보를 검색했거나 핸들을 직접 검색하여 하나의 결과만 존재할 경우, 서버는 해당 레코드에 대한 자세한 정보를 반환한다. 아래는 oreilly.com에 대한 검색 결과다. 데이터베이스에 oreilly.com이 하나만 존재하기 때문에 서버는 이 도메인에 대해 서버가 가지고 있는 모든 정보를 반환한다.

```
% telnet whois.internic.net 43
Trying 198.41.0.6...
Connected to whois.internic.net.
Escape character is '^]'.
oreilly.com

Whois Server Version 1.3

Domain names in the .com and .net domains can now be registered
with many different competing registrars. Go to http://www.internic.net
for detailed information.

   Domain Name: OREILLY.COM
   Registrar: BULKREGISTER, LLC.
   Whois Server: whois.bulkregister.com
   Referral URL: http://www.bulkregister.com
   Name Server: NS1.SONIC.NET
   Name Server: NS.OREILLY.COM
   Status: ACTIVE
   Updated Date: 17-oct-2002
   Creation Date: 27-may-1997
   Expiration Date: 26-may-2004


>>> Last update of whois database: Tue, 16 Dec 2003 18:36:16 EST <<<
...
Connection closed by foreign host.
```

Whois 프로토콜은 검색 범위를 제한하거나 확장하기 위한 몇몇 플래그를 지원한다. 예를 들어, "Elliott"이라는 사람의 이름을 검색하려고 하는데, 그의 이름 표기 방법이 "Elliot"인지 "Elliott"인지 또는 가능성은 낮지만 "Elliotte"인지 확실하지 않은 경우 다음과 같이 검색할 수 있다.

```
% whois Person Partial Elliot
```

이 명령은 "Elliot." 문자로 시작하는 이름을 가진 사람(도메인, 게이트웨이, 그룹 등은 해당되지 않음)에 대한 정보를 whois 서버에게 요청한다. 아쉽게도 이 결과에는 "Eliot."이라는 이름을 가진 사람의 이름은 포함되지 않으므로 필요한 경우 따로 검색해야 한다. 검색 방법을 변경하기 위한 규칙이 표 8-3에 요약되어 있다. 각각의 검색 접두사(prefix)는 명령라인에서 검색 문자열 앞에 위치해야 한다.

표 8-3 Whois 검색 키워드

접두사(prefix)	의미
Domain	도메인 레코드만 검색.
Gateway	게이트웨이 레코드만 검색.
Group	그룹 레코드만 검색.
Host	호스트 레코드만 검색.
Network	네트워크 레코드만 검색.
Organization	단체 레코드만 검색.
Person	사람 레코드만 검색.
ASN	ASN(autonomous system number) 레코드만 검색.
Handle 또는 !	일치하는 핸들만 검색.
Mailbox 또는 @	일치하는 이메일 주소만 검색.
Name 또는 :	일치하는 이름만 검색.
Expand 또는 *	그룹 레코드만 검색하고 그룹 멤버를 표시.
Full 또는 =	일치하는 각 레코드에 대한 전체 정보 표시
Partial 또는 suffix	주어진 문자열로 시작하는 레코드를 검색.
Summary 또는 $	하나만 일치하는 경우에도 요약된 내용만 출력.
SUBdisplay 또는 %	지정된 호스트의 사용자, 지정된 네트워크의 호스트 등 출력.

위에 나열된 키워드들은 모두 유용하지만 기억하기 쉽지 않다. 사실 대부분의 사람들은 이러한 키워드가 존재한다는 사실조차 알지 못한다. 보통 명령라인에 "whois Harold"라고 입력하고, 출력된 결과를 다시 가공하여 사용한다. 잘 만든 whois 클라이언트의 경우 사용자가 이러한 키워드를 모두 기억할 것이라고 기대하지 않으며, 대신 옵션으로 키워드 목록을 제공한다. 이러한 기능을 제공하기 위해서는 최종 사용자에게 그래픽 인터페이스 환경과 클라이언트 프로그래머에게 더 나은 API가 요구된다.

네트워크 클라이언트 라이브러리

Whois 같은 네트워크 프로토콜은 네트워크로 전달되는 데이터가 패킷인지, 데이터그램인지 또는 스트림인지에 상관없이 비트와 바이트의 관점에서 생각하는 것이 좋다. GUI에 딱맞는 네트워크 프로토콜은 존재하지 않는다[VNC와 X11에서 사용하는 원격 프레임버퍼 프로토콜(Remote Framebuffer Protocol)은 논의에서 제외한다]. 일반적으로 GUI 코드에서 필요할 때 호출할 수 있도록 네트워크와 관련된 코드를 라이브러리로 분리하는 것이 좋다.

예제 8-7은 재사용할 수 있는 Whois 클래스다. 각 Whois 객체의 상태는 InetAddres 객체인 host와 int형인 port라는 두 개의 필드로 정의된다. 이 필드는 Whois 객체가 연결할 서버를 정의하는 것이다. 다섯 개의 생성자는 인자를 다양하게 조합하여 이 필드를 설정한다. 게다가 host는 setHost() 메소드를 사용하여 변경할 수 있다.

이 클래스의 주요 기능은 lookUpNames() 메소드에 있다. lookUpNames() 메소드는 주어진 쿼리에 대한 응답이 들어 있는 String을 반환한다. 검색할 문자열, 검색할 레코드의 종류, 검색할 데이터베이스, 그리고 정확하게 일치하는 레코드만을 검색할 것인지를 인자로 지정할 수 있다. 문자열이나 int형 상수를 사용해서 검색할 레코드의 종류나 검색할 데이터베이스를 지정할 수도 있을 테지만 사용할 수 있는 값의 수가 몇 개 되지 않으므로 고정된 수의 멤버를 가지는 public 내장 클래스를 정의한다. 이렇게 하면 컴파일을 할 때 타입 검사를 좀더 엄격하게 할 수 있으며, Whois 클래스로 예상치 않은 값을 입력받는 것을 피할 수 있다.

예제 8-7 Whois 클래스

```
import java.net.*;
import java.io.*;

public class Whois {

  public final static int DEFAULT_PORT = 43;
  public final static String DEFAULT_HOST = "whois.internic.net";

  private int port = DEFAULT_PORT;
  private InetAddress host;

  public Whois(InetAddress host, int port) {
    this.host = host;
    this.port = port;
  }
```

```java
  public Whois(InetAddress host) {
    this(host, DEFAULT_PORT);
  }

  public Whois(String hostname, int port)
   throws UnknownHostException {
    this(InetAddress.getByName(hostname), port);
  }

  public Whois(String hostname) throws UnknownHostException {
    this(InetAddress.getByName(hostname), DEFAULT_PORT);
  }

  public Whois() throws UnknownHostException {
    this(DEFAULT_HOST, DEFAULT_PORT);
  }

  // 검색 아이템
  public enum SearchFor {
    ANY("Any"), NETWORK("Network"), PERSON("Person"), HOST("Host"),
    DOMAIN("Domain"), ORGANIZATION("Organization"), GROUP("Group"),
    GATEWAY("Gateway"), ASN("ASN");
    private String label;

    private SearchFor(String label) {
      this.label = label;
    }
  }

  // 검색 카테고리
  public enum SearchIn {
    ALL(""), NAME("Name"), MAILBOX("Mailbox"), HANDLE("!");

    private String label;

    private SearchIn(String label) {
      this.label = label;
    }
  }

  public String lookUpNames(String target, SearchFor category,
      SearchIn group, boolean exactMatch) throws IOException {

    String suffix = "";
    if (!exactMatch) suffix = ".";

    String prefix = category.label + " " + group.label;
    String query = prefix + target + suffix;
```

```
    Socket socket = new Socket();
    try {
      SocketAddress address = new InetSocketAddress(host, port);
      socket.connect(address);
      Writer out
          = new OutputStreamWriter(socket.getOutputStream(), "ASCII");
      BufferedReader in = new BufferedReader(new
          InputStreamReader(socket.getInputStream(), "ASCII"));
      out.write(query + "\r\n");
      out.flush();

      StringBuilder response = new StringBuilder();
      String theLine = null;
      while ((theLine = in.readLine()) != null) {
        response.append(theLine);
        response.append("\r\n");
      }
      return response.toString();
    } finally {
      socket.close();
    }
  }

  public InetAddress getHost() {
      return this.host;
    }

    public void setHost(String host)
        throws UnknownHostException {
      this.host = InetAddress.getByName(host);
  }
}
```

그림 8-1은 예제 8-7을 사용하는 그래픽 인터페이스 whois 클라이언트다. 이 인터페이스는
검색할 이름을 입력하는 텍스트 필드와 완전히 일치하는 것만 검색할 것인지 여부를 설정
하는 체크 박스를 제공한다. 라디오 버튼 그룹을 사용하여 검색하려는 레코드를 설정할 수
있으며, 또 다른 라디오 그룹은 검색할 필드를 선택한다. 기본적으로 이 클라이언트는 정
확히 일치하는 모든 레코드의 모든 필드를 검색한다.

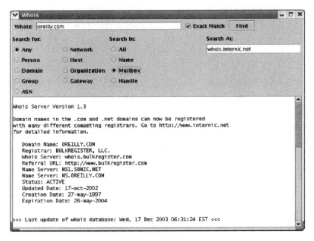

그림 8-1 그래픽 whois 클라이언트

사용자가 Whois: 검색 상자에 문자열을 입력하고 엔터키나 Find 버튼을 클릭하면, 프로그램은 whois 서버로 연결하고 해당 문자열과 일치하는 레코드를 가져온다. 이 내용은 화면 아래에 있는 텍스트 영역에 나타난다. 기본적으로 whois.internic.net 서버를 사용하지만, 사용자가 원하는 서버를 지정할 수 있다. 예제 8-8은 이러한 인터페이스를 만드는 프로그램이다.

예제 8-8 그래픽 whois 클라이언트 인터페이스

```java
import java.awt.*;
import java.awt.event.*;
import java.net.*;
import javax.swing.*;

public class WhoisGUI extends JFrame {

  private JTextField searchString = new JTextField(30);
  private JTextArea names = new JTextArea(15, 80);
  private JButton findButton = new JButton("Find");;
  private ButtonGroup searchIn = new ButtonGroup();
  private ButtonGroup searchFor = new ButtonGroup();
  private JCheckBox exactMatch = new JCheckBox("Exact Match", true);
  private JTextField chosenServer = new JTextField();
  private Whois server;

  public WhoisGUI(Whois whois) {
    super("Whois");
    this.server = whois;
    Container pane = this.getContentPane();
```

```java
Font f = new Font("Monospaced", Font.PLAIN, 12);
names.setFont(f);
names.setEditable(false);

JPanel centerPanel = new JPanel();
centerPanel.setLayout(new GridLayout(1, 1, 10, 10));
JScrollPane jsp = new JScrollPane(names);
centerPanel.add(jsp);
pane.add("Center", centerPanel);

// south와 north에 버튼이 가득 차지 않게
// 각각 패널을 더하고 그 패널에 FlowLayout을 적용한다.
JPanel northPanel = new JPanel();
JPanel northPanelTop = new JPanel();
northPanelTop.setLayout(new FlowLayout(FlowLayout.LEFT));
northPanelTop.add(new JLabel("Whois: "));
northPanelTop.add("North", searchString);
northPanelTop.add(exactMatch);
northPanelTop.add(findButton);
northPanel.setLayout(new BorderLayout(2,1));
northPanel.add("North", northPanelTop);
JPanel northPanelBottom = new JPanel();
northPanelBottom.setLayout(new GridLayout(1,3,5,5));
northPanelBottom.add(initRecordType());
northPanelBottom.add(initSearchFields());
northPanelBottom.add(initServerChoice());
northPanel.add("Center", northPanelBottom);

pane.add("North", northPanel);

ActionListener al = new LookupNames();
findButton.addActionListener(al);
searchString.addActionListener(al);
}

private JPanel initRecordType() {
  JPanel p = new JPanel();
  p.setLayout(new GridLayout(6, 2, 5, 2));
  p.add(new JLabel("Search for:"));
  p.add(new JLabel(""));

  JRadioButton any = new JRadioButton("Any", true);
  any.setActionCommand("Any");
  searchFor.add(any);
  p.add(any);

  p.add(this.makeRadioButton("Network"));
  p.add(this.makeRadioButton("Person"));
  p.add(this.makeRadioButton("Host"));
  p.add(this.makeRadioButton("Domain"));
  p.add(this.makeRadioButton("Organization"));
```

```java
      p.add(this.makeRadioButton("Group"));
      p.add(this.makeRadioButton("Gateway"));
      p.add(this.makeRadioButton("ASN"));

      return p;
    }

    private JRadioButton makeRadioButton(String label) {
      JRadioButton button = new JRadioButton(label, false);
      button.setActionCommand(label);
      searchFor.add(button);
      return button;
    }

    private JRadioButton makeSearchInRadioButton(String label) {
      JRadioButton button = new JRadioButton(label, false);
      button.setActionCommand(label);
      searchIn.add(button);
      return button;
    }

    private JPanel initSearchFields() {
      JPanel p = new JPanel();
      p.setLayout(new GridLayout(6, 1, 5, 2));
      p.add(new JLabel("Search In: "));

      JRadioButton all = new JRadioButton("All", true);
      all.setActionCommand("All");
      searchIn.add(all);
      p.add(all);

      p.add(this.makeSearchInRadioButton("Name"));
      p.add(this.makeSearchInRadioButton("Mailbox"));
      p.add(this.makeSearchInRadioButton("Handle"));
      return p;
    }

    private JPanel initServerChoice() {
      final JPanel p = new JPanel();
      p.setLayout(new GridLayout(6, 1, 5, 2));
      p.add(new JLabel("Search At: "));

      chosenServer.setText(server.getHost().getHostName());
      p.add(chosenServer);
      chosenServer.addActionListener( new ActionListener() {
        @Override
        public void actionPerformed(ActionEvent event) {
          try {
            server = new Whois(chosenServer.getText());
          } catch (UnknownHostException ex) {
              JOptionPane.showMessageDialog(p,
                ex.getMessage(), "Alert", JOptionPane.ERROR_MESSAGE);
```

```
      }
    }
  } );

  return p;
}

private class LookupNames implements ActionListener {

  @Override
  public void actionPerformed(ActionEvent event) {
    names.setText("");
    SwingWorker<String, Object> worker = new Lookup();
    worker.execute();
  }
}

private class Lookup extends SwingWorker<String, Object> {

  @Override
  protected String doInBackground() throws Exception {
    Whois.SearchIn group = Whois.SearchIn.ALL;
    Whois.SearchFor category = Whois.SearchFor.ANY;

    String searchForLabel = searchFor.getSelection().getActionCommand();
    String searchInLabel = searchIn.getSelection().getActionCommand();

    if (searchInLabel.equals("Name")) group = Whois.SearchIn.NAME;
    else if (searchInLabel.equals("Mailbox")) {
      group = Whois.SearchIn.MAILBOX;
    } else if (searchInLabel.equals("Handle")) {
      group = Whois.SearchIn.HANDLE;
    }

    if (searchForLabel.equals("Network")) {
      category = Whois.SearchFor.NETWORK;
    } else if (searchForLabel.equals("Person")) {
      category = Whois.SearchFor.PERSON;
    } else if (searchForLabel.equals("Host")) {
      category = Whois.SearchFor.HOST;
    } else if (searchForLabel.equals("Domain")) {
      category = Whois.SearchFor.DOMAIN;
    } else if (searchForLabel.equals("Organization")) {
      category = Whois.SearchFor.ORGANIZATION;
    } else if (searchForLabel.equals("Group")) {
      category = Whois.SearchFor.GROUP;
    } else if (searchForLabel.equals("Gateway")) {
      category = Whois.SearchFor.GATEWAY;
    } else if (searchForLabel.equals("ASN")) {
      category = Whois.SearchFor.ASN;
    }
```

```
      server.setHost(chosenServer.getText());
      return server.lookUpNames(searchString.getText(),
        category, group, exactMatch.isSelected());
    }

  @Override
  protected void done() {
    try {
      names.setText(get());
    } catch (Exception ex) {
      JOptionPane.showMessageDialog(WhoisGUI.this,
          ex.getMessage(), "Lookup Failed", JOptionPane.ERROR_MESSAGE);
    }
  }
}

public static void main(String[] args) {
  try {
    Whois server = new Whois();
    WhoisGUI a = new WhoisGUI(server);
    a.setDefaultCloseOperation(WindowConstants.EXIT_ON_CLOSE);
    a.pack();
    EventQueue.invokeLater(new FrameShower(a));
  } catch (UnknownHostException ex) {
    JOptionPane.showMessageDialog(null, "Could not locate default host "
        + Whois.DEFAULT_HOST, "Error", JOptionPane.ERROR_MESSAGE);
  }
}

private static class FrameShower implements Runnable {

  private final Frame frame;

  FrameShower(Frame frame) {
    this.frame = frame;
  }

  @Override
  public void run() {
   frame.setVisible(true);
  }
 }
}
```

main() 메소드는 독립적인 애플리케이션을 시작하는 코드 영역이다. 여기서 Whois 객체를 생성하고 이 객체를 사용하여 WhoisGUI 객체를 생성한다. 그때 WhoisGUI() 클래스의 생성자는 Swing 인터페이스를 설정한다. 여기에서 중복되는 많은 코드들은 initSearchFields(), initServerChoice(), makeSearchInRadioButton(), 그리고 makeSearchForRadioButton()와 같은 private 메소드로 분리하였다. 일반적인 LayoutManager 기반의 인터페이스들처럼, 화면을 설정하는 작업이 꽤 포함된다. 여러분들은 보통 이러한 프로그램을 만들 때 화면 디자이너를 사용하므로 여기서 이 내용에 대해서는 자세히 다루지 않는다.

WhoisGUI()의 생성자가 반환될 때, main() 메소드는 윈도가 닫힐 때 애플리케이션을 종료하는 익명의 내부 클래스를 윈도에 연결한다. (이 클래스를 사용하는 다른 프로그램은 윈도우가 닫힐 때 프로그램이 종료하는 것을 원하지 않을 수 있기 때문에, 생성자 안에서 호출하지 않았다.) 그리고 난 다음 main() 메소드는 pack()을 호출하고 윈도를 보여 준다. 이 프로그램은 데드락을 발생시키는 난해한 경쟁 조건(race condition)을 피하기 위해서 이벤트 디스패치 스레드에서 실행되는 것이 좋다. 그래서 FrameShower 내부 클래스는 Runnable 인터페이스와 EventQueue.invokeLater()에 대한 호출을 구현한다. 이 시점부터 모든 활동은 이벤트 디스패치 스레드에서 처리된다.

이 프로그램의 첫 번째 이벤트는 Whois: 검색 상자에 사용자가 이름을 입력하고 Find 버튼을 클릭하거나 엔터를 눌렀을 때 반응하는 것이다. 이 경우에 LookupNames 내부 클래스는 메인 텍스트를 빈 문자열로 만들고 네트워크 연결을 만들기 위해 SwingWorker를 실행한다. (자바 6에서 소개된) SwingWorker는 네트워크에 접근하거나, 어떤 입출력이 필요한 GUI 애플리케이션을 작성 중이라면 꼭 배워야 할 정말 중요한 클래스다.

자바 GUI 애플리케이션이면 데드락과 속도 저하를 피하기 위해 다음 두 가지 규칙을 따라야 하며, SwingWorker는 바로 이 문제를 해결해 준다.

- 스윙(Swing) 컴포넌트에 대한 모든 업데이트는 이벤트 디스패치 스레드에서 일어나야 한다.
- 느린 블로킹 연산, 특히 I/O 같은 연산이 이벤트 디스패치 스레드에서 일어나지 않도록 해야 한다. 이 외에도, 이벤트 디스패치 스레드 안에서 응답이 느린 서버에 요청할 경우 애플리케이션 전체가 멈출 수 있다.

I/O를 수행하는 코드로 인해 GUI를 업데이트할 수 없거나 그 반대의 경우가 발생하기 때문에 이 두 작업은 서로 다른 스레드에서 처리해야 한다.

이 역설적인 상황을 회피하는 다양한 방법이 있지만, 자바 6 이전 버전에서는 다소 복잡하다. 그러나 자바 6과 그 이후 버전에서는 쉽게 해결된다. SwingWorker의 서브클래스를 정의하고 다음 두 메소드를 오버라이드한다.

1. doInBackground() 메소드는 I/O 같은 긴 연산을 수행한다. 이 메소드는 GUI와 상호 작용을 하지 않는다. 이 메소드는 어떤 타입이라도 반환할 수 있으며 어떤 예외라도 발생시킬 수 있다.

2. done() 메소드는 doInBackground() 메소드가 반환된 후에 이벤트 디스패치 스레드에서 자동으로 호출된다. 그래서 이 메소드는 GUI를 업데이트할 수 있다. 이 메소드는 doInBackground()에 의해 계산된 반환값을 가져오는 get() 메소드를 호출할 수 있다.

예제 8-8은 Lookup이라는 내부 클래스로 SwingWorker를 사용한다. Lookup 클래스의 doInBackground() 메소드는 whois 서버와 통신하고 서버의 응답을 String으로 반환한다. done() 메소드는 names라는 이름의 텍스트 영역을 서버의 응답으로 업데이트한다.

이 프로그램의 두 번째 이벤트는 사용자가 서버 텍스트 필드에 새 호스트를 입력했을 때 반응하는 것이다. 이 경우에 익명의 내부 클래스는 새로운 Whois 객체를 만들고 server 필드에 저장하려고 한다. 그러나 호스트네임을 잘못 입력하거나 또는 여러 이유로 실패할 경우, 이전 서버를 다시 저장하고 경고 창을 통해 사용자에게 알려 준다.

이 예제는 어떤 의미에서 완벽한 클라이언트는 아니다. 이 예제에는 프로그램으로써 기본적으로 갖춰야 할 많은 기능들이 생략되어 있으며, 그중에서도 가장 눈에 띄는 것은 응답받은 데이터를 저장하거나 프로그램을 종료하는 방법을 제공하지 않는다는 것이다. 그러나 이 프로그램은 GUI 프로그램에서 이벤트 디스패치 스레드를 블로킹시키지 않고 안전한 네트워크 연결을 만드는 방법을 보여 준다.

CHAPTER

서버 소켓

이전 장에서는 클라이언트의 관점에서 소켓에 대해 설명했다. 그러나 클라이언트 소켓만으로는 충분하지 않다. 클라이언트들은 서버와 대화할 때를 제외하곤 소켓을 많이 사용하지 않으며, 이전 장에서 설명한 Socket 클래스만으로는 서버를 작성하기에 부족하다. Socket 객체를 생성하기 위해서는 접속하고자 하는 인터넷 호스트에 대해서 알아야만 한다. 서버를 작성할 때는 누가 여러분의 서버에 접속할지 미리 알 필요가 없다. 그리고 누가 접속할지 미리 알더라도, 해당 클라이언트가 언제 접속할지 신경 쓰지 않아도 된다. 다시 말해서 서버는 전화기 옆에 앉아서 걸려오는 전화를 기다리는 안내원과 같다. 그들은 누가 언제 전화를 걸지 알지 못한다. 다만 전화벨이 울리면 수화기를 들고 상대편에 있는 누군가와 대화를 시작한다. 이전 장에서 설명한 Socket 클래스만으로는 이러한 동작을 구현할 수 없다.

클라이언트의 연결 요청을 수용하는 서버 프로그램을 위해, 자바는 서버 소켓을 나타내는 ServerSocket 클래스를 제공한다. 본질적으로 서버 소켓의 임무는 전화기 옆에 앉아서 전화가 걸려 오길 기다리는 것이다. 좀 더 기술적으로 말하면 서버 소켓은 서버에서 실행되며, 들어오는 TCP 연결을 기다린다. 각각의 서버 소켓은 서버 장비의 특정 포트에서 연결을 기다린다. 원격 호스트에 있는 클라이언트가 대기 중인 서버 포트로 연결을 시도하면, 서버는 깨어나서 클라이언트와 서버 사이의 연결을 협상하고, 두 호스트 사이의 소켓을 나타내는 보통의 Socket 객체를 반환한다. 다시 말해서 클라이언트 소켓이 연결을 시작하는 동안 서버 소켓은 연결을 기다린다. ServerSocket이 연결을 설정한 후부터는 서버는 반환된 보통의 Socket 객체를 사용하여 클라이언트에게 데이터를 전송한다. 데이터는 항상 반환된 이 보통의 소켓을 통해 보내진다.

ServerSocket 사용하기

ServerSocket 클래스는 자바에서 서버를 작성하기 위해 필요한 모든 것을 제공한다. 이 클래스는 새로운 ServerSocket 객체를 만들기 위한 생성자, 특정 포트에서 연결을 대기하는 메소드, 다양한 서버 소켓 옵션을 설정하는 메소드, toString()과 같은 일반적인 메소드를 포함한 다양한 메소드를 제공한다.

자바에서 서버 프로그램의 일반적인 실행 흐름은 다음과 같다.

1. ServerSocket() 생성자를 사용하여 특정 포트에 대한 새로운 ServerSocket을 생성한다.
2. ServerSocket은 자신의 accept() 메소드를 사용하여 특정 포트로 들어오는 연결 요청을 대기한다. accept()는 클라이언트가 연결을 시도할 때까지 블로킹되며, 연결이 맺어진 후 클라이언트와 서버를 연결하는 Socket 객체를 반환한다.
3. 서버의 유형에 따라 Socket의 getInputStream() 메소드나 getOutputStream() 메소드를 호출하여 클라이언트와 통신에 필요한 입출력 스트림을 얻을 수 있다.
4. 서버와 클라이언트는 연결을 종료하기 전까지 미리 정의된 프로토콜에 따라 대화한다.
5. 서버나 클라이언트가 또는 둘 다 연결을 종료한다.
6. 서버는 다시 2번으로 돌아가서 다음 연결을 대기한다.

간단한 프로토콜 중 하나인 daytime 프로토콜로 이 내용을 확인해 보자. 제8장에서 다룬 포트 13번에서 대기 중인 daytime 서버를 다시 상기해 보자. Daytime 서버는 클라이언트가 연결되면, 사람이 읽을 수 있는 형식의 시간을 보내고 연결을 종료한다. 예를 들어, 다음은 time-a.nist.gov의 daytime 서버에 연결한다.

```
$ telnet time-a.nist.gov 13
Trying 129.6.15.28...
Connected to time-a.nist.gov.
Escape character is '^]'.

56375 13-03-24 13:37:50 50 0 0 888.8 UTC(NIST) *
Connection closed by foreign host.
```

여러분만의 daytime 서버를 어렵지 않게 구현할 수 있다. 먼저 포트 13번에서 대기하는 서버 소켓을 만든다.

```
ServerSocket server = new ServerSocket(13);
```

다음, 연결을 수용한다.

```
Socket connection = server.accept();
```

accept()가 호출되면 실행이 블로킹된다. 즉, 프로그램은 여기서 실행을 멈추고 클라이언트가 포트 13번으로 연결할 때까지 무한히 대기한다. 클라이언트가 연결되면 accept() 메소드는 Socket 객체를 반환한다.

반환된 연결은 java.net.Socket 객체 형태로 반환되며 이전 장에서 클라이언트에서 사용한 것과 같다. daytime 프로토콜은 대화할 서버가 필요하므로 소켓에서 OutputStream을 구한다. 그리고 daytime 프로토콜은 텍스트 프로토콜을 사용하기 때문에 OutputStream을 OutputStreamWriter에 연결한다.

```
OutputStream out = connection.getOutputStream();
Writer writer = new OutputStreamWriter(out, "ASCII");
```

이제 현재 시간을 구하고 스트림에 시간을 쓴다. daytime 프로토콜은 해당 시간을 사람이 읽을 수 있어야 한다는 것 이외에 다른 어떤 특정 형식을 요구하지 않는다. 그래서 출력 형식은 자바가 제공하는 형식을 그대로 쓴다.

```
Date now = new Date();
out.write(now.toString() +"\r\n");
```

그러나 라인을 끝내기 위한 캐리지리턴/라인피드 쌍의 사용법에 주의하도록 하자. 여러분이 네트워크 서버와 통신할 때 라인의 끝을 확인하기 위해 기다리는 바로 그 값이다. 이 값은 위 코드처럼 명확하게 출력해야 한다. 명시적으로 시스템 라인 구분자(system line separator)

를 출력하는 System.getProperty("line.separator")를 호출하는 방법이나 println() 같은 은연중에 시스템 라인 구분자를 출력하는 메소드의 사용을 피해야 한다.

마지막으로, 연결을 플러시(flush)하고 닫는다.

```
out.flush();
connection.close();
```

항상 한 번 전송한 뒤에 바로 연결을 닫아야 하는 것은 아니다. dict와 HTTP 1.1과 같은 프로토콜에서 클라이언트는 단일 소켓을 통해 다수의 요청을 보내고 서버로부터 응답을 받을 수 있다. FTP 같은 몇몇 프로토콜은 소켓을 열린 상태로 무한히 잡고 있을 수 있다. 그러나 daytime 프로토콜은 단일 연결에 대해 한 번의 요청과 응답만이 허용된다.

서버가 여전히 동작 중일 때 클라이언트가 연결을 종료할 경우, 서버에서 클라이언트로 연결된 입출력 스트림은 다음 읽기 또는 쓰기 시에 InterruptedIOException 예외를 발생시킨다. 어떤 경우든 간에 서버는 다음에 들어올 연결을 처리할 준비를 해야 한다.

물론 이 모든 작업들을 반복해서 처리하고 싶을 것이다. 그래서 이 코드 전체를 감싸는 루프를 추가할 수 있다. 루프는 반복마다 매번 accept() 메소드를 한 번씩 호출한다. 이 메소드는 원격 클라이언트와 로컬 서버 사이의 연결을 나타내는 Socket 객체를 반환한다. 클라이언트와의 통신은 이 Socket 객체를 통해 일어난다. 예를 들어:

```
ServerSocket server = new ServerSocket(port);
while (true) {
  try (Socket connection = server.accept()) {
    Writer out = new OutputStreamWriter(connection.getOutputStream());
    Date now = new Date();
    out.write(now.toString() +"\r\n");
    out.flush();
  } catch (IOException ex) {
    // 단일 클라이언트와 발생하는 문제로 서버를 종료시키지 않도록 한다.
    System.err.println(ex.getMessage());
  }
}
```

큰 루프가 하나 있고 루프의 반복마다 단일 연결의 요청이 완벽하게 처리되는 이러한 구조를 **반복 서버(iterative server)**라고 부른다. 이 서버는 daytime 같은 작은 요청과 응답으로 구성된 간단한 프로토콜에 대해 매우 잘 동작한다. 하지만 이 서버 구조에는 느린 클라이언트

하나가 서버 전체를 느리게 만들 수 있는 잠재적인 문제가 있다. 뒤에 나올 예제들에서는 멀티스레드와 비동기 I/O를 사용하여 이러한 잠재적인 문제까지 해결한다.

예외 처리 코드가 추가되면 코드는 약간 더 복잡해진다. 서버를 종료시켜야 하는 예외와 에러 메시지를 기록해야 하는 예외, 그리고 통신 중인 연결을 닫아야 하는 예외를 구분할 필요가 있다. 특정 연결의 범위 안에서 발생한 예외의 경우 해당 연결을 종료해야 하지만, 다른 연결에 영향을 주거나 서버를 종료시키지 않도록 해야 한다. 개별 요청의 외부에서 예외가 발생할 경우 서버를 종료시켜야 하는 경우도 있다. 이러한 구성을 위해 다음 예제는 try 블록을 중첩해서 사용한다.

```java
ServerSocket server = null;
try {
  server = new ServerSocket(port);
  while (true) {
    Socket connection = null;
    try {
      connection = server.accept();
      Writer out = new OutputStreamWriter(connection.getOutputStream());
      Date now = new Date();
      out.write(now.toString() +"\r\n");
      out.flush();
      connection.close();
    } catch (IOException ex) {
      // 연결만 된 경우, 무시한다
    } finally {
      try {
        if (connection != null) connection.close();
      } catch (IOException ex) {}
    }
  }
} catch (IOException ex) {
  ex.printStackTrace();
} finally {
  try {
    if (server != null) server.close();
  } catch (IOException ex) {}
}
```

소켓 사용이 끝나면 항상 닫아 줘야 한다. 제8장에서 필자는 소켓을 닫는 데 연결의 반대편에 의존하지 않도록 해야 한다고 말했다. 이 말은 서버에서 더 중요하게 적용된다. 클라이언트는 타임아웃이 발생하거나 프로그램 충돌로 강제 종료될 수도 있고, 사용자가 트랜잭션을 취소하기도 한다. 그리고 네트워크 과부하로 패킷 전달이 어려운 상황도 발생할 수 있다. 또한 해커에 의한 서비스 거부 공격(DoS, Denial of Service)을 받기도 한다. 이를 포함한 수많은 이유로, 클라이언트에 의존하여 소켓을 종료할 수 없다. 심지어 클라이언트의 상태에 따라 소켓을 종료하도록 프로토콜이 요구하는 경우에도 그렇게 하지 않도록 해야 한다.

예제 9-1은 이 모든 내용을 포함하고 있으며, 소켓을 자동으로 닫기 위해 자바 7에서 소개된 try-with-resources 구문을 사용한다.

예제 9-1 **daytime 서버**

```java
import java.net.*;
import java.io.*;
import java.util.Date;

public class DaytimeServer {

  public final static int PORT = 13;

  public static void main(String[] args) {
    try (ServerSocket server = new ServerSocket(PORT)) {
      while (true) {
        try (Socket connection = server.accept()) {
          Writer out = new OutputStreamWriter(connection.getOutputStream());
          Date now = new Date();
          out.write(now.toString() +"\r\n");
          out.flush();
          connection.close();
        } catch (IOException ex) {}
      }
    } catch (IOException ex) {
      System.err.println(ex);
    }
  }
}
```

이 클래스는 단일 메소드인 main()에서 모든 일을 처리한다. 바깥쪽 try 블록은 daytime 포트에 ServerSocket 객체 server가 생성될 때 발생하는 IOException 예외를 처리한다. 안쪽 try 블록은 연결을 수용하고 처리할 때 발생하는 예외를 처리한다. accept() 메소드는 새로운 연결을 감시하기 위해 무한 루프 안에서 호출된다. 일반적인 많은 서버들처럼 이 프로그램은 종료되지 않으며 예외가 발생하거나 여러분이 수동으로 프로그램을 멈출 때까지 계속해서 대기하고 있다.

프로그램을 수동으로 멈추기 위한 명령은 여러분이 사용하는 시스템에 따라 차이가 있다. 유닉스와 윈도우를 포함한 많은 시스템에서는, Ctrl-C로 멈출 수 있다. 유닉스 시스템에서 백그라운드로 서버를 실행하고 있는 경우, 해당 서버의 프로세스 ID를 찾은 다음 kill 명령을 사용하여 종료시킬 수 있다 (kill pid).

클라이언트가 연결되면 accept() 메소드는 Socket 객체를 반환하고, 이 객체는 로컬 변수 connection에 저장된다. 그리고 블로킹되어 있던 프로그램은 계속해서 실행된다. 다음으로 Socket과 연결된 출력 스트림을 얻기 위해 getOutputStream() 메소드를 호출하고 출력 스트림을 OutputStreamWriter에 연결하여 out을 생성한다. Date 객체는 현재 시간을 구하는 데 사용되며, out의 write() 메소드를 호출하여 현재 시간을 표현한 문자열을 클라이언트로 전송한다.

텔넷으로 이 프로그램에 연결하면, 다음과 같은 결과를 볼 수 있다.

```
$ telnet localhost 13
Trying 127.0.0.1...
Connected to localhost.
Escape character is '^]'.
Sat Mar 30 16:15:10 EDT 2013
Connection closed by foreign host
```

이 프로그램을 유닉스(리눅스와 맥 OS X 포함)에서 실행한 경우, 13번 포트를 사용하기 위해 루트(root) 권한으로 실행해야 한다. 루트로 실행하고 싶지 않거나 실행할 수 없다면, 1024 이상의 포트를 사용하도록 변경해야 한다. 예를 들어, 1313번 포트를 사용할 수 있다.

바이너리 데이터 보내기

텍스트 대신 바이너리 데이터를 보내는 것이 특별히 어렵지는 않다. Writer를 사용하여 문자열을 전송한 것 대신 OutputStream을 사용하여 바이트 배열을 전송하면 된다. 예제 9-2는 RFC 868에 기술된 타임 프로토콜을 따르는 반복 시간 서버를 나타낸다. 클라이언트가 연결되면, 서버는 1900년 1월 1일 자정(GMT) 이후의 시간을 초로 표현한 4바이트, 빅엔디안, 부호 없는 정수 값을 보낸다. 또다시, 현재 시간은 Date 객체를 생성하여 구한다. 그러나 자바의 Date 클래스는 1970년 1월 1일 자정(GMT) 이후의 시간을 밀리초 단위로 세기 때문에 변환이 필요하다.

```java
import java.io.*;
import java.net.*;
import java.util.Date;

public class TimeServer {

  public final static int PORT = 37;

  public static void main(String[] args) {

    // 타임 프로토콜은 1900년을 기준으로 하지만,
    // 자바 Date 클래스는 1970년을 기준으로 한다.
    // 아래 숫자는 시간을 변환하는 데 사용된다.
      long differenceBetweenEpochs = 2208988800L;

      try (ServerSocket server = new ServerSocket(PORT)) {
        while (true) {
          try (Socket connection = server.accept()) {
            OutputStream out = connection.getOutputStream();
            Date now = new Date();
            long msSince1970 = now.getTime();
            long secondsSince1970 = msSince1970/1000;
            long secondsSince1900 = secondsSince1970
                + differenceBetweenEpochs;
            byte[] time = new byte[4];
            time[0]
                = (byte) ((secondsSince1900 & 0x00000000FF000000L) >> 24);
            time[1]
                = (byte) ((secondsSince1900 & 0x0000000000FF0000L) >> 16);
            time[2]
                = (byte) ((secondsSince1900 & 0x000000000000FF00L) >> 8);
            time[3] = (byte) (secondsSince1900 & 0x00000000000000FFL);
            out.write(time);
            out.flush();
          } catch (IOException ex) {
            System.err.println(ex.getMessage());
          }
        }
      } catch (IOException ex) {
        System.err.println(ex);
      }
  }
}
```

이전 장에서 다룬 TimeClient와 마찬가지로, 자바가 기본적으로 지원하지 않는 (32비트 부호 없는 정수) 데이터 형식을 맞추는 데 가장 많은 노력이 든다.

멀티스레드 서버

daytime과 time 프로토콜 둘 모두 매우 빠른 프로토콜이다. 서버는 고작 수십 바이트만 보내고 연결을 종료한다. 각 요청 전체를 다음 요청으로 이동하기 전에 아주 빠르게 처리할 수 있을 것만 같다. 하지만 이러한 경우에도 느리거나 장애가 발생한 클라이언트로 인해 서버가 소켓이 끊어졌다는 알림을 받기까지 수초 동안 중단될 가능성이 있다. 만약 클라이언트와 서버가 정상적인 경우에도 데이터를 전송하는 데 상당한 시간이 걸릴 수 있다면, 각 연결마다 다음 차례를 기다려야 하는 상황을 만들고 싶진 않을 것이다.

wu-ftpd와 같은 오래된 방식의 유닉스 서버의 경우 다수의 클라이언트에게 동시에 서비스를 제공하기 위해 각각의 연결마다 새로운 프로세스를 생성한다. 자바 프로그램은 클라이언트와 통신하기 위한 스레드를 생성할 수 있으며, 서버는 스레드를 이용하여 곧 들어올 다음 연결을 처리할 준비를 할 수 있다. 스레드는 독립적인 자식 프로세스를 생성하는 것보다 서버에 훨씬 적은 부하를 준다. 사실 일반적인 유닉스 FTP 서버가 속도에 저하 없이 동시에 400 연결 이상을 처리할 수 없는 가장 큰 이유가 많은 프로세스를 생성할 때 발생하는 부하 때문이다. 반면에 프로토콜이 단순하고 빠르며 대화가 끝날 때 서버가 연결을 종료하는 것이 허용된다면, 클라이언트의 요청마다 스레드를 생성하지 않고 즉시 처리하는 것이 서버에게 더 효과적일 것이다.

운영체제는 특정 포트를 향해 들어오는 연결 요청을 FIFO(first-in, first-out) 큐에 저장한다. 자바는 기본적으로 이 큐의 길이를 50으로 설정하지만, 운영체제마다 다를 수 있다. 몇몇 운영체제(Solaris 제외)는 최대 큐 길이를 가지고 있다. 예를 들어, FreeBSD에서 기본 최대 큐 길이는 128이다. 이러한 시스템에서 자바 서버 소켓을 위한 큐 길이는 50보다 작거나 같은 범위에서 운영체제가 허용하는 최대값이 된다. 큐가 아직 처리되지 않은 연결로 가득 찬 경우 호스트는 해당 포트의 큐에 빈자리가 날 때까지 추가적인 연결을 거부한다. 많은 클라이언트들은 최초 연결 시도가 실패할 경우 연결을 만들기 위해 여러 번 재시도한다. 몇몇 ServerSocket 생성자는 큐의 기본 길이가 부족할 경우 큐의 길이를 변경할 수 있는 기능을 제공한다. 그러나 운영체제가 지원하는 최대 길이 이상으로 큐를 증가시킬 수는 없다. 큐 길이에 상관없이 각 연결을 처리하는 데 상당한 시간이 걸리는 경우에도, 새로운 연결이 들어오는 속도보다 빠르게 큐를 비우고 싶을 것이다.

해결 방법은 큐에 추가되는 새로운 연결을 수용하는 스레드와 분리된 별도의 스레드를 각 연결마다 할당하는 것이다. 예를 들어, 예제 9-3은 들어오는 각각의 연결을 처리하기 위해 새로운 스레드를 생성하는 daytime 서버다. 이 서버는 하나의 느린 클라이언트가 다른 모든 클라이언트를 블로킹시키지 못하도록 한다. 이것이 바로 연결마다 스레드를 할당하는 설계 방법이다.

예제 9-3 멀티스레드 daytime 서버

```java
import java.net.*;
import java.io.*;
import java.util.Date;

public class MultithreadedDaytimeServer {

  public final static int PORT = 13;

  public static void main(String[] args) {
    try (ServerSocket server = new ServerSocket(PORT)) {
      while (true) {
        try {
          Socket connection = server.accept();
          Thread task = new DaytimeThread(connection);
          task.start();
        } catch (IOException ex) {}
      }
    } catch (IOException ex) {
      System.err.println("Couldn't start server");
    }
  }

  private static class DaytimeThread extends Thread {
    private Socket connection;

    DaytimeThread(Socket connection) {
      this.connection = connection;
    }

    @Override
    public void run() {
      try {
        Writer out = new OutputStreamWriter(connection.getOutputStream());
        Date now = new Date();
        out.write(now.toString() +"\r\n");
        out.flush();
      } catch (IOException ex) {
        System.err.println(ex);
      } finally {
```

```
      try {
        connection.close();
      } catch (IOException e) {
        // 무시한다.
      }
    }
   }
  }
}
```

예제 9-3은 서버 소켓의 자동 종료를 위해 try-with-resources 구문을 사용한다. 그러나 의도적으로 서버 소켓에 의해 수용된 클라이언트 소켓은 try-with-resources 구문을 사용하지 않았다. 이것은 클라이언트 소켓은 try 블록을 벗어나 분리된 스레드에서 처리되기 때문이다. 클라이언트 소켓을 try-with-resources 구문을 사용할 경우 메인 스레드는 실행의 흐름이 while 루프의 끝에 도달할 때, 클라이언트 소켓을 사용 중인 새로 생성된 스레드가 종료되기도 전에 클라이언트 소켓을 닫으려고 할 것이다.

하지만 이 서버에 대한 서비스 거부 공격이 실제로 있었다. 예제 9-3은 각 연결에 대해 항상 새로운 스레드를 생성하기 때문에, 동시 다발적인 연결 요청이 무수히 들어올 경우 이 프로그램은 무한정 스레드를 생성하게 된다. 결국 자바 가상 머신은 메모리 부족(Out of Memory)으로 비정상 종료된다. 더 나은 접근 방법은 잠재적인 리소스 사용량을 제한하기 위해 앞의 제3장에서 설명한 고정된 스레드 풀을 사용하는 것이다. 스레드는 50개 정도면 충분할 것이다. 예제 9-4는 동시 다발적인 연결 시도에도 결코 장애가 발생하지 않는다. 다만 연결을 거부하기 시작한다.

예제 9-4 스레드 풀을 사용하는 daytime 서버

```
import java.io.*;
import java.net.*;
import java.util.*;
import java.util.concurrent.*;

public class PooledDaytimeServer {

  public final static int PORT = 13;

  public static void main(String[] args) {

    ExecutorService pool = Executors.newFixedThreadPool(50);
```

```
    try (ServerSocket server = new ServerSocket(PORT)) {
      while (true) {
        try {
          Socket connection = server.accept();
          Callable<Void> task = new DaytimeTask(connection);
          pool.submit(task);
        } catch (IOException ex) {}
      }
    } catch (IOException ex) {
      System.err.println("Couldn't start server");
    }
  }

  private static class DaytimeTask implements Callable<Void> {

    private Socket connection;

    DaytimeTask(Socket connection) {
      this.connection = connection;
    }

    @Override
    public Void call() {
      try {
        Writer out = new OutputStreamWriter(connection.getOutputStream());
        Date now = new Date();
        out.write(now.toString() +"\r\n");
        out.flush();
      } catch (IOException ex) {
        System.err.println(ex);
      } finally {
        try {
          connection.close();
        } catch (IOException e) {
          // 무시한다.
        }
      }
      return null;
    }
  }
}
```

예제 9-4는 예제 9-3과 비슷한 구조로 되어 있다. 유일한 차이점은 Thread 서브클래스 대
신 Callable을 사용한다는 것이다. 그리고 스레드를 직접 생성하지 않고, Callable 객체를 50
개의 스레드로 미리 설정된 ExecutorService에 제출한다.

소켓으로 서버에 쓰기

지금까지 예제에서 서버는 클라이언트 소켓에 쓰기만 했고 읽지는 않았다. 그러나 대부분의 프로토콜은 서버에게 읽고 쓰기 모두를 요구한다. 이것이 결코 어려운 일은 아니다. 이전과 동일하게 연결을 받아들이지만(accept), 이번에는 InputStream과 OutputStream을 모두 요청한다. InputStream을 사용하여 클라이언트가 보내는 내용을 읽고 OutputStream을 사용하여 클라이언트에게 쓴다. 핵심은 프로토콜을 잘 이해하고, 읽어야 할 때와 써야 할 때를 잘 구분하는 것이다.

RFC 862에 정의된 에코 프로토콜은 서버와 클라이언트가 서로 데이터를 주고받는 가장 간단한 서비스 중 하나다. 클라이언트는 에코 서버의 포트 7번에 대해 소켓을 열고 데이터를 보낸다. 그리고 서버는 받은 데이터를 다시 돌려 보낸다. 이 과정은 클라이언트가 연결을 닫을 때까지 계속된다. 에코 프로토콜은 라우터나 방화벽의 잘못된 동작으로 인해 데이터가 손실되지 않았는지 네트워크를 확인하는 데 유용하게 사용된다. 텔넷을 사용하여 다음과 같이 에코 서비스를 확인할 수 있다.

```
$ telnet rama.poly.edu 7
Trying 128.238.10.212...
Connected to rama.poly.edu.
Escape character is '^]'.
This is a test
This is a test
This is another test
This is another test
9876543210
9876543210
^]
telnet> close
Connection closed.
```

이 예제는 텔넷의 작동 방식에 따라 라인 기반으로 동작한다. 텔넷은 콘솔로부터 한 줄의 입력을 읽고, 서버로 전송한다. 그리고 되돌아오는 한 줄의 출력을 읽기 위해 기다린다. 그러나 이 방식은 텔넷의 방식이지 에코 프로토콜이 요구하는 방식이 아니다. 에코 프로토콜은 수신받은 1바이트씩 되돌려 보낸다. 에코 프로토콜은 주고받는 바이트에 담긴 값의 의미에 대해서는 신경 쓰지 않는다. 많은 프로토콜과는 달리 에코는 요청을 보낸 클라이언트가 추가적인 데이터를 보내기 전에 서버로부터 응답을 대기해야 하는 엄밀한 방식을 요구하지 않는다.

daytime과 time과는 달리 에코 프로토콜에서는 클라이언트에게 연결을 종료할 책임이 있다. 에코의 이러한 구조로 인해 클라이언트가 영원히 연결을 유지할 수도 있기 때문에 많은 스레드와 함께 비동기 입출력의 지원이 중요해진다. 예제 9-5에서 서버는 최대 500개의 스레드를 생성한다.

예제 9-5 에코 서버

```java
import java.nio.*;
import java.nio.channels.*;
import java.net.*;
import java.util.*;
import java.io.IOException;

public class EchoServer {

  public static int DEFAULT_PORT = 7;

  public static void main(String[] args) {

    int port;
    try {
      port = Integer.parseInt(args[0]);
    } catch (RuntimeException ex) {
      port = DEFAULT_PORT;
    }
    System.out.println("Listening for connections on port " + port);

    ServerSocketChannel serverChannel;
    Selector selector;
    try {
      serverChannel = ServerSocketChannel.open();
      ServerSocket ss = serverChannel.socket();
      InetSocketAddress address = new InetSocketAddress(port);
      ss.bind(address);
      serverChannel.configureBlocking(false);
      selector = Selector.open();
      serverChannel.register(selector, SelectionKey.OP_ACCEPT);
    } catch (IOException ex) {
      ex.printStackTrace();
      return;
    }

    while (true) {
      try {
        selector.select();
      } catch (IOException ex) {
        ex.printStackTrace();
        break;
```

```
        }
      Set<SelectionKey> readyKeys = selector.selectedKeys();
      Iterator<SelectionKey> iterator = readyKeys.iterator();
      while (iterator.hasNext()) {
        SelectionKey key = iterator.next();
        iterator.remove();
        try {
          if (key.isAcceptable()) {
            ServerSocketChannel server = (ServerSocketChannel) key.channel();
            SocketChannel client = server.accept();
            System.out.println("Accepted connection from " + client);
            client.configureBlocking(false);
            SelectionKey clientKey = client.register(
                selector, SelectionKey.OP_WRITE | SelectionKey.OP_READ);
            ByteBuffer buffer = ByteBuffer.allocate(100);
            clientKey.attach(buffer);
          }
          if (key.isReadable()) {
            SocketChannel client = (SocketChannel) key.channel();
            ByteBuffer output = (ByteBuffer) key.attachment();
            client.read(output);
          }
          if (key.isWritable()) {
            SocketChannel client = (SocketChannel) key.channel();
            ByteBuffer output = (ByteBuffer) key.attachment();
            output.flip();
            client.write(output);
            output.compact();
          }
        } catch (IOException ex) {
          key.cancel();
          try {
            key.channel().close();
          } catch (IOException cex) {}
        }
      }
    }
  }
}
```

서버 소켓 닫기

서버 소켓의 사용이 끝났으면 해당 소켓을 닫아야 한다. 특히 프로그램이 서버 소켓 사용 후에 바로 종료하지 않고 한동안 계속 실행되어야 할 경우 더 중요하다. 사용이 끝난 서버 소켓을 닫지 않으면 다른 프로그램이 해당 포트를 사용할 수 없다. ServerSocket을 닫는 것과 Socket을 닫는 것을 혼동하지 않도록 해야 한다. ServerSocket을 닫으면 사용 중인 로컬 호스트의 포트가 해제되며 다른 서버가 해당 포트를 바인드할 수 있게 된다. 또한 해당 ServerSocket을 통해 수용된 모든 소켓의 연결이 끊어진다.

서버 소켓은 프로그램이 종료될 때 자동으로 닫힌다. 그래서 ServerSocket의 사용이 끝나고 곧바로 프로그램을 종료할 예정이라면 꼭 닫아야 할 필요는 없다. 하지만 종료한다고 문제가 되지는 않는다. 프로그래머들은 종종 try-finally 블록에서 "널이 아닌 경우 종료하는 (close-if-not-null)" 패턴을 동일하게 따른다. 이미 이전 스트림과 클라이언트 측 소켓을 다룰 때 본적이 있을 것이다.

```
ServerSocket server = null;
try {
  server = new ServerSocket(port);
  // ...서버 소켓을 이용한 작업
} finally {
  if (server != null) {
    try {
      server.close();
    } catch (IOException ex) {
      // 무시한다
    }
  }
}
```

이 코드를 예외가 발생하지 않고 실제 포트에 바인딩되지 않는 인자가 없는 ServerSocket() 생성자를 사용하여 약간 개선할 수 있다. 대신 ServerSocket() 객체가 생성된 이후에 서버 주소에 바인딩하기 위해 bind() 메소드를 따로 호출해야 한다.

```
ServerSocket server = new ServerSocket();
try {
  SocketAddress address = new InetSocketAddress(port);
  server.bind(address);
  // ... 서버 소켓을 이용한 작업
} finally {
  try {
    server.close();
  } catch (IOException ex) {
    // 무시한다
  }
}
```

자바 7에서 ServerSocket은 AutoCloseable 인터페이스를 구현하고 있으므로, try-with-resources 구문을 이용할 수 있다.

```
try (ServerSocket server = new ServerSocket(port)) {
    // ...서버 소켓을 이용한 작업
}
```

서버 소켓은 닫힌 후에 심지어 같은 포트라도 다시 연결할 수 없다. 즉, 한 번 닫힌 서버 소켓은 재사용할 수 없다. isClosed() 메소드는 ServerSocket이 닫힌 경우 true를 반환하고, 그렇지 않은 경우 false를 반환한다.

```
public boolean isClosed()
```

인자 없는 ServerSocket() 생성자로 만들어졌고 아직 어느 포트에도 바인딩되지 않은 ServerSocket 객체는 닫힌 것으로 간주되지 않는다. 이 객체에 대해 isClosed() 메소드를 호출하면 false가 반환된다. isBound() 메소드는 ServerSocket 객체가 포트에 바인딩되었는지 여부를 알려 준다.

```
public boolean isBound()
```

앞의 제8장에서 논의된 Socket 클래스의 isBound() 메소드처럼 이 메소드의 이름은 약간 오해의 소지가 있다. isBound() 메소드는 ServerSocket이 포트에 바인딩된 적이 있는 경우 현재 닫혀 있더라도 true를 반환한다. ServerSocket이 현재 열려 있는지 확인이 필요한 경우 isBound()의 반환값이 true이고 isClosed()의 반환값이 false인 두 가지 조건 모두를 확인해야 한다. 예를 들어:

```
public static boolean isOpen(ServerSocket ss) {
    return ss.isBound() && !ss.isClosed();
}
```

로그 남기기

서버는 오랜 기간 자동으로 실행되며, 그동안 서버에서 일어난 일들에 대해 확인이 필요한 경우가 있다. 이러한 이유로 최소한 일정 기간 동안의 서버 로그를 저장하는 것이 좋다.

무엇을 로그로 남길 것인가

일반적으로 다음 두 가지 기본적인 내용을 로그에 남긴다.

- 요청
- 서버 에러

사실 대부분의 서버는 두 로그 항목을 서로 다른 파일에 기록한다. 일반적으로 감사(audit) 로그의 경우 서버에 연결된 각 연결마다 하나의 로그를 남긴다. 하나의 연결로 다수의 명령을 수행하는 서버의 경우, 대신 명령마다 하나의 로그를 남기기도 한다. 예를 들어, dict 서버는 클라이언트가 검색하는 각 단어마다 하나의 로그를 남긴다.

에러 로그는 주로 서버 운영 중에 발생하는 예측되지 않은 예외를 기록한다. 예를 들어, NullPointerException 같은 에러가 발생할 경우, 이 메시지는 곧 수정해야 할 서버의 버그를 나타내므로 에러 로그에 남겨야 한다. 에러 로그는 클라이언트가 갑자기 연결을 끊거나 잘못된 요청을 보내는 경우와 같은 클라이언트 에러는 포함하지 않으며, 일반적으로 이러한 로그는 요청 로그에 남긴다. 에러 로그는 예상치 못한 예외가 발생한 경우에만 사용한다.

필자의 경험상 일반적으로 에러 로그에 기록된 내용은 모든 라인을 꼼꼼히 살펴보고 문제를 해결해야 한다. 에러 로그는 항상 빈 상태로 유지하는 것이 가장 이상적이며, 기록된 모든 로그는 결국 확인하고 해결해야 할 버그를 나타낸다. 에러 로그의 확인 결과 버그가 아니며 의도된 동작으로 판단될 경우, 해당 로그를 남기는 코드를 제거해야 한다. 에러 로그에 잘못된 오류들이 차기 시작하면 더 이상 살펴보지 않게 되며 에러 로그는 쓸모 없게 된다.

같은 이유로, 개발 환경이 아닌 실제 서비스 환경에서 디버그 로그를 남기지 않도록 해야 한다. 메소드 진입 시마다 또는 조건이 일치할 때마다 로그를 남기지 않도록 해야 한다. 이러한 로그는 아무도 쳐다보지 않으며, 공간만 낭비할 뿐 실제 문제를 놓치게 된다. 디버깅을 위해 메소드 수준의 로그가 필요한 경우, 따로 분리된 파일에 기록하고 실제 서비스 환경에서는 설정 파일을 통해 끄도록 해야 한다.

더욱 발전된 로그 시스템의 경우 특정 레벨의 로그만을 보여 주거나 특정 코드 영역의 로그만 보여 주는 로그 분석 툴을 제공한다. 이러한 툴을 이용하면 단일 로그 파일이나 데이터베이스를 이용하여 로그 파일을 관리하는 것이 가능하며, 심지어 하나의 로그를 다양한 바이너리나 프로그램이 공유하는 것도 가능해진다. 하지만 이러한 툴을 이용하는 경우에도 여전히 로그를 남기는 기본 원칙은 그대로 적용된다. 그러므로 아무도 보지 않거나 문제의 초점을 흐리고 혼란스럽게 하는 로그를 만들지 않도록 해야 한다.

언젠가 필요할지 모른다는 만일의 경우를 대비하여 생각할 수 있는 모든 것을 로그로 남기는 일반적인 잘못된 패턴을 따르지 않도록 해야 한다. 실제로 프로그래머들은 서비스 환경에서 발생한 문제를 디버깅하는 데 어떤 로그를 남겨야 할지 잘 예측하지 못한다. 일단 문제가 발생하면 어떤 메시지가 필요한지 분명해지지만 이것을 미리 예측하기란 쉽지 않다. 만일의 경우를 대비하여 로그를 남기는 것은 문제가 발생했을 때, 아주 큰 의미 없는 데이터 속에서 의미 있는 데이터를 찾아 헤매겠다는 것을 의미한다.

로그를 남기는 방법

자바 1.3 이전에 개발된 많은 프로그램들은 여전히 log4j와 Apache Commons Logging 같은 서드파티 로그 라이브러리를 사용한다. 그러나 자바 1.4 이후부터는 대부분의 경우에 java.util.logging 패키지로 대체할 수 있다. 복잡한 서드파티 라이브러리에 대한 의존성을 피하기 위해 가능한 한 이 라이브러리를 이용하는 것이 좋다.

Logger를 필요할 때 로드할 수도 있지만, 보통 아래와 같이 클래스당 하나의 객체를 생성해 두는 편이 좋다.

```
private final static Logger auditLogger = Logger.getLogger("requests");
```

Logger는 스레드 환경에서 안전하기 때문에 Logger 객체를 공유된 정적 필드에 저장해도 문제가 되지 않는다. 사실은 Logger 객체가 스레드 사이에 공유되지 않더라도, 로그를 저장하는 파일이나 데이터베이스는 공유된다. 이 사실은 고도의 멀티스레드 서버에서 매우 중요하다.

이 예제는 "requests"라고 이름 붙인 로그에 출력한다. 다수의 Logger 객체가 같은 로그에 출력할 수는 있지만, 각각의 Logger는 항상 정확히 하나의 로그에만 남긴다. 무슨 로그를 어디에 남길지는 외부 설정에 따라 달라진다. 일반적으로 파일에 기록하며 이 파일의 이름이 "requests"일 수도 있고 아닐 수도 있다. 그 외에도 데이터베이스나 다른 서버에서 실행 중인 SOAP 서비스, 또는 같은 호스트나 다른 호스트에서 실행 중인 자바 프로그램일 수도 있다.

Logger 객체를 만들고 나면, Logger가 제공하는 몇몇 메소드를 사용하여 로그를 쓸 수 있다. 가장 기본 메소드가 log()이다. 예를 들어, 다음 catch 블록은 예측되지 않은 런타임 예외에 대해 가장 높은 레벨의 로그를 남긴다.

```
catch (RuntimeException ex) {
  logger.log(Level.SEVERE, "unexpected error " + ex.getMessage(), ex);
}
```

catch 블록에서 로그를 남길 때, 메시지뿐만 아니라 예외를 함께 포함하는 것은 선택 사항이지만 일반적으로 예외도 함께 포함하여 로그를 남긴다.

java.util.logging.Level에는 로그의 심각성에 따라 7개의 상수로 명명된 레벨이 내림차순으로 정의되어 있다.

- Level.SEVERE (가장 높은 값)
- Level.WARNING
- Level.INFO
- Level.CONFIG
- Level.FINE
- Level.FINER
- Level.FINEST (가장 낮은 값)

필자의 경우 감사 로그에 대해 정보(INFO)와 에러 로그에 대해 경고(WARNING), 심각(SEVERE)을 사용한다. 낮은 레벨은 디버깅 목적으로만 사용해야 하며 서비스 중인 시스템에서는 사용하지 않도록 해야 한다. 정보, 심각, 경고를 포함한 각각의 레벨에 대한 로그를 편리하게 남길 수 있는 메소드가 제공된다. 예를 들어, 다음 코드는 날짜와 원격 호스트의 주소를 포함한 로그를 남긴다.

```
logger.info(new Date() + " " + connection.getRemoteSocketAddress());
```

각 로그 레코드는 편리한 어떤 형식이라도 사용할 수 있다. 일반적으로 각 레코드는 시간, 클라이언트 주소, 처리된 요청에 대한 정보를 포함한다. 로그 메시지가 에러를 나타낼 경우, 발생한 예외를 나타내는 정보를 포함한다. 자바는 메시지가 남겨진 코드의 위치를 자동으로 채우므로 이 부분에 대해서 여러분은 신경 쓰지 않아도 된다.

예제 9-6은 앞에서 다룬 daytime 서버에 로그를 남기는 기능을 추가했다.

예제 9-6 요청과 에러에 대한 로그를 남기는 daytime 서버

```java
import java.io.*;
import java.net.*;
import java.util.Date;
import java.util.concurrent.*;
import java.util.logging.*;

public class LoggingDaytimeServer {

  public final static int PORT = 13;
  private final static Logger auditLogger = Logger.getLogger("requests");
  private final static Logger errorLogger = Logger.getLogger("errors");

  public static void main(String[] args) {

    ExecutorService pool = Executors.newFixedThreadPool(50);

    try (ServerSocket server = new ServerSocket(PORT)) {
      while (true) {
        try {
          Socket connection = server.accept();
          Callable<Void> task = new DaytimeTask(connection);
          pool.submit(task);
        } catch (IOException ex) {
          errorLogger.log(Level.SEVERE, "accept error", ex);
        } catch (RuntimeException ex) {
          errorLogger.log(Level.SEVERE, "unexpected error " + ex.getMessage(), ex);
        }
      }
    } catch (IOException ex) {
      errorLogger.log(Level.SEVERE, "Couldn't start server", ex);
    } catch (RuntimeException ex) {
      errorLogger.log(Level.SEVERE, "Couldn't start server: " + ex.getMessage(), ex);
    }
  }

  private static class DaytimeTask implements Callable<Void> {

    private Socket connection;

    DaytimeTask(Socket connection) {
      this.connection = connection;
    }

    @Override
    public Void call() {
```

```
      try {
        Date now = new Date();
        // 클라이언트가 연결을 종료할 경우 먼저 로그를 남긴다.
        auditLogger.info(now + " " + connection.getRemoteSocketAddress());
        Writer out = new OutputStreamWriter(connection.getOutputStream());
        out.write(now.toString() +"\r\n");
        out.flush();
      } catch (IOException ex) {
          // 클라이언트 연결 종료; 무시한다.
      } finally {
        try {
          connection.close();
        } catch (IOException ex) {
          // 무시한다.
        }
      }
      return null;
    }
  }
}
```

예제 9-6은 로그를 남기는 것뿐만 아니라 대부분의 코드와 네트워크 연결 작업 시 발생할 수 있는 런타임 예외를 처리하기 위한 RuntimeException에 대한 catch 블록이 추가되었다. 네트워크 서버라면 RuntimeException에 대한 처리를 꼭 해 줘야 한다. 그리고 여러분은 어떻게 해서라도 잘못된 클라이언트의 요청 하나로 서버 전체에 문제가 발생하는 상황을 피하고 싶을 것이다. 보통 이러한 상황이 발생하면 해당 요청은 실패하지만 다른 요청은 계속해서 처리할 수 있다. 그리고 좀 더 신경을 쓴다면 적절한 에러 메시지를 클라이언트에게 보낼 수도 있을 것이다. HTTP에서는 이러한 경우에 "500 Internal Server Error"가 발생한다.

모든 예외를 자동으로 에러 로그에 기록하는 것은 아니다. 예를 들어, 서버가 응답을 보내는 동안 클라이언트가 연결을 끊는 경우, IOException이 발생한다. 그러나 이 경우는 버그나 서버의 에러가 아니므로 에러 로그에 기록하지 않는다. 어떤 상황에 대해서 감사 로그에 추가적인 로그를 남기거나 또 다른 위치에 로그를 남기고 싶은 경우가 있다. 그러나 아무도 보지 않는 로그를 남기지 않도록 해야 한다. 클라이언트가 연결을 종료하는 경우에 대해서 조사하거나 어떤 작업을 할 계획이 있는 것이 아니라면, 이러한 불필요한 로그로 로그를 어지럽히지 않도록 하자.

기본적으로 로그는 콘솔로 출력된다. 예를 들어, 아래의 내용은 앞의 서버에 잇달아 여러 번 연결했을 때 서버로부터 출력된 내용이다.

```
Apr 13, 2013 8:54:50 AM LoggingDaytimeServer$DaytimeTask call
INFO: Sat Apr 13 08:54:50 EDT 2013 /0:0:0:0:0:0:0:1:56665
Apr 13, 2013 8:55:08 AM LoggingDaytimeServer$DaytimeTask call
INFO: Sat Apr 13 08:55:08 EDT 2013 /0:0:0:0:0:0:0:1:56666
Apr 13, 2013 8:55:16 AM LoggingDaytimeServer$DaytimeTask call
INFO: Sat Apr 13 08:55:16 EDT 2013 /0:0:0:0:0:0:0:1:56667
```

실제 서비스 환경에서는 콘솔이 아닌 좀 더 영구적인 장소에 로그가 남도록 설정할 필요가
있다. 이러한 내용을 코드상에 명시할 수도 있지만, 코드를 다시 컴파일하지 않고 로그의
경로를 변경할 수 있도록 설정 파일을 사용하는 것이 좋다.

java.util.logging.config.file 시스템 속성은 로그를 제어하는 로그 설정 파일을 가리킨다. 가
상 머신을 실행할 때 "-Djava.util.logging.config.file=파일 이름"을 인자로 전달하여 이 속성
을 설정할 수 있다. 예를 들어, 맥 OS X에서는 이 값이 Info.plist 파일의 VMOptions에서 설
정된다.

```
<key>Java</key>
<dict>
  <key>VMOptions</key>
  <array>
    <string>-Djava.util.logging.config.file=/opt/daytime/logging.properties
            </string>
  </array>
</dict>
```

예제 9-7은 다음 사항을 포함하고 있는 로그 설정 파일의 샘플이다.

- 로그는 파일에 기록한다.
- 요청 로그는 기본 레벨이 INFO이며, /var/logs/daytime/requests.log에 기록된다.
- 에러 로그는 기본 레벨이 SEVERE이며, /var/logs/daytime/requests.log에 기록된다.
- 로그 파일의 크기는 10메가바이트로 제한되며, 가득 차면 다른 파일로 교체(rotate)
  된다.
- 현재 로그 파일과 이전 로그 파일, 두 개의 로그 파일을 보관한다.
- 기본 텍스트 형식을 사용한다(XML 아님).
- 로그 파일의 각 라인은 레벨 메시지 타임스탬프(level message timestamp) 형식으로 구
  성된다.

```
handlers=java.util.logging.FileHandler
java.util.logging.FileHandler.pattern = /var/logs/daytime/requests.log
java.util.logging.FileHandler.limit = 10000000
java.util.logging.FileHandler.count = 2
java.util.logging.FileHandler.formatter = java.util.logging.SimpleFormatter
java.util.logging.FileHandler.append = true
java.util.logging.SimpleFormatter.format=%4$s: %5$s [%1$tc]%n

requests.level = INFO
audit.level = SEVERE
```

아래에 몇 가지 일반적인 로그 출력이 있다(이 출력에서 요청 메시지의 경우 로그 메시지 자체에 현재 시간을 포함하고 있기 때문에 타임스탬프가 중복되어 출력된 것처럼 보인다. daytime 서버처럼 현재 시간을 제공하는 서비스가 아닌 다른 목적의 서버에서는 일반적으로 이런 현상은 발생하지 않는다).

```
SEVERE: Couldn't start server [Sat Apr 13 10:07:01 EDT 2013]
INFO: Sat Apr 13 10:08:05 EDT 2013 /0:0:0:0:0:0:0:1:57275
    [Sat Apr 13 10:08:05 EDT 2013]
INFO: Sat Apr 13 10:08:06 EDT 2013 /0:0:0:0:0:0:0:1:57276
    [Sat Apr 13 10:08:06 EDT 2013]
```

 자바 로그 API에서 필자가 실망스러운 한 가지는 설정 파일을 변경하는 것만으로 서로 다른 메시지를 다른 로그 파일에 남길 수 있는 쉬운 방법을 제공하지 않는다는 것이다. 예를 들어, 에러 로그와 감사 로그를 쉽게 분리할 수 없다. 불가능한 것은 아니지만, 분리된 각각의 로그에 대해 FileHandler의 새로운 서브클래스를 정의하고 난 뒤에야 새로운 파일을 할당할 수 있다.

마지막으로 여러분이 작성한 서버가 로그를 남기도록 설정됐다면, 로그 파일들을 살펴보는 것을 잊지 않아야 한다. 특히 에러 로그의 경우 더욱 잊지 않도록 해야 한다. 아무도 살펴보지 않는 로그 파일은 아무 소용이 없다. 그리고 여러분은 또한 로그 파일의 회전과 보관 정책을 세울 필요가 있다. 하드디스크의 크기가 매년 커지고 있긴 하지만, 여전히 주의를 기울이지 않으면 로그 데이터로 대용량 서버의 파일 시스템이 가득 차는 상황이 발생할 수 있다. 그리고 이러한 문제는 보통 머피의 법칙(Murphy's law)처럼 휴가 중에 발생한다.

서버 소켓 만들기

public으로 선언된 네 개의 ServerSocket 생성자가 있다.

```
public ServerSocket(int port) throws BindException, IOException
public ServerSocket(int port, int queueLength)
    throws BindException, IOException
public ServerSocket(int port, int queueLength, InetAddress bindAddress)
    throws IOException
public ServerSocket() throws IOException
```

이 생성자들은 포트와 들어오는 연결 요청을 보관하는 큐의 길이, 그리고 바인딩할 로컬 네트워크 인터페이스를 명시한다. 일부 생성자는 기본 큐의 길이와 바인딩할 주소를 사용하긴 하지만, 기본적으로 모두 같은 기능을 한다.

예를 들어, 포트 80에서 HTTP 서버에 의해 사용될 서버 소켓을 만들 경우 다음과 같이 작성할 수 있다.

```
ServerSocket httpd = new ServerSocket(80);
```

포트 80을 사용하고 동시에 수용되지 않은 연결을 최대 50개까지 보관할 수 있는 큐를 가진 서버 소켓을 만들 경우 다음과 같이 작성할 수 있다.

```
ServerSocket httpd = new ServerSocket(80, 50);
```

큐의 크기로 운영체제가 허용하는 것보다 큰 값을 전달할 경우 전달된 값은 무시되고 운영체제의 최대값이 사용된다.

다수의 네트워크 인터페이스와 IP 주소를 가진 호스트의 경우, 기본적으로 서버 소켓은 모든 인터페이스와 IP 주소의 해당 포트에 대해 대기한다. 그러나 세 번째 인자로 특정 로컬 IP 주소를 추가하여 해당 주소에 대해서만 바인딩할 수 있다. 즉, 지정된 주소로 들어오는 연결에 대해서만 서버 소켓이 대기하게 된다. 호스트의 다른 주소를 통해 들어오는 연결에 대해서는 대기하지 않는다.

예를 들어, login.ibiblioorg 리눅스 서버는 노스캐롤라이나(North Carolina)에 있다. 이 서버는 IP 주소 152.2.210.122로 인터넷에 연결되어 있다. 그리고 이 서버의 두 번째 이더넷 카드의 IP 주소는 192.168.210.122이고, 이 주소는 외부에서 보이지 않으며 로컬 네트워크에서만 보인다. 만약 여러분이 이 호스트에 같은 네트워크에서 오는 로컬 연결에 대해서만 응답하는 서버를 실행시키고자 한다면, 아래와 같이 152.2.210.122의 5776은 제외하고, 192.168.210.122의 5776 포트에서만 대기하는 서버 소켓을 생성할 수 있다.

```
InetAddress local = InetAddress.getByName("192.168.210.122");
ServerSocket httpd = new ServerSocket(5776, 10, local);
```

포트를 인자로 전달받는 세 개의 생성자에서, 포트 번호로 0을 전달할 경우 시스템은 사용할 수 있는 포트를 임의로 선택한다. 시스템에 의해 포트가 선택될 경우 해당 포트를 미리 알 수 없기 때문에 때로 익명 포트(anonymous port)라고 부른다. (하지만 포트가 선택된 이후에는 해당 포트를 알 수 있다.) 익명 포트는 FTP와 같은 다수의 소켓을 사용하는 프로토콜에서 종종 유용하게 사용된다. FTP 수동(passive) 모드에서 클라이언트는 먼저 서버의 21번 포트로 연결한다. 그리고 파일 전송이 필요한 경우 서버는 임의의 포트를 바인딩하여 대기한다. 서버는 이미 연결된 21번 포트를 통해 데이터 전송 포트를 클라이언트에게 알려 준다. 그리고 데이터 포트는 세션마다 변경될 수 있으며 미리 알 필요가 없다. [능동(active) FTP 모드의 경우, 데이터 전송을 위해 클라이언트가 임의의 포트를 열고 서버의 연결을 대기한다는 것 이외에는 큰 차이가 없다.]

이 세 개의 생성자는 IOException 예외를 발생시키며, 특히 소켓을 생성할 수 없거나 요청된 포트로 바인딩할 수 없는 경우 BindException 예외가 발생한다. ServerSocket을 생성할 때 IOException이 발생하는 경우는 대부분 다음 두 가지 중 하나다. 요청된 포트를 다른 서버 소켓(다른 프로그램일 수도 있다)이 이미 사용 중이거나, 유닉스(리눅스와 맥 OS X 포함) 환경에서 루트 권한 없이 1에서 1023 사이의 포트에 바인딩을 시도한 경우다.

이미 사용 중인 포트에 대해 바인딩을 시도할 경우 예외가 발생한다는 점을 이전 장에서 작성한 LowPortScanner 프로그램의 변형을 만드는 데 이용할 수 있다. 특정 포트에 서버가 실행 중인지 확인하기 위해 해당 포트에 연결을 시도하는 대신 바인딩을 시도하는 것이다. 해당 포트가 사용 중이라면 이 시도는 실패할 것이다. 예제 9-8은 ServerSocket 객체의 생성을 시도하고 실패하는 포트를 확인하는 방법으로 로컬 장비의 사용 중인 포트를 확인한다. 여러분이 유닉스 환경에서 루트 권한 없이 이 프로그램을 실행한다면, 1024 이상의 포트에서만 정상적으로 동작할 것이다.

```java
import java.io.*;
import java.net.*;

public class LocalPortScanner {

  public static void main(String[] args) {

    for (int port = 1; port <= 65535; port++) {
      try {
        // 해당 포트에서 실행 중인 서버가 이미 있는 경우
        // 다음 줄의 코드는 실패하고 catch 블록이 실행된다.
        ServerSocket server = new ServerSocket(port);
      } catch (IOException ex) {
        System.out.println("There is a server on port " + port + ".");
      }
    }
  }
}
```

다음은 필자의 윈도우 워크스테이션에서 LocalPortScanner를 실행한 결과다.

```
D:\JAVA\JNP4\examples\9>java LocalPortScanner
There is a server on port 135.
There is a server on port 1025.
There is a server on port 1026.
There is a server on port 1027.
There is a server on port 1028.
```

바인딩 없이 서버 소켓 만들기

인자가 없는 ServerSocket 생성자는 실제 포트에 바인딩되지 않은 ServerSocket 객체를 생성한다. 따라서 이 생성자를 통해 생성된 ServerSocket 객체는 처음에는 어떠한 연결도 수용할 수 없다. 이 객체는 생성 이후에 bind() 메소드를 사용하여 따로 바인딩해야 한다.

```java
public void bind(SocketAddress endpoint) throws IOException
public void bind(SocketAddress endpoint, int queueLength) throws IOException
```

이러한 기능은 포트에 바인딩하기 전에 서버 소켓 옵션을 설정하는 프로그램에서 주로 사용된다. 몇몇 옵션의 경우 서버 소켓이 바인딩된 다음에는 변경할 수 없다. 일반적인 사용 패턴은 다음과 같다.

```
ServerSocket ss = new ServerSocket();
// 소켓 옵션을 설정한다...
SocketAddress http = new InetSocketAddress(80);
ss.bind(http);
```

SocketAddress의 인자로 널(null)을 전달하여 임의의 포트를 선택할 수도 있다. 이는 ServerSocket() 생성자의 포트 번호에 0을 전달하는 것과 같다.

서버 소켓 정보 가져오기

ServerSocket은 서버 소켓에 의해 사용 중인 로컬 주소와 포트를 알려 주는 두 가지 get 메소드를 제공한다. 이 두 메소드는 네트워크 인터페이스를 명시하지 않았거나 익명 포트를 사용하여 서버 소켓을 생성한 경우 유용하게 사용된다. 예를 하나 들면, FTP 세션의 데이터 연결이 이 경우에 해당한다.

```
public InetAddress getInetAddress()
```

이 메소드는 (로컬 호스트에서 실행 중인) 서버에 의해 사용 중인 주소를 반환한다. 로컬 호스트가 단일 IP 주소를 가지고 있는 경우, 이 메소드의 반환값은 InetAddress.getLocalHost() 메소드의 반환값과 같다. 로컬 호스트가 하나 이상의 IP 주소를 가지고 있는 경우, 호스트의 IP 주소 중 하나가 반환되며 어떤 주소가 반환될지는 예측할 수 없다. 예를 들어, 다음과 같이 사용한다.

```
ServerSocket httpd = new ServerSocket(80);
InetAddress ia = httpd.getInetAddress();
```

ServerSocket이 네트워크 인터페이스에 아직 연결되지 않은 경우, getInetAddress()는 널(null)을 반환한다.

```
public int getLocalPort()
```

ServerSocket 생성자의 포트 번호로 0번을 전달하면 익명의 포트 번호로 대기하게 된다. 이때 이 메소드를 사용하면 실제 대기 중인 포트를 확인할 수 있다. 그리고 이 메소드는 여러분의 위치를 다른 동료에게 알리기 위한 수단으로 P2P 멀티 소켓 프로그램에서 사용할 수 있다. 또는 서버가 특정 연산을 수행하기 위한 몇몇 하위 서버들을 실행한 경우, 상위 서버가 클라이언트에게 몇 번 포트를 통해 하위 서버들을 찾을 수 있는지 알려 주는 경우를 생각해 볼 수 있다. 물론 익명 포트를 사용하지 않을 때도 getLocalPort() 메소드를 사용할 수 있지만 필요한 경우는 거의 없다. 다음 예제 9-9는 getLocalPort() 메소드 사용의 예다.

예제 9-9 랜덤 포트

```java
import java.io.*;
import java.net.*;

public class RandomPort {

  public static void main(String[] args) {
    try {
      ServerSocket server = new ServerSocket(0);
      System.out.println("This server runs on port "
          + server.getLocalPort());
    } catch (IOException ex) {
      System.err.println(ex);
    }
  }
}
```

다음은 위 예제를 여러 번 실행한 결과다.

```
$ java RandomPort
This server runs on port 1154
D:\JAVA\JNP4\examples\9>java RandomPort
This server runs on port 1155
D:\JAVA\JNP4\examples\9>java RandomPort
This server runs on port 1156
```

최소한 이 시스템에서는 포트 번호가 정확하게 랜덤하지는 않다. 그러나 실행해 보기 전까지는 여전히 알 수가 없다.

ServerSocket이 포트에 아직 바인딩되지 않은 경우 getLocalPort()는 -1을 반환한다.

대부분의 자바 객체들처럼, toString() 메소드를 사용하여 ServerSocket 객체를 출력할 수 있다. ServerSocket 클래스의 toString() 메소드에 의해 반환된 문자열은 다음과 같다.

```
ServerSocket[addr=0.0.0.0,port=0,localport=5776]
```

addr은 서버 소켓이 연결된 로컬 네트워크 인터페이스의 주소를 나타낸다. 일반적으로 모든 인터페이스에 연결된 경우 이 값은 0.0.0.0이다. 포트는 항상 0이다. localport는 서버가 연결을 대기하고 있는 로컬 포트다. 이 메소드는 때로 디버깅에 유용하게 사용된다. 그러나 그 이상은 아니다. 이 메소드에 의존하지 않도록 하자.

소켓 옵션

Socket 옵션은 ServerSocket 클래스가 의존하는 네이티브 소켓이 데이터를 주고받는 방법을 명시한다. 서버 소켓을 위해 자바는 다음 세 개의 옵션을 제공한다.

- SO_TIMEOUT
- SO_REUSEADDR
- SO_RCVBUF

또한 이 옵션들을 통해 네트워크 입출력의 성능을 높일 수가 있다.

SO_TIMEOUT

SO_TIMEOUT은 accept() 메소드가 들어오는 연결을 대기하는 밀리초 단위의 시간의 양이다. 이 시간이 지나면 java.io.InterruptedIOException 예외가 발생한다. SO_TIMEOUT이 0인 경우, accept() 메소드는 타임아웃 없이 무한히 대기한다. SO_TIMEOUT의 기본값은 0이다.

일반적으로 SO_TIMEOUT의 설정이 필요한 경우는 드물다. 클라이언트와 서버 사이에 다수의 연결이 필요하고 일정 시간 이내에 응답이 이뤄져야 하는 복잡한 보안 프로토콜을 구현할 때 필요할 수도 있다. 그러나 대부분의 서버들은 무한정 클라이언트의 연결을 기다리도록 설계되어 있다. 그래서 대부분의 서버들은 기본 타임아웃 값인 0을 사용한다. 이 값을 변경하고자 할 경우, 해당 서버 소켓의 setSoTimeout()를 호출하여 SO_TIMEOUT 필드의 값을 설정할 수 있다.

```
public void setSoTimeout(int timeout) throws SocketException
public int  getSoTimeout() throws IOException
```

초읽기는 accept() 메소드가 호출되는 시점부터 시작된다. 그리고 타임아웃이 발생하면 accept() 메소드는 IOException의 서브클래스인 SocketTimeoutException 예외를 발생시킨다. 이 옵션은 accept() 메소드를 호출하기 전에 설정해야 한다. accept() 메소드가 연결을 대기하고 있는 동안에는 타임아웃 값을 변경할 수 없다. timeout 인자는 0보다 크거나 같아야 한다. 그렇지 않은 경우 IllegalArgumentException 예외가 발생한다. 예를 들어:

```
try (ServerSocket server = new ServerSocket(port)) {
  server.setSoTimeout(30000); // 30초의 블록 설정
  try {
    Socket s = server.accept();
    // 연결된 소켓으로 작업
    // ...
  } catch (SocketTimeoutException ex) {
    System.err.println("No connection within 30 seconds");
  }
} catch (IOException ex) {
  System.err.println("Unexpected IOException: " + e);
}
```

getSoTimeout() 메소드는 서버 소켓의 현재 SO_TIMEOUT 값을 반환한다. 예를 들어:

```
public void printSoTimeout(ServerSocket server) {
  int timeout = server.getSoTimeOut();
  if (timeout > 0) {
    System.out.println(server + " will time out after "
        + timeout + "milliseconds.");
  } else if (timeout == 0) {
    System.out.println(server + " will never time out.");
  } else {
    System.out.println("Impossible condition occurred in " + server);
    System.out.println("Timeout cannot be less than zero." );
  }
}
```

SO_REUSEADDR

서버 소켓의 SO_RESUSEADDR 옵션은 이전 장에서 다룬 클라이언트 소켓의 같은 옵션과 매우 유사하다. 이 옵션은 새로운 소켓이 바인딩하려는 포트에 대해 이전에 바인딩된 소켓으로 전송 중인 데이터가 있는 경우에도 해당 포트를 바인딩할 수 있는지 여부를 결정한다. 예상할 수 있듯이 이 옵션을 설정하고 확인하는 두 가지 메소드가 제공된다.

```
public boolean getReuseAddress() throws SocketException
public void setReuseAddress(boolean on) throws SocketException
```

기본값은 플랫폼에 따라 달라질 수 있다. 다음 코드는 새로운 ServerSocket을 만들고 getReuseAddress() 메소드를 호출하여 기본값을 확인한다.

```
ServerSocket ss = new ServerSocket(10240);
System.out.println("Reusable: " + ss.getReuseAddress());
```

필자의 리눅스와 맥 OS X 장비에서 이 코드를 실행해 본 결과, 두 장비에서 서버 소켓은 기본적으로 재사용할 수 있는 상태였다.

SO_RCVBUF

SO_RCVBUF 옵션은 서버 소켓에 의해 수용(accept)된 클라이언트 소켓의 기본 수신 버퍼의 크기를 설정한다. 이 값은 다음 두 메소드를 사용하여 설정하거나 확인할 수 있다.

```
public int  getReceiveBufferSize() throws SocketException
public void setReceiveBufferSize(int size) throws SocketException
```

서버 소켓에 SO_RCVBUF을 설정하는 것은 accept()에 의해 반환된 개별 소켓의 setReceiveBufferSize()를 호출하는 것과 같다(서버 소켓이 수용된 이후에는 수신 버퍼의 크기를 변경할 수 없다는 것은 제외). 이전 장에서도 언급했지만, 이 옵션은 스트림에서 개별 IP 패킷의 크기를 제안한다. 비록 대부분의 경우 기본값으로도 충분하지만, 빠른 연결의 경우 더 많은 버퍼를 필요로 할 것이다.

이 옵션은 수신 버퍼의 크기를 64K 이상으로 설정하는 경우가 아니라면, 서버 소켓이 포트에 바운드되기 전이나 후 언제든지 설정할 수 있다. 64K 이상을 설정할 경우, 바운드되지 않은 ServerSocket에 대해 설정해야 한다. 예를 들어:

```
ServerSocket ss = new ServerSocket();
int receiveBufferSize = ss.getReceiveBufferSize();
if (receiveBufferSize < 131072) {
  ss.setReceiveBufferSize(131072);
}
ss.bind(new InetSocketAddress(8000));
//...
```

서비스 클래스

이전 장에서 이미 언급했지만, 인터넷 서비스의 종류마다 서로 다른 네트워크 성능이 요구된다. 예를 들어, 스포츠 비디오의 실시간 스트리밍은 상대적으로 높은 대역폭이 필요하다. 반면에 영화는 여전히 높은 대역폭이 필요하지만, 실시간 스트리밍에 비해 어느 정도의 지연(delay)과 대기 시간(latency)이 발생해도 서비스에 문제가 되지 않는다. 이메일은 매우 낮은 대역폭에서도 전송되며, 심지어 몇 시간 늦게 전송되더라도 큰 문제가 되지 않는다.

TCP에서는 네 개의 일반적인 트래픽 클래스를 정의한다.

- 저렴한 비용(Low cost)
- 높은 신뢰성(High reliability)
- 최대 처리량(Maximum throughput)
- 최소 지연(Minimum delay)

이러한 트래픽 클래스를 소켓에 요청할 수 있다. 예를 들어, 저렴한 비용으로 이용 가능한 최소한의 지연을 요청할 수 있다. 이러한 요청은 모두 명확하지 않으며 상대적이고, 정확한 서비스가 제공된다는 보장은 없다. 그리고 모든 라우터와 네이티브 TCP 스택이 이러한 클래스를 지원하는 것은 아니다.

setPerformancePreferences() 메소드는 이 서버에 수용된 소켓을 위한 연결 시간, 지연, 대역폭에 대한 상대적인 우선순위를 표현한다.

```
public void setPerformancePreferences(int connectionTime, int latency,
    int bandwidth)
```

예를 들어, connectionTime을 2로, latency를 1로, 그리고 bandwidth를 3으로 설정하여 최대 대역폭이 가장 중요하고, 최소 지연이 가장 덜 중요하고, 연결 시간이 중간임을 나타낸다.

```
ss.setPerformancePreferences(2, 1, 3);
```

사용 중인 가상 머신에서 이 부분을 정확히 어떻게 구현했는지는 구현에 따라 다를 수 있다. 내부 소켓 구현이 이러한 요청을 꼭 준수해야 하는 것은 아니다. 이 메소드 호출은 단지 필요한 정책에 대해서 제안을 할 뿐이다. 안드로이드를 포함한 많은 구현에서는 이러한 값들을 완전히 무시한다.

HTTP 서버

이 절에서는 서버 소켓을 사용하여 만들 수 있는 몇몇 다른 HTTP 서버를 소개한다. 각각의 서버는 다른 특별한 목적을 가지고 있으며 이전의 예제보다는 다소 복잡하다.

HTTP는 거대한 프로토콜이다. 앞의 제5장에서 본 것처럼 완전한 기능을 갖춘 HTTP 서버는 파일 요청에 응답하고, URL을 로컬 시스템의 파일 이름으로 변환하고, POST와 GET 요청에 응답하고, 존재하지 않는 파일의 요청을 처리하고, MIME 타입을 해석하는 등 수많은 요청을 처리한다. 그러나 모든 HTTP 서버에 이 모든 기능들이 필요한 것은 아니다.

예를 들어, 많은 사이트들은 단순히 "공사 중"이라는 메시지만 표시하고 있다. 이러한 사이트에 아파치(Apache)와 같은 거대한 서버의 사용은 사실상 과잉에 가깝다. 이러한 사이트가 여러분이 만든 단순한 기능만 제공하는 사용자 서버를 테스트하기에 좋은 대상이 된다. 자바의 네트워크 클래스 라이브러리를 이용하여 이러한 간단한 서버를 어렵지 않게 작성할 수 있다.

사용자 서버를 작은 사이트에서만 유용하게 쓸 수 있는 것은 아니다. 사용자 서버는 보통 단순한 한두 가지의 기능만 지원하기 때문에 종종 아파치나 마이크로소프트 IIS(Internet Information Services)와 같은 범용 서버들보다 훨씬 빠르게 동작한다. 그래서 야후(Yahoo!)와 같은 트래픽이 많은 사이트에서도 충분히 활용할 수 있다. 그리고 사용자 서버는 특정 작업을 위한 특수 목적 서버로 최적화하기 쉽다. 이러한 서버는 종종 다양한 종류의 요청을 처리하는 일반 목적 서버보다 훨씬 더 효율적이다. 예를 들어, 많은 페이지에서 반복적으로 사용되는 아이콘과 이미지 또는, 많은 트래픽을 유발하는 페이지는 요청 시마다 디스크에서 읽는 것보다, 서버가 시작 시에 해당 페이지와 이미지를 모두 메모리에 읽어 두고 메모리에서 직접 읽어서 제공하도록 만들어진 사용자 서버로 처리하는 편이 낫다. 그리고 요청한 페이지와는 별도로 페이지에 포함된 이미지에 대한 요청 로그를 따로 남기지 않도록 작성하여 로그를 남기는 데 드는 시간을 절약할 수도 있을 것이다.

마지막으로, 자바는 아파치, IIS 같은 웹 서버와 경쟁할 만한 모든 기능을 갖춘 웹 서버를 만들기에 나쁘지 않은 언어다. 비록 여러분은 CPU 사용에 있어서 C나 C++로 작성된 프로그램보다 자바 프로그램이 느리다고 믿겠지만(필자는 종종 요즘 가상 머신에서도 자바 프로그램이 C에 비해서 느릴지 의심스럽다), 대부분의 HTTP 서버들은 CPU 속도보다는 네트워크 대역폭과 지연(latency)에 더 영향을 받는다. 그리고 자바를 이용하면 바이트코드(반 컴파일/반 인터프리터)의 특징, 동적 클래스 로딩, 가비지 컬렉션, 그리고 메모리 보호와 같은 자바가 제공해 주는 다양한 이점들을 활용할 수 있다. 특히, 서블릿, PHP 페이지, 또는 다른 매커니즘을 통해 동적 콘텐츠를 많이 사용하는 사이트의 경우, 순수 또는 거의 순수 자바 웹 서버 위에서 다시 구현할 때 종종 더 빠르게 실행될 수 있다. 사실, 이클립스 재단에서 만든 Jetty와 같은 자바로 작성된 웹 서버 제품들이 일부 존재한다. C로 작성된 다른 많은 웹 서버들은 자바 서블릿 API와 자바 서버 페이지(JSP)를 지원하기 위한 실질적인 자바 컴포넌트를 포함하고 있다. 기존의 기능을 자바로 동일하게 구현했을 때 더 나은 성능과 적은 리소스를 사용하기 때문에, 이러한 자바로 구현된 웹 서버들이 전통적인 CGI, ASP 그리고 SSI(Server Side Include)를 빠르게 대체했다. 이 기술은 별도의 책으로도 충분히 다룰 만한 주제이기 때문에, 이 책에서는 자세히 다루지 않는다. 관심 있는 독자는 제이슨 헌터(Jason Hunter)의 《자바 서블릿 프로그램(Java Servlet Programming)》(O'Reilly)을 참조하길 바란다. 그러나 일반적으로 서버, 특히 웹 서버는 자바가 C와 실제 성능을 경쟁하는 단지 한 분야일 뿐이며, 많은 분야에서 자바는 C와 성능 경쟁을 하고 있다.

단일 파일 서버

HTTP 서버에 대한 우리의 조사는 요청에 상관없이 항상 같은 파일을 보내는 서버로 시작한다. 이 서버의 이름은 SingleFileHTTPServer이고 예제 9-10에 나타나 있다. 파일 이름, 로컬 포트 그리고 콘텐츠 인코딩은 명령라인을 통해 읽는다. 명령라인에 포트 번호가 생략된 경우, 80포트를 사용하는 것으로 가정한다. 명령라인에 인코딩이 생략된 경우 아스키를 사용하는 것으로 가정한다.

예제 9-10 단일 파일을 제공하는 HTTP 서버

```
import java.io.*;
import java.net.*;
import java.nio.charset.Charset;
import java.nio.file.*;
import java.util.concurrent.*;
import java.util.logging.*;

public class SingleFileHTTPServer {

  private static final Logger logger = Logger.getLogger("SingleFileHTTPServer");
```

```java
    private final byte[] content;
    private final byte[] header;
    private final int port;
    private final String encoding;

    public SingleFileHTTPServer(String data, String encoding,
        String mimeType, int port) throws UnsupportedEncodingException {
      this(data.getBytes(encoding), encoding, mimeType, port);
    }

    public SingleFileHTTPServer(
        byte[] data, String encoding, String mimeType, int port) {
      this.content = data;
      this.port = port;
      this.encoding = encoding;
      String header = "HTTP/1.0 200 OK\r\n"
          + "Server: OneFile 2.0\r\n"
          + "Content-length: " + this.content.length + "\r\n"
          + "Content-type: " + mimeType + "; charset=" + encoding + "\r\n\r\n";
      this.header = header.getBytes(Charset.forName("US-ASCII"));
    }

    public void start() {
      ExecutorService pool = Executors.newFixedThreadPool(100);
      try (ServerSocket server = new ServerSocket(this.port)) {
        logger.info("Accepting connections on port " + server.getLocalPort());
        logger.info("Data to be sent:");
        logger.info(new String(this.content, encoding));

        while (true) {
          try {
            Socket connection = server.accept();
            pool.submit(new HTTPHandler(connection));
          } catch (IOException ex) {
            logger.log(Level.WARNING, "Exception accepting connection", ex);
          } catch (RuntimeException ex) {
            logger.log(Level.SEVERE, "Unexpected error", ex);
          }
        }
      } catch (IOException ex) {
        logger.log(Level.SEVERE, "Could not start server", ex);
      }
    }

    private class HTTPHandler implements Callable<Void> {
      private final Socket connection;

      HTTPHandler(Socket connection) {
        this.connection = connection;
      }
```

```java
  @Override
  public Void call() throws IOException {
    try {
      OutputStream out = new BufferedOutputStream(
                             connection.getOutputStream()
                           );
      InputStream in = new BufferedInputStream(
                             connection.getInputStream()
                           );
      // 여기서는 필요한 첫 번째 줄만 읽는다.
      StringBuilder request = new StringBuilder(80);
      while (true) {
        int c = in.read();
        if (c == '\r' || c == '\n' || c == -1) break;
        request.append((char) c);
      }
      // HTTP/1.0이나 그 이후 버전을 지원할 경우 MIME 헤더를 전송한다.
      if (request.toString().indexOf("HTTP/") != -1) {
        out.write(header);
      }
      out.write(content);
      out.flush();
    } catch (IOException ex) {
      logger.log(Level.WARNING, "Error writing to client", ex);
    } finally {
      connection.close();
    }
    return null;
  }
}

public static void main(String[] args) {

  // 대기(listen)할 포트를 설정한다.
  int port;
  try {
    port = Integer.parseInt(args[1]);
    if (port < 1 || port > 65535) port = 80;
  } catch (RuntimeException ex) {
    port = 80;
  }
    String encoding = "UTF-8";
    if (args.length > 2) encoding = args[2];

    try {
      Path path = Paths.get(args[0]);;
      byte[] data = Files.readAllBytes(path);

      String contentType = URLConnection.getFileNameMap().getContentTypeFor(args[0]);
      SingleFileHTTPServer server = new SingleFileHTTPServer(data, encoding,
          contentType, port);
```

```
      server.start();

    } catch (ArrayIndexOutOfBoundsException ex) {
      System.out.println(
          "Usage: java SingleFileHTTPServer filename port encoding");
    } catch (IOException ex) {
      logger.severe(ex.getMessage());
    }
  }
}
```

생성자는 HTTP 헤더와 함께 전송할 데이터를 구성한다. 헤더에는 콘텐츠 길이에 대한 정보와 콘텐츠 인코딩 정보가 포함되어 있다. 응답 헤더 및 본문은 클라이언트에게 신속하게 전송할 수 있도록 원하는 인코딩 타입으로 바이트 배열에 저장해 둔다.

SingleFileHTTPServer 클래스는 전송할 콘텐츠와 헤더를 보관하고 바인드할 포트 번호를 보관해 둔다. start() 메소드는 지정된 포트에 대한 ServerSocket 객체를 만들고, 끊임없이 연결을 수용(accept)하고 요청을 처리하는 무한 루프에 진입한다.

들어온 각각의 소켓은 스레드 풀에 제출된 runnable 핸들러 객체에 의해 처리된다. 따라서 하나의 느린 클라이언트로 인해 다른 클라이언트의 속도가 느려지는 문제는 발생하지 않는다. 각각의 핸들러는 클라이언트의 요청을 읽기 위해 소켓으로부터 InputStream을 가져온다. 핸들러는 요청에 HTTP 문자열이 포함되어 있는지 확인하기 위해 첫째 줄을 살펴본다. HTTP 문자열이 발견될 경우 서버는 클라이언트가 HTTP/1.0 또는 그 이후 버전을 지원한다고 가정하고, 해당 파일에 대한 MIME 헤더와 데이터를 보낸다. 만약 클라이언트 요청이 HTTP 문자열을 포함하고 있지 않다면, 서버는 헤더를 생략하고 데이터만을 전송한다. 마지막으로, 핸들러는 연결을 종료한다.

main() 메소드는 단지 명령라인으로부터 매개변수를 읽기만 한다. 클라이언트 요청 시 응답으로 제공할 파일을 첫 번째 인자에서 읽는다. 매개변수에 파일이 명시되지 않았거나, 명시된 경우에도 파일을 읽을 수 없는 경우, 에러 메시지를 출력하고 프로그램은 종료한다. 파일을 정상적으로 읽을 수 있는 경우, 자바 7에서 새로 소개된 Path와 Files 클래스를 사용하여 파일의 내용을 바이트 배열변수인 data에 읽는다. URLConnection 클래스를 사용하여 파일의 콘텐츠 타입을 확인하고 해당 타입 정보는 contentType 변수에 저장된다. 다음으로, 포트 번호를 명령라인 두 번째 인자에서 읽는다. 포트 번호가 지정되지 않았거나, 두 번째 인자가 1에서 65,535 사이의 숫자가 아닌 경우 기본 80 포트가 사용된다. 인코딩 정보는 명령라인 세 번째 인자로부터 읽으며, 세 번째 인자가 없는 경우 기본 인코딩인 UTF-8을 사용한다. 그러고 나서 이 값들은 SingleFileHTTPServer 객체를 만들고 시작하는 데 사용된다.

main() 메소드는 이 프로그램의 인터페이스에 해당하며, 다른 프로그램에서 어렵지 않게 이 클래스를 사용할 수 있다. 이 클래스에 콘텐츠를 변경할 수 있는 set 메소드를 추가하여 운영 중인 서버나 시스템의 상태 정보를 제공하는 용도로 어렵지 않게 사용할 수 있다. 그러나 위 프로그램의 경우 실행 중에 전송 파일이 변경되지 않기 때문에 스레드 안전(thread-safe)에 대한 고려를 하지 않았지만, 이 클래스를 가져다 쓸 경우 스레드 안전과 같은 추가적인 문제가 발생할 수 있으므로 고려해야 한다. 아래는 이 서버에 텔넷을 통해 접속했을 때 볼 수 있는 화면이다. (구체적인 내용은 서버와 파일에 따라 달라질 수 있다.)

```
% telnet macfaq.dialup.cloud9.net 80
Trying 168.100.203.234...
Connected to macfaq.dialup.cloud9.net.
Escape character is '^]'.
GET / HTTP/1.0
HTTP/1.0 200 OK
Server: OneFile 2.0
Content-length: 959
Content-type: text/html; charset=UTF-8

&lt;!DOCTYPE HTML PUBLIC "-//W3C//DTD HTML 3.2//EN"&gt;
&lt;HTML&gt;
&lt;HEAD&gt;
&lt;TITLE&gt;Under Construction&lt;/TITLE&gt;
&lt;/HEAD&gt;
&lt;BODY&gt;
...
```

리다이렉터

리다이렉션은 특수 목적 HTTP 서버를 위한 간단하지만 유용한 또 다른 애플리케이션이다.

이 절에서는 사용자를 다른 사이트로 리다이렉트시키는 서버를 만든다. — 예를 들어, cnet.com에서 www.cnet.com으로 보낸다. 예제 9-11은 명령라인을 통해 URL과 포트 번호를 읽고 해당 포트에 대해 서버 소켓을 연다. 그리고 클라이언트로부터 받은 모든 요청을 302 FOUND 응답 코드를 사용하여 새 URL이 가리키는 사이트로 리다이렉트시킨다. 이 예제에서 필자는 각 연결에 대해서 스레드 풀 대신에 새 스레드를 생성하는 방법을 선택했다. 이 방법이 다소 덜 효율적이긴 하지만 코드를 작성하거나 이해하기 쉽다.

예제 9-11 HTTP 리다이렉터

```java
import java.io.*;
import java.net.*;
import java.util.*;
import java.util.logging.*;

public class Redirector {
  private static final Logger logger = Logger.getLogger("Redirector");

  private final int port;
  private final String newSite;

  public Redirector(String newSite, int port) {
    this.port = port;
    this.newSite = newSite;
  }

  public void start() {
    try (ServerSocket server = new ServerSocket(port)) {
      logger.info("Redirecting connections on port "
          + server.getLocalPort() + " to " + newSite);

      while (true) {
        try {
          Socket s = server.accept();
          Thread t = new RedirectThread(s);
          t.start();
        } catch (IOException ex) {
          logger.warning("Exception accepting connection");
        } catch (RuntimeException ex) {
          logger.log(Level.SEVERE, "Unexpected error", ex);
        }
      }
    } catch (BindException ex) {
      logger.log(Level.SEVERE, "Could not start server.", ex);
    } catch (IOException ex) {
      logger.log(Level.SEVERE, "Error opening server socket", ex);
    }
  }

  private class RedirectThread extends Thread {

    private final Socket connection;
```

```
RedirectThread(Socket s) {
  this.connection = s;
}

public void run() {
  try {
    Writer out = new BufferedWriter(
                   new OutputStreamWriter(
                     connection.getOutputStream(), "US-ASCII"
                   )
                 );
    Reader in = new InputStreamReader(
                  new BufferedInputStream(
                    connection.getInputStream()
                  )
                );
    // 여기서는 필요한 첫 번째 줄만 읽는다.
    StringBuilder request = new StringBuilder(80);
    while (true) {
      int c = in.read();
      if (c == '\r' || c == '\n' || c == -1) break;
      request.append((char) c);
    }

    String get = request.toString();
    String[] pieces = get.split("\\w*");
    String theFile = pieces[1];

    // HTTP/1.0이나 그 이후 버전을 지원할 경우 MIME 헤더를 전송한다.
    if (get.indexOf("HTTP") != -1) {
      out.write("HTTP/1.0 302 FOUND\r\n");
      Date now = new Date();
      out.write("Date: " + now + "\r\n");
      out.write("Server: Redirector 1.1\r\n");
      out.write("Location: " + newSite + theFile + "\r\n");
      out.write("Content-type: text/html\r\n\r\n");
      out.flush();
    }
    // 모든 브라우저가 리다이렉션을 지원하는 것은 아니기 때문에
    // 해당 페이지가 어디로 이동했는지 알려 주는 HTML 페이지가 필요하다.
    out.write("<HTML><HEAD><TITLE>Document moved</TITLE></HEAD>\r\n");
    out.write("<BODY><H1>Document moved</H1>\r\n");
    out.write("The document " + theFile
      + " has moved to\r\n<A HREF=\"" + newSite + theFile + "\">"
      + newSite + theFile
      + "</A>.\r\n Please update your bookmarks<P>");
    out.write("</BODY></HTML>\r\n");
    out.flush();
    logger.log(Level.INFO,
```

```
                "Redirected " + connection.getRemoteSocketAddress());
      } catch(IOException ex) {
        logger.log(Level.WARNING,
            "Error talking to " + connection.getRemoteSocketAddress(), ex);
      } finally {
        try {
          connection.close();
        } catch (IOException ex) {}
      }
    }
  }

  public static void main(String[] args) {

    int thePort;
    String theSite;
    try {
      theSite = args[0];
      // 주소 끝에 붙은 /를 제거한다.
      if (theSite.endsWith("/")) {
        theSite = theSite.substring(0, theSite.length() - 1);
      }
    } catch (RuntimeException ex) {
      System.out.println(
          "Usage: java Redirector http://www.newsite.com/ port");
      return;
    }

    try {
      thePort = Integer.parseInt(args[1]);
    } catch (RuntimeException ex) {
      thePort = 80;
    }

    Redirector redirector = new Redirector(theSite, thePort);
    redirector.start();
  }
}
```

80포트에 리다이렉터를 실행하고 들어오는 요청을 http://www.cafeconleche.org/로 리다이
렉트하기 위해 다음과 같이 입력한다.

```
D:\JAVA\JNP4\examples\09> java Redirector http://www.cafeconleche.org/
Redirecting connections on port 80 to http://www.cafeconleche.org/
```

텔넷을 이용하여 이 서버에 접속하면 다음과 같은 화면을 볼 수 있다.

```
% <userinput moreinfo="none">telnet macfaq.dialup.cloud9.net 80
Trying 168.100.203.234...
Connected to macfaq.dialup.cloud9.net.
Escape character is '^]'.
GET / HTTP/1.0
HTTP/1.0 302 FOUND
Date: Sun Mar 31 12:38:42 EDT 2013
Server: Redirector 1.1
Location: http://www.cafeconleche.org/
Content-type: text/html

&lt;HTML&gt;&lt;HEAD&gt;&lt;TITLE&gt;Document moved&lt;/TITLE&gt;&lt;/HEAD&gt;
&lt;BODY&gt;&lt;H1&gt;Document moved&lt;/H1&gt;
The document / has moved to
&lt;A HREF="http://www.cafeconleche.org/"&gt;http://www.cafeconleche.
 org/&lt;/A&gt;.
 Please update your bookmarks&lt;P&gt;&lt;/BODY&gt;&lt;/HTML&gt;
Connection closed by foreign host.
```

그러나 웹 브라우저로 이 서버에 접속해 보면 약간의 지연 후 http://cafeconleche.org/로 이동되며, 응답 코드 다음에 추가한 HTML 페이지를 보기는 어려울 것이다. 이 HTML 페이지는 단지 일부 보안에 민감하여 브라우저의 자동 리다이렉트를 차단한 사람들뿐만 아니라, 리다이렉트를 제공하지 않는 매우 오래된 브라우저를 지원하기 위해 제공되었다.

main()는 리다이렉트할 새로운 사이트의 URL과 대기할 포트 값을 읽는 매우 단순한 인터페이스를 제공한다. main() 메소드는 이 값을 사용하여 Redirector 객체를 만든다. 그러고 나서 start() 메소드를 호출한다. 포트 번호가 명시되지 않은 경우 Redirector는 기본 포트인 80 포트에서 대기한다. 리다이렉트할 사이트가 생략된 경우 Redirector는 에러 메시지를 출력하고 종료한다.

Redirector의 start() 메소드는 서버 소켓을 포트로 바인드하고 짧은 상태 메시지를 출력한다. 그리고 연결을 대기하는 무한 루프에 진입한다. 루프 안에서는 연결이 수용(accept)될 때마다, 반환되는 Socket 객체를 사용하여 RedirectThread가 생성되고 RedirectThread 객체가 시작된다. 그 다음 과정인 클라이언트와의 모든 통신은 새로 생성된 스레드 안에서 처리되며, start() 메소드는 계속해서 다음 연결을 대기한다.

RedirectThread의 run() 메소드에서 대부분의 일들이 벌어진다. run() 메소드는 먼저 소켓의 출력 스트림과 입력 스트림을 각각 Writer와 Reader에 연결한다. 입력과 출력 모두 버퍼링 기능도 함께 추가한다. 그러고 나서 run() 메소드는 클라이언트가 보내는 첫 번째 줄을 읽는다. 그리고 이 코드에서는 연결된 클라이언트가 전체 MIME 헤더를 보내더라도 무시하고, 필요한 정보가 포함된 첫 번째 라인만 읽는다. 첫 번째 줄은 다음과 비슷할 것이다.

```
GET /directory/filename.html HTTP/1.0
```

경우에 따라서 GET이 아닌 POST나 PUT일 수도 있고, HTTP 버전이 포함되지 않을 수도 있다. 위 첫 번째 줄에서 두 번째 단어는 클라이언트가 요청한 파일을 나타낸다. 이 파일은 슬래시(/)로 시작해야 한다. 상대 URL을 슬래시로 시작하는 절대 URL로 변경하는 것은 브라우저의 역할이며, 서버에서 대신 처리해 주지 않는다. 세 번째 단어는 요청을 보낸 브라우저가 지원하는 HTTP 프로토콜의 버전을 나타낸다. HTTP/1.0 이전의 웹 브라우저에서는 이 부분이 비어 있으며, 최신 웹 브라우저에서는 HTTP/1.0이나 HTTP/1.1이라고 표시된다.

이러한 요청을 처리하기 위해 Redirector 클래스는 첫 번째 단어를 무시한다. 두 번째 단어는 리다이렉트될 전체 URL을 제공하기 위해 리다이렉트될 목적지 서버(newSite 필드에 저장된)의 URL에 연결된다. 세 번째 단어는 응답 MIME의 전송 여부를 결정하는 데 사용된다. HTTP/1.0을 지원하지 않는 오래된 브라우저에서는 MIME 헤더를 사용하지 않는다. HTTP 버전이 있는 경우 MIME 헤더를 전송하고, 그렇지 않은 경우 생략한다.

데이터 전송 부분은 어렵지 않다. Writer 객체 out이 사용되며, 전송되는 모든 데이터는 순수 아스키 문자이기 때문에 정확한 인코딩이 중요한 것은 아니다. 여기서 유일하게 주의해야 할 점은 HTTP 요청의 끝을 나타내는 문자가 \r\n(캐리지리턴/라인피드)라는 점이다.

그 다음 라인들은 각각 한 줄씩의 텍스트를 클라이언트에게 전송하며, 그중 첫 번째 줄은 다음과 같이 출력된다.

```
HTTP/1.0 302 FOUND
```

이 라인은 HTTP/1.0 응답 코드이며, 클라이언트에게 리다이렉트를 요청한다. 두 번째 줄 Date: 헤더는 서버의 현재 시간을 제공한다. 이 라인은 선택적으로 제공되며 필수는 아니다. 세 번째 줄은 서버의 이름과 버전을 나타낸다. 이 라인 역시 선택적으로 제공되며, 스파이더들은 이 필드의 값을 참조하여 인기 있는 웹 서버들의 통계를 구하는 데 사용한다. 그 다음 라인인 Location: 헤더는 지금과 같은 응답 유형에서 필요한 필드다. 클라이언트에게 어디로 리다이렉트해야 하는지 알려 준다. 마지막은 표준 Content-type: 헤더다. 여기서는 클라이언트가 응답 내용을 HTML로 처리할 수 있도록 콘텐츠 타입으로 text/html을 보낸다. 마지막으로, 헤더의 끝을 나타내기 위해 빈 줄을 보낸다.

이 다음으로 보내지는 내용은 HTML이며 브라우저에 의해서 처리되고 사용자 화면에 출력된다. 이 코드가 출력하는 HTML에는 리다이렉션을 지원하지 않는 브라우저를 위한 메시지를 포함하고 있으며, 이러한 브라우저는 HTML 내용을 확인하고 수동으로 리다이렉션 페이지로 이동할 수 있다. 출력되는 HTML 메시지의 내용은 다음과 같다.

```
<HTML><HEAD><TITLE>Document moved</TITLE></HEAD>
<BODY><H1>Document moved</H1>
The document / has moved to
<A HREF="http://www.cafeconleche.org/">http://www.cafeconleche.org/</A>.
 Please update your bookmarks<P></BODY></HTML>
```

마지막으로, 연결이 닫히고 스레드가 종료된다.

향상된 HTTP 서버

지금까지 특수 목적의 서버에 대해서 충분히 살펴보았다. 이 절에서는 JHTTP라고 불리는 좀 더 향상된 HTTP 서버를 만든다. 이 서버는 이미지, 애플릿, HTML 파일, 텍스트 파일 등을 포함한 전체 문서 트리를 제공할 수 있다. JHTTP 서버는 GET 요청만을 처리하는 것 이외엔 SingleFileHTTPServer와 매우 유사하다. 이 서버는 여전히 꽤 경량의 웹 서버에 해당한다. 코드를 먼저 살펴본 다음, 추가할 만한 다른 기능에 대해 살펴보자.

이 서버는 잠재적으로 느린 네트워크를 통해 파일 시스템으로부터 큰 파일을 읽어서 제공할 수도 있기 때문에, 접근 방법을 변경할 것이다. 요청이 도착한 메인 스레드에서 직접 각 요청을 처리하지 않고, 들어온 연결을 풀에 저장한다. 분리된 RequestProcessor 클래스의 인스턴스는 풀로부터 연결을 제거하고 해당 연결을 처리할 것이다. 예제 9-12는 메인 JHTTP 클래스를 보여 준다. 이전에 살펴보았던 두 예제처럼 JHTTP의 main() 메소드는 초기화 작업을 하지만, 다른 프로그램에서 기본적인 웹 서버를 실행하는 데 이 클래스를 호출할 수 있다.

```java
import java.io.*;
import java.net.*;
import java.util.concurrent.*;
import java.util.logging.*;

public class JHTTP {

  private static final Logger logger = Logger.getLogger(
      JHTTP.class.getCanonicalName());
  private static final int NUM_THREADS = 50;
  private static final String INDEX_FILE = "index.html";

  private final File rootDirectory;
  private final int port;

  public JHTTP(File rootDirectory, int port) throws IOException {

    if (!rootDirectory.isDirectory()) {
      throw new IOException(rootDirectory
          + " does not exist as a directory");
    }
    this.rootDirectory = rootDirectory;
    this.port = port;
  }

  public void start() throws IOException {
    ExecutorService pool = Executors.newFixedThreadPool(NUM_THREADS);
    try (ServerSocket server = new ServerSocket(port)) {
      logger.info("Accepting connections on port " + server.getLocalPort());
      logger.info("Document Root: " + rootDirectory);

      while (true) {
        try {
          Socket request = server.accept();
          Runnable r = new RequestProcessor(
              rootDirectory, INDEX_FILE, request);
          pool.submit(r);
        } catch (IOException ex) {
          logger.log(Level.WARNING, "Error accepting connection", ex);
        }
      }
    }
  }

  public static void main(String[] args) {

    // 도큐먼트 루트를 구한다.
```

```
        File docroot;
        try {
          docroot = new File(args[0]);
        } catch (ArrayIndexOutOfBoundsException ex) {
          System.out.println("Usage: java JHTTP docroot port");
          return;
        }

        // 대기할 포트 설정
        int port;
        try {
          port = Integer.parseInt(args[1]);
          if (port < 0 || port > 65535) port = 80;
        } catch (RuntimeException ex) {
          port = 80;
        }

        try {
          JHTTP webserver = new JHTTP(docroot, port);
          webserver.start();
        } catch (IOException ex) {
          logger.log(Level.SEVERE, "Server could not start", ex);
        }
      }
    }
```

JHTTP 클래스의 main() 메소드는 args[0] 인자로부터 도큐멘트 루트 디렉터리를 설정한다. 포트 번호는 args[1]에서 읽거나 기본값으로 80이 사용된다. 그리고 나서 새로운 JHTTP 객체가 생성되고 시작된다. JHTTP는 요청을 처리할 스레드 풀을 생성하고 들어오는 요청을 반복해서 수용한다. 연결당 하나의 RequestProcessor 스레드를 풀에 제출한다.

각 연결은 예제 9-13에서 볼 수 있는 RequestProcessor 클래스의 run() 메소드에 의해 처리된다. 이 메소드는 소켓에서 입출력 스트림을 구하고 각각을 reader와 writer에 연결한다. reader는 클라이언트가 지원하는 HTTP의 버전과 요청된 파일을 확인하기 위해 클라이언트 요청의 첫 번째 라인을 읽는다. 요청 메소드가 GET인 경우, 요청된 파일은 로컬 파일 시스템상의 파일 이름으로 변환된다. 요청된 파일이 디렉터리인 경우(예를 들어, 파일 이름이 슬래시로 끝나는 경우), 경로의 끝에 인덱스 파일의 이름을 추가한다. 그리고 서버는 요청된 파일이 도큐멘트 루트 디렉터리를 벗어난 곳에서 제공되지 않도록 경로가 규칙에 맞는지 확인한다. 그렇지 않으면, 악의적인 클라이언트가 URL에 상위 경로로 이동하는 ..을 추가하여 로컬 파일 시스템 전체를 돌아다닐 수 있다. 좀 더 발전된 웹 서버에서는 클라이언트로부터 나머지 MIME 헤더들을 읽어서 처리할 수도 있겠지만, 여기서는 경로만으로도 충분하다.

다음으로, 요청된 파일을 열고 파일의 내용을 바이트 배열로 읽는다. 클라이언트가 보낸 HTTP의 버전이 1.0 또는 그 이후 버전인 경우, 적절한 MIME 헤더를 출력 스트림에 쓴다. 콘텐츠 타입 확인을 위해 .html 같은 파일 확장자를 text/html 같은 MIME 타입으로 연결시켜 주는 URLConnection.getFileNameMap().getContentTypeFor(fileName) 메소드를 호출한다. 그리고 나서 파일의 내용을 포함하고 있는 바이트 배열을 출력 스트림에 쓰고 연결을 닫는다. 요청된 파일을 찾을 수 없거나 열 수 없는 경우, 파일 대신 404 응답 코드를 클라이언트에게 보낸다. 클라이언트가 POST와 같은 지원하지 않는 메소드를 보낼 경우, 501을 에러를 돌려보낸다. 예외가 발생할 경우, 로그에 기록하고 연결을 닫고 계속 진행된다.

예제 9-13 HTTP 요청을 처리하는 runnable 클래스

```
import java.io.*;
import java.net.*;
import java.nio.file.Files;
import java.util.*;
import java.util.logging.*;

public class RequestProcessor implements Runnable {

  private final static Logger logger = Logger.getLogger(
      RequestProcessor.class.getCanonicalName());

  private File rootDirectory;
  private String indexFileName = "index.html";
  private Socket connection;

  public RequestProcessor(File rootDirectory,
      String indexFileName, Socket connection) {

    if (rootDirectory.isFile()) {
      throw new IllegalArgumentException(
          "rootDirectory must be a directory, not a file");
    }
    try {
      rootDirectory = rootDirectory.getCanonicalFile();
    } catch (IOException ex) {
    }
    this.rootDirectory = rootDirectory;

    if (indexFileName != null) this.indexFileName = indexFileName;
    this.connection = connection;
```

```java
}

@Override
public void run() {
  // 보안 검사
  String root = rootDirectory.getPath();
  try {
    OutputStream raw = new BufferedOutputStream(
                        connection.getOutputStream()
                      );
    Writer out = new OutputStreamWriter(raw);
    Reader in = new InputStreamReader(
                  new BufferedInputStream(
                   connection.getInputStream()
                  ),"US-ASCII"
                );
    StringBuilder requestLine = new StringBuilder();
    while (true) {
      int c = in.read();
      if (c == '\r' || c == '\n') break;
      requestLine.append((char) c);
    }

    String get = requestLine.toString();

    logger.info(connection.getRemoteSocketAddress() + " " + get);
    String[] tokens = get.split("\\s+");
    String method = tokens[0];
    String version = "";
    if (method.equals("GET")) {
      String fileName = tokens[1];
      if (fileName.endsWith("/")) fileName += indexFileName;
      String contentType =
          URLConnection.getFileNameMap().getContentTypeFor(fileName);
      if (tokens.length > 2) {
        version = tokens[2];
      }

      File theFile = new File(rootDirectory,
          fileName.substring(1, fileName.length()));

      if (theFile.canRead()
          // 클라이언트가 도큐멘트 루트를 벗어나지 못하도록 한다.
          && theFile.getCanonicalPath().startsWith(root)) {
        byte[] theData = Files.readAllBytes(theFile.toPath());
        if (version.startsWith("HTTP/")) { // MIME 헤더 전송
          sendHeader(out, "HTTP/1.0 200 OK", contentType, theData.length);
        }
```

```
            // 파일을 전송한다. 이미지나 다른 바이너리 데이터 전송을 위해
            // writer 대신 내부 출력 스트림을 사용한다.
            raw.write(theData);
            raw.flush();
          } else { // 파일을 찾을 수 없는 경우
            String body = new StringBuilder("<HTML>\r\n")
                .append("<HEAD><TITLE>File Not Found</TITLE>\r\n")
                .append("</HEAD>\r\n")
                .append("<BODY>")
                .append("<H1>HTTP Error 404: File Not Found</H1>\r\n")
                .append("</BODY></HTML>\r\n").toString();
            if (version.startsWith("HTTP/")) { // MIME 헤더 전송
              sendHeader(out, "HTTP/1.0 404 File Not Found",
                  "text/html; charset=utf-8", body.length());
            }
            out.write(body);
            out.flush();
          }
        } else { // "GET" 메소드가 아닌 경우
          String body = new StringBuilder("<HTML>\r\n")
              .append("<HEAD><TITLE>Not Implemented</TITLE>\r\n")
              .append("</HEAD>\r\n")
              .append("<BODY>")
              .append("<H1>HTTP Error 501: Not Implemented</H1>\r\n")
              .append("</BODY></HTML>\r\n").toString();
          if (version.startsWith("HTTP/")) { // MIME 헤더 전송
            sendHeader(out, "HTTP/1.0 501 Not Implemented",
                "text/html; charset=utf-8", body.length());
          }
          out.write(body);
          out.flush();
        }
    } catch (IOException ex) {
      logger.log(Level.WARNING,
          "Error talking to " + connection.getRemoteSocketAddress(), ex);
    } finally {
      try {
        connection.close();
      }
      catch (IOException ex) {}
    }
  }

  private void sendHeader(Writer out, String responseCode,
      String contentType, int length)
      throws IOException {
    out.write(responseCode + "\r\n");
    Date now = new Date();
    out.write("Date: " + now + "\r\n");
```

```
    out.write("Server: JHTTP 2.0\r\n");
    out.write("Content-length: " + length + "\r\n");
    out.write("Content-type: " + contentType + "\r\n\r\n");
    out.flush();
  }
}
```

이 서버는 충분히 잘 동작하지만 여전히 기능이 많이 부족하다. 아래는 이 서버에 추가해 볼 만한 기능들을 나열하였다.

- 서버 관리 인터페이스
- 자바 서블릿 API 지원
- POST, HEAD 그리고 PUT 같은 다른 요청 메소드 지원
- 다수의 개별 사용자들을 위한 다수의 도큐멘트 루트 지원

마지막으로, 이 서버를 최적화하기 위한 고민을 잠시 해 보도록 하자. 실제 트래픽이 많은 사이트에서 JHTTP 서버를 사용할 생각이라면, 이 서버의 성능을 향상시키기 위한 두 가지 방법이 있다. 첫 번째 방법은 스마트 캐시 기능의 구현이다. 구현 방법은 클라이언트로부터 받은 요청을 추적하고 자주 요청된 파일을 메모리상의 맵(Map)에 보관한다. 그리고 우선순위가 낮은 스레드를 사용하여 이 캐시를 업데이트한다. 두 번째 방법은 스레드와 스트림 대신 논블록 I/O와 채널(channel) 사용을 시도해 볼 수 있으며, 이에 대한 자세한 내용은 뒤에 나올 제11장에서 다룬다.

10

보안 소켓

AT&T는 자사의 스위칭 센터의 비밀 룸에 설치된 데이터 마이닝 장비로 패킷을 복사하여 자사 고객의 모든 인터넷 트래픽에 대한 접근을 미국 국가안보국(NSA, National Security Agency)에 제공했다.[1] 영국 정보통신본부(GCHQ, Government Communications Headquarters)는 세계의 전화 및 인터넷 트래픽의 대부분이 지나가는 광섬유 케이블을 도청한다.[2] 스웨덴에서 국가방위라디오기구(National Defence Radio Establishment)는 광섬유 케이블 업체들에게 그들의 시설 내에 섬유 미러링(fiber mirroring) 설비의 설치를 요구한다. 그리고 이것은 우리가 알고 있는 정부가 후원하는 도청의 단지 작은 일부일 뿐이다.

인터넷 사용자로서 여러분은 정부의 이런 스누핑(snooping)을 방어해야 한다. 인터넷 연결에 대한 더 근본적인 보안을 강화하기 위한 방법으로 소켓을 암호화할 수 있다. 이 방법은 트랜잭션에 대한 기밀성과 인증, 무결성을 제공한다.

---

1 리안 싱겔(Ryan Singel)이 2006년 4월에 《와이어드(Wired)》에 기고한 글 "Whistle-Blower Outs NSA Spy Room".
2 이완 맥어스킬(Ewen MacAskill), 줄리안 보거(Julian Borger), 닉 홉킨스(Nick Hopkins), 닉 데이비스(Nick Davies), 제임스 볼(James Ball)이 2013년 6월 《더 가디언(The Guardian)》에 기고한 글 "GCHQ taps fibre-optic cables for secret access to world's communications".

그러나 암호화는 복잡한 주제다. 암호화를 수행하기 위해서는 수학적인 알고리즘뿐만 아니라 키(key)와 암호화된 데이터를 주고받기 위한 프로토콜에 대한 자세한 이해가 요구된다. 이러한 암호화는 작은 실수로 인해 큰 허점이 생기고 이러한 허점을 통해 대화가 노출된다. 따라서 암호화 소프트웨어를 작성하는 것은 최고의 전문가들만이 할 수 있는 일이다.

다행히도 암호화 알고리즘과 내부 프로토콜에 대해 문외한인 비전문가들도 이러한 전문가들이 만든 소프트웨어를 이용하여 통신을 보안할 수 있다. 온라인 상점에서 무언가를 주문할 때마다, 내부적으로 알고리즘과 프로토콜을 사용하여 트랜잭션을 암호화하고 인증하지만, 여러분이 이 사실을 알 필요는 없다. 그리고 온라인 상점과 통신하는 네트워크 클라이언트 소프트웨어를 작성하는 프로그래머라면, 알고리즘 전문가가 작성한 클래스 라이브러리를 사용하기 위해 일부 지식이 필요하긴 하지만, 관련된 프로토콜과 알고리즘에 대해 많은 지식이 필요하지는 않는다. 또는 온라인 상점에서 실행되는 서버 소프트웨어를 작성한다면, 클라이언트 개발자보다는 조금 더 많은 지식이 필요하긴 하다. 하지만 이 경우에도 암호화 전문가만큼의 지식은 필요하지 않으며, 인터넷상에 많은 참고 자료가 있으므로 밑바닥부터 새로 설계할 필요가 없다.

자바 보안 소켓 확장(JSSE, Java Secure Sockets Extension)은 보안 소켓 계층(SSL, Secure Sockets Layer) 버전 3과 전송 계층 보안(TLS, Transport Layer Security) 프로토콜과 관련된 암호화 알고리즘을 사용하여 네트워크 통신을 보안한다. SSL은 기밀성(confidential)과 인증의 다양한 수준을 사용하여 웹 브라우저와 다른 TCP 클라이언트들이 HTTP 또는 다른 TCP 서버들과 대화를 가능하게 하는 보안 프로토콜이다.

보안 통신

공용 인터넷과 같은 열린 채널을 통해 비밀 통신을 하고자 할 경우 꼭 데이터를 암호화해야 한다. 컴퓨터에서 사용되는 대부분의 암호화 방식은 키 개념에 기반을 두고 있으며, 여기서 키는 텍스트에 한정되지 않은 좀 더 일반화된 패스워드를 말한다. 평문 메시지는 수학적인 알고리즘에 따라 키의 비트들과 결합되어 암호문이 만들어진다. 키 값이 길수록 키 값을 대입하는 공격(brute-force attack)에 대해서 메시지가 안전해진다.

전통적인 비밀키 암호화 방식(대칭키 암호화)에서는 데이터를 암호화하고 복호화하는 데 같은 키가 사용된다. 송신자와 수신자는 단일키를 서로 알고 있어야 한다. 안젤라(Angela)가 거스(Gus)에게 메시지를 보내려고 하는 상황을 가정해 보자. 그녀는 먼저 비밀 메시지를 교환하기 위해 사용할 키를 거스에게 보낸다. 그러나 거스가 아직 키를 가지고 있지 않기 때문에 이 키 자체를 암호화해서 보낼 수는 없다. 그래서 안젤라는 암호화되지 않은 키를 그대로 보낸다. 그리고 에드거(Edgar)가 안젤라와 거스 사이의 연결을 도청하고 있다고 가정해 보자. 거스가 키를 받게 되는 시점에 에드거 역시 키를 받게 된다. 그 시점부터 에드거는 이 키를 사용하여 안젤라와 거스가 주고받는 모든 대화를 읽을 수 있다.

공개키 암호화(비대칭키 암호화)에서는 데이터를 암호화하고 복호화하는 데 다른 키가 사용된다. 이 중 하나의 키를 공개키(public key)라고 부르고 데이터를 암호화하는 데 사용한다. 누구나 이 키에 접근할 수 있다. 그리고 또 다른 키를 개인키(private key)라고 부르고 암호화된 데이터를 복호화하는 데 사용한다. 개인키는 비밀을 유지해야 하며 적절한 권한을 가진 사람만 접근할 수 있어야 한다. 안젤라가 거스에게 메시지를 보내려고 할 경우, 안젤라는 먼저 거스에게 그의 공개키를 요청한다. 거스는 암호화되지 않은 연결을 통해 안젤라에게 공개키를 보낸다. 안젤라는 거스의 공개키를 사용하여 메시지를 암호화하고 거스에게 암호화된 메시지를 보낸다. 거스가 안젤라에게 자신의 공개키를 전송할 때 에드거가 도청하고 있었다면, 에드거 역시 거스의 공개키를 가지고 있다. 그러나 메시지를 복호화하기 위해서는 거스의 개인키가 필요하기 때문에, 이 공개키로는 안젤라가 거스에서 보낸 메시지를 복호화할 수 없다. 즉, 공개키가 전송 중에 노출되더라도 메시지는 안전하게 유지된다.

비대칭 암호화는 또한 인증과 무결성 검사에도 사용될 수 있다. 예를 들어, 위 상황에서 안젤라가 메시지를 보내기 전에 자신의 개인키로 메시지를 다시 한 번 암호화하여 보낼 수 있다. 거스가 이 메시지를 받았을 때, 이 메시지를 안젤라의 공개키로 먼저 복호화를 시도한다. 복호화에 성공할 경우 해당 메시지가 안젤라로부터 온 것임을 알게 된다. 결국 그녀의 공개키가 아니고서는 메시지를 정상적으로 복호화할 수 없다. 또한 해당 메시지가 전송 중에 위변조될 경우 복호화에 문제가 발생하므로, 거스는 해당 메시지가 전송 중에 악의를 가진 에드거와 같은 사람이나, 버그가 있는 소프트웨어 또는 네트워크 노이즈로 인한 변경 유무를 확인할 수 있다. 안젤라는 한 번은 자신의 개인키로, 또 한 번은 거스의 공개키로 이중 암호화하는 약간의 노력을 더하여 암호화(privacy), 인증(authentication), 무결성(integrity)의 세 가지 혜택을 모두 얻게 됐다.

실제로 공개키 암호화는 더 많은 CPU를 사용하며 비밀키(대칭키) 암호화에 비해 매우 느리다. 그래서 안젤라는 거스의 공개키로 전송 내용 전체를 암호화하지 않고, 전통적인 비밀키 자체를 암호화하여 그것을 거스에게 보낸다. 거스는 자신의 개인키로 암호화된 비밀키를 복호화한다. 이제 안젤라와 거스는 비밀키를 알게 됐지만, 에드거는 도청을 하더라도 비밀키를 알 수 없다. 그래서 이제 거스와 안젤라는 에드거의 도청을 피해 빠른 비밀키 암호화를 사용하여 암호화 통신을 할 수 있다.

그러나 이 프로토콜에도 여전히 에드거가 공격해 볼 만한 요소가 있다. (중요: 이 공격 방법은 메시지를 주고받는 프로토콜에 대한 공격이며, 여기서 사용된 암호화 알고리즘을 공격하는 것은 아니다. 이 공격 방법은 거스와 안젤라 사이의 암호화를 공격하는 것이 아니며 키의 길이에도 영향을 받지 않는다.) 에드거는 거스의 공개키 말고는 읽을 수 있는 것이 없지만, 에드거는 이 키를 자신의 공개키로 대체할 수는 있다. 이런 경우 안젤라는 에드거의 공개키를 받게 되며, 안젤라는 거스의 공개키로 메시지를 암호화하고 있다고 생각할 테지만, 실제로 그녀는 에드거의 키로 암호화를 하게 된다. 안젤라가 거스에게 메시지를 전송할 때, 에드거는 메시지를 가로채고 자신의 키로 복호화한다. 그리고 메시지를 다시 거스의 공개키로 암호화하여 거스에게 전송한다. 이러한 공격 기법을 중간자 공격(man-in-the-middle attack)이라고 부른다. 안전하지 않은 채널에서 혼자 작업할 경우, 거스와 안젤라는 이 공격을 피하기가 쉽지 않다. 실제 사용되는 해결 방법은 거스와 안젤라가 신뢰할 수 있는 제3의 인증기관에 자신들의 키를 보관하고 확인하는 것이다. 서로 자신들의 공개키를 보내지 않고, 거스와 안젤라는 서로의 공개키를 인증기관을 통해서 얻는다. 하지만 이 방법은 여전히 완벽하지는 않다. 에드거가 거스와 인증기관 사이, 그리고 안젤라와 인증기관 사이, 그리고 이거스와 안젤라 사이의 모든 위치에서 키를 도청할 가능성이 있다. 하지만 이러한 방법은 에드거의 삶을 피곤하게 할 뿐이다.

이 예에서 알 수 있듯이 암호화와 인증의 이론과 구현인 알고리즘과 프로토콜은 아마추어 암호 해독가들을 놀라게 할 지뢰와 함정으로 가득 찬 도전적인 분야이다. 좋은 암호화 알고리즘과 프로토콜 설계하는 일은 쉬운 일이 아니며, 어떤 알고리즘과 프로토콜이 좋은지 항상 명확하지 않다. 다행히도 자바 네트워크 프로그램에서 강력한 암호화를 사용하기 위해 여러분이 암호화 전문가가 될 필요는 없다. JSSE를 사용할 경우 알고리즘 협상 방법, 키 교환 방법, 인증 방법, 그리고 데이터 암호화를 포함한 낮은 수준의 세부 사항에 대해서 신경 쓰지 않아도 된다. JSSE를 사용하여 보안 통신을 위한 통신 협상과 필요한 암호화를 투명하게 처리하는 소켓과 서버 소켓을 만들 수 있다. 여러분은 단지 이전 장에서 이미 접했던 동일한 소켓과 스트림을 통해 데이터를 보내기만 하면 된다. JSSE(Java Secure Socket Extension)는 네 개의 패키지로 나뉜다.

javax.net.ssl 보안 네트워크 통신을 위한 자바 API를 정의하는 추상 클래스다.

javax.net 보안 소켓을 생성하기 위해 생성자 대신 사용되는 추상 소켓 팩토리 클래스다.

java.security.cert SSL에 필요한 공개키 인증서를 다루는 클래스다.

com.sun.net.ssl JSSE에 대한 썬 마이크로시스템즈의 참조 구현 안에 있는 암호화 알고리즘과 프로토콜을 구현한 구상 클래스다. 기술적으로 이 부분은 JSSE 표준의 일부가 아니다. 다른 구현자들은 자신들의 패키지로 이 패키지를 대체할 수 있다. 예를 들어, CPU를 많이 사용하는 키 생성 및 암호화 프로세스의 속도를 향상시키기 위해 네이티브 코드를 사용하는 패키지들이 있을 수 있다.

보안 클라이언트 소켓 만들기

기본적인 세부 사항에 대해서 크게 신경 쓰지 않는다면, SSL 소켓을 사용하여 이미 준비된 보안 서버와 대화하는 것은 매우 간단하다. java.net.Socket 객체를 생성하는 대신, javax.net.ssl.SSLSocketFactory로부터 createSocket() 메소드를 사용하여 소켓 객체를 얻을 수 있다. SSLSocketFactory는 추상 팩토리 디자인 패턴을 따르는 추상 클래스다. 정적 SSLSocketFactory.getDefault() 메소드를 호출하면 SSLSocketFactory의 인스턴스를 얻을 수 있다.

```
SocketFactory factory = SSLSocketFactory.getDefault();
Socket socket = factory.createSocket("login.ibiblio.org", 7000);
```

이 메소드는 SSLSocketFactory의 인스턴스를 반환하거나, 구상 서브클래스가 없는 경우 InstantiationException 예외를 발생시킨다. 팩토리에 대한 참조를 구한 다음에는 SSLSocket 을 만들기 위한 다섯 개의 오버로드된 createSocket() 메소드 중 하나를 사용한다.

```
public abstract Socket createSocket(String host, int port)
    throws IOException, UnknownHostException
public abstract Socket createSocket(InetAddress host, int port)
    throws IOException
public abstract Socket createSocket(String host, int port,
    InetAddress interface, int localPort)
    throws IOException, UnknownHostException
public abstract Socket createSocket(InetAddress host, int port,
    InetAddress interface, int localPort)
    throws IOException, UnknownHostException
public abstract Socket createSocket(Socket proxy, String host, int port,
    boolean autoClose) throws IOException
```

처음 두 개의 메소드는 인자로 전달된 호스트와 포트에 연결된 소켓을 만들고 반환하거나 연결할 수 없는 경우 IOException 예외를 발생시킨다. 세 번째와 네 번째 메소드는 지정된 로컬 네트워크 인터페이스와 포트로부터 지정된 호스트와 포트에 연결된 소켓을 반환한다. 그러나 마지막 createSocket() 메소드는 약간 다르다. 이 메소드의 첫 번째 인자로 프록시 서버에 연결된 소켓 객체를 전달한다. 이 메소드는 첫 번째 인자로 전달된 프록시 서버를 통해 지정된 호스트와 포트로 연결된 소켓을 반환한다. autoClose 인자는 이 소켓이 닫힐 때, 내부 프록시 소켓에 대한 연결을 닫을지 여부를 결정한다. autoClose가 true인 경우 내부 프록시 소켓이 닫히며, false인 경우 닫히지 않는다.

이 메소드들이 반환하는 소켓은 실제 javax.net.ssl.SSLSocket 클래스 객체이며, 이 클래스는 java.net.Socket 클래스의 서브클래스다. 그러나 여러분은 이러한 사실을 알 필요가 없다. 보안 소켓이 생성된 다음에는 getInputStream(), getOutputStream() 등의 메소드를 통해 다른 소켓들처럼 사용할 수 있다. 예를 들어, 주문을 받는 서버가 login.ibiblio.org의 7000번 포트에서 대기하고 있다고 가정해 보자. 각 주문은 단일 TCP 연결을 사용하여 아스키 문자로 보내진다. 서버는 주문을 받고 연결을 종료한다. (실제 서비스의 경우 주문을 보내면 서버로부터 적절한 응답 코드가 필요하지만 여기서는 그런 자세한 내용은 생략한다.) 클라이언트가 보낸 주문은 다음과 같다.

```
Name: John Smith
Product-ID: 67X-89
Address: 1280 Deniston Blvd, NY NY 10003
Card number: 4000-1234-5678-9017
Expires: 08/05
```

이 메시지에는 누군가가 존 스미스의 정보를 나쁜 목적으로 사용하기에 충분한 정보가 들어 있다. 따라서 이 주문을 보내기 전에 암호화해야 한다. 클라이언트와 서버에 복잡하고 에러를 유발하는 코드에 대해 부담 없이 암호화를 하는 가장 간단한 방법은 바로 보안 소켓을 사용하는 것이다. 다음 코드는 보안 소켓을 통해 주문을 보낸다.

```
SSLSocketFactory factory
    = (SSLSocketFactory) SSLSocketFactory.getDefault();
Socket socket = factory.createSocket("login.ibiblio.org", 7000);

Writer out = new OutputStreamWriter(socket.getOutputStream(),
    "US-ASCII");
out.write("Name: John Smith\r\n");
out.write("Product-ID: 67X-89\r\n");
out.write("Address: 1280 Deniston Blvd, NY NY 10003\r\n");
out.write("Card number: 4000-1234-5678-9017\r\n");
out.write("Expires: 08/05\r\n");
out.flush();
```

처음 세 문장만이 기존의 소켓을 사용하는 방식과 크게 차이 나는 부분이다. 나머지 코드는 소켓에서 일반적으로 사용하는 OutputStream 메소드와 Writer 클래스를 사용하고 있다.

입력을 읽는 것도 어렵지 않다 예제 10-1은 보안 HTTP 서버에 연결하고, GET 요청을 보내고 응답을 출력하는 간단한 프로그램이다.

예제 10-1 **HTTPSClient**

```
import java.io.*;
import javax.net.ssl.*;

public class HTTPSClient {

  public static void main(String[] args) {

    if (args.length == 0) {
      System.out.println("Usage: java HTTPSClient2 host");
      return;
    }

    int port = 443; // https 기본 포트 번호
    String host = args[0];

    SSLSocketFactory factory
        = (SSLSocketFactory) SSLSocketFactory.getDefault();
    SSLSocket socket = null;
    try {
```

```java
    socket = (SSLSocket) factory.createSocket(host, port);

    // 모든 암호화 조합을 사용하도록 설정
    String[] supported = socket.getSupportedCipherSuites();
    socket.setEnabledCipherSuites(supported);

    Writer out = new OutputStreamWriter(socket.getOutputStream(), "UTF-8");
    // https는 GET 요청 시 전체 URL을 사용해야 한다.
    out.write("GET http://" + host + "/ HTTP/1.1\r\n");
    out.write("Host: " + host + "\r\n");
    out.write("\r\n");
    out.flush();

    // 응답 읽기
    BufferedReader in = new BufferedReader(
        new InputStreamReader(socket.getInputStream()));

    // 헤더 읽기
    String s;
    while (!(s = in.readLine()).equals("")) {
      System.out.println(s);
    }
    System.out.println();

    // 길이 읽기
    String contentLength = in.readLine();
    int length = Integer.MAX_VALUE;
    try {
      length = Integer.parseInt(contentLength.trim(), 16);
    } catch (NumberFormatException ex) {
      // 서버가 응답 본문의 첫째 줄에 content-length를 보내지 않은 경우
    }
    System.out.println(contentLength);

    int c;
    int i = 0;
    while ((c = in.read()) != -1 && i++ < length) {
      System.out.write(c);
    }

    System.out.println();
  } catch (IOException ex) {
    System.err.println(ex);
  } finally {
      try {
        if (socket != null) socket.close();
      } catch (IOException e) {}
    }
  }
}
```

다음은 이 프로그램을 실행하여 미국 우편 서비스 웹 사이트에 접속했을 때 나오는 출력의 처음 몇 줄이다.

```
% java HTTPSClient www.usps.com
HTTP/1.1 200 OK
Server: IBM_HTTP_Server
Cache-Control: max-age=0
Expires: Sun, 31 Mar 2013 17:29:33 GMT
Content-Type: text/html
Date: Sun, 31 Mar 2013 18:00:14 GMT
Transfer-Encoding: chunked
Connection: keep-alive
Connection: Transfer-Encoding

00004000
<!DOCTYPE html PUBLIC "-//W3C//DTD HTML 4.01 Transitional//EN"
"http://www.w3.org/TR/html4/loose.dtd">
```

 필자가 이 책의 이전 버전에서 이 프로그램을 테스트했을 때, 원격 서버의 신원을 확인할 수 가 없어서 처음에 www.usps.com으로 접속되지 않았다. 이유는 필자가 사용한 JDK의 버전 (1.4.2_02-b3)에 들어 있던 루트 인증서가 만료되었던 것이다. 최신 마이너 버전(1.4.2_03-b2) 으로 업그레이드하자 이 문제는 해결되었다. 여러분이 테스트 중에 "No trusted certificate found"와 같은 예외 메시지를 보게 된다면, JDK를 최신 마이너 버전으로 업그레이드해 보길 바란다.

이 프로그램을 실행해 보면 예상보다 응답이 느리다는 사실을 알 수 있다. 공개키를 생성하고 교환하는 데 소요되는 CPU와 네트워크 오버헤드가 눈에 띌 정도이다. 아무리 네트워크가 빠르다 해도 최초 연결을 맺는 데 수 초가 걸린다. 결과적으로 모든 콘텐츠를 HTTPS로 제공하기보다는 보안이 필요하거나 지연에 민감하지 않은 콘텐츠에 한해서 HTTPS를 제공하고 싶을 것이다.

암호화 조합 선택하기

JSSE 구현들마다 서로 다른 인증과 알고리즘의 암호화 조합(Cipher Suites)을 제공한다. 예를 들어, IAIK의 iSaSiLk는 256비트 AES 암호화를 제공하는 반면, 오라클의 자바 7에서 번들로 제공하는 구현의 경우 128비트 AES 암호화만 제공한다.

JDK와 함께 제공되는 JSSE(Java Secure Socket Extension)에는 실제로 강력한 256비트 암호화가 포함되어 있지만, JCE Unlimited Strength Jurisdiction Policy Files을 설치하기 전에는 사용할 수 없다. 이 파일들이 필요한 법률적인 이유에 대해서는 따로 언급하지 않는다.

SSLSocketFactory 클래스가 제공하는 getSupportedCipherSuites() 메소드는 해당 소켓에서 이용 가능한 알고리즘의 조합을 알려 준다.

```
public abstract String[] getSupportedCipherSuites()
```

그러나 이해 가능한 모든 암호화 조합이 해당 연결에 반드시 허용되는 것은 아니다. 일부는 너무 취약하여 사용할 수 없도록 꺼져 있는 경우도 있다. SSLSocketFactory 클래스가 제공하는 getEnabledCipherSuites() 메소드는 해당 소켓에서 실제 사용할 수 있는 암호화 조합을 알려 준다.

```
public abstract String[] getEnabledCipherSuites()
```

사용되는 실제 조합은 연결 시에 클라이언트와 서버 사이에 협상으로 결정된다. 클라이언트와 서버가 어떤 조합에도 동의하지 않는 상황도 발생할 수 있다. 해당 조합이 서버와 클라이언트 양쪽 모두에서 사용할 수 있지만 어느 한쪽 또는 양쪽 다 해당 조합을 사용하기 위해 필요한 키와 인증서가 없는 경우가 있을 수 있다. 어떤 경우든 createSocket() 메소드는 IOException의 서브클래스인 SSLException 예외를 발생시킨다. setEnabledCipherSuites() 메소드를 통해 클라이언트가 사용하고자 하는 조합을 변경할 수 있다.

```
public abstract void setEnabledCipherSuites(String[] suites)
```

이 메소드의 인자는 사용하고자 하는 조합의 목록이어야 한다. 각 조합의 이름은 getSupportedCipherSuites()에 의해 나열된 조합의 이름 중 하나여야 한다. 이 메소드가 제공하지 않는 조합의 이름을 사용할 경우, IllegalArgumentException 예외가 발생한다. 오라클의 JDK 1.7은 다음과 같은 암호화 조합을 지원한다.

- TLS_ECDHE_ECDSA_WITH_AES_128_CBC_SHA256
- TLS_ECDHE_RSA_WITH_AES_128_CBC_SHA256
- TLS_RSA_WITH_AES_128_CBC_SHA256
- TLS_ECDH_ECDSA_WITH_AES_128_CBC_SHA256

- TLS_ECDH_RSA_WITH_AES_128_CBC_SHA256
- TLS_DHE_RSA_WITH_AES_128_CBC_SHA256
- TLS_DHE_DSS_WITH_AES_128_CBC_SHA256
- TLS_ECDHE_ECDSA_WITH_AES_128_CBC_SHA
- TLS_ECDHE_RSA_WITH_AES_128_CBC_SHA
- TLS_RSA_WITH_AES_128_CBC_SHA
- TLS_ECDH_ECDSA_WITH_AES_128_CBC_SHA
- TLS_ECDH_RSA_WITH_AES_128_CBC_SHA
- TLS_DHE_RSA_WITH_AES_128_CBC_SHA
- TLS_DHE_DSS_WITH_AES_128_CBC_SHA
- TLS_ECDHE_ECDSA_WITH_RC4_128_SHA
- TLS_ECDHE_RSA_WITH_RC4_128_SHA
- SSL_RSA_WITH_RC4_128_SHA
- TLS_ECDH_ECDSA_WITH_RC4_128_SHA
- TLS_ECDH_RSA_WITH_RC4_128_SHA
- TLS_ECDHE_ECDSA_WITH_3DES_EDE_CBC_SHA
- TLS_ECDHE_RSA_WITH_3DES_EDE_CBC_SHA
- SSL_RSA_WITH_3DES_EDE_CBC_SHA
- TLS_ECDH_ECDSA_WITH_3DES_EDE_CBC_SHA
- TLS_ECDH_RSA_WITH_3DES_EDE_CBC_SHA
- SSL_DHE_RSA_WITH_3DES_EDE_CBC_SHA
- SSL_DHE_DSS_WITH_3DES_EDE_CBC_SHA
- SSL_RSA_WITH_RC4_128_MD5
- TLS_EMPTY_RENEGOTIATION_INFO_SCSV
- TLS_DH_anon_WITH_AES_128_CBC_SHA256
- TLS_ECDH_anon_WITH_AES_128_CBC_SHA
- TLS_DH_anon_WITH_AES_128_CBC_SHA
- TLS_ECDH_anon_WITH_RC4_128_SHA
- SSL_DH_anon_WITH_RC4_128_MD5
- TLS_ECDH_anon_WITH_3DES_EDE_CBC_SHA

- SSL_DH_anon_WITH_3DES_EDE_CBC_SHA
- TLS_RSA_WITH_NULL_SHA256
- TLS_ECDHE_ECDSA_WITH_NULL_SHA
- TLS_ECDHE_RSA_WITH_NULL_SHA
- SSL_RSA_WITH_NULL_SHA
- TLS_ECDH_ECDSA_WITH_NULL_SHA
- TLS_ECDH_RSA_WITH_NULL_SHA
- TLS_ECDH_anon_WITH_NULL_SHA
- SSL_RSA_WITH_NULL_MD5
- SSL_RSA_WITH_DES_CBC_SHA
- SSL_DHE_RSA_WITH_DES_CBC_SHA
- SSL_DHE_DSS_WITH_DES_CBC_SHA
- SSL_DH_anon_WITH_DES_CBC_SHA
- SSL_RSA_EXPORT_WITH_RC4_40_MD5
- SSL_DH_anon_EXPORT_WITH_RC4_40_MD5
- SSL_RSA_EXPORT_WITH_DES40_CBC_SHA
- SSL_DHE_RSA_EXPORT_WITH_DES40_CBC_SHA
- SSL_DHE_DSS_EXPORT_WITH_DES40_CBC_SHA
- SSL_DH_anon_EXPORT_WITH_DES40_CBC_SHA
- TLS_KRB5_WITH_RC4_128_SHA
- TLS_KRB5_WITH_RC4_128_MD5
- TLS_KRB5_WITH_3DES_EDE_CBC_SHA
- TLS_KRB5_WITH_3DES_EDE_CBC_MD5
- TLS_KRB5_WITH_DES_CBC_SHA
- TLS_KRB5_WITH_DES_CBC_MD5
- TLS_KRB5_EXPORT_WITH_RC4_40_SHA
- TLS_KRB5_EXPORT_WITH_RC4_40_MD5
- TLS_KRB5_EXPORT_WITH_DES_CBC_40_SHA
- TLS_KRB5_EXPORT_WITH_DES_CBC_40_MD5

각각의 이름은 네 부분으로 분할된 알고리즘으로 구성되어 있다. 프로토콜, 키 교환 알고리즘, 암호화 알고리즘 그리고 체크섬. 예를 들어, 다음 SSL_DH_anon_EXPORT_WITH_DES40_CBC_SHA의 이름은 SSL v3(Secure Sockets Layer Version); 키 협정을 위한 DiffieHellman 메소드; 인증 없음; 40비트 키의 DES 암호화; 암호화 블록 체이닝(CBC, Cipher Block Chaining), 그리고 보안 해시 알고리즘(SHA, Secure Hash Algorithm) 체크섬을 의미한다.

기본적으로 JDK 1.7 구현은 모든 암호화된 인증 조합이 사용 가능하도록 설정되어 있다(이 목록에서 처음 28개 항목). 인증이 필요 없는 트랜잭션이 필요하거나 인증은 필요하나 암호화가 필요 없는 트랜잭션이 필요한 경우, 해당 조합을 사용할 수 있도록 setEnabledCipherSuites() 메소드를 명시적으로 호출하여 설정해야 한다. 그리고 NSA가 여러분의 메시지를 읽고자 한다면 모를까 일반적으로 조합의 이름에 NULL, ANON 또는 EXPORT와 같은 단어가 들어간 조합의 사용은 피하고 싶을 것이다.

TLS_ECDHE_ECDSA_WITH_AES_128_CBC_SHA256 조합 정도면 보통 알려진 대부분의 공격에 대해 안전하며, TLS_ECDHE_ECDSA_WITH_AES_256_CBC_SHA256를 설정할 경우 좀 더 안전하다. 일반적으로 TLS_ECDHE로 시작하고 SHA256 또는 SHA384로 끝나는 조합은 오늘날 널리 사용되는 가장 강력한 암호화 조합을 나타낸다. 그리고 나머지 조합들은 다양한 레벨의 공격으로부터 표적이 된다.

DES/AES와 RC4 기반의 암호 사이에는 키 길이 이외에도 중요한 차이점이 있다. DES와 AES는 블록 암호 알고리즘이다. 즉, 여러 비트를 한 번에 암호화한다. DES는 항상 64비트 단위로 암호화한다. 64비트가 안 되는 경우 인코더는 여분의 비트를 덧붙인다(padding). AES는 128, 192 또는 256비트 단위의 블록을 암호화할 수 있지만, 데이터가 블록 크기의 배수가 안 될 경우 마찬가지로 모자란 비트만큼 덧붙여서 인코딩한다. DES/AES는 보안 HTTP 그리고 FTP와 같은 파일 전송 애플리케이션에서는 문제가 되지 않는다. 그러나 채팅이나 텔넷과 같은 사용자 중심의 프로토콜에서는 문제가 될 수 있다. RC4는 한 번에 1바이트씩 암호화가 가능하고 한 번에 1바이트씩 전송이 필요한 프로토콜에서 사용하기 적합한 스트림 암호 알고리즘이다.

예를 들어, 에드거가 64비트 정도의 암호는 금방 깰 수 있는 매우 강력한 병렬 컴퓨터를 갖고 있고, 거스와 안젤라가 이 사실을 알고 있다고 가정해 보자. 게다가 거스와 안젤라는 에드거가 그들의 회선에 침입하여 ISP나 전화회사에 협박성 메일을 보낼 수 있다는 의심을 하고 있다. 그래서 그들은 중간자 공격에 취약한 익명의 연결을 사용하지 않기로 한다. 그리고 안전을 위해 거스와 안젤라는 가장 강력한 암호화 조합인 TLS_ECDHE_ECDSA_WITH_AES_128_CBC_SHA256 하나만 사용하기로 결정한다. 다음 코드는 연결에 대해 하나의 조합만을 사용 가능하도록 제한한다.

```
String[] strongSuites = {"TLS_ECDHE_ECDSA_WITH_AES_128_CBC_SHA256"};
socket.setEnabledCipherSuites(strongSuites);
```

연결의 반대측에서 이 암호화 프로토콜을 지원하지 않는 경우, 읽거나 쓰려고 할 때 취약한 채널을 통해 뜻하지 않게 기밀 데이터가 노출되는 상황을 방지하기 위해 소켓은 예외를 발생시킨다.

이벤트 핸들러

네트워크 통신은 대부분의 컴퓨터의 속도와 비교하면 느리다. 인증된 네트워크 통신은 이보다 더 느리다. 필요한 키를 생성하고 보안 연결을 설정하는 데 수 초 이상이 걸린다. 따라서 해당 연결을 비동기로 처리하면 좀 더 효율적일 것이다. JSSE는 클라이언트와 서버 사이의 연결(handshaking)이 완료될 때 프로그램에게 알려 주기 위해 표준 자바 이벤트 모델을 사용한다. 이 패턴은 이미 꽤 익숙한 방법이다. 핸드세이크 완료(handshake-complete) 이벤트 알림을 받기 위해서는 단지 HandshakeCompletedListener 인터페이스를 구현하기만 하면 된다.

```
public interface HandshakeCompletedListener
    extends java.util.EventListener
```

이 인터페이스는 handshakeCompleted() 메소드를 선언한다.

```
public void handshakeCompleted(HandshakeCompletedEvent event)
```

이 메소드는 HandshakeCompletedEvent를 인자로 전달받는다.

```
public class HandshakeCompletedEvent extends java.util.EventObject
```

HandshakeCompletedEvent 클래스는 이벤트에 대한 정보를 얻기 위한 다음 네 개의 메소드를 제공한다.

```
public SSLSession getSession()
public String getCipherSuite()
public X509Certificate[] getPeerCertificateChain()
    throws SSLPeerUnverifiedException
public SSLSocket getSocket()
```

특히 HandshakeCompletedListener 객체는 특정 SSLSocket의 addHandshakeCompleted Listener()와 removeHandshakeCompletedListener() 메소드를 사용하여 해당 SSLSocket에서 발생하는 핸드세이크 완료 이벤트를 받을 수 있다.

```
public abstract void addHandshakeCompletedListener(
    HandshakeCompletedListener listener)
public abstract void removeHandshakeCompletedListener(
    HandshakeCompletedListener listener) throws IllegalArgumentException
```

세션 관리

SSL은 웹 서버에서 가장 일반적으로 사용된다. 웹 연결은 일시적이며, 모든 페이지는 분리된 소켓을 통해 요청된다. 예를 들어, 아마존(amazon.com)에서 상품을 구매하려면 7개의 페이지를 거쳐야 하며, 주소를 변경하거나 선물 포장을 할 경우 페이지 수는 늘어난다. 이 모든 페이지에 대해 안전한 연결을 설정하는 데 10초 이상이 걸린다고 생각해 보자. 두 호스트 사이에 보안 연결을 하는 데는 많은 오버헤드가 발생하기 때문에, SSL은 보안 연결을 여러 소켓을 통해 확장하는 세션을 사용할 수 있다. 같은 세션에 있는 다른 소켓들은 같은 공개키와 개인키 조합을 사용한다. 아마존에 대한 보안 연결이 7개의 소켓을 사용할 경우, 이 7개의 소켓은 동일한 세션 내에서 같은 키를 사용하여 만들어진다. 이 세션에서 처음 연결을 시도한 소켓만이 키 생성과 교환의 오버헤드를 겪게 된다.

JSSE를 사용하는 프로그래머라면 세션을 사용하기 위해 추가적으로 필요한 작업은 없다. 일정 시간 내에 단일 호스트의 동일한 포트에 대해 다수의 보안 소켓을 열 경우, JSSE는 자동으로 세션의 키를 재사용한다. 그러나 높은 보안이 요구되는 애플리케이션에서는 소

켓 사이의 세션 공유를 끄거나 강제로 세션 재인증을 요구하기도 한다. JSSE에서 세션은
SSLSession 인터페이스의 인스턴스로 표현된다. 이 인터페이스가 제공하는 다양한 메소드
를 사용하여 세션이 생성된 시간과 마지막 접속 시간 확인, 세션 무효화, 해당 세션에 관련
된 정보를 구할 수 있다.

```
public byte[] getId()
public SSLSessionContext getSessionContext()
public long getCreationTime()
public long getLastAccessedTime()
public void invalidate()
public void putValue(String name, Object value)
public Object getValue(String name)
public void removeValue(String name)
public String[] getValueNames()
public X509Certificate[] getPeerCertificateChain()
    throws SSLPeerUnverifiedException
public String getCipherSuite()
public String getPeerHost()
```

SSLSocket의 getSession() 메소드는 이 소켓이 속해 있는 세션을 반환한다.

```
public abstract SSLSession getSession()
```

그러나 어떤 경우에 세션이 보안의 위험 요소가 되기도 한다. 각 트랜잭션마다 새로운 키를
할당하는 것이 더욱 안전하다. 만약 성능 좋은 하드웨어를 갖추고 있고 시스템을 안전하게
보호하고 싶은 경우, 세션의 사용을 중지시킬 수 있다. 소켓이 세션을 생성하지 못하도록
false를 인자로 setEnableSessionCreation() 메소드를 호출한다.

```
public abstract void setEnableSessionCreation(boolean allowSessions)
```

getEnableSessionCreation() 메소드는 세션 내에 여러 소켓을 생성할 수 있는 경우 true를 반
환하고, 그렇지 않은 경우 false를 반환한다.

```
public abstract boolean getEnableSessionCreation()
```

드물게, 재인증이 필요한 경우가 있다. 즉, 이전에 세션을 생성할 때 사용한 모든 인증서와
키를 버리고 다시 인증하고 싶은 경우이다. startHandshake() 메소드가 이러한 기능을 한다.

```
public abstract void startHandshake() throws IOException
```

클라이언트 모드

일반적으로 대부분의 보안 통신에서 서버가 적절한 인증서로 자신을 스스로 인증해야 한다. 그러나 클라이언트는 그럴 필요가 없다. 즉, 필자가 보안 서버를 통해 아마존에서 책을 구입할 때, 해커의 서버가 아니라 진짜 아마존 서버인지를 서버가 직접 필자가 사용 중인 브라우저에게 증명해야 한다. 그러나 필자는 아마존 서버에게 내가 진짜 엘리어트 해럴드 (Elliotte Rusty Harold)임은 증명하지 않아도 된다. 책을 구매하기 위해 클라이언트가 인증서를 구매하고 설치해야 한다면 이는 분명 매우 번거로운 일이 될 것이다. 그러나 이와 같은 불균형적인 인증 방법으로 인해 신용카드 범죄가 발생하기도 한다. 이와 같은 문제를 피하기 위해 소켓 스스로 인증을 요구할 수 있다. 그러나 이러한 방식은 일반적으로 공개된 서비스에는 적용되지 않는다. 그러나 내부적으로 높은 보안이 요구되는 특정 애플리케이션에 한해서 사용될 수 있다.

setUseClientMode() 메소드는 해당 소켓이 첫 핸드세이크 시에 인증이 필요한지 여부를 결정한다. 이 메소드의 이름은 약간 오해의 소지가 있다. 이 메소드는 클라이언트와 서버 소켓 모두에서 사용될 수 있다. 그러나 true가 인자로 전달되면, 해당 소켓이 클라이언트 모드(소켓이 실제 클라이언트 측인지 서버 측인지에 상관없이)임을 의미하며 스스로 인증을 제공하지 않는다. false가 인자로 전달되면, 스스로 인증을 시도한다.

```
public abstract void setUseClientMode(boolean mode)
    throws IllegalArgumentException
```

이 속성은 소켓에 한 번만 설정될 수 있으며, 두 번째 시도할 경우 IllegalArgumentException 예외가 발생한다.

getUseClientMode() 메소드는 해당 소켓이 첫 핸드세이크에서 인증을 사용할 것인지를 알려 준다.

```
public abstract boolean getUseClientMode()
```

서버 측 보안 소켓(즉, SSLServerSocket의 accept() 메소드가 반환하는 소켓)은 서버로 연결하는 모든 클라이언트에게 스스로 인증을 요청하기 위해 setNeedClientAuth() 메소드를 사용한다.

```
public abstract void setNeedClientAuth(boolean needsAuthentication)
    throws IllegalArgumentException
```

이 메소드는 해당 소켓이 서버 측 소켓이 아닌 경우 IllegalArgumentException 예외를 발생시킨다.

getNeedClientAuth() 메소드는 클라이언트 측에 인증을 요구할 경우 true를 반환하고, 그렇지 않은 경우 false를 반환한다.

```
public abstract boolean getNeedClientAuth()
```

보안 서버 소켓 만들기

보안 클라이언트 소켓은 보안 통신에 필요한 절반일 뿐이며, 나머지 절반은 SSL을 사용할 수 있는 서버 소켓이다. 이 소켓은 javax.net.SSLServerSocket 클래스의 인스턴스이다.

```
public abstract class SSLServerSocket extends ServerSocket
```

SSLSocket과 마찬가지로 이 클래스의 모든 생성자는 protected로 선언되어 있으며 인스턴스는 추상 팩토리 클래스인 javax.net.SSLServerSocketFactory에 의해 생성된다.

```
public abstract class SSLServerSocketFactory
    extends ServerSocketFactory
```

또한 SSLSocketFactory처럼 SSLServerSocketFactory의 인스턴스는 정적 메소드인 SSLServerSocketFactory.getDefault()에 의해 반환된다.

```
public static ServerSocketFactory getDefault()
```

그리고 SSLSocketFactory처럼 SSLServerSocketFactory는 세 개의 오버로드된 createServerSocket() 메소드를 제공한다. 이 메소드는 SSLServerSocket의 인스턴스를 반환하므로 java.net.ServerSocket 생성자와 비교하면 이해하기가 쉬울 것이다.

```
public abstract ServerSocket createServerSocket(int port)
    throws IOException
public abstract ServerSocket createServerSocket(int port,
    int queueLength) throws IOException
public abstract ServerSocket createServerSocket(int port,
    int queueLength, InetAddress interface) throws IOException
```

보안 소켓을 생성하고 사용하는 일은 어렵지 않지만, 불행하게도 이것이 전부는 아니다. SSLServerSocketFactory.getDefault()가 반환하는 팩토리는 일반적으로 서버 인증만 지원하며 암호화는 지원하지 않는다. 암호화 지원을 추가하기 위해서는 서버 쪽 보안 소켓에 많은 초기화 설정이 필요하다. 정확한 설정 방법은 구현에 따라 차이가 있다. 썬 마이크로시스템즈에서 만든 참조 구현에서는 com.sun.net.ssl.SSLContext 객체가 보안 서버 소켓을 만드는 역할을 전담하고 있다. 자세한 내용은 JSSE 구현마다 차이가 있자면, 참조 구현에서 보안 서버 소켓을 만들 경우 다음과 같이 한다.

1. keytool을 사용하여 공개키와 인증서를 생성한다.
2. Comono와 같은 신뢰할 수 있는 서드파티 기관에 돈을 지불하고 인증서를 인증 받는다.
3. 사용할 알고리즘에 대한 SSLContext을 생성한다.
4. 사용할 인증서 데이터 소스에 대한 TrustManagerFactory를 생성한다.
5. 사용할 키 데이터 타입에 대한 KeyManagerFactory를 생성한다.
6. 키와 인증서 데이터베이스를 위한 KeyStore를 생성한다.
7. 키와 인증서로 KeyStore 객체를 채운다. 예를 들어, 암호화 시에 사용된 암호(passphrase)를 사용하여 파일 시스템에서 읽는다.
8. KeyManagerFactory를 KeyStore와 KeyStore의 암호(passphrase)로 초기화한다.
9. KeymanagerFactory에서 키 매니저, TrustManagerFactory에서 신뢰 매니저, 그리고 난수 소스를 초기화한다. [기본값을 사용하고자 할 경우 마지막 두 개는 널(null)일 수도 있다.]

예제 10-2는 이 절차를 확인하는 SecureOrderTaker 프로그램이며, 주문을 받고 System.out으로 주문 내용을 출력한다. 물론 실제 상황에서는 좀 더 흥미로운 주문을 해 볼 수 있을 것이다.

```java
import java.io.*;
import java.net.*;
import java.security.*;
import java.security.cert.CertificateException;
import java.util.Arrays;

import javax.net.ssl.*;

public class SecureOrderTaker {

  public final static int PORT = 7000;
  public final static String algorithm = "SSL";

  public static void main(String[] args) {

    try {
      SSLContext context = SSLContext.getInstance(algorithm);

      // 참조 구현에서는 X.509 키만 지원한다.
      KeyManagerFactory kmf = KeyManagerFactory.getInstance("SunX509");

      // 오라클의 기본 키스토어 유형
      KeyStore ks = KeyStore.getInstance("JKS");

      // 보안 문제로, 모든 키스토어는 디스크에서 읽어 오기 전에
      // 패스(passphrase)로 암호화되어야 한다.
      // 패스는 char[] 배열에 저장되어 있으며 가비지 컬렉터를
      // 기다리지 않고 재빨리 메모리에서 지워야 한다.
      char[] password = System.console().readPassword();
      ks.load(new FileInputStream("jnp4e.keys"), password);
      kmf.init(ks, password);
      context.init(kmf.getKeyManagers(), null, null);

      // 패스워드 제거
      Arrays.fill(password, '0');

      SSLServerSocketFactory factory
          = context.getServerSocketFactory();

      SSLServerSocket server
          = (SSLServerSocket) factory.createServerSocket(PORT);

      // 익명(인증되지 않음) 암호화 조합 추가
      String[] supported = server.getSupportedCipherSuites();
      String[] anonCipherSuitesSupported = new String[supported.length];
      int numAnonCipherSuitesSupported = 0;
      for (int i = 0; i < supported.length; i++) {
```

```
        if (supported[i].indexOf("_anon_") > 0) {
          anonCipherSuitesSupported[numAnonCipherSuitesSupported++] =
                                                    supported[i];
        }
      }

      String[] oldEnabled = server.getEnabledCipherSuites();
      String[] newEnabled = new String[oldEnabled.length
          + numAnonCipherSuitesSupported];
      System.arraycopy(oldEnabled, 0, newEnabled, 0, oldEnabled.length);
      System.arraycopy(anonCipherSuitesSupported, 0, newEnabled,
          oldEnabled.length, numAnonCipherSuitesSupported);

      server.setEnabledCipherSuites(newEnabled);

      // 모든 설정이 끝나고 이제 실제 통신에 초점을 맞춘다.
      while (true) {
        // 이 소켓은 보안이 적용된 소켓이지만 소켓 사용 방법에 별 차이가 없다.
        try (Socket theConnection = server.accept()) {
          InputStream in = theConnection.getInputStream();
          int c;
          while ((c = in.read()) != -1) {
            System.out.write(c);
          }
        } catch (IOException ex) {
          ex.printStackTrace();
        }
      }
    } catch (IOException | KeyManagementException
        | KeyStoreException | NoSuchAlgorithmException
        | CertificateException | UnrecoverableKeyException ex) {
      ex.printStackTrace();
    }
  }
}
```

이 예제는 현재 작업 디렉터리에 있는 *jnp4e.keys*라는 파일로부터 필요한 키와 인증서를 읽는다. 이 파일은 비밀번호 "2andnotafnord"로 보호되어 있다. 이 예제에서는 이 파일을 생성하는 방법은 보여 주지 않는다. 이 파일은 JDK와 함께 번들로 제공되는 keytool 프로그램을 사용하여 만들며 다음과 같이 실행한다.

```
$ keytool -genkey -alias ourstore -keystore jnp4e.keys
Enter keystore password:
Re-enter new password:
What is your first and last name?
  [Unknown]: Elliotte Harold
What is the name of your organizational unit?
  [Unknown]: Me, Myself, and I
What is the name of your organization?
  [Unknown]: Cafe au Lait
What is the name of your City or Locality?
  [Unknown]: Brooklyn
What is the name of your State or Province?
  [Unknown]: New York
What is the two-letter country code for this unit?
  [Unknown]: NY
Is <CN=Elliotte Harold, OU="Me, Myself, and I", O=Cafe au Lait, L=Brooklyn,
ST=New York, C=NY> correct?
[no]: y

Enter key password for <ourstore>
        (RETURN if same as keystore password):
```

이 과정이 끝나면 jnp4e.keys 파일이 생성되며 이 파일에 여러분의 공개키가 포함되어 있다. 그러나 이렇게 생성된 키를 GeoTrust나 GoDaddy와 같은 신뢰할 수 있는 업체로부터 인증받지 않는다면 아무도 믿지 않을 것이다. 인증된 인증서를 구매하기 전에 JSSE를 둘러보고 싶다면, 오라클은 testkyes라는 이름의 인증된 키스토어 파일을 제공한다. 이 파일은 패스워드 "passphrase"로 보호되어 있으며 몇몇 JSSE 샘플을 함께 제공한다. 그러나 이러한 테스트 키를 실제 제품에 적용하지 않도록 해야 한다.

다른 접근 방법은 인증을 요구하지 않은 암호화 조합을 이용하는 것이다. JDK는 아래와 같은 인증을 요구하지 않은 몇몇 조합들을 제공한다.

- SSL_DH_anon_EXPORT_WITH_DES40_CBC_SHA

- SSL_DH_anon_EXPORT_WITH_RC4_40_MD5

- SSL_DH_anon_WITH_3DES_EDE_CBC_SHA

- SSL_DH_anon_WITH_DES_CBC_SHA

- SSL_DH_anon_WITH_RC4_128_MD5

- TLS_DH_anon_WITH_AES_128_CBC_SHA

- TLS_DH_anon_WITH_AES_128_CBC_SHA256

- TLS_ECDH_anon_WITH_3DES_EDE_CBC_SHA

- TLS_ECDH_anon_WITH_AES_128_CBC_SHA

- TLS_ECDH_anon_WITH_NULL_SHA

- TLS_ECDH_anon_WITH_RC4_128_SHA

이 조합들은 중간자 공격에 취약하다는 이유로 기본적으로 사용할 수 없도록 설정되어 있다. 그러나 인증서를 구매하지 않고 간단한 프로그램을 작성해 보고자 한다면 충분히 활용할 수 있다.

SSLServerSocket 설정하기

일단 SSLServerSocket를 성공적으로 생성하고 초기화한 다음에는, java.net.ServerSocket에서 상속받은 메소드만으로도 충분히 많은 애플리케이션을 만들 수 있다. 그러나 소켓 동작의 변경이 필요한 순간이 발생한다. SSLSocket와 같이 SSLServerSocket도 암호화 조합을 선택하고, 세션을 관리하고, 클라이언트가 스스로 인증이 필요한지를 결정하는 메소드를 제공한다. 이 메소드의 대부분은 SSLSocket에 있는 같은 이름의 메소드와 유사하게 동작한다. 차이점은 이 메소드들은 서버 측에서 동작한다는 것과 SSLServerSocket에 의해 수용된 소켓에는 기본적으로 설정된다는 것이다. 경우에 따라, SSLServerSocket을 변경하여 수용된 모든 소켓의 설정을 변경하지 않고, 수용된 특정 SSLSocket의 메소드를 호출하여 해당 소켓의 설정만을 변경할 수도 있다.

암호화 조합 선택하기

SSLServerSocket 클래스는 SSLSocket 클래스와 마찬가지로 어떤 암호화 조합이 지원되는지, 어떤 암호화 조합을 사용할 수 있는지를 확인하는 다음 세 가지 메소드를 제공한다.

```
public abstract String[] getSupportedCipherSuites()
public abstract String[] getEnabledCipherSuites()
public abstract void setEnabledCipherSuites(String[] suites)
```

이 메소드는 SSLSocket에서 비슷한 이름의 메소드가 사용하는 동일한 조합 이름을 사용한다. 차이점이라면 이 메소드의 호출 결과는 SSLSocket 하나가 아닌 SSLServerSocket에 의해 수용된 모든 소켓에 적용된다는 것이다. 예를 들어, 다음 코드는 SSLServerSocket 서버에 대해 익명의 인증되지 않은 연결을 허용하는 기능을 한다. 이 코드는 암호화 조합의 이름에 "_anon_"이 포함된 것을 찾아서 처리하고 있으며, 이러한 이름 규칙을 이용한 처리 방법은 오라클의 참조 구현에서는 문제가 되지 않지만, 다른 구현자들이 이와 같은 이름 규칙을 따를지는 보장할 수 없다.

```
String[] supported = server.getSupportedCipherSuites();
String[] anonCipherSuitesSupported = new String[supported.length];
int numAnonCipherSuitesSupported = 0;
for (int i = 0; i < supported.length; i++) {
  if (supported[i].indexOf("_anon_") > 0) {
    anonCipherSuitesSupported[numAnonCipherSuitesSupported++]
        = supported[i];
  }
}

String[] oldEnabled = server.getEnabledCipherSuites();
String[] newEnabled = new String[oldEnabled.length
    + numAnonCipherSuitesSupported];
System.arraycopy(oldEnabled, 0, newEnabled, 0, oldEnabled.length);
System.arraycopy(anonCipherSuitesSupported, 0, newEnabled,
    oldEnabled.length, numAnonCipherSuitesSupported);

server.setEnabledCipherSuites(newEnabled);
```

이 코드에서는 getSupportedCipherSuites() 메소드와 getEnabledCipherSuites() 메소드를 사용하여 지원되는 암호화 조합의 목록과 이미 설정된 암호화 조합의 목록 둘 다를 구하고 있다. 그리고 지원되는 조합의 전체 목록에서 이름에 "anon" 문자열이 포함된 것을 찾는다. 해당 암호화 조합의 이름에 부분 문자열을 포함하고 있는 경우, 이 조합은 익명 암호화 조합에 추가된다. 익명 암호화 조합의 목록이 완성되면, 기존에 사용 중인 암호화 조합과 합하여 새로운 배열을 만든다. 그리고 새로 만들어진 배열을 인자로 setEnabledCipherSuites() 메소드를 호출하여 기존 활성화된 조합 목록과 익명 암호화 조합 목록 모두를 설정한다.

세션 관리

세션을 설정하기 위해서는 클라이언트와 서버가 모두 동의해야 한다. 서버 쪽에서는 허용 여부를 설정하기 위해 setEnableSessionCreation() 메소드를 사용하고, 현재 허용되어 있는지 확인하기 위해 getEnableSessionCreation() 메소드를 사용한다.

```
public abstract void setEnableSessionCreation(boolean allowSessions)
public abstract boolean getEnableSessionCreation()
```

기본적으로 세션 생성은 허용되어 있다. 서버가 세션 생성을 허용하지 않을 경우에도 세션 생성을 원하는 클라이언트는 여전히 연결할 수 있지만, 다만 세션을 얻지 못하고 모든 소켓에 대해 다시 핸드세이크를 해야 한다. 마찬가지로 클라이언트가 세션 생성을 거부하고 서버가 허용할 경우, 이 둘은 여전히 서로 대화를 할 수는 있지만 세션을 생성할 수는 없다.

클라이언트 모드

SSLServerSocket 클래스는 클라이언트 소켓이 서버에게 스스로를 인증해야 하는지를 확인하거나 설정하는 두 메소드를 제공한다. setNeedClientAuth() 메소드 호출 시 true를 인자로 전달하면, 클라이언트가 스스로를 인증할 수 있는 연결만 허용한다. false를 인자로 호출하면, 클라이언트에 대한 인증이 요구되지 않는다. 기본값은 false이다. 만약 어떤 이유로 이 설정의 현재 값이 필요한 경우, getNeedClientAuth() 메소드를 호출하면 알 수 있다.

```
public abstract void setNeedClientAuth(boolean flag)
public abstract boolean getNeedClientAuth()
```

setUseClientMode() 메소드는 소켓이 비록 SSLServerSocket에서 생성되었지만, 해당 소켓이 통신의 인증과 협상과 같은 상황에서 클라이언트로 처리되어야 함을 나타낸다. 예를 들어 FTP 세션에서 클라이언트 프로그램은 서버로부터 데이터를 받기 위한 서버 소켓을 열지만, 해당 소켓은 클라이언트처럼 동작해야 한다. getUseClientMode() 메소드는 SSLServerSocket이 클라이언트 모드인 경우 true를 반환하고, 아닌 경우 false를 반환한다.

```
public abstract void setUseClientMode(boolean flag)
public abstract boolean getUseClientMode()
```

11

CHAPTER

논블럭 I/O

네트워크의 속도는 CPU, 메모리 심지어 디스크와 비교해도 매우 느리다. 요즘 최신 사양의 PC는 약 6Gbps의 속도로 CPU와 메모리 사이에 데이터가 이동한다. 그리고 디스크와의 데이터 이동은 이보다 훨씬 느리지만, 약 150Mpbs의 속도로 여전히 훌륭한 속도가 보장된다.[1] 반면에 대부분의 LAN이 이론적인 수치보다 10배에서 100배 정도 느리게 동작하지만, 오늘날 가장 빠른 LAN의 이론적인 최고 속도는 150Mbps에 달한다. 그리고 공용 인터넷을 통과하는 속도는 LAN에서 경험할 수 있는 속도보다 많게는 약 10배까지 느리다. 필자가 사용하는 인터넷 회선의 경우 다운로드 6Mbps와 업로드 3Mbps가 보장되며, 이 속도는 LAN이 제공하는 속도의 5퍼센트 정도밖에 되지 않는다. CPU, 디스크 그리고 네트워크의 속도는 시간이 지남에 따라 계속 빨라지고 있다. 이 수치들은 필자가 10년 전에 집필한 이 책의 제3판에서 언급한 것보다 상당히 높아졌다. 그럼에도 불구하고 CPU와 디스크는 네트워크에 비해 10배 이상 빠르며, 당분간은 이 상태를 유지할 것임을 예측할 수 있다. 이러한 상황에서 마지막으로 할 수 있는 일은 상대적으로 느린 네트워크를 엄청나게 빠른 CPU가 기다리게 하는 것이다.

---

[1] 이 수치는 이론적인 최대값이며, 메가바이트(MB)는 1,024×1,204를 의미하고 기가바이트(GB)는 1,024메가바이트를 의미한다. 하드웨어 제조사들은 종종 좀 더 간결하게 표현하기 위해 기가바이트의 크기를 1,000메가바이트로 줄이거나 메가바이트를 1,000,000바이트로 줄이기도 한다. 게다가 네트워킹 속도는 초당 바이트가 아닌 초당 비트 단위를 사용한다. 이 책에서는 하드 드라이브, 메모리 그리고 네트워크 대역폭을 비교하기 위해 모든 숫자를 바이트로 사용한다.

CPU가 느린 네트워크를 기다리지 않고 네트워크보다 앞서 달리게 하기 위한 전통적인 자바의 해결 방안은 버퍼링과 멀티스레드를 결합하는 것이다. 다수의 스레드가 동시에 다수의 서로 다른 연결을 통해 보낼 데이터를 생성한다. 그리고 네트워크가 데이터를 보낼 준비가 될 때까지 해당 데이터들을 버퍼에 저장해 둔다. 이 접근 방법은 고성능이 필요하지 않은 단순한 서버와 클라이언트 환경에서는 잘 동작한다. 그러나 멀티스레드를 생성할 때 드는 오버헤드와 스레드 전환 시 발생하는 오버헤드를 무시할 수 없다. 그리고 각각의 스레드는 약 1메가바이트의 메모리를 여분으로 필요로 한다. 초당 수천 개의 요청을 처리하는 대규모 서버 환경에서는 스레드가 사용하는 여분의 메모리와 다양한 오버헤드로 인해 연결마다 스레드를 할당하는 것이 쉽지 않다. 하나의 스레드가 다수의 연결을 담당하고, 데이터를 수신할 준비가 된 연결을 골라내서 처리하고, 그리고 다시 준비된 다음 연결을 골라내는 방법을 반복한다면 훨씬 더 빠를 것이다.

이 방식이 잘 동작하기 위해서는 운영체제의 지원이 필요하다. 다행히도 요즘 출시되는 대부분의 운영체제들은 이러한 nonblock(non-blocking) I/O를 지원한다. 그러나 태블릿이나 휴대폰과 같은 일부 클라이언트 시스템에서는 제대로 지원되지 않을 수도 있다. 사실 이러한 기능을 제공하는 java.nio 패키지는 안드로이드에서도 제공되지만, 현재 자바 ME 프로파일의 일부가 아니며 앞으로도 그럴 계획이 없다. 하지만 이런 새로운 I/O API는 오직 서버 프로그램을 위해서 설계되었으며, 서버에서만 문제가 되기 때문에 서버에 관해서 이야기하기 전에는 넌지시 언급만을 뿐 자세히 다루지는 않았다. 클라이언트나 P2P 시스템에서는 동시에 매우 많은 연결을 멀티스레드로 처리할 필요가 없고, 스트림 기반의 I/O가 프로세스 병목현상의 주요 원인이 된다.

자바의 NIO 지원

잘 설계된 논블록 I/O가 멀티스레드, 멀티프로세스 설계 방식보다 극적으로 성능을 능가하던 시절이 있었다. 그 시절이 1990년대였다. 불행히도 자바는 2002년에 나온 1.4 버전 이전까지 논블록 I/O를 지원하지 않았다. 자바 5가 배포되던 2004년과 자바 6이 배포되던 2006년 무렵까지 운영체제의 네이티브 스레드가 지속적으로 개선되면서 컨텍스트 스위치와 동기화의 거의 모든 오버헤드가 제거됐다. 게다가 서버 메모리가 1만 개의 스레드를 동시에 실행할 수 있을 만큼 늘어났다. 그리고 멀티코어/멀티CPU 시스템을 최대로 활용하기 위해 멀티 스레드에 대한 요구가 일반화됐다. 또한 최신 자바 7과 자바 8의 64비트 가상 머신에서는 더 나은 멀티스레드 성능을 보여 준다. 최근에는 복잡한 NIO 기반의 구조가 단순한 스레드 기반의 구조보다 낫다고 말하기가 더욱 어려워졌다.

그래도 NIO가 더 빠르지 않을까? 반드시 그런 것은 아니다. 리눅스에서 자바 6으로 실제 측정해 보면 전통적인 멀티스레드 I/O 설계 방식이 NIO 방식보다 30퍼센트 이상 성능이 뛰어나다.

전통적인 I/O 방식보다 비동기 I/O 방식이 더 나은 성능을 보여 주는 상황이 있지 않을까? 아마도 있을 것이다. 필자가 생각해 볼 수 있는 한 가지 상황으로, 약 1만+의 연결을 동시에 오랫동안 유지하고 각각의 클라이언트가 작은 데이터를 드물게 전송하는 서버를 생각해 볼 수 있다. 이러한 예로, 전국적인 체인을 가진 편의점에 설치된 현금 등록기에서 보내는 거래 정보를 수집하는 서버를 생각해 볼 수 있다. 이 시나리오는 NIO를 위해 생각해 낸 것이다. 그리고 멀티코어/멀티CPU에 맞게 스레드를 활용하여 비동기 요청을 처리한다면 좀 더 효과적인 구현을 할 수 있을 것이다.

그러나 항상 최적화에 대한 다음 두 가지 황금 규칙을 기억하도록 하자.

1. 최적화를 하지 말 것.
2. (전문가에 한해서) 문제를 명확히 하고, 문제를 측정하고, 분명한 문제 해결 방법이 맞는지 확인 후에 시행할 것.

예제 클라이언트

새로운 I/O API가 클라이언트를 위해 특별히 설계된 것은 아니지만, 클라이언트에서도 사용할 수 있다. 클라이언트 프로그램을 작성하는 것이 좀 더 간단하기 때문에, 새로운 I/O API를 사용하는 클라이언트 프로그램을 작성하는 것으로 시작하려고 한다. 특히 많은 클라이언트들은 한 번에 하나의 연결로 구현될 수 있기 때문에, 셀렉터와 논블록 I/O를 이야기하기 전에 먼저 채널과 버퍼에 대해서 이야기할 것이다.

우선은 RFC 864에 정의된 문자 생성 프로토콜을 위한 간단한 클라이언트를 구현해 보자. 이 프로토콜은 클라이언트 프로그램의 테스트를 위해 설계된 프로토콜이다. 서버는 포트 19번에서 클라이언트의 연결을 기다리고 있다. 클라이언트가 연결되면 서버는 클라이언트가 연결을 끊을 때까지 연속적인 문자를 계속해서 보낸다. 클라이언트가 보내는 모든 입력은 무시된다. RFC에는 어떤 연속된 문자들을 보내야 하는지 정의하고 있지 않지만, 알아보기 쉬운 패턴을 사용하도록 권장한다. 가장 일반적인 패턴 중 하나는 출력 가능한 95개의 아스키 문자를 사용하여 각 라인마다 72개의 문자와 구분자로 캐리지리턴/라인피드를 사용하여 아래와 같이 반복하는 것이다.

```
!"#$%&'()*+,-./0123456789:;<=>?@ABCDEFGHIJKLMNOPQRSTUVWXYZ[\]^_`abcdefgh
"#$%&'()*+,-./0123456789:;<=>?@ABCDEFGHIJKLMNOPQRSTUVWXYZ[\]^_`abcdefghi
#$%&'()*+,-./0123456789:;<=>?@ABCDEFGHIJKLMNOPQRSTUVWXYZ[\]^_`abcdefghij
$%&'()*+,-./0123456789:;<=>?@ABCDEFGHIJKLMNOPQRSTUVWXYZ[\]^_`abcdefghijk
%&'()*+,-./0123456789:;<=>?@ABCDEFGHIJKLMNOPQRSTUVWXYZ[\]^_`abcdefghijkl
&'()*+,-./0123456789:;<=>?@ABCDEFGHIJKLMNOPQRSTUVWXYZ[\]^_`abcdefghijklm
```

필자는 이 프로토콜이 데이터를 생성하는 알고리즘과 데이터를 전송하는 프로토콜이 간단하여 I/O에 대한 혼란을 줄일 수 있기 때문에 선택했다. 그러나 이 프로토콜은 상대적으로 적은 연결 수에 비해 많은 데이터를 보내며, 순식간에 많은 트래픽을 발생시킨다. 그렇기 때문에 새로운 I/O API를 확인하기에 좋은 프로토콜이다.

 문자 발생기 프로토콜은 오늘날에는 잘 사용되지 않으며, 해당 서비스가 제공되더라도 로컬 방화벽에 의해서 차단될 수 있다. 그리고 문자 발생기 프로토콜은 두 호스트가 서로 데이터를 무제한으로 쏟아 내게 하는 핑퐁 서비스 거부 공격(ping-pong denial-of-service attack)에 취약하다. 게다가 이 프로토콜은 클라이언트의 작은 요청에도 서버가 무제한의 데이터를 계속해서 전송하기 때문에, 노출된 수십 대의 호스트만으로도, 쉽게 로컬 네트워크 대역폭 전체를 장악할 수 있다.

새로운 I/O API를 이용하는 클라이언트를 구현할 때, 새로운 java.nio.channels.Socket Channel 객체를 만들기 위해 정적 팩토리 메소드인 SocketChannel.open()을 호출하는 것으로 시작한다. 이 메소드를 호출할 때 인자로 연결할 호스트와 포트를 나타내는 java.net. SocketAddress 객체를 전달한다. 예를 들어, 다음 코드는 rama.poly.edu의 포트 19번에 채널을 연결한다.

```
SocketAddress rama = new InetSocketAddress("rama.poly.edu", 19);
SocketChannel client = SocketChannel.open(rama);
```

채널은 블록 모드(block mode)로 열리기 때문에 이 코드의 다음 줄은 연결이 성립되기 전까지 실행될 수 없다. 연결이 성립될 수 없는 경우 IOException 예외가 발생한다. 전통적인 클라이언트라면 이 시점에서 소켓의 입출력 스트림을 요청할 것이다. 그러나 여기서는 그렇게 하지 않는다.

채널을 사용하여 채널 자체에 직접 데이터를 쓸 수 있다. 바이트 배열 대신 ByteBuffer 객체를 써야 한다. 아스키 문자 74개를 문자열로 만들고자 한다면 (72개의 출력 가능한 문자와 캐리지리턴/라인피드), 정적 메소드인 allocate()를 사용하여 74바이트 용량의 ByteBuffer를 만들 수 있다.

```
ByteBuffer buffer = ByteBuffer.allocate(74);
```

이 ByteBuffer 객체를 채널의 read() 메소드에 전달한다. 채널은 소켓으로부터 읽은 데이터로 이 버퍼를 채운다. 그리고 이 메소드는 성공적으로 읽어서 버퍼에 저장한 바이트의 수를 반환한다.

```
int bytesRead = client.read(buffer);
```

기본적으로 이 코드는 InputStream과 마찬가지로 최소 1바이트를 읽거나 더 이상 읽을 데이터가 없는 경우 -1을 반환한다. 그리고 읽을 추가적인 바이트가 있는 경우 종종 더 읽기도 한다. 논블록(nonblock) 모드에서는 읽을 데이터가 없는 경우 즉시 0을 반환하며 논블록 모드로 진입하는 방법에 대해서는 곧 다룰 예정이다. 그러나 지금은 우선 InputStream처럼 블록(block) 모드로 동작한다. 이 메소드 또한 데이터를 읽다가 문제가 생기면 IOException 예외를 발생시킨다.

버퍼에 데이터가 있다고 가정해 보자. 즉, n > 0인 경우 이 데이터를 System.out으로 출력할 수 있다. ByteBuffer로부터 바이트 배열을 뽑아낸 다음 System.out 같은 전통적인 Output Stream에 출력하는 방법이 있다. 그러나 순수 채널 기반의 방식을 사용하면 더 많은 정보를 얻을 수 있다. 순수 채널 방식을 사용할 경우 OutputStream인 System.out을 채널 유틸리티 클래스의 newChannel() 메소드를 사용하여 채널로 감싸 줘야 한다.

```
WritableByteChannel output = Channels.newChannel(System.out);
```

그런 다음에 읽은 데이터를 System.out으로 연결된 출력 채널로 쓸 수 있다. 그러나 쓰기 전에 출력 채널이 버퍼 데이터의 끝 위치가 아닌 처음 위치에서 읽을 수 있도록 해당 버퍼에 대해 먼저 flip() 메소드를 호출해야 한다.

```
buffer.flip();
output.write(buffer);
```

이때 쓸 수 있는 바이트의 양을 출력 채널에 알려 주지 않아도 된다. 버퍼는 자신이 얼마만큼의 데이터를 가지고 있는지 알고 있다. 그러나 일반적으로 출력 채널은 버퍼에 있는 모든 바이트를 쓴다고 보장하지 않는다. 흔하지 않지만 이러한 경우에 나머지 데이터를 계속해서 쓰거나 IOException 예외를 발생시킨다.

읽기와 쓰기를 위해 매번 새로운 버퍼를 생성하지 않도록 해야 한다. 매번 새로운 버퍼를 생성할 경우 시스템 성능이 저하된다. 대신에 이미 생성된 버퍼를 재사용할 수 있다. 기존 버퍼에 새로운 데이터를 읽기 전에 기존 데이터를 지워 줘야 한다.

```
buffer.clear();
```

clear() 메소드는 flip() 메소드와 약간 다르다. flip()은 버퍼에 데이터를 온전하게 남겨 두고, 해당 버퍼에 데이터를 읽기 위한 준비가 아닌 해당 버퍼의 데이터를 쓰기 위한 준비를 한다. clear()는 해당 버퍼를 초기 상태로 되돌린다. (실제로는 조금 단순하게 처리된다. 이전 데이터가 여전히 남아 있다. 강제로 덮어 쓰진 않지만, 새로운 데이터를 읽으면 곧바로 덮어 쓰인다.)

예제 11-1은 위 내용을 모두 포함하고 있는 완전한 클라이언트 프로그램이다. 문자 발생기는 끝이 없는 프로토콜로 설계되었기 때문에, 이 프로그램을 끝내기 위해서는 Ctrl-C를 눌러야 한다.

예제 11-1 채널 기반의 문자 발생기 클라이언트

```java
import java.nio.*;
import java.nio.channels.*;
import java.net.*;
import java.io.IOException;

public class ChargenClient {

  public static int DEFAULT_PORT = 19;

  public static void main(String[] args) {

    if (args.length == 0) {
      System.out.println("Usage: java ChargenClient host [port]");
      return;
    }

    int port;
    try {
      port = Integer.parseInt(args[1]);
    } catch (RuntimeException ex) {
      port = DEFAULT_PORT;
    }

    try {
      SocketAddress address = new InetSocketAddress(args[0], port);
      SocketChannel client = SocketChannel.open(address);
```

```
        ByteBuffer buffer = ByteBuffer.allocate(74);
        WritableByteChannel out = Channels.newChannel(System.out);

        while (client.read(buffer) != -1) {
          buffer.flip();
          out.write(buffer);
          buffer.clear();
        }
      } catch (IOException ex) {
        ex.printStackTrace();
      }
    }
  }
}
```

다음은 위 코드를 테스트로 실행한 결과다.

```
$ java ChargenClient rama.poly.edu
 !"#$%&'()*+,-./0123456789:;<=>?@ABCDEFGHIJKLMNOPQRSTUVWXYZ[\]^_`abcdefg
!"#$%&'()*+,-./0123456789:;<=>?@ABCDEFGHIJKLMNOPQRSTUVWXYZ[\]^_`abcdefgh
"#$%&'()*+,-./0123456789:;<=>?@ABCDEFGHIJKLMNOPQRSTUVWXYZ[\]^_`abcdefghi
#$%&'()*+,-./0123456789:;<=>?@ABCDEFGHIJKLMNOPQRSTUVWXYZ[\]^_`abcdefghij
$%&'()*+,-./0123456789:;<=>?@ABCDEFGHIJKLMNOPQRSTUVWXYZ[\]^_`abcdefghijk
%&'()*+,-./0123456789:;<=>?@ABCDEFGHIJKLMNOPQRSTUVWXYZ[\]^_`abcdefghijkl
&'()*+,-./0123456789:;<=>?@ABCDEFGHIJKLMNOPQRSTUVWXYZ[\]^_`abcdefghijklm
...
```

지금까지 스트림을 사용하여 쉽게 작성할 수 있었던 프로그램을 새로운 방식으로 구현해
보았다. 클라이언트가 모든 입력을 출력으로 복사하는 것 이외에 추가적인 다른 어떤 작업
을 하고자 할 경우 이 새로운 API가 필요하다. 연결은 블록 모드 또는 논블록 모드로 실행
될 수 있으며, 논블록 모드에서 read() 메소드는 읽을 데이터가 없을 때 즉시 반환된다. 이
렇게 되면 프로그램은 느린 연결로부터 데이터를 읽기 위해 기다리지 않아도 되며 추가적
인 다른 일을 할 수 있게 된다. configureBlocking() 메소드 호출 시 인자를 true로 전달하면
블록 모드가 설정되고, false를 전달하면 논블록 모드가 된다. 다음은 연결을 논블록 모드
로 변경하는 코드다.

```
client.configureBlocking(false);
```

논블록 모드에서 read() 메소드는 읽을 데이터가 없는 경우 즉시 0을 반환하기 때문에, 블
록 모드와는 다르게 loop의 사용이 필요하다.

```
while (true) {
  // 루프를 돌 때마다 실행할 코드를 여기에 추가한다.
  int n = client.read(buffer);
  if (n > 0) {
    buffer.flip();
    out.write(buffer);
    buffer.clear();
  } else if (n == -1) {
    // 서버가 오동작하지 않는 한 절대 발생하지 않는다.
    break;
  }
}
```

이 예제처럼 하나의 연결만 사용하는 클라이언트에서는 논블로킹에 대한 요구가 많지 않다. 다만 하나의 연결을 사용하는 경우에도 추가적인 작업이 필요할 때, 예를 들어, 사용자가 프로그램의 실행을 취소하는 어떤 입력을 할 경우, 이를 처리하기 위해서 논블록 모드를 사용할 수 있다. 그러나 다음 절에서도 살펴보겠지만, 프로그램이 다수의 연결을 처리할 때 논블록은 각각의 연결에 대해 빠른 연결에서는 코드가 매우 빨리 실행되고 느린 연결에서는 더욱 느리게 실행된다. 각각의 연결은 먼저 연결된 다른 연결의 속도에 영향을 받지 않고 자신만의 속도로 실행된다.

예제 서버

채널과 버퍼는 클라이언트 프로그램에서도 충분히 잘 동작하지만, 많은 동시 연결을 효과적으로 처리해야 하는 서버 시스템을 위해 만들어졌다. 서버를 다루기 위해서는 클라이언트에서 사용된 버퍼와 채널 이외에도 한 가지 요소가 더 필요하다. 구체적으로 말하면 서버가 출력을 받거나 입력을 보낼 준비가 된 모든 연결을 찾을 수 있도록 도와주는 셀렉터(selector)가 필요하다.

이 내용을 확인하기 위해 문자 발생기 프로토콜을 위한 간단한 서버를 구현해 보자. 먼저 새로운 I/O API를 이용하는 서버를 구현하기 위해 정적 팩토리 메소드인 ServerSocketChannel.open()를 호출하여 새로운 ServerSocketChannel 객체를 만들어야 한다.

```
ServerSocketChannel serverChannel = ServerSocketChannel.open();
```

처음에 이 채널은 실제 어떤 포트에도 바인드되지 않는다. 이 채널을 포트에 바인드하기 위해서는 채널로부터 socket() 메소드를 호출하여 ServerSocket 객체를 얻은 다음 bind()를 호출한다. 예를 들어, 다음 코드는 채널을 포트 19번의 서버 소켓에 바인드한다.

```
ServerSocket ss = serverChannel.socket();
ss.bind(new InetSocketAddress(19));
```

자바 7 이후 버전에서는 내장된 java.net.ServerSocket을 구하지 않고 직접 바인드할 수 있다.

```
serverChannel.bind(new InetSocketAddress(19));
```

일반적인 서버 소켓과 마찬가지로 19번 포트에 바인드하려면 유닉스(리눅스, 맥 OS X 포함)의 경우 루트 권한이 필요하다. 루트 권한이 없는 사용자는 1024 이상의 포트에만 바인드할 수 있다.

서버 소켓 채널은 이제 포트 19번에서 들어오는 연결을 대기하고 있다. 이제 연결을 수용하기 위해서 accept() 메소드를 호출해야 하며 이 메소드는 SocketChannel 객체를 반환한다.

```
SocketChannel clientChannel = serverChannel.accept();
```

그리고 서버에서는 다수의 동시 연결을 허용할 수 있도록 클라이언트 채널을 논블록(nonblock)으로 만들어야 한다.

```
clientChannel.configureBlocking(false);
```

ServerSocketChannel 역시 논블록으로 만들어야 한다. 기본적으로 ServerSocketChannel의 accept()는 ServerSocket의 accept()처럼 들어온 연결이 있을 때까지 블록된다. 이 설정을 변경하기 위해서 accept()를 호출하기 전에 아래와 같이 false를 인자로 configureBlocking() 메소드를 호출한다.

```
serverChannel.configureBlocking(false);
```

nonblock accept()는 들어오는 연결이 없는 경우 거의 즉시 널(null)을 반환한다. 이때 소켓을 사용하기 전에 반환된 소켓을 검사하여 NullPointerException 예외가 발생하지 않도록 주의해야 한다.

이제 두 개의 열린 채널이 있다. 서버 채널과 클라이언트 채널. 이 두 채널을 모두 처리해야 한다. 그리고 이 두 채널은 명확하지 않은 시점에 실행된다. 게다가 서버 채널을 처리하면 계속해서 열린 클라이언트 채널이 생성된다. 전통적인 접근 방법으로는 각 연결에 스레드를 할당하여 처리할 수 있다. 하지만 그렇게 처리할 경우 스레드의 수는 클라이언트의 연결 수만큼 빠르게 증가한다. 새로운 I/O API에서는 대신 셀렉터를 이용하여 프로그램이 처리할 준비가 된 연결만을 찾아서 반복적으로 처리할 수 있다. 새로운 셀렉터를 생성하기 위해 정적 팩토리 메소드인 Selector.open()를 호출한다.

```
Selector selector = Selector.open();
```

다음으로 각 채널을 셀렉터가 감시할 수 있도록 채널의 register() 메소드를 이용하여 셀렉터를 등록한다. 등록할 때 SelectionKey 클래스에 정의된 명명 상수를 사용하여 관심 있는 동작을 명시한다. 서버 소켓의 경우에는 관심 동작이 OP_ACCEPT 하나밖에 없다. 즉, 서버 소켓 채널이 새로운 연결을 수용할 준비가 되었는지 묻는다.

```
serverChannel.register(selector, SelectionKey.OP_ACCEPT);
```

서버 채널과는 달리 클라이언트 채널은 채널에 데이터를 쓸 준비가 되었는지에 관심이 있으므로 OP_WRITE 키를 사용한다.

```
SelectionKey key = clientChannel.register(selector, SelectionKey.OP_WRITE);
```

위 두 예제의 register() 메소드는 SelectionKey 객체를 반환한다. 하지만 여기서는 클라이언트 채널을 위한 키만 사용한다. 각각의 SelectionKey는 임의의 Object 타입을 첨부하고 있다. 이 Object는 일반적으로 연결의 현재 상태를 나타내는 객체를 보관하는 데 사용된다. 이 경우에는 채널이 네트워크에 쓰기 위한 버퍼를 저장하는 데 사용한다. 그리고 이 버퍼는 모두 비워진 다음 다시 채울 수 있으며, 각 버퍼로 복사될 데이터로 배열을 채운다.

버퍼는 다음 줄을 쓰기 위해, 버퍼의 끝에 쓰기보다는 버퍼의 시작 부분으로 돌아와서 다시 쓴다. 두 개의 연속적인 데이터의 복사본을 저장한 배열을 만들어 두면, 전송할 시작 위치에 상관없이 모든 라인을 배열에서 연속적으로 이용할 수 있기 때문에 코드를 작성하기가 훨씬 쉽다.

```
byte[] rotation = new byte[95*2];
for (byte i = ' '; i <= '~'; i++) {
  rotation[i - ' '] = i;
  rotation[i + 95 - ' '] = i;
}
```

이 배열은 초기화된 이후에 읽기 용도로만 사용할 것이기 때문에, 다수의 채널에서 함께 사용할 수 있다. 각각의 채널은 이 배열의 데이터를 사용해 자신들의 버퍼를 채운다. 즉, rotation 배열의 처음 72바이트를 사용해 버퍼를 채운 다음, 라인을 구분하기 위한 캐리지 리턴/라인피드를 추가한다. 다음으로 전송 준비를 위해 버퍼에 대해 flip() 메소드를 호출하고, 버퍼를 채널의 키에 첨부한다.

```
ByteBuffer buffer = ByteBuffer.allocate(74);
buffer.put(rotation, 0, 72);
buffer.put((byte) '\r');
buffer.put((byte) '\n');
buffer.flip();
key2.attach(buffer);
```

동작 준비가 된 채널이 있는지 확인하기 위해 셀렉터의 select() 메소드를 호출한다. 장시간 실행되는 서버의 경우, 일반적으로 select() 코드를 무한 루프 안에 위치시킨다.

```
while (true) {
  selector.select ();
  // 셀렉트된 키를 처리한다.
}
```

셀렉터가 준비된 채널을 찾은 경우 셀렉터의 selectedKeys() 메소드는 준비된 채널당 하나의 SelectionKey를 포함하고 있는 java.util.Set을 반환한다. 준비된 채널이 없는 경우 빈 java.uitl.Set이 반환된다. 두 경우 모두, 반환된 Set과 java.util.Iterator를 사용하여 루프를 돈다.

```
Set<SelectionKey> readyKeys = selector.selectedKeys();
Iterator iterator = readyKeys.iterator();
while (iterator.hasNext()) {
  SelectionKey key = iterator.next();
  // 두 번 처리하지 않도록 처리한 키를 세트에서 제거한다.
  iterator.remove();
  // 채널에 필요한 작업을 수행한다.
}
```

세트에서 키를 제거함으로써 셀렉터에게 해당 키의 처리가 끝났음을 알리고 select() 호출 시 다시 반환되지 않도록 한다. 셀렉터는 해당 채널이 다시 읽을 준비가 된 다음, select() 메소드가 호출될 때, 제거된 채널을 다시 준비된 채널에 추가하여 반환한다. 그러므로 사용이 끝난 채널은 준비된 채널에서 꼭 제거해야 한다.

준비된 채널이 서버 채널인 경우, 프로그램은 새로운 소켓 채널을 수용하고 수용된 소켓 채널을 셀렉터에 추가한다. 준비된 채널이 소켓 채널인 경우, 프로그램은 버퍼가 허용할 수 있는 만큼 채널에 쓴다. 준비된 채널이 없는 경우, 셀렉터는 준비된 채널이 생길 때까지 기다린다. 결국 하나의 스레드, 즉 메인 스레드는 다수의 동시 연결을 처리하게 된다.

이 경우에 서버 채널은 연결을 수용할 준비만 하고 클라이언트 채널은 쓸 준비만 하기 때문에, 클라이언트나 서버 채널 중에 어떤 채널이 선택되었는지 쉽게 구분할 수 있다. 그리고 이 둘 모두 I/O 연산이기 때문에, 다양한 이유로 IOExcepton 예외가 발생할 수 있다. 그러므로 원한다면 이 코드를 try 블록으로 감쌀 수 있다.

```
try {
  if (key.isAcceptable()) {
    ServerSocketChannel server = (ServerSocketChannel) key.channel();
    SocketChannel connection = server.accept();
    connection.configureBlocking(false);
    connection.register(selector, SelectionKey.OP_WRITE);
    // 클라이언트 버퍼를 설정한다.
  } else if (key.isWritable()) {
    SocketChannel client = (SocketChannel) key.channel();
    // 클라이언트에게 데이터를 쓴다.
  }
}
```

채널에 데이터를 쓰는 것은 어렵지 않다. 키에 첨부된 버퍼를 구해서 ByteBuffer로 캐스팅하고 버퍼에 아직 쓰지 않은 데이터가 남아 있는지 확인하기 위해 hasRemaining() 메소드를 호출한다. 남아 있는 데이터가 있는 경우 출력하고, 남아 있는 데이터가 없는 경우 회전하는 배열에 있는 데이터의 다음 줄로 버퍼를 채우고 채워진 버퍼를 쓴다.

```
ByteBuffer buffer = (ByteBuffer) key.attachment();
if (!buffer.hasRemaining()) {
  // 이전에 보낸 줄의 시작 문자를 찾고
  // 다음에 전송할 줄로 버퍼를 채운다.
  buffer.rewind();
  int first = buffer.get();
  // 다음 시작 문자로 하나 증가시킨다.
  buffer.rewind();
  int position = first - ' ' + 1;
  buffer.put(rotation, position, 72);
  buffer.put((byte) '\r');
  buffer.put((byte) '\n');
  buffer.flip();
}
client.write(buffer);
```

다음 줄을 어디서부터 복사해야 하는지 찾는 알고리즘은 아스키 문자를 순서대로 저장하고 있는 rotation 배열을 사용한다. 이 알고리즘은 먼저 buffer.get() 메소드를 사용하여 버퍼로부터 데이터의 시작 1바이트를 읽는다. 그리고 rotation 배열의 첫 문자로 사용된 스페이스 문자에서 읽은 1바이트를 뺀다. 이 결과 나온 값은 현재 버퍼의 시작 위치에 해당하는 배열의 인덱스를 알려 준다. 그리고 이 값에 1을 더하여 다음 줄의 시작 위치를 결정하고 버퍼를 채운다.

문자 발생기 프로토콜에서 서버는 결코 연결을 종료하지 않는다. 서버는 클라이언트가 연결을 끊을 때까지 기다린다. 실제 클라이언트가 소켓을 종료하면 예외가 발생한다. 이때 키를 취소하고 해당 채널을 닫아 줘야 한다.

```
catch (IOException ex) {
  key.cancel();
  try {
    key.channel().close();
  } catch (IOException cex) {
    // 무시한다.
  }
}
```

이 모든 내용이 예제 11-2에 포함되어 있다. 이 예제는 단일 스레드만으로 다수의 동시 연결을 효과적으로 처리하는 완전한 문자 발생기 서버 프로그램이다.

예제 11-2 논블록 문자 발생기 서버

```java
import java.nio.*;
import java.nio.channels.*;
import java.net.*;
import java.util.*;
import java.io.IOException;

public class ChargenServer {

  public static int DEFAULT_PORT = 19;

  public static void main(String[] args) {

    int port;
    try {
      port = Integer.parseInt(args[0]);
    } catch (RuntimeException ex) {
      port = DEFAULT_PORT;
```

```
    }
    System.out.println("Listening for connections on port " + port);

    byte[] rotation = new byte[95*2];
    for (byte i = ' '; i <= '~'; i++) {
      rotation[i -' '] = i;
      rotation[i + 95 - ' '] = i;
    }

    ServerSocketChannel serverChannel;
    Selector selector;
    try {
      serverChannel = ServerSocketChannel.open();
      ServerSocket ss = serverChannel.socket();
      InetSocketAddress address = new InetSocketAddress(port);
      ss.bind(address);
      serverChannel.configureBlocking(false);
      selector = Selector.open();
      serverChannel.register(selector, SelectionKey.OP_ACCEPT);
    } catch (IOException ex) {
      ex.printStackTrace();
      return;
    }

    while (true) {
      try {
        selector.select();
      } catch (IOException ex) {
        ex.printStackTrace();
        break;
      }

      Set<SelectionKey> readyKeys = selector.selectedKeys();
      Iterator<SelectionKey> iterator = readyKeys.iterator();
      while (iterator.hasNext()) {

        SelectionKey key = iterator.next();
        iterator.remove();
        try {
          if (key.isAcceptable()) {
            ServerSocketChannel server = (ServerSocketChannel) key.channel();
            SocketChannel client = server.accept();
            System.out.println("Accepted connection from " + client);
            client.configureBlocking(false);
            SelectionKey key2 = client.register(selector, SelectionKey.OP_WRITE);
            ByteBuffer buffer = ByteBuffer.allocate(74);
            buffer.put(rotation, 0, 72);
            buffer.put((byte) '\r');
            buffer.put((byte) '\n');
            buffer.flip();
```

```
        key2.attach(buffer);
      } else if (key.isWritable()) {
        SocketChannel client = (SocketChannel) key.channel();
        ByteBuffer buffer = (ByteBuffer) key.attachment();
        if (!buffer.hasRemaining()) {
          // 다음 줄로 버퍼를 채운다.
          buffer.rewind();
          // 이전에 보낸 줄의 시작 문자를 구한다.
          int first = buffer.get();
          // 버퍼의 데이터를 변경할 준비를 한다.
          buffer.rewind();
          // rotation에서 새로운 시작 문자의 위치를 찾는다.
          int position = first - ' ' + 1;
          // roation에서 buffer로 데이터를 복사한다.
          buffer.put(rotation, position, 72);
          // 버퍼의 마지막에 라인 구분자를 저장한다.
          buffer.put((byte) '\r');
          buffer.put((byte) '\n');
          // 버퍼를 출력할 준비를 한다.
          buffer.flip();
        }
        client.write(buffer);
      }
    } catch (IOException ex) {
      key.cancel();
      try {
        key.channel().close();
      }
      catch (IOException cex) {}
    }
  }
 }
 }
}
```

이 예제는 단일 스레드를 사용한다. 하지만 여전히 다수의 스레드가 필요한 상황이 있다. 특히 우선순위가 다른 다양한 작업들을 처리해야 할 때 필요하다. 예를 들어, 우선순위가 높은 스레드에서는 새로운 연결을 수용하고, 우선순위가 낮은 스레드에서는 이미 연결된 클라이언트를 처리하도록 만들 수도 있다. 그러나 여러분은 더 이상 자바로 작성한 서버의 확장성을 개선하기 위해 스레드와 연결의 비율을 1:1로 작성할 필요가 없다.

최대 성능을 내기 위해 멀티스레드를 사용하는 것이 중요하다. 멀티스레드를 이용하면 서버가 멀티 CPU를 충분히 활용할 수 있다. 단일 CPU 환경에서조차 작업을 처리하는 스레드와 수용(accept) 스레드를 분리하는 것은 좋은 방법이다. 제3장에서 다룬 스레드 풀은 새로운 I/O 모델에서도 여전히 잘 활용할 수 있다. 들어오는 연결을 수용하는 스레드는 수용된 연결을 풀에 있는 스레드가 처리할 수 있도록 큐에 추가한다.

이렇게 하면 select() 메소드가 데이터를 수신할 준비가 완료된 연결을 선택해 주므로 셀렉터 없이 동작하는 것보다 훨씬 빠르다. 이 방법은 셀렉터가 수신할 데이터가 준비되지 않은 연결에 대해 시간을 낭비하지 않도록 보장해 주기 때문에, 동일한 작업을 셀렉터 없이 하는 것보다 여전히 더 빠르게 동작한다. 반면에 동기화 이슈가 발생할 수 있으므로 병목지점이 없다는 것을 증명한 후에 사용해야 한다.

버퍼

앞의 제2장에서, 스트림을 항상 버퍼링할 것을 권장했다. 충분히 큰 버퍼의 사용은 네트워크 프로그램의 성능에 가장 큰 영향을 미치는 부분이다. 새로운 I/O 모델에서는 더 이상 버퍼의 사용을 선택할 수 없다. 모든 I/O가 버퍼링된다. 게다가 버퍼는 새로운 I/O API의 기초를 이루고 있다. 데이터를 입출력 스트림으로 쓰거나 읽지 않고 대신 버퍼에 쓰고 읽는다. 버퍼는 버퍼링 스트림에서와 같이 단순한 바이트 배열로도 표현될 수 있다. 하지만 버퍼의 네이티브 구현에서는 버퍼를 하드웨어나 메모리에 직접 연결하거나, 아니면 매우 효율적인 다른 구현들을 이용하기도 한다.

프로그래밍 관점에서 스트림과 채널의 가장 큰 차이점은 채널은 블록 기반인 데 반해 스트림은 바이트 기반이다. 스트림은 순서대로 한 바이트씩 제공하도록 설계되었다. 단지 성능을 위해 바이트 배열을 전달할 수는 있지만, 기본 개념은 한 번에 1바이트의 데이터를 전달하는 것이다. 반면에 채널은 버퍼 안에 있는 데이터의 블록을 전달한다. 바이트는 채널에서 읽고 쓰기 전에 먼저 버퍼에 저장되어야 한다. 그리고 데이터는 한 번에 하나의 버퍼씩 읽고 쓴다.

스트림과 채널/버퍼의 두 번째 큰 차이점은 채널과 버퍼는 같은 객체에 대해서 읽기와 쓰기 모두를 지원하는 경향이 있다. 하지만 항상 그런 것은 아니다. 예를 들어, CD-ROM에 있는 파일을 가리키는 채널은 읽을 수는 있지만 쓸 수는 없다. 입력이 닫힌 소켓에 연결된 채널의 경우 쓸 수는 있지만 읽을 수는 없다. 만약 읽기만 할 수 있는 채널을 쓰려고 하거나, 쓸 수만 있는 채널을 읽으려고 하면, UnsupportedOperationException 예외가 발생한다. 하지만 네트워크 프로그램은 대체로 같은 채널에서 읽기와 쓰기가 모두 가능하다.

버퍼의 내부적인 자세한 구현 방식을 몰라도(자세한 구현 방식은 구현에 따라 다르며, 호스트 운영체제의 하드웨어에 최적화된다), 배열과 같이 일반적인 기본 데이터 타입을 요소로 가지는 고정된 크기의 목록으로 생각할 수 있다. 그러나 실제 구현이 배열일 필요는 없다. 배열인 경우도 있고 아닌 경우도 있다. 자바의 기본 데이터 타입 중에서 불리언(boolean)을 제외한 나머지 모든 타입에 대해 Buffer의 서브클래스가 존재한다. ByteBuffer, CharBuffer, ShortBuffer, IntBuffer, LongBuffer, FloatBuffer, DoubleBuffer. 각 서브클래스에서 제공되는 메소드는 적절한 타입에 맞는 인자와 반환값을 가진다. 예를 들어, DoubleBuffer 클래스는 double 타입을 인자로 전달하거나 반환하는 메소드를 제공한다. IntBuffer 클래스는 int 타입을 인자로 전달하거나 반환하는 메소드를 제공한다. 공통의 Buffer 슈퍼클래스는 버퍼에 포함된 데이터의 타입을 알 필요가 없는 메소드만을 제공한다. (타입을 인식하지 않는 것이 여기서는 문제가 되기도 한다.) 네트워크 프로그램의 경우 비록 가끔씩 ByteBuffer를 다른 타입으로 해석(overlay)하여 사용하는 프로그램이 있기도 하지만, 거의 항상 ByteBuffer를 사용한다.

버퍼는 데이터를 나열하는 것 이외에도 네 가지 중요한 정보를 관리한다. 모든 버퍼들은 버퍼의 타입에 상관없이 이러한 값들을 설정하거나 확인할 수 있는 동일한 메소드를 제공한다.

위치(position) 버퍼에서 읽거나 쓸 다음 위치를 나타낸다. 이 값은 0에서 시작하며 최대값은 버퍼의 크기와 같다. 이 값은 다음 두 메소드를 사용하여 설정하거나 가져올 수 있다.

```
public final int    position()
public final Buffer position(int newPosition)
```

용량(capacity) 버퍼가 보유할 수 있는 최대 요소들의 수. 이 값은 버퍼가 생성될 때 설정되며 그 후로 변경할 수 없다. 다음 메소드를 사용하여 이 값을 읽을 수 있다.

```
public final int capacity()
```

한도(limit) 버퍼에서 접근할 수 있는 데이터의 끝. 버퍼의 용량이 더 남아 있더라도 한도 지점을 변경하기 전에는 한도를 넘어서서 읽거나 쓸 수 없다. 이 값은 다음 두 메소드를 사용하여 가져오거나 설정한다.

```
public final int    limit()
public final Buffer limit(int newLimit)
```

표시(mark) 버퍼에서 클라이언트에 제한된 인덱스. mark() 메소드를 호출하면 현재 위치에 표시가 설정되며, reset() 메소드를 호출하면 현재 위치가 표시된 위치로 설정된다.

```
public final Buffer mark()
public final Buffer reset()
```

위치(position)가 설정된 표시(mark) 이하로 설정되면, 표시는 버려진다.

InputStream에서 읽는 것과는 달리 버퍼로부터 읽으면 실제로 버퍼 안에 있는 데이터는 어떤 식으로든 변경되지 않는다. 버퍼의 이러한 특성으로 인해 버퍼의 위치를 앞뒤로 이동하여 특정 위치에서부터 읽는 것이 가능하다. 마찬가지로 프로그램은 읽을 수 있는 데이터의 끝을 제어하기 위해 한도(limit)를 조정할 수 있다. 오직 용량만이 고정되어 있다.

공통의 Buffer 슈퍼클래스는 또한 이들 공통 속성들을 참조하여 동작하는 몇몇 다른 메소드를 제공한다.

clear() 메소드는 위치를 0으로 설정하고 한도를 용량으로 설정하여 버퍼를 비운다. 이렇게 함으로써 버퍼는 완전히 새롭게 채워질 수 있다.

```
public final Buffer clear()
```

그러나 clear() 메소드는 버퍼로부터 이전 데이터를 제거하지 않는다. 이전 데이터는 여전히 남아 있으며 절대적인 get() 메소드를 사용하거나 한도와 위치를 다시 변경하여 읽을 수 있다.

rewind() 메소드는 위치를 0으로 설정하지만, 한도를 변경하지는 않는다.

```
public final Buffer rewind()
```

이 메소드는 버퍼를 다시 읽을 수 있도록 한다.

flip() 메소드는 한도를 현재 위치로 설정하고 위치를 0으로 설정한다.

```
public final Buffer flip()
```

이 메소드는 버퍼를 채운 다음 버퍼의 내용을 내보내야 할 때 호출된다.

마지막으로, 버퍼의 내용은 변경하지 않지만 버퍼에 관한 정보를 반환하는 두 개의 메소드를 제공한다. remaining() 메소드는 버퍼에서 현재 위치와 한도 사이에 있는 요소의 수를 반환한다. hasRemaining() 메소드는 남아 있는 요소의 수가 0보다 큰 경우 true를 반환한다.

```
public final int     remaining()
public final boolean hasRemaining()
```

버퍼 만들기

버퍼 클래스의 계층 구조는 적어도 최상위 레벨이 아니고서는 다형성이 아닌 상속성에 기반을 두고 있다. 여러분은 보통 여러분이 다루고 있는 것이 IntBuffer인지, ByteBuffer인지, CharBuffer인지, 또는 다른 무엇인지 알 필요가 있다. 여러분은 공통의 Buffer 슈퍼클래스가 아닌 이러한 서브클래스 중 하나로 코드를 작성한다.

각 타입별 버퍼 클래스는 다양한 방법으로 해당 타입의 서브클래스를 생성하는 몇몇 팩토리 메소드를 제공한다. 빈 버퍼는 일반적으로 allocate 메소드에 의해 생성된다. 데이터가 미리 채워진 버퍼는 wrap 메소드를 호출하여 만든다. allocate 메소드는 종종 입력에 유용하게 사용되고, wrap 메소드는 일반적으로 출력에 사용된다.

할당

기본 allocate() 메소드는 단순히 지정된 고정 용량을 가진 빈 버퍼를 새로 생성하여 반환한다. 예를 들어, 다음 코드는 바이트 버퍼와 정수 버퍼를 생성하며 각각의 크기는 100이다.

```
ByteBuffer buffer1 = ByteBuffer.allocate(100);
IntBuffer  buffer2 = IntBuffer.allocate(100);
```

커서는 버퍼의 시작에 위치한다. (즉, 위치가 0이다.) allocate()에 의해 생성된 버퍼는 자바 배열로 구현되며, array()와 arrayOffset() 메소드로 접근할 수 있다. 예를 들어, 채널을 이용하여 큰 데이터 덩어리를 버퍼로 읽어 온 다음 버퍼로부터 배열을 가져와서 배열을 인자로 받는 다른 메소드에 사용할 수 있다.

```
byte[] data1 = buffer1.array();
int[]  data2 = buffer2.array();
```

array() 메소드는 해당 버퍼의 내부 데이터를 그대로 노출시키므로, 주의해서 사용해야 한다. 반환된 배열의 내용을 변경하면 버퍼에 그대로 반영되며, 반대도 마찬가지다. 여기서 일반적인 사용 패턴은 먼저 버퍼에 데이터를 채운다. 그리고 배열을 가져와서 배열을 조작한다. 이러한 패턴은 배열을 조작한 이후에 다시 버퍼에 무언가를 쓰지 않는 한 문제가 되지 않는다.

직접 할당

ByteBuffer 클래스는 버퍼에 대한 백업 배열을 생성하지 않는(즉, array() 메소드로 배열을 반환받을 수 없는) 추가적인 allocateDirect() 메소드를 제공한다. (ByteBuffer 클래스 이외의 다른 클래스는 제공하지 않는다.) 가상 머신은 DMA(Direct Memory Access)를 사용하여 이더넷 카드나 커널 메모리 등의 버퍼에 직접적으로 할당된 ByteBuffer를 구현한다. 꼭 필요한 것은 아니지만, 이 방식을 사용하여 I/O 연산의 성능을 향상시킬 수 있다. API 관점에서 보면, allocateDirect() 메소드는 allocate()와 동일하게 사용된다.

```
ByteBuffer buffer = ByteBuffer.allocateDirect(100);
```

직접 버퍼(direct buffer)에 array() 메소드와 arrayOffset() 메소드를 호출하면 Unsupported OperationException 예외가 발생한다. 직접 버퍼는 버퍼의 크기가 큰(1MB 이상) 일부 가상 머신에서 훨씬 빨리 동작한다. 그러나 직접 버퍼는 간접 버퍼(indirect buffer)보다 생성하는 데 많은 비용이 들기 때문에 길게 사용하지 않도록 해야 한다. 자세한 내용은 가상 머신에 상당히 의존적이다. 그러나 대부분의 경우 성능 문제가 측정될 때까지 직접 버퍼를 사용하지 않는 것이 좋다.

랩핑(Wrapping)

이미 출력하고자 하는 데이터의 배열을 가지고 있다면 버퍼를 새로 만들고 채우는 것보다 배열을 버퍼로 감싸(wrapping)는 편이 낫다. 예를 들어:

```
byte[] data = "Some data".getBytes("UTF-8");
ByteBuffer buffer1 = ByteBuffer.wrap(data);
char[] text = "Some text".toCharArray();
CharBuffer buffer2 = CharBuffer.wrap(text);
```

여기서 버퍼는 배열에 대한 참조를 포함하고 있으며, 배열은 버퍼의 백업 배열처럼 제공된다. 랩핑 메소드로 생성된 버퍼는 직접 버퍼가 될 수 없다. 다시 한 번 말하지만 배열에 대한 변경은 버퍼에 반영되며, 반대도 역시 마찬가지다. 그러므로 해당 배열에 작업이 끝나기 전에 미리 랩핑하지 않도록 해야 한다.

채우기와 내보내기

버퍼는 순차적인 접근을 위해 설계되었다. 각각의 버퍼는 position() 메소드로 확인할 수 있는 현재 위치를 가지고 있으며, 이 위치는 0에서 버퍼의 원소 개수 사이의 어딘가를 나타낸다는 사실을 다시 상기해 보도록 하자. 버퍼의 위치는 버퍼에 하나의 요소를 쓰거나 읽을 때마다 1씩 증가한다. 예를 들어, 용량 12를 가진 CharBuffer를 할당한다고 가정해 보자. 그리고 다섯 개의 문자로 버퍼를 채운다.

```
CharBuffer buffer = CharBuffer.allocate(12);
buffer.put('H');
buffer.put('e');
buffer.put('l');
buffer.put('l');
buffer.put('o');
```

이 버퍼의 위치는 현재 5가 된다. 이와 같은 작업을 "버퍼를 채운다"고 한다.

버퍼는 버퍼가 가진 용량까지만 채울 수 있다. 만약 초기에 설정된 용량을 넘어서 채우려고 시도할 경우, put() 메소드는 BufferOverflowException 예외를 발생시킨다.

위 상태의 버퍼에 대해 get()을 시도할 경우, 위치 5에 저장된 널(null) 문자(\u0000)를 반환받게 된다. 이 문자는 자바가 버퍼를 처음 초기화할 때 설정된 값이다. 여러분이 쓴 데이터를 다시 읽으려고 할 경우, 그 전에 먼저 해당 버퍼에 대해 flip()을 호출해야 한다.

```
buffer.flip();
```

이 메소드는 한도(limit)를 현재 위치로 설정하고(이 예제에서는 5), 위치(position)를 버퍼의 시작 위치인 0으로 설정한다. 이제 버퍼의 내용을 새로운 문자열로 내보낼 수 있다.

```
String result = "";
while (buffer.hasRemaining()) {
  result += buffer.get();
}
```

get() 호출 시마다 위치는 앞으로 1씩 이동한다. 위치가 한도(limit)에 도달하면, hasRemaining() 메소드는 false를 반환한다. 이와 같은 작업을 "버퍼를 내보낸다"고 한다.

버퍼 클래스는 또한 버퍼의 위치를 변경하지 않고 버퍼 내의 특정 위치에서 데이터를 채우거나 내보내는 절대(absolute) 메소드를 제공한다. 예를 들어, ByteBuffer는 다음 두 메소드를 제공한다.

```
public abstract byte       get(int index)
public abstract ByteBuffer put(int index, byte b)
```

이 두 메소드는 버퍼의 한도를 넘은 위치를 접근하려고 할 경우, IndexOutOfBounds Exception 예외를 발생시킨다. 예를 들어, 절대 메소드를 사용하여 같은 작업을 다음과 같이 할 수 있다.

```
CharBuffer buffer = CharBuffer.allocate(12);
buffer.put(0, 'H');
buffer.put(1, 'e');
buffer.put(2, 'l');
buffer.put(3, 'l');
buffer.put(4, 'o');
```

그러나 위와 같이 절대 메소드로 데이터를 저장할 경우, 위치가 변경되지 않기 때문에 읽기 전에 flip()을 호출하지 않아도 된다. 게다가 저장 순서도 의미가 없다. 아래는 위와 같은 작업을 한다.

```
CharBuffer buffer = CharBuffer.allocate(12);
buffer.put(1, 'e');
buffer.put(4, 'o');
buffer.put(0, 'H');
buffer.put(3, 'l');
buffer.put(2, 'l');
```

벌크 메소드

아무리 버퍼라고 해도 한 번에 하나의 요소씩 채우고 비우는 것보다 데이터의 블록 단위로 작업하는 것이 훨씬 더 빠르다. 서로 다른 버퍼 클래스들은 각자의 요소 타입의 배열을 채우거나 내보내는 벌크(bulk) 메소드를 제공한다. 예를 들어, ByteBuffer는 미리 준비된 바이트 배열이나 서브 배열로부터 ByteBuffer를 채우거나 내보내는 put()과 get() 메소드를 제공한다.

```
public ByteBuffer get(byte[] dst, int offset, int length)
public ByteBuffer get(byte[] dst)
public ByteBuffer put(byte[] array, int offset, int length)
public ByteBuffer put(byte[] array)
```

이들 put() 메소드는 특정 배열이나 서브 배열로부터 데이터를 가져와 현재 위치에 넣는다. get() 메소드는 현재 위치에서 인자로 제공된 배열이나 서브 배열로 데이터를 읽어 온다. put()과 get() 메소드는 배열이나 서브 배열의 길이에 따라서 위치가 증가한다. put() 메소드는 버퍼가 배열이나 서브 배열의 내용을 담을 만큼 충분한 공간이 없는 경우 BufferOverflowException 예외를 발생시킨다. get() 메소드는 배열이나 서브 배열을 채울 만큼의 충분한 데이터가 남아 있지 않은 경우, BufferUnderflowException 예외를 발생시킨다. 이 예외들은 모두 런타임 예외에 해당한다.

데이터 변환

자바에서 모든 데이터는 결국 바이트로 처리된다. int, double, float 등을 포함한 모든 기본 데이터 타입은 바이트로 쓰일 수 있다. 적절한 길이의 바이트의 연속은 기본 데이터 타입으로 해석될 수 있다. 예를 들어, 어떤 연속된 4바이트는 int나 float에 대응한다. (실제로 여러분이 어떤 타입으로 읽고 싶은지에 달렸다.) 연속된 8바이트는 long 또는 double에 대응한다. ByteBuffer 클래스는(오직 ByterBuffer 클래스만이) 기본 타입(boolean 제외)의 인자에 대응하는 바이트들로 버퍼를 채우는 상대적인 put() 메소드와 절대 put() 메소드를 제공한다. 그리고 기본 데이터 타입 형성에 필요한 적절한 바이트 수를 읽는 상대적인 get() 메소드와 절대 get() 메소드를 제공한다.

```
public abstract char       getChar()
public abstract ByteBuffer putChar(char value)
public abstract char       getChar(int index)
public abstract ByteBuffer putChar(int index, char value)
public abstract short      getShort()
public abstract ByteBuffer putShort(short value)
public abstract short      getShort(int index)
public abstract ByteBuffer putShort(int index, short value)
public abstract int        getInt()
public abstract ByteBuffer putInt(int value)
public abstract int        getInt(int index)
public abstract ByteBuffer putInt(int index, int value)
public abstract long       getLong()
public abstract ByteBuffer putLong(long value)
```

```
public abstract long        getLong(int index)
public abstract ByteBuffer putLong(int index, long value)
public abstract float       getFloat()
public abstract ByteBuffer putFloat(float value)
public abstract float       getFloat(int index)
public abstract ByteBuffer putFloat(int index, float value)
public abstract double      getDouble()
public abstract ByteBuffer putDouble(double value)
public abstract double      getDouble(int index)
public abstract ByteBuffer putDouble(int index, double value)
```

전통적인 I/O에서 DataOutputStream과 DataInputStream에 의해 수행되던 작업들을 새로운 I/O 모델에서는 이들 메소드가 수행한다. 이 메소드들은 DataOutputStream과 DataInputStream에는 없는 추가적인 기능을 제공한다. 바로 연속된 바이트를 int, float, double 등으로 해석할 때, 빅엔디안으로 변환할지 리틀엔디안으로 변환할지 선택할 수 있다. 기본적으로 모든 값들은 빅엔디안으로 읽고 쓴다. (즉, 최상위 바이트가 먼저 온다.) 다음 두 개의 order() 메소드는 ByteOrder 클래스에 명명된 상수를 사용하여 버퍼의 바이트 순서를 설정하거나 확인한다. 예를 들어, 다음과 같이 버퍼를 리틀엔디안으로 변경할 수 있다.

```
if (buffer.order().equals(ByteOrder.BIG_ENDIAN)) {
  buffer.order(ByteOrder.LITTLE_ENDIAN);
}
```

문자 발생기 프로토콜 대신 바이너리 데이터를 생성하여 네트워크 테스트를 한다고 생각해 보자. 이 테스트로 인해 아스키 문자 발생기 프로토콜에서는 발견되지 않았던 문제들이 부각될 수도 있다. 예를 들어, 모든 바이트에서 최상위 비트를 벗겨 내도록 설정된 오래된 게이트웨이는 매 2^{30}바이트를 버리거나, 또는 예상치 못한 연속된 제어 문자로 인해 진단 모드로 전환할 수 있다. 이러한 문제들은 단지 이론적인 이야기들은 아니며, 필자는 실제 이와 유사한 문제를 겪은 적이 있다.

모든 가능한 정수값을 보내어 네트워크에 이러한 문제가 없는지 확인할 수 있다. 이 테스트 방법은 가능한 4바이트 정수를 모두 테스트하는 데 거의 43억 번 반복한다. 수신 측에서는, 받은 데이터가 예상한 값이 맞는지 단순히 숫자를 비교하여 쉽게 확인할 수 있다. 어떤 문제가 발견될 경우, 정확히 어디서 문제가 발생했는지 쉽게 알 수 있다. 즉, 이 프로토콜은 다음과 같이 동작한다.

1. 클라이언트는 서버에 연결한다.
2. 서버는 즉시 4바이트 빅엔디안 정수를 0에서부터 보내기 시작하고 매번 1씩 증가시
   킨다. 이 값이 최대값을 넘어서 음수가 되면 다시 0에서 시작한다.
3. 서버는 무한히 실행된다. 클라이언트는 충분히 테스트를 한 후 연결을 종료한다.

서버는 4바이트 길이의 정수를 ByteBuffer에 저장한다. 그리고 이 버퍼는 각 채널에 첨부된
다. 각 채널이 쓰기가 가능한 상태인 경우, 버퍼의 내용을 채널로 내보낸다. 다음으로 버퍼
의 위치를 앞으로 이동(rewind)하고, getInt() 메소드를 사용하여 버퍼의 내용을 읽는다. 프
로그램은 이때 버퍼의 내용을 비우고 읽은 값을 1 증가시킨다. 그리고 putInt() 메소드를 사
용하여 버퍼에 증가된 값을 저장한다. 마지막으로, flip() 메소드를 호출하여 내보낼 준비를
한다. 예제 11-3은 이 내용을 테스트하는 프로그램이다.

예제 11-3 정수 생성기 서버

```
import java.nio.*;
import java.nio.channels.*;
import java.net.*;
import java.util.*;
import java.io.IOException;

public class IntgenServer {

  public static int DEFAULT_PORT = 1919;

  public static void main(String[] args) {

    int port;
    try {
      port = Integer.parseInt(args[0]);
    } catch (RuntimeException ex) {
      port = DEFAULT_PORT;
    }
    System.out.println("Listening for connections on port " + port);

    ServerSocketChannel serverChannel;
    Selector selector;
    try {
      serverChannel = ServerSocketChannel.open();
      ServerSocket ss = serverChannel.socket();
      InetSocketAddress address = new InetSocketAddress(port);
      ss.bind(address);
      serverChannel.configureBlocking(false);
```

```
      selector = Selector.open();
      serverChannel.register(selector, SelectionKey.OP_ACCEPT);
    } catch (IOException ex) {
      ex.printStackTrace();
      return;
    }

    while (true) {
      try {
        selector.select();
      } catch (IOException ex) {
        ex.printStackTrace();
        break;
      }

      Set<SelectionKey> readyKeys = selector.selectedKeys();
      Iterator<SelectionKey> iterator = readyKeys.iterator();
      while (iterator.hasNext()) {
        SelectionKey key = iterator.next();
        iterator.remove();
        try {
          if (key.isAcceptable()) {
            ServerSocketChannel server = (ServerSocketChannel) key.channel();
            SocketChannel client = server.accept();
            System.out.println("Accepted connection from " + client);
            client.configureBlocking(false);
            SelectionKey key2 = client.register(selector, SelectionKey.OP_WRITE);

            ByteBuffer output = ByteBuffer.allocate(4);
            output.putInt(0);
            output.flip();
            key2.attach(output);
          } else if (key.isWritable()) {
            SocketChannel client = (SocketChannel) key.channel();
            ByteBuffer output = (ByteBuffer) key.attachment();
            if (! output.hasRemaining()) {
              output.rewind();
              int value = output.getInt();
              output.clear();
              output.putInt(value + 1);
              output.flip();
            }
            client.write(output);
          }
        } catch (IOException ex) {
          key.cancel();
          try {
            key.channel().close();
          }
```

```
            catch (IOException cex) {}
        }
      }
    }
  }
}
```

뷰 버퍼

SocketChannel에서 읽은 ByteBuffer가 하나의 특정 기본 데이터 타입만 포함할 경우, 뷰 버퍼(View Buffer)를 유용하게 사용할 수 있다. 뷰 버퍼는 내부의 ByteBuffer로부터 적절한 타입(예를 들어, DoubleBuffer, IntBuffer 등)으로 데이터를 가져오는 새로운 버퍼 객체이다. 뷰 버퍼를 변경하면 내장된 버퍼에 반영되며 반대도 마찬가지다. 그러나 각 버퍼는 자신만의 독립적인 한도(limit), 용량(capacity) 표시(mark) 그리고 위치(position)을 가진다. 뷰 버퍼는 ByteBuffer가 제공하는 다음 6개의 메소드 중 하나를 사용하여 만들어진다.

```
public abstract ShortBuffer  asShortBuffer()
public abstract CharBuffer   asCharBuffer()
public abstract IntBuffer    asIntBuffer()
public abstract LongBuffer   asLongBuffer()
public abstract FloatBuffer  asFloatBuffer()
public abstract DoubleBuffer asDoubleBuffer()
```

예를 들어, 정수 생성기 프로토콜의 클라이언트를 생각해 보자. 이 프로토콜은 정수 타입만 처리하므로, ByteBuffer 대신 IntBuffer를 사용하는 것이 더 효과적일 것이다. 예제 11-4는 정수 생성기 클라이언트이며, 이 예제는 여전히 채널과 버퍼를 사용하지만 다양한 예제를 보여 주기 위해 동기화된 블로킹 구조를 사용한다.

예제 11-4 정수 생성기 클라이언트

```
import java.nio.*;
import java.nio.channels.*;
import java.net.*;
import java.io.IOException;

public class IntgenClient {

  public static int DEFAULT_PORT = 1919;
```

```
public static void main(String[] args) {

  if (args.length == 0) {
    System.out.println("Usage: java IntgenClient host [port]");
    return;
  }

  int port;
  try {
    port = Integer.parseInt(args[1]);
  } catch (RuntimeException ex) {
    port = DEFAULT_PORT;
  }

  try {
    SocketAddress address = new InetSocketAddress(args[0], port);
    SocketChannel client = SocketChannel.open(address);
    ByteBuffer buffer = ByteBuffer.allocate(4);
    IntBuffer view = buffer.asIntBuffer();

    for (int expected = 0; ; expected++) {
      client.read(buffer);
      int actual = view.get();
      buffer.clear();
      view.rewind();

      if (actual != expected) {
        System.err.println("Expected " + expected + "; was " + actual);
        break;
      }
      System.out.println(actual);
    }
  } catch(IOException ex) {
    ex.printStackTrace();
  }
 }
}
```

여기서 한 가지 주의할 것이 있다. IntBuffer 클래스의 메소드만을 사용하여 버퍼의 내용을 채우거나 내보낼 수도 있지만, 데이터는 IntBuffer의 내장된 원래 ByteBuffer를 사용한 채널에 읽고 써야 한다. SocketChannel 클래스는 ByteBuffer에 대해 읽고 쓰는 메소드만을 제공하므로 다른 종류의 버퍼에 대해서는 읽고 쓰지 못한다. 이 말은 곧 루프를 돌 때마다 ByteBuffer를 비워 줘야 함을 의미하며, 그렇지 않으면 버퍼가 가득 차서 프로그램이 종료된다. 여기서 두 버퍼의 위치와 한도는 따로 존재하므로 따로 고려해야 한다. 마지막으로,

논블록 모드에서 작업 중인 경우, 내부의 ByteBuffer에 있는 모든 데이터가 뷰 버퍼에서 읽거나 쓰기 전에 이미 내보내지지 않았는지 주의해야 한다. 논블록 모드에서 데이터를 내보낸 다음 버퍼가 여전히 int/double/char 등의 타입의 경계에 맞게 정렬되어 있다고 보장하지 않는다. 논블록 채널이 int 혹은 double의 반 바이트만 쓰는 것도 가능하다. 논블록 I/O를 사용할 경우, 뷰 버퍼에 추가적인 데이터를 쓰기 전에 이 문제를 반드시 확인해야 한다.

버퍼 압축하기

쓰기가 가능한 대부분의 버퍼는 compact() 메소드를 제공한다.

```
public abstract ByteBuffer   compact()
public abstract IntBuffer    compact()
public abstract ShortBuffer  compact()
public abstract FloatBuffer  compact()
public abstract CharBuffer   compact()
public abstract DoubleBuffer compact()
```

(이 메소드가 이렇게 다양하지 않았다면, 이 6개의 메소드는 공통의 Buffer 슈퍼클래스에서 하나의 메소드로 대체될 수 있었을 것이다.) 압축하기는 버퍼에 남아 있는 데이터를 버퍼의 시작으로 이동시켜서 요소를 보관할 추가적인 공간을 확보한다. 시작 위치에 있던 기존 데이터는 덮어쓰이고, 버퍼의 위치는 데이터의 끝으로 설정되므로 추가적인 데이터를 쓸 준비가 완료된다.

압축하기는 복사할 때 특히 유용하게 사용된다. — 한 채널에서 읽고, 읽어 온 데이터를 논블록 I/O를 사용하여 다른 채널에 쓴다. 데이터를 버퍼로 읽어 온 다음, 버퍼의 내용을 출력한다. 그리고 나서 데이터를 압축한다. 그러고 나면 아직 출력되지 않은 데이터가 버퍼의 가장 앞에 위치하게 된다. 그리고 추가적인 데이터를 받기 위해 위치(position)를 버퍼에 남아 있는 데이터의 끝으로 설정한다. 이렇게 하면 하나의 버퍼를 사용하여 랜덤하게 읽기와 쓰기를 반복하는 것이 가능해진다. 또한 읽기를 여러 번 연속해서 처리하거나, 쓰기를 연속해서 처리하는 것도 가능하다. 만약 네트워크가 출력 준비는 마쳤으나 입력 준비가 되지 않은 경우, 이 방법을 활용할 수 있다.

이 기술은 예제 11-5에 있는 에코 서버를 구현하는 데 사용될 수 있다. 에코 프로토콜은 단순히 클라이언트가 보낸 데이터로 클라이언트에게 응답한다. 에코 프로토콜은 문자 발생기(chargen)처럼 네트워크 테스트에 유용하게 사용할 수 있다. 또한 에코는 문자 발생기와 같이 클라이언트가 연결을 종료하는 것에 의존한다. 그러나 문자 발생기와는 달리 에코 서버는 연결에 대해 읽기와 쓰기 모두 수행해야 한다.

예제 11-5 에코 서버

```java
import java.nio.*;
import java.nio.channels.*;
import java.net.*;
import java.util.*;
import java.io.IOException;

public class EchoServer {

  public static int DEFAULT_PORT = 7;

  public static void main(String[] args) {

    int port;
    try {
      port = Integer.parseInt(args[0]);
    } catch (RuntimeException ex) {
      port = DEFAULT_PORT;
    }
    System.out.println("Listening for connections on port " + port);

    ServerSocketChannel serverChannel;
    Selector selector;
    try {
      serverChannel = ServerSocketChannel.open();
      ServerSocket ss = serverChannel.socket();
      InetSocketAddress address = new InetSocketAddress(port);
      ss.bind(address);
      serverChannel.configureBlocking(false);
      selector = Selector.open();
      serverChannel.register(selector, SelectionKey.OP_ACCEPT);
    } catch (IOException ex) {
      ex.printStackTrace();
      return;
    }

    while (true) {
      try {
        selector.select();
      } catch (IOException ex) {
        ex.printStackTrace();
        break;
      }

      Set<SelectionKey> readyKeys = selector.selectedKeys();
```

```
        Iterator<SelectionKey> iterator = readyKeys.iterator();
        while (iterator.hasNext()) {
          SelectionKey key = iterator.next();
          iterator.remove();
          try {
            if (key.isAcceptable()) {
              ServerSocketChannel server = (ServerSocketChannel) key.channel();
              SocketChannel client = server.accept();
              System.out.println("Accepted connection from " + client);
              client.configureBlocking(false);
              SelectionKey clientKey = client.register(
                  selector, SelectionKey.OP_WRITE | SelectionKey.OP_READ);
              ByteBuffer buffer = ByteBuffer.allocate(100);
              clientKey.attach(buffer);
            }
            if (key.isReadable()) {
              SocketChannel client = (SocketChannel) key.channel();
              ByteBuffer output = (ByteBuffer) key.attachment();
              client.read(output);
            }
            if (key.isWritable()) {
              SocketChannel client = (SocketChannel) key.channel();
              ByteBuffer output = (ByteBuffer) key.attachment();
              output.flip();
              client.write(output);
              output.compact();
            }
          } catch (IOException ex) {
            key.cancel();
            try {
              key.channel().close();
            } catch (IOException cex) {}
          }
        }
      }
    }
  }
}
```

필자가 이 프로그램을 작성하고 디버깅하는 동안 발견한 사실이 하나 있다. 비록 여러분이 생각한 방법은 아니겠지만, 버퍼의 크기가 큰 차이를 만든다는 것이다. 큰 버퍼를 사용하면 많은 버그를 감출 수 있다. 버퍼가 모든 테스트 케이스를 수용할 수 있을 만큼 충분히 크다면, 적절한 시점에 flip()을 호출하고 버퍼 내용을 내보내야 한다는 사실을 잊게 되며, 버그가 쉽게 감춰진다. 프로그램을 출시하기 전에 버퍼 크기를 줄여 놓도록 하자. 이 경우에는 버퍼의 크기를 10으로 설정하여 테스트하였다. 이 테스트는 성능을 떨어트리기 때문에, 실제 제품에 이렇게 터무니 없이 작은 버퍼를 사용하지 않도록 해야 한다. 하지만 버퍼를 채울 때 제대로 동작하는지 확인하기 위해서는 버퍼 크기를 작게 하여 충분히 테스트해야 한다.

버퍼 복사하기

동일한 정보를 둘 이상의 채널에 전송하기 위해서는 버퍼를 복사해야 한다. 6가지 타입의
버퍼 클래스 각각이 제공하는 duplicate() 메소드가 이러한 일을 한다.

```
public abstract ByteBuffer   duplicate()
public abstract IntBuffer    duplicate()
public abstract ShortBuffer  duplicate()
public abstract FloatBuffer  duplicate()
public abstract CharBuffer   duplicate()
public abstract DoubleBuffer duplicate()
```

이 메소드 호출 시 반환된 값은 실제 복제본은 아니다. 복사된 버퍼는 같은 데이터를 공유
하며, 직접 버퍼가 아닌 경우 백업 배열 역시 공유한다. 한 버퍼의 내용을 변경하면 나머지
버퍼에도 반영된다. 따라서 대부분 버퍼에서 읽기만 할 때, 이 메소드를 사용한다. 그렇지
않으면 데이터가 수정되는 위치를 추적하기가 쉽지 않다.

원본 버퍼와 복사된 버퍼는 비록 같은 데이터를 공유하긴 하지만 각각 독립된 표시(mark),
한도(limit) 그리고 위치(position)를 가지고 있다. 하나의 버퍼의 위치가 다른 버퍼의 위치보다
앞설 수도 있고 뒤처질 수도 있다.

복사는 같은 데이터를 다수의 채널을 통해 병렬로 보내려고 할 때 유용하게 사용된다. 복
사해서 전송할 원본 데이터를 메인 버퍼에 둔 다음 각 채널들은 이 버퍼의 복사본을 만든
다. 그리고 나서 각 채널들은 각자의 복사본으로 각자의 속도로 파일을 전송하면 된다. 예
를 들어, 예제 9-10에서 소개한 단일 파일을 제공하는 HTTP 서버를 다시 상기해 보자. 이
프로그램을 채널과 버퍼를 사용하여 다시 구현한 것이 예제 11-6이다. 여기서 제공할 파일
은 하나의 읽기 전용 버퍼에 저장되어 있다. 클라이언트가 연결될 때마다 프로그램은 각 클
라이언트의 채널을 위해 이 버퍼의 복사본을 만들고, 이 복사본은 각 채널에 첨부된다. 복
사를 하지 않을 경우, 하나의 클라이언트는 버퍼를 이미 사용 중인 클라이언트가 사용을
끝내고 버퍼의 위치를 앞으로 옮길 때까지 기다려야 한다. 복사를 함으로써 동시에 버퍼를
재사용하는 것이 가능해진다.

```java
import java.io.*;
import java.nio.*;
import java.nio.channels.*;
import java.nio.charset.*;
import java.nio.file.*;
import java.util.*;
import java.net.*;

public class NonblockingSingleFileHTTPServer {

  private ByteBuffer contentBuffer;
  private int port = 80;

  public NonblockingSingleFileHTTPServer(
      ByteBuffer data, String encoding, String MIMEType, int port) {

    this.port = port;
    String header = "HTTP/1.0 200 OK\r\n"
        + "Server: NonblockingSingleFileHTTPServer\r\n"
        + "Content-length: " + data.limit() + "\r\n"
        + "Content-type: " + MIMEType + "\r\n\r\n";
    byte[] headerData = header.getBytes(Charset.forName("US-ASCII"));

    ByteBuffer buffer = ByteBuffer.allocate(
        data.limit() + headerData.length);
    buffer.put(headerData);
    buffer.put(data);
    buffer.flip();
    this.contentBuffer = buffer;
  }

  public void run() throws IOException {
    ServerSocketChannel serverChannel = ServerSocketChannel.open();
    ServerSocket serverSocket = serverChannel.socket();
    Selector selector = Selector.open();
    InetSocketAddress localPort = new InetSocketAddress(port);
    serverSocket.bind(localPort);
    serverChannel.configureBlocking(false);
    serverChannel.register(selector, SelectionKey.OP_ACCEPT);

    while (true) {
      selector.select();
      Iterator<SelectionKey> keys = selector.selectedKeys().iterator();
      while (keys.hasNext()) {
        SelectionKey key = keys.next();
        keys.remove();
        try {
          if (key.isAcceptable()) {
            ServerSocketChannel server = (ServerSocketChannel) key.channel();
```

```
                SocketChannel channel = server.accept();
                channel.configureBlocking(false);
                channel.register(selector, SelectionKey.OP_READ);
            } else if (key.isWritable()) {
                SocketChannel channel = (SocketChannel) key.channel();
                ByteBuffer buffer = (ByteBuffer) key.attachment();
                if (buffer.hasRemaining()) {
                    channel.write(buffer);
                } else { // 전송 종료
                    channel.close();
                }
            } else if (key.isReadable()) {
                // HTTP 헤더는 분석하지 않고 읽기만 한다.
                SocketChannel channel = (SocketChannel) key.channel();
                ByteBuffer buffer = ByteBuffer.allocate(4096);
                channel.read(buffer);
                // 채널을 쓰기만 가능하도록 전환한다.
                key.interestOps(SelectionKey.OP_WRITE);
                key.attach(contentBuffer.duplicate());
            }
        } catch (IOException ex) {
            key.cancel();
            try {
                key.channel().close();
            }
            catch (IOException cex) {}
        }
    }
  }
}

public static void main(String[] args) {
  if (args.length == 0) {
    System.out.println(
      "Usage: java NonblockingSingleFileHTTPServer file port encoding");
    return;
  }

  try {
    // 제공할 단일 파일을 읽는다.
    String contentType =
        URLConnection.getFileNameMap().getContentTypeFor(args[0]);
    Path file = FileSystems.getDefault().getPath(args[0]);
    byte[] data = Files.readAllBytes(file);
    ByteBuffer input = ByteBuffer.wrap(data);

    // 대기할 포트 설정
    int port;
    try {
      port = Integer.parseInt(args[1]);
      if (port < 1 || port > 65535) port = 80;
```

```
      } catch (RuntimeException ex) {
        port = 80;
      }

      String encoding = "UTF-8";
      if (args.length > 2) encoding = args[2];

      NonblockingSingleFileHTTPServer server
          = new NonblockingSingleFileHTTPServer(
          input, encoding, contentType, port);
      server.run();
    } catch (IOException ex) {
      System.err.println(ex);
    }
  }
}
```

생성자는 HTTP 헤더와 함께 전송할 데이터를 설정하며, 헤더에는 콘텐츠의 길이와 인코딩 정보가 포함되어 있다. 클라이언트에게 빠르게 데이터를 보내기 위해 응답 헤더와 바디를 하나의 ByteBuffer에 저장한다. 그러나 비록 모든 클라이언트가 같은 데이터를 받기는 하지만, 모든 클라이언트가 동시에 받지는 못한다. 서로 다른 병렬 클라이언트들은 파일의 서로 다른 위치를 각각 읽고 있을 것이다. 이것이 바로 우리가 버퍼를 복사하여 각각의 클라이언트들이 자신만의 버퍼를 갖게 한 이유다. 모든 채널들이 같은 콘텐츠를 공유하기 때문에 오버헤드는 거의 발생하지 않는다. 채널들은 단지 같은 콘텐츠에 대한 다른 인덱스를 갖고 있을 뿐이다.

모든 들어오는 연결은 run() 메소드에 있는 단일 셀렉터에 의해 처리된다. 이 예제의 초기 설정 작업은 앞에서 다룬 문자 발생기 서버와 매우 유사하다. run() 메소드는 ServerSocketChannel을 열고 해당 서버 소켓을 지정된 포트로 바인드한다. 그 이후 셀렉터를 만들어서 ServerSocketChannel에 등록한다. SocketChannel이 수용되면, 같은 Selector 객체를 등록한다. 이때 HTTP 프로토콜은 서버가 응답을 보내기 전에 클라이언트가 먼저 요청을 보내는 프로토콜이므로 읽기에 대해서만 등록한다.

요청을 읽는 부분은 간단하다. 프로그램은 최대 4K까지 클라이언트가 보낸 내용을 읽는다. 그러고 나서 채널의 관심 동작을 쓰기 가능 상태로 다시 설정한다. (더 복잡한 서버에서는 실제로 HTTP 요청 헤더를 분석하여 이 정보를 기반으로 전송할 파일을 선택할 수도 있다.) 다음으로, 콘텐츠 버퍼가 복사되어 채널에 첨부된다.

프로그램이 while 루프를 통과한 다음에, 이 채널은 데이터를 수신할 준비가 되어 있어야 한다(또는 이 시점에서, 첨부된 버퍼를 가져와서 버퍼의 크기만큼 채널에 쓸 수 있다). 이때 모든 데이터를 한 번에 보내지 않아도 된다. 버퍼는 자신만의 위치를 갖고 있으므로 위치를 기억해두었다가 루프를 수행하면서 남아 있는 버퍼를 다시 전달해 줄 것이다. 클라이언트 연결이 많아서 많은 버퍼 객체를 만들게 되더라도, 버퍼 객체들이 같은 내부 데이터를 공유하므로 실제 오버헤드는 크지 않다.

main() 메소드는 명령라인을 통해 매개변수를 읽는다. 이 서버를 통해 제공할 파일 이름을 명령라인의 첫 번째 인자로부터 읽는다. 인자에 파일명이 없거나 해당 파일을 읽을 수 없는 경우, 에러 메시지가 출력되고 프로그램은 종료한다. 인자로 전달된 파일을 읽을 수 있는 경우, 자바 7에서 소개된 Path와 File 클래스를 사용하여 파일의 내용을 ByteBuffer로 읽는다. 파일로부터 콘텐츠 타입을 확인하고 확인된 정보를 contentType 변수에 저장한다. 다음으로, 포트 번호를 명령라인의 두 번째 인자에서 읽는다. 포트 번호가 명시되지 않은 경우, 또는 두 번째 인자가 1에서 65,535 사이의 정수가 아닌 경우, 기본 포트인 80을 사용한다. 인코딩 정보는 명령라인의 세 번째 인자가 있는 경우에 여기서 읽고, 없는 경우 UTF-8로 가정된다. 그리고 이 값들은 NonblockingSingleFileHTTPServer 객체를 만들고 실행하는데 사용된다.

버퍼 자르기

버퍼를 자르는 것은 버퍼를 복사하는 것이 약간 변형된 것이다. 자르기 또한 새로운 버퍼를 생성하며, 해당 버퍼는 이전 버퍼와 데이터를 공유한다. 그러나 원본 버퍼의 현재 위치가 잘린 버퍼의 시작 위치가 되며, 잘린 버퍼의 용량은 원본 버퍼의 한도까지가 된다. 즉, slice()에 의해 생성된 버퍼는 원본 버퍼의 현재 위치에서 한도까지만 포함하고 있는 원본 버퍼의 부분 집합이다. 이 버퍼에 대해 rewind()를 호출하더라도 버퍼를 자르기 이전 원본 버퍼의 위치까지만 이동된다. 잘린 버퍼는 자신의 영역 이전의 원본 버퍼의 데이터를 볼 수 없다. 다시 한 번 타입별 6개의 버퍼 클래스는 각각 별도의 slice() 메소드를 제공한다.

```
public abstract ByteBuffer   slice()
public abstract IntBuffer    slice()
public abstract ShortBuffer  slice()
public abstract FloatBuffer  slice()
public abstract CharBuffer   slice()
public abstract DoubleBuffer slice()
```

이 메소드는 헤더 다음에 데이터가 따라오는 프로토콜같이 여러 부분으로 쉽게 나뉘는 아주 큰 데이터 버퍼를 가지고 있을 때 유용하게 사용할 수 있다. 여러분은 헤더를 읽은 다음, 버퍼를 잘라서 데이터만 포함하고 있는 새로운 버퍼를 만들어 별도의 메소드나 클래스에 전달할 수 있다.

표시와 리셋

데이터를 다시 읽고 싶은 경우 입력 스트림과 마찬가지로 버퍼도 위치를 표시하거나 리셋할 수 있다. 하지만 입력 스트림과는 달리 일부 버퍼가 아닌 모든 버퍼에 적용된다. 이 메소드들은 다른 메소드와는 달리 관련된 메소드가 Buffer 슈퍼 클래스에 선언되어 있으며 다양한 서브클래스가 이를 상속하고 있다.

```
public final Buffer mark()
public final Buffer reset()
```

reset() 메소드는 표시가 설정되지 않을 경우 InvalidMarkException 런타임 예외를 발생시킨다. 표시는 또한 위치(position)가 표시 이전으로 설정될 때 해제된다.

객체 메소드

모든 버퍼 클래스는 일반적인 equals(), hashCode(), 그리고 toString() 메소드 등을 제공한다. 그들은 또한 Comparable 인터페이스를 구현하며, 따라서 compareTo() 메소드를 제공한다. 그러나 버퍼는 Serializable이나 Cloneable 인터페이스는 구현하지 않는다.

두 버퍼가 다음 조건이 만족될 경우 같다고 간주된다.

- 두 버퍼가 동일한 타입이다(예를 들어, ByteBuffer는 결코 IntBuffer와는 같지 않지만 또 다른 ByteBuffer와는 같을 수 있다).
- 두 버퍼에 남아 있는 요소의 수가 같다.
- 두 버퍼가 같은 상대적인 위치에 남아 있는 요소들이 서로 같다.

두 버퍼가 같은지 비교할 때 위치(position) 이전에 요소들, 버퍼의 용량, 한도, 또는 표시를 고려하지 않는다. 예를 들어, 다음 코드는 첫 번째 버퍼의 크기가 두 번째 버퍼의 두 배이지만 true를 출력한다.

```
CharBuffer buffer1 = CharBuffer.wrap("12345678");
CharBuffer buffer2 = CharBuffer.wrap("5678");
buffer1.get();
buffer1.get();
buffer1.get();
buffer1.get();
System.out.println(buffer1.equals(buffer2));
```

hashCode() 메소드는 같음을 비교하는 조건에 따라 구현되어 있다. 즉, 같은 두 버퍼는 같은 해시 코드를 가지며, 다른 두 버퍼는 같은 해시 코드를 가질 가능성이 없다. 그러나 버퍼의 해시 코드는 버퍼에 요소가 추가되거나 제거될 때마다 변경되기 때문에, 버퍼는 좋은 해시 테이블 키를 만들 수가 없다. (즉, 해시 테이블 키로 사용하기 어렵다.)

비교는 각 버퍼에 남아 있는 요소들을 하나씩 비교하는 방법으로 구현된다. 대응하는 모든 요소들이 같다면 이 두 버퍼는 같다. 그렇지 않은 경우 서로 다른 요소의 첫 번째 쌍을 비교한 결과가 버퍼 비교의 결과가 된다. 서로 다른 요소를 찾기 전에 어느 한 버퍼의 요소가 부족한 경우, 즉 한 버퍼가 끝에 도달하고 나머지 한 버퍼는 아직 요소가 남아 있는 경우, 짧은 버퍼는 긴 버퍼보다 작다고 간주된다.

toString() 메소드는 아래와 비슷해 보이는 문자열을 반환한다.

```
java.nio.HeapByteBuffer[pos=0 lim=62 cap=62]
```

이 메시지는 주로 디버깅에 유용하게 사용된다. 예외적으로 CharBuffer의 toString()은 좀 다르게 동작하며, 버퍼에 남아 있는 문자들을 포함한 문자열을 반환한다.

채널

채널은 파일, 소켓, 데이터그램 등과 같은 다양한 I/O 소스로부터 데이터 블록을 버퍼로 쓰거나 읽어 온다. 채널 클래스의 계층 구조는 여러 개의 인터페이스와 수많은 연산으로 뒤엉켜 있다. 하지만 네트워크 프로그래밍을 위해서는 SocketChannel, ServerSocketChannel, 그리고 DatagramChannel 클래스 세 개가 가장 중요하다. 그리고 우리가 그동안 이야기한 TCP 연결을 위해서는 이 중에서도 앞의 두 개의 채널만 필요하다.

SocketChannel 클래스

SocketChannel 클래스는 TCP 소켓에 대해 읽고 쓴다. 읽고 쓸 데이터는 ByteBuffer 객체로 먼저 인코딩되어야 한다. 각각의 SocketChannel은 Socket 객체와 연결되어 있으며 이 객체는 고급 설정을 위해 사용되지만, 기본 옵션만으로도 충분한 애플리케이션이라면 신경 쓰지 않아도 된다.

연결하기

SocketChannel 클래스는 public으로 선언된 생성자를 제공하지 않는다. 대신에 다음 두 정적 open() 메소드를 사용하여 새로운 SocketChannel 객체를 만들 수 있다.

```
public static SocketChannel open(SocketAddress remote) throws IOException
public static SocketChannel open() throws IOException
```

첫 번째 변형은 연결을 만들려고 시도하며, 연결이 만들어지거나 예외가 발생할 때까지 반환되지 않고 블록된다. 예를 들어:

```
SocketAddress address = new InetSocketAddress("www.cafeaulait.org", 80);
SocketChannel channel = SocketChannel.open(address);
```

인자가 없는 버전은 즉시 연결하지 않고, 최초에 연결되지 않은 소켓을 반환한다. 이 소켓은 나중에 connect() 메소드를 호출하여 연결할 수 있다. 예를 들어:

```
SocketChannel channel = SocketChannel.open();
SocketAddress address = new InetSocketAddress("www.cafeaulait.org", 80);
channel.connect(address);
```

네트워크에 연결하기 이전에 채널이나 소켓에 옵션을 설정하고자 한다면 이 방법을 사용할 수 있다. 특히 논블록 채널을 열고 싶을 때 유용하다.

```
SocketChannel channel = SocketChannel.open();
SocketAddress address = new InetSocketAddress("www.cafeaulait.org", 80);
channel.configureBlocking(false);
channel.connect();
```

논블록 채널의 connect() 메소드는 연결이 되기 전에 즉시 반환한다. 프로그램은 운영체제가 연결을 완료하는 동안 기다리지 않고 다른 일을 수행할 수 있다. 그러나 실제로 연결을 사용하기 전에 프로그램은 finishConnect() 메소드를 호출해야 한다.

```
public abstract boolean finishConnect() throws IOException
```

(이 메소드는 논블록 모드에서만 필요하다. 블록 채널에서 이 메소드를 호출하면 즉시 true가 반환된다.) 연결이 맺어지고 사용할 준비가 된 경우 finishConnect() 메소드는 true를 반환한다. 연결이 아직 맺어지지 않은 경우 finishConnect() 메소드는 false를 반환한다. 마지막으로, 연결을 맺을 수 없는 경우, 예를 들어 네트워크가 다운된 경우 이 메소드는 예외를 발생시킨다.

프로그램에서 연결이 완료되었는지 확인이 필요한 경우 다음 두 메소드를 사용한다.

```
public abstract boolean isConnected()
public abstract boolean isConnectionPending()
```

isConnected() 메소드는 연결이 열려 있는 경우 true를 반환한다. isConnectionPending() 메소드는 연결이 아직 설정 중인 경우 true를 반환한다.

읽기

SocketChannel에서 읽기 위해서는 먼저 채널이 데이터를 저장할 ByteBuffer를 만든다. 그리고 생성된 버퍼를 read() 메소드에 전달한다.

```
public abstract int read(ByteBuffer dst) throws IOException
```

채널은 채울 수 있는 만큼의 데이터로 버퍼를 채운다. 그러고 나서 저장한 바이트 수를 반환한다. 메소드가 스트림의 끝에 도달할 경우, 채널은 남아 있는 바이트로 버퍼를 채우고 다음 호출 시에 -1을 반환한다. 채널이 블록 모드인 경우, 이 메소드는 최소 1바이트를 읽어서 반환하며 예외가 발생한 경우 -1을 반환한다. 그러나 채널이 논블록 모드인 경우 0을 반환한다.

데이터는 버퍼의 현재 위치에 저장되며, 이 위치는 저장될 때마다 자동으로 업데이트되기 때문에, 버퍼가 가득 찰 때까지 동일한 버퍼를 read() 메소드의 인자로 전달하여 호출할 수 있다. 예를 들어, 다음 루프는 버퍼가 가득 차거나 스트림이 끝에 도달할 때까지 읽는다.

```
while (buffer.hasRemaining() && channel.read(buffer) != -1) ;
```

한 소스로부터 여러 버퍼를 채우는 방식을 스캐터(scatter)라고 하는데, 다음 메소드는 스캐터를 할 때 유용하게 사용할 수 있다. 다음 두 메소드는 인자로 ByteBuffer 객체의 배열을 전달받고 배열에 데이터를 차례대로 채운다.

```
public final long read(ByteBuffer[] dsts) throws IOException
public final long read(ByteBuffer[] dsts, int offset, int length)
    throws IOException
```

첫 번째 메소드는 버퍼 전체를 채운다. 두 번째 메소드는 첫 배열의 **offset** 위치에서 시작하여 **length** 길이만큼 채운다. 버퍼 배열에 데이터를 채우기 위해, 목록의 마지막 버퍼에 공간이 남아 있는 동안 루프를 돌기만 하면 된다. 예를 들어:

```
ByteBuffer[] buffers = new ByteBuffer[2];
buffers[0] = ByteBuffer.allocate(1000);
buffers[1] = ByteBuffer.allocate(1000);
while (buffers[1].hasRemaining() && channel.read(buffers) != -1) ;
```

쓰기

소켓 채널은 읽기 메소드와 쓰기 메소드 모두를 제공한다. 일반적으로 이 메소드는 양방향으로 읽고 쓰기를 지원한다. 쓰기 위해서는 단지 ByteBuffer를 채우고 flip()을 호출한 다음, 쓰기 메소드 중 하나에 전달하기만 하면 된다. 그리고 쓰기 메소드는 버퍼의 데이터를 출력으로 내보낸다. 읽기는 이 과정의 반대로 수행된다.

기본 **write()** 메소드는 인자로 단일 버퍼를 전달받는다.

```
public abstract int write(ByteBuffer src) throws IOException
```

읽기와 마찬가지로, 이 메소드는 채널이 논블록인 경우 버퍼의 내용을 완전히 출력한다고 보장하지 않는다. 그러나 버퍼는 커서 기반이기 때문에 버퍼 내용을 모두 내보낼 때까지 반복해서 호출하면 된다.

```
while (buffer.hasRemaining() && channel.write(buffer) != -1) ;
```

여러 버퍼로부터 한 소켓에 데이터를 쓰는 방법을 개더(gather)라고 하며, 다음 메소드는 개더를 하는 데 유용하게 사용된다.

예를 들어, HTTP 헤더와 HTTP 본문을 서로 다른 버퍼에 저장하고 싶은 경우가 있다. 실제 구현은 두 개의 스레드를 사용하여 버퍼를 동시에 채우거나 오버랩드(overlapped) I/O를 사용할 수 있을 것이다. 다음 두 메소드는 ByteBuffer 객체의 배열을 인자로 전달받고, 각 배열을 차례대로 내보낸다.

```
public final long write(ByteBuffer[] dsts) throws IOException
public final long write(ByteBuffer[] dsts, int offset, int length)
    throws IOException
```

첫 번째 메소드는 모든 버퍼를 내보낸다. 두 번째 메소드는 첫 배열의 offset 위치에서 시작하여 length 길이만큼 내보낸다.

종료하기

일반적인 소켓과 마찬가지로 채널 사용이 끝난 다음에 사용한 포트와 다른 리소스들을 해제하기 위해 채널을 닫아 줘야 한다.

```
public void close() throws IOException
```

이미 닫힌 채널을 다시 닫을 경우 아무런 일도 일어나지 않는다. 닫힌 소켓에 읽기나 쓰기를 시도할 경우 채널은 예외를 발생시킨다. 채널이 닫혔는지 확실하지 않은 경우, isOpen()를 호출하여 확인해야 한다.

```
public boolean isOpen()
```

메소드 이름에서 알 수 있듯이 채널이 닫혀 있는 경우 false를 반환하고 열려 있는 경우 true를 반환한다(Channel 인터페이스에는 close()와 isOpen() 두 개의 메소드만 선언되어 있으며, 모든 채널 클래스에 의해 공유된다).

자바 7버전에서는 SocketChannel 클래스가 AutoCloseable을 구현하고 있기 때문에, try-with-resources 구문을 사용할 수 있다.

ServerSocketChannel 클래스

ServerSocketChannel 클래스는 들어오는 연결을 수용하기 위한 한 가지 목적으로 사용된다. 이 클래스에 대해 읽거나 쓸 수 없으며 연결할 수도 없다. 이 클래스가 제공하는 유일한 동작은 새로운 연결을 수용하는 것뿐이다. 클래스 자체는 단지 네 개의 메소드만 선언하고 있으며, 그중 accept()가 가장 중요한 메소드다. ServerSocketChannel는 또한 슈퍼클래스로부터 몇 개의 메소드를 상속하며, 대부분 들어오는 연결의 알림을 받기 위해 필요한 셀렉터 등록에 관련된 메소드다. 그리고 마지막으로, 다른 모든 채널들처럼 close() 메소드를 제공하며 호출 시 서버 소켓이 종료된다.

서버 소켓 채널 만들기

정적 팩토리 ServerSocketChannel.open() 메소드는 새로운 ServerSocketChannel 객체를 만든다. 그러나 이 메소드의 이름은 약간 오해의 소지가 있다. 이 메소드는 실제 새로운 서버 소켓을 열지 않는다. 단지 객체를 만들 뿐이다. 반환된 객체를 사용하기 전에 해당 채널에 연결된 ServerSocket을 구하기 위해 socket() 메소드를 호출해야 한다. 이 시점에서, ServerSocket 메소드가 제공하는 다양한 set 메소드를 호출하여 버퍼 사이즈나 소켓 타임아웃과 같은 서버 옵션들을 설정할 수 있다. ServerSocket은 바인드할 포트 정보를 가진 SocketAddress를 사용하여 포트에 연결한다. 예를 들어, 다음 코드는 포트 80에 대해 ServerSocketChannel을 연다.

```
try {
  ServerSocketChannel server = ServerSocketChannel.open();
  ServerSocket socket = serverChannel.socket();
  SocketAddress address = new InetSocketAddress(80);
  socket.bind(address);
} catch (IOException ex) {
  System.err.println("Could not bind to port 80 because " + ex.getMessage());
}
```

자바 7에서, ServerSocketChannel 자체가 bind() 메소드를 제공하므로 코드가 더 간결해진다.

```
try {
  ServerSocketChannel server = ServerSocketChannel.open();
  SocketAddress address = new InetSocketAddress(80);
  server.bind(address);
} catch (IOException ex) {
  System.err.println("Could not bind to port 80 because " + ex.getMessage());
}
```

여기서 생성자 대신 팩토리 메소드를 사용함으로써 이 클래스에 대해 다른 가상 머신에서는 로컬 하드웨어와 운영체제에 좀 더 최적화된 구현을 제공할 수 있다. 그러나 사용자가 직접 이 팩토리를 구성할 수는 없다. open() 메소드는 동일한 가상 머신에서 항상 같은 클래스의 인스턴스를 반환한다.

연결 수용하기

ServerSocketChannel 객체를 열고 바인드하고 나면 accept()를 호출하여 들어오는 연결을 대기할 수 있다.

```
public abstract SocketChannel accept() throws IOException
```

accept() 메소드는 블록/논블록 모든 모드에서 동작할 수 있다. 블록 모드에서 accept() 메소드는 연결이 들어올 때까지 기다린다. 연결이 수용되면 accept() 메소드는 원격 클라이언트에 연결된 SocketChannel 객체를 반환한다. 스레드는 연결이 만들어질 때까지 아무런 일도 할 수 없다. 이러한 방식은 각 요청에 대해 즉시 응답하는 간단한 서버에 적절하다. accept()는 기본적으로 블록 모드로 동작한다.

ServerSocketChannel는 또한 논블록 모드로 동작한다. 이 경우에, accept() 메소드는 들어오는 연결이 없는 경우 널(null)을 반환한다. 논블록 모드는 각 연결에 대해 많은 작업이 필요하며, 다수의 요청을 병렬로 처리해야 하는 서버에 적절하다. 논블록 모드는 보통 셀렉터와 함께 사용된다. ServerSocketChannel을 논블록 모드로 설정하려면, configureBlocking() 메소드에 인자를 false로 호출한다.

accept() 메소드는 문제가 발생할 경우 IOException 예외를 발생시키도록 선언되어 있다. 아래의 런타임 예외뿐만 아니라, 더 자세한 문제를 나타내는 IOException의 몇몇 서브클래스들이 존재한다.

ClosedChannelException ServerSocketChannel을 닫은 후에 다시 열 수 없다.
AsynchronousCloseException accept()가 실행 중인 동안 다른 스레드에서 해당 ServerSocket Channel을 종료하였다.
ClosedByInterruptException 블록된 ServerSocketChannel이 기다리는 동안 다른 스레드가 블록된 스레드를 인터럽트하였다.
NotYetBoundException open() 메소드를 호출했지만 accept() 메소드를 호출하기 전에 ServerSocketChannel의 ServerSocket에 바인드하지 않았다. 이 예외는 IOException이 아닌 런타임 예외다.
SecurityException 보안 관리자가 애플리케이션이 요청한 포트로 바인드하는 것을 거부했다.

Channels 클래스

Channels은 전통적인 I/O 기반 스트림, reader, 그리고 writer 등을 채널로 감싸기 위한 간단한 유틸리티 클래스이다. 이 클래스는 프로그램의 성능을 위해, 프로그램의 일부에 새로운 I/O 모델을 사용하고자 할 때 유용하게 사용할 수 있으며, 스트림을 필요로 하는 이전 API와도 여전히 잘 연동된다. 이 클래스는 스트림을 채널로 변환하는 메소드를 제공하며,

채널을 스트림, reader, writer로 변환하는 메소드도 제공한다.

```
public static InputStream newInputStream(ReadableByteChannel ch)
public static OutputStream newOutputStream(WritableByteChannel ch)
public static ReadableByteChannel newChannel(InputStream in)
public static WritableByteChannel newChannel(OutputStream out)
public static Reader newReader (ReadableByteChannel channel,
    CharsetDecoder decoder, int minimumBufferCapacity)
public static Reader newReader (ReadableByteChannel ch, String encoding)
public static Writer newWriter (WritableByteChannel ch, String encoding)
```

이 장에서 다룬 SocketChannel 클래스는 위에서 볼 수 있는 ReadableByteChannel와 Writable ByteChannel 두 인터페이스를 구현한다. ServerSocketChannel은 읽거나 쓸 수 없기 때문에 이 두 인터페이스를 구현하지 않는다.

예를 들어, 현재 모든 XML API들은 XML 문서를 읽기 위해 스트림, 파일, reader, 그리고 다른 전통적인 I/O API를 사용한다. 만약 여러분이 SOAP 요청을 처리하도록 설계된 서버를 작성하고 있다면, 채널을 사용하여 HTTP 요청 본문을 읽고 SAX를 사용하여 XML을 분석하려고 할 것이다. 이 경우에 채널을 XMLReader의 parse() 메소드에 전달하기 전에 스트림으로 변환해야 한다.

```
SocketChannel channel = server.accept();
processHTTPHeader(channel);
XMLReader parser = XMLReaderFactory.createXMLReader();
parser.setContentHandler(someContentHandlerObject);
InputStream in = Channels.newInputStream(channel);
parser.parse(in);
```

비동기 채널(자바 7)

자바 7에서 AsynchronousSocketChannel와 AsynchronousServerSocketChannel 클래스가 소개되었다. 이 두 클래스는 SocketChannel 그리고 ServerSocketChannel 클래스와 비슷하게 동작하며 거의 동일한 인터페이스를 제공한다. (그렇다고 이 두 클래스의 서브클래스는 아니다.)

그러나 SocketChannel 그리고 ServerSocketChannel 클래스와는 달리 비동기 채널에 대한 읽기나 쓰기 시에 I/O가 완료되기도 전에 즉시 반환된다. 데이터를 읽거나 쓰는 것은 Future 또는 CompletionHandler에 의해 추가로 처리된다. connect()와 accept() 메소드 또한 비동기 적으로 실행되며 Future를 반환한다. 셀렉터는 사용되지 않는다.

예를 들어, 프로그램이 시작 시에 많은 초기화 작업을 수행해야 한다고 가정해 보자. 이 초기화 작업 중 일부는 각 연결마다 수 초가 걸리는 네트워크 연결이 포함되어 있다. 먼저 몇몇 비동기 작업을 병렬로 실행한 다음, 나머지 로컬 초기화 작업을 수행한다. 그리고 난 다음 네트워크 동작의 결과를 요청한다.

```java
SocketAddress address = new InetSocketAddress(args[0], port);
AsynchronousSocketChannel client = AsynchronousSocketChannel.open();
Future<Void> connected = client.connect(address);

ByteBuffer buffer = ByteBuffer.allocate(74);

// 연결이 완료되길 기다린다.
connected.get();

// 연결로부터 읽는다.
Future<Integer> future = client.read(buffer);

// 필요한 작업들을 한다.

// 읽기가 완료되길 기다린다.
future.get();

// 버퍼를 flip()하고 내보낸다.
buffer.flip();
WritableByteChannel out = Channels.newChannel(System.out);
out.write(buffer);
```

이 접근 방법의 장점은 프로그램이 다른 일을 수행하는 동안 네트워크 연결이 병렬로 실행된다는 것이다. 병렬로 요청한 네트워크 작업의 결과를 처리할 준비가 된 경우, 그 전에 Future.get() 메소드를 호출하여 기다려야 한다. 스레드 풀과 callable을 이용하면 동일한 효과를 이룰 수 있지만, 이 방법이 좀 더 간단하며 버퍼와 함께 사용할 경우 좀 더 자연스럽다.

이 접근 방법은 또한 결과를 특별한 순서로 받아야 할 경우 유용하게 사용할 수 있다. 그러나 결과의 순서에 상관없는 경우, 각 네트워크 연결에 대한 읽기를 다른 연결과 상관없이 처리할 수 있는 경우, 대신 CompletionHandler를 사용하는 것이 더 나을 수도 있다.

예를 들어, 여러분이 웹 페이지를 긁어 와서 뒷단의 처리 서버로 페이지를 공급하는 검색 엔진 웹 스파이더(web spider)를 작성하고 있다고 생각해 보자. 이때 반환되는 응답의 순서는 중요하지 않기 때문에 많은 수의 AsynchronousSocketChannel 요청을 생성하고 각각에 뒷단에서 온 결과를 저장할 CompletionHandler를 제공할 수 있다.

일반적인 CompletionHandler 인터페이스는 두 개의 메소드를 선언한다. 하나는 읽기가 성공적으로 완료된 경우 호출되는 completed()이고, 나머지 하나는 I/O 에러 시에 호출되는 failed()이다. 다음의 예는 수신된 내용을 System.out으로 출력하는 간단한 CompletionHandler이다.

```java
class LineHandler implements CompletionHandler<Integer, ByteBuffer> {

  @Override
  public void completed(Integer result, ByteBuffer buffer) {
    buffer.flip();
    WritableByteChannel out = Channels.newChannel(System.out);
    try {
      out.write(buffer);
    } catch (IOException ex) {
      System.err.println(ex);
    }
  }

  @Override
  public void failed(Throwable ex, ByteBuffer attachment) {
    System.err.println(ex.getMessage());
  }
}
```

채널로부터 읽을 때 버퍼와 첨부, 그리고 CompletionHandler를 read() 메소드에 전달한다.

```java
ByteBuffer buffer = ByteBuffer.allocate(74);
CompletionHandler<Integer, ByteBuffer> handler = new LineHandler();
channel.read(buffer, buffer, handler);
```

여기서는 첨부로 버퍼 자체를 전달했다. 이것이 네트워크로부터 읽은 데이터를 처리하기 위해 CompletionHandler에 전달하는 한 가지 방법이다. 또 다른 일반적인 방법으로는 익명의 내부 클래스로 CompletionHandler를 만들고 final 로컬 변수로 버퍼를 만드는 것이다. 그렇게 되면, 완료 핸들러 내부 범위에 있게 된다.

비록 안전하게 멀티스레드에서 AsynchronousSocketChannel 또는 AsynchronousServer SocketChannel를 공유할 수는 있지만, 하나 이상의 스레드에서 동시에 이 채널로부터 읽고 쓸 수는 없다. (두 개의 다른 스레드에서 한쪽은 읽고 다른 한쪽은 쓸 수는 있다.) 다른 스레드에서 읽기를 붙잡고 있는데 또 다른 스레드에서 읽으려고 할 경우, read() 메소드는 ReadPendingException 예외를 발생시킨다. 마찬가지로, 다른 스레드에서 쓰기를 붙잡고 있는데 또 다른 스레드에서 읽으려고 할 경우, write() 메소드는 WritePendingException 예외를 발생시킨다.

소켓 옵션(자바 7)

자바 7과 함께, SocketChannel, ServerSocketChannel, AsynchronousServerSocketChannel, AsynchronousSocketChannel, 그리고 DatagramChannel 클래스 모두는 새로운 NetworkChannel 인터페이스를 구현한다. 이 인터페이스의 주 목적은 제8장과 제9장에서 다룬 SO_TIMEOUT, SO_LINGER, SO_SNDBUF, SO_RCVBUF, 그리고 SO_KEEPALIVE, TCP_NODELAY 같은 다양한 TCP 옵션을 지원하는 것이다. 이 옵션들은 설정 대상이 소켓인지 채널인지에 상관없이, TCP 스택 내부적으로 같은 의미로 사용된다. 그러나 이 옵션들에 대한 인터페이스는 약간 다르다. 지원되는 옵션에 대한 개별적인 메소드 대신 채널 클래스 각각은 옵션을 설정하고, 확인하고, 지원되는 옵션 목록을 가져오는 세 개의 메소드만 제공한다.

```
<T> T getOption(SocketOption<T> name) throws IOException
<T> NetworkChannel setOption(SocketOption<T> name, T value) throws IOException
Set<SocketOption<?>> supportedOptions()
```

SocketOption 클래스는 각 옵션의 이름과 타입을 나타내는 일반화(generic) 클래스이다. 타입 매개변수 <T>는 옵션이 boolean, Integer 또는 NetworkInterface인지 결정한다. Standard SocketOptions 클래스는 자바가 인지하는 11가지 옵션에 대해 각각의 상수를 제공한다.

- SocketOption<NetworkInterface> StandardSocketOptions.IP_MULTICAST_IF
- SocketOption<Boolean> StandardSocketOptions.IP_MULTICAST_LOOP
- SocketOption<Integer> StandardSocketOptions.IP_MULTICAST_TTL
- SocketOption<Integer> StandardSocketOptions.IP_TOS
- SocketOption<Boolean> StandardSocketOptions.SO_BROADCAST
- SocketOption<Boolean> StandardSocketOptions.SO_KEEPALIVE
- SocketOption<Integer> StandardSocketOptions.SO_LINGER
- SocketOption<Integer> StandardSocketOptions.SO_RCVBUF
- SocketOption<Boolean> StandardSocketOptions.SO_REUSEADDR

- SocketOption<Integer> StandardSocketOptions.SO_SNDBUF

- SocketOption<Boolean> StandardSocketOptions.TCP_NODELAY

예를 들어, 다음 코드는 클라이언트 네트워크 채널을 열고 SO_LINGER를 240초로 설정한다.

```
NetworkChannel channel = SocketChannel.open();
channel.setOption(StandardSocketOptions.SO_LINGER, 240);
```

채널과 소켓마다 서로 다른 옵션을 지원한다.

예를 들어, ServerSocketChannel은 SO_REUSEADR과 SO_RCVBUF를 지원하지만 SO_SNDBUF는 지원하지 않는다. 채널이 지원하지 않는 옵션을 설정할 경우 UnsupportedOperationException 예외가 발생한다.

예제 11-7은 다른 종류의 네트워크 채널마다 지원되는 모든 소켓 옵션을 나열하는 간단한 프로그램이다.

예제 11-7 지원되는 옵션 목록

```
import java.io.*;
import java.net.*;
import java.nio.channels.*;

public class OptionSupport {

  public static void main(String[] args) throws IOException {
    printOptions(SocketChannel.open());
    printOptions(ServerSocketChannel.open());
    printOptions(AsynchronousSocketChannel.open());
    printOptions(AsynchronousServerSocketChannel.open());
    printOptions(DatagramChannel.open());
  }

  private static void printOptions(NetworkChannel channel) throws IOException {
    System.out.println(channel.getClass().getSimpleName() + " supports:");
    for (SocketOption<?> option: channel.supportedOptions()) {
      System.out.println(option.name() + ": " + channel.getOption(option));
    }
    System.out.println();
    channel.close();
  }

}
```

아래 결과는 채널 종류마다 지원되는 옵션 목록과 기본 값을 보여 준다.

```
SocketChannelImpl supports:
SO_OOBINLINE: false
SO_REUSEADDR: false
SO_LINGER: -1
SO_KEEPALIVE: false
IP_TOS: 0
SO_SNDBUF: 131072
SO_RCVBUF: 131072
TCP_NODELAY: false

ServerSocketChannelImpl supports:
SO_REUSEADDR: true
SO_RCVBUF: 131072

UnixAsynchronousSocketChannelImpl supports:
SO_KEEPALIVE: false
SO_REUSEADDR: false
SO_SNDBUF: 131072
TCP_NODELAY: false
SO_RCVBUF: 131072

UnixAsynchronousServerSocketChannelImpl supports:
SO_REUSEADDR: true
SO_RCVBUF: 131072

DatagramChannelImpl supports:
IP_MULTICAST_TTL: 1
SO_BROADCAST: false
SO_REUSEADDR: false
IP_MULTICAST_IF: null
IP_TOS: 0
IP_MULTICAST_LOOP: true
SO_SNDBUF: 9216
SO_RCVBUF: 196724
```

준비된 것 선택하기

네트워크 프로그래밍을 위한 새 I/O API의 두 번째 부분은 준비된 것을 선택하는 것이다. 준비된 채널을 선택함으로써 읽고 쓸 때 블록하지 않아도 된다. 이 내용은 주로 서버의 관심사이지만, 여러 개의 창을 띄워서 동시에 여러 연결을 시도하는 웹 스파이더나 브라우저 같은 클라이언트 프로그램에서도 활용할 수 있다.

준비된 것을 선택하기 위해서는 서로 다른 채널들이 Selector 객체에 등록되어야 하며, 이때 각 채널에 할당되는 SelectionKey가 사용된다. 그리고 나서 프로그램은 Selector 객체에게 작업을 수행할 준비가 된 채널 키의 세트를 요청한다.

Selector 클래스

셀렉터에 있는 유일한 생성자는 protected로 선언되어 있다. 일반적으로 새로운 셀렉터는 정적 팩토리 메소드인 Selector.open()를 호출하여 생성된다.

```
public static Selector open() throws IOException
```

다음 단계는 채널을 셀렉터에 추가하는 것이다. Selector 클래스에는 채널을 추가하는 메소드가 없다. 반대로 register() 메소드가 SelectableChannel 클래스에 선언되어 있다. 모든 채널이 선택 가능한 것은 아니다. 특히 FileChannels은 선택할 수 없다. 그러나 모든 네트워크 채널은 선택 가능하다. 따라서 채널은 채널의 등록 메소드 중 하나에 전달된 셀렉터를 사용하여 셀렉터에 등록된다.

```
public final SelectionKey register(Selector sel, int ops)
    throws ClosedChannelException
public final SelectionKey register(Selector sel, int ops, Object att)
    throws ClosedChannelException
```

이러한 접근 방법은 뭔가 거꾸로 된 것 같지만, 사용하기 어렵지는 않다. 첫 번째 인자는 채널을 등록할 셀렉터다. 두 번째 인자는 채널에 대해 등록할 연산을 나타내는 SelectionKey 클래스 명명된 상수이다. SelectionKey 클래스는 연산의 종류를 선택할 때 사용되는 네 개의 명명된 비트 상수를 정의하고 있다.

- SelectionKey.OP_ACCEPT
- SelectionKey.OP_CONNECT
- SelectionKey.OP_READ
- SelectionKey.OP_WRITE

이들은 비트 플래그 정수 상수(1, 2, 4, 등등)이므로 하나의 셀렉터에 여러 동작을 등록해야 할 경우, 비트 연산자를 사용하여 상수 값을 합칠 수 있다.

```
channel.register(selector, SelectionKey.OP_READ | SelectionKey.OP_WRITE);
```

선택적으로 제공 가능한 세 번째 인자는 키에 대한 첨부이다. 연결의 상태를 저장하는 객체를 전달하는 종종 사용된다. 예를 들어, 웹 서버를 구현하는 경우 서버가 클라이언트에게 보내고 있는 로컬 파일에 연결된 FileInputStream 또는 FileChannel을 첨부할 수 있을 것이다.

서로 다른 채널을 셀렉터에 등록한 이후, 어느 채널이 처리할 준비가 됐는지 셀렉터에게 언제든지 물을 수 있다. 채널들은 몇몇 연산은 준비가 되어 있지만 준비되지 않은 연산도 있을 수 있다. 예를 들어, 한 채널이 읽을 준비는 됐는데 쓸 준비는 안 됐을 수 있다.

준비된 채널을 선택하는 세 가지 메소드가 제공된다. 이 메소드들은 준비된 채널을 찾는 데 기다리는 시간에 차이가 있다. 먼저 selectNow() 논블록 방식으로 채널을 찾는다. 지금 바로 준비된 연결이 없는 경우 즉시 반환된다.

```
public abstract int selectNow() throws IOException
```

다른 두 메소드는 블록 모드로 등록한다.

```
public abstract int select() throws IOException
public abstract int select(long timeout) throws IOException
```

이 두 메소드 중에 첫 번째 메소드는 최소 하나의 채널이 처리할 준비가 될 때까지 반환하지 않고 기다린다. 두 번째 메소드는 0을 반환하기 전에 최대 타임아웃 밀리초까지 준비된 채널을 기다린다. 이 메소드들은 준비된 채널이 없는 경우 딱히 할 일이 없는 프로그램에서 유용하게 사용할 수 있다.

준비된 채널이 있는 경우, selectedKeys() 메소드를 호출하여 준비된 채널을 구할 수 있다.

```
public abstract Set<SelectionKey> selectedKeys()
```

반환된 세트를 회전하여 차례대로 각 SelectionKey를 처리한다.

그리고 또한 처리가 끝난 키는 셀렉터에게 처리가 끝났음을 알려 주기 위해 iterator에서 제거해야 한다. 그렇지 않으면 셀렉터는 아직 작업이 끝나지 않았다고 판단하고 루프 회전 시마다 계속해서 반환한다.

마지막으로, 서버를 종료할 준비가 되거나 더 이상 셀렉터가 필요하지 않는 경우, 셀렉터를 닫는다.

```
public abstract void close() throws IOException
```

이 메소드는 해당 셀렉터와 관련된 모든 리소스를 해제한다. 더 중요한 것은, 셀렉터에 등록된 모든 key를 취소하고, 이 셀렉터의 select() 메소드 중 하나를 호출하여 블록되어 있던 모든 스레드에게 인터럽트를 발생시킨다.

SelectionKey 클래스

SelectionKey 객체는 채널에 포인터로 제공된다. SelectionKey는 또한 객체를 첨부하고 있으며, 보통 해당 채널의 연결 상태를 보관하고 있다.

SelectionKey 객체는 채널을 셀렉터에 등록할 때 register() 메소드 호출에 의해 반환된다. 그러나 일반적으로 이 참조를 보관할 필요는 없다 selectedKeys() 메소드는 같은 객체를 세트 안에 다시 반환한다. 단일 채널이 다수의 셀렉터에 등록될 수 있다.

선택된 키 세트에서 SelectionKey를 구한 다음, 먼저 해당 키에 준비된 작업을 확인해야 한다. 해당 키에 준비된 작업은 다음 네 가지 중 하나이다.

```
public final boolean isAcceptable()
public final boolean isConnectable()
public final boolean isReadable()
public final boolean isWritable()
```

이 확인이 항상 필요한 것은 아니다. 셀렉터에 등록된 모든 키가 한 가지 동작만 대기할 경우, 반환된 키도 한 가지 동작만 준비되므로 꼭 확인할 필요는 없다. 그러나 셀렉터가 여러 종류의 준비 상태를 확인할 경우, 해당 채널을 처리하기 전에 어떤 동작이 해당 채널을 준비 상태로 만들었는지 확인이 필요하다. 채널은 또한 여러 개의 동작이 동시에 준비될 수도 있다.

키와 관련된 채널의 준비된 작업이 확인되고 나면, channel() 메소드를 호출하여 채널을 구한다.

```
public abstract SelectableChannel channel()
```

상태 정보를 유지하기 위해 SelectionKey에 객체를 저장해 뒀다면, attachment() 메소드를 호출하여 이 객체를 얻을 수 있다.

```
public final Object attachment()
```

마지막으로, 해당 연결의 작업이 끝날 때 연결의 SelectionKey 객체를 셀렉터에서 제거하여 셀렉터가 리소스를 낭비하지 않도록 한다. cancel() 메소드를 호출하여 이 작업을 수행한다.

```
public abstract void cancel()
```

하지만 이 동작은 채널을 닫지 않은 경우에만 필요하다. 채널을 닫게 되면 자동으로 모든 셀렉터로부터 해당 채널의 모든 키를 해제한다. 마찬가지로 셀렉터를 닫게 되면 등록된 모든 키들이 더 이상 효력이 없어진다.

12

CHAPTER

UDP

이전 장에서는 TCP 전송 계층 프로토콜 위에서 실행되는 네트워크 애플리케이션에 대해서 살펴보았다. TCP는 데이터의 신뢰성 있는 전송을 위해 설계되었다. 전송 도중 패킷이 유실되거나 손상될 경우 TCP는 재전송을 보장한다. 그리고 패킷이 순서에 맞지 않게 도착할 경우 TCP는 올바른 순서로 재정렬한다. 그리고 데이터가 연결에 비해 너무 빨리 도착하면 TCP는 속도를 낮춰 패킷이 유실되지 않도록 한다. 프로그램은 수신된 데이터의 순서가 맞지 않거나 손상되는 것에 대해 걱정할 필요가 없다. 그러나 이 신뢰성에는 비용이 지불된다. 그 비용은 바로 속도이다. TCP 연결을 맺고 끊는 데 적지 않은 시간이 든다. 특히 짧은 전송이 많이 필요한 HTTP와 같은 프로토콜에서 이런 특성이 성능에 큰 영향을 준다.

UDP(User Datagram Protocol)는 IP를 이용하여 데이터를 전송하는 또 다른 전송 계층 프로토콜이며, 빠른 전송이 가능하나 신뢰성은 보장되지 않는다. UDP 데이터를 전송할 때, 도착했는지 확인할 방법이 없으며, 보낸 순서대로 도착한다는 보장도 없다. 그러나 일반적으로 훨씬 빠르게 전달된다.

UDP 프로토콜

왜 신뢰할 수 없는 프로토콜을 사용하는지 궁금해 하는 것은 너무나도 당연하다. 물론 손실되면 안 되는 중요한 데이터가 있는 경우, 데이터가 무사히 도착했는지 당연히 궁금하지 않겠는가? 분명히 UDP는 FTP와 같은 잠재적으로 신뢰할 수 없는 네트워크를 통해 데이터의 신뢰할 수 있는 전송을 요구하는 애플리케이션에는 어울리지 않는다. 그러나 모든 비트가 정확히 전송되는 것보다 빠르게 전송되는 것이 더 중요한 많은 종류의 애플리케이션들이 있다. 예를 들어, 실시간 오디오 또는 비디오에서 패킷이 유실되거나 순서가 뒤바뀔 경우, 단순히 잡음이 낀 것처럼 보이고 만다. 이 정도는 참을 만하다. 그러나 TCP가 재전송을 요청하거나 상태가 좋지 않은 패킷을 기다려야 할 때, 오디오 스트림이 중단된다면 받아들이기 어려울 것이다. 또 다른 애플리케이션에서는, UDP의 신뢰성 검사를 애플리케이션 계층에서 구현할 수도 있다. 예를 들어, 클라이언트가 짧은 UDP 요청을 서버로 보내고, 일정 시간 이내에 응답이 오지 않은 경우, 요청 패킷이 손실됐다고 간주한다. 이것이 DNS가 동작하는 방법 중 하나다. (DNS는 TCP로도 동작한다.) 사실 UDP를 사용하여 신뢰할 수 있는 파일 전송 프로토콜을 구현할 수 있으며, 이미 많이 구현되어 있다. 네트워크 파일 시스템(NFS), TFTP, FSP, 기타 FTP와 유사한 많은 프로토콜이 UDP를 사용한다. (NFS의 최신 버전은 UDP 또는 TCP를 사용할 수 있다.) 이러한 프로토콜에서는 애플리케이션이 신뢰성에 대한 책임을 진다. UDP는 이 부분에 대해서 신경 쓰지 않는다. (애플리케이션이 유실되거나 순서가 바뀐 패킷을 처리해야 한다.) 이 작업은 매우 복잡하지만, 못 할 것도 없다. ― 만약 스스로 이러한 코드를 작성하고 있는 자신을 발견한다면, TCP를 사용하는 것이 더 낫지 않을지 신중히 생각해 보자.

TCP와 UDP의 차이는 종종 전화 시스템과 우체국을 비교하여 설명된다. TCP는 전화 시스템과 같다. 전화번호를 누르면, 상대방이 전화에 응답하고 두 사람 사이에 연결이 맺어진다. 상대방은 여러분이 전화를 통해 말하는 순서대로 듣게 된다. 만약 통화 중이거나 전화를 받는 사람이 없으면 그 사실을 즉시 알게 된다. 반면에 UDP는 우체국 시스템과 유사하다. 우편물 몇 개를 임의의 주소로 보낸다고 가정해 보자. 대부분의 편지는 잘 도착하겠지만 그중에 어떤 것은 전달되는 도중에 유실될 수도 있다. 여러분이 보낸 순서대로 편지가 도착한다는 보장은 없다. 수신자가 멀리 떨어져 있다면 가는 길에 유실되거나 순서대로 도착하지 않을 확률이 더 커진다. 이것이 문제가 된다면 봉투에 번호를 매겨서 보내고, 수취인에게 몇 번의 편지를 받았는지 알려 주는 메일을 보내달라고 요청한다. 그러면 여러분은 전달되지 않은 편지를 재전송할 수 있다. 그러나 여러분과 수신자는 미리 이 프로토콜에 동의해야 하는데 우체국은 이런 일을 하지 않는다.

전화 시스템과 우체국은 모두 나름대로 용도가 있다. 비록 두 시스템 모두 거의 모든 통신에 사용할 수 있지만 경우에 따라 한 시스템이 나머지 다른 시스템보다 더 낫다. UDP와 TCP도 마찬가지다. 앞에서 살펴본 몇몇 장들은 모두 TCP 애플리케이션에 초점을 두고 있으며, TCP 애플리케이션이 UDP 애플리케이션보다 좀 더 일반적으로 사용된다. 그러나 UDP도 역시 적절히 사용할 만한 곳이 있다. 이 장에서는 UDP를 사용하여 자바로 할 수 있는 일이 무엇인지 살펴볼 것이다. 더 깊이 알고 싶은 독자들은, UDP 기반의 멀티캐스팅을 설명하는 다음 장을 참고하도록 하자. 멀티캐스트 소켓은 표준 UDP 소켓의 매우 간단한 변형이다.

자바의 UDP 구현은 두 클래스로 나뉜다. DatagramPacket 그리고 DatagramSocket. DatagramPacket 클래스는 데이터의 바이트를 데이터그램이라고 불리는 UDP 패킷에 채워 넣고 수신 받은 데이터그램을 꺼낸다. DatagramSocket은 UDP 데이터그램을 수신할 뿐만 아니라 전송도 한다. 데이터를 전송하기 위해서는 데이터를 DatagramPacket에 넣고 DatagramSocket을 사용하여 패킷을 전송한다. 데이터를 수신하기 위해서는 Datagram Socket에서 DatagramPacket 객체를 가져와서 패킷의 내용을 확인한다. 소켓 자체는 매우 간단하다. UDP에서 전송될 주소를 포함한 데이터그램에 관한 모든 것이 패킷 자체에 저장되어 있다. 소켓은 대기하거나 전송할 로컬 포트만 알고 있으면 된다.

이러한 작업의 구분은 TCP에서 사용되는 Socket 그리고 ServerSocket 클래스와는 대조적이다. 먼저 UDP는 두 호스트 사이의 고유의 연결이라는 개념이 없다. 하나의 소켓이 하나의 포트에 대해 들어오거나 보내는 모든 데이터를 수신하거나 보낸다. 그리고 원격 호스트가 누구인지에 대한 구분도 없다. 단일 DatagramSocket은 많은 독립적인 호스트로부터 데이터를 보내거나 받는다. UDP 소켓은 TCP처럼 단일 연결을 위해 할당되지 않는다. 사실 UDP는 두 호스트 사이의 연결이라는 개념 자체가 없다. UDP는 개별 데이터그램에 대해서만 알고 있다. 누가 무슨 데이터를 보냈는지 알아내는 것은 전적으로 애플리케이션의 책임이다. 두 번째, TCP 소켓은 네트워트 연결을 스트림처럼 다룬다. 소켓에서 가져온 입출력 스트림을 사용하여 데이터를 보내거나 받는다. UDP는 이러한 방식을 지원하지 않는다. 여러분은 항상 개별 데이터그램 패킷으로 작업해야 한다. 단일 데이터그램에 채워 넣는 모든 데이터는 단일 패킷으로 전송되고, 이 데이터그램은 전송되거나 덩어리째 유실된다. 하나의 패킷은 다음 패킷과 아무런 연관이 없다. 두 패킷이 있는 경우 어느 패킷을 먼저 보내야 할지 결정할 만한 아무런 근거가 없다. 데이터가 순서대로 정렬된 큐가 스트림의 경우에는 필요하지만, 대신 데이터그램은 각자의 방식으로 버스에 올라타는 수많은 군중들처럼, 가능한 한 빨리 수신자에게 전송하기 위한 시도만을 한다.

UDP 클라이언트

간단한 예제로 시작해 보자. 제8장에 나온 "소켓을 사용하여 서버로부터 읽기"절에서처럼, NIST에서 제공하는 daytime 서버에 연결할 것이다. 그리고 현재 시간을 요청한다. 그러나 이번에는 TCP 대신 UDP를 사용할 것이다. 포트 13번에서 대기 중인 daytime 서버를 다시 기억해 보자. 이 서버는 사람이 읽을 수 있는 형식의 시간을 보내고 연결을 종료한다.

이전과 같은 데이터를 UDP를 사용하여 프로그래밍적으로 구하는 방법을 살펴보도록 하자. 먼저 포트 0번에 대해 소켓을 연다.

```
DatagramSocket socket = new DatagramSocket(0);
```

이 부분은 TCP 소켓과는 많이 다르다. 단지 연결할 로컬 포트만을 명시했다. 이렇게 생성된 소켓은 원격 호스트나 주소를 알지 못한다. 포트 번호로 0번을 전달함으로써 자바가 사용 가능한 임의의 포트를 선택해 준다.

다음 단계는 선택적이지만 설정할 것을 권장한다. setSoTimeout() 메소드를 사용하여 연결 타임아웃을 설정한다. 타임아웃은 밀리초 단위로 측정되므로 다음 코드는 10초 동안 응답이 없을 경우 타임아웃되도록 설정한다.

```
socket.setSoTimeout(10000);
```

TCP에서는 문제가 발생하면 IOException이 발생하지만 UDP는 실패 사실을 알기 어렵기 때문에 TCP보다는 UDP에서 타임아웃이 더 중요하게 사용된다. 예를 들어, 원격 호스트가 목적지 포트로 대기하지 않는 경우 그 사실을 결코 알 수가 없다.

다음으로 패킷을 설정해야 한다. 송신을 위한 패킷과 수신을 위한 패킷 두 개가 필요할 것이다. daytime 프로토콜의 경우 패킷에 어떤 데이터를 넣는지는 중요하지 않지만, 패킷에 연결할 원격 호스트와 포트를 알려 줘야 한다.

```
InetAddress host = InetAddress.getByName("time.nist.gov");
DatagramPacket request = new DatagramPacket(new byte[1], 1, host, 13);
```

서버의 응답을 수신하는 패킷은 간단히 빈 바이트 배열을 포함한다. 이 버퍼는 전체 응답을 충분히 담을 크기여야 한다. 버퍼의 크기가 너무 작은 경우 나머지 부분은 조용히 잘린다. ― 1k 정도면 충분한 공간이다.

```
byte[] data = new byte[1024];
DatagramPacket response = new DatagramPacket(data, data.length);
```

이제 준비가 끝났다. 먼저 소켓을 통해 패킷을 보낸 다음, 응답을 받는다.

```
socket.send(request);
socket.receive(response);
```

마지막으로, 응답에서 수신된 바이트를 꺼내어 문자열로 변경하고 화면에 출력할 수 있다.

```
String daytime = new String(response.getData(), 0, response.getLength(),
    "US-ASCII");
System.out.println(daytime);
```

DatagramSocket의 생성자와 send() 그리고 receive() 메소드는 각각 IOException을 발생시키므로, 보통 try 블록으로 모두 감싼다. 자바 7에서, DatagramSocket은 AutoCloseable 인터페이스를 구현하고 있으므로, try-with-resources 구문을 사용할 수 있다.

```
try (DatagramSocket socket = new DatagramSocket(0)) {
  // 서버에 연결한다.
} catch (IOException ex) {
  System.err.println("Could not connect to time.nist.gov");
}
```

자바 6 이전 버전에서는, 소켓이 붙잡고 있는 리소스를 해제하기 위해 finally 블록에서 소켓을 명시적으로 닫아 줘야 한다.

```
  DatagramSocket socket = null;
  try {
    socket = new DatagramSocket(0);
    // 서버에 연결한다.
  } catch (IOException ex) {
    System.err.println(ex);
  } finally {
    if (socket != null) {
      try {
        socket.close();
      } catch (IOException ex) {
        // 무시한다.
      }
    }
  }
```

예제 12-1은 이 모든 내용을 포함하고 있는 예제다.

예제 12-1 daytime 프로토콜 클라이언트

```java
import java.io.*;
import java.net.*;

public class DaytimeUDPClient {

  private final static int PORT = 13;
  private static final String HOSTNAME = "time.nist.gov";

  public static void main(String[] args) {
    try (DatagramSocket socket = new DatagramSocket(0)) {
      socket.setSoTimeout(10000);
      InetAddress host = InetAddress.getByName(HOSTNAME);
      DatagramPacket request = new DatagramPacket(new byte[1], 1, host , PORT);
      DatagramPacket response = new DatagramPacket(new byte[1024], 1024);
      socket.send(request);
      socket.receive(response);
      String result = new String(response.getData(), 0, response.getLength(),
                            "US-ASCII");
      System.out.println(result);
    } catch (IOException ex) {
      ex.printStackTrace();
    }
  }
}
```

일반적인 출력 결과는 TCP로 연결했을 때와 거의 같다.

```
$ java DaytimeUDPClient
56375 13-04-11 19:55:22 50 0 0 843.6 UTC(NIST) *
```

UDP 서버

UDP 서버는 일반적으로 전송하기 전에 먼저 수신한다는 것과 임의의 포트에 바인드하지 않는다는 것을 제외하면, UDP 클라이언트와 거의 같은 패턴을 따른다. TCP와는 달리 독립된 DatagramServerSocket 클래스가 존재하지 않는다.

예를 들어, UDP를 사용하여 daytime 서버를 구현해 보자. 잘 알려진 포트에 대해 데이터그램 소켓을 여는 것으로 시작한다. 여기서는 바로 13번 포트이다.

```
DatagramSocket socket = new DatagramSocket(13);
```

TCP 소켓과 마찬가지로 유닉스 시스템(리눅스와 맥 OS X 포함)에서 1024 미만의 포트에 바인드하기 위해서는 루트 권한으로 실행되어야 한다. sudo 명령을 사용하여 프로그램을 실행하거나 간단히 포트를 1024 혹은 그보다 높은 값으로 변경할 수 있다.

다음으로 요청을 수신할 패킷을 만든다. 패킷을 만들 때, 들어온 데이터를 저장할 바이트 배열과, 배열에서의 오프셋, 그리고 저장할 바이트 수를 인자로 제공한다. 다음은 1,024바이트의 버퍼를 가진 패킷을 설정한다.

```
DatagramPacket request = new DatagramPacket(new byte[1024], 0, 1024);
```

그러고 나서 패킷을 수신한다.

```
socket.receive(request);
```

이 메소드 호출은 포트 13번으로 UDP 패킷이 도착할 때까지 무한히 대기한다. 패킷이 도착하면, 자바는 바이트 배열을 수신된 데이터로 채우고 receive() 메소드가 반환된다.

다음, 응답 패킷을 만든다. 이 부분은 네 부분으로 나뉜다. 보낼 데이터, 보낼 데이터의 크기, 보낼 호스트, 호스트의 포트. 이 예제에서 보낼 데이터는 현재 시간의 문자열 형태이고, 호스트와 포트는 단순히 들어온 패킷의 호스트와 포트가 된다.

```
String daytime = new Date().toString() + "\r\n";
byte[] data = daytime.getBytes("US-ASCII");
InetAddress host = request.getAddress();
int port = request.getPort();
DatagramPacket response = new DatagramPacket(data, data.length, host, port);
```

마지막으로, 수신받은 같은 소켓을 통해 응답을 보낸다.

```
socket.send(response);
```

예제 12-2는 많은 요청을 처리할 수 있도록, 지금까지 설명한 내용을 while 루프로 감싸고,
로그와 예외 처리를 추가하여 완료하였다.

예제 12-2 daytime 프로토콜 서버

```java
import java.net.*;
import java.util.Date;
import java.util.logging.*;
import java.io.*;

public class DaytimeUDPServer {

  private final static int PORT = 13;
  private final static Logger audit = Logger.getLogger("requests");
  private final static Logger errors = Logger.getLogger("errors");

  public static void main(String[] args) {
    try (DatagramSocket socket = new DatagramSocket(PORT)) {
      while (true) {
        try {
          DatagramPacket request = new DatagramPacket(new byte[1024], 1024);
          socket.receive(request);

          String daytime = new Date().toString();
          byte[] data = daytime.getBytes("US-ASCII");
          DatagramPacket response = new DatagramPacket(data, data.length,
              request.getAddress(), request.getPort());
          socket.send(response);
          audit.info(daytime + " " + request.getAddress());
        } catch (IOException | RuntimeException ex) {
          errors.log(Level.SEVERE, ex.getMessage(), ex);
        }
      }
    } catch (IOException ex) {
      errors.log(Level.SEVERE, ex.getMessage(), ex);
    }
  }
}
```

이 예제에서 볼 수 있듯이, UDP 서버는 TCP 서버와 같은 멀티스레드 구조로 만들 필요가 없다. UDP 서버는 일반적으로 하나의 클라이언트에 대해 많은 일을 수행하지 않는다. 그리고 UDP는 결코 에러를 보고하지 않기 때문에 상대방이 응답을 보낼 때까지 기다리기 위해 블록될 수 없다. 응답을 준비하는 데 많은 시간이 소요되는 일을 하는 것이 아니라면, 반복 구조가 대부분의 UDP 서버에서 잘 동작한다.

DatagramPacket 클래스

UDP 데이터그램을 만들기 위해 IP 데이터그램에 추가하는 것이 많지 않다. 그림 12-1은 일반적인 UDP 데이터그램을 보여 준다. UDP 헤더는 IP 헤더에 8바이트밖에 추가하지 않는다. UDP 헤더는 출발지와 목적지의 포트 번호, IP 헤더 뒤에 따라오는 모든 데이터의 길이, 그리고 선택적인 체크섬이 포함된다. 포트 번호는 두 바이트의 부호 없는 정수로 제공되기 때문에 호스트당 6만 5,536개의 서로 다른 UDP 포트를 사용할 수 있다. 이 포트는 TCP가 사용하는 6만 5,536포트와는 다른 포트이다. 길이 또한 2-바이트 부호 없는 정수이기 때문에 데이터그램의 길이는 6만 5,536에서 헤더 길이 8바이트를 뺀 것으로 제한된다. 그러나 이 부분은 IP 헤더의 데이터그램 길이 필드와 중복되며, IP 헤더에 있는 데이터그램 길이 필드는 6만 5,467에서 6만 5,507로 데이터그램을 제한한다. (정확한 숫자는 IP 헤더의 길이에 따라 다르다.) 체크섬 필드는 선택 사항이지만, 애플리케이션 계층 프로그램에서 사용하거나 접근할 수 없다. 데이터에 대한 체크섬이 실패할 경우 네이티브 네트워크 소프트웨어는 조용히 데이터그램을 버린다. 송신자나 수신자 모두 알림을 받지 않는다. UDP는 결국 신뢰할 수 없는 프로토콜이다.

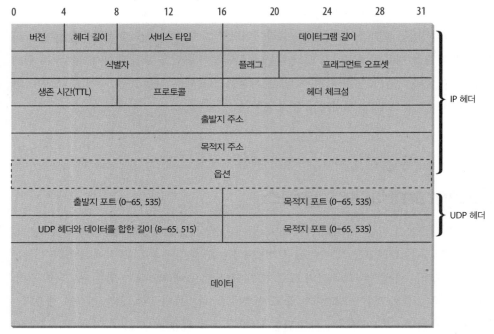

0	4	8	12	16	20	24	28	31

버전	헤더 길이	서비스 타입	데이터그램 길이
식별자		플래그	프래그먼트 오프셋
생존 시간(TTL)	프로토콜	헤더 체크섬
출발지 주소			
목적지 주소			
옵션			

IP 헤더

출발지 포트 (0~65, 535)	목적지 포트 (0~65, 535)
UDP 헤더와 데이터를 합한 길이 (8~65, 515)	목적지 포트 (0~65, 535)

UDP 헤더

데이터

그림 12-1 **UDP 데이터그램의 구조**

UDP 데이터그램이 담을 수 있는 데이터의 최대량이 이론적으로 6만 5,507바이트이지만, 실제는 이것보다 훨씬 적은 크기가 사용된다. 많은 플랫폼에서 실제 8,192(8K)바이트로 제한된다. 그리고 실제 구현들은 데이터와 헤더를 포함하여 576바이트를 초과하는 데이터그램을 받도록 요구되지 않는다. 따라서 8K 이상의 데이터를 가진 UDP 패킷을 주고받는 임의의 프로그램은 조심스럽게 다뤄야 한다. 대부분의 경우, 큰 패킷은 단순히 8K의 데이터로 잘라 버린다. 이러한 제한은 큰 패킷에 비해 성능 측면에서 마이너스 요소지만, 안전을 위해, UDP 패킷의 데이터 부분은 512바이트보다 작게 유지해야 한다. (이 부분은 TCP 데이터그램에도 마찬가지로 문제가 된다. 그러나 Socket과 ServerSocket이 제공하는 스트림 기반의 API는 이러한 문제를 프로그래머가 신경 쓰지 않도록 해 준다.)

자바에서 UDP 데이터그램은 DatagramPacket 클래스의 인스턴스로 표현된다.

```
public final class DatagramPacket extends Object
```

이 클래스는 IP 헤더로부터 출발지와 목적지 주소를 가져오거나 설정하는 메소드, 출발지와 목적지 포트를 가져오거나 설정하는 메소드, 데이터를 설정하거나 가져오는 메소드, 그리고 데이터의 길이를 설정하는 메소드를 제공한다. 이 외에 나머지 헤더 필드는 순수 자바 코드로는 접근할 수 없다.

생성자

DatagramPacket은 패킷을 사용하는 목적에 따라 다른 생성자를 사용한다. 즉, 보낼 때와 받을 때 다른 생성자를 사용한다. 그동안 보았던 생성자와는 조금 차이가 있다. 일반적으로 생성자는 객체를 생성할 때, 다른 종류의 정보를 제공하기 위해 오버로드되지만, 이 경우는 다른 용도로 사용될 객체를 만들기 위해 사용된다. DatagramPacket 클래스의 6개의 모든 생성자는 공통적으로 데이터그램 데이터를 보관할 바이트 배열과 바이트 배열에 저장된 데이터의 길이를 나타내는 정수를 인자로 받는다. 데이터그램을 수신할 경우에는, 이 두 인자만 제공하면 된다. 소켓은 네트워크로부터 데이터그램을 받을 때, DatagramPacket 객체의 배열 버퍼에 최대 지정된 길이만큼 데이터그램의 데이터를 보관한다.

DatagramPacket의 또 다른 종류의 생성자들은 네트워크를 통해 전송할 데이터그램을 만들기 위해 사용된다. 이 생성자들 역시 배열 버퍼와 길이를 인자로 받으며 추가적으로 패킷이 보내질 호스트의 주소와 포트를 인자로 받는다. 이 생성자에 대해서는 보낼 데이터를 포함하고 있는 바이트 배열과 목적지 주소와 포트를 생성자의 인자로 전달한다. DatagramSocket의 경우 TCP와는 달리 목적지 주소와 포트가 패킷에 저장되어 있다. (TCP에서는 소켓에 목적지 주소와 포트가 저장되어 있다.)

수신 데이터그램을 위한 생성자

다음 두 개의 생성자는 네트워크로 데이터를 수신하기 위한 DatagramPacket 객체를 생성한다.

```
public DatagramPacket(byte[] buffer, int length)
public DatagramPacket(byte[] buffer, int offset, int length)
```

첫 번째 생성자가 사용될 경우, 소켓이 데이터그램을 수신할 때 소켓은 데이터그램의 데이터 부분을 버퍼의 시작 위치인 buffer[0]에서부터 저장하기 시작하고, 패킷이 완료되거나 버퍼 안에 length 바이트만큼 쓰일 때까지 저장한다. 예를 들어, 다음 코드는 최대 8,192바이트까지의 데이터그램을 수신하는 DatagramPacket 객체를 생성한다.

```
byte[] buffer = new byte[8192];
DatagramPacket dp = new DatagramPacket(buffer, buffer.length);
```

두 번째 생성자를 사용할 경우, 대신 buffer[offset]부터 저장하기 시작한다. 그 외에 이 두 생성자는 동일한 기능을 한다. 두 번째 생성자에서 length는 buffer.lengh에서 offset을 뺀 것보다 작거나 같아야 한다. DatagramPacket 객체 생성 시 버퍼의 크기를 초과하는 길이를 인자로 전달할 경우 IllegalArgumentException 예외가 발생한다. 이 예외는 RuntimeException이므로 이 예외를 처리하는 코드를 작성할 필요는 없다. buffer.length에서 offset을 뺀 것보다 작은 크기로 DatagramPacket 객체를 생성하는 것은 문제가 되지 않는다. 이 경우에 데이터그램이 수신되면 버퍼의 처음 위치부터 길이만큼 채워진다.

생성자는 버퍼가 얼마나 큰지 신경 쓰지 않으며 메가바이트 단위의 데이터를 가진 DatagramPacket 객체를 만들 수도 있다. 그러나 내부의 네이티브 네트워크 소프트웨어는 그렇게 큰 데이터를 지원할 만큼 친절하지 않다. 그리고 대부분의 네이티브 UDP 구현은 데이터그램당 8,192바이트보다 큰 데이터를 지원하지 않는다. 이론적으로 IPv4 데이터그램에서는 6만 5,507바이트로 길이를 제한하고 있으며, 6만 5,507바이트의 버퍼를 갖는 DatagramPacket은 데이터 손실 없이 모든 IPv4 데이터그램을 수신할 수 있다. IPv6 데이터그램의 이론적인 제한은 6만 5,536바이트이다. 그러나 실제로, DNS와 TFTP 같은 많은 UDP 기반의 프로토콜들은 데이터그램당 512바이트 또는 그 이하의 패킷을 사용한다. 일반적으로 사용되는 가장 큰 데이터의 크기는 NFS에서 사용되는 8,192바이트이다. 여러분이 볼 수 있는 거의 모든 UDP 데이터그램은 8K보다 작은 데이터를 사용한다. 사실 많은 운영체제들은 8K 이상의 데이터를 가진 UDP 데이터그램을 지원하지 않으며 이보다 클 경우 패킷을 자르거나 버린다. 데이터그램이 너무 커서 잘리거나 버려질 경우, 여러분의 자바 프로그램은 이 내용에 대해서 아무런 통보도 받지 못한다. 따라서 8,192바이트 이상의 데이터를 가진 DatagramPacket 객체를 생성하지 않도록 해야 한다.

송신 데이터그램을 위한 생성자

다음 네 개의 생성자는 네트워크를 통해 데이터를 보낼 때 사용되는 DatagramPacket 객체를 생성한다.

```
public DatagramPacket(byte[] data, int length,
    InetAddress destination, int port)
public DatagramPacket(byte[] data, int offset, int length,
    InetAddress destination, int port)
public DatagramPacket(byte[] data, int length,
    SocketAddress destination)
public DatagramPacket(byte[] data, int offset, int length,
    SocketAddress destination)
```

각각의 생성자는 다른 호스트로 전송될 새로운 DatagramPacket을 생성한다. 패킷은 data 배열의 0 또는 offset 위치에서부터 length 바이트만큼의 데이터로 채워진다. data.length보다 큰 길이 값을(또는 data.length – offset 보다 큰) 인자로 DatagramPacket을 생성하려고 할 경우, 생성자는 IllegalArgumentException 예외를 발생시킨다. 그러나 인자로 전달된 데이터 배열의 크기보다 작은 length를 전달하는 것은 문제가 되지 않는다. 이 경우에 length만큼의 데이터만 네트워크로 전송된다. InetAddress와 SocketAddress 객체는 패킷을 전송할 호스트를 가리키며 정수 인자 port는 전송할 호스트의 포트 번호이다.

데이터그램 크기 선택하기

하나의 패킷에 얼마만큼의 데이터를 채워야 할지는 상황에 따라 다르다. 일부 프로토콜에서는 패킷의 크기를 명시한다. 예를 들어, rlogin은 사용자가 입력한 각 문자들을 입력 즉시 원격 시스템으로 전송한다. 그 결과 패킷은 입력된 단일 바이트와 추가적인 헤더의 몇 바이트로 아주 작다. 다른 애플리케이션의 경우 좀 더 단순하다. 예를 들어, 파일 전송은 큰 버퍼를 사용할수록 효과적이며, 유일한 요구 사항은 허용되는 최대 패킷 크기를 초과하지 않도록 파일을 패킷으로 분할하는 것뿐이다.

여러 가지 요인들이 최적화된 패킷 크기를 결정하는 데 영향을 미친다. 라디오 네트워크와 같은 고도로 신뢰할 수 없는 네트워크의 경우, 전송 중에 손상될 가능성이 적은 작은 크기의 패킷이 더 선호된다. 반면에 매우 빠르고 신뢰할 수 있는 LAN의 경우 가능한 한 큰 사이즈의 패킷을 사용하는 것이 좋다. 여러 종류의 네트워크를 고려할 때 8킬로바이트, 즉 8,192바이트가 가장 적절한 패킷의 크기다.

DatagramPacket을 생성하기 전에 데이터를 byte 배열로 변환하고, 변환된 배열을 data에 위치시키는 것이 일반적이지만, 반드시 그렇게 해야 하는 것은 아니다. 데이터그램이 생성되고 난 후, 그리고 데이터그램이 전송되기 전에 data를 변경하면, 데이터그램 안에 있는 데이터가 변경된다. 데이터는 DatagramPacket 내부 버퍼로 복사되지 않기 때문이다. 몇몇 애플리케이션에서는 이러한 점을 이용할 수도 있다. 예를 들어, 시간이 지남에 따라 변경되는 데이터를 data에 저장하고 1분마다 현재 데이터그램(가장 최근의 데이터)을 전송한다. 그러나 여러분이 원하지 않을 때, 데이터가 변경되지 않도록 하는 것이 더 중요하다. 특히 프로그램이 멀티스레드이고, 서로 다른 스레드가 데이터 버퍼에 쓰려고 할 경우, 원하지 않는 변경이 일어나지 않도록 하는 것이 중요하다. 이러한 경우라면, DatagramPacket을 생성하기 전에 데이터를 임시 버퍼로 복사해야 한다. 예를 들어, 다음 코드는 UTF-8로된 "This is a test" 문자열로 채워진 새로운 DatagramPacket을 생성한다. 패킷은 www.ibiblio.org의 7번 포트(에코 포트)로 향한다.

```
String s = "This is a test";
byte[] data = s.getBytes("UTF-8");

try {
  InetAddress ia = InetAddress.getByName("www.ibiblio.org");
  int port = 7;
  DatagramPacket dp = new DatagramPacket(data, data.length, ia, port);
  // 패킷을 전송한다.
} catch (IOException ex)
}
```

대부분의 경우, 새로운 DatagramPacket을 생성할 때 데이터를 바이트 배열로 변경하는 부분이 가장 어렵다. 이 코드에서는 문자열을 전송하기 때문에 java.lang.String()의 getBytes() 메소드를 사용한다. java.io.ByteArrayOutputStream 클래스 또한 데이터그램에 포함될 데이터를 준비하는 데 매우 유용하게 사용할 수 있다.

get 메소드

DatagramPacket은 데이터그램의 실제 데이터와 헤더의 몇몇 필드를 가져오는 6개의 메소드를 제공한다. 이 메소드는 대부분 수신된 데이터그램에 사용된다.

public InetAddress getAddress()

getAddress() 메소드는 원격 호스트의 주소를 포함하고 있는 InetAddress 객체를 반환한다. 인터넷에서 수신된 데이터그램인 경우, 데이터그램을 보낸 장비의 주소(출발지 주소)가 된다. 그리고 로컬에서 생성된 데이터그램인 경우, 데이터그램이 향하고 있는 주소(목적지 주소)를 반환한다. 일반적으로 수신자가 응답을 보내기 위해 UDP 데이터그램을 보낸 호스트를 확인하는 용도로 사용된다.

public int getPort()

getPost() 메소드는 원격 포트를 나타내는 정수를 반환한다. 인터넷에서 수신된 데이터그램인 경우, 패킷을 보낸 호스트의 포트가 반환된다. 그리고 로컬에서 생성된 데이터그램인 경우, 원격 장비에 패킷이 향하는 포트 번호이다.

public SocketAddress getSocketAddress()

getSocketAddress() 메소드는 원격 호스트의 IP 주소와 포트를 포함하고 있는 SocketAddress 객체를 반환한다. getInetAddress() 메소드와 마찬가지로 인터넷에서 수신된 데이터그램인 경우, 데이터그램을 보낸 호스트의 주소(출발지 주소)가 반환된다. 그리고 로컬에서 생성된 데이터그램인 경우, 데이터그램이 향하고 있는 호스트의 주소(목적지 주소)를 반환한다. 이 메소드는 일반적으로 응답을 보내기 전에 UDP 데이터그램을 보낸 호스트의 주소와 포트를 확인하기 위해 사용된다. getAddress()와 getPort()를 호출하는 것과 큰 차이는 없다. 또한 논블록 I/O를 사용할 경우, DatagramChannel 클래스는 SocketAddress는 수용하지만 InetAddress와 포트는 수용하지 않는다.

public byte[] getData()

getData() 메소드는 데이터그램의 데이터를 포함한 바이트 배열을 반환한다. 반환된 배열은 프로그램에서 사용하기 전에 종종 다른 데이터 형식으로 변환이 필요하다. 한 가지 방법으로는 바이트 배열을 문자열로 변경하는 것이다. 예를 들어, 네트워크에서 수신된 DatagramPacket 객체 dp가 있는 경우, 다음과 같이 UTF-8로 변환할 수 있다.

```
String s = new String(dp.getData(), "UTF-8");
```

데이터그램에 저장된 데이터가 텍스트가 아닌 경우, 조금 복잡해진다. 한 가지 방법은 getData()에 의해 반환된 바이트 배열을 ByteArrayInputStream으로 변환하는 것이다. 예를 들어:

```
InputStream in = new ByteArrayInputStream(packet.getData(),
    packet.getOffset(), packet.getLength());
```

ByteArrayInputStream를 생성할 때 오프셋과 길이를 명시해야 한다. ByteArrayInputStream() 생성자를 인자로 배열만 전달해서 사용하지 않도록 해야 한다. packet.getData() 메소드가 반환하는 배열은 네트워크로 받은 데이터로 채워진 것 이외의 여분의 공간이 있을 수 있다. 이 여분의 공간에는 DatagramPacket이 생성될 때 채워진 임의의 값이 들어 있다.

변환된 ByteArrayInputStream은 다시 DataInputStream에 연결될 수 있다.

```
DataInputStream din = new DataInputStream(in);
```

이 데이터는 이제 DataInputStream의 readInt(), readLong(), readChar() 그리고 다른 메소드를 사용하여 읽을 수 있다. 물론 이것은 데이터그램의 송신자가 자바와 똑같은 데이터 형식을 사용한다고 가정한다. 보통 송신자가 자바로 작성된 경우가 이에 해당한다. 그리고 종종 다른 언어로 작성된 경우에도 데이터 형식이 일치하기도 한다. (요즘 컴퓨터들은 자바와 같은 부동소수점 형식을 사용한다. 그리고 대부분의 네트워크 프로토콜은 네트워크 바이트 순서로 2의 보수 정수를 표기하며 이 포맷 역시 자바와 일치한다.)

public int getLength()

getLength() 메소드는 데이터그램에 저장된 데이터의 바이트 수를 반환한다. 이 값은 getData() 메소드가 반환한 배열의 길이와 반드시 같지는 않다. getLength()가 반환한 정수 값은 getData()가 반환한 배열의 길이보다 작을 수 있다.

public int getOffset()

이 메소드는 getData() 메소드를 호출했을 때 반환된 배열에서 데이터가 시작되는 위치를 가리킨다. 예제 12-3은 DatagramPacket에 있는 정보를 출력하기 위해 이 절에서 설명한 모든 메소드를 사용한다. 이 예제는 다소 인위적이다. 코드 내에서 DatagramPacket을 생성하기 때문에, 프로그램이 이미 출력될 내용을 알고 있다. 여기서 소개된 메소드는 대부분 수신된 DatagramPacket에서 사용되지만, 데이터그램을 수신받기 위해서는 다음 절에서 다루는 DatagramPacket 클래스를 소개할 때까지 잠시 기다려야 한다.

예제 12-3 데이터를 수신하기 위한 DatagramPacket 생성하기

```
import java.io.*;
import java.net.*;

public class DatagramExample {
```

```
  public static void main(String[] args) {

    String s = "This is a test.";

    try {
      byte[] data = s.getBytes("UTF-8");
      InetAddress ia = InetAddress.getByName("www.ibiblio.org");
      int port = 7;
      DatagramPacket dp
          = new DatagramPacket(data, data.length, ia, port);
      System.out.println("This packet is addressed to "
          + dp.getAddress() + " on port " + dp.getPort());
      System.out.println("There are " + dp.getLength()
          + " bytes of data in the packet");
      System.out.println(
          new String(dp.getData(), dp.getOffset(), dp.getLength(), "UTF-8"));
    } catch (UnknownHostException | UnsupportedEncodingException ex) {
      System.err.println(ex);
    }
  }
}
```

다음은 실행 결과다.

```
% java DatagramExample
This packet is addressed to www.ibiblio.org/152.2.254.81 on port 7
There are 15 bytes of data in the packet
This is a test.
```

set 메소드

대부분의 경우 앞서 소개한 6개의 생성자만 이용해도 데이터그램을 생성하기에 충분하다. 그러나 또한 자바는 데이터그램이 생성된 다음에 데이터, 원격 주소, 그리고 원격 포트를 변경할 수 있는 몇몇 메소드를 제공한다. 이 메소드는 새로운 DatagramPacket 객체를 생성하고 가비지 컬렉트되는 데 소요되는 시간이 성능에 영향을 미칠 경우 사용할 수 있다. 새로운 객체를 생성하는 것보다 재사용하는 것이 훨씬 빠른 경우들이 있다. 예를 들어, 네트워크 대전 게임에서 총알이 발사될 때마다 또는 총알이 몇 센티미터를 이동할 때마다 데이터그램을 재전송할 경우, 매번 새로운 객체를 만들기보다 이미 생성된 객체를 재사용하는 편이 속도 향상에 도움이 된다. 그러나 결국 주목할 만한 속도의 향상을 위해서는 상대적으로 느린 회선보다 빠른 회선을 사용하는 편이 낫다.

public void setData(byte[] data)

setData() 메소드는 UDP 데이터그램에 적재된 데이터를 변경한다. 하나의 데이터그램에 담을 수 없는 큰 파일을 원격 호스트로 보낼 경우 유용하게 사용할 수 있다. 반복해서 동일한 DatagramPacket 객체를 전송하고, 반복할 때마다 적재된 데이터를 변경할 수 있다.

public void setData(byte[] data, int offset, int length)

이 메소드는 setData() 메소드를 오버로드한 변형이며, 많은 양의 데이터를 전송할 수 있는 또 다른 방법이다. 새로운 배열을 여러 번 전송하는 대신에 모든 데이터를 하나의 배열에 넣고 한 번에 한 조각씩 보낸다. 예를 들어, 다음 루프는 큰 배열을 512바이트 덩어리씩 전송한다.

```
int offset = 0;
DatagramPacket dp = new DatagramPacket(bigarray, offset, 512);
int bytesSent = 0;
while (bytesSent < bigarray.length) {
  socket.send(dp);
  bytesSent += dp.getLength();
  int bytesToSend = bigarray.length - bytesSent;
  int size = (bytesToSend > 512) ? 512: bytesToSend;
  dp.setData(bigarray, bytesSent, size);
}
```

반면에 이 방법은 데이터가 반드시 전달된다고 믿거나, 아니면 데이터가 제대로 전달되지 않아도 무시해야 한다. 이 방법을 사용할 때 각 패킷에 시퀀스 번호를 붙이거나 다른 태그를 달아서 표시하는 것은 쉽지 않은 문제다.

public void setAddress(InetAddress remote)

setAddress() 메소드는 데이터그램 패킷의 목적지 주소를 변경한다. 이 메소드를 사용하면 같은 데이터그램을 다수의 다른 수신자에게 전송할 수 있다. 예를 들어:

```
String s = "Really Important Message";
byte[] data = s.getBytes("UTF-8");
DatagramPacket dp = new DatagramPacket(data, data.length);
dp.setPort(2000);
int network = "128.238.5.";
for (int host = 1; host < 255; host++) {
  try {
```

```
        InetAddress remote = InetAddress.getByName(network + host);
        dp.setAddress(remote);
        socket.send(dp);
    } catch (IOException ex) {
        // 에러를 생략하고 계속해서 다음 호스트로 전송한다.
    }
}
```

이런 방법이 적절한지는 애플리케이션마다 다르다. 위 코드처럼 로컬 네트워크에 연결된 모든 호스트로 전송할 경우, 이 방법보다는 로컬 브로드캐스트 주소를 사용하여 네트워크가 이 일을 하게끔 하는 것이 낫다. 로컬 브로드캐스트 주소는 IP 주소의 서브넷 ID 부분을 모두 1로 설정하는 것이다. 예를 들어, 폴리테크닉 대학의 네트워크 주소는 128.238.0.0이다. 따라서 이 대학의 브로드캐스트 주소는 128.238.255.255가 된다. 128.238.255.255로 전송되는 데이터그램은 같은 네트워크에 있는 모든 호스트로 복사된다. (라우터나 방화벽이 이를 차단할 수도 있지만, 네트워크 환경에 따라 다르다.)

호스트들이 좀 더 넓게 퍼져 있는 경우에는 멀티캐스팅을 사용하는 편이 나을 것이다. 실제로 멀티캐스팅은 여기서 설명한 같은 DatagramPacket 클래스를 사용한다. 그러나 호스트 주소 대신 멀티캐스트 주소를 사용하고 DatagramSocket 대신 MulticastSocket을 사용한다. 이 내용에 대해서는 다음 장에서 자세히 다룰 예정이다.

public void setPort(int port)

setPort() 메소드는 데이터그램의 목적지 포트 번호를 변경한다. 필자는 솔직히 이 메소드를 어떤 용도로 사용할지 잘 모르겠다. 한 가지 예로 FSP 같은 UDP 기반의 특정 서비스가 실행 중인 열린 포트를 찾는 포트 스캐너 애플리케이션에서 사용할 수 있다. 또 다른 가능성은 일부 네트워크 게임이나 화상회의 서버에서 모든 클라이언트들이 다른 호스트의 다른 포트에서 실행되고 있는 경우 데이터를 전송하기 전에 포트를 변경하는 용도로 사용할 수 있다. 이 경우에 setPort() 메소드와 함께 setAddress() 메소드도 필요하다.

public void setAddress(SocketAddress remote)

setSocketAddress() 메소드는 데이터그램이 패킷이 전송될 목적지의 주소와 포트를 변경한다. 응답을 보낼 때 이 메소드를 사용할 수 있다. 예를 들어, 다음 코드는 데이터그램 패킷을 수신하고 같은 주소로 "Hello there"을 포함한 패킷을 응답한다.

```
DatagramPacket input = new DatagramPacket(new byte[8192], 8192);
socket.receive(input);
DatagramPacket output = new DatagramPacket(
    "Hello there".getBytes("UTF-8"), 11);
SocketAddress address = input.getSocketAddress();
output.setAddress(address);
socket.send(output);
```

물론 SocketAddress 대신 InetAddress 객체와 포트를 사용하여 같은 코드를 작성할 수 있다. 다만 코드가 조금 길어진다.

public void setLength(int length)

setLength() 메소드는 단순히 채워지지 않은 공간이 아닌 데이터그램의 데이터 부분에 해당하는 내부 버퍼의 데이터 길이를 변경한다. 이 메소드는 수신된 데이터그램에서 유용하게 사용되며, 자세한 내용은 이 장의 뒤에서 다룬다. 데이터그램이 수신되면 데이터그램의 길이는 들어온 데이터의 길이로 설정된다.

이 말은 곧, 같은 DatagramPacket을 사용하여 다른 데이터그램을 수신할 경우, 처음 받은 바이트 수 이상을 받을 수 없도록 제한됨을 의미한다. 즉, 처음 10바이트의 데이터그램을 받고 나면, 그 다음부터 받게 되는 모든 데이터그램은 10바이트에서 잘린다. 처음 9바이트의 데이터그램을 받고 나면, 그 다음부터 받게 되는 모든 데이터그램은 9바이트에서 잘린다. 이 메소드를 사용하여 버퍼의 길이를 리셋하여 이후의 데이터그램이 잘리지 않도록 할 수 있다.

DatagramSocket 클래스

DatagramPacket을 보내거나 받기 위해서는, 데이터그램 소켓을 열어야 한다. 자바에서 데이터그램 소켓은 DatagramSocket 클래스를 통해 만들어지고 접근된다.

```
public class DatagramSocket extends Object
```

모든 데이터그램 소켓은 로컬 포트에 바인드되며, 이 포트로 들어오는 연결을 기다리고, 나가는 데이터그램의 헤더에 저장한다. 여러분이 클라이언트를 작성하고 있다면, 로컬 포트가 뭔지 신경 쓰지 않아도 된다. 생성자를 호출할 때 시스템은 사용하지 않은 임의의 포트를 할당해 준다. 이 포트는 나가는 모든 데이터그램에 저장되며 서버가 응답을 보낼 때 사용된다.

여러분이 서버를 작성하고 있다면, 클라이언트는 서버가 어떤 포트에서 데이터그램의 수신을 대기하고 있는지 알아야 한다. 따라서 서버는 DatagramSocket을 생성할 때, 대기할 로컬 포트를 명시한다. 그 외에는 클라이언트와 서버가 사용하는 소켓이 같다. 두 소켓은 임의의 포트를 사용하는지, 아니면 알고 있는 포트를 사용하는지가 유일한 차이점이다. UDP에서는 DatagramServerSocket 같은 클래스는 제공되지 않는다.

생성자

DatagramSocket 생성자들은 DatagramPacket 생성자들처럼 다양한 상황에서 사용된다. 첫 번째 생성자는 임의의 로컬 포트에 대해 데이터그램 소켓을 연다. 두 번째 생성자는 알고 있는 포트를 사용하여 모든 로컬 네트워크 인터페이스에서 대기하는 데이터그램 소켓을 연다. 마지막 두 생성자는 특정 네트워크 인터페이스에 대해 알고 있는 로컬 포트를 사용하여 데이터그램 소켓을 연다. 모든 생성자들은 로컬 주소와 포트만을 처리한다. 원격 주소와 포트는 DatagramPacket 안에 저장되며, DatagramSocket에는 저장되지 않는다. 사실 하나의 DatagramSocket으로 다수의 원격 호스트와 포트로부터 데이터그램을 수신할 수 있다.

public DatagramSocket() throws SocketException

이 생성자는 임의의 포트에 바인드된 소켓을 생성한다. 예를 들어:

```
try {
  DatagramSocket client = new DatagramSocket();
  // 패킷 전송
} catch (SocketException ex) {
  System.err.println(ex);
}
```

서버와 대화를 시작하는 클라이언트에서 이 생성자를 사용할 수 있다. 이 생성자를 사용할 때는 소켓이 어떤 포트에 바인드되었는지 신경 쓰지 않아도 된다. 서버는 수신된 데이터그램의 헤더 정보를 참조하여 클라이언트에게 응답을 보낸다. 그리고 시스템이 할당해 주는 포트를 사용할 경우, 직접 사용되지 않은 포트를 찾아야 하는 수고스러움도 덜 수 있다. 어떤 이유로 로컬 포트를 알아야 하는 경우가 있다. 이럴 때는 이 장의 뒤에서 다룰 getLocalPort() 메소드를 호출하여 확인할 수 있다.

동일한 소켓을 사용하여 서버가 응답으로 보내는 데이터그램을 받을 수 있다. 생성자는 소켓이 포트로 바인드할 수 없는 경우 SocketException 예외를 발생시킨다. 생성자가 예외를 발생시키는 경우는 극히 드물다. 시스템이 이용 가능한 포트를 직접 선택하므로, 소켓을 열 수 없는 경우는 잘 발생하지 않는다.

public DatagramSocket(int port) throws SocketException

이 생성자는 port 인자로 명시된 특정 포트에서 수신 데이터그램을 기다리는 소켓을 생성한다. 이미 알고 있는 포트를 사용하는 서버를 작성할 때 이 생성자를 사용할 수 있다. SocketException는 소켓을 생성할 수 없을 때 예외를 발생시킨다. 생성자가 실패하는 경우는 일반적으로 두 가지가 있다. 명시된 포트가 이미 사용 중인 경우 또는 1024보다 작은 포트에 연결을 시도하면서 적절한 권한이 없는 경우가 있다. 즉, 유닉스 시스템에서 루트 권한이 아닌 경우다.

TCP 포트와 UDP 포트는 서로 아무런 연관이 없다. 두 개의 서로 다른 프로그램이 하나는 UDP를 사용하고, 또 다른 하나는 TCP를 사용할 경우, 서로 같은 포트 번호를 사용할 수 있다. 예제 12-4는 로컬 호스트에서 사용 중인 UDP 포트를 찾는 포트 스캐너 프로그램이다. 이 프로그램은 DatagramSocket의 생성자가 예외를 발생시킬 경우 해당 포트가 사용 중이라고 결론짓는다. 이 프로그램은 유닉스에서 루트 권한 없이 실행할 수 있도록 1024 이상의 포트에 대해서만 열린 포트를 찾는다. 만약 여러분이 이미 루트 권한이 있거나, 실행 환경이 윈도우인 경우, 어렵지 않게 1024 미만의 포트를 확인하도록 변경할 수 있을 것이다.

예제 12-4 열린 UDP 포트 찾기

```
import java.net.*;

public class UDPPortScanner {

  public static void main(String[] args) {
    for (int port = 1024; port <= 65535; port++) {
      try {
```

```
        // 포트 번호 i에서 이미 실행 중인 서버가 있는 경우
        // 아래 코드의 실행은 실패하고 catch 블록으로 진입한다.
        DatagramSocket server = new DatagramSocket(port);
        server.close();
      } catch (SocketException ex) {
        System.out.println("There is a server on port " + port + ".");
      }
    }
  }
}
```

다음은 필자의 리눅스 워크스테이션에서 실행한 결과다.

```
% java UDPPortScanner
There is a server on port 2049.
There is a server on port 32768.
There is a server on port 32770.
There is a server on port 32771.
```

처음 출력된 포트 2049는 NFS 서버이다. 3만 번대의 높은 포트 번호들은 RPC(Remote Procedure Call) 서비스들이다. RPC와 함께 UDP를 사용하는 일반적인 프로토콜로는 NFS, TFTP 그리고 FSP가 있다.

원격 TCP 포트를 스캔하는 것보다 원격 시스템의 UDP 포트를 스캔하는 것이 훨씬 어렵다. TCP의 경우 애플리케이션 계층의 프로토콜에 상관없이 대기 중인 포트가 여러분이 보낸 TCP 패킷을 받았다는 징후들을 발견할 수 있지만, UDP는 그러한 징후들을 제공한다는 보장이 없다. 여러분이 보낸 패킷을 서버가 인식하고 응답을 보낼 때 해당 UDP 포트가 사용 중임을 확인할 수 있다.

public DatagramSocket(int port, InetAddress interface) throws SocketException

이 생성자는 주로 멀티홈 호스트(multi-homed host)에서 사용된다. 이 생성자는 특정 포트와 특정 네트워크 인터페이스에서 대기 중인 소켓을 생성한다. port 인자는 이 소켓이 데이터 그램을 대기할 포트 번호이다. TCP 소켓처럼, 유닉스 시스템에서 1024 미만의 포트를 사용하는 DatagramSocket을 생성할 경우 루트 권한이 필요하다. address 인자는 호스트의 네트워크 주소에 대응하는 InetAddres 객체이다. 소켓을 생성할 수 없는 경우 SocketException 예외가 발생한다. 이 생성자는 일반적으로 다음의 세 가지 이유로 소켓 생성에 실패한다.

명시된 포트가 이미 사용 중인 경우, 권한 없이 1024 미만의 포트에 연결을 시도한 경우, 또는 명시된 주소가 시스템의 네트워크 인터페이스 주소가 아닌 경우이다.

public DatagramSocket(SocketAddress interface) throws SocketException

이 생성자는 SocketAddress로부터 네트워크 인터페이스 주소와 포트를 읽는다는 것만을 제외하고는 바로 이전의 생성자와 유사하다. 예를 들어, 다음 코드는 로컬 루프백 주소에서만 대기 중인 소켓을 생성한다.

```
SocketAddress address = new InetSocketAddress("127.0.0.1", 9999);
DatagramSocket socket = new DatagramSocket(address);
```

protected DatagramSocket(DatagramSocketImpl impl) throws SocketException

이 생성자를 사용하면 서브클래스가 기본 구현을 맹목적으로 받아들이지 않고 자신만의 UDP 프로토콜 구현을 제공할 수 있게 된다. 다른 네 개의 생성자들이 만든 소켓과는 달리, 이 소켓은 초기에 포트에 바인드되지 않는다. 이 소켓을 사용하기 전에, bind() 메소드를 사용하여 소켓을 SocketAddress에 바인드해야 한다.

```
public void bind(SocketAddress addr) throws SocketException
```

이 메소드에 널(null)을 전달할 경우, 사용 가능한 아무 주소와 포트로 바인드된다.

데이터그램 보내기와 받기

DatagramSocket 클래스의 주 목적은 UDP 데이터그램을 보내고 받는 것이다. 하나의 소켓으로 보내기와 받기 모두를 할 수 있다. 사실, 하나의 소켓으로 동시에 다수의 호스트에 대해 보내거나 받을 수 있다.

public void send(DatagramPacket dp) throws IOException

DatagramPacket과 DatagramSocket을 생성하고 나면, 소켓의 send() 메소드에 패킷을 전달하여 보낼 수 있다. 예를 들어, DatagramSocket 객체 theSocket과 DatagramPacket 객체 theOutput이 있을 때, 소켓을 사용하여 theOutput을 다음과 같이 전송한다.

```
theSocket.send(theOutput);
```

데이터를 보내는 데 문제가 발생할 경우, 이 메소드는 IOException 예외를 발생시킨다. 그러나 UDP의 비신뢰 기반이라는 특성 때문에 패킷이 목적지에 도착하지 않더라도 예외가 발생하지 않는다. 호스트의 네이티브 네트워크 소프트웨어가 지원하는 것보다 큰 데이터그램을 전송하려고 할 경우, IOExcepion 예외가 발생한다. 그러나 발생하지 않을 수도 있다. 이 것은 운영체제에 구현된 네이티브 UDP 소프트웨어에 따라 다르게 동작한다. 이 메소드는 또한 SecurityManager가 패킷을 보낼 호스트와 통신을 차단할 경우 SecurityException 예외가 발생한다. 이 문제는 주로 애플릿이나 간접적으로 로드된 코드에서 발생한다.

예제 12-5는 UDP 기반의 discard 클라이언트다. 이 프로그램은 System.int으로부터 한 줄의 사용자 입력을 받고, 읽은 내용을 discard 서버로 보낸다. 이 클라이언트는 단순히 입력된 모든 내용을 보낸다. 입력된 각 라인은 DatagramPacket에 채워진다. discard와 에코 같은 간단한 인터넷 프로토콜들의 대부분은 TCP와 UDP 양쪽 모두 구현되어 있다.

예제 12-5 UDP discard 클라이언트

```
import java.net.*;
import java.io.*;

public class UDPDiscardClient {

  public final static int PORT = 9;

  public static void main(String[] args) {

    String hostname = args.length > 0 ? args[0]: "localhost";

    try (DatagramSocket theSocket = new DatagramSocket()) {
      InetAddress server = InetAddress.getByName(hostname);
      BufferedReader userInput
          = new BufferedReader(new InputStreamReader(System.in));
      while (true) {
        String theLine = userInput.readLine();
        if (theLine.equals(".")) break;
        byte[] data = theLine.getBytes();
        DatagramPacket theOutput
            = new DatagramPacket(data, data.length, server, PORT);
        theSocket.send(theOutput);
      } // while 끝
    } catch (IOException ex) {
      System.err.println(ex);
    }
  }
}
```

UDPDiscardClient 클래스 코드가 꽤 익숙할 것이다. 이 클래스는 하나의 정적 필드 PORT 와 main() 메소드가 있다. PORT는 discard 프로토콜의 표준 포트인 9번으로 설정되었다. main() 메소드는 명령라인으로부터 호스트네임을 읽고 호스트네임을 server라는 이름의 InetAddress 객체로 변환한다. 키보드로부터 사용자 입력을 받기 위해 BufferedReader가 System.in에 연결된다. 그리고 난 다음, DatagramSocket의 객체 theSocket이 생성된다. 소켓 객체가 생성된 이후에 프로그램은 readLine() 메소드를 사용하여 사용자 입력을 한 줄씩 받는 무한 루프에 진입한다. 예제 12-5는 readLine() 메소드의 위치에 주의해야 한다. discard 프로토콜은 바이트 자체를 다루기 때문에 인코딩에 대해서는 신경 쓰지 않아도 된다.

while 루프 안에서 각 라인은 getBytes()를 사용하여 바이트 배열로 변환하고, 변환된 바이트로 새로운 DatagramPacket 객체인 theOutput을 채운다. 마지막으로, theOutput은 theSocket을 통해 전송되고 루프는 계속해서 실행된다. 어느 시점에 사용자가 한 줄에 점을 입력할 경우 프로그램은 종료한다. DatagramSocket 생성자는 SocketException 예외를 발생시킬 수 있으므로 예외처리를 해 줄 필요가 있다. discard 프로토콜 특성상 이 예제 클라이언트는 서버가 보내올 응답에 대해서는 신경 쓰지 않아도 된다.

public void receive(DatagramPacket dp) throws IOException

이 메소드는 네트워크로부터 하나의 UDP 데이터그램을 수신하고 미리 준비된 DatagramPacket 객체인 dp에 저장한다. ServerSocket 클래스에서 제공하는 accept() 메소드처럼 이 메소드는 데이터그램이 도착할 때까지 호출한 스레드를 블록시킨다. 여러분의 프로그램에서 데이터그램을 기다리는 것 이외에 다른 작업을 처리해야 할 경우, 분리된 스레드에서 이 메소드를 호출해야 한다.

인자로 제공되는 데이터그램의 버퍼는 수신된 데이터를 저장하기에 충분히 커야 한다. 그렇지 않은 경우 receive() 메소드는 버퍼가 담을 수 있는 만큼의 데이터를 저장하고 나머지를 버린다. UDP 데이터그램에서 데이터 부분이 차지할 수 있는 최대 크기는 6만 5,507바이트임을 기억해 두도록 하자. (IP 데이터그램의 최대 크기인 6만 5,535바이트에서 IP 헤더 크기인 20바이트를 빼고, 다시 UDP 헤더 크기인 8바이트를 뺀 값이다.) UDP를 사용하는 몇몇 애플리케이션 프로토콜들은 패킷에 담을 수 있는 최대 바이트 수를 제한하고 있다. 예를 들어, NFS는 최대 패킷 크기로 8,192바이트를 사용한다.

데이터를 수신하는 데 문제가 있는 경우, receive() 메소드는 IOException 예외를 발생시킨다. 하지만 실제로 패킷 손실과 같은 TCP 스트림을 종료시키는 문제는 자바가 알아채기 전에 네트워크나 네트워크 스택에 의해 조용히 버려지기 때문에 이 예외는 거의 발생하지 않는다.

예제 12-6은 들어오는 데이터그램을 수신하는 UDP discard 서버를 보여 준다. 그리고 재미로 누가 무슨 내용을 보내는지 볼 수 있도록 각각의 데이터그램에 담긴 데이터를 System.out에 출력하는 기능을 추가하였다.

예제 12-6 UDPDiscardServer 클래스

```java
import java.net.*;
import java.io.*;

public class UDPDiscardServer {

  public final static int PORT = 9;
  public final static int MAX_PACKET_SIZE = 65507;

  public static void main(String[] args) {
    byte[] buffer = new byte[MAX_PACKET_SIZE];

    try (DatagramSocket server = new DatagramSocket(PORT)) {
      DatagramPacket packet = new DatagramPacket(buffer, buffer.length);
      while (true) {
        try {
          server.receive(packet);
          String s = new String(packet.getData(), 0, packet.getLength(), "8859_1");
          System.out.println(packet.getAddress() + " at port "
              + packet.getPort() + " says " + s);
          // 다음 패킷을 수신하기 위해 길이를 리셋한다.
          packet.setLength(buffer.length);
        } catch (IOException ex) {
          System.err.println(ex);
        }
      } // while 루프 끝
    } catch (SocketException ex) {
      System.err.println(ex);
    }
  }
}
```

단일 메소드 main()으로 구성된 간단한 클래스다. discard 프로토콜의 기본 서버 9번에 대해서 DatagramSocket을 열고 6만 5,507바이트 길이를 가진 DatagramPakcet 객체를 생성한다. — 가능한 한 모든 패킷을 수용할 수 있는 만큼의 크기로 설정했다. 그리고 나서 서버는 무한 루프에 진입한다. 루프는 패킷을 수신하고 수신된 패킷의 내용을 콘솔에 출력한다. discard 패킷에 대해 특별히 요구되는 인코딩은 없다. 사실 패킷에 텍스트만 담아야 할 이유는 없다. 필자는 임의로 Latin-1 ISO 8859-1 인코딩을 선택했다. 이 인코딩은 아스키와 호환되고 모든 바이트에 대한 문자를 정의하고 있기 때문이다.

각 데이터그램이 수신되면 패킷의 길이는 데이터그램에 있는 데이터 길이로 설정된다. 그래서 루프의 마지막에서 패킷의 길이를 가능한 최대값으로 리셋한다. 그렇지 않으면 들어오는 패킷의 크기는 이전의 모든 패킷 중에서 가장 작은 크기의 패킷 크기로 제한된다. 서로 다른 두 장비에 discard 서버와 클라이언트를 설치하여 네트워크 동작을 확인하는 데 사용할 수 있다.

public void close()

DatagramSocket 객체의 close() 메소드를 호출하면 소켓이 사용 중인 포트가 해제된다. 스트림과 TCP 소켓에서와 마찬가지로 finally 블록을 사용하여 사용이 끝난 데이터그램 소켓이 알아서 닫히도록 할 수 있다.

```
DatagramSocket server = null
try {
  server = new DatagramSocket();
  // 소켓을 사용한다.
} catch (IOException ex) {
  System.err.println(ex);
} finally {
  try {
    if (server != null) server.close();
  } catch (IOException ex) {
  }
}
```

자바 7에서 DatagramSocket은 AutoCloseable 인터페이스를 구현하므로 try-with-resources 구문을 사용할 수 있다.

```
try (DatagramSocket server = new DatagramSocket()) {
  // 소켓을 사용한다...
}
```

DatagramSocket을 실행 흐름 중에 닫는 것도 나쁘지 않다. 특히 프로그램이 상당한 시간 동안 계속해서 실행될 경우, 불필요한 소켓을 닫아 주는 것이 중요하다. 예를 들어, 예제 12-4, UDPPortScanner의 경우 close() 메소드의 사용이 필수적이다. 이 프로그램이 열린 소켓을 닫지 않는 경우, 프로그램이 실행되는 동안 시스템의 모든 UDP 포트를 붙잡아 두게 된다. 반면에 프로그램이 DatagramSocket 사용 후 즉시 종료될 경우, 소켓을 명시적으로 닫을 필요는 없다. 이때 소켓은 가비지 컬렉션에 의해 자동으로 종료된다. 그러나 우연히 운이 좋아서 메모리가 부족한 상황과 겹치지 않는 한, 자바는 소켓이나 포트가 부족하다고 해서 가비지 컬렉터를 실행시키지 않는다. 불필요한 소켓을 닫는 것은 문제가 되지 않으며, 좋은 프로그래밍 습관이기도 하다.

public int getLocalPort()

DatagramSocket의 getLocalPort() 메소드는 소켓이 대기 중인 로컬 포트를 나타내는 정수를 반환한다. 임의의 포트로 DatagramSocket 객체를 생성한 경우 할당된 포트를 확인하기 위해 이 메소드를 사용할 수 있다. 예를 들어:

```
DatagramSocket ds = new DatagramSocket();
System.out.println("The socket is using port " + ds.getLocalPort());
```

public InetAddress getLocalAddress()

DatagramSocket의 getLocalAddress() 메소드는 소켓이 바인드된 로컬 주소를 나타내는 InetAddress 객체를 반환한다. 이 메소드는 실제로 거의 사용되지 않는다. 일반적으로 이미 알고 있거나, 어느 주소로 소켓이 대기 중인지 알아야 할 경우가 잘 없다.

public SocketAddress getLocalSocketAddress()

getLocalSocketAddress() 메소드는 소켓이 연결된 로컬 인터페이스와 포트를 감싸고 있는 SocketAddress 객체를 반환한다. getLocalAddress()처럼 이 메소드도 실제 필요한 상황을 상상하기가 쉽지 않다. 아마도 이 메소드는 setLocalSocketAddress() 메소드와 함께 병렬처리를 위해 존재하는 것 같다.

연결 관리하기

TCP 소켓과 달리 데이터그램 소켓은 대화 상대에 대해서 그렇게 엄격하지 않다. 사실 UDP 소켓은 기본적으로 누구하고도 대화할 수 있다. 그러나 보통 여러분은 이러한 방식을 원하진 않을 것이다. 예를 들어, 애플릿은 애플릿을 제공한 호스트에 대해서만 데이터그램을 보내고 받기가 허용된다. 그리고 NFS 또는 FSP 클라이언트의 경우 통신 중인 서버로부터만 패킷을 수용해야 한다. 또한 네트워크 게임의 경우 같은 게임을 하고 있는 사람들로부터 전송되는 데이터그램만을 대기해야 한다. 다음 다섯 개의 메소드를 사용하면, 선택된 호스트에 대해서만 데이터그램을 보내거나 수신할 수 있다.

public void connect(InetAddress host, int port)

connect() 메소드는 TCP와는 달리 실제 연결을 만들지는 않다. 그러나 이 메소드는 해당 DatagramSocket 객체가 인자로 전달된 원격 호스트와 포트에 대해서만 패킷을 보내거나 받을 수 있도록 명시한다. 다른 호스트 또는 포트로 패킷을 보내려고 할 경우 IllegalArgumentException 예외가 발생한다. 다른 호스트나 포트로부터 패킷이 수신될 경우 버려지며 예외나 다른 알림은 발생하지 않는다.

connect() 메소드 호출 시 SecurityManager에 의해 보안 검사가 수행된다. 가상 머신이 해당 호스트와 포트로 데이터 전송을 허가할 경우 보안 검사는 조용히 통과한다. 그렇지 않을 경우에는 SecurityException 예외가 발생한다. 그러나 연결이 완료된 이후에는 해당 DatagramSocket 객체에 대해 send()와 receive()를 호출해도 더 이상 보안 검사를 하지 않는다.

public void disconnect()

disconnect() 메소드는 연결된 DatagramSocket의 연결을 해제한다. 해당 소켓은 연결이 해제된 이후에 다시 모든 호스트와 포트로부터 데이터를 보내거나 받을 수 있게 된다.

public int getPort()

DatagramSocket 객체가 연결된 경우에만 이 메소드는 연결된 원격 포트를 반환한다. 그렇지 않은 경우 -1을 반환한다.

public InetAddress getInetAddress()

DatagramSocket 객체가 연결된 경우에만 getInetAddress() 메소드는 연결된 원격 호스트의 주소를 반환한다. 그렇지 않은 경우 널(null)을 반환한다.

public InetAddress getRemoteSocketAddress()

DatagramSocket 객체가 연결된 경우 getRemoteSocketAddress() 메소드는 연결된 원격 호스트의 주소를 반환한다. 그렇지 않은 경우 널(null)을 반환한다.

소켓 옵션

자바는 6개의 UDP 소켓을 위한 옵션을 제공한다.

- SO_TIMEOUT
- SO_RCVBUF
- SO_SNDBUF
- SO_REUSEADDR
- SO_BROADCAST
- IP_TOS

SO_TIMEOUT

SO_TIMEOUT은 receive() 메소드가 패킷을 대기하는 밀리초 단위의 시간이다. 이 시간이 지나면 IOException의 서브클래스인 InterruptedIOException 예외가 발생한다. 이 값은 음수가 아닌 값을 사용해야 한다. SO_TIMEOUT으로 0이 설정될 경우 receive() 메소드는 타임아웃 없이 무한히 대기한다. 이 값은 setSoTimeout() 메소드를 사용하여 변경할 수 있으며 getSoTimeout() 메소드를 사용하여 설정된 값을 확인할 수 있다.

```
public void setSoTimeout(int timeout) throws SocketException
public int getSoTimeout() throws IOException
```

기본값이 0이기 때문에 결코 타임아웃이 발생하지 않는다. 그리고 사실 SO_TIMEOUT의 설정이 필요한 경우가 거의 없다. 응답 시간에 제한이 있는 보안 프로토콜을 구현하는 경우 이 설정이 필요할 수도 있다. 또한 응답 시간을 체크하여 대화 중인 호스트가 죽었는지를 판단하는 데 사용할 수도 있다.

setSoTimeout() 메소드는 데이터그램 소켓에 대한 SO_TIMEOUT 필드를 설정한다. 타임아웃이 발생할 경우 블록 모드인 receive() 메소드는 SocketTimeoutException 예외를 발생 시킨다. receive() 메소드를 호출하기 전에 이 옵션을 설정해야 한다. receive() 메소드가 데이터그램을 대기하고 있는 동안에는 이 옵션을 변경할 수 없다. timeout 인자는 0보다 크거나 같아야 한다. 예를 들어:

```
try {
  byte[] buffer = new byte[2056];
  DatagramPacket dp = new DatagramPacket(buffer, buffer.length);
  DatagramSocket ds = new DatagramSocket(2048);
  ds.setSoTimeout(30000); // 최대 30초까지 블록
  try {
    ds.receive(dp);
      // 수신된 패킷 처리
  } catch (SocketTimeoutException ex) {
    ss.close();
    System.err.println("No connection within 30 seconds");
  }
} catch (SocketException ex) {
  System.err.println(ex);
} catch (IOException ex) {
  System.err.println("Unexpected IOException: " + ex);
}
```

getSoTimeout() 메소드는 DatagramSocket 객체의 현재 SO_TIMEOUT 필드값을 반환한다. 예를 들어:

```
public void printSoTimeout(DatagramSocket ds) {
  int timeout = ds.getSoTimeOut();
  if (timeout > 0) {
    System.out.println(ds + " will time out after "
      + timeout + "milliseconds.");
  } else if (timeout == 0) {
    System.out.println(ds + " will never time out.");
  } else {
    System.out.println("Something is seriously wrong with " + ds);
  }
}
```

SO_RCVBUF

DatagramSocket의 SO_RCVBUF 옵션은 TCP 소켓의 SO_RCVBUF와 밀접하게 관련되어 있다. 이 옵션은 네트워크 I/O에 사용된 버퍼의 크기를 결정한다. 보통 큰 버퍼는 더 많은 데이터를 저장할 수 있기 때문에 성능을 개선시키는 효과가 있다. 버퍼가 가득 찼을 때 재전송되는 TCP 데이터그램과 달리 UDP는 버려지기 때문에 충분히 큰 수신 버퍼를 사용할 경우 TCP보다는 UDP에서 더 좋은 효과를 볼 수 있다. 게다가 SO_RCVBUF는 애플리케이션이 수신할 수 있는 데이터그램 패킷의 최대 크기를 설정한다. 수신 버퍼의 크기에 맞지 않은 패킷은 자동으로 버려진다.

```
public void setReceiveBufferSize(int size) throws SocketException
public int getReceiveBufferSize() throws SocketException
```

setReceiveBufferSize() 메소드는 현재 소켓의 버퍼 입력에 사용할 바이트 수를 제안한다. 그러나 실제 내부 구현은 이 제안을 무시할 수 있다. 예를 들어, 많은 4.3 BSD 기반의 시스템은 최대 수신 버퍼의 크기가 52K이고, 이 값보다 높게 설정할 수 없도록 한다. 필자의 리눅스 박스는 64K로 제한되어 있다. 다른 시스템의 경우 약 240K로 제한된 경우도 있다. 자세한 내용은 플랫폼에 따라 많은 차이가 있다. 따라서 setReceiveBufferSize() 메소드를 호출하여 설정한 다음에 getReceiveBufferSize()를 호출하면 실제 설정된 수신 버퍼의 크기를 확인할 수 있다. getReceiveBufferSize() 메소드는 현재 소켓의 입력에 사용되는 버퍼의 크기를 반환한다.

이 두 메소드는 내부 소켓 구현이 SO_RCVBUF 옵션을 지원하지 않을 경우 SocketException 예외를 발생시킨다. 비POSIX 운영체제에서 이러한 경우가 발생할 수 있다. setReceiveBufferSize() 메소드는 0 또는 0보다 작은 인자가 전달될 경우 IllegalArgumentException 예외를 발생시킨다.

SO_SNDBUF

DatagramSocket은 네트워크 출력에 사용될 송신 버퍼의 크기를 제안하거나 설정된 크기를 확인하는 메소드를 제공한다.

```
public void setSendBufferSize(int size) throws SocketException
public int getSendBufferSize() throws SocketException
```

setSendBufferSize() 메소드는 이 소켓의 출력 버퍼의 크기를 제안한다. 그러나 실제 내부 구현은 이 제안을 무시할 수 있다. 따라서 setSendBufferSize() 메소드 호출 후 getSendBufferSize()를 호출하면 실제 반영된 크기를 확인할 수 있다.

이 두 메소드는 내부 소켓 구현이 SO_SNDBUF 옵션을 지원하지 않을 경우 SocketException 예외를 발생시킨다. setSendBufferSize() 메소드는 또한 0 또는 0보다 작은 인자가 전달될 경우 IllegalArgumentException 예외를 발생시킨다.

SO_REUSEADDR

UDP 소켓에서 SO_REUSEADDR 옵션은 TCP의 해당 옵션과는 다른 의미를 가진다. UDP에서 SO_REUSEADDR은 다수의 데이터그램 소켓이 동시에 같은 포트와 주소로 바인드할 수 있는지를 제어한다. 다수의 소켓이 같은 포트로 바인드될 경우 수신된 패킷은 바인드된 모든 소켓으로 복사된다. 이 옵션은 다음 두 메소드로 제어된다.

```
public void setReuseAddress(boolean on) throws SocketException
public boolean getReuseAddress() throws SocketException
```

이 옵션이 안정적으로 동작하기 위해서는 새로운 소켓이 포트에 바인드되기 전에 setReuseAddress() 메소드가 호출되어야 한다. 이 말은 곧 DatagramImpl을 인자로 받는 protected 생성자를 사용하여 소켓이 연결되지 않은 상태로 생성되어야 한다는 의미다. 즉, 이 메소드는 일반적인 DatagramSocket과는 동작하지 않는다. 재사용 가능 포트는 다음 장에서 다룰 멀티캐스트 소켓에서 가장 일반적으로 사용된다. 데이터그램 채널 또한 재사용 가능 포트를 설정할 수 있는 연결되지 않은 데이터그램 소켓을 생성할 수 있다. 이 내용에 대해서는 이 장의 뒤에서 다룬다.

SO_BROADCAST

SO_BROADCAST 옵션은 해당 소켓이 192.168.254.255와 같은 브로드캐스트 주소로 패킷을 보내거나 받을 수 있는지를 제어한다. 여기서 192.168.254.255는 로컬 주소로 192.168.254.*을 사용하는 네트워크를 위한 로컬 네트워크 브로드캐스트 주소이다. UDP 브로드캐스팅은 종종 DHCP와 같은 프로토콜에 사용된다. DHCP 클라이언트는 로컬 네트워크에 있는 미리 주소를 알지 못하는 서버와 통신을 해야 한다. 이 옵션은 다음 두 메소드로 제어된다.

```
public void setBroadcast(boolean on) throws SocketException
public boolean getBroadcast() throws SocketException
```

라우터와 게이트웨이는 일반적으로 브로드캐스트 메시지를 전달하지 않지만, 로컬 네트워크에서는 여전히 잘 전달된다. 기본적으로 이 옵션은 켜져 있지만 다음과 같이 끌 수 있다.

```
socket.setBroadcast(false);
```

이 옵션은 소켓이 바인드된 다음에도 변경될 수 있다.

일부 구현에서는, 소켓이 브로드캐스트 패킷을 받을 수 없는 특정 주소로 바인드되기도 한다. 다시 말해, 브로드캐스트 패킷을 받기 위해서는 DatagramPacket(InetAddress address, int port) 생성자가 아닌 DatagramPacket(int port) 생성자를 사용해야 한다. SO_BROADCAST 옵션을 true로 설정하는 것뿐만 아니라 이러한 것도 고려해야 한다.

IP_TOS

트래픽 클래스는 각 IP 패킷 헤더에 있는 IP_TOS 필드의 값으로 결정된다. 이 옵션은 TCP와 UDP가 기본적으로 동일한 의미로 사용된다. 결국 TCP와 UDP는 IP 위에 구현되기 때문에 실제 패킷의 라우트 경로와 우선순위는 IP에 의해 결정된다.

DatagramSocket과 Socket에서 setTrafficClass()와 getTrafficClass() 두 메소드는 실제 아무런 차이가 없다. 단지 이 두 클래스는 공통의 슈퍼클래스가 없기 때문에 여기서 같은 기능을 반복해서 구현한다. 이 두 메소드를 사용하면 해당 소켓의 서비스 클래스를 확인하거나 설정할 수 있다.

```
public int getTrafficClass() throws SocketException
public void setTrafficClass(int trafficClass) throws SocketException
```

트래픽 클래스는 0에서 255 사이의 정수값으로 제공된다. 이 인자는 TCP 헤더의 8비트로 복사되므로, 인자의 하위 바이트만을 사용해야 한다. 그리고 범위를 벗어난 값을 사용할 경우 IllegalArgumentException 예외가 발생한다.

이 옵션에 대한 자바 공식 문서는 심각하게 오래된 상태다. 그리고 이 문서는 네 가지 트래픽 클래스를 위한 비트 필드를 기반으로 한 QoS 기법을 설명하고 있다. 저렴한 비용, 높은 신뢰성, 최대 처리량, 그리고 최소 지연. 이 기법은 널리 구현되지 못했으며 앞으로도 마찬가지일 것이다.

다음 코드는 트래픽 클래스로 10111000을 설정하여 소켓이 EF(Expedited Forwarding)을 사용하도록 설정한다.

```
DatagramSocket s = new DatagramSocket();
s.setTrafficClass(0xB8); // 바이너리로 10111000
```

각각의 트래픽 클래스에 대한 자세한 내용은 제8장의 "IP_TOS 서비스 클래스"절을 참고하도록 하자.

내부 소켓 구현은 이러한 요청에 대해 실제 구현이 강제되지 않는다. 일부 구현에서는 이러한 값들을 완전히 무시한다. 특히 안드로이드의 경우 setTrafficClass() 메소드는 아무런 동작을 하지 않는다. 네이티브 네트워크 스택이 요청된 서비스 클래스를 제공할 수 없는 경우, 자바는 SocketException 예외를 발생시킬 수 있지만 필수는 아니다.

유용한 애플리케이션들

이 절에서는 DatagramPacket과 DatagramSocket을 사용하는 몇몇 인터넷 서버와 클라이언트를 소개한다. 많은 인터넷 프로토콜들은 TCP와 UDP 모두 구현되어 있기 때문에 이들 중 몇몇은 이 책의 이전 장에서 이미 익숙한 것들이다.

IP 패킷이 호스트에 의해 수신되면, 호스트는 해당 패킷이 TCP 패킷인지 UDP 데이터그램인지 IP 헤더를 확인하여 결정한다. 이미 이전에도 말했지만 UDP 포트와 TCP 포트는 아무런 관계가 없다. TCP와 UDP 서버는 아무 문제없이 같은 포트를 공유할 수 있다. 관례상 TCP와 UDP 둘 모두로 구현된 서비스의 경우, 모두 같은 포트를 사용한다. 특별한 기술적인 이유가 있는 것은 아니다.

간단한 UDP 클라이언트

몇몇 인터넷 서비스의 경우 클라이언트의 주소와 포트를 꼭 알아야만 한다. 이 서비스들은 대개 클라이언트가 데이터그램을 통해 보내는 데이터는 무시한다. daytime, 오늘의 명언(quote of the day), 타임(time), 문자 발생기(chargen)가 그러한 프로토콜에 해당한다. 이러한 서비스들은 모두 데이터그램에 담긴 데이터에 상관없이 같은 방법으로 응답을 보낸다. 그리고 이러한 프로토콜의 클라이언트는 단순히 UDP 데이터그램을 서버로 보내고 서버가 보낸 응답을 읽는다. 따라서 UDPPoke라는 간단한 클라이언트로 시작해 보자. 이 클라이언트는 예제 12-7에서 볼 수 있다. 이 예제는 빈 UDP 패킷을 지정된 호스트와 포트로 보내고 같은 호스트로부터 응답 패킷을 읽는다.

UDPPoke 클래스는 네 개의 private 필드를 제공한다. bufferSize 필드는 예상되는 응답 패킷의 최대 크기를 명시한다. 8,192바이트의 버퍼는 UDPPoke를 사용할 수 있는 대부분의 프로토콜에서 충분한 크기이지만, 생성자에 다른 값을 전달하여 증가시킬 수 있다. timeout 필드는 얼마나 응답을 기다릴지 명시한다. host와 port는 연결할 원격 호스트를 나타낸다.

버퍼 길이가 지정되지 않은 경우, 기본적으로 8,192바이트가 사용된다. 타임아웃이 지정되지 않은 경우, 기본값으로 30초(30,000밀리초)가 사용된다. 호스트, 포트 그리고 버퍼 크기는 또한 DatagramPacket 객체인 outgoing을 생성할 때도 사용된다. 비록 이론적으로는 데이터가 전혀 없는 데이터그램을 보낼 수도 있지만, 일부 자바 구현의 버그로 인해 최소 1바이트의 데이터를 데이터그램에 추가할 필요가 있다. 현재 우리가 고려하고 있는 간단한 서버들은 이 데이터를 무시한다.

UDPPoke 객체가 생성되고 나면 클라이언트는 이 객체의 poke() 메소드를 호출하여 빈 outgoing 데이터그램을 목적지로 보내고 응답을 읽는다. 응답은 처음에 널(null)로 설정된다. 예상된 데이터그램이 나타나면, 데이터그램의 데이터는 response 필드로 복사된다. 이 메소드는 응답이 오지 않거나, 정해진 시간을 초과할 경우 널(null)을 반환한다.

main() 메소드는 단순히 명령라인을 통해 연결할 호스트와 포트의 정보를 읽고, UDPPoke 객체를 생성한 다음 poke() 메소드를 호출한다. 이 클라이언트와 잘 어울리는 대부분의 간단한 프로토콜들은 아스키 텍스트를 반환한다. 그래서 이 예제는 응답을 아스키 문자열로 변환하고 출력한다.

```java
import java.io.*;
import java.net.*;

public class UDPPoke {

  private int bufferSize; // 바이트 단위
  private int timeout; // 밀리초 단위
  private InetAddress host;
  private int port;

  public UDPPoke(InetAddress host, int port, int bufferSize, int timeout) {
    this.bufferSize = bufferSize;
    this.host = host;
    if (port < 1 || port > 65535) {
      throw new IllegalArgumentException("Port out of range");
    }

    this.port = port;
    this.timeout = timeout;
  }

  public UDPPoke(InetAddress host, int port, int bufferSize) {
    this(host, port, bufferSize, 30000);
  }

  public UDPPoke(InetAddress host, int port) {
    this(host, port, 8192, 30000);
  }

  public byte[] poke() {
    try (DatagramSocket socket = new DatagramSocket(0)) {
      DatagramPacket outgoing = new DatagramPacket(new byte[1], 1, host, port);
      socket.connect(host, port);
      socket.setSoTimeout(timeout);
      socket.send(outgoing);
      DatagramPacket incoming
          = new DatagramPacket(new byte[bufferSize], bufferSize);
      // 다음 라인은 응답이 도착할때까지 블록된다.
      socket.receive(incoming);
      int numBytes = incoming.getLength();
      byte[] response = new byte[numBytes];
      System.arraycopy(incoming.getData(), 0, response, 0, numBytes);
      return response;
    } catch (IOException ex) {
      return null;
    }
  }
}
```

```java
public static void main(String[] args) {
  InetAddress host;
  int port = 0;
  try {
    host = InetAddress.getByName(args[0]);
    port = Integer.parseInt(args[1]);
  } catch (RuntimeException | UnknownHostException ex) {
    System.out.println("Usage: java UDPPoke host port");
    return;
  }

  try {
    UDPPoke poker = new UDPPoke(host, port);
    byte[] response = poker.poke();
    if (response == null) {
      System.out.println("No response within allotted time");
      return;
    }
    String result = new String(response, "US-ASCII");
    System.out.println(result);
  } catch (UnsupportedEncodingException ex) {
    // 실제 여기에 진입하는 상황은 발생하지 않는다.
    ex.printStackTrace();
  }
 }
}
```

예를 들어, 다음은 UDP를 사용하여 daytime 서버에 연결한다.

```
$ java UDPPoke rama.poly.edu 13
Sun Oct 3 13:04:22 2009
```

다음은 문자 발생기 서버에 연결한다.

```
$ java UDPPoke rama.poly.edu 19
123456789:;<=>?@ABCDEFGHIJKLMNOPQRSTUVWXYZ[\]^_`abcdefghijklmnopqrstuv
```

위 클래스만 있으면 UDP daytime, 타임(time), 문자 발생기(chargen) 그리고 오늘의 명언(quote of the day) 클라이언트를 어렵지 않게 만들 수 있다. 이 중에서 타임 클라이언트만이 서버가 반환하는 4바이트를 java.util.Date 객체로 변환하는 작업으로 인해 조금 더 복잡하다. 예제 8-3을 구현할 때 사용한 동일한 알고리즘을 예제 12-8을 구현하는 데 사용할 것이다.

```java
import java.net.*;
import java.util.*;

public class UDPTimeClient {

  public final static int PORT = 37;
  public final static String DEFAULT_HOST = "time.nist.gov";

  public static void main(String[] args) {

    InetAddress host;
    try {
      if (args.length > 0) {
        host = InetAddress.getByName(args[0]);
      } else {
        host = InetAddress.getByName(DEFAULT_HOST);
      }
    } catch (RuntimeException | UnknownHostException ex) {
      System.out.println("Usage: java UDPTimeClient [host]");
      return;
    }

    UDPPoke poker = new UDPPoke(host, PORT);
    byte[] response = poker.poke();
    if (response == null) {
      System.out.println("No response within allotted time");
      return;
    } else if (response.length != 4) {
      System.out.println("Unrecognized response format");
      return;
    }

    // 타임 프로토콜은 1900년을 기준으로 하지만,
    // 자바 Date 클래스는 1970년을 기준으로 한다.
    // 아래 숫자는 시간을 변환하는 데 사용된다.

    long differenceBetweenEpochs = 2208988800L;

    long secondsSince1900 = 0;
    for (int i = 0; i < 4; i++) {
      secondsSince1900
          = (secondsSince1900 << 8) | (response[i] & 0x000000FF);
    }

    long secondsSince1970
        = secondsSince1900 - differenceBetweenEpochs;
    long msSince1970 = secondsSince1970 * 1000;
    Date time = new Date(msSince1970);
```

```
    System.out.println(time);
  }
}
```

UDPServer

클라이언트만이 재사용 가능한 구현의 혜택을 누릴 수 있는 것은 아니다. 이러한 프로토콜을 사용하는 서버도 유사하게 구현할 수 있다. 이 서버들은 지정된 포트로 UDP 데이터그램을 기다리고 요청된 각 데이터그램에 대하여 다른 데이터그램으로 응답한다. 이 서버들은 반환하는 데이터그램의 내용만 다르다. 예제 12-9는 간단한 반복 UDPServer 클래스이며, 다른 프로토콜을 사용하는 서버를 만들고자 할 경우 이 클래스를 서브클래스하여 구현하면 된다.

UDPServer 클래스는 int 타입의 bufferSize와 DatagramSocket의 객체 socket 두 개의 필드를 제공하며, 후자는 protected로 선언되어 있기 때문에 서브클래스를 해야 사용할 수 있다. 생성자는 bufferSize 크기 이내의 데이터그램을 수신하기 위해 지정된 로컬 포트에 대해 데이터그램 소켓을 연다.

UDPServer는 Runnable를 구현하고 있으므로 다수의 인스턴스를 병렬로 실행할 수 있다. UDPServer 클래스의 run() 메소드는 들어오는 데이터그램을 반복해서 수신하고, 수신된 데이터그램을 추상 respond() 메소드에 전달하여 응답을 보내는 루프를 포함하고 있다. 추상 메소드 respond()는 다른 종류의 서버를 구현하고자 할 때 서브클래스에 의해 다시 구현될 것이다.

아주 큰 프로그램에서 기능의 일부로 서버를 실행시키기 위해 이 클래스를 가져다 사용한다고 가정해 보자. 이때 이 서버를 종료시킬 방법이 필요할 것이다. 이 방법은 플래그를 설정하는 shutDown() 메소드를 사용할 수 있다. 메인 루프는 매 회전 시마다 종료 여부를 확인하기 위해 이 플래그를 검사한다. 트래픽이 없는 경우 receive() 메소드가 무한히 블록되기 때문에, 또한 소켓에 대해서 타임아웃을 설정한다. 트래픽이 있든 없든 상관없이 루프는 10초마다 깨어나서 종료 여부를 확인한다.

UDPServer는 아주 유연하게 설계된 클래스다. 이 클래스의 서브클래스는 수신된 각 요청에 대해서 원하는 길이의 데이터그램을 응답으로 보낼 수 있다. 요청에 대한 응답을 보내기 위해 많은 연산이 필요한 경우, respond() 메소드는 연산을 수행할 스레드를 생성할 수 있다. 그러나 UDP 서버들은 일반적으로 클라이언트와 대화를 길게 하는 편이 아니다. 각각의 수신된 패킷은 다른 패킷들과 완전히 독립적으로 다뤄지므로, 보통 응답은 스레드를 생성하지 않고 respond() 메소드에서 직접 처리될 수 있다.

예제 12-9 UDPServer 클래스

```java
import java.io.*;
import java.net.*;
import java.util.logging.*;

public abstract class UDPServer implements Runnable {

  private final int bufferSize; // 바이트 단위
  private final int port;
  private final Logger logger = Logger.getLogger(UDPServer.class.getCanonicalName());
  private volatile boolean isShutDown = false;

  public UDPServer(int port, int bufferSize) {
    this.bufferSize = bufferSize;
    this.port = port;
  }

  public UDPServer(int port) {
    this(port, 8192);
  }

  @Override
  public void run() {
    byte[] buffer = new byte[bufferSize];
    try (DatagramSocket socket = new DatagramSocket(port)) {
      socket.setSoTimeout(10000); // 프로그램 종료를 위해 10초마다 확인
      while (true) {
        if (isShutDown) return;
        DatagramPacket incoming = new DatagramPacket(buffer, buffer.length);
        try {
          socket.receive(incoming);
          this.respond(socket, incoming);
        } catch (SocketTimeoutException ex) {
          if (isShutDown) return;
        } catch (IOException ex) {
          logger.log(Level.WARNING, ex.getMessage(), ex);
        }
      } // while 루프 끝
    } catch (SocketException ex) {
      logger.log(Level.SEVERE, "Could not bind to port: " + port, ex);
    }
```

```
  }

  public abstract void respond(DatagramSocket socket, DatagramPacket request)
    throws IOException;

  public void shutDown() {
    this.isShutDown = true;
  }
}
```

이 클래스로 처리할 수 있는 가장 간단한 프로토콜은 discard 프로토콜이다. 서브클래스의 main() 메소드에서 포트를 설정하고 스레드를 시작하기만 하면 된다. discard 프로토콜은 실제 응답을 보내지 않으므로, respond() 메소드는 오버로드하여 비워 두면 된다. 예제 12-10은 요청된 패킷에 대해 아무 일도 하지 않는 고성능 UDP discard 서버이다.

예제 12-10 **UDP discard 서버**

```
import java.net.*;

public class FastUDPDiscardServer extends UDPServer {

  public final static int DEFAULT_PORT = 9;

  public FastUDPDiscardServer() {
    super(DEFAULT_PORT);
  }

  public static void main(String[] args) {
    UDPServer server = new FastUDPDiscardServer();
    Thread t = new Thread(server);
    t.start();
  }

  @Override
  public void respond(DatagramSocket socket, DatagramPacket request) {
  }
}
```

예제 12-11에서 보는 것처럼 에코 서버를 구현하는 것도 그리 어렵지 않다. 스트림 기반의 TCP 에코 서버와는 달리, 다수의 클라이언트를 처리하기 위해 멀티스레드를 사용할 필요가 없다.

```java
import java.io.*;
import java.net.*;

public class UDPEchoServer extends UDPServer {

  public final static int DEFAULT_PORT = 7;

  public UDPEchoServer() {
    super(DEFAULT_PORT);
  }

  @Override
  public void respond(DatagramSocket socket, DatagramPacket packet)
      throws IOException {
    DatagramPacket outgoing = new DatagramPacket(packet.getData(),
        packet.getLength(), packet.getAddress(), packet.getPort());
    socket.send(outgoing);
  }

  public static void main(String[] args) {
    UDPServer server = new UDPEchoServer();
    Thread t = new Thread(server);
    t.start();
  }
}
```

UDP 에코 클라이언트

앞에서 구현한 UDPPoke 클래스가 모든 프로토콜에 적용 가능한 것은 아니다. 특히 여러 데이터그램이 필요한 프로토콜에서는 좀 다른 구현이 필요하다. 에코 프로토콜은 TCP와 UDP 둘 다 구현되어 있다. 에코 프로토콜을 TCP로 구현하는 것은 아주 간단했다. 에코 프로토콜의 구현은 UDP에서는 I/O 스트림과 연결의 개념이 없기 때문에 오히려 더 복잡하다. TCP 기반의 에코 클라이언트는 동일한 연결로 메시지를 보내고 응답을 기다릴 수 있다. 그러나 UDP 기반의 에코 클라이언트는 보낸 메시지가 도착했다는 보장이 없으므로, 단순히 응답을 기다릴 수도 없다. UDP 기반의 클라이언트는 비동기적으로 데이터를 주고받을 수 있도록 준비되어야 한다.

그러나 이런 동작은 스레드를 사용하여 꽤 쉽게 구현할 수 있다. 하나의 스레드는 사용자 입력을 처리하고 입력된 내용을 에코 서버로 보낸다. 그리고 또 하나의 스레드는 서버가 보내는 내용을 받아서 사용자에게 보여 준다. 클라이언트는 세 개의 클래스, 즉 메인 UDPEchoClient 클래스, SenderThread 클래스, ReceiverThread 클래스로 나뉜다.

UDPEchoClient 클래스는 꽤 익숙할 것이다. 명령라인에서 호스트네임을 읽고 InetAddress 객체로 변환한다. UDPEchoClient는 이 객체와 기본 에코 포트를 사용하여 SenderThread 객체를 만든다. SenderThread의 생성자는 예외가 발생할 경우 SocketException 예외를 발생시키므로 처리할 수 있도록 준비해야 한다. 그리고 SenderThread를 시작한다. SenderThread 객체를 만들 때 사용한 동일한 DatagramSocket 객체를 사용하여 ReceiverThread 객체를 생성하고 시작한다. 에코 서버는 데이터를 보내 온 포트로 다시 응답을 보내야 하기 때문에 전송과 수신을 위해 동일한 DatagramSocket 객체를 사용해야 한다. 예제 12-12는 UDPEchoClient 클래스 코드이다.

예제 12-12 UDPEchoClient 클래스

```java
import java.net.*;

public class UDPEchoClient {

  public final static int PORT = 7;

  public static void main(String[] args) {

    String hostname = "localhost";
    if (args.length > 0) {
      hostname = args[0];
    }

    try {
      InetAddress ia = InetAddress.getByName(hostname);
      DatagramSocket socket = new DatagramSocket();
      SenderThread sender = new SenderThread(socket, ia, PORT);
      sender.start();
      Thread receiver = new ReceiverThread(socket);
      receiver.start();
    } catch (UnknownHostException ex) {
      System.err.println(ex);
    } catch (SocketException ex) {
      System.err.println(ex);
    }
  }
}
```

SenderThread 클래스는 콘솔로 한 번에 한 줄씩의 사용자 입력을 읽고 에코 서버로 전송한다. 이 내용은 예제 12-13에서 볼 수 있다. 콘솔 입력은 System.in으로 제공되지만, 필요한 경우 다른 스트림으로부터 읽을 수 있는 옵션을 제공할 수 있다. ─ FileInputStream을 열고 파일을 읽을 수도 있을 것이다. 이 클래스의 필드에서는 데이터를 전송할 서버, 해당 서버의 포트, 그리고 데이터 전송에 사용될 DatagramSocket을 정의하며, 모두 단일 생성자에서 설정된다. DatagramSocket은 수신된 모든 데이터그램이 실제 올바른 서버로부터 전송된 것임을 확실히 하기 위해 원격 서버에 연결된다. 실제 인터넷상의 어떤 서버가 임의의 데이터를 보내 이 포트를 공격할 가능성은 거의 없다. 그러므로 연결을 생략해도 큰 문제는 되지 않는다. 그러나 수신된 패킷이 올바른 곳에서 온 것인지 확인하는 것은 좋은 습관이다. 특히 보안이 중요한 경우에는 더욱 그렇다.

run() 메소드는 한 번에 한 줄씩 사용자 입력을 처리한다. 사용자 입력을 처리하기 위해, BufferedReader 객체인 userInput을 System.in으로 연결했다. 무한 루프는 사용자 입력을 읽고, 각 라인을 theLine에 저장한다. 라인에 점이 입력될 경우 사용자 입력이 끝났음을 나타내며 루프를 빠져나간다. 입력이 점이 아닌 경우, 입력 데이터는 java.lang.String 클래스의 getByte() 메소드를 사용하여 data 배열에 저장된다. 다음, data 배열은 서버 정보, 포트 그리고 데이터 길이와 함께 DatagramPacket 객체 output에 저장된다. 그리고 이 패킷은 소켓에 의해 목적지로 전송된다. 마지막으로 이 스레드는 다른 스레드가 실행될 수 있도록 yield() 메소드를 호출한다.

예제 12-13 **SenderThread 클래스**

```java
import java.io.*;
import java.net.*;

class SenderThread extends Thread {

  private InetAddress server;
  private DatagramSocket socket;
  private int port;
  private volatile boolean stopped = false;

  SenderThread(DatagramSocket socket, InetAddress address, int port) {
    this.server = address;
    this.port = port;
    this.socket = socket;
    this.socket.connect(server, port);
  }
```

```java
  public void halt() {
    this.stopped = true;
  }

  @Override
  public void run() {
    try {
      BufferedReader userInput
          = new BufferedReader(new InputStreamReader(System.in));
      while (true) {
        if (stopped) return;
        String theLine = userInput.readLine();
        if (theLine.equals(".")) break;
        byte[] data = theLine.getBytes("UTF-8");
        DatagramPacket output
            = new DatagramPacket(data, data.length, server, port);
        socket.send(output);
        Thread.yield();
      }
    } catch (IOException ex) {
      System.err.println(ex);
    }
  }
}
```

예제 12-14에 있는 ReceiverThread 클래스는 네트워크로부터 데이터그램이 도착하길 기다린다. 데이터그램이 수신되면, String으로 변환하고 사용자에게 보여 주기 위해 System.out으로 출력한다. 좀 더 발전된 에코 클라이언트라면 다른 곳으로 출력을 보내는 옵션을 제공할 수도 있다.

이 클래스는 두 개의 필드를 제공한다. 이 둘 중 DatagramSocket 객체인 socket은 Sender Thread에서 사용된 DatagramSocket과 같은 것이어야 한다. 요청 때 사용된 DatagramSocket이 사용한 포트로 응답이 도착한다. 다른 DatagramSocket은 같은 포트로 연결이 허용되지 않는다. 두 번째 필드 stopped는 boolean으로 정의되어 있으며, 스레드를 종료하는 데 사용된다.

run() 메소드는 들어오는 데이터그램을 기다리기 위해 소켓의 receive()를 호출하는 무한 루프다. 데이터그램이 들어오면, 들어온 데이터와 동일한 길이의 String으로 변환하고 System.out으로 출력한다. 마지막으로 앞의 입력 스레드와 마찬가지로 다른 스레드의 실행을 위해 실행을 양보(yield())한다.

```
import java.io.*;
import java.net.*;

class ReceiverThread extends Thread {

  private DatagramSocket socket;
  private volatile boolean stopped = false;

  ReceiverThread(DatagramSocket socket) {
    this.socket = socket;
  }

  public void halt() {
    this.stopped = true;
  }

  @Override
  public void run() {
    byte[] buffer = new byte[65507];
    while (true) {
      if (stopped) return;
      DatagramPacket dp = new DatagramPacket(buffer, buffer.length);
      try {
        socket.receive(dp);
        String s = new String(dp.getData(), 0, dp.getLength(), "UTF-8");
        System.out.println(s);
        Thread.yield();
      } catch (IOException ex) {
        System.err.println(ex);
      }
    }
  }
}
```

서로 다른 두 장비에 각각 에코 클라이언트와 에코 서버를 설치하여 이 두 장비 사이의 네트워크가 올바로 동작하는지 확인하는 데 사용할 수 있다.

DatagramChannel 클래스

SocketChannel과 ServerSocketChannel 클래스가 논블록 TCP 애플리케이션에서 사용되는 것과 같은 방법으로 DatagramChannel 클래스가 논블록 UDP 애플리케이션에서 사용된다.

SocketChannel과 ServerSocketChannel 클래스처럼, DatagramChannel 클래스는 셀렉터에 등록 가능하도록 만들어 주는 SelectableChannel 클래스의 서브클래스다. 이 클래스는 단일 스레드에서 다수의 클라이언트와 통신을 관리해야 하는 서버에서 유용하게 사용된다. 그러나 UDP는 그 자체가 이미 비동기적인 특성을 갖고 있기 때문에 TCP에 비해 그 효과가 크지 않다. UDP에서 단일 데이터그램 소켓은 다수의 클라이언트에 대해 모든 입출력 요청을 처리할 수 있다. 이러한 작업을 DatagramChannel을 사용하여 비동기적인 방법으로 처리할 수 있다. DatagramChannel의 메소드는 바로 받거나 보낼 데이터가 없는 경우 즉시 반환된다.

DatagramChannel 사용하기

DatagramChannel 클래스는 기존 UDP API를 거의 완벽하게 대체한다. 자바 6과 이전 버전에서는 채널을 포트에 바인드하기 위해 여전히 DatagramSocket 클래스를 사용해야 했지만 자바 7부터는 이것조차 사용할 필요가 없다. SocketChannel 클래스 하나로 바이트 버퍼를 읽고 쓸 수 있다.

소켓 열기

java.nio.channels.DatagramChannel 클래스는 public으로 선언된 생성자를 제공하지 않는다. 대신 정적 open() 메소드를 사용하여 DatagramChannel 객체를 생성한다. 예를 들어:

```
DatagramChannel channel = DatagramChannel.open();
```

이 채널은 초기에 어떤 포트로도 바인드되지 않는다. 이 채널을 바인드하기 위해서는 socket() 메소드를 사용하여 채널에 연결된 DatagramSocket 객체에 접근해야 한다. 예를 들어 다음 코드는 채널을 포트 3141로 바인드한다.

```
SocketAddress address = new InetSocketAddress(3141);
DatagramSocket socket = channel.socket();
socket.bind(address);
```

자바 7에서는 편의를 위해 bind() 메소드를 DatagramChannel에 추가하였다. 그래서 더 이상 DatagramSocket을 사용할 필요가 없다. 예를 들어:

```
SocketAddress address = new InetSocketAddress(3141);
channel.bind(address);
```

수신하기

receive() 메소드는 채널로부터 하나의 데이터그램 패킷을 읽어 ByteBuffer에 저장한다. 그리고 이 메소드는 패킷을 보낸 호스트의 주소를 반환한다.

```
public SocketAddress receive(ByteBuffer dst) throws IOException
```

채널이 블록 모드(기본적으로 블록 모드이다)인 경우 이 메소드는 패킷을 읽을 때까지 반환되지 않는다. 채널이 논블록 모드인 경우 이 메소드는 읽을 패킷이 없는 경우 즉시 널(null)을 반환한다.

수신된 데이터그램 패킷이 인자로 전달된 버퍼보다 큰 경우 나머지 데이터는 아무런 알림도 없이 버려진다. BufferOverflowException나 이와 유사한 어떠한 예외도 받을 수 없다. UDP의 신뢰할 수 없는 특성을 잘 보여 준다. 이러한 동작은 시스템 내에 신뢰할 수 없는 추가적인 계층이 있음을 보여 준다. 데이터가 네트워크를 통해 안전하게 전송되는 경우에도 여전히 프로그램 안에서 손실될 수 있다.

이 메소드를 사용하여 호스트가 보낸 데이터뿐만 아니라 보내고 있는 데이터도 함께 로그를 남기도록 discard 서버를 다시 구현할 수 있다. 예제 12-15는 이를 구현하고 있다. 이 예제에서는 잠재적인 패킷 손실을 피하기 위해 어떤 UDP 패킷도 담을 수 있을 만큼 충분히 큰 버퍼를 사용한다. 그리고 해당 버퍼는 재사용하기 전에 비운다.

예제 12-15 채널 기반의 UDPDiscardServer

```java
import java.io.*;
import java.net.*;
import java.nio.*;
import java.nio.channels.*;

public class UDPDiscardServerWithChannels {

  public final static int PORT = 9;
  public final static int MAX_PACKET_SIZE = 65507;

  public static void main(String[] args) {

    try {
      DatagramChannel channel = DatagramChannel.open();
      DatagramSocket socket = channel.socket();
      SocketAddress address = new InetSocketAddress(PORT);
```

```
      socket.bind(address);
      ByteBuffer buffer = ByteBuffer.allocateDirect(MAX_PACKET_SIZE);
      while (true) {
        SocketAddress client = channel.receive(buffer);
        buffer.flip();
        System.out.print(client + " says ");
        while (buffer.hasRemaining()) System.out.write(buffer.get());
        System.out.println();
        buffer.clear();
      }
    } catch (IOException ex) {
      System.err.println(ex);
    }
  }
}
```

보내기

send() 메소드는 ByteBuffer로부터 하나의 데이터그램 패킷을 두 번째 인자로 제공된 주소로 보내기 위해 채널에 쓴다.

```
public int send(ByteBuffer src, SocketAddress target) throws IOException
```

동일한 데이터를 다수의 클라이언트에게 보내고자 할 경우 소스 ByteBuffer를 재사용할 수 있다. 다만 재사용하기 전에 해당 버퍼를 되감아(flip()) 줘야 한다.

send() 메소드는 쓰인 바이트 수를 반환한다. 이 반환 값은 버퍼에서 전송할 수 있는 바이트의 수를 나타내는 값이거나 0이다. 채널이 논블록 모드이고 데이터를 바로 보낼 수 없는 경우에 0을 반환한다. 그 외에 채널이 블록 모드인 경우 send()는 단순히 버퍼 안의 모든 데이터를 보낼 때까지 기다린다.

예제 12-16은 채널 기반의 간단한 에코 서버다. 예제 12-15에서와 마찬가지로 receive() 메소드는 패킷을 읽는다. 그러나 이번에는 패킷 내용을 System.out으로 출력하지 않고, 동일한 데이터를 해당 패킷을 보낸 클라이언트에게 반환한다.

```java
import java.io.*;
import java.net.*;
import java.nio.*;
import java.nio.channels.*;

public class UDPEchoServerWithChannels {

  public final static int PORT = 7;
  public final static int MAX_PACKET_SIZE = 65507;

  public static void main(String[] args) {

    try {
      DatagramChannel channel = DatagramChannel.open();
      DatagramSocket socket = channel.socket();
      SocketAddress address = new InetSocketAddress(PORT);
      socket.bind(address);
      ByteBuffer buffer = ByteBuffer.allocateDirect(MAX_PACKET_SIZE);
      while (true) {
        SocketAddress client = channel.receive(buffer);
        buffer.flip();
        channel.send(buffer, client);
        buffer.clear();
      }
    } catch (IOException ex) {
      System.err.println(ex);
    }
  }
}
```

이 프로그램은 반복적인 구조이며 블록 모드와 동기로 동작한다. 하지만 이러한 구조는 TCP 프로토콜을 사용할 때와는 달리 UDP 기반의 프로토콜에서는 큰 문제가 되지 않는다.

비신뢰성, 패킷 기반, 비연결성이라는 UDP의 특징은 곧 서버는 로컬 버퍼를 비우는 데 필요한 시간 이상의 기다림이 발생하지 않다는 것을 의미한다. 서버는 데이터 수신이 준비된 클라이언트를 기다리지 않아도 되며, 느린 하나의 클라이언트에 의해 서버가 느려질 가능성이 줄어든다.

연결하기

데이터그램 채널을 열고 나면 connect() 메소드를 사용하여 해당 채널을 특정 원격 호스트에 연결할 수 있다.

```
SocketAddress remote = new InetSocketAddress("time.nist.gov", 37);
channel.connect(remote);
```

이렇게 생성된 채널은 연결된 호스트에 대해서만 데이터를 주고받을 수 있다. Socket
Channel의 connect() 메소드와는 달리, UDP는 비연결 프로토콜이기 때문에, 이 메소드만
으로는 어떠한 패킷도 보내거나 받을 수 없다. 이 메소드는 단지 전송 준비가 된 데이터가
있을 때 패킷을 보낼 호스트를 설정하기만 한다. 따라서 connect() 메소드는 블록되지 않고
거의 즉시 반환된다. 여기서는 finishConnect()나 isConnectionPending()와 같은 메소드는
필요가 없다. DatagramSocket이 연결된 경우에만 true를 반환하는 isConnected() 메소드가
있다.

```
public boolean isConnected()
```

이 메소드는 DatagramChannel이 하나의 호스트에만 사용할 수 있도록 제한되어 있는지 여
부를 알려 준다. SocketChannel과는 달리 DatagramChannel은 데이터를 전송하거나 수신하
기 위해 연결되지는 않는다.

마지막으로, disconnect() 메소드는 연결을 종료한다.

```
public DatagramChannel disconnect() throws IOException
```

애초에 열린 것이 아무것도 없기 때문에 이 메소드는 실제 아무것도 종료하지 않는다. 다만
이 메소드를 호출하고 나면 해당 채널은 다른 호스트로 연결될 수 있다.

읽기

특수 목적의 receive() 메소드 이외에, DatagramChannel는 일반적인 세 개의 read() 메소드
를 제공한다.

```
public int read(ByteBuffer dst) throws IOException
public long read(ByteBuffer[] dsts) throws IOException
public long read(ByteBuffer[] dsts, int offset, int length)
    throws IOException
```

그러나 이 메소드는 연결된 채널에서만 사용할 수 있다. 즉, 이 메소드 중 하나를 호출하기
전에 connect() 메소드를 호출하여 채널을 특정 호스트에 연결해야 한다. 이 메소드는, 첫
번째 패킷이 도착하기 전까지는 통신 대상을 알 수 없고, 동시에 다수의 호스트로부터 입

력을 받아야 하는 서버보다는 통신해야 할 대상을 미리 알고 있는 클라이언트에게 사용하기가 더 적합하다.

이 세 개의 메소드 각각은 네트워크로부터 하나의 데이터그램 패킷만을 읽는다. 데이터그램의 데이터로부터 인자로 제공된 ByteBuffer에 저장할 수 있는 만큼만 저장한다. 각 메소드는 읽은 바이트 수를 반환하거나 채널이 닫혔을 때 -1을 반환한다. 그리고 이 메소드는 다음을 포함한 몇몇 이유로 0을 반환할 수도 있다.

- 채널이 논블록 모드이고 준비된 패킷이 없는 경우
- 데이터그램 패킷에 담긴 데이터가 없는 경우
- 버퍼가 가득 찬 경우

receive() 메소드와 마찬가지로 데이터그램 패킷이 인자로 전달한 ByteBuffer보다 더 많은 데이터를 가지고 있는 경우, 초과된 데이터는 아무런 알림도 없이 버려진다. BufferOverflowException를 포함한 어떠한 예외도 받을 수 없다.

쓰기

물론 DatagramChannel 클래스는 모든 쓰기 가능한 스캐터(scatter) 채널에 대해 send() 메소드를 대신해 사용할 수 있는 세 개의 write 메소드를 제공한다.

```
public int write(ByteBuffer src) throws IOException
public long write(ByteBuffer[] dsts) throws IOException
public long write(ByteBuffer[] dsts, int offset, int length)
    throws IOException
```

이 메소드는 연결된 채널에서만 사용할 수 있다. 그렇지 않으면 해당 채널은 패킷을 어디로 보내야 할지 알 수가 없다. 각각의 메소드는 연결을 통해 단일 데이터그램 패킷을 전송한다. 이 메소드들은 버퍼의 내용을 완벽하게 쓴다고 보장하지 않는다. 다행히도 버퍼는 커서 기반이기 때문에 버퍼의 내용을 완전히 전송하기 위해 단순히 반복해서 메소드를 호출하기만 하면 된다. 예를 들어:

```
while (buffer.hasRemaining() && channel.write(buffer) != -1) ;
```

읽기 메소드와 쓰기 메소드를 사용하여 간단한 UDP 에코 클라이언트를 작성할 수 있다. 클라이언트 쪽에서는 데이터를 전송하기 전에 연결하는 것이 어렵지 않다. 패킷이 전송 도

중에 손실될지도 모르기 때문에(UDP는 신뢰성이 없다는 것을 항상 명심하자) 패킷을 수신하기 위해 기다리는 동안 데이터를 전송하지 못하고 멈춰 있지 않도록 한다. 그렇게 하기 위해서는 셀렉터와 논블록 I/O를 이용할 수 있다. UDP에 대해서 이런 작업을 해 주는 것은 제11장에서 TCP에 대해 설명했던 것과 크게 다르지 않다. 다만 이번에는 텍스트 데이터를 전송하는 대신 9에서 99까지의 숫자를 전송해 보자. 반환된 값을 출력함으로써 손실된 패킷을 쉽게 찾을 수 있다. 예제 12-17은 이를 구현한 예제다.

예제 12-17 채널 기반의 UDP 에코 클라이언트

```java
import java.io.*;
import java.net.*;
import java.nio.*;
import java.nio.channels.*;
import java.util.*;

public class UDPEchoClientWithChannels {

  public final static int PORT = 7;
  private final static int LIMIT = 100;

  public static void main(String[] args) {

    SocketAddress remote;
    try {
      remote = new InetSocketAddress(args[0], PORT);
    } catch (RuntimeException ex) {
      System.err.println("Usage: java UDPEchoClientWithChannels host");
      return;
    }

    try (DatagramChannel channel = DatagramChannel.open()) {
      channel.configureBlocking(false);
      channel.connect(remote);

      Selector selector = Selector.open();
      channel.register(selector, SelectionKey.OP_READ | SelectionKey.OP_WRITE);

      ByteBuffer buffer = ByteBuffer.allocate(4);
      int n = 0;
      int numbersRead = 0;
      while (true) {
        if (numbersRead == LIMIT) break;
        // 최대 1분 동안 연결을 기다린다.
        selector.select(60000);
        Set<SelectionKey> readyKeys = selector.selectedKeys();
```

```
            if (readyKeys.isEmpty() && n == LIMIT) {
                // 예정된 모든 패킷을 보냈고
                // 더 이상 응답이 없는 상태
                break;
            }
            else {
                Iterator<SelectionKey> iterator = readyKeys.iterator();
                while (iterator.hasNext()) {
                    SelectionKey key = (SelectionKey) iterator.next();
                    iterator.remove();
                    if (key.isReadable()) {
                        buffer.clear();
                        channel.read(buffer);
                        buffer.flip();
                        int echo = buffer.getInt();
                        System.out.println("Read: " + echo);
                        numbersRead++;
                    }
                    if (key.isWritable()) {
                        buffer.clear();
                        buffer.putInt(n);
                        buffer.flip();
                        channel.write(buffer);
                        System.out.println("Wrote: " + n);
                        n++;
                        if (n == LIMIT) {
                            // 예정된 모든 패킷을 보냄; 읽기 전용 모드로 전환
                            key.interestOps(SelectionKey.OP_READ);
                        }
                    }
                }
            }
        }
        System.out.println("Echoed " + numbersRead + " out of " + LIMIT + " sent");

        System.out.println("Success rate: " + 100.0 * numbersRead / LIMIT + "%");

    } catch (IOException ex) {
        System.err.println(ex);
    }
  }
}
```

TCP 채널의 셀렉팅과 데이터그램 채널의 셀렉팅에는 한 가지 큰 차이가 있다. 데이터그램 채널은 실제로는 비연결이기 때문에 데이터 전송이 완료되거나 종료될 때 알려 줘야 한다. 이 예제에서는 마지막 패킷을 보낸 후 1분이 지났을 때 데이터 전송이 끝났다고 가정한다. 이 시점에서 아직 수신되지 않은 패킷은 손실된 것으로 간주된다.

일반적으로 이 프로그램을 실행하면 다음과 같은 결과가 출력된다.

```
Wrote: 0
Read: 0
Wrote: 1
Wrote: 2
Read: 1
Wrote: 3
Read: 2
Wrote: 4
Wrote: 5
Wrote: 6
Wrote: 7
Wrote: 8
Wrote: 9
Wrote: 10
Wrote: 11
Wrote: 12
Wrote: 13
Wrote: 14
Wrote: 15
Wrote: 16
Wrote: 17
Wrote: 18
Wrote: 19
Wrote: 20
Wrote: 21
Wrote: 22
Read: 3
Wrote: 23
...
Wrote: 97
Read: 72
Wrote: 98
Read: 73
Wrote: 99
Read: 75
Read: 76
...
Read: 97
Read: 98
Read: 99
Echoed 92 out of 100 sent
Success rate: 92.0%
```

이 프로그램을 사용하여 멀리 떨어진 (약 7홉 정도) 원격 서버에 연결했을 때, 약 90퍼센트에서 98퍼센트 정도의 패킷이 돌아왔다.

닫기

일반 데이터그램 소켓과 마찬가지로 채널의 사용이 끝나면 관련된 포트와 리소스를 해제하기 위해 닫아 줘야 한다.

```
public void close() throws IOException
```

이미 닫힌 채널을 다시 닫는 경우 아무런 일도 발생하지 않는다. 닫힌 채널에 대해 읽기나 쓰기를 시도할 경우 예외가 발생한다. 채널이 이미 닫혔는지 확실하지 않을 경우 isOpen() 메소드로 확인할 수 있다.

```
public boolean isOpen()
```

채널이 닫힌 경우 이 메소드는 false를 반환하고, 열린 경우 true를 반환한다.

모든 채널들과 마찬가지로 자바 7에서 DatagramChannel은 AutoCloseable 인터페이스를 구현하므로 try-with-resources 구문을 이용할 수 있다. 자바 7 이전 버전에서는 finally 블록 안에서 채널을 닫을 수 있으며 지금까지 많이 보았던 패턴이다.

자바 6 이전 버전에서:

```
DatagramChannel channel = null;
try {
  channel = DatagramChannel.open();
  // 채널 사용
} catch (IOException ex) {
  // 예외 처리
} finally {
  if (channel != null) {
    try {
      channel.close();
    } catch (IOException ex) {
      // 무시한다.
    }
  }
}
```

그리고 자바 7 이후 버전에서:

```
try (DatagramChannel channel = DatagramChannel.open()) {
  // 채널 사용
} catch (IOException ex) {
  // 예외 처리
}
```

소켓 옵션 // 자바 7

자바 7 이후 버전에서, DatagramChannel은 표 12-1에 나열된 8가지 소켓 옵션을 제공한다.

표 12-1 데이터그램이 지원하는 소켓 옵션

옵션	타입	상수	목적
SO_SNDBUF	StandardSocketOptions.	Integer	송신 데이터그램 패킷의 버퍼 크기
SO_RCVBUF	StandardSocketOptions.SO_RCVBUF	Integer	수신 데이터그램 패킷의 버퍼 크기
SO_REUSEADDR	StandardSocketOptions.SO_REUSEADDR	Boolean	주소 재사용 On/Off
SO_BROADCAST	StandardSocketOptions.SO_BROADCAST	Boolean	브로드캐스트 메시지 On/Off
IP_TOS	StandardSocketOptions.IP_TOS	Integer	트래픽 클래스
IP_MULTICAST_IF	StandardSocketOptions.IP_MULTICAST_IF	NetworkInterface	멀티캐스트를 사용하기 위한 로컬 네트워크 인터페이스
IP_MULTICAST_TTL	StandardSocketOptions.IP_MULTICAST_TTL	Integer	멀티캐스트 데이터그램의 TTL 값
IP_MULTICAST_LOOP	StandardSocketOptions.IP_MULTICAST_LOOP	Boolean	멀티캐스트 데이터그램의 루프백 On/Off

위 테이블에서 처음 다섯 개의 옵션은 제12장의 "소켓 옵션"절에서 설명된 데이터그램 소켓에서 해당 옵션과 같은 의미를 갖는다. 나머지 세 개의 옵션은 다음 장에서 다룰 멀티캐스트 소켓에서 사용된다.

이 옵션들은 다음 세 개의 메소드를 사용하여 설정하거나 확인할 수 있다.

```
public <T> DatagramChannel setOption(SocketOption<T> name, T value)
    throws IOException
public <T> T getOption(SocketOption<T> name) throws IOException
public Set<SocketOption<?>> supportedOptions()
```

supportedOptions() 메소드는 사용 가능한 소켓 옵션을 나열한다. getOption() 메소드는 이 옵션들의 현재 설정된 값을 알려 준다. 그리고 setOption()을 사용하여 이 옵션들을 변경할 수 있다. 예를 들어, 브로드캐스트 메시지를 전송한다고 가정해 보자. SO_BROADCAST 옵션이 기본적으로 꺼져 있지만, 아래와 같이 이 옵션을 켤 수 있다.

```
try (DatagramChannel channel = DatagramChannel.open()) {
  channel.setOption(StandardSocketOptions.SO_BROADCAST, true);
  // 브로드캐스트 메시지를 전송한다.
} catch (IOException ex) {
  // 예외 처리
}
```

예제 12-18은 채널을 열고 이 옵션들의 기본 값을 확인한다.

예제 12-18 소켓 옵션 기본값

```
import java.io.IOException;
import java.net.SocketOption;
import java.nio.channels.DatagramChannel;

public class DefaultSocketOptionValues {

  public static void main(String[] args) {
    try (DatagramChannel channel = DatagramChannel.open()) {
      for (SocketOption<?> option: channel.supportedOptions()) {
        System.out.println(option.name() + ": " + channel.getOption(option));
      }
    } catch (IOException ex) {
      ex.printStackTrace();
    }
  }
}
```

다음은 필자의 맥에서 실행한 결과다.

```
IP_MULTICAST_TTL: 1
SO_BROADCAST: false
SO_REUSEADDR: false
SO_RCVBUF: 196724
IP_MULTICAST_LOOP: true
SO_SNDBUF: 9216
IP_MULTICAST_IF: null
IP_TOS: 0
```

의외로 수신 버퍼가 송신 버퍼보다 훨씬 크게 설정되어 있다.

13
CHAPTER

IP 멀티캐스트

이전까지 다룬 모든 소켓은 유니캐스트(unicast) 방식이다. 유니캐스트는 1:1 통신을 제공한다. 유니캐스트 소켓은 두 지점 사이의 연결을 생성한다. 비록 그 역할이 서로 바뀌기도 하지만, 어느 시점에서 누가 수신자인지 송신자인지를 쉽게 구별할 수 있다. 그동안 1:1 통신 방식으로 많은 것을 구현해 왔지만(사람들은 1,000년 동안 1:1 대화를 해 왔다), 1:1 통신이 아닌 새로운 모델을 적용해야 하는 애플리케이션들도 많다. 예를 들어, 텔레비전 방송국은 송신기의 범위 안에 있는 모든 곳으로 데이터를 방송한다. 송신기가 송출한 신호는 TV가 켜져 있는지에 상관없이, 또는 해당 채널을 보고 있는지에 상관없이 모든 TV에 도달한다. 사실 이 신호는 안테나 대신 케이블 박스를 사용하는 가정이나 TV가 없는 가정에도 도달한다. 이것이 바로 브로드캐스팅의 전통적인 예다. 하지만 브로드캐스팅은 무차별적이며 전파와 전력의 낭비가 매우 심하다.

반면에 화상회의는 선택된 그룹의 사람들에게만 오디오/비디오 데이터를 전송한다. 유즈넷 뉴스는 사용자가 한 사이트에 뉴스를 게시하면 전 세계 수십만 명의 사람들에게 배포된다. DNS 라우터는 다른 많은 라우터들에게 변경 사항을 발표하는 사이트로부터 트래블을 업데이트한다. 그러나 변경 사항을 알려 주는 송신자는 하위 사이트들에게 메시지를 복사하고 전달하기 위해 중간 사이트에 의존한다. 송신자는 최종적으로 메시지를 수신해야 하는 모든 호스트에 메시지를 전송하지 않는다. 비록 그들은 TCP 또는 UDP 상단에서 추가적인 애플리케이션 계층 프로토콜로 구현되어 있긴 하지만 말이다. 이것들이 멀티캐스팅 사례다. 이러한 프로토콜을 사용할 때에는 사람이 일일이 간섭하여 자세하게 설정해야 한다. 예를 들어 유즈넷에 가입하려면 뉴스를 여러분에게 보내 주고 여러분이 게시한 뉴스를 전 세계로 전달해 줄 사이트를 찾아야 한다. 내가 유즈넷에 가입하려면 내 뉴스를 전달하는 사이트의 뉴스 관리자가 내 사이트를 해당 유즈넷 설정 파일에 추가해야 한다. 여러분을 유즈넷에 가입시키기 위해서는 뉴스 중계의 뉴스 관리자는 명확하게 여러분의 사이트를 그들의 뉴스 설정 파일에 추가해야 한다. 최근에는 인터넷 라우터의 네트워크 소프트웨어뿐만 아니라 운영체제의 네트워크 소프트웨어가 발전되어 진정한 의미의 멀티캐스팅을 구현할 수 있게 되었다. 진정한 의미의 멀티캐스팅에서는 메시지를 어떻게 하면 각 호스트로 효율적으로 이동시킬 것인지를 라우터가 결정한다. 특히 초기 라우터는 수신 호스트가 인접한 라우터로 하나의 메시지 복사본만을 전송하고, 메시지를 수신한 라우터는 목적지 근처의 다른 수신자들을 위해 다수의 복사본을 생성한다. 인터넷 멀티캐스팅은 UDP 패킷 위에 구현된다. 자바에서 멀티캐스팅은 MulticastSocket 클래스와 제12장에서 소개한 DatagramPacket 클래스를 함께 사용한다.

멀티캐스팅

멀티캐스팅은 유니캐스트나 1:1 통신보다는 광범위하지만 브로드캐스트보다는 좁은 범위의 통신 수단이다. 멀티캐스팅은 한 호스트에서 다른 많은 호스트로 데이터를 전송하지만, 모두에게 전송하는 것은 아니다. 데이터는 특정 멀티캐스트 그룹에 가입한 클라이언트에게만 전달된다. 이런 점은 어떤 면에서 공개 모임과 비슷하다. 사람들은 편하게 오고 가면서 토론이 더 이상 흥미롭지 않으면 모임을 떠날 수 있다. 사람들이 도착하기 전이나 떠난 후에는 사람들에게 정보가 도달하지 않으므로 정보를 처리할 필요가 전혀 없다. 인터넷에서 '공개 모임'이라는 것은 해당 데이터에 관심이 있는 참석자 근처로 데이터의 복사본을 전송하는 멀티캐스트 소켓으로 가장 잘 구현될 수 있다. 가장 최선의 경우는 멀티캐스트 그룹의 클라이언트가 연결되어 있는 네트워크에 데이터가 도착했을 때 데이터가 복제되는 것이다. 이렇게 되면 데이터가 여러 번 복사되어 전송되지 않고, 한 번만 인터넷을 통해 전달된다. 현실적으로는 여러 개의 복사본이 인터넷을 돌아다닌다. 그러나 스트림이 복사될 지점을 신중하게 선택해야 네트워크의 부하가 최소화된다. 다행히도 프로그래머와 네트워크 관리자는 데이터가 복사될 지점을 선택할 책임이 없으며, 여러 개의 복사본을 전송할 필요도 없다. 이 모든 일을 인터넷의 라우터들이 처리한다.

IP는 또한 브로드캐스팅을 지원하지만 브로드캐스트의 사용은 엄격히 제한된다. 프로토콜은 다른 대안이 없는 경우에만 브로드캐스트해야 한다. 그리고 라우터는 브로드캐스트 메시지가 전체 인터넷으로 번져 나가는 것을 막기 위해 로컬 네트워크나 서브넷에서만 브로드캐스트되도록 제한한다. 몇 개의 작은 글로벌 브로드캐스트가 전체 인터넷을 점령할 수도 있다. 그러므로 오디오나 비디오 또는 텍스트, 이미지 같은 대용량의 데이터를 브로드캐스팅하는 것이 얼마나 위험한 일인지는 말할 나위도 없다. 수백만 개의 주소로 전달되는 하나의 스팸 메일조차도 굉장히 치명적이다. 실시간 비디오 영상이 시청을 원하든 원하지 않든 10억 인터넷 사용자에게 복사된다면 무슨 일이 벌어질지 상상해 보라.

그러나 1:1 통신과 브로드캐스트 통신의 중간 정도의 단계가 있다. 비디오 데이터를 전달할 경우 해당 비디오에 관심이 없는 호스트에게 데이터를 전달할 이유가 없다. 우리는 데이터를 원하는 호스트에게만 데이터를 전송하는 기술이 필요하다. 이것을 구현하는 한 가지 방법은 다수의 유니캐스트 스트림을 사용하는 것이다. 만약 1,000개의 클라이언트가 BBC 라이브 스트림(live stream)을 보고자 한다면, 각각의 클라이언트에 유니캐스트로 전송한다면 1,000번의 전송이 발생한다. 이 방법은 데이터를 불필요하게 복사하기 때문에 매우 비효율적이다. 하지만 데이터를 인터넷에 있는 모든 호스트로 브로드캐스팅하는 것보다는 훨씬 효율적인 방법이다. 그러나 유니캐스트 방식은 데이터를 받고 싶어하는 클라이언트가 매우 많다면 네트워크 대역폭이나 CPU 파워는 곧 부족하게 된다.

이 문제에 대한 또 다른 접근 방법은 정적 연결 트리(connection tree)를 생성하는 것이다. 이 방법은 유즈넷 뉴스와 몇몇 화상회의 시스템에서 차용한 방식이다. 데이터는 원래의 사이트에서 다른 서버로 공급되고, 다시 이 서버에서 또 다른 서버로 복제되고, 결국에는 클라이언트로 복제된다. 각 클라이언트는 모두 가장 가까이에 있는 서버에 연결한다. 이 방법은 여러 개의 유니캐스트를 사용하는 것보다 효율적이지만 적절한 해결책은 아니다. 새로운 사이트가 추가되면 트리(tree)에 연결될 장소를 일일이 찾아야 한다. 트리는 항상 가장 최상의 구조를 갖추고 있어야 하고 서버는 여전히 똑같은 데이터를 각각의 호스트로 보내기 위해서 클라이언트에 1:1 연결을 유지하고 있어야 한다. 그러므로 분산된 정보를 전송하기 위한 최상의 경로를 동적으로 결정하고 꼭 필요한 때에만 데이터를 복사하는 일을 인터넷에 있는 라우터가 맡는 것이 훨씬 나을 것이다. 이것이 바로 멀티캐스팅이 필요한 이유다.

예를 들어, 여러분이 뉴욕에서 비디오를 멀티캐스팅하고 LA에 있는 20명이 하나의 LAN에 묶여 이 비디오를 시청하고 있다면, 비디오 데이터는 바로 그 LAN으로 딱 한 번만 전송될 것이다. 만약 50명 이상이 샌프란시스코에서도 쇼를 보고 있다면 데이터 스트림은 중간 어디에선가 복제되어 두 개의 도시로 전송될 것이다. 만약 100명 이상의 사람들이 휴스턴에서도 보고 있다면 또 다른 데이터 스트림이 (아마도 세인트루이스에서) 휴스턴으로 전송될 것이다. 그림 13-1을 보자. 여러분의 데이터는 딱 세 번만 인터넷을 통과한다. 만약 1:1 유니캐스트를 사용한다면 170번의 전송이 일어나게 되며, 브로드캐스트를 사용한다면 수백만 번의 전송이 일어나게 된다. 멀티캐스팅은 인터넷의 1:1 통신과 TV의 브로드캐스트 모델의 중간쯤에 있으며, 나머지 두 방법보다 더 효율적이다. 패킷이 멀티캐스트될 때 패킷에 멀티캐스트 그룹의 주소를 붙이고, 그룹에 속한 각 호스트로 전송된다. 패킷은 (유니캐스트처럼) 단일 호스트로 가지 않고, (브로드캐스트처럼) 모든 호스트로 가는 것도 아니다. 유니캐스트나 브로드캐스트는 너무 비효율적이다.

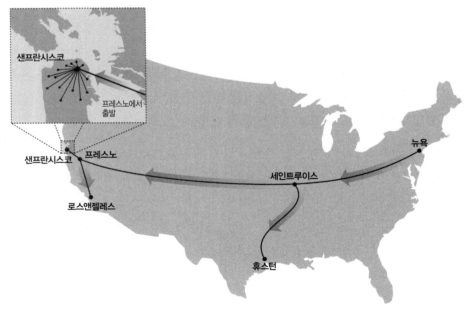

그림 13-1 뉴욕에서 샌프란시스코, 로스앤젤레스, 휴스턴으로 멀티캐스트

사람들이 멀티캐스팅에 대해서 말할 때, 오디오와 비디오가 가장 먼저 떠오르는 애플리케이션이다. BBC는 아쉽게도 ISP의 참여는 제한되어 있지만, 수년 동안 TV와 라디오를 모두 커버하는 멀티캐스트를 시험 운영해 오고 있다. 그러나 이러한 애플리케이션은 빙산의 일각이다. 그 밖에도 멀티플레이어 게임, 분산 파일 시스템, 고도의 병렬화된 컴퓨팅, 다수의 화상회의, 데이터베이스 복제 등 멀티캐스팅을 활용할 수 있는 사례는 많다. 멀티캐스팅은 클라이언트가 서버의 주소를 미리 알지 못하는 네임 서비스나 디렉토리 서비스를 구현하는 데 사용될 수 있다. 이름을 찾기 위해서 호스트는 이미 잘 알려진 주소로 요청을 멀티캐스트하고, 가장 가까운 서버에서 응답을 받을 때까지 기다린다. 애플(Apple)의 봉주르(Bonjour)와 아파치 재단(Apache Foundation)의 리버(River)가 로컬 네트워크에서 동적으로 서비스를 찾기 위해 IP 멀티캐스팅을 사용한다.

멀티캐스팅은 인터넷에 맞게 고안되었다. 대부분의 작업은 라우터가 수행하고, 애플리케이션 프로그래머는 이러한 내용을 보이지 않는다. 애플리케이션은 단지 데이터그램 패킷을 멀티캐스트 주소로 전송하며, 여기서 멀티캐스트 주소는 일반 IP 주소와 크게 다르지 않다. 라우터는 데이터가 멀티캐스트 그룹에 속한 모든 호스트에게 전달되었는지 확인한다. 하지만 가장 큰 문제는 멀티캐스트 라우터가 아직 보편화되지 않았다는 것이다. 그 결과, 여러분의 네트워크에서 멀티캐스팅이 지원되는지 알려면 라우터에 대해 충분히 알아야 한다. 예를 들어, BBC가 수년간 멀티캐스팅을 해 왔지만, 그들이 전송하는 멀티캐스팅 스트림은 몇몇 작은 ISP 가입자들만 접근할 수 있다. 실제로, 멀티캐스팅은 글로벌 인터넷보다 하나의 단체가 속해 있는 방화벽 안에서 더 일반적으로 사용된다.

애플리케이션에서도 데이터그램의 추가적인 헤더 필드인 TTL(Time To Live) 값에 관심을 둘 필요가 있다. TTL은 데이터그램이 지나갈 수 있는 라우터의 최대 개수를 나타낸다. 패킷은 TTL 수만큼의 라우터를 지나게 되면 자동으로 버려진다. 멀티캐스팅은 패킷이 얼마나 멀리 이동할 수 있는지를 제한하는 방법으로 TTL을 사용한다. 예를 들어, 캠퍼스에서 즐기는 도그파이트(Dogfight) 게임에서 발생하는 패킷이 지구 반대편에 있는 라우터까지 전달될 필요는 없다. 그림 13-2는 TTL이 패킷의 확산을 어떻게 제한하는지 보여 준다.

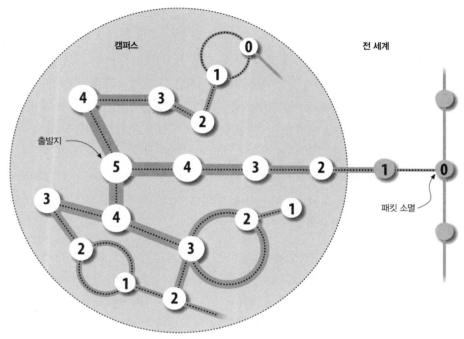

캠퍼스　　　　　　　　　　　　　전 세계

출발지

패킷 소멸

그림 13-2 **TTL 값이 5인 패킷의 도달 범위**

멀티캐스트 주소와 그룹

멀티캐스트 주소는 멀티캐스트 그룹이라고 불리는 호스트 그룹의 공유 주소이다. 먼저 멀티캐스트 주소를 살펴보겠다. IPv4 멀티캐스트 주소는 CIDR 그룹 224.0.0.0/4 안의 IP 주소들이다. 즉, 224.0.0.0부터 239.255.255.255 범위의 IP 주소들이다. 이 범위의 모든 주소는 처음 네 개의 비트가 이진수 1110으로 시작한다. IPv6 멀티캐스트 주소는 CIDR 그룹 ff00::/8 안의 IP 주소들이다(즉, 0xFF 바이트 또는 이진수로 11111111으로 시작하는 모든 주소가 포함된다). IP 주소처럼 멀티캐스트 주소도 호스트네임을 갖는다. 예를 들어, 멀티캐스트 주소 224.0.1.1 에는 (분산 네트워크 타임 프로토콜 서비스의 주소) 이름 ntp.mcast.net이 할당되어 있다.

멀티캐스트 그룹이란 하나의 멀티캐스트 주소를 공유하는 인터넷 호스트들의 집합이다. 멀티캐스트 주소로 전송된 임의의 데이터는 그룹의 모든 멤버에게 전달된다. 멀티캐스트 그룹에 가입할 권한은 누구에게나 있다. 호스트는 아무 때나 그룹에 가입하고 탈퇴할 수 있다. 그룹은 영원히 지속될 수 있고 일시적일 수도 있다. 영원히 지속되는 그룹은 그 그룹에 속한 멤버가 있든 없든 간에 항상 일정한 주소를 할당한다. 그러나 대부분의 멀티캐스트 그룹은 일시적인 것이고 그룹에 속한 멤버가 있을 때만 존재한다. 새로운 멀티캐스트 그룹을 생성하기 위해 해야 하는 일은 225.0.0.0부터 238.255.255.255까지의 주소 중에서 임의의 주소를 선택하여 그 주소에 대한 InetAddress 객체를 생성하고 해당 주소로 데이터 전송을 시작하는 것이다.

영원히 지속되는 멀티캐스트 그룹의 주소는 IANA(Internet Assigned Numbers Authority)에 요청하여 받을 수 있다. 지금까지는 수백여 개의 주소가 할당되어 있다. 링크로컬 멀티캐스트 주소는 224.0.0(즉, 224.0.0.0부터 224.0.0.25까지)으로 시작하며, 라우팅 프로토콜과 게이트웨이 탐지 및 그룹 멤버 리포팅 같은 저수준 동작을 위한 용도로 예약되어 있다. 예를 들어, all-systems.mcast.net 이름의 주소 224.0.0.1은 로컬 서브넷에 있는 모든 시스템을 포함하는 멀티캐스트 그룹이다. 멀티캐스트 라우터는 이 범위에 있는 목적지로는 데이터그램을 전달하지 않는다.

표 13-1 링크로컬 멀티캐스트 주소

도메인 네임	IP 주소	목적
BASE-ADDRESS.MCAST.NET	224.0.0.0	예약된 베이스 주소. 어떤 멀티캐스트 그룹에도 할당되지 않는다.
ALL-SYSTEMS.MCAST.NET	224.0.0.1	로컬 서브넷의 모든 시스템
ALL-ROUTERS.MCAST.NET	224.0.0.2	로컬 서브넷의 모든 라우터
DVMRP.MCAST.NET	224.0.0.4	해당 서브넷에 연결된 DVMRP(Distance Vector Multicast Routing Protocol) 라우터
MOBILE-AGENTS.MCAST.NET	224.0.0.11	로컬 서브넷의 모바일 에이전트
DHCP-AGENTS.MCAST.NET	224.0.0.12	이 멀티캐스트 그룹은 클라이언트를 로컬 서브넷에 있는 DHCP 서버나 전달 에이전트(relay agent)에 넣을 수 있도록 한다.
RSVP-ENCAPSULATION.MCAST.NET	224.0.0.14	서브넷에 RSVP 캡슐화. RSVP(Resource reSerVation setup Protocol)는 데이터를 전송하기 전에 인터넷 대역폭을 미리 예약한다.
VRRP.MCAST.NET	224.0.0.18	VRRP(Virtual Router Redundancy Protocol) 라우터

표 13-1 **링크로컬 멀티캐스트 주소**

도메인 네임	IP 주소	목적
	224.0.0.35	DXCluster는 외부 아마추어 방송국을 알리기 위해 사용된다.
	224.0.0.36	DVD 플레이어, 텔레비전과 유사 장치들 사이에서 암호화하는 DTCP(Digital Transmission Content Protection), DRM(digital restrictions management) 기술
	224.0.0.37–224.0.0.68	자동 주소 할당(zeroconf addressing)
	224.0.0.106	멀티캐스트 라우터 탐색
	224.0.0.112	MMA(Multipath Management Agent) 장치 탐색
	224.0.0.113	퀄컴의 올조인(AllJoyn)
	224.0.0.114	RFID 간의 reader 프로토콜
	224.0.0.251	멀티캐스트 DNS에서 사용하며, 멀티캐스트 주소에 대해 스스로 호스트 네임을 할당하고 검색한다.
	224.0.0.252	멀티캐스트 DNS(mDNS)의 가장 널리 사용되는 방식인 LLMNR(Link–local Multicast Name Resolution)에서 사용하는 주소이며, 로컬 네트워크 내에서 스스로 도메인 네임을 할당하고 검색할 수 있도록 한다.
	224.0.0.253	Teredo는 IPv4를 통해 IPv6로 터널링을 위해 사용되며, 같은 IPv4 서브넷에 위치하는 Teredo 클라이언트는 이 멀티캐스트 주소로 응답해야 한다.
	224.0.0.254	실험용

영구적으로 할당된 멀티캐스트 주소들은 224.1 또는 224.2로 시작하는 로컬 서브넷을 넘어 확장된다. 표 13-2는 이러한 영구 주소들 중 일부를 나열한다. 수십 개에서 수천 개까지 다양한 범위를 가진 주소 블록들이 특별한 목적을 위해 예약되어 있다. 전체 목록은 iana.org 에서 확인할 수 있으며, 이 목록에 있는 것 중 상당수는 더 이상 존재하지 않는 서비스, 프로토콜 그리고 회사들이므로 주의해서 봐야 한다. 남아 있는 2억 4,800만 개의 멀티캐스트 주소들은 일시적인 목적으로 누구나 사용할 수 있다. 멀티캐스트 라우터는 다른 두 시스템이 동시에 같은 주소를 사용하지 않도록 관리해야 한다.

표 13-2 영구 할당된 멀티캐스트 주소

도메인 네임	IP 주소	목적
NTP.MCAST.NET	224.0.1.1	네트워크 타임 프로토콜
NSS.MCAST.NET	224.0.1.6	네임 서비스 서버
AUDIONEWS.MCAST.NET	224.0.1.7	오디오 뉴스 멀티캐스트
MTP.MCAST.NET	224.0.1.9	멀티캐스트 전송 프로토콜
IETF-1-LOW-AUDIO.MCAST.NET	224.0.1.10	IEFT의 저음질 오디오 채널1
IETF-1-AUDIO.MCAST.NET	224.0.1.11	IEFT의 고음질 오디오 채널1
IETF-1-VIDEO.MCAST.NET	224.0.1.12	IEFT의 비디오 채널1
IETF-2-LOW-AUDIO.MCAST.NET	224.0.1.13	IEFT의 저음질 오디오 채널2
IETF-2-AUDIO.MCAST.NET	224.0.1.14	IEFT의 고음질 오디오 채널2
IETF-2-VIDEO.MCAST.NET	224.0.1.15	IEFT의 비디오 채널2
MLOADD.MCAST.NET	224.0.1.19	MLOADD는 몇 초 동안 여러 개의 네트워크 인터페이스의 트래픽 부하를 측정한다. 여기서 네트워크 인터페이스 사이의 통신을 하기 위해서 멀티캐스트를 사용한다.
EXPERIMENT.MCAST.NET	224.0.1.20	실험용
	224.0.23.178	JDP(Java Discovery Protocol), 네트워크에서 관리할 수 있는 JVM을 찾는 프로토콜
MICROSOFT.MCAST.NET	224.0.1.24	WINS(Windows Internet Name Service) 서버가 서로를 찾기 위해 사용된다.
MTRACE.MCAST.NET	224.0.1.32	traceroute의 멀티캐스트 버전
JINI-ANNOUNCEMENT.MCAST.NET	224.0.1.84	JINI 공지
JINI-REQUEST.MCAST.NET	224.0.1.85	JINI 요청
	224.0.1.143	EMWIN(Emergency Managers Weather Information Network) 미국에서 날씨 정보를 배포하기 위해 사용
	224.2.0.0-224.2.255.255	MBONE 주소는 멀티미디어 회의를 위해 예약되어 있다. 즉, 여러 사람이 함께 오디오와 비디오, 화이트보드, 웹 브라우저를 공유한다.
	224.2.2.2	이 주소의 9875번 포트는 현재 이용 가능한 MBONE 프로그래밍을 브로드캐스팅하는 데 사용된다. X윈도우 유틸리티인 sdr이나 윈도우/ 유닉스의 멀티키트(multikit) 프로그램으로 이것을 살펴볼 수 있다.

표 13-2 영구 할당된 멀티캐스트 주소

도메인 네임	IP 주소	목적
	239.0.0.0-239.255.255.255	TTL을 이용하여 멀티캐스트 패킷의 전송 범위를 제한하는 것이 아니라, 특정 범위의 주소가 일정한 지역이나 라우터 그룹을 벗어나지 않도록 제한한다. 이것을 관리영역이라 부른다. 예를 들어, UPnP(Universal Plug and Play) 장치는 네트워크에 가입하기 위해 HTTPU (UDP 기반의 HTTP) 메시지를 멀티캐스트 주소 239.255.255.250의 포트 1900으로 보낸다. 이런 기법을 사용하면 TTL 값에 의존하지 않고 그룹을 미리 만들 수 있다.

클라이언트와 서버

호스트가 멀티캐스트 그룹으로 데이터를 전송하려고 한다면, 호스트는 데이터를 멀티캐스트 데이터그램에 넣는다. 이 방법은 멀티캐스트 그룹 주소로 설정된 UDP 데이터그램 그 이상은 아니다. 멀티캐스트 데이터는 신뢰할 수 없는 UDP를 통해 전송되며, 연결 기반 TCP를 통해 데이터를 전송하는 것보다 세 배 정도 빠르다. (TCP를 통한 멀티캐스트는 불가능하다. TCP는 호스트가 패킷을 수신하면 ACK를 보내도록 한다. 멀티캐스트에서 ACK를 처리하는 것은 거의 재난에 가깝다.) 데이터 손실을 허용하지 않는 멀티캐스트 애플리케이션을 작성한다면 전송되는 도중에 데이터가 손상되었는지를 확인하고 손실된 데이터를 어떻게 처리할 것인지를 결정하는 것은 프로그래머의 몫이다. 예를 들어, 분산 캐시 시스템을 구성하고 있다면, 수신하지 못한 파일은 그냥 두고 캐시에서 가져오도록 결정할 수 있다.

앞서 말했듯이 애플리케이션 프로그래머의 관점에서 멀티캐스팅과 보통의 UDP 소켓의 가장 큰 차이점은 TTL 값을 고려해야 한다는 것이다. 이 값은 1에서 255까지의 값을 가지는 IP 헤더에 있는 단일 바이트이다. TTL은 해당 패킷이 버려지기 전까지 지나갈 수 있는 대략적인 라우터의 개수를 의미한다. 각각의 패킷은 라우터를 통과할 때마다 TTL 필드가 1씩 감소한다. 일부 라우터의 경우 2 이상의 값을 감소시키기도 한다. TTL 값이 0이 되면 해당 패킷은 버려진다. TTL 필드는 모든 패킷은 언젠가는 결국 버려진다는 것을 보장함으로써 패킷이 루프를 도는 것을 방지하기 위해 설계되었다. TTL은 잘못 설정된 라우터가 서로에게 무한히 패킷을 주고받는 상황을 예방한다. IP 멀티캐스팅에서 TTL은 멀티캐스트 패킷을 지리적으로 제한하기 위해서 TTL 값을 사용한다. 예를 들어, 일반적으로 TTL값 16은 해당 패킷을 로컬 영역으로 제한하며 TTL 값 127은 패킷을 전 세계로 보낸다. 물론 두 수의 중간값도 사용할 수 있다. 그러나 TTL 값을 지리적인 거리로 정확하게 환산하는 방법은 없다. 일반적으로 사이트가 멀리 떨어질수록 중간에 거쳐야 하는 라우터의 개수가 많아지기 때문에 TTL 값이 작은 패킷은 TTL 값이 큰 패킷만큼 멀리 전달되지 못한다. 표 13-3은 TTL 값의 지리적인 도달 범위의 대략적인 예측을 제공한다. 224.0.0.0부터 224.0.0.255까지의 멀티캐스트 그룹으로 전송되는 패킷은 사용된 TTL 값에 상관없이 절대 로컬 서브넷을 벗어나지 못한다.

표 13-3 미국 대륙에서 발생한 데이터그램에 대한 예상 TTL 값

목적지	TTL 값
로컬 호스트	0
로컬 서브넷	1
여러 개의 LAN에 연결된 로컬 캠퍼스	16
동일 국가에 있는 대역폭이 높은 사이트. 보통 이런 사이트는 백본(backbone) 가까이에 있다.	32
동일 국가의 모든 사이트	48
동일 대륙에 있는 모든 사이트	64
전 세계에 있는 대역폭이 높은 사이트	128
전 세계의 모든 사이트	255

일단 데이터가 데이터그램에 채워지면 송신 호스트는 데이터그램을 인터넷으로 내보낸다. 이 것은 마치 일반 UDP 데이터를 송신하는 것과 같다. 좀 더 자세히 살펴보면, 송신 호스트는 멀티캐스트 데이터그램을 로컬 네트워크로 보낸다. 이 패킷은 같은 서브넷에 있는 멀티캐스트 그룹의 모든 멤버들에게 즉시 전달된다. 만약 패킷의 TTL 값이 1보다 크면 로컬 네트워크의 멀티캐스트 라우터는 해당 멀티캐스트 그룹의 멤버를 가지고 있는 다른 네트워크로 패킷을 전달한다. 패킷이 최종 목적지에 도착하면 외부 네트워크에 있는 멀티캐스터 라우터는 멀티캐스터 그룹에 가입한 각 호스트에게 패킷을 전송한다. 필요한 경우, 멀티캐스트 라우터는 또한 현재 라우터와 최종 목적지 사이의 경로에 있는 다음 라우터에게 패킷을 재전송한다.

데이터가 멀티캐스트 그룹에 가입한 호스트에 도착하면, 호스트는 패킷의 목적지 주소가 호스트의 주소와 맞지 않더라도, 다른 UDP 데이터그램을 수신하는 것처럼 데이터를 받는다. 호스트는 패킷에 표시된 멀티캐스트 그룹에 가입했다는 것을 알고 있기 때문에 주소가 달라도 데이터그램이 제대로 도착하였음을 알 수 있다. 이는 마치 자신의 이름이 '거주자'는 아니

지만, '거주자'라고 찍힌 우편물을 그 주택의 거주자가 수신하는 것과 같다. 수신 호스트는 적당한 포트에서 대기하고 있다가 데이터그램이 도착하면 처리할 수 있도록 준비해야 한다.

라우터와 라우팅

그림 13-3은 동일한 라우터에 연결된 네 개의 클라이언트에게 동일한 데이터를 전송하는 서버가 있는 간단한 멀티캐스트 구성이다. 멀티캐스트 소켓은 인터넷으로 하나의 데이터 스트림을 클라이언트의 라우터로 보낸다. 그러면 라우터는 데이터를 복사하여 각 클라이언트로 보낸다. 멀티캐스트 소켓을 사용하지 않는다면 서버는 똑같은 데이터를 네 번씩이나 라우터로 보내야 하고 라우터는 데이터를 각 클라이언트로 보낼 것이다. 스트림 하나를 사용하여 데이터를 여러 개의 클라이언트로 전송하면 인터넷 백본(backbone)의 대역폭을 절약할 수 있다.

물론 실제 경로에는 중복된 라우터가 다단계 계층으로 구성되어 있으므로 훨씬 복잡하다. 하지만 멀티캐스트 소켓의 목적은 간단하다. 네트워크가 아무리 복잡해도 동일한 데이터를 절대로 한 번 이상 보내지 않는 것이다. 다행히도 프로그래머는 라우팅에 관련된 것들은 신경 쓰지 않아도 된다. 그냥 MulticastSocket을 만들고 소켓을 멀티캐스트 그룹에 가입시킨다. 그리고 전송하려는 DatagramPacket에 멀티캐스트의 주소를 채워 넣는다. 나머지 일은 라우터와 MulticastSocket이 알아서 처리한다.

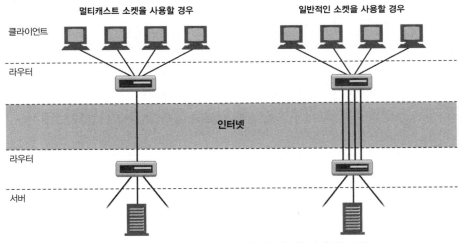

그림 13-3 멀티캐스트 소켓을 사용한 경우와 사용하지 않는 경우

멀티캐스팅에서는 라우터가 멀티캐스트를 지원해야 한다. 멀티캐스트 라우터는 일반적인 인터넷 라우터나 워크스테이션을 IP 멀티캐스트가 가능하도록 확장하여 재구성한다. 개인 고객에게 인터넷 서비스를 제공하는 ISP에서는 일부러 라우터가 멀티캐스팅을 하지 못하도록 설정한다. 2013년에도 아직 멀티캐스팅의 혜택을 받지 못하는 호스트가 많다.

멀티캐스트 데이터를 로컬 서브넷을 넘어 주고받으려면 멀티캐스트 라우터가 필요하다. 네트워크 관리자에게 문의하여 라우터가 멀티캐스팅을 지원하는가를 확인해야 한다. 또는 all-routers.mcast.net으로 ping을 실행해 본다. 임의의 라우터가 응답을 한다면 멀티캐스트 라우터가 연결되어 있다는 것을 의미한다.

```
% ping all-routers.mcast.net
all-routers.mcast.net is alive
```

하지만 그렇다고 해서 인터넷의 모든 멀티캐스팅이 가능한 호스트와 데이터를 주고받을 수 있는 것은 아니다. 여러분이 보낸 패킷이 어떤 호스트로 전송되려면 두 호스트 사이에 멀티캐스팅을 지원하는 라우터가 있어야 한다. 그러나 어떤 사이트에서는 모든 라우터가 이해할 수 있도록 멀티캐스트 데이터를 유니캐스트의 UDP 데이터그램으로 터널링하는 소프트웨어를 사용하여 연결되어 있을 수도 있다. 이 장에 있는 예제를 실행하여 원하는 결과를 얻지 못하면 라우터가 멀티캐스팅을 지원하는지를 확인하자.

멀티캐스트 소켓 다루기

멀티캐스트에 대한 이론적인 내용은 이 정도면 충분하다. 자바에서는 java.net.Multicast Socket 클래스를 사용하여 데이터를 멀티캐스트하며, 이 클래스는 java.net.Datagram Socket의 서브클래스이다.

```
public class MulticastSocket extends DatagramSocket
    implements Closeable, AutoCloseable
```

이미 예상할 수 있듯이 MulticastSocket의 동작은 DatagramSocket과 매우 유사하다. Multicast Socket을 이용하여 주고받으려는 데이터를 DatagramPacket 객체에 넣는다. 따라서 기본적인 내용은 다시 반복해서 설명하지 않는다. 이 장에서는 데이터그램으로 어떻게 작업하는지 이미 알고 있다고 가정한다. 이 책을 앞에서부터 차례대로 읽지 않고 장별로 골라서 읽고 있는 사람이라면, 제12장으로 돌아가서 데이터그램의 기본적인 내용을 익히도록 하자.

원격 사이트로부터 멀티캐스트 데이터를 수신하기 위해 MulticastSocket() 생성자로 Multicast Socket을 만든다. 다른 종류의 소켓과 마찬가지로 대기할 포트를 알아야 한다. 다음 코드는 포트 2300에 대기하는 MulticastSocket을 연다.

```
MulticastSocket ms = new MulticastSocket(2300);
```

다음으로, MulticastSocket의 joinGroup() 메소드를 사용하여 멀티캐스트 그룹에 가입한다.

```
InetAddress group = InetAddress.getByName("224.2.2.2");
ms.joinGroup(group);
```

로컬 호스트와 서버 사이에 있는 라우터들에게 브로드캐스트 패킷 전송의 시작을 알린다. 그리고 또한 로컬 호스트에게는 해당 멀티캐스트 그룹으로 전송되는 IP 패킷을 여러분에게 전달해 줘야 함을 알린다.

일단 멀티캐스트 그룹에 가입하면 DatagramSocket을 다루던 방식으로 UDP 데이터를 수신한다. 즉, 데이터를 저장하기 위해 버퍼로 사용할 바이트 배열로 DatagramPacket을 생성한다. 그리고 DatagramSocket 클래스에서 상속한 receive() 메소드를 호출하여 데이터를 수신하는 루프로 들어간다.

```
byte[] buffer = new byte[8192];
DatagramPacket dp = new DatagramPacket(buffer, buffer.length);
ms.receive(dp);
```

더 이상 데이터 수신을 원하지 않는 경우 소켓의 leaveGroup() 메소드를 호출하여 멀티캐스트 그룹에서 떠날 수 있다. 그리고 난 다음 DatagramSocket에서 상속된 close() 메소드를 호출하여 소켓을 닫는다.

```
ms.leaveGroup(group);
ms.close();
```

멀티캐스트 주소로 데이터를 전송하는 방법은 유니캐스트 주소로 UDP 데이터를 전송하는 것과 크게 다르지 않다. 멀티캐스트 그룹에 가입하지 않아도 데이터를 전송할 수 있다. DatagramPacket 객체를 생성하고 전송할 데이터와 멀티캐스트 그룹의 주소로 패킷을 채운다.

그리고 멀티캐스트 소켓의 send() 메소드에 전달한다.

```
InetAddress ia = InetAddress.getByName("experiment.mcast.net");
byte[] data = "Here's some multicast data\r\n".getBytes("UTF-8");
int port = 4000;
DatagramPacket dp = new DatagramPacket(data, data.length, ia, port);
MulticastSocket ms = new MulticastSocket();
ms.send(dp);
```

멀티캐스트 소켓은 보안에 허술하므로 주의해야 한다. 따라서 SecurityManager의 제어하에 실행되는 신뢰되지 않은 코드는 멀티캐스트 소켓과 관련된 어떠한 작업도 할 수 없다. 원격에서 로드된 코드는 일반적으로 자신이 다운로드된 호스트에 대해서만 데이터그램을 보내거나 받을 수 있다. 그러나 멀티캐스트 소켓은 이런 제약 사항에 대해 패킷에 어떤 표시도 할 수 없다. 일단 데이터를 멀티캐스트 소켓으로 전송하면 어느 호스트가 그 데이터를 받아야 하는지 혹은 받아서는 안 되는지를 관리하기가 매우 힘들고 신뢰성도 없다. 따라서 원격 코드를 실행하는 환경에서는 모든 멀티캐스팅을 허용하지 않는 보수적인 접근 방법을 취한다.

생성자

생성자는 간단하다. 여러분이 직접 대기할 포트를 선택하거나 자바가 임의의 포트를 할당해 준다.

```
public MulticastSocket() throws SocketException
public MulticastSocket(int port) throws SocketException
public MulticastSocket(SocketAddress bindAddress) throws IOException
```

예를 들어:

```
MulticastSocket ms1 = new MulticastSocket();
MulticastSocket ms2 = new MulticastSocket(4000);
SocketAddress address = new InetSocketAddress("192.168.254.32", 4000);
MulticastSocket ms3 = new MulticastSocket(address);
```

이 세 개의 생성자는 모두 소켓을 생성할 수 없는 경우 SocketException 예외를 발생시킨다. 포트를 바인드할 적절한 권한이 없거나 바인드할 포트가 이미 사용 중인 경우 소켓을 생성할 수 없다. 운영체제가 관여하는 한 멀티캐스트 소켓은 데이터그램 소켓과 동일하므로,

MulticastSocket은 DatagramSocket이 이미 사용 중인 포트를 사용할 수 없으며 반대도 마찬가지다.

생성자에 인자로 널(null)을 전달하면 바인드되지 않은 소켓이 생성되며, 나중에 bind() 메소드를 사용하여 연결할 수 있다. 이 생성자는 소켓을 바인드하기 전에 설정해야 하는 소켓옵션을 설정할 때 유용하게 사용된다. 예를 들어, 다음 코드는 SO_REUSEADDR 옵션을 끈 멀티캐스트 소켓을 생성한다. (이 옵션은 보통 멀티캐스트 소켓에 대해 기본적으로 켜 있다.)

```
MulticastSocket ms = new MulticastSocket(null);
ms.setReuseAddress(false);
SocketAddress address = new InetSocketAddress(4000);
ms.bind(address);
```

멀티캐스트 그룹과 통신하기

일단 MulticastSocket이 생성되면, 다음과 같은 네 가지 동작을 수행할 수 있다.

1. 멀티캐스트 그룹에 가입하기
2. 그룹의 멤버들에게 데이터 보내기
3. 그룹에서 데이터 받기
4. 멀티캐스트 그룹 탈퇴하기

MulticastSocket 클래스는 1번과 4번에 사용될 메소드를 제공한다. 데이터를 보내거나 받기 위한 새로운 메소드는 필요하지 않으며, 슈퍼클래스인 DatagramSocket이 제공하는 send() 와 receive() 메소드를 사용하면 충분하다. 그룹에서 데이터를 수신하기 전에 먼저 가입을 해야 한다는 것만 제외하면, 위 동작들은 순서에 상관없이 수행할 수 있다. 그룹에 가입하지 않아도 데이터를 전송할 수 있으며 전송과 수신을 자유롭게 섞어서 쓸 수 있다.

그룹에 가입하기

그룹에 가입하기 위해 해당 멀티캐스트 그룹에 대한 InetAddress나 SocketAddress를 joinGroup() 메소드에 전달한다.

```
public void joinGroup(InetAddress address) throws IOException
public void joinGroup(SocketAddress address, NetworkInterface interface)
    throws IOException
```

멀티캐스트 그룹에 가입하고 나면, 이전 장에서 본 것처럼 유니캐스트 데이터그램을 수신
하는 방법과 동일한 방법으로 데이터그램을 수신한다. 즉, 버퍼로 DatagramPacket을 생성
하고 이것을 소켓의 receive() 메소드로 전달한다. 예를 들어:

```
try {
  MulticastSocket ms = new MulticastSocket(4000);
  InetAddress ia = InetAddress.getByName("224.2.2.2");
  ms.joinGroup(ia);
  byte[] buffer = new byte[8192];
  while (true) {
    DatagramPacket dp = new DatagramPacket(buffer, buffer.length);
    ms.receive(dp);
    String s = new String(dp.getData(), "8859_1");
    System.out.println(s);
  }
} catch (IOException ex) {
  System.err.println(ex);
}
```

가입하려는 주소가 멀티캐스트 주소가 아닌 경우(224.0.0.0부터 239.255.255.255 사이의 주소가
아닌 경우), joinGroup() 메소드는 IOException 예외를 발생시킨다.

하나의 MulticastSocket은 다수의 멀티캐스트 그룹에 가입할 수 있다. 멀티캐스트 그룹의 멤
버십 정보는 멀티캐스트 소켓 객체가 아닌 멀티캐스트 라우터에 저장된다. 이 경우에 해당
패킷이 어떤 주소로 전달되어야 하는지 결정하기 위해 수신된 데이터그램 안에 저장된 주
소를 사용한다.

한 장비의 다수의 멀티캐스트 소켓과 심지어 하나의 자바 프로그램 안에 있는 다수의 멀티
캐스트 소켓은 모두 동일한 그룹에 가입할 수 있다. 그러한 경우 로컬 호스트에 도착한 해
당 그룹의 데이터를 모든 소켓이 수신하게 된다.

joinGroup() 메소드의 두 번째 생성자에 인터페이스를 전달하면, 명시된 로컬 네트워크 인
터페이스만 멀티캐스트 그룹에 가입된다. 예를 들어, 다음 코드는 eth0라는 이름의 네트워
크 인터페이스에서 IP 주소 224.2.2.2의 그룹에 가입을 시도한다. 인자로 전달된 인터페이스
가 존재하지 않는 경우 사용 가능한 모든 네트워크 인터페이스에서 그룹에 가입한다.

```
MulticastSocket ms = new MulticastSocket();
SocketAddress group = new InetSocketAddress("224.2.2.2", 40);
NetworkInterface ni = NetworkInterface.getByName("eth0");
if (ni != null) {
  ms.joinGroup(group, ni);
} else {
  ms.joinGroup(group);
}
```

대기할 네트워크 인터페이스를 명시하는 추가적인 인자를 제공하는 것 말고는 이 메소드의 동작은 단일 인자를 사용하는 joinGroup() 메소드와 같다. 예를 들어, 첫 번째 인자로 멀티캐스트 그룹이 아닌 SocketAddress 객체를 전달하면 IOException 예외가 발생한다.

그룹 탈퇴와 연결 종료하기

특정 멀티캐스트 그룹으로부터 더 이상 데이터그램 수신을 원하지 않는 경우 leaveGroup() 메소드를 호출한다. 이때 특정 인터페이스를 선택할 수 있으며, 생략할 경우 모든 인터페이스에 대해 탈퇴한다.

```
public void leaveGroup(InetAddress address) throws IOException
public void leaveGroup(SocketAddress multicastAddress,
NetworkInterface interface)
    throws IOException
```

이 메소드는 로컬 멀티캐스트 라우터에게 더 이상 데이터그램을 보내지 말라는 신호를 보낸다. 탈퇴하려는 주소가 멀티캐스트 주소가 아닌 경우(즉, 224.0.0.0부터 239.255.255.255까지) IOException 예외를 발생시킨다. 그러나 가입되지 않은 멀티캐스트 그룹에 탈퇴를 시도해도 예외는 발생하지 않는다.

MulticastSocket 클래스가 제공하는 거의 모든 메소드는 IOException 예외를 발생시키므로 보통 try 블록 안에서 사용한다. 자바 7에서 DatagramSocket 클래스는 AutoCloseable 인터페이스를 구현하고 있으므로 try-with-resources 구문을 사용할 수 있다.

```
try (MulticastSocket socket = new MulticastSocket()) {
  // 서버에 연결
} catch (IOException ex) {
  ex.printStackTrace();
}
```

자바 6 이전 버전에서는 소켓이 사용한 리소스를 해제하기 위해 finally 블록에서 명시적으로 소켓을 종료할 수 있다.

```java
MulticastSocket socket = null;
try {
  socket = new MulticastSocket();
  // 서버에 연결
} catch (IOException ex) {
  ex.printStackTrace();
} finally {
  if (socket != null) {
    try {
      socket.close();
    } catch (IOException ex) {
      // 무시한다.
    }
  }
}
```

멀티캐스트 데이터 전송하기

MulticastSocket으로 데이터를 전송하는 것은 DatagramSocket으로 데이터를 보내는 것과 비슷하다. 데이터를 DatagramPacket에 채우고 DatagramSocket에서 상속한 send() 메소드를 사용하여 패킷을 전송한다.

데이터는 패킷이 가리키는 멀티캐스트 그룹에 속한 모든 호스트로 전송된다. 예를 들어:

```java
try {
  InetAddress ia = InetAddress.getByName("experiment.mcast.net");
  byte[] data = "Here's some multicast data\r\n".getBytes();
  int port = 4000;
  DatagramPacket dp = new DatagramPacket(data, data.length, ia, port);
  MulticastSocket ms = new MulticastSocket();
  ms.send(dp);
} catch (IOException ex) {
  System.err.println(ex);
}
```

기본적으로 멀티캐스트 소켓은 TTL 값으로 1을 사용한다. (즉, 멀티캐스트 패킷은 로컬 서브넷을 벗어날 수 없다.) 그러나 생성자의 첫 번째 인자로 0에서 255 사이의 값을 전달하여 개별 패킷에 대해 TTL 값을 변경할 수 있다.

setTimeToLive() 메소드는 DatagramSocket 클래스에서 상속된 send(DatagramPacket dp) 메소드를 사용하여 소켓으로부터 전송되는 패킷에 사용될 기본 TTL 값을 설정한다. [Multicast 클래스는 데이터그램마다 TTL 값을 설정하는 send(DatagramPacket dp, byte ttl) 메소드를 제공한다.] getTimeToLive() 메소드는 MulticastSocket의 기본 TTL 값을 반환한다.

```
public void setTimeToLive(int ttl) throws IOException
public int getTimeToLive() throws IOException
```

예를 들어, 다음 코드는 TTL 값으로 64를 설정한다.

```
try {
  InetAddress ia = InetAddress.getByName("experiment.mcast.net");
  byte[] data = "Here's some multicast data\r\n".getBytes();
  int port = 4000;
  DatagramPacket dp = new DatagramPacket(data, data.length, ia, port);
  MulticastSocket ms = new MulticastSocket();
  ms.setTimeToLive(64);
  ms.send(dp);
} catch (IOException ex) {
  System.err.println(ex);
}
```

루프백(loopback) 모드

호스트가 자신이 보낸 멀티캐스트 패킷을 다시 수신할지 여부는 플랫폼마다 다르다. 즉, setLoopback() 메소드에 true를 전달하면 자신이 보낸 패킷을 받지 않겠다는 것을 의미하며, false를 전달하면 자신이 보낸 패킷을 받겠다는 것을 의미한다.

```
public void setLoopbackMode(boolean disable) throws SocketException
public boolean getLoopbackMode() throws SocketException
```

그러나 플랫폼에 따라 설정한 대로 동작하지 않을 수도 있다. 루프백 모드를 모든 시스템이 지원하는 것은 아니기 때문에 패킷을 보내기도 하고 받기도 한다면 루프백 모드를 확인하는 것이 중요하다. getLoopbackMode() 메소드는 해당 패킷이 루프백 모드가 아닌 경우 true를 반환하고, 루프백 모드인 경우 false를 반환한다. (메소드의 반환값이 반대로 된 것 같지만, 실제로 이렇게 동작한다.)

시스템이 패킷 루프백을 지원하지만 자신이 보낸 패킷의 수신을 원치 않을 경우 해당 패킷이 수신될 때 인식해서 버려야 한다. 시스템이 패킷 루프백을 지원하지 않지만 자신이 보낸 패킷을 수신하고자 할 경우 자신이 보낸 패킷을 복사하여 저장해 두었다가 패킷을 보낼 때마다 직접 내부 데이터 구조에 넣어 주어야 한다. setLoopback() 메소드를 통해 자신이 원하는 대로 루프백을 제어할 수 있지만, 플랫폼에 따라서 지원하지 않을 수도 있으므로 이 함수를 무턱대고 믿을 수는 없다.

네트워크 인터페이스

여러 개의 네트워크 인터페이스를 갖고 있는 멀티홈 호스트에서는 setInterface()와 setNetwork Interface() 메소드를 사용하여 멀티캐스트를 보내거나 받는 데 사용할 네트워크 인터페이스를 선택할 수 있다.

```
public void setInterface(InetAddress address) throws SocketException
public InetAddress getInterface() throws SocketException
public void setNetworkInterface(NetworkInterface interface) throws
        SocketException
public NetworkInterface getNetworkInterface() throws SocketException
```

set 메소드는 인자로 전달된 주소가 로컬 장비의 네트워크 인터페이스가 아닌 경우 SocketException 예외를 발생시킨다. 유니캐스트의 Socket이나 DatagramSocket에서는 네트워크 인터페이스를 생성자에서 설정하는데, 왜 MulticastSocket에서는 따로 메소드를 사용하는지는 명확하지 않다. 안전을 위해 MulticastSocket을 생성한 즉시 인터페이스를 설정해야 하며 그 이후로 변경하지 않도록 해야 한다. 다음은 setInterface()의 사용 예다.

```
try {
  InetAddress ia = InetAddress.getByName("www.ibiblio.org");
  MulticastSocket ms = new MulticastSocket(2048);
  ms.setInterface(ia);
  // 데이터를 보내고 받는다.
} catch (UnknownHostException ue) {
  System.err.println(ue);
} catch (SocketException se) {
  System.err.println(se);
}
```

setNetworkInterface() 메소드는 setInterface()와 같은 목적으로 사용된다. 즉, 멀티캐스트 데이터를 송수신하는 데 사용할 네트워크 인터페이스를 선택한다. 하지만 네트워크 인터페이스에 바인드될 IP 주소(InetAddress 객체)가 아니라, eth0(NetworkInterface)같이 네트워크 인터페이스의 로컬 이름에 기반을 둔다. setNetworkInterface() 메소드는 NetworkInerface 인자가 로컬 장비에 없는 인터페이스일 경우 SocketException을 발생시킨다.

getNetworkInterface() 메소드는 해당 MulticastSocket이 데이터를 대기하고 있는 네트워크 인터페이스를 나타내는 NetworkInterface 객체를 반환한다. 이 메소드는 생성자나 setNetworkInterface() 메소드를 통해 명시적으로 네트워크 인터페이스가 설정되지 않은 경우, 주소가 "0.0.0.0"이고 인덱스가 -1인 대체 객체를 반환한다. 예를 들어, 다음 코드는 소켓에 의해 사용되는 네트워크 인터페이스를 출력한다.

```
NetworkInterface intf = ms.getNetworkInterface();
System.out.println(intf.getName());
```

간단한 두 예제

대부분의 멀티캐스트 서버는 대화하는 상대 클라이언트가 누구인지 신경 쓰지 않는다. 따라서 쉽게 그룹에 가입하고 데이터를 받아 볼 수 있다. 예제 13-1의 MulticastSniffer 클래스는 명령라인에서 멀티캐스트 그룹의 이름을 입력받고, 해당 호스트네임으로 InetAddress를 생성한다. 그리고 MulticastSocket을 생성하여 해당 호스트네임의 멀티캐스트 그룹으로 가입을 시도한다. 가입 시도가 성공할 경우 MulticastSniffer는 소켓에서 데이터그램을 수신하고, 데이터그램의 내용을 System.out으로 출력한다. 이 프로그램은 특정 호스트에서 멀티캐스트 데이터를 수신하고 있는지 확인할 때 유용하게 사용할 수 있다. 대부분의 멀티캐스트 데이터는 이진 데이터이므로 이를 텍스트로 출력하면 알아볼 수 없을 것이다.

예제 13-1 멀티캐스트 스니퍼

```
import java.io.*;
import java.net.*;

public class MulticastSniffer {

  public static void main(String[] args) {

    InetAddress group = null;
    int port = 0;

    // 명령라인에서 주소를 읽는다.
    try {
      group = InetAddress.getByName(args[0]);
```

```
      port = Integer.parseInt(args[1]);
    } catch (ArrayIndexOutOfBoundsException | NumberFormatException
        | UnknownHostException ex) {
      System.err.println(
          "Usage: java MulticastSniffer multicast_address port");
      System.exit(1);
    }

    MulticastSocket ms = null;
    try {
      ms = new MulticastSocket(port);
      ms.joinGroup(group);

      byte[] buffer = new byte[8192];
      while (true) {
        DatagramPacket dp = new DatagramPacket(buffer, buffer.length);
        ms.receive(dp);
        String s = new String(dp.getData(), "8859_1");
        System.out.println(s);
      }
    } catch (IOException ex) {
      System.err.println(ex);
    } finally {
      if (ms != null) {
        try {
          ms.leaveGroup(group);
          ms.close();
        } catch (IOException ex) {}
      }
    }
  }
}
```

프로그램은 멀티캐스트 그룹의 이름과 포트를 명령라인의 처음 두 인자에서 읽어 오는 것으로 시작한다. 다음, 해당 포트에 대해 **MulticastSocket** 객체 **ms**를 생성한다. 이 소켓은 지정된 InetAddress의 멀티캐스트 그룹에 가입한다. 그리고 나서 패킷의 도착을 기다리는 루프로 진입한다. 각각의 패킷이 도착하면 프로그램은 데이터를 읽고, 해당 데이터를 ISO Latin-1 문자열로 변경한 다음 System.out으로 출력한다. 마지막으로, 사용자가 프로그램에 인터럽트를 걸거나 예외가 발생할 경우 소켓은 그룹을 탈퇴하고 소켓을 닫는다.

UPnP(Universal Plug and Play) 장비가 네트워크에 연결되면, 이 장치는 HTTPU(UDP로 구현된 HTTP) 메시지를 멀티캐스트 주소 239.255.255.250의 포트 1900으로 보낸다. 이러한 메시지를 확인하는 데 위 예제 13-1의 멀티캐스트 스니퍼를 사용할 수 있다. 이러한 장비가 존재하는 네트워크에서 이 프로그램을 실행하면 1~2분 이내에 메시지를 확인할 수 있을 것이다. 사실 생각보다 훨씬 더 많은 메시지를 볼 수 있다. 필자의 경우 프로그램을 실행시켰을 때 2분 동안 1.5MB 정도의 메시지를 수신할 수 있었다. 필자가 받은 메시지 중 처음 두 개를 아래에 표시하였다.

```
$ java MulticastSniffer 239.255.255.250 1900
NOTIFY * HTTP/1.1
HOST: 239.255.255.250:1900
CACHE-CONTROL: max-age=1800
LOCATION: http://192.168.1.2:23519/Ircc.xml
NT: upnp:rootdevice
NTS: ssdp:alive
SERVER: Android/3.2 UPnP/1.0 Internet TV Box NSZ-GT1/1.0
USN: uuid:34567890-1234-1010-8000-544249cb49fd::upnp:rootdevice
X-AV-Server-Info: av=5.0; hn=""; cn="Sony Corporation";
mn="Internet TV Box NSZ-GT1"; mv="1.0";

NOTIFY * HTTP/1.1
HOST: 239.255.255.250:1900
CACHE-CONTROL: max-age=1800
LOCATION: http://192.168.1.2:23519/Ircc.xml
NT: uuid:34567890-1234-1010-8000-544249cb49fd
NTS: ssdp:alive
SERVER: Android/3.2 UPnP/1.0 Internet TV Box NSZ-GT1/1.0
USN: uuid:34567890-1234-1010-8000-544249cb49fd
X-AV-Server-Info: av=5.0; hn=""; cn="Sony Corporation";
mn="Internet TV Box NSZ-GT1"; mv="1.0";
```

위 메시지의 내용은 필자의 구글 TV가 보낸 메시지이며 초당 한 번씩의 메시지를 보내고 있다. 대부분의 장치는 네트워크에 처음 연결됐을 때나 다른 장치로부터 조회 요청이 있을 때만 메시지를 전송한다.

이제 멀티캐스트 데이터 전송을 생각해 보자. 예제 13-2는 MulticastSender 클래스는 명령 라인을 통해 가입할 멀티캐스트 그룹 정보를 입력받고, 해당 멀티캐스트로 데이터를 전송하는 간단한 예제다.

```
import java.io.*;
import java.net.*;

public class MulticastSender {

  public static void main(String[] args) {

    InetAddress ia = null;
    int port = 0;
    byte ttl = (byte) 1;

    // 명령라인에서 가입할 멀티캐스트 그룹의 주소를 읽는다.
    try {
      ia = InetAddress.getByName(args[0]);
      port = Integer.parseInt(args[1]);
      if (args.length > 2) ttl = (byte) Integer.parseInt(args[2]);
    } catch (NumberFormatException | IndexOutOfBoundsException
        | UnknownHostException ex) {
      System.err.println(ex);
      System.err.println(
          "Usage: java MulticastSender multicast_address port ttl");
      System.exit(1);
    }

    byte[] data = "Here's some multicast data\r\n".getBytes();
    DatagramPacket dp = new DatagramPacket(data, data.length, ia, port);

    try (MulticastSocket ms = new MulticastSocket()) {
      ms.setTimeToLive(ttl);
      ms.joinGroup(ia);
      for (int i = 1; i < 10; i++) {
        ms.send(dp);
      }
      ms.leaveGroup(ia);
    } catch (SocketException ex) {
      System.err.println(ex);
    } catch (IOException ex) {
      System.err.println(ex);
    }
  }
}
```

예제 13-2는 명령라인에서 멀티캐스트 그룹의 주소와 포트, 그리고 TTL을 읽는다. 그러고 나서 문자열 " Here's some multicast data \r\n "을 java.lang.String의 getBytes() 메소드를 사용하여 바이트 배열 data 변수에 채운다. 그리고 해당 배열을 DatagramPakcet dp에 저장한 다음, MulticastSocket 객체 ms를 생성하고 그룹 ia에 가입한다. 일단 그룹에 가입되면 ms는 데이터그램 패킷 dp를 그룹 ia로 10번 전송한다. TTL 값은 해당 데이터가 로컬 서브넷을 벗어나지 못하도록 1로 설정된다. 데이터를 보내고 나서 ms는 그룹을 탈퇴하고 소켓을 닫는다.

여러분의 로컬 서브넷에 있는 장비에서 MulticastSniffer을 실행해 보자. 그룹 allsystems.mcast.net의 포트 4000에서 대기할 경우 다음과 같이 실행한다.

```
% java MulticastSniffer all-systems.mcast.net 4000
```

그러고 난 다음, 로컬 서브넷의 또 다른 장비에서 MulticastSender를 실행하여 해당 그룹으로 데이터를 전송해 보자. 흥미로운 방법은 아니겠지만, 이 두 프로그램을 동일한 장비에서 실행시켜도 원하는 결과를 볼 수 있다. 그러나 MulticastSender를 실행하기 전에 먼저 MulticastSniffer를 시작해야 한다. 다음은 그룹 allsystems.mcast.net의 4000번 포트로 데이터를 전송한다.

```
% java MulticastSender all-systems.mcast.net 4000
```

MulticastSniffer를 실행한 장비에서 다음과 같은 결과를 볼 수 있다.

```
Here's some multicast data
Here's some multicast data
Here's some multicast data
Here's some multicast data
Here's some multicast data
Here's some multicast data
Here's some multicast data
Here's some multicast data
Here's some multicast data
```

이러한 테스트를 로컬 서브넷의 범위를 넘어서 확인하고자 할 경우 두 서브넷의 라우터는 멀티캐스트를 지원해야 하고, 이 두 서브넷 사이에 있는 라우터들도 멀티캐스트 기능을 지원해야 한다.

찾아보기

ㅅ